Ignaz Beidtel, Alfons Huber

Geschichte der österreichischen Staatsverwaltung

1740-1848

Ignaz Beidtel, Alfons Huber

Geschichte der österreichischen Staatsverwaltung
1740-1848

ISBN/EAN: 9783743445598

Hergestellt in Europa, USA, Kanada, Australien, Japan

Cover: Foto ©Suzi / pixelio.de

Manufactured and distributed by brebook publishing software (www.brebook.com)

Ignaz Beidtel, Alfons Huber

Geschichte der österreichischen Staatsverwaltung

GESCHICHTE

DER

ÖSTERREICHISCHEN

STAATSVERWALTUNG

1740—1848

VON

WEIL. DR. IGNAZ BEIDTEL

K. K. APPELLATIONSGERICHTSRATHE.

MIT EINEM ANHANGE

ÜBERSICHT DER ÖSTERREICHISCHEN KIRCHENGESCHICHTE

VON 1848—1861,

AUS SEINEM NACHLASSE HERAUSGEGEBEN

VON

ALFONS HUBER.

II. BAND

(1792—1848.)

INNSBRUCK.

VERLAG DER WAGNER'SCHEN UNIVERSITÄTS-BUCHHANDLUNG.

1898.

Vorwort.

Mit diesem Bande ist die Ausgabe der Werke Ignaz Beidtels vollendet. Es lagen mir zwar noch eine Geschichte der Finanzen, eine Geschichte des Justizwesens und eine Geschichte des Unterrichtswesens von 1740 — 1848 vor. Aber eine Herausgabe derselben war nicht zulässig. Theils waren sie lückenhaft, theils stimmten sie mit der „Verwaltungsgeschichte" oft wörtlich überein. Ich benützte diese Manuscripte nur, um jene zu ergänzen, oder ich nahm manchmal umgekehrt diese Specialgeschichten zur Grundlage der Darstellung und verband damit Sätze, welche in der „Verwaltungsgeschichte" allein enthalten waren. Nur die Uebersicht über die österreichische Kirchengeschichte von 1848—1861 glaubte ich mit manchen Kürzungen als Anhang abdrucken lassen zu sollen, weil sie, wenn auch keine wichtigen Aufschlüsse über die Vorgänge in jener Zeit und über die tieferen Motive der handelnden Personen bietend, doch manche interessante Streiflichter auf die Anschauungen in den kirchlich gesinnten Kreisen werfen und die Ansichten Beidtels selbst beleuchten.

Was nun den vorliegenden Band selbst betrifft, so ist derselbe an positiven Daten ärmer als der erste, was um so auffallender erscheint, als in diesem ja die Zeit behandelt wird, in welcher der Verfasser selbst gelebt und als Beamter gewirkt hat. Der Inhalt tritt hinter der Kritik entschieden zurück. Es ist weniger eine Geschichte der Verwaltung Oesterreichs von 1792—1848, was uns hier geboten ist, als eine Geschichte des Geistes der Verwaltung. Diesen verdammt er aber auf das entschiedenste in jeder Hinsicht, er malt die Zustände oft grau in grau und fällt auch über die leitenden Persönlichkeiten meist ein sehr ungünstiges Urtheil. Ich konnte es nicht über mich bringen, seine Aeusserungen immer vollständig abzudrucken, weil sie theilweise entschieden unbegründet waren, wie dies namentlich bezüglich des Kaisers Franz, über den man in neuester Zeit viel günstiger urtheilt, und des Freiherrn von Kübeck der Fall ist.

Auch sonst habe ich, wie beim I. Bande, aus dem Manuscripte vieles weggelassen, weil der Verfasser sich sehr oft wiederholt und seine Darstellung zu sehr ins Breite geht. Die letzten Capiteln enthalten fast nur eine Abschrift der bekannten Broschüre des Grafen Hartig über „die Genesis der Revolution in Oesterreich" und der wichtigsten Flugschriften, welche von 1842—1847 über die innern Verhältnisse Oesterreichs erschienen sind. Ich habe mich bemüht, den Inhalt der letzteren möglichst zusammenzuziehen, und nur das Wesentlichste aufgenommen. Die Darstellung der ständischen Bewegungen auf Grund der Schrift Hartigs musste ich freilich beibehalten, weil ein Ersatz dafür nicht vorhanden war und nach Weglassung desselben das Werk ein Torso gewesen wäre.

Was die Behandlung des Textes im Einzelnen betrifft, so habe ich offenbare Unrichtigkeiten stillschweigend verbessert, einzelne nähere chronologische Bestimmungen beigefügt, auffallende stylistische Härten beseitigt und häufig mehrere kurze Capitel in eines zusammengefasst. Auch die Ueberschriften der verschiedenen Bücher und Capitel rühren wie im I. Bande von mir her, wenn ich mich auch oft an Ausdrücke gehalten habe, die sich in den vom Verfasser den Capiteln vorausgeschickten weitläufigen Inhaltsübersichten fanden.

Möge dieser Band ebenso freundliche Aufnahme finden, wie der erste! Es ist das Werk eines selbständig denkenden Mannes, der nicht blos für die äusseren Vorgänge, sondern auch für die tieferen socialen Strömungen ein offenes Auge gehabt hat.

Wien, am 31. October 1897.

A. Huber.

Vierte Abtheilung.

Geschichte der österreichischen Staatsverwaltung in der ersten Hälfte der Regierung des Kaisers Franz.

(1792—1814.)

I. Buch.

Das Aufkommen eines neuen Regierungssystems.

———

1. Die Lage des Reiches beim Tode K. Leopolds II. und die Aufgabe der neuen Regierung.

Als Leopold II. am 1. März 1792 starb, war für die inneren Angelegenheiten der österreichischen Monarchie noch kein definitives Regierungssystem festgestellt. Nur so viel war klar, dass in den letzten Tagen Joseph's II. und unter der Regierung seines Nachfolgers jenes System, welches vom Jahre 1745 bis 1789 befolgt worden, verlassen worden war. Dies bewies nicht nur die Herstellung der alten Verfassungen in Ungarn, Siebenbürgen und Belgien, sondern noch weit mehr die Aufhebung des josephinischen Systems der Grundsteuer und die dadurch bewirkte Wiederherstellung des Feudalsystems in Galizien, der Bukowina und den böhmisch-österreichischen Provinzen. Von einer Staatseinheit im Sinne der Verordnungen von 1785, von einer vollständigen Emancipation des Landvolkes konnte jetzt auf viele Jahre hinaus keine Rede sein. Auch die, obgleich nicht sehr bedeutenden Zugeständnisse Leopolds II. an die Landstände waren mit dem durch mehr als fünfzig Jahre bestandenen Streben, dieselben zur Machtlosigkeit herabzudrücken, im Widerspruche.

Die Ereignisse hatten die Adelspartei, welche nach der österreichischen Hofetiquette den Thron umgab, in manchen Beziehungen über ihre Interessen aufgeklärt. Sie sah ein, dass zwischen den Verfügungen Josephs II. und denen der französischen Revolutionspartei eine unverkennbare Aehnlichkeit bestand und dass

1*

also diejenigen wohl nicht ganz unrecht hatten, welche die sogenannten Reformen Josephs II. eine vom Thron ausgegangene Revolution nannten. Sie hörte daher nicht einmal gern von dem
Detail der unter Joseph II. erlassenen Gesetze und hätte es überhaupt lieber gesehen, wenn diese ihr verhasste Regierung überall in die Vergessenheit gerathen wäre. Gleichwohl sah diese
Adelspartei, dass die meisten giltigen Gesetze aus der Zeit Josephs II. herrührten. Einzelne Aristokraten fiengen auch schon
an zu argwöhnen, dass die bedenkliche Richtung der Gesetzgebung
sich bereits unter Maria Theresia in den Kanzleien eingeschlichen
haben möge.

Wäre es also auf die Männer der „Obscurantenpartei" allein
angekommen, so hätten sie die seit 1745 entstandenen Gesetze
massenweise beseitigt. Aber die mehr unterrichteten Männer der
Adelspartei sahen dabei eine Menge von Schwierigkeiten. Sie
verkannten nicht, dass das, was sie beklagten, nicht blos in den
österreichischen, sondern auch in den meisten europäischen Staaten,
wenigstens theilweise, geschehen war. Sie wussten, dass die
meisten Beamten der mittleren Kategorien an den neuen Ideen
hiengen. Sie trauten selbst der städtischen Bevölkerung solche
Neigungen zu. Sie dachten an das Geschrei, welches durch ein
entschiedenes Vorgehen im Sinne des alten habsburgischen Regierungssystems verursacht werden würde. Sie sahen ein, dass bei der
Beibehaltung jener alten Maximen die Erhaltung einer so grossen
Armee, wie Oesterreich zu brauchen geglaubt hatte und jetzt
beim Ausbruche des Krieges mit Frankreich auch wirklich nothwendig hatte, gar nicht möglich gewesen wäre. Sie erkannten,
dass es eine Riesenarbeit wäre, auch nur Einzelnes im Sinne der
alten Zeit zu Stande zu bringen, da der Zusammenhang der Ideen
bald weiter führen würde. Die Absicht dieser Männer war daher
die, abzuwarten, was sich leicht thun lasse.

Die Männer der „Aufklärungspartei" hatten in manchen Punkten ähnliche Ansichten. Auch ihnen war es einleuchtend, dass
eine rasche tief gehende Veränderung nicht so leicht ausführbar
sei, sowie dass, wenn es nur gelänge, das bereits eingeführte
System mehrere Jahre zu erhalten, es sich befestigen und dann
wieder zu grösserer Wirksamkeit kommen müsse. Viele Männer
dieser Partei hofften auch viel von den Fortschritten, welche das
Beispiel oder die Waffen der französischen Revolution zur Folge
haben würden.

Wie die Sachen beim Tode Leopolds II. standen, hatte die Aufklärungspartei ihre Stärke in den Reihen der mittleren Beamten, im niederen Clerus, in den sogenannten gebildeten Classen, in den Aerzten, den Advocaten, den Litteraten und den jungen Leuten, welche ihr Talent fühlten. Die Obscurantenpartei herrschte dagegen in den höheren Hofkreisen, da, seitdem Leopold II. durch seine Handlungsweise den Aufklärungsideen zu entsagen schien, niemand bei Hofe für einen Freund derselben gelten wollte.

Das gemeine Volk hatte wie immer keinen bestimmten Wunsch in Beziehung auf das Regierungssystem, wohl aber in Beziehung auf die Dinge, welche ihm näher lagen. So wünschte das Landvolk die Gestattung der Wallfahrten, die Gewerbsleute waren für die Ausbreitung und Befestigung des Zunftwesens, viele Menschen waren auch mit der Aufhebung der Josephinischen Grundsteuer unzufrieden. Auch das dynastische Gefühl der unteren Stände war der Autorität des Monarchen günstig, obwohl vielen Leuten schon mehr daran lag, wie regiert werde, als wer regiere.

Unter diesen Umständen war die Festsetzung von Directivregeln für das künftige Regierungssystem nicht leicht. Eine freiere Presse hätte manches zur Aufklärung der Stellungen beitragen können. Allein diese bestand nicht, weil man den Erfahrungen der Josephinischen Zeit und der französischen Revolution gegenüber sie scheute.

Dennoch musste an diese schwierige Arbeit gegangen werden und zwar bald. Denn wenn es nicht geschah, so offenbarte sich ein heilloser Dualismus im Staate und zwar sowohl in Ansehung der Gesetzgebung als der Administration.

In den obersten Regionen der Staatsverwaltung sassen nämlich jetzt Anhänger der Aristokratenpartei, welche zum Theil wirklich den Namen von Obscuranten verdienten, in den unteren aber meistens Josephiner.

In der Gesetzgebung musste man berücksichtigen, dass die wichtigsten Gesetze bezüglich der Justiz und der politischen Verwaltung aus der Zeit von 1770 bis 1790 herrührten. Unter ihnen waren manche, welche weitreichende Wirkungen hervorbrachten. Wenn man annahm, dass sie sich vierzig Jahre hielten, so mussten sie nach und nach die ganzen inneren Verhältnisse des Reiches ändern. Wenn z. B. die im Jahre 1786 gegebenen Erbfolgegesetze fortdauerten, so wurden binnen dreissig Jahren alle grösseren und kleineren Landgüter und Häuser mit Buchschulden belastet, deren

Druck den Eigenthümer zum Theil zum blossen Pächter machte. Dauerten die Bestimmungen des Josephinischen Gesetzbuches über die Familie fort, so standen überall die Dienstboten ausserhalb der Familie, das Weib konnte unabhängiges Vermögen besitzen, die Familienbande waren überhaupt geschwächt. Hielt man die Gesetze über das Einstandsrecht fest, so bekam jede Gemeinde in kurzem eine Menge neuer Elemente. Hielt man die Bestimmungen über die Parteivertretung aufrecht, so entstand binnen wenigen Jahren ein Heer von Winkelschreibern. Liess man es bei den Gesetzen von 1785 und 1786 über die Grundzerstückelungen, so musste es binnen dreissig Jahren wenige beträchtliche Bauerngüter mehr geben. Liess man es bei den Staatsgesetzen über die kirchlichen Verhältnisse, so musste die Religiosität von Jahr zu Jahr abnehmen. Solche Gesetze so schnell als möglich aufzuheben, war, wenn man die Sache genau erwog, die Pflicht und das Interesse der Regierung.

Glaubte dagegen dieselbe, dass diese Wirkungen aus den damals bestehenden Gesetzen nicht entstehen könnten, oder dass diese Wirkungen bei manchem Unangenehmen dennoch überwiegende Vortheile hätten, so war es ihre Aufgabe, auf diesen Grundlagen fortzubauen und jene Gesetze, welche mit diesen Grundlagen unvereinbarlich wären, sobald als möglich zu beseitigen.

Wegen der Verwaltung war dies besonders nothwendig. Der untere Beamte, besonders der Richter ist zur Anwendung der Gesetze auf die vorkommenden Fälle angewiesen und hat nicht zu untersuchen, ob das Gesetz gut oder schlecht sei. Wenn durch die Handhabung schlechter Gesetze Nachtheile entstehen, so hat nicht er sie zu verantworten. Es legt sogar den Grund zu vielen Unordnungen, wenn man es anders verlangt, oder in den höchsten Instanzen anders gehandelt wird.

Die genaueste Untersuchung über den Werth jener Grundsätze, von denen die Reformen unter Maria Theresia, Joseph II. und Leopold II. ausgegangen waren, war daher für den Staat das dringendste Bedürfnis. Leopold II. schien diese Untersuchung beabsichtigt zu haben: denn man liest in seinem Rescript an die Stände von Böhmen vom 7. September 1791 ausdrücklich: „dass die sämmtlichen politischen Gesetze in Uebersicht genommen, wo solche in einem Gegenstande zu gehäuft sind, oder zu sehr auf das Kleine herabsteigen, die Ueberflüssigen ausgereihet, von den Widersprüchen gereinigt, die wahrgenommenen Lücken ergänzet und in ein zusammenhängendes System geordnet werden sollen." Es wird gesagt, dass Se. Majestät von Gegenstand zu Gegenstand die Grundsätze bestimmen, und dass über die Anwendung dieser Grundsätze die Stände jeder Provinz gehört werden sollen. Etwas Aehnliches wurde am 30. September 1791 in Beziehung auf die Justizgesetze auch den niederösterreichischen Ständen eröffnet.

2. Die Persönlichkeit des Kaisers Franz II. (I.) und die Hofkreise.

Obgleich die österreichische Monarchie zum Theil aus Ländern bestand, welche constitutionell regiert werden sollten und es in der Hauptsache auch wurden, so war doch der Charakter des Reiches im Ganzen so beschaffen, dass sich die Staatsgewalt meistens als unbeschränkt zeigen konnte. In solchen Staaten hängt nun ungemein viel von der Person des Herrschers, seinen Familienverhältnissen und seiner Hofhaltung ab, und in Oesterreich war dies um so mehr der Fall, als es ein Gesammtministerium, in welchem jedes einzelne Mitglied eine fortlaufende Uebersicht der ganzen Staatsverhältnisse gewinnen konnte, bald nach dem Regierungsantritte des Kaisers Franz nicht mehr gegeben hat.

Franz II. (I.), der erstgeborene Sohn des damaligen Grossherzogs Franz von Toscana, hatte am 12. Februar 1768 zu Florenz das Licht der Welt erblickt und war also zur Zeit, wo er Regent der österreichischen Monarchie wurde, erst vierundzwanzig Jahre alt. Seine Jugend hatte er zu Florenz zugebracht, wo er eine nach den Begriffen des Zeitalters vorzügliche Erziehung erhalten hatte, worunter man damals eine Erziehung im Sinne der Aufklärungspartei verstand.

Später wünschte der Kaiser Joseph II. den jungen Erzherzog Franz ganz unter seinen Augen zu haben, um ihn mit seinen Ideen und Wünschen bekannt zu machen, ja nach einem allgemein verbreiteten Gerüchte wollte er ihn zu seinem unmittelbaren Nachfolger machen. Allein schon um das Jahr 1788 wollte man wissen, dass Joseph diese Idee aufgegeben habe, weil der Grossherzog Leopold nicht auf sein näheres Recht zur Nachfolge auf dem österreichischen Thron verzichten wolle. Auch hiess es, dass er mit dem Erzherzog Franz jetzt weniger zufrieden sei.

Der Kaiser, sagt ein ausgezeichneter österreichischer Schriftsteller[1]) vermisste an dem Prinzen den eigenen Geistesschwung und liess diesen seinen Unwillen darüber oft so schonungslos fühlen, dass derselbe verzagt wurde und das Selbstvertrauen verlor. Dies in Verbindung mit den vielen unglücklichen Ereignissen in der Periode von 1792 bis 1810 hatte zur Folge, dass Franz bis zu seinen späteren Jahren wenig Selbstvertrauen hatte. Erst die Ereignisse von 1814 gaben ihm dasselbe wieder.

Seine Thronbesteigung fiel in einen für die allgemeine Lage von Europa höchst wichtigen Zeitpunkt.

Ein Ultimatum, welches der französische Minister des Aeussern am 27. März 1792 an Oesterreich richtete, machte den Krieg mit Frankreich unvermeidlich.

Auch im Innern des österreichischen Staates gährten trotz der theilweise durch Waffengewalt wieder hergestellten Ruhe noch alle Leidenschaften, welche durch die Neuerungen Maria Theresias, Josephs II. und Leopolds II. geweckt worden waren. Alle Parteien blickten daher mit Aufmerksamkeit und zum Theil auch mit Hoffnungen auf den neuen Regenten, weil man voraussetzen zu können glaubte, dass die vielen noch unerledigten Fragen über das anzunehmende Regierungssystem gelöst werden würden.

Bald zeigte sich aber, dass dem jungen Monarchen jener Zustand, welcher nach dem Tode Leopolds II. bestand, genüge und dass wenigstens lange Zeit vergehen würde, bis ein bestimmtes neues Regierungssystem zu Tage treten dürfte.

---

[1]) „Genesis der Revolution in Oesterreich im Jahre 1848" (Leipzig 1850) S. 18. Der Verfasser dieses für die Geschichte der Regierungen der Kaiser Franz I. und Ferdinand I. höchst wichtigen Werkes war Graf Franz von Hartig, welcher über den Geschäftsgang in den obersten Behörden des Staates manches aus eigener Beobachtung wissen konnte, was man aus den blossen Gesetzsammlungen nicht entnehmen kann. Er war 1825 Gouverneur von Innerösterreich, 1830 im lombardisch-venetianischen Königreiche gewesen und 1840, als bei den Zwistigkeiten im Cabinette der Austritt des Ministers Grafen von Kolowrat theils gewünscht, theils erwartet wurde, nach Wien berufen worden, um, wie man glaubte, dessen Stelle einzunehmen. Die Combinationen änderten sich aber bald und so blieb er als Staats- und Conferenzminister viele Jahre hindurch Chef einer Section des Staatsrathes, wo diejenigen Geschäfte verhandelt wurden, welche später dem Ministerium des Innern zugewiesen waren. Nach der Auflösung des Staatsrathes im Jahre 1848 trat er in den Ruhestand, schien aber mehr als einmal (besonders im Sept. 1851) für den Platz eines Ministerpräsidenten ausersehen zu sein.

Wie weit die Persönlichkeit des Kaisers Franz auf manche der wichtigeren Regierungsmaximen eingewirkt, welchen Antheil er an den Geschäften im Einzelnen genommen hat, ist nicht genügend auszumitteln, obwohl ihn Millionen Menschen persönlich kannten und es am österreichischen Hof viel leichter war als an anderen Höfen, beim Monarchen Audienzen [1]) zu erhalten. Aber die meisten dieser Audienzen, welche den Kaiser wegen der von ihm an den Tag gelegten Gutmüthigkeit und Herablassung beim Volke sehr populär machten, dauerten kaum einige Minuten und beschränkten sich auf einige allgemein gehaltene Antworten des Monarchen; denn die Zahl der Personen, welche sich um die Zulassung zur Audienz bewarben, war unter dem Kaiser Franz viel grösser geworden als unter seinen Vorgängern. Einmal sah es der Kaiser gern, wenn jene, welche von ihm befördert worden waren oder eine Auszeichnung erhalten hatten, sich persönlich bei ihm bedankten, weil er dadurch Gelegenheit erhielt, die höheren Beamten kennen zu lernen. Auch suchten viele, welche um eine höhere Stelle nachsuchten, sich dem Monarchen zu zeigen, um, wenn sie etwa im geheimen Präsidialberichte als kränklich oder alt geschildert worden wären, das Gegentheil zu beweisen. Besonders aber trug zur Vermehrung der Audienzen bei, dass unbedeutende Dinge, wie die Verleihung eines Gnadengehaltes oder von Pensionen an Witwen von Beamten, von Erziehungsbeiträgen für ihre Kinder, von höheren Militärpensionen u. s. w., wenn sie nicht durch gesetzliche Vorschriften, sondern nur durch Gründe der Billigkeit gerechtfertigt waren, nicht von den Regierungsbehörden, sondern nur vom Monarchen bewilligt werden konnten. Viele suchten auch durch die Gnade des Kaisers zu erreichen, was ihnen nur ein Gericht zuerkennen konnte. So kam es, dass in jeder Woche durchschnittlich bei achtzig Personen Audienz

---

[1]) Die Audienzen fanden regelmässig von acht zu acht oder von vierzehn zu vierzehn Tagen statt und waren entweder öffentliche oder Privataudienzen. In den öffentlichen stellten sich die zu denselben Zugelassenen in eine Reihe (gewöhnlich im Sommer in einem der Gänge der Burg); der Kaiser gieng dann, begleitet von einem Kämmerer, welcher ihm den Namen und Stand eines jeden aus dem Verzeichnisse sagte, von einem zum andern, sprach mit jedem einige Worte und nahm von ihm die schriftliche Eingabe, in welcher das, was der Supplikant ansuchte, sammt den Behelfen enthalten war, entgegen. Da diese Audienzen eben deshalb weniger geschätzt wurden, ertheilte der Kaiser in seinen späteren Jahren fast nur Privataudienzen.

hatten. Es ist daher selbstverständlich, dass der Kaiser sich mit den Einzelnen in kein längeres Gespräch einlassen konnte und sich begnügen musste, die überreichte, mit den nothwendigen Beilagen versehene Bittschrift entgegenzunehmen und einige huldvolle Worte zu sprechen.

Wenn der Kaiser öffentlich erschien, sprach er gewöhnlich nur mit einigen Personen seiner Umgebung und wie er sich im Ministerrathe, oder an seinem Arbeitstische benahm, wussten nur Wenige aus eigener Erfahrung etwas zu sagen und diese wenigen enthielten sich natürlich näherer Mittheilungen. Alles also, was man über den Antheil des Kaisers an den wichtigen Regierungsacten weiss, beschränkt sich auf Schlüsse, Gerüchte und einzelne Daten. Selbst die Aussagen von Personen, welche gut unterrichtet sein konnten, giengen diametral auseinander. So behaupten fremde Gesandte in ihren Berichten, dass sich der Kaiser um die Staatsgeschäfte wenig bekümmert habe[1]). Andere sagten das Gegentheil und behaupteten, namentlich in Beziehung auf die letzten dreissig Jahre seiner Regierung, dass seine Thätigkeit gross gewesen sei. Auch hat man Beweise, dass der Kaiser manche Vorschläge zu Ernennungen von Beamten und einzelne Visitationsberichte der Bischöfe einer besonderen Aufmerksamkeit gewürdiget habe. Specielle Kenntnisse in irgend einem Zweige der Verwaltung scheint Franz II. nicht gehabt zu haben[2]). Auch militärische Anlagen fehlten ihm gänzlich. Glücklicherweise hatte er aber auch nicht wie Joseph II. Interesse am Exercierplatze.

---

[1]) Bei Bignon, Histoire de France sous Napoleon (Paris 1828—1850) finden sich viele Beweise, dass man zu Paris auf Grund von Gesandtschaftsberichten und anderen Aktenstücken von den Kenntnissen und der Thätigkeit des Kaisers Franz keine hohe Meinung hatte. Nicht minder ungünstig sind die Urtheile, welche in den von Varnhagen von Ense herausgegebenen Aufzeichnungen des österreichischen Hofrathes Friedrich von Gentz vorkommen, wobei zu bemerken ist, dass Gentz, der 1802 in österreichische Staatsdienste trat, durch eine Reihe von Jahren (er starb 1832) eine für Oesterreichs Politik sehr einflussreiche Person war, welche mit den höchsten Personen im Staate in vielfachen Berührungen stand. Seine Aeusserungen sind freilich mit Vorsicht aufzunehmen.

[2]) [Männer, welche Gelegenheit gehabt haben, in die Acten dieser Zeit Einsicht zu nehmen, rühmen übereinstimmend nicht nur den ausserordentlichen Fleiss, sondern auch das Verständnis des Kaisers für die Details der Verwaltung und der Justiz.]

Doch hatte der Kaiser Franz mehrere Maximen, an denen er festhielt und die seinem Regierungssystem den Ruf der Consequenz erwarben. Es waren vorzüglich folgende:

1. Alles, was eine Einschränkung der absoluten Gewalt des Herrschers war, schien ihm verwerflich. Daher war er ein Feind der republikanischen Verfassung und aller constitutionellen Regierungsformen, ja er war auch allen Einrichtungen abgeneigt, welche die Herbeiführung solcher Institutionen begünstigen konnten. Daher war er ein Gegner der freien Presse, der freieren Gespräche, des öffentlichen Gerichtsverfahrens, der freieren Gemeindeverfassungen, der freieren Stellung der Schulen, der hierarchischen Ansprüche der Geistlichkeit, der Publicität über den Staatshaushalt und der offenen Kritik der Staatsverwaltung.

2. Weiter hatte der Kaiser die Ansicht, dass die Wissenschaft die revolutionären Bewegungen, wenn nicht hervorgerufen, doch begünstiget habe. Von dieser Ansicht ausgehend war er kein Freund der Gelehrten und der Aufklärungsideen. Nach dem Jahre 1819 hatte er zu Prag, zu Klagenfurt und zu Laibach den Deputationen der hohen Schulen, welche sich ihm vorstellten, gesagt: „Ich brauche keine Gelehrte, ich brauche nur brave Unterthanen". Aus diesen Ansichten des Kaisers erklären sich manche Censurvorschriften und die Vernachlässigung der gelehrten Institute.

3. Ferner war Franz I. ein Freund von Polizeimassregeln. Unter seiner Regierung dehnte sich, vielleicht zum Theil gegen seinen Willen, die Wirksamkeit der geheimen Polizei auf alle nach deutscher Art verwalteten Provinzen und, soweit es möglich war, auch über Ungarn und Siebenbürgen aus. Die Presse, der Verkehr der Menschen, die Correspondenz, das Associationsrecht und vieles andere, was für die Volksfreiheit wichtig ist, erfuhren Beschränkungen. Die Stille, welche dadurch im ganzen Staate herrschte und der gänzliche Mangel von Klagen über die Staatseinrichtungen gab die Regierung gerne als einen Beweis der Zufriedenheit des Volkes aus.

4. Auch einen entscheidenden oder anerkannt grossen Einfluss gestattete der Kaiser niemanden. Die Prinzen seines Hauses konnten nur jene Wirksamkeit entfalten, welche der ihnen verliehenen Anstellung im Staatsdienste entsprach. Anerkannte Günstlinge, wie die Grafen Colloredo und Saurau, machten doch

dann und wann die Erfahrung, dass der Kaiser über Manches sie nicht befragte.

5. Ebenso war der Kaiser nicht sehr für Menschen eingenommen, die für sehr talentvoll galten. Mittelmässige Anlagen verbunden mit Arbeitsamkeit galten ihm mehr als Genialität. Er fand, dass Menschen von Talent gewöhnlich viel Ehrgeiz haben, gern eine Kritik des Bestehenden äussern und den Neuerungen geneigt sind. Diese Menschen von jedem grösseren Einflusse fern zu halten, war daher bald eine stehende Maxime bei allen Behörden und erklärt Vieles, was geschah.

6. In Beziehung auf die Religion war der Kaiser für seine Person religiös. Aber mehrere Personen seiner Umgebung wie z. B. sein Generaladjutant Kutschera standen in dieser Beziehung in keinem guten Rufe. Dass dem Staate die Suprematie in Kirchensachen gebühre, war beim Kaiser ein feststehender Grundsatz, in welchem ihn auch die höhere Geistlichkeit bestärkte [1]. Die Kirchenfreiheit der Katholiken, welche im Auslande (1802—1835) so sehr überhand nahm, fand daher in den österreichischen Staaten wenig Anklang.

7. Was den Privatcharakter des Kaisers Franz betraf, so war er ein musterhafter Familienvater und kein Freund lärmender Vergnügungen. Er liebte vielmehr die Stille und Zurückgezogenheit. Grössere Festlichkeiten fanden nur bei besonderen Veranlassungen statt. In Folge dessen bekam sein Hof das Aussehen einer grossen Privathaushaltung und verursachte keine grossen Kosten. Eine gute Folge dieser einfachen Hofhaltung war, dass man nichts von Skandalen hörte, welche mit dem Luxus und den lärmenden Vergnügungen anderer Höfe oft verbunden waren. Auch der Namen „Günstling" wurde in der österreichischen Gesellschaft fast gar nicht gehört. Ebenso wurden auch auffallende Gnadenbezeugungen den beim Monarchen in Gunst stehenden Personen nicht zu Theil. Höchstens ein Orden, der Adel, oder ein höherer Amtstitel wurde denselben verliehen.

---

[1] Man sehe über diesen Punkt die Acten der ungarischen Synode von 1823, die Lehrbücher der theologischen Lehranstalten, die Statuten des sogenannten Frint'schen Institutes und die grosse Behutsamkeit, mit welcher in den letzten drei Jahren des Kaisers dann und wann von Einzelnen auf eine Beförderung kirchlicher Interessen hingewirkt wurde.

Ungeachtet der Einfachheit der Hofhaltung blieb doch auch unter dem Kaiser Franz der schon unter Joseph II. geltende Grundsatz bestehen, dass ausser einer beschränkten Hoffähigkeit des Militärs und der Ordensritter nur geheime Räthe und Kämmerer hoffähig seien. Zur Würde eines geheimen Rathes gelangten aber Unadelige äusserst selten, zu jener eines Kämmerers niemals. Der Monarch war also stets von Aristokraten umgeben. Auch die Prinzen des Kaiserhauses hatten fast nur Adelige in ihrer Umgebung.

Diese Hofetiquette hatte zur Folge, dass Männer, welche als Staatsbeamte oft einen ungeheuren Wirkungskreis hatten, wie die Staatsräthe Freiherr von Münch-Bellinghausen, Lorenz von Pilgram, Weiss, Grohmann, Jüstel, weil sie nicht geheime Räthe waren und Kämmerer nicht werden konnten, den Hofcirkeln und den aristokratischen Kreisen fast unbekannt waren, sowie dass oft Staatsbeamte, welche Generalsrang hatten, z. B. die Hofräthe, bei gewissen Gelegenheiten jedem Lieutenant nachstanden. Auch hervorragende Künstler oder Männer der Wissenschaft konnten zu den Hoffesten nicht beigezogen werden.

Der durch die Hofetiquette begründete Einfluss des höheren Adels hatte in der ersten Hälfte der Regierung des Kaisers Franz im Vergleich zu den Zeiten Josephs II. und Leopolds II. eine merkwürdige Veränderung im Regierungssystem zur Folge. Der Adel, dessen Bedeutung unter Maria Theresia und Joseph II. sehr im Sinken war und der unter Leopold II. nur eine unsichere Stellung einnahm, kam von neuem empor und zwar auf eine solide Art, indem er erstens die bei der neuen Staatsorganisation so wichtige Beamtenwelt beherrschte, und zweitens auf den Landtagen, welche wieder wichtiger werden konnten, stets der Stimmenmehrheit sicher war.

Die Stille und Einfachheit der kaiserlichen Hofhaltung hatte aber auch auf die Sitten des begüterten hohen Adels Einfluss. Auch er vermied einen in die Augen fallenden Aufwand und isolierte sich gänzlich vom Volke. In den Jahren 1803—1816 waren gewöhnlich die Hotels der Gesandten Englands, Frankreichs und Russlands mehr als die Fürstenhäuser der Residenz die Centralpunkte der hohen Gesellschaft. Der österreichische Adel, statt wie ehemals ein grosses Haus zu führen und zahlreiche Diener zu halten, gefiel sich jetzt mehr in dem Aufwand für Maitressen und (nach 1810) auch in der Nachahmung der englischen Vorliebe für Pferde, Hunde, Wetten, Wettrennen und hohes Spiel. Ueberdies war ein grosser Theil der hohen Adelsfamilien sehr verschuldet, oder betheiligte sich an Börsenspeculationen.

Unter dem Hofadel befanden sich stets mehrere in hohen Staatsämtern Angestellte. Man behauptete, sie hätten verschiedene Eigenheiten des unter Franz I. befolgten Regierungssystems veranlasst. So will man wissen, dass sie jede schickliche Gelegenheit benützt hätten, um es dem Kaiser bemerkbar zu machen, dass Joseph II. sich sein Missgeschick theilweise dadurch zugezogen habe, dass er so viel Anordnungen ohne frühere Besprechungen und Berathungen getroffen habe. Dadurch sei der Kaiser Franz in seinem Misstrauen gegen seine eigenen Gedanken bestärkt worden, was die Minister benützt hätten.

Auch herrschte in den Hofkreisen, wie man aus einzelnen Erscheinungen schliessen konnte, stets die Ansicht, jedes Emporstreben der grossen Volksklassen sei blos eine durch Stolz und Neid hervorgerufene Anmassung und schon darum, weil dieses Emporstreben so sehr in dem Zeitgeiste liege, sei als Gegenmittel die Begünstigung der Aristokratie nothwendig und ihr seien ausschliesslich die einflussreichen Posten vorzubehalten. Wenn es dann und wann unvermeidlich sei, Unadelige in die hohen Sphären des Staatsdienstes zu berufen, so müsse man ihnen gleichfalls Adelsdiplome geben, welche sie dann zuverlässig bald zu Anhängern des Adels machen würden. Diese letztere Politik war eine sehr wohl überdachte; denn das, was der Adel erwartet hatte, geschah wirklich, wozu aber wohl auch beitrug, dass jeder Verständige wusste, ohne das Wohlwollen des Adels könne Niemand leicht emporkommen und am allerwenigsten sich auf einem höheren Posten erhalten.

3. Die Organisation der Hofstellen.

Als der Kaiser Franz seine Regierung antrat, waren die verschiedenen Abtheilungen der Staatsverwaltung sogenannte Hofstellen, welche im Laufe der Zeit mehrere Umwandlungen erlitten hatten, indem man bald mehrere Hofstellen in eine zusammenzog, bald wieder eine Hofstelle in mehrere trennte, oder auch den Wirkungskreis einer Hofstelle auf mehrere Verwaltungsgegenstände ausdehnte. Es dauerte ziemlich lange, bis die Trennung nach Verwaltungszweigen allgemein und dauernd angenommen war, und schon seit dem Anfang des neunzehnten Jahrhunderts unterschied man als Hauptabtheilungen der Staatsverwaltung 1. die auswärtigen Staatsangelegenheiten, 2. das Militär, 3. die Finanzen, 4. die Justiz und 5. die politischen Geschäfte (Administration). Zu diesen gehörte Alles, was nicht speziell anderen Hofstellen zugewiesen war, namentlich die Angelegenheiten des Cultus, des öffentlichen Unterrichts, der Wohlthätigkeitsanstalten, der Landstände, der Gemeinden, die Auswanderung, die Recrutierung und die Lieferungen für das Militär, die Aburtheilung der Vergehungen gegen die Polizeivergehen, die Anstalten für öffentliche Unterhaltungen, der Strassenbau und die Verhältnisse der Bauern, besonders die Streitigkeiten zwischen diesen und ihren Unterthanen. Politische Behörden für die Provinzen mit deutscher Verfassung waren auch jetzt die vereinigte Hofkanzlei, die Gubernien, die Kreisämter und als unterste Instanzen die Wirthschaftsämter und Magistrate.

Durch die ungarische, siebenbürgische und belgische Verfassung und die besonderen Verhältnisse der Lombardei war es auch zur Nothwendigkeit gemacht, dass die Geschäfte der genannten Länder (bei Belgien und der Lombardei natürlich nur bis zum Jahre 1797), insofern sie auf gewissen Eigenthümlichkeiten beruhten, eigene Hofstellen hatten. So war das Ministerium der auswärtigen Angelegenheiten (die Haus-, Hof- und Staatskanzlei) auch zugleich die Hofstelle für die politischen Geschäfte aus Belgien und der Lombardie. So gab es für die politischen Geschäfte aus Ungarn eine ungarische, für jene aus Siebenbürgen eine siebenbürgische Hofkanzlei. Ungarn hatte seinen besonderen obersten Gerichtshof in der Septemviraltafel und auch Belgien, Siebenbürgen, Mailand und Croatien hatten ähnliche Gerichtshöfe.

Dagegen gab es Hofstellen, welche ihre Wirksamkeit über die ganze Monarchie ausdehnten, wie der Hofkriegsrath für die sämmtlichen Militärangelegenheiten, und die höchste Finanzbehörde (meistens Hofkammer genannt) für die Finanzen, das Handels-, Bergbau- und Postdepartement.

Die Vorsteher der Hofstellen hiessen meistens Präsidenten und waren gewöhnlich aus dem hohen Adel ernannt.

Die Geschäfte des kaiserlichen Hauses wie die auswärtigen Angelegenheiten besorgte der Staatskanzler.

Neben den Hofstellen gab es noch sogenannte Hofcommissionen. Es waren dies kleinere, bald ständige, bald zeitweilige Behörden, die eingesetzt worden waren, um dieses oder jenes Geschäft besser oder schneller verwalten oder besorgen zu lassen.

So hatte man von Zeit zu Zeit eine Gesetzgebungshofcommission und eine Studienhofcommission (Unterrichtsministerium) eingesetzt oder auch wieder aufgehoben. So hatte man unter Joseph II. auch eine geistliche Hofcommission und eine Steuerregulierungshofcommission gehabt.

„Diese Hofstellen" sagt der Verfasser der „Genesis der Revolution" [1] „hatten mit Ausnahme der Haus-, Hof- und Staatskanzlei eine Collegialeinrichtung d. h. ihre Entscheidungen mussten in Sitzungen durch relative Stimmenmehrheit beschlossen werden, ein jeder Referent und Votant hatte eine entscheidende Stimme, so wie der Präsident, welchem letzteren das Recht zustand, Beschlüsse im administrativen Fache, woraus er einen Nachtheil für den Dienst besorgte, nicht ausfertigen zu lassen, sondern dem Kaiser zur Entscheidung vorzulegen."

„Diese Hofstellen wurden in älteren Zeiten als die Secretariate des Monarchen betrachtet, sie entschieden in seinem Namen und empfiengen die Zuschriften mit der Anrede „Eure Majestät". Bei der obersten Justizstelle und den beiden Hofkanzleien von Ungarn und Siebenbürgen, welchen auch die Oberleitung der Justizverwaltung in beiden Ländern zugewiesen war, bestand diese Uebung noch bis zu den Märztagen."

„Ursprünglich hatten die Chefs der Hofstellen den Wirkungskreis von Staatssecretären oder Ministern im wahren Sinne dieses Wortes, und erhielten auch zuweilen aus persönlichen Rücksichten diesen letzteren Titel und Rang. Der Chef der Haus-, Hof- und Staatskanzlei hatte diese Auszeichnung immer, manchmal in Verbindung mit der noch höheren Würde eines Staatskanzlers, wie es nach dem berühmten Staatskanzler Fürst Kaunitz wieder beim Fürsten Metternich der Fall war. Sie wurden vom Monarchen zu Conferenzen berufen und es bestand bis zu den letzten Regierungsjahren der Kaiserin Maria Theresia keine Körperschaft, welcher die Prüfung und Beurtheilung der von den Hofstellen erstatteten Anträge zugewiesen worden wäre, sondern die wichtigeren Staatsangelegenheiten wurden in den Conferenzen unter dem Vorsitze des Monarchen von den Chefs der Hofstellen im Beisein einiger weniger Vertrauensmänner, welche zu der Würde eines Staats- und Conferenzministers, der höchsten im Kaiserreiche

---

[1] Was in diesem Abschnitt über die Staatsorganisation vorkommt, ist meistens wörtlich aus diesem Werke (S. 26 ff.) entlehnt.

nach jener des Staatskanzlers, erhoben worden waren und kein Portefeuille hatten, berathen und sogleich entschieden. Als die rasche Entwicklung der geistigen und materiellen Kräfte in Oesterreich, und die Reformen, welche in der inneren Verwaltung von Seite der Kaiserin unter Mitwirkung ihres Sohnes Joseph eingeleitet wurden, die Geschäfte zahlreicher und verwickelter machten, stellte sich auch die Nothwendigkeit heraus, die Zahl jener Vertrauensmänner im kaiserlichen Rathe zu vermehren, und dies zwar durch Fachmänner, die sich wegen ihrer sonstigen Verhältnisse nicht eigneten, zu der höchsten Würde im Staate sogleich befördert zu werden. Die Kaiserin schuf daher den Staatsrath und berief in denselben eine kleine, aber sorgfältig ausgewählte Zahl von Notabilitäten aus den verschiedenen Verwaltungszweigen, welche gemeinschaftlich mit den Staats- und Conferenzministern ihren politischen Gewissensrath bilden sollten. Sehr charakteristisch war die von ihr den neuen Staats- und Conferenzräthen auferlegte Verpflichtung, immer nur die eigene Ueberzeugung auszusprechen, mit der beigefügten Verfügung, dass sie ihren, für jene Zeit höchst bedeutenden Gehalt von jährlich 8000 Gulden auch für den Fall ihrer Entfernung aus dem Staatsrathe lebenslänglich zu beziehen haben, und dies zwar mit der ausdrücklichen Begründung, um somit vorzubeugen, dass Furcht vor den Folgen des durch freimüthige Meinungsäusserung etwa erregten kaiserlichen Missfallens sie in gewissenhafter Erfüllung jener Verpflichtung wanken machen könne."

Neben den Hofstellen stand also, wie die bisher angeführten Stellen aus der „Genesis der Revolution" anerkennen, ein unter Maria Theresia (1760) errichteter aus wenigen Personen zusammengesetzter Staatsrath, welcher im Sinne seiner Errichtung in die Administration des Staates gar nicht eingreifen, sondern nur die wichtigen etwa nothwendig scheinenden Regierungsmassregeln im Zusammenhange beurtheilen und dann die gewonnenen Resultate auf eine solche Art aussprechen sollte, dass die Hofstellen an sie für alle legislativen und organisatorischen Arbeiten gebunden seien sollten. Diese Institution, die ungefähr das für die österreichische Monarchie sein sollte, was der französische Staatsrath unter Napoleon I. war, hatte unter Joseph II. seine Organisation und seine Bestimmung verloren, die einzelnen Mitglieder des Staatsrathes wurden mit Beibehaltung dieses Titels in den laufenden Geschäften verwendet. Unter Leopold II. hatte sich bezüglich des Staatsrathes noch kein festes System gebildet [1]).

„In so lange", fährt nun der Verfasser der „Genesis" fort, „der ursprüngliche Charakter der Hofstellen und des Staatsrathes sich fort erhielt, konnte der Mangel eines Gesammtministeriums in Oesterreich nicht fühlbar werden. Allein im Laufe der Zeit gieng dieser Charakter allmählig verloren. In der ersten Periode des Kaisers Franz präsidirte er selbst den Conferenzen und hatte zur Erleichterung seiner Aufgabe an seiner Seite einen Cabinetsminister, welcher in fortwährender persönlicher und nicht blos schriftlicher Verbindung mit den Präsidenten der Hofstellen, den Staatsräthen und den Staats- und Conferenzministern stand, und täglich dem Kaiser die zu entscheidenden Gegenstände vorlegte. Im Jahre 1805 musste dieser Cabinetsminister (Graf Colloredo) auf Verlangen Napoleons von seinem Posten abtreten, und seitdem wurde diese Stelle nicht wieder besetzt; der Kaiser übernahm persönlich die schwierige Aufgabe, alle Fäden der Staatsverwaltung zusammenzuhalten, indem er dazu die zeitweilige Hilfe bald des einen, bald des andern seiner Staats- und Conferenzminister oder Staats- und Conferenzräthe in Anspruch nahm. Der mündliche Verkehr des Kaisers mit den Chefs der Hofstellen wurde immer seltener; sie hatten Alles nur schriftlich dem Kaiser vorzulegen; ungerufen oder ohne vorläufig erwirkte kaiserliche Bewilligung durften sie in Geschäften ihres Amtes nicht bei ihm erscheinen und ihre Berufung unterblieb oft mehrere Monate. So sanken allmählig die Hofstellen von Theilnehmern an der Staatsregierung zu blossen Verwaltungsbehörden herab; eine jede bewegte sich in ihrem Kreise ohne Rücksicht auf die Bewegung der anderen, ein solidarisches Zusammenwirken für den allgemeinen Staatszweck unterblieb. Der Staatsrath, welcher den Brennpunkt für die Concentrierung der Regierungsstrahlen hätte bilden sollen, entsprach dieser Bestimmung nicht; denn die Massen von Detailgegenständen, die ihm zur Berathung zugewiesen wurden, hatten die bedeutende Vermehrung seines Personals, und zwar nicht durch wirkliche Staatsräthe, sondern durch minder hoch und selbständig gestellte staatsräthliche Referenten und seine Ein-

---

[1]) Die Nothwendigkeit eines Staatsrathes ist für jeden Staat unverkennbar, welcher auf Einheit und Festigkeit der Regierungsmassregeln Werth legt.

theilung in Sectionen nach den verschiedenen Verwaltungszweigen zur Folge gehabt; der persönliche Credit der Mitglieder des Staatsrathes sank, seine Verhandlungen wurden schwerfällig und langsam, eine jede Section betrachtete sich als Vertreter des ihr zugewiesenen einzelnen Zweiges. — Das Ganze war nur in der Person des Kaisers Franz vertreten. Alle an den Thron gelangenden Gegenstände wurden aber nicht einmal den Sectionen des Staatsrathes, in deren Geschäftszweig sie einschlugen, zur Berathung zugewiesen; viele liess der Kaiser im sogenannten Cabinetswege ohne Dazwischenkunft des Staatsrathes durch ein von ihm bezeichnetes Mitglied dieses letztern, oder durch einen Staats- und Conferenzminister, manchmal auch durch Männer vergutachten, die keiner dieser Kategorien und selbst dem Staatsdienste überhaupt nicht angehörten, wobei es den mit solchem kaiserlichen Vertrauen Beehrten nicht gestattet war, über den Gegenstand mit Andern Rücksprache zu pflegen. Die Beurtheilung des Einflusses der von irgend einer Hofstelle beantragten Massregeln auf die andern Zweige der Staatsverwaltung blieb oft die schwere Aufgabe des Monarchen allein. — der Staatsrath gelangte nicht zur Uebersicht aller Regierungsgegenstände, und konnte sonach die Lücke nicht ausfüllen, welche in dem Centrum der Regierung durch den Mangel eines Ministerrathes entstand. Bei einer solchen Behandlung der Regierungsgeschäfte war Alles auf die Persönlichkeit des Kaisers berechnet".

Deutlicher und bescheidener konnte der Mangel an Einheit, welcher in der Staatsverwaltung bestand, nicht angegeben werden, als es in den hier wörtlich angeführten Angaben eines der höchsten der unter dem Kaiser Franz thätig gewesenen Staatsbeamten geschieht. Man sieht, dass der Staat kein Gesammtministerium hatte, dass der Staatsrath das Gesammtministerium nicht ersetzen konnte und eben so wenig zur Berathung des Kaisers im Grossen und Ganzen geeignet war, dass der Staatsrath selbst nur eine höchst unvollständige Uebersicht über die höheren Staatsangelegenheiten hatte und seine Maximen nicht einmal den Hofstellen bei den Erledigungen bekannt gegeben wurden, dass das Einheitsband des Ganzen der Kaiser sein sollte, aber es nicht war und sich gern einen Stellvertreter wählte, dem die höchsten Staatsbeamten ihre Vorträge machen mussten, über welche dann der Monarch täglich entschied. Es ergibt sich endlich, dass in dem Centrum der Regierung jene Kraft fehlte, welche der schwerfälligen und schlecht gebauten Staatsmaschine die erforderliche Bewegung geben sollte.

4. Der Cabinetsminister Graf Franz von Colloredo und das von ihm vertretene Regierungssystem.

Bei dem zurückgezogenen Leben, welches der Kaiser Franz schon in den ersten Jahren seiner Regierung führte, mussten die Menschen, welche oft um ihn waren, für den Staat sehr wichtig werden. Der erste, welcher in dieser Hinsicht die Aufmerksamkeit der bedeutenderen Männer des Aus- und Inlandes auf sich zog, war der Cabinetsminister Graf Franz von Colloredo.

Er war aus einer in Friaul einheimischen Familie, welche schon unter der Kaiserin Maria Theresia sehr hoch in der Hofgunst stand und binnen wenigen Jahren mehrere der höchsten Aemter in die Hände ihrer Familienglieder brachte[1]). Der genannte Cabinetsminister Franz Colloredo war der Erzieher des Kaisers Franz gewesen und wurde, als dieser den Thron bestieg, sein Vertrauter und zwar nicht nur für seine persönlichen Geschäfte, sondern auch für die der Regierung und alle anderen wichtigen Staatsangelegenheiten. Er bekleidete gleichzeitig, wie die Staatsschematismen (1795—1803) zeigen, den Posten eines Oberstkämmerers und eines Cabinetsministers, auch hatte er Einfluss auf die Leitung der auswärtigen Angelegenheiten.

Jede dieser Stellungen war bei der Gunst, in welcher Colloredo beim Kaiser stand, eine wichtige. Als Oberstkämmerer hatte er die Oberaufsicht über den wichtigeren Theil des Hofstaates. Die Zulassung zur Audienz und die Anstellung vieler Hofbeamten und Hofdiener hiengen von ihm ab, auch hatte er freien Zutritt zu dem Monarchen. In seiner Eigenschaft als Cabinetsminister war Colloredo der Vorsteher des kaiserlichen Cabinets. Jedes Stück, welches an die Person des Kaisers kam oder in seinem Namen an die Behörden hinausging, lief durch seine Hände und dieser Stücke waren unter Kaiser Franz sehr viele, weil eine Menge von

---

[1]) Unter Maria Theresia und der auf sie folgenden Zeit war Hieronymus Colloredo (1772—1812) Erzbischof von Salzburg. Anton Colloredo (1777—1811) Erzbischof von Olmütz, Graf Wenzel Colloredo war Feldmarschall. Joseph Colloredo war Grossprior des Malteserordens, Generaldirector der Artillerie, Feldmarschall und wurde auch (1805) Kriegsminister, Franz Colloredo war von 1789—1806 Reichsvicekanzler.

Entscheidungen zufolge älterer Verordnungen oder neuerer Vorbehalte der Person des Kaisers ausschliesslich zukamen. Bei diesem Cabinete waren mehrere Cabinetssecretäre angestellt, auch stand es, wie wir gesehen haben, wieder zu dem Staatsrathe in einem ganz eigenthümlichen Verhältnisse. Als Director des Ministeriums der auswärtigen Angelegenheiten konnte Colloredo dem Minister dieses Faches die Bahnen vorzeichnen, welche er einzuschlagen habe und alles Wichtigere sich vorbehalten.

Schon diese verschiedenen Aemter machten den Grafen Colloredo zu einem höchst wichtigen Manne. Er nahm aber auch als der Mann des kaiserlichen Vertrauens bei jenen Versammlungen der obersten Staatsbeamten, welche noch unter Leopold II. die Stelle eines Gesammtministeriums vertraten, eine hervorragende Stelle ein; oft vertrat er dabei den Kaiser. Als diese Versammlungen nach und nach eingiengen, war der Cabinetsminister derjenige, welchem der oberste Beamte in jedem Departement der Staatsverwaltung schriftlich dasjenige mit dem erstatteten Gutachten überreichte, was zur kaiserlichen Entscheidung kommen sollte, wobei es aber nicht selten geschah, dass Colloredo sich auch durch den Chef der Centralbehörde, von der das Geschäftsstück kam, eine Information geben liess. Er hielt dann darüber in der Regel allein dem Kaiser Vortrag und liess endlich die allerhöchste Entscheidung an die betreffende Behörde befördern.

Bei dem grossen Einflusse Colloredos glaubten viele, die aus dem Cabinette kommenden kaiserlichen Entscheidungen wären eigentlich Entscheidungen des Ministers. Es zeigte sich übrigens darin oft eine gewisse Selbstständigkeit gegenüber den Anträgen der Hofstellen. Der Minister hatte nämlich bald die Gewohnheit angenommen, sich über jene Gegenstände, die ihn interessirten, auf unbekannten Wegen Informationen und Gutachten zu verschaffen. Oft wurde ein Geschäftsstück unerwartet einem Hofrathe oder einem Bischof in der Provinz zugesendet und von diesem unter dem Siegel des strengsten Geheimnisses binnen einer gewissen Zeit eine Auskunft oder ein Gutachten verlangt. Dieses diente dann meistens, wie man glaubte, als Grundlage für die kaiserliche Entscheidung, welche dadurch oft diejenigen in Verlegenheit setzte, von denen Berichte und Anträge im gewöhnlichen Amtswege an den Monarchen gekommen waren. Diese geheimen Abforderungen von Gutachten waren aber auch eine Polizeimassregel, welche dazu beitrug, viele hohe Beamte ängstlich und schüchtern zu machen und nach allen Richtungen hin Argwohn zu verbreiten.

Bei der Stellung des Grafen Colloredo war es natürlich, dass jene Maximen über die Staatsverwaltung, welche er manchmal als die seinigen durchblicken liess, auch als die Grundsätze der Regierung betrachtet wurden. In kurzem galt Colloredo für den dirigierenden Minister, seine Gunst oder Ungunst entschied über alle Beförderungen. Kein Wunder daher, wenn alle andern Minister sich vor Colloredo beugten und, ehe sie etwas Wichtigeres beantragten, die Meinung des mächtigen Cabinetsministers zu erforschen suchten. Unter allen Ministern stand aber bei Colloredo am meisten in Gunst der Minister der auswärtigen Angelegenheiten Freiherr von Thugut, welcher nach der Meinung vieler Leute selbst nach seinem Austritt aus dem Cabinette (1800) noch oft von Colloredo über die Staatsangelegenheiten zu Rathe gezogen wurde. Die anderen Minister waren nicht so glücklich, lang bei Colloredo in Gunst zu sein, und selbst der Graf Ludwig von Cobenzl, der (1800) als „Vicekanzler" Minister der auswärtigen Angelegenheiten wurde, hatte doch niemals das volle Vertrauen Colloredos. Es entwickelte sich daher eine ganz eigenthümliche Regierungsform, von welcher in dem nächsten Abschnitte die Rede sein soll.

Colloredo galt allgemein für einen äusserst beschränkten Kopf, aber auch für einen in Beziehung auf Geldinteressen uneigennützigen Mann und für einen dem Kaiser durchaus ergebenen Staatsbeamten. Die Abneigung, welche der Kaiser Franz die ganze Zeit seiner Regierung hindurch gegen Advocaten, freie Presse, Aufklärungs- und Constitutionsideen hatte, schrieb man vorzüglich dem Einfluss zu, welchen Colloredo gehabt habe. Der letztere scheint in der französischen Revolution niemals etwas Anderes als einen durch eine kleine Anzahl unruhiger Köpfe hervorgerufenen und unglücklicherweise nicht gehörig bekämpften Aufstand gesehen zu haben, welcher so lang fortdauern würde, als nicht das alte Königsgeschlecht wieder den französischen Thron bestiege. Von der Wissenschaft wollte Colloredo im Hinblick auf den Beifall, welchen die französische Revolution anfangs auf den meisten deutschen Universitäten gefunden hatte, durchaus nichts wissen und dies war die Ursache, dass der den Wissenschaften nicht ganz ungünstige Geist, welcher sich in der Gesetzgebung Leopolds II. gezeigt hatte, sich bald verlor.

In wiefern die französische Revolution mit den Ideen zusammenhänge, welche sich in der zweiten Hälfte des achtzehnten Jahrhunderts auf fast allen Thronen gezeigt hatten, davon scheint Colloredo keinen klaren Begriff gehabt zu haben. Dies war dann auch vermuthlich die Ursache, dass man nicht das geringste Streben bemerkte, den in den österreichischen Staaten unter den drei letzten Regierungen entstandenen Zustand mit demjenigen, was man wollte, zu vergleichen. Es scheint, dass man diesen Zustand, da Alles ruhig war und die Staatsmaschine ihren Gang ging, nicht nur nicht für unbefriedigend, sondern sogar für vortrefflich hielt und daher das ganze Streben nur dahin richtete, ihn zu erhalten und Alles, was ihn stören könnte, sorgfältig zu verhüten. Daher strengere Censurgesetze und eine zunehmende Erschwerung der Publicität in allem, was in den österreichischen Staaten vorgieng, eine Organisierung der Schulen, bei der sie mit den Lehranstalten und den Fortschritten des Auslandes kaum mehr in der geringsten Verbindung blieben, und bei einem entschiedenen Hasse gegen die Revolution dennoch die Beibehaltung mehrerer ihr günstiger Principien in der Kirche, den Schulen und der Staatsverwaltung.

Die Männer der Aufklärungspartei, welche in den unteren Aemtern noch ziemlich zahlreich waren, wurden sehr bald den herrschenden Einfluss gewahr und, um nicht den ihrigen zu verlieren, verbargen sie theilweise ihre Grundsätze. Sie ersetzten das Wort Aufklärung durch „Cultur", sprachen viel von Tugend, gaben vor, „das geräuschlose Wirken zum Bessern" zu wollen, redeten die Sprache der Ergebenheit und wussten so nicht nur sich selbst, sondern auch die Josephinische Gesetzgebung und ihre Grundsätze zu erhalten. Von jenen Veränderungen im Ständewesen und dem Justizfache, welche Leopold II. beabsichtigt hatte, redete man nicht weiter, wenigstens nicht im Sinne Leopolds, die Josephinischen Principien entwickelten sich daher mit jedem Jahre mehr, und sowohl diese Grundsätze, als auch die positiven unter Maria Theresia und Joseph II. erlassenen Gesetze wurden nun die Grundlage für manche neue Gesetze und bestimmten fortdauernd den Geist der Kanzleien. So herrschten nicht blos in den oberen Regionen der Beamtenhierarchie andere Grundsätze als in den unteren, selbst in einem und demselben Regierungscollegium fanden sich solche Verschiedenheiten der Ansichten. Auch die Hofstellen stimmten in ihren Grundsätzen nicht überein.

Diese Umstände hatten die Folge, dass der Kaiser über einen und denselben Gegenstand oft verschiedene Rathschläge erhielt und dadurch in seinen Entschliessungen unsicher wurde, so dass die Erledigung Jahre lang auf sich warten liess, oder ganz unterblieb, dass die gesetzgeberische Thätigkeit erlahmte und dass in der Staatsverwaltung eine grosse Gleisnerei aufkam, weil man oft nicht wusste, ob man sich als Anhänger oder Gegner der Aufklärungspartei zeigen, ob man religiös oder irreligiös sein sollte.

Natürlich konnte Colloredo allen den Geschäften, welche nach dem schon unter den früheren Regierungen eingeführten Geschäftsgange in das Cabinet kommen mussten, nicht genügen. Er suchte sich daher an den Staatsräthen und Staatsreferendarien sowie an einzelnen Hofräthen Hilfsarbeiter. Als Männer des Vertrauens hatten diese Hilfsarbeiter oft die eigentliche Entscheidung in den ihnen zugewiesenen Geschäften, wenn auch der Form wegen ihre Anträge die Genehmigung Colloredos und des Kaisers erhalten mussten.

Diese Herrschaft des Grafen Colloredo war vielen Menschen, selbst bei Hofe, unangenehm. Aber erst der Erzherzog Karl konnte, als er sich einen grossen Namen gemacht hatte und 1801 für diesen als Präsidenten des Hofkriegsrathes ein Kriegsministerium errichtet worden war, es wagen, dem Einfluss des mächtigen Cabinetsministers entgegen zu arbeiten. Er setzte es durch, dass 1801 als eine Art von Surrogat für das seit 1780 thatsächlich nicht mehr bestandene Staatsrathscollegium eine Staatsconferenz angeordnet wurde, in welcher ausser den Ministern für die auswärtigen Angelegenheiten, den Krieg und des Innern drei Referendarien und ein Secretär unter dem Vorsitz des Kaisers alle Wochen einmal sich versammeln und die Staatsgeschäfte erledigen sollten. Aber dem Kaiser war diese Einrichtung bald lästig. Die Staatsconferenzen wurden immer seltener, wie es hiess, durch den Einfluss des Grafen Colloredo, welcher in dieser Einrichtung für seine Macht eine Gefahr sah und hörten endlich (1808) ganz auf.

Darnach wurde noch ein anderer Versuch gemacht, den Kaiser aus seiner Einsamkeit zu bringen und dadurch den Einfluss des Grafen Colloredos zu schwächen. Es wurde festgesetzt, dass beim Hofe alle Wochen einmal Cercle gehalten werden sollte, wodurch es möglich gewesen wäre, dass mehrere Personen sich dem Monarchen genähert hätten. Allein auch das kam bald wieder ab und von dieser Zeit an bis zum Ende der Regierung des Kaisers Franz hatte der Hof blos zwei oder drei Gallatage im Jahre, an denen die Grossen an Pracht wetteiferten.

Der Credit Colloredos wurde erst durch die Katastrophe der österreichischen Armee bei Ulm und die Einnahme Wiens im November 1805 gebrochen. Der Kaiser entliess ihn, worauf er bald starb.

Um dieselbe Zeit war, wie verlautete, dem Kaiser bemerkt worden, dass er, wenn es besser gehen sollte, persönlich mehr Antheil an den Staatsgeschäften nehmen müsse. So viel ist gewiss, dass das letztere geschah, aber in dem eingeführten politischen Systeme änderte sich wenig. Die Minister, welche, wenn auch mit geringerem Einfluss, dem Grafen Colloredo nachfolgten, fanden das System, welches unter ihm gegründet worden, für ihre Herrschaft vortrefflich, und da der Kaiser sich die meisten politischen Ansichten Colloredos angeeignet hatte, fand weder in den angenommenen Regierungsmaximen noch in der Geschäftsbehandlung im Centralpunkte der Regierung ungeachtet mehrmaliger Ministerwechsel (1806—1835) eine wesentliche Veränderung statt[1]).

Um das angenommene System durchzuführen und sicherzustellen, durfte man dem Institut der Landstände keineswegs jene Entwicklung geben, welche einige Decrete Leopolds II. in Aussicht gestellt hatten. Das Cabinet liess also die Landstände der böhmisch-österreichischen Provinzen in jenem Zustande, in welchem sie bei dem Regierungsantritt des Kaisers Franz gewesen waren. In Folge dessen wurden die Landtage von wenigen Personen be-

---

[1]) Eben darum war es ein grosser, nur durch den gänzlichen Mangel an Oeffentlichkeit erklärbarer Irrthum, dass das Publicum jenes System, nach welchem die österreichische Monarchie in der Periode von 1816—1848 regiert wurde, dem Minister Fürsten von Metternich zuschrieb. Das System hatte einen weit älteren Ursprung, indem es in seinen Grundzügen selbst über die Zeiten des Cabinetsministers Franz von Colloredo hinausgieng, in seiner genauen Entwicklung aber vorzüglich diesem Minister und der Persönlichkeit des Kaisers Franz zuzuschreiben ist. Dass aber Metternich, als er zur Macht gelangte, sich die Vortheile des von ihm bereits vorgefundenen Systems aneignete, ist um so natürlicher, als er schwerlich den Ministerposten hätte behaupten können, wenn er ein anderes System hätte emporbringen wollen. Ueberdies ist es gewiss, dass Metternich die inneren Zustände der österreichischen Monarchie wenig kannte und sie (bis ungefähr 1825) für viel besser hielt, als sie waren.

sucht, kaiserliche Beamte hatten als eine Art von Gehaltszulage den Posten der obersten Landesofficiere inne, die Landtagsdirectoren litten nicht die geringste Opposition, unter den Erschienenen war fast immer die Hofpartei überwiegend, selbst die Mitglieder des ständischen Ausschusses bedurften zum Antritt ihres Amtes der kaiserlichen Bestätigung und sie standen in mancher Beziehung unter dem Gubernium. Es war nur ein Zerrbild von landständischen Verfassungen.

Die Stände fügten sich ruhig in diese Verhältnisse und nahmen es dankbar an, als ihnen der Kaiser im Jahre 1808 eine ständische Uniform bewilligte. Die bei der Eröffnung oder am Schlusse eines Landtages üblichen Ceremonien boten aber ein Bild von Armseligkeit, welches selbst auf den gemeinen Mann einen üblen Eindruck machte.

Ausser diesen Massregeln zur Aufrechthaltung des Absolutismus ergriff man in der Periode von 1794 bis 1808 noch verschiedene andere.

Um nicht Ideen, Controllen oder Gesetzentwürfe aufkommen zu lassen, welche den Ministern unangenehm sein könnten, wollten die Männer, welche bei Hofe den Ton angaben, nicht leicht auf die höheren Posten Menschen von anerkannten Talenten oder einem erprobten Patriotismus gelangen lassen. Kam zuweilen ein solcher durch eine Art von Versehen empor, so eilte man, ihn durch Versetzung oder Pensionierung unschädlich zu machen. Der Kaiser selbst aber konnte sich mit den einzelnen Fragen um so weniger gründlich beschäftigen, je mehr Gegenstände seiner eigenen Entscheidung vorbehalten wurden.

5. Die Geschäftsbehandlung bei den Hofstellen.

Als in den ersten Regierungsjahren Maria Theresias die später eingeführte Centralisation noch nicht bestand, reichten wenige Referenten zur Besorgung der Geschäfte hin und da die Angelegenheiten, welche an die Hofstellen kamen, fast durchaus wichtig waren, konnte die Collegialbehandlung als zweckmässig bezeichnet werden. Als aber durch die vielen Recurse, die Vorbehaltung vieler Entscheidungen für die höheren Behörden und die Einmengung der Staatsgewalt in unzählige Privatverhältnisse die Arbeit bei den Hofstellen in das Ungeheure stieg, wurde die collegiale Behandlung derselben die Quelle einer fehlerhaften Geschäftsführung. Der kundige Verfasser der „Genesis der Revolution"[1] drückt sich darüber auf folgende Art aus:

„Die Collegialbehandlung von Gegenständen bei den administrirend nicht über Rechtsfälle erkennenden Hofstellen mochte zu der Zeit ihrer Einsetzung, wo die Zahl ihrer Geschäfte und ihrer Mitglieder nicht sehr gross war, keinen bedeutenden Anständen unterliegen: in der Neuzeit aber hatte sie den doppelten Nachtheil, die Erledigung der einlangenden Gegenstände zu verzögern und eine Referentenherrschaft ohne persönliche Verantwortlichkeit herbeizuführen, indem die Menge der zu erledigenden oft sehr verwickelten Gegenstände weder einen erschöpfenden Vortrag in den Sitzungen, noch eine gründliche Abstimmung darüber gestattete, das Vortragen sonach in den meisten Fällen eine blosse Förmlichkeit war, welche nur dazu diente, den Referenten für die Folgen seines zum Rathsschlusse erwachsenen Antrages ausser Verantwortlichkeit zu setzen. Das Unanwendbare der Collegialbehandlung auf Geschäfte, die ihrer Natur nach Schnelligkeit, Geheimhaltung oder specielle Fachkenntnisse erforderten, war auch bereits anerkannt, und deshalb nebenbei die Präsidialbehandlung eingeführt worden, nach welcher der Präsident manche Geschäfte seinem Collegium entzog, um sie aus eigener Machtvollkommenheit mit Benützung der Feder irgend eines Rathes oder Secretärs zu erledigen. Bei manchen Hofstellen, namentlich bei der allgemeinen Hofkammer, war sie sehr ausgedehnt. Sie hatte die üble Folge, dass sie das Interesse des Präsidenten vorzüglich auf die sich vorbehaltenen Gegenstände leitete, und sonach jenes an den Collegialverhandlungen, dadurch aber auch die Ueberwachung der Referenten und Votanten von seiner Seite verringerte, auf welcher Ueberwachung doch die Garantie gegen Oberflächlichkeit, Befangenheit oder Willkür der Referenten beruhte."

„Der Wirkungskreis der Hofstellen war ihnen durch den Kaiser scharf vorgezeichnet; was ausserhalb oder über demselben lag, musste der kaiserlichen Schlussfassung unterzogen werden. Die Abgrenzung war zum Theil mehr auf der Grundlage der Form, als auf der des Gewichtes gefasst. In der Regel musste Alles, was nicht aus den bestehenden Vorschriften abgeleitet werden konnte, an den Thron gelangen, dasjenige aber, was innerhalb einer solchen Vorschrift lag, wurde von einer Hofstelle, deren

---

[1] S. 29 ff.

Wirkungskreis es betraf, unmittelbar entschieden. Aus dieser Maxime entstanden die sonderbarsten Contraste. So konnte z. B. ein zum Militär Berufener, wenn nicht die gesetzlichen Befreiungsbedingungen von den Civil- und Militärbehörden anerkannt waren, aus Billigkeitsrücksichten nur durch den kaiserlichen Ausspruch vom Militärdienste befreit werden, während die Bemessung der jährlich zu stellenden Recrutenzahl, obgleich sie in einem jeden Jahre verschieden war, ganz vom Hofkriegsrathe abhieng. Die Tausende von Arbeitern, welche bei öffentlichen Arbeiten eine zwar fixe, aber mit keiner Eidesleistung verbundene Verwendung oft eine lange Reihe von Jahren hindurch gefunden hatten, konnten bei eintretender Erwerbsunfähigkeit auch mit der kleinsten jährlichen Unterstützung nur nach eingeholter kaiserlicher Genehmigung betheilt werden, weil zu einer Versorgung vom Staate nach den bestehenden Vorschriften nur die Beeidigung Anspruch gab. Die Umgestaltung der kleinsten Waldparzelle in einen Acker musste vom Thron gestattet werden, weil die Waldordnung vorschrieb, dass die Fläche der Waldungen, um dem Holzmangel vorzubeugen, nicht verringert werden solle. Ein Gutsherr, welcher von seinen Unterthanen einige Quadratklafter Grund für einen Hofraum oder Garten erkaufen wollte, musste hiezu die Ermächtigung des Kaisers erwirken, weil die Patente in Unterthanssachen verbieten, dass die Dominien sogenannte Rusticalgründe an sich bringen."

„Nebst diesen systemmässigen Schranken des Wirkens der Hofstellen wurde letzteres aber auch häufig in einzelnen Fällen, deren Erledigung zu ihren Attributen gehört hätte, vom Kaiser beschränkt. Die absoluten Herrscher Oesterreichs hatten nämlich ihren Unterthanen das Petitionsrecht in einem so ausgedehnten Umfange gewährt, dass Jedermann sich mit Bittschriften unmittelbar an den Kaiser wenden, und solche nicht nur bei den wöchentlichen Audienzen persönlich überreichen, sondern auch mit der Post einsenden konnte, indem die Postämter angewiesen waren, alle an den Kaiser adressierten Briefe dem kaiserlichen Cabinette zu übermitteln. Die einlangenden Gesuche wurden geprüft, und wenn ihr Inhalt keine besondere Rücksicht zu verdienen schien, kurzweg an die Hofstellen zur Amtshandlung geschickt. Wenn aber darin Umstände angegeben waren, welche den Bittenden entweder einer Gnade würdig zu machen schienen, oder welche einen Zweifel gegen die Unbefangenheit der Behörden erweckten, bezeichnete („signirte") der

Kaiser das Gesuch, d. h. er schrieb mit eigener Hand an eine Ecke desselben den Namen des Präsidenten jener Hofstelle, in deren Ressort der Gegenstand gehörte. Eine jede solche Bezeichnung hatte die Wirkung, dass über die Bitte nicht Amt gehandelt werden durfte, bevor nicht dem Kaiser das Sachverhältnis aufgeklärt und die von der Hofstelle beabsichtigte Erledigung von ihm genehmigt worden war. Diese ziemlich häufigen sogenannten a. h. Signaturen mussten daher nicht allein Geschäftsverzögerungen, sondern auch Kraftlähmung der Behörden oft zur Folge haben. — Die Ueberwachung der Hofstellen bezüglich auf die Nichtüberschreitung ihres Wirkungskreises und auf die Art der Geschäftsbehandlung überhaupt wurde dadurch sichergestellt, dass ihre Geschäftsprotokolle von Sitzung zu Sitzung dem Kaiser vorgelegt werden mussten; ihre Prüfung und Beurtheilung war dem Staatsrathe zugewiesen, welcher eine strenge Controlle ausübte.

„Wenn durch dieses Verfahren gegen Missbrauch der Amtsgewalt wirksame Vorkehrung getroffen war, so wurde von der anderen Seite die Bewegung der Hofstellen erschwert und Einschüchterung nicht nur derselben, sondern auch der unteren Behörden herbeigeführt. Die Folge davon war, dass eine jede Behörde, um sich vor Verantwortung zu schützen, in zweifelhaften Fällen, statt zu handeln, zu Anfragen ihre Zuflucht nahm; so lehnte sich die untere an die höhere, die höchste an den Kaiser, welchem hiernach in der Meinung des Volkes die Schuld missliebiger Massregeln beigemessen wurde."

„Die Hofstellen hatten mit dem Staatsrathe oder mit den Cabinetsvotanten gar keine Berührung; sie überreichten ihre Vorträge dem Kaiser. Dadurch war ihre ursprüngliche Stellung als Staatssecretariate der Form nach bewahrt, denn der Staatsrath stand nicht zwischen ihnen und dem Kaiser, sondern nur hinter demselben, um ihre Vorträge von ihm, wenn er ihre Beurtheilung durch den Staatsrath angemessen fand, zu empfangen und wieder, durch ihn vergutachtet, zurückzugeben. Diese Aufrechthaltung der Form war jedoch mit einem wesentlichen Nachtheile für die Sache verbunden. Die Hofstellen erfuhren nämlich durch die kaiserlichen Entschliessungen auf ihre Vorträge, oder durch kaiserliche Cabinetsschreiben (allerhöchste Handbillete genannt) nur den kurz ausgesprochenen Beschluss des Kaisers, ohne alle Begründung desselben; denn diese unterblieb der Maxime nach, weil es mit der absoluten Herrschergewalt nicht für verträglich erachtet wurde, Rechenschaft über die Motive eines kaiserlichen Beschlusses zu geben. Sie wussten also in allen sehr häufig eingetretenen Fällen, wo ihre Anträge entweder gar nicht, oder nur mit Abänderungen angenommen wurden, nicht den Grund der Verwerfung oder Amendirung, konnten sonach nicht den Geist der Verfügungen ihres Gebieters auffassen, sondern waren auf die Vollziehung dessen beschränkt, was ihnen in den todten Buchstaben des Befehles zu liegen schien. Missverständnisse, Gleichgiltigkeit gegen die Folgen der Ausführung des Befehls, Kränkung des Selbstgefühls, ja manchmal sogar Schadenfreude über den nicht günstigen Erfolg eines gegen ihren Antrag an sie gelangten unmotivierten Beschlusses blieben nicht aus, so dass oft die Secretariate des Kaisers (die Hofstellen) in einer moralischen Opposition mit ihrem Herren standen. Diesem bedeutenden Uebel wäre durch die einfache Verfügung abzuhelfen gewesen, dass zu den staatsräthlichen oder Cabinetsvergutachtungen, wo es sich um eine Verwerfung oder wesentliche Abänderung der von den Hofstellen erstatteten Vorschläge handelte, die Vorstände dieser letzteren wären berufen worden; allein dagegen erhob sich die Liebe zum Alten, und das Gefallen, welches die staatsräthlichen und Cabinetsvotanten daran fanden, auch für sich einen Theil der Unangreifbarkeit ihres Consultators in Anspruch zu nehmen."

Diese Verhältnisse machten oft das Loos eines auch hochgestellten Beamten zu einem unangenehmen, indem er sich zu einer oft geistlosen Geschäftsführung verurtheilt sah. Aber bei den unteren Behörden wurde die Sache noch ärger.

6. Die Geschäftsformen der Landes-, Bezirks- und Ortsbehörden. — Die Landstände.

Auch bei der Schilderung der Zustände und Verhältnisse bei den Landesbehörden und den ihnen untergeordneten Bezirks- und Ortsbehörden halten wir uns im Wesentlichen an den Verfasser der „Genesis der Revolution", weil er den auf seinem Standpunkte sehr natürlichen Zweck gehabt hat, die Sache, insoweit es ohne Unwahrheit in Beziehung auf das Thatsächliche geschehen konnte, im mildesten Lichte zu zeigen, und er also in Ansehung dessen, was er dem damaligen System Nachtheiliges nachsagt, um so mehr Glauben verdient. Er sagt unter anderem Folgendes:

„Die Landesbehörden für die innere (sogenannte politische) und die Finanzverwaltung hatten in dem Hauptorte eines jeden Kreises (im lombardisch-venetianischen Königreiche in jeder Provinz) landesfürstliche Organe zur Verfügung. Bei jenen, welche der Finanzverwaltung zugewiesen waren, bestand ebenfalls das Collegialverfahren; bei den für die innere (politische) Verwaltung bestimmten (den Kreisämtern und im lombardisch-venetianischen Königreiche den Delegationen) war die Amtsgewalt und Verantwortlichkeit dem Vorsteher (Kreishauptmanne oder Delegaten) persönlich übertragen."

„Die Landesbehörde für die Justizverwaltung verfügte über die Justizbehörden der ersten Instanz, welche theils aus landesfürstlichen oder städtischen Collegialbehörden, theils aus landesfürstlichen und herrschaftlichen Einzelnrichtern bestanden."

„Die Landesbehörde in Militärgegenständen hatte den Divisionsgeneralen des Landes zu gebieten."

Belgien und die österreichische Lombardie hatten eine Verfassung für sich. „In Ungarn und Siebenbürgen bestand der Unterschied, dass die Landesbehörden für innere Verwaltungs- und Justizgegenstände keine landesfürstlichen Organe in den Landestheilen (den Comitaten) zur Verfügung hatten, sondern nur Municipien, die mit Ausnahme der vom Landesfürsten ernannten inamoviblen Obergespäne ... aus freier Wahl der Comitatsstände hervorgegangen, gar nicht oder sehr gering besoldet, innerhalb der Periode, für welche sie gewählt waren, inamovibel waren und deshalb oft den erhaltenen Aufträgen nur in so weit Folge leisteten, als sie solche mit ihrer Municipalautorität vereinbarlich fanden. Bei dem bestehenden Collegialverfahren hatten ihre vom Landesfürsten aufgestellten Vorsteher (die Obergespäne) nicht die Kraft, höheren Befehlen Folgeleistung zu verschaffen."

„In Galizien und den böhmisch-österreichischen Provinzen standen unter den Kreisämtern als erste Organe der inneren (politischen) Verwaltung theils städtische Magistrate, theils herrschaftliche Aemter. Die Magistrate wurden durch Wahlen der Bürgerschaft, die herrschaftlichen Aemter durch die Ernennung des Herrschaftsbesitzers besetzt und dem Herrschaftsbesitzer stand verfassungsmässig das Recht zu, seinem Beamten wie einem gewöhnlichen Dienstboten den Dienst aufzukü.digen. Aus diesem Rechte folgte aber wieder, wiewohl der herrschaftliche Beamte an die landesfürstlichen Gesetze gebunden und den landesfürstlichen Behörden für seine Amtsführung verantwortlich war, doch ein indirecter Einfluss des Herrschaftsbesitzers auf die Behandlung gewisser Amtsgeschäfte, den die landesfürstlichen Behörden mit Missfallen betrachteten.

In jenen Ländern der Monarchie, wo es Landstände gab, war die Stellung dieser Landstände zum landesherrlichen Beamtenstande sehr verschieden, besonders in Belgien, der Lombardie, Ungarn, Siebenbürgen, Croatien und Slavonien. Im allgemeinen konnte man sagen, dass darüber die meistens schon alte und auf Privilegien, Verträgen und dem Herkommen beruhende Landesverfassung entschied. In Galizien und den böhmisch-österreichischen Provinzen nahmen aber die Landstände eine theils coordinirte theils subordinirte Stellung den kaiserlichen Behörden gegenüber ein, welche Stellung die unversiegbare Quelle von Reibungen zwischen ihnen waren. Diese Landstände hatten nicht den Charakter von Volksrepräsentanten in dem Sinne, welcher diesem Wort in unsern Tagen beigelegt wird; sie waren privilegirte Körperschaften, die nur ihre eigenen, von dem Monarchen zu verschiedenen Zeiten zugestandenen Rechte vertraten, Rechte, welche weder eine entscheidende Theilnahme an der Gesetzgebung noch die Zustimmung zu der Besteuerung im Allgemeinen klar aussprachen, sondern sich auf die Bekanntgebung der von der Provinz zu entrichtenden directen Steuern alle Jahre noch vor deren Ausschreibung, auf einige den Ständen zugewiesene Verwaltungsgeschäfte, namentlich die Ausschreibung, Repartition und Erhebung der directen Steuern, auf die Verwaltung und Verwendung einiger ihnen für gewisse entweder bereits festgesetzte oder von Zeit zu Zeit festzusetzende Ausgaben zugewiesenen Fonds, auf die Verwaltung der aus diesen Fonds dotirten Anstalten und auf die Evidenzhaltung und Tilgung der in früherer Zeit von den Landständen für Regierungszwecke contrahirten Schulden bezogen. Das allgemeine Volksinteresse hatten sie nur insoferne zu vertreten, als es mit dem ihrigen zusammentraf."

So war in Ansehung der Landstände in den Provinzen mit deutscher Verfassung die Theorie der landesfürstlichen Behörden. Die Stände, durch die Zeitumstände schüchtern gemacht, liessen sich diese Theorie gefallen und waren also in jeder Provinz nichts als eine unbedeutende Verwaltungsbehörde. Einzelne ständische Glieder hatten aber über das, was die Stände sagen sollten, eine

ganz andere Theorie. Sie erinnerten sich, dass die Landstände
von Böhmen, Mähren, Niederösterreich, Oberösterreich, Steiermark,
Kärnten, Krain und Tirol einst als die Repräsentanten des Landes
angesehen wurden, Dynastien beriefen, den Thron besetzten und
die ganze Landesverwaltung besorgten. Sie meinten, das letztere
habe noch im Jahre 1744 stattgefunden und selbst jene Trümmer
von Rechten, welche man ihnen gelassen habe, deuteten noch
auf etwas ganz anderes hin, als auf den Begriff, dass die Landstände nur eine auf landesfürstlichen Bewilligungen beruhende
Körperschaft wären. Sie meinten, wer Steuern bewilligen könne,
könne sie auch abschlagen, wer aber das letztere könne, habe
keine [unbedeutende Stellung. Manchen fiel es auch ein, dass
Leopold II. ihnen (1791) zugesichert habe, sie würden bei allen
wichtigeren Gesetzen gehört werden.

Selbst jene, welche so dachten und in vertrauten Zirkeln so
redeten, glaubten aber durchaus nicht, dass es an der Zeit sei,
mit grösseren Ansprüchen aufzutreten. Die Landstände der westlichen Provinzen blieben also (1792—1814) sehr ruhig in der von
der Regierung vorgezeichneten Bahn, wenn sie auch schon zuweilen einige Erinnerungen an die älteren Zustände den Behörden
gegenüber, welche den ständischen Wirkungskreis inspicierten,
blicken liessen. Die Form der ständischen Geschäftsführung war
übrigens die, dass alljährlich auf einem Landtage die landesherrlichen Steuerforderungen (postulata) verlesen, dann einige Tage
hindurch über die wichtigeren Gegenstände des den Ständen vorbehaltenen Wirkungskreises von den erschienenen ständischen
Gliedern Berathungen gehalten, sofort aber die Vollziehung dieser
Beschlüsse und die minder wichtigen Geschäfte von einem ständischen Ausschusse, dem die ständischen Beamten der Provinz
untergeordnet waren, besorgt wurden.

Bei den sämmtlichen Provinzialbehörden herrschte der Grundsatz, dass sie sich genau an ihre Instructionen zu halten hätten
und selbst dort, wo das Gesetz ihnen offenbar unpassend schien,
nicht nach ihrem eigenen Ermessen handeln durften, daher gleichfalls Anfragen machen müssten. Weil aber Anfragen oft auch
übel genommen wurden, so geschah dabei nicht leicht ein Antrag
auf Abänderung unzweckmässiger Einrichtungen. Daher gleichfalls, da für die genaue collegiale Geschäftsbehandlung meistens
die Zeit fehlte, ein Collegialverfahren von geringem Nutzen, wobei sich eine Referentenherrschaft ausbildete und ein langsamer,

schwerfälliger und schüchterner Geschäftsgang. Er wurde noch dadurch verwickelter, dass man beinahe gegen jede Verfügung der Unterbehörde recurrieren konnte und oft auch die Unterbehörde, wenn sie sich aussprach, oder ehe sie sich aussprach, von Amtswegen der höheren Behörde die Acten vortragen musste. Das Recursrecht war in den sogenannten politischen Geschäften (Administrationsgegenständen) so ausgedehnt, dass man oft in einer Gewerbssache einen Recurs von dem Magistrate an das Kreisamt sah, von dessen Ausspruch in derselben Sache an das Gubernium recurriert werden konnte, dem dann noch Unzufriedenen der Recurs an die Hofstelle offen stand und dann noch ein weiterer Recurs an das Cabinet des Kaisers stattfinden konnte. Bei jedem Recurse mussten alle Acten vorgelegt und gewöhnlich die ergangene Entscheidung der berichterstattenden Behörde gerechtfertigt werden. Es war daher etwas Alltägliches, dass einzelne einfache Geschäfte, bis es zur definitiven Entscheidung kam, sich zwei oder drei Jahre herumtrieben, und dann die Entscheidung auf die Localverhältnisse, welche den oberen Behörden in der Regel wenig bekannt waren, nicht ganz passte, oder für ungerecht gehalten wurde.

Diese Ausartung der Geschäftsführung, zu welcher freilich schon weit früher (1750—1788) der Grund gelegt worden, geschah am meisten durch einzelne Weisungen und den Geist der Regierung in der Periode von 1792—1800, dann aber blieb es bis zum Jahre 1835 in der Hauptsache stets gleich, obgleich einigemal von Geschäftsvereinfachung die Rede war, und für diesen Zweck auch einige Gesetze erschienen. Vielen höheren Beamten schien aber die Geschäftsführung bereits um das Jahr 1810 eine Art von Angiasstall, welcher mit gewöhnlichen Mitteln nicht mehr rein zu machen sei.

„Die Abgrenzung des Wirkungskreises der Landesbehörden und die Controlle gegen Ueberschreitung desselben oder gegen Amtsmissgriffe beruhte auf denselben Grundlagen, wie bei den Hofstellen." Die Eifersucht der Ueberwachenden gegen die Untergeordneten hatte den bereits um 1748 bestandenen Grundsatz, den Unterbehörden so wenig als möglich an wichtigen Entscheidungen zu überlassen und die Recurse von ihren Aussprüchen nicht nur zu begünstigen, sondern fast frei zu geben, festgehalten und consequent sogar dort in Anwendung gesetzt, wo es früher noch nicht der Fall gewesen war. Auch liess man den Unterbe-

börden so wenig als möglich Spielraum für ihre freie vernünftige
Beurtheilung. Man band sie entweder an das positive Gesetz,
welches oft bis in ein unglaubliches Detail gieng, oder an Instructionen, von denen man nicht abgehen durfte. Daraus entstand bei allen Unterbehörden, wenn das zu befolgende Gesetz
nicht ganz deutlich war, ein System des Anfragens, denn die Anfrage schützte in jedem Falle gegen Verantwortlichkeit, während
die Entscheidung ohne Anfrage in diesem Falle leicht auf den
Gedanken führen konnte, Eigensinn oder Ungeschicklichkeit bestehe
bei der Unterbehörde. Die Folge dieser Einrichtung, welche auch
den Hofstellen gegenüber bei den Landesbehörden bestand, „war
ein matter, zaghafter und langsamer Geschäftsgang. Da überdies die
Ueberwachung der Amtsführung sich mehr auf die Frage, ob als
auf die Frage wie ein Geschäftsstück erledigt worden war, beschränkte, so erreichte die Kunst, durch neue Erhebungen, Ein-
vernehmungen von Neben- oder Hilfsbehörden und Anfragen an
höhere die Acten in der Bewegung zu erhalten, ohne sich die
Mühe zu geben, darüber zu entscheiden, einen hohen Grad von
Ausbildung. Gleich den in England zum Tretrade Verurtheilten,
welche forttreten müssen, wenn auch das Rad kein Erzeugnis
liefert, arbeiteten die Beamten oft, ohne dass durch ihre Bemühungen etwas erzielt wurde. Dass sie durch solche unproductive
Anstrengung stumpf und entmuthiget wurden, ist begreiflich. Die
Disciplin derselben sank dadurch von einer moralischen zu einer
blos formellen herab; viele Beamte hielten sich nicht sowohl für
verpflichtet, im Geiste der Regierung zu wirken, als vielmehr nach
den erhaltenen Vorschriften Acten zu erledigen, und selbst in
dieser Beziehung geschah in der Regel gerade so viel, als nothwendig war, die Beamten vor Unannehmlichkeiten mit ihren Vorgesetzten zu schützen.“ Die Vorgesetzten hatten übrigens nur
schwache Mittel, einen Beamten, der einmal den Diensteid abge-
legt hatte, von seinem Posten zu entfernen; wohl aber konnten
sie es sehr leicht bewirken, dass irgend ein ihnen missfälliger
Beamter nicht weiter komme. Dieses letztere für den Beamten
gefährliche Recht der Oberen hielt noch eine Art von Ordnung
aufrecht.

Auf Gesetze gegen Defraudationen, grobe Nachlässigkeit im
Dienste, Ueberschreitungen des Urlaubes, unerlaubte Aufrech-
nungen, Bestechlichkeit u. s. w. war schon um 1794 hinlänglich

gedacht, und Graf Hartig meint [1]), indem er so manche schädliche Einwirkungen auf den österreichischen Beamtenstand erwähnt, es gereiche „der österreichischen Beamtenclasse zur grossen Ehre, dass sie mit Ausnahme der erwähnten Unentschlossenheit im Handeln und Kälte in Befolgung der Regierungsabsichten in der Regel zu keinen gegründeten Klagen über Unfleiss, Parteilichkeit oder Zugänglichkeit Veranlassung gab. Die Ausnahmen, wo Staatsbeamte im Besuche des Amtes nachlässig, in Verwaltung der Geschäfte unredlich oder in der öffentlichen Meinung persönlich missachtet waren, kamen in Oesterreich nicht häufiger als in anderen Staaten vor. Der Grund aller nicht ungerechten Unzufriedenheit, welche sich über den Gang der Staatsmaschine bemerkbar machte, darf nicht in der Untauglichkeit ihrer einzelnen Bestandtheile gesucht werden, sondern vielmehr in ihrer Zusammensetzung, welche durch vervielfältigte Reibung die Bewegung erschwerte, am meisten aber in der Insufficienz der bewegenden Kraft. Diese Kraft .... wirkte mehr auf einzelne Theile als auf das Ganze des Mechanismus, d. h. der Staat wurde administriert aber nicht regiert. Die im Dicasterialwege zur Verhandlung kommenden Alltagsgeschäfte erhielten ihre Erledigung. — wenn auch in der Regel nicht schnell, doch nach Recht und Billigkeit; dasjenige aber, was nicht auf diesem Wege von unten hinauf, sondern umgekehrt von oben herab in Ausführung zu bringen gewesen wäre, nämlich die ruhige zeitgemässe Umgestaltung des Veralteten, das besonnene, nach einer die Gesammtheit des Staates umfassenden leitenden Idee geregelte Fortschreiten in den Staatsinstitutionen unterblieb, insofern nicht etwa aus irgend einer dazu nicht berufenen Schichte der Regierten dem Wirken der Regierung darin vorgegriffen und diese Letztere, welche hätte vorangehen sollen, von der ersteren in das Schlepptau genommen wurde.“

Was Graf Hartig hier unter „der Insufficienz der bewegenden Kraft“ versteht, heisst in klarer Sprache ausgedrückt, es fehlte in den obersten Regionen der Regierung an jeder leitenden Idee, und in den untern Regionen sie auszusprechen gestattete man nicht. Was Hartig weiter oben sagt, dass die Chefs der Hof-

---

[1]) S. Genesis S. 44. Hartig spricht von den späteren Zuständen. Es findet aber auch schon Anwendung auf die Periode von 1792—1814.

stellen unter dem Kaiser Franz aufgehört hätten, Staatssecretäre des Kaisers zu sein und einen Ministerrath zu bilden, dass dadurch aber der Mangel eines Ministerrathes entstand, welcher Zusammenhang und Uebereinstimmung in die Handlungsweise der Hofstellen gebracht hätte, war nun eben wegen des Mangels an leitenden Ideen ganz natürlich. Da dies von Niemandem gerügt werden durfte, war das Fortschreiten des Uebels auf diesem Wege unvermeidlich. Dass übrigens die Regierung Männer von Talent auch zur Verfügung haben konnte, wenn sie gewollt hätte, beweiset, dass der Verfasser der Genesis der österreichischen Revolution (1825—1848) auf sehr hohem Posten stand und doch zum Schweigen verurtheilt war.

II. Buch.

Die Ausbildung des neuen Regierungssystems.

———

1. Das allmälige Emporkommen neuer Ideen, besonders auf dem Gebiete der Finanzwissenschaft.

Die Untersuchungen über den Werth der Grundsätze von 1770, welche, von der Regierung rechtzeitig vorgenommen, viel Nutzen hätten bringen können, waren einer weit späteren Zeit vorbehalten. Es ist bekannt, dass neue Ideen über die Kirche und den Staat mit Macht erst nach den Restaurationen von 1814 hervortraten, und erst damals für kurze Zeit die Aufmerksamkeit des österreichischen Hofes beschäftigten. Es ist aber eben so bekannt, dass schon die Revolution in Frankreich eine Menge von politischen Fragen zur Sprache brachte, deren Erörterung die Pressfreiheit in vielen Ländern erleichterte.

In den österreichischen Staaten schenkten, wie es scheint, äusserst wenige Menschen diesen Fragen grössere Aufmerksamkeit. Der vorherrschend gewordene Materialismus vernachlässigte alle geistigen Interessen. Dagegen traten zunächst in materiellen Fragen mehrere Erscheinungen zu Tage, welche die Herrschaft der Ideen von Sonnenfels nach und nach in den österreichischen höheren Kanzleien erschütterten und nach 1817 in der Finanzverwaltung fühlbar wurden.

Diese Veränderung gieng wieder, wie jene, welche unter Maria Theresia das alte Regierungssystem umgestaltet hatte, vom Katheder aus. Heinrich Watteroth, welcher mehrere Jahre hindurch (bis 1804) die Lehrkanzel der politischen Wissenschaften an der Wiener Universität inne gehabt hatte, kann als der erste angesehen werden, welcher in den Schulen der Rechtsgelehrsamkeit das Ansehen der Ideen von Sonnenfels erschütterte.

Watteroth, welcher in der Josephinischen Periode, anfangs als Professor der Statistik am Theresianum, später als Professor der Geschichte an der Wiener Universität, einer der heftigsten Aufklärer gewesen war und in den an den Kaiser gerichteten Eingaben des Cardinals Migazzi als ein Mann dargestellt wurde, welchem die Mosaische Schöpfungsgeschichte nur Fabel und die Vorsehung ein Unding war, hatte durch mächtige Protektionen eine Stellung gewonnen, in welcher er, obgleich Sonnenfels damals noch lebte, und sein Werk über die Polizei-, Handlungs- und Finanzwissenschaft das gesetzlich vorgeschriebene Lehrbuch war, viele Grundsätze desselben nicht nur bestreiten, sondern selbst lächerlich machen konnte. Besonders bekämpfte Watteroth den Grundsatz, man müsse nach der grösstmöglichen Bevölkerung streben, der Staat müsse in der polizeilichen Einrichtung weit gehen, und es sei um jeden Gulden schade, welcher in das Ausland gehe. Ohne Schonung geisselte Watteroth die Eitelkeit von Sonnenfels, welcher, wenn es das Bedürfnis des Buchhandels forderte, stets neue Ausgaben seiner Lehrbücher veranstaltete, ohne im geringsten auf so viele spätere litterarisch wichtige Erscheinungen und namentlich auf Adam Smith Rücksicht zu nehmen.

Watteroth's Vorlesungen waren nicht werthvoll, nicht streng wissenschaftlich, ja auch gerade nicht immer auf eine würdige Art gehalten, aber sie zogen an durch Satyre und Anekdoten und durch lichtvolle Auseinandersetzung einzelner Lehren. Bei unzähligen jungen Leuten war, wenn sie die Universität verliessen, der Glaube an viele jener Lehren, welche Sonnenfels vorgetragen hatte und welche in die Gesetze übergegangen waren, erschüttert. Indessen schien der Werth der Ideen von Sonnenfels über Ein- und Ausgangszölle gerade damals in den höheren Regionen am meisten anerkannt zu werden, denn ein Patent vom 20. August 1805 legte ungeheure Zölle auf die Einfuhr des Kaffees und nach dem Wiener Frieden vom Jahre 1809 verbot die Regierung den Handel mit demselben ganz, angeblich um den Ausfluss des Geldes zu beschränken.

Auf das Beispiel Watteroths gestützt, vertraten nun die Professoren mehrerer Lehrkanzeln der politischen Wissenschaften (1804—1816) die Theorie von Adam Smith, welche auf die Han-

delsbilanz gar kein Gewicht legt und dem Freihandel günstig ist.
Doch dauerte es lange, bis Smith's Namen bekannt wurde. Denn
die Kanzleien bekümmerten sich nicht um die Litteratur und
hielten sich an die herkömmlichen Ideen oder an die positiven
Gesetze.

Um eben jene Zeit traten auch Gegner der Theorie vom
bürgerlichen Vertrag (contrat social) auf. Zu Olmütz war (seit
1804) der Professor Dr. Füeger ein wirksamer Lehrer in diesem
Sinne und seit an der Wiener Universität der nachmalige Hofrath Franz von Zeiller Professor des Naturrechtes gewesen war
(bis 1803), wollte überhaupt den jungen Leuten das Staatsrecht
von Martini wegen seiner wenig wissenschaftlichen Form nicht
mehr gefallen. Eine in formeller Beziehung werthvolle Bearbeitung des Martini'schen Staatsrechts durch Dr. Egger nützte dem
alten System auch nur wenig.

Auf eine ähnliche Art, freilich ziemlich unvollständig, wurden auf den österreichischen hohen Schulen die philosophischen
Systeme von Kant, Fichte, Schelling und später selbst das System
von Hegel bekannt. Nur in der Theologie erhielt sich (1792 bis
1830) fast unangefochten ein dem Jansenismus sehr nahe verwandter Gallicanismus.

Alle jene Menschen, welche in den Schulen neuere Ideen
kennen gelernt hatten, beklagten nun jenes System des Still-
standes und der Verfinsterung, welches von der Regierung befolgt
wurde. Diese Männer schrieben die unglücklichen Feldzüge von
1800, 1805 und 1809 vorzugsweise dem Mangel an Wissen in der
Armee und dem Mangel an Talenten im Cabinette zu, und
wünschten deshalb eine gänzliche Veränderung des Regierungssystems. Diese Wünsche blieben aber bis 1810 ohne Erfüllung.

Für die Finanzverwaltung wie überhaupt für die österreichische Staatsverwaltung bereiteten sich aber um das Jahr 1811,
allerdings ganz von weiten, wichtige Veränderungen in dem Regierungssysteme vor. Die von mächtigen Personen erhobenen
Klagen über die Seltenheit guter Köpfe in den österreichischen
Staaten benützend, fiengen um das Jahr 1810 einige junge Staatsbeamte zu Wien an, eine Art wissenschaftlicher Zusammenkünfte
zu halten und darin Gegenstände, welche der Polizei unverdäch-
tig waren, zu besprechen.

Unter diesen waren Karl Kübeck, Franz Baron von Pillersdorf und Baron Knorr. Diese drei Männer kamen nachmals, weil

sie in dem Rufe höherer wissenschaftlicher Ausbildung standen und sich wichtige Protektionen zu erwerben wussten, hoch empor und entschieden mittelbar oder unmittelbar viele für das ganze Regierungssystem wichtige Fragen. Knorr starb als Staatsrath, Kübeck und Pillersdorf wurden Minister.

Diese Gesellschaft bewirkte es, dass (1812—1814) zu Wien deutsche Uebersetzungen der Werke von Adam Smith, Say, Hufeland, Lauderdale und anderer staatswirthschaftlicher Schriften im Pränumerationswege erschienen, ein Beweis, dass diese jungen Männer, welche um 1812 mehr oder weniger mit dem Finanzministerium in Verbindung standen, der Meinung waren, es sei im Interesse des Staates zu wünschen, dass die Ideen von Adam Smith in der Staatsverwaltung vorherrschend würden. In der That kann man das Jahr 1814 als die Zeit bezeichnen, wo in Oesterreich bereits die Herrschaft Smith'scher Ideen sich zu zeigen begann. Mit ihr kam auch die Ansicht auf, dass die österreichische Monarchie in der Staatswirthschaft viel nachzuholen habe, dass nur durch einen bedeutenden Aufschwung der Industrie ihr geholfen werden könne und dass namentlich auf die Erlangung eines grossen Staatscredites hingearbeitet werden müsse.

Diese letztere Behauptung empfahl diese emporstrebenden Männer der Börse und durch ihren Einfluss (nach 1815) stiegen Kübeck, Pillersdorf und Knorr zur Macht empor.

Wir werden später noch Gelegenheit haben, auf diesen Umschwung der Meinungen, welcher Anfangs wenig bemerkt wurde, zurückzukommen. Hier bemerken wir nur, dass sich auf diesem Wege die Herrschaft der Börsenmänner zu Wien, die Abhängigkeit der hohen Finanzbeamten von ihnen, die Annäherung zur vollständigen Gewerbsfreiheit und die Idee, aus den österreichischen Staaten einen Industriestaat zu machen, vorbereitete.

Einstweilen dauerte aber das vom Grafen Colloredo emporgebrachte Regierungssystem unangefochten fort, das wir nun im Einzelnen schildern wollen.

2. Der zunehmende Einfluss des Adels auf die Staatsverwaltung und dessen Folgen.

Der österreichische Adel hatte die ihm ungünstige Zeit unter Joseph II. überstanden und bereits unter Leopold II. die Aussicht auf die Wiederherstellung aristokratischer Provinzialeinrichtungen erlangt. Unter Franz II. konnte zwar wegen der absolutistischen

Tendenzen desselben nicht von einer Begünstigung des Constitutionalismus die Rede sein, aber es kamen unter ihm für den Adel dennoch bessere Zeiten. Der Kaiser hatte für denselben, in so fern er nicht staatsrechtliche Befugnisse ansprach, grosse Neigung. Er hielt das Interesse des Adels mit jenem des Thrones für fast identisch und so schien es ihm billig und dem alten Herkommen entsprechend, dass demselben die wichtigeren Plätze in der Armee, der Staatsverwaltung und der Kirche gegeben würden.

Der Fall kam daher selten vor, dass Unadeliche auf hohe Plätze gelangten, und dies scheint manchmal auf Empfehlung der Wiener Banquiers geschehen zu sein, welche von Jahr zu Jahr einflussreicher wurden[1]. Die aus dem Bürgerstande Emporgehobenen wussten aber sehr gut, dass sie ihre ungewöhnliche Beförderung nur der Gunst hochgestellter Adeliger verdankten und dass sie sich in dem Interesse ihrer Sicherheit den Adelsinteressen anschliessen müssten.

Dadurch bildete sich eine aus Adeligen oder später Nobilitirten bestehende Beamtenhierarchie, in welcher gewöhnlich zwanzig oder dreissig Personen grossen Einfluss ausübten, während die ganze übrige Beamtenwelt nur die Alltagsgeschäfte besorgte und besonders in Beziehung auf Neuerungen und Organisationen nichts zu sagen hatte. In dieser Hierarchie nahmen die Minister den ersten Platz ein und suchten die Mittel, den ganzen Stand der Beamten unter dem Vorwande des Besten des Dienstes in eine solche Abhängigkeit zu bringen, dass keine Stimme gegen ihre Pläne laut werden konnte und der Minister gewiss sein konnte, bis in jedes Dorf hinab die Werkzeuge für die Ausführung seines Willens zu besitzen. Folgende waren die für diesen Zweck angewendeten Mittel:

1. Die Wiederherstellung der geheimen Conduitlisten und der geheimen Präsidialberichte. Joseph II. hatte sie eingeführt, Leopold II. sie grösstentheils abgeschafft, unter Franz II. (nach 1793) wurden sie wieder hergestellt, obgleich die traurigen Erfahrungen, wegen deren Leopold sie zum Theil abgeschafft hatte, noch in frischem Andenken waren. Zufolge dieser Einrichtung,

---

[1] Ein vorzugsweise durch die Börse schnell emporgehobener Beamter war Karl Kübeck, der, obgleich der Sohn eines Schneiders aus Znaim, Anfangs durch eigenes Talent, später aber als der Liebling der Wiener Börse (seit 1814) sich schnell auf die hohen Posten aufschwang.

welche von Zeit zu Zeit gewisse Modificationen erhielt, konnte kein untergeordneter Beamter, wenn er um eine Beförderung, Versetzung, Remuneration, Zulage oder Pensionierung bat, anders als bei dem unmittelbaren Vorgesetzten sein Gesuch einbringen. Dieser sendete dann dasselbe mit seinem Gutachten und einer sogenannten Conduitliste (auch Eigenschaftstabelle genannt) an die zunächst höhere Behörde ein, die, wenn die Entscheidung ihr nicht zustand, die Sache weiter beförderte. In jedem Falle musste aber die entscheidende Behörde auf die Conduitliste Rücksicht nehmen, und es wurde bald als Grundsatz betrachtet einestheils, dass die Beförderungen „Gnadensache" wären und andererseits, dass das Dienstalter allein keinen Anspruch auf Beförderung gebe, dagegen aber „das Beste des Dienstes" und eine „vorzügliche Dienstleistung" zur Beförderung empfehlen.

2. Ganz natürlich war es nun, dass eigentlich kein Civilbeamter irgend einer Beförderung ganz sicher war. Häufig geschah es, dass der letzte Rath einer Stelle zuerst befördert wurde. Wenn von einem Beamten in der Conduitliste gesagt wurde, seine Dienstleistung sei „gut", so war er schon von der Beförderung ausgeschlossen. Da es aber nicht immer angieng, dieses Mittel anzuwenden, so wurde in geheimen Präsidialberichten auch viel von den anderen Eigenschaften der Beamten gesprochen; dieser war kränklich, jener ohne theoretische Bildung, ein dritter unterhielt einen Umgang mit verdächtigen oder ganz gemeinen Personen u. s. w. und auch diese Aeusserungen waren von grossem Einfluss auf jede Art von Begünstigung, die von der Regierung ausgieng.

Diese Einrichtung machte die Oberen zu Despoten, die Untergeordneten zu Schmeichlern, sie unterdrückte dort, wo es auf die Interessen oder Ansichten des Vorgesetzten ankam, jede Freimüthigkeit und erzeugte in den Reihen der Beamten einen für ihre Stellung oft sehr schädlichen Missmuth. Es verdient aber doch erklärt zu werden, wie diese Einrichtung, welche den Obern jedes Grades einen übermässigen Einfluss zu geben schien, doch auch der Ministerherrschaft günstig sein konnte. Es erklärt sich dies daraus, dass auch die Conduitliste der Ober.: einer Behörde von der höheren Behörde und oft von ihrem Vorsteher allein geschrieben werden konnte. Da nun der oberste Kanzler die Conduitliste des Gouverneurs, der Gouverneur die der Kreishauptleute seiner Provinz und diese wieder die der Bürgermeister und

Amtleute schrieben, so begreift man, dass nicht leicht Jemand
Gouverneur werden konnte, ohne dass er dem Kanzler recht war,
und der Gouverneur wieder in seinem eigenen Interesse darauf
sah, dass seine Kreishauptleute im Sinne des Kanzlers handelten,
so wie wieder jeder Kreishauptmann darauf hinwirkte, dass die
Localobrigkeiten in seinem Sinne handelten. Ganz auf dieselbe
Art gieng es im Justizfache, bei den Finanzbehörden, den Buchhaltungen u. s. w. Dafür also, dass die von den obersten Beamten empfohlenen Grundsätze bei den ihnen untergeordneten
Behörden keine Art von Widerstand oder Missbilligung finden
konnten, war gesorgt.

Es war aber auch dafür gesorgt, dass die Besetzungen aller
Beamtenstellen im Sinne der Chefs der Centralverwaltung geschahen. Oft erhielten von dort aus die Vorstände einer Behörde
Winke, oft wussten sie ohnehin, was gern gesehen werde, oft
zeigten ihnen die gewissen Personen von oben herab ertheilten
Belobungsdecrete an, wie sie die Dienstleistung dieses oder jenes
Beamten anzusehen hatten, und wenn es an solchen Andeutungen
fehlte, wussten sie, dass sie ihre eigenen Günstlinge emporbringen
könnten. Binnen wenigen Jahren war ein ausgedehntes Protectionssystem über alle Provinzen mit deutscher Verfassung verbreitet,
bei welchem Bestechung, die Kriecherei und die Verbindungen
eine sehr grosse Rolle spielten.

3. Bezüglich der obersten Beamten dieser Periode zeigte sich
eine Erscheinung, welche sehr natürlich aus dem eingeführten
Beförderungssystem folgte, aber doch nicht von Jedermann begriffen wurde, die Erscheinung nämlich, dass auf den Posten von
Bedeutung meistens Männer von höchst mittelmässigen Kenntnissen standen. Es war dies von den Zuständen der Periode
Maria Theresias und Josephs II. wesentlich verschieden. Diese
Mittelmässigkeiten liebten nun nichts, was die Bequemlichkeit
ihrer Stellung vermindern oder die Geistlosigkeit der Geschäftsbehandlung herausstellen konnte. Daher eine entschiedene Abneigung gegen die sogenannten „Projectenmacher", gegen die „Kritiker", gegen die „genialischen Menschen", gegen die „Freunde
der Litteratur", gegen die „eigensinnigen Beamten", gegen die
„Patrioten". Binnen wenigen Jahren hatten sich in allen diesen
Beziehungen die Minister und überhaupt die Männer von grossem
Einfluss so vollkommen Ruhe geschaffen, dass von unten auf nicht

leicht etwas, was ihre Brauchbarkeit oder Allmacht in das richtige Licht stellen konnte, zum Vorschein kam.

Nach oben waren die Männer des Einflusses auch gedeckt; denn da man ihnen wohlwollte, hegte man gegen sie nicht leicht Verdacht und da es nach und nach eingeführt worden war, dass die unbedeutendsten Ernennungen die Unterschrift des Kaisers haben mussten, so war der eigentliche Urheber dieses Aktes vollkommen gedeckt. Der Gegenstände, zu welchen die Unterschrift des Kaisers erforderlich war, waren überdies so viele, dass selbst der thätigste Monarch nur höchst selten einen oder den andern der ihm erstatteten Vorschläge genauer hätte prüfen können. Die Männer der Macht sagten daher selten, dass sie eine wirkliche Macht hätten, und nach ihren Angaben war alles „allerhöchste Entscheidung", „allerhöchste Gnade".

4. Die Behauptung, dass alle Beförderungen im Civildienste blos „allerhöchste Gnade" seien, wurde besonders vom Cabinetsminister Grafen Colloredo vertreten und war 1807—1835 so allgemein, dass an ihr Niemand etwas Auffallendes fand. Da aber die Regierung sich zu derselben Zeit auch das Recht zuschrieb, Beamte nach Gutdünken zu pensionieren oder auch zu entlassen, so war die Stellung der Beamten so, dass der Minister, der für sie die höchste entscheidende Person war, ihnen als Alles in Allem erschien, während die etwaige Meinung des Kaisers für sie weniger in Betracht kam.

Dieser Zustand zeigte sich schon nach einigen Jahren als äusserst lästig auch für das Land. Als aber später Klagen darüber laut wurden, schob die Regierung die Schuld auf die niederen Beamten. Allein diese waren von den höchsten gewählt, von ihnen hiengen sie ab und von ihnen erhielten sie ihre Instructionen. Wenn es also schlecht gieng, waren nur die höheren Beamten daran Schuld. Die Minister und die Gouverneure waren aber aus dem hohen Adel genommen, diese waren die Häupter der Beamten. Dieser Umstand darf bei der Würdigung der österreichischen Zustände jener Zeit niemals übersehen werden. Bemerkenswerth ist aber, dass die Verleihung der hohen Posten auch einen ganz anderen Geist der Staatsverwaltung zur Folge hatte, als der Hof beabsichtigte. Anstatt der unumschränkten Monarchie, welche systemmässig bestehen sollte, war der Sache nach eine aristokratische Bureaukratie oder, wenn man will, eine bureaukratische Aristokratie zur Herrschaft gelangt.

Als der Hofadel bemerkte, dass seine Stellung fester werde, änderte er auch sein Benehmen gegen die anderen Stände. Manche Adelige wurden gegen Unadelige verletzend und vertraten die Ansicht, dass der Adel sich in früherer Zeit (1770—1790) zu oft weggeworfen habe und dass er Selbstgefühl zeigen müsse, um wieder grösseres Ansehen zu erlangen. In Folge dessen wurden in der Residenz die höheren Adelskreise exclusiver und der Adel in den Provinzialhauptstädten, ja selbst in den Freistädten, ahmte dies nach. Wo er nur einigermassen einen Umgang unter sich haben konnte, wollte er nur diesen, allenfalls mit Zuziehung von Offizieren. Man hatte es kein Hehl, dass man die anderen Stände, selbst wenn sie Vermögen hatten oder höhere Beamtenstellen bekleideten, geringschätze.

Diese Geringschätzung wurde in hundert kleinen Erscheinungen erkennbar, sie wurde aber von Seite der Geringgeschätzten mit dem stärksten Hasse erwidert. Viele, welche sonst am Bestehenden hiengen, wünschten um jeden Preis eine Niederhaltung des Adels. Selbst die Bauern sahen an manchem Orte mit Missvergnügen, dass der Adel in ihrer Gegend einen höheren Ton annehme.

Unter diesen Umständen hegte die Aristokratie die Besorgnis, dass die Grundsätze der französischen Revolution sich verbreiteten. In Frankreich hatte der Landmann keine Herrschaft mehr und Menschen aus allen Ständen gelangten zu den höchsten Staatswürden. Die französischen Waffen waren in den ersten Kriegen meistens glücklich und die republikanische Fahne hatte in Deutschland und Italien zahlreiche Anhänger. Mit jeder Ausdehnung des Gebietes, auf welchem republikanische Einrichtungen entstanden, stieg die Gefahr für die österreichische Aristokratie. Daher war sie für den Krieg gegen Frankreich, auch auf die Gefahr hin, dass im Osten ein drohendes Uebergewicht Russlands entstehe.

Was diesen Gesinnungen Stärke gab, war die Wahrnehmung, dass, wenn auch in den österreichischen Ländern die Zahl der eigentlichen Demokraten abnahm, die Partei derjenigen, welche ein dem französischen analoges Regierungssystem wünschten, seit 1799 bedeutender geworden sei. Auch dies beunruhigte den Adel. Er wusste, dass noch viele Menschen sich der unter Joseph II. geschehenen Aufhebung der Frohnen erinnerten, und der Gedanke lag nahe, dass unter gewissen Umständen diese Gedanken

unter dem Volke allgemeiner werden könnten. Ebenso wusste
man, dass die Erinnerung an Josephs Hass gegen den Adel fort-
lebe. Diese Betrachtungen empfahlen es, der Censur eine Richtung gegen alle die Regierung Josephs II. in ihren Einzelnheiten
lobende Schriften zu geben. Allerdings konnte man es ohne allzu
auffallende Schritte nicht verhindern, dass in den in Oesterreich
herausgegebenen Druckwerken Josephs II. Regierung in allgemeinen Ausdrücken gelobt, und in Kalendern und anderen Volksschriften zuweilen von dem „unvergesslichen Joseph" geredet
wurde. Aber wenn man auch dadurch den Anhängern der Ideen
Josephs II. ein kleines schwer zu vermeidendes Opfer brachte,
hinderte man doch die Verbreitung umständlicherer Nachrichten
über seine Regierung [1]. Daher nach und nach die unbestimmtesten
Begriffe der ungeheuren Mehrzahl der Bevölkerung über diesen
Herrscher, von denen auch die sogenannten gebildeten Klassen
keine Ausnahme machten.

Die Aristokratie wusste aber auch dort, wo sie es für nützlich hielt, ihre Pläne zu verhüllen. So liess sie unter dem Kaiser
Franz mehr, als es selbst unter Joseph II. der Fall gewesen war,
Unadelige auf ansehnliche Posten z. B. die von Gubernialräthen,
Appellationsräthen oder Kreishauptleuten vorrücken. Dies sollte
der Ansicht vorbeugen, dass der Adel sich immer mehr geltend
mache. Viel konnte von diesen unadeligen Beamten gegen die
Adelsinteressen doch nicht geschehen theils wegen der Conduitlisten und der Präsidialbefugnisse theils wegen des eigenen Inte-
resses dieser mit der Natur ihrer Stellung bekannten Beamten.

Ohnehin hatte es der Hofadel unter der Hinweisung auf das
alte Herkommen und unter der Behauptung, dass selbst das Ansehen des Amtes dadurch gewinne, dahin gebracht, dass die

---

[1] Es ist bemerkenswerth, dass um das Jahr 1847, als aus Veranlassung
von Unruhen in Galizien von Robotreluitionen, welche man bei Hofe wünsche,
die Rede war, die Referenten beim mährischen Gubernium nicht das geringste
von der unter Joseph II. geschehenen Robotaufhebung wussten, obgleich das
Patent vom 10. October 1789 in der Gesetzsammlung stand. Man behalf sich
nämlich im Dienste meistens mit Handbüchern, welche die später aufgehobenen Gesetze nicht mehr erwähnten und auch die bestehenden nur im Aus-
zuge gaben. Aehnliche Beweise von Unwissenheit konnte man in allen Beamtenclassen bemerken. Sie erklärt sich durch den Mangel an gesellschaft-
lichem Umgang, die Ueberhäufung vieler Beamten mit Arbeit und den ungeheuren Schwall der Gesetze.

höchsten Posten in der Verwaltung und in der Kirche mit Adeligen besetzt wurden. Dadurch geschah es, dass der Kaiser, wenn er seine Minister über irgend einen Gegenstand vernahm, meistens mehr den Mann vom hohen Adel als den hohen Staatsbeamten hörte und man in den obersten Regionen der Staatsverwaltung nur sehr selten den Interessen des Adels, desto häufiger aber, wenn es geräuschlos geschehen konnte, den Interessen der anderen Volksklassen zu nahe trat. Auch die Prinzen des kaiserlichen Hauses, stets auf den Umgang mit Aristokraten beschränkt, geriethen, wenn sie einen beträchtlichen Wirkungskreis bekamen, sehr leicht unter einen aristokratischen Einfluss.

Begünstigt durch eine Stellung, zufolge deren Aristokraten die Häupter der Beamtenklasse waren und auch die Richtung der Gesetzgebung bestimmen konnten, wusste der begüterte Theil des Adels auch materielle Vortheile für seine Güter zu erlangen.

So waren die Hofstellen jetzt für die Beibehaltung des Robotsystems und der Kaiser duldete es nicht, wenn die Ackerbaugesellschaften die Gründe für und gegen das Robotsystem zusammen stellen wollten. So hielten die Hofstellen an der Untheilbarkeit des grossen Grundbesitzes fest, während man bei dem kleinen Grundbesitz die Theilungen begünstigte. Die durch diese Theilungen bewirkte Vermehrung der Bevölkerung trieb zum Vortheil der Herrschaftsbesitzer die Getreidepreise in die Höhe und vermehrte die herrschaftlichen Einkünfte von Bier, Branntwein, Besitzveränderungen und Gerichtstaxen. Selbst die unter Joseph II. erfolgte Aufhebung vieler Prälaturen und die unter Franz I. (1804 bis 1808) eingeführte Beschränkung des Wahlrechtes der Städte zu mehreren Aemtern gab den Provinziallandtagen immer mehr den Charakter von blossen Adelscorporationen, was zwar für den Augenblick wenig bedeutete, weil die Landtage in Galizien und den deutschen Provinzen nichts zu sagen hatten, was aber wichtig werden konnte, wenn etwa später wieder einmal die Bedeutung derselben stieg.

In Ansehung dieser Landtage war aber auch das bemerkbar, dass durch die schlechte Wirtschaft, welche während der Zeit des Papiergeldes (1798 1818) in den meisten adeligen Familien eingerissen war, besonders wenn sie in die grösseren Städte gezogen waren, der Ritterstand auf den meisten derselben sehr zusammengeschmolzen war und also der Herrenstand, das heisst der hohe Adel, dort das Ruder in seinen Händen hatte.

Dieses Uebergewicht wurde durch einige wichtige Verordnungen noch mehr sicher gestellt. Eine derselben gab in mehreren Provinzen dem Herren- und Ritterstande das Recht, dass
auch jeder Anwärter einer Herrschaft auf dem Landtage Sitz und
Stimme haben könne, wenn er sich in die landständische Versammlung einführen liess. Durch diese Einrichtung konnte es
geschehen, dass ein Landstand, welcher fünf Söhne hatte, für
seine Familie sogleich fünf neue Stimmen gewann. Für den Adel
wäre es auch vortheilhafter gewesen, wenn die ständischen Verfassungen, welche nach der deutschen Bundesakte überall bestehen sollten, eine grössere Bedeutung erhalten hätten. Aber
dies wollte der Kaiser nicht und es fieng dem österreichischen
Adel an mehr und mehr einzuleuchten, dass er wohl noch einen
Rang, aber keine constitutionelle Macht mehr habe.

Mit dem Jahre 1815 beginnt daher das Streben des österreichischen Adels nach der Erlangung einer glänzenden und zugleich gesicherten Stellung.

Eine glänzende (rothe) Uniform hatten die Ständemitglieder
der westlichen Provinzen im Jahre 1808 erhalten, also zu einer
Zeit, wo die Staatsbeamten noch keine hatten. Allmählig bemerkte man aber auch schon, dass sich selbst der minder begüterte Adel gern von den Unadeligen absonderte. Ohnehin hatte
er schon 1800 die Wiederherstellung des Theresianums und einiger anderer adeliger Erziehungsinstitute durchgesetzt und es seit
jener Zeit den Unadeligen oft in Erinnerung gebracht, dass ihre
Kinder auf diese Auszeichnung keinen Anspruch hätten.

Das gemeinschaftliche Interesse verknüpfte nun den höheren
Adel aller Provinzen immer mehr zu einem Ganzen. Man unterstützte sich gegenseitig, und dies war eine Hauptursache, welche
der Geltendmachung des Wunsches vieler hohen Personen, in
Ungarn die Regierungsgewalt erweitert zu sehen, entgegenstand.
In den Augen des Adels bildete sich aber auch nach und nach
die Idee aus, dass er seit mehr als einem halben Jahrhundert
durch die Staatsgewalt, hinter der sich ehrgeizige Unadelige versteckten, ganz mit Unrecht um einen grossen Theil seiner Rechte
gekommen sei. Diese Unadeligen aus ihrem, wenn auch unrecht-
mässigen Besitze zu verdrängen sei in der Zeit der Macht Napoleons nicht möglich gewesen, weil man doch bis auf einen gewissen Grad die Volksmeinungen berücksichtigen musste. Allein
seit dem Tode Napoleons sei keine Zeit mehr zu verlieren und

der Adel stehe in jedem Lande um so fester, je mehr es seinen Standesgenossen gelinge, in seinen Bezirken eine festere Stellung zu gewinnen. Man machte darauf aufmerksam, dass die meisten Regierungen die im achtzehnten Jahrhundert gemachten Staatsfehler jetzt einsähen und nun von den Höfen alle Unterstützung der Adelsvorrechte zu erwarten wäre.

Viele österreichische Adelige hielten in Privatgesprächen diese Meinungen gar nicht geheim und man glaubte, dass diese Doctrinen von der Emigrantenpartei herrührten, welche mit Ludwig XVIII. nach Frankreich zurückgekehrt war.

3. Die weitere Beschränkung der Autonomie der Gemeinden und die Ausbildung des Absolutismus in Theorie und Praxis. — Der deutsche Charakter des Staates und die Demokratisierung der Gesellschaft.

Seit den Josephinischen Decreten über die Organisierung der Magistrate hatten die Städte und Märkte der böhmischen, österreichischen und galizischen Provinzen sich alle Räthe und Bürgermeister ihrer Magistrate gewählt und diese sich als Communalbeamte betrachtet. Der Regel nach blieben sie lebenslänglich an den Orten ihrer Anstellung, schlossen daselbst Familienverbindungen, erwarben wohl auch einen Besitz und galten, wenn sie auch aus einem anderen Orte gekommen waren, bald als Einheimische, welche zuweilen, wenn es auf Gemeindeinteressen ankam, den landesherrlichen Behörden innerhalb der gesetzlichen Grenzen opponierten.

Schon lange war diese Opposition einzelnen höher gestellten Staatsbeamten unangenehm, und da bei Wahlen zuweilen scandalöse Umtriebe vorgekommen waren, reifte nach und nach zu Wien der Gedanke, den Städten in Ansehung jener Stellen, zu deren Erlangung gesetzlich juridische Studien nothwendig waren, und demzufolge in Ansehung der wichtigsten Communalanstellungen das Wahlrecht zu nehmen und den landesherrlichen Provinzialbehörden das Ernennungsrecht zu diesen Posten zu geben.

Der Anfang dieser Massregeln wurde in Galizien gemacht, wo man gern versuchsweise anfieng. Ein Hofdecret vom 10. Januar 1805 brachte für Galizien diese wichtige Neuerung.

Am 1. April 1808 ergieng aber an alle Appellationsgerichte der Monarchie folgendes Gesetz: „Ueber die Frage, ob das Wahlsystem bei den Magistraten noch ferner beizubehalten sei, haben

Seine Majestät zu beschliessen geruhet, die Wahl derjenigen Individuen, welche sich entweder allein oder nebst den politischen Geschäften mit dem Civil- oder Criminalrichteramte zu befassen haben und bei welchen Studien und Prüfungszeugnisse gefordert werden, habe auch künftig bei den Magistraten ausser Galizien nicht mehr zu geschehen, und werde die Benennung derselben auf vorläufigen Vorschlag des Magistrats der Landesstelle und dem Appellationsgerichte gemeinschaftlich überlassen. In Ansehung jener Individuen hingegen, welche lediglich für die politischen und öconomischen Geschäfte bestimmt sind, habe es bei der bisherigen Wahl noch ferner zu verbleiben. Zur Besetzung der in Erledigung kommenden Magistratsräthe der ersten Klasse sowohl bei organisirten Magistraten als bei denen, wo nur ein geprüfter Syndicus besteht, ist von dem betreffenden Magistrate der Concurs auszuschreiben und nach dessen Verstreichung der mit allen Gesuchen der Bewerber versehene Besetzungsvorschlag der Landesstelle, um hierüber mit dem Appellationsgerichte gemeinschaftlich vorzugehen ¹), vorzulegen, die Vorschläge zur Besetzung der Bürgermeistersstelle in der Hauptstadt aber jederzeit an die vereinigte Hofkanzlei gelangen zu lassen."

Diese Verordnung brachte, obgleich der erste Anschein nicht dafür spricht, für alle böhmisch-österreichischen Provinzen, da sie sich bis 1850 in Wirksamkeit erhielt, sehr bedeutende Folgen hervor.

Die erste war die, dass nunmehr der letzte Rest der unter Joseph II. ohnehin schon sehr eingeschränkten Municipalfreiheiten zu Grunde gieng, indem die Bürgerschaft zu den wichtigeren Communalämtern nicht mehr wählen konnte, sondern sich einen von den Regierungsstellen ihr gesetzten Beamten gefallen lassen musste.

Eine zweite Folge war, dass dieser Beamte sich nicht mehr recht als Communalbeamten, sondern als einen von der Regierung in die Commune gesendeten und nur aus der Communalcasse besoldeten Beamten ansah. Er glaubte auch nicht auf immer mit der Gemeinde verbunden zu sein und liess sich in der Regel die Communalangelegenheiten nicht sehr angelegen sein. Sein

---

¹) Wenn diese beiden Behörden sich nicht einigen konnten, so gieng die Sache an den Hof, wo wieder die politische Hofstelle und die oberste Justizstelle die Ernennung gemeinsam vornahmen oder der Entscheidung des Kaisers unterbreiteten.

Streben gieng auf Beförderung in eine grössere Stadt oder im
Staatsdienste, welch letztere schon nach 1810 zuweilen gelang.
Die Gunst der Landesstellen war für ihn bei weitem wichtiger
als die der Gemeinde, bei der er diente, und in Collisionsfällen
wurde die letztere regelmässig hintangesetzt.

Da der von den Landesstellen ernannte Beamte auch meistens auf die Localpolizei und auf solche Untersuchungen, welche
für den Staat einige Wichtigkeit hatten, einen Einfluss ausüben
konnte, so war auch von dieser Seite der Regierungseinfluss, auf
dessen Erweiterung es bei diesem Gesetze vorzüglich abgesehen
war, mehr sichergestellt.

Endlich fieng später (1828—1848) schon eine Art von Ver-
mischung von Staats- und Communalbeamten an. Staatsbeamte
kamen zuweilen zu Magistraten und Magistratsbeamte zu landesfürstlichen Stellen. Es wurde ein durch die Praxis eingeführter
Grundsatz, dass der Magistratsbeamte mit juridischen Zeugnissen
eine Art von Staatsbeamten sei.

War es nun nicht erklärlich, wenn in den österreichischen
Städten fast nichts mehr vom alten Bürgersinne zu finden war?
Schon seit Josephs II. Zeiten fehlte er, aber durch eine Reihe von
Verordnungen, Instructionen und Uebungen schien es darauf angelegt, jedes Wiederaufleben dieses Geistes unmöglich zu machen.
Wollte eine Stadt aus ihren Einkünften sich ein Theater bauen,
einen Spazierweg anlegen, ein Grundstück kaufen, ein Kapital
anlegen, überall brauchte sie die Bewilligung der Regierungsbehörden, bei denen oft Jahre lang darüber hin- und hergeschrieben
wurde. Einen Theil dieser Einrichtungen und Uebungen dehnte
man auch auf die kleinsten Marktflecken und Dörfer aus und
andere Corporationen kannte man ohnehin fast nicht mehr.

Von einem Rechte, Privatvereine zu gründen, war auch nicht
leicht die Rede. Man wagte es gar nicht, daran zu denken, so
gewiss war man, dass der blosse Versuch sogleich die schlimmsten
Auslegungen erfahren würde. Der Bürger war blos auf die Ge-
nüsse des Privatlebens angewiesen.

Das Drückende dieses Zustandes fühlten gerade jene Menschen
am meisten, welche einen Gemeinsinn hatten und begreifen
konnten, welchen Einfluss ein solcher Zustand, wenn er lang fort-
dauere, auf die Verhältnisse des Volkes haben müsse. Sie sahen
aber auch, dass es in den Klöstern, den Kapiteln, den hohen
Schulen, mit einem Worte in allen jenen Vereinigungen, welche

noch den äussern Schein einer Corporation hatten, an einer Menge kleiner Eingriffe in die ihnen noch gelassene Freiheit nicht fehle. Alles deutete auf einen umfassenden Plan gegen die Freiheit und dies zu einer Zeit, in der man ausserhalb der österreichischen Länder auf die Emancipation der Gemeinden und die Wiederbelebung der Corporationen Werth legte und die preussische Regierung insbesondere den Stadtgemeinden eine weit reichende Communalfreiheit gewährte [1]).

Als auch die geringen unter Joseph II. beibehaltenen Freiheiten der Städte in Beziehung auf die Wahl ihrer Vorsteher dahin waren, bestand in den galizischen, böhmischen und österreichischen Provinzen jenes System, welches Martini schon unter Maria Theresia auf der Lehrkanzel als das einzig richtige vertheidigt hatte und welches noch immer gelehrt wurde, obwohl es in schroffster Opposition zu Allem stand, was jetzt im westlichen Europa geschah. Noch immer galt Martinis allgemeines Staatsrecht und dies lehrte ausdrücklich: „So wie jeder Einzelne dem Monarchen unterthänig ist, so ist es auch die ganze Gesellschaft überhaupt. Alle sind ihm Gehorsam schuldig, er mag gut oder übel regieren. Hätte das Volk bei der Uebertragung der Oberherrschaft die Ausnahme machen wollen, dass es nur einem gut regierenden Regenten gehorchen wolle, so hätte es eine Verbindlichkeit übernommen, die von der Willkür des Verbundenen abhängig und folglich unkräftig gewesen wäre. Es muss also dem Regenten überlassen bleiben, was er für den Staat nützlich halte. Als ihm die Bürger die Oberherrschaft übertrugen, haben sie erklärt, dass sie mit seinem Urtheil zufrieden sein wollen. Regiert er übel, so ist es ein Unglück".

Diese grelle Theorie des Absolutismus wurde aber nicht nur in den Rechtsschulen, sondern auch in jenen der Theologie und selbst, so weit es angieng, in den Volksschulen gelehrt. Sie erklärt aber die Meinung, welche man in Ungarn und dem Ausland über das österreichische Regierungssystem hatte.

---

[1]) Preussen hatte vor 1806 in Ansehung der Ortsgemeinden und überhaupt der Vereine ganz ähnliche Grundsätze wie die österreichische Regierung befolgt. Als nach dem Tilsiter Frieden der Staat im tiefsten Verfalle war und patriotische Männer an seiner Emporhebung arbeiteten (1807—1813), fanden diese, dass das meiste an den früheren Staatseinrichtungen fehlerhaft gewesen sei, und jetzt begann die Bemühung, durch bessere Communaleinrichtungen den alten Bürgersinn zu beleben, was aber unendliche, auch noch im Jahre 1848 nur einem kleinen Theile nach überwundene Schwierigkeiten zeigte.

Aus den Lehren des Absolutismus folgte übrigens von selbst, dass ihre Vertheidiger kein Recht der Unterthanen, in Staatssachen ihre Ansichten auch auszusprechen, gelten liessen, dass sie jeden Versuch, diesen Zustand zu ändern, für ein strafbares Beginnen hielten, dass sie, um den Absolutismus unter minder gehässigen Formen zu zeigen, den Regenten als den „Vater seines Volkes" darzustellen suchten, dem man „Liebe und kindliches Vertrauen" schuldig sei, dass man darauf bedacht sein musste, Alles aus dem Umgang, der Lectüre, dem Theater, den Schulen und den Kanzleien ferne zu halten, was nur entfernt auf andere Gedanken führen konnte, und dass daher die Folge dieser staatsrechtlichen Ansichten ein drückendes Regierungssystem war.

Dieses System war seiner Natur nach wenig geeignet, die Eigenthümlichkeiten der Länder, welche unter dem österreichischen Scepter vereinigt waren, zu schonen. Da die Regierung recht gut wusste, dass sie ein Conglomerat von Ländern beherrsche, welche einst für sich gewesen waren und aus jener Periode viele Eigenthümlichkeiten bewahrt hatten, so war es fortdauernd darauf angelegt, diese Eigenthümlichkeiten nach und nach verschwinden zu lassen. Die Gesetze, die Schulen, die Versetzung der Beamten aus einer Provinz in die andere und der Wechsel der Regimenter, zufolge dessen die Truppen selten unter ihren Landsleuten blieben, mussten diesem Systeme dienen, und in der That erreichte man dadurch eine allmälige, von vielen Einzelnen sehr ungern gesehene Amalgamirung.

Diese Amalgamirung geschah aber in der ersten Hälfte der Regierung des Kaisers Franz noch durchaus im deutschen Interesse. Obgleich es bekannt war, dass vorzüglich nach 1796 die Böhmen, Polen, Mährer und Illyrier grösstentheils slavisch redeten, blieb doch das Deutsche die Sprache des Hofes, der Regierungsstellen und des militärischen Commando. Oesterreich war also fortdauernd ein deutscher Staat, und Niemandem fiel es vor 1814 ein, dieses auch nur zu bezweifeln.

Während der Adel durch sein Umsichgreifen und seine Haltung es darauf anzulegen schien, der Staatsverwaltung einen aristokratischen Charakter zu geben, duldete das bestehende System ohne Zweifel nur wegen der Geistlosigkeit einiger hochgestellter Männer Erscheinungen, welche bei consequenter Entwicklung demokratischen Staatsinstitutionen günstig werden mussten.

Ohne alle diese Einrichtungen hier aufzählen zu wollen, dürfte es genügen, auf einige von unzähligen Personen beobachtete und zum Theil auch gehörig gewürdigte Institutionen aufmerksam zu machen.

In dem vom Staate geleiteten Unterrichtswesen herrschte auch jetzt noch die Lehre des bürgerlichen Contractes (Contrat social), deren consequente Entwicklung auf den Grundsatz der National-Souveränität, auf eine durch eine Constitution beschränkte Monarchengewalt und auf die Einreihung des Monarchen unter die Staatsbeamten führt. Die Lehre des bürgerlichen Contractes stand klar ausgesprochen in den Lehrbüchern, welche für die Rechtsschulen und für die theologischen Hörsäle vorgeschrieben waren [1]), und es war ein Glück für die Dynastie, dass die Studierenden diese Lehre wenig studierten, bald vergassen und die Professoren aus Vorsicht diese Materien (1792—1847) nur oberflächlich behandelten.

In Ansehung der hohen Schulen gab es auch sonst noch viel Bedenkliches. In dem Lehrbuche des Kirchenrechts wurde (seit 1810) mit klaren Worten gesagt, „dass der Staat als Staat und der Regent als Regent keine bestimmte Religion habe". Schon in den Volksschulen sprachen die Lehrbücher von den Atheniensern und Lacedämoniern und dem grösseren Patriotismus der Menschen in den Freistaaten.

Seit 1806 hatte unter den verschiedenen Ständen der städtischen Bevölkerung so ziemlich der Unterschied im Stoffe und dem Schnitte der Kleidung aufgehört. Der Reiche unterschied sich von den Aermeren fast nur durch grössere Abwechslung und den Gebrauch von feineren Stoffen. Seit aber zufolge dieser Mode der Gouverneur einer Provinz nicht mehr von seinem Kanzleidiener, das Dienstmädchen nicht von der wohlhabenden Gräfin zu unterscheiden war, wurden die Unterschiede des Ranges und des Vermögens den unteren Ständen immer mehr aus den Augen

---

[1]) Die im Lehrbuche von Martini vorgetragene Theorie vom bürgerlichen Contracte enthält allerdings die Behauptung, die ursprünglich vom Volke an den Regenten übertragene Staatsgewalt sei später unwiderruflich an den Regenten übertragen worden, weshalb der unbedingte Gehorsam die Pflicht des Unterthans sei, was freilich nicht Jedem zulässig erschien. Auch suchte (1808) der Professor der Rechte zu Wien, Franz von Egger, sie in einem möglichst unschuldigen Gewande erscheinen zu lassen. Für die Theologen erschien diese Lehre (1802) in dem Compendium über die Moral- und die **Pastoraltheologie**.

gerückt. Die Gleichheit in der Kleidung führte bald zu dem Streben der ärmeren Klassen, sich auch in Beziehung auf Unterhaltungen, Zimmereinrichtung, Kindererziehung u. s. w. den höheren Ständen zu nähern, und da dies oft nur schwer zu Stande gebracht werden konnte, war Unzufriedenheit mit der eigenen Lage vielfach auch dort zu Hause, wo sonst kein Grund dazu vorlag.

Nach dem Beispiele des Auslandes tauchte (seit 1808) dort und da der Gedanke auf, man solle wenigstens den Staatsbeamten Uniformen geben. Aber die Sache fand auf allen Seiten Gegner. Das Militär wollte der einzige Stand mit Uniform sein, die reich gewordenen Gewerbsleute fürchteten, dass die Uniformierung der Beamten ihrem Erwerbe und ihrem Ansehen nachtheilig sein werde, und die meisten Beamten scheuten bei der dürftigen Lage, in welche sie das tiefgesunkene Papiergeld versetzt hatte, äusseren Glanz, welcher auch zu ihrer ökonomischen Lage und zu ihrer sonstigen Zurücksetzung gegenüber dem Militär durchaus nicht gepasst hätte.

4. Die territorialen Veränderungen in Folge der Kriege mit Frankreich und der weitere Verfall der ständischen Rechte.

Wie sich unter der Herrschaft des Kaisers Franz manche neue Regierungsmaximen ausbildeten, so traten auch in Folge der sechs Kriege, welche unter ihm gegen Frankreich geführt wurden, manche territoriale Veränderungen ein, welche nicht ohne Folgen waren.

So wurden durch den Frieden von Campo Formio (1797) die österreichischen Niederlande an Frankreich, die Herzogthümer Mailand und Mantua an die neu errichtete cisalpinische Republik abgetreten, wogegen Oesterreich durch das Venetianische zwischen dem Po und Isonzo, das venetianische Istrien und Dalmatien entschädigt wurde. Dadurch erhielt dieses ausgedehnte Küsten, was lange der Wunsch des Wiener Hofes gewesen war. Bei genauer Erwägung fand man freilich, dass die Erweiterung des Handels und der Seemacht nicht von der Küstenstrecke allein abhänge und dass Oesterreich, wenn es nicht seine Kraft als Landmacht schwächen wolle, sich darauf beschränken müsse, eine geringe Kriegsmarine zu halten. In diesem Sinne hat man dann auch später gehandelt.

Die an Oesterreich gekommenen Theile der ehemaligen Republik Venedig hatten zur Zeit der Besitznahme keine Constitution.

Der Wiener Hof gab ihnen auch keine und die Organisation geschah auf dem sogenannten „deutschen Fusse", d. h. sie bekamen Gubernien und die anderen österreichischen Provinzialbehörden. Dies war jedoch nur der allgemeine Grundsatz. Denn in Dalmatien wurde wegen der geringen Landeseinkünfte das Appellationsgericht mit dem Gubernium vereinigt und es wurden auch keine Kreisämter errichtet, sondern die Bezirksobrigkeit (superiorità) unmittelbar unter das Gubernium gestellt. Auch dauerte die Durchführung der Organisation ziemlich lange und kaum war sie in der Hauptsache vollendet, so hörten in Folge des Pressburger Friedens (26. December 1805) diese Länder wieder auf, österreichisch zu sein.

In der Zeit der ersten österreichischen Herrschaft wurde auch in diesen italienischen Ländern der wichtigste Theil der Gesetze über die Justiz, die Schulen, Kirchensachen, den Geschäftsgang und die Gemeindeangelegenheiten eingeführt, viele Klöster wurden aufgehoben, viele Kirchen entweiht, viele Municipalfreiheiten vernichtet. Man brauchte aber auch hier, um dies durchzusetzen, nicht die Presse und die Volksaufregung zu Hilfe zu nehmen, Alles geschah ohne sehr bemerkbaren Widerstand durch blosse Verordnungen.

Doch war die österreichische Verwaltung nicht populär, besonders weil sie viele Dinge, auf welche das Volk Werth legte, beseitigte. So verbot man die Maskeraden auf der Gasse, welche selbst der misstrauische Geist der venetianischen Republik Jahrhunderte hindurch im Carneval gestattet hatte, alle localen Feste verschwanden, die kirchlichen Feierlichkeiten und noch mehr die Processionen verminderten sich, und die österreichische Polizei schien noch plagsüchtiger zu sein als die ehemalige der Republik. Auch auf die Reinigung der Kanäle der Hauptstadt sah man nicht, die Fremden blieben daher meistens aus, die Einwohner verarmten und die Zahl derselben war von 200,000, welche Venedig noch im Jahre 1796 gehabt hatte, 1804 auf nicht ganz 120,000 gesunken. Die ehemals patricischen Familien, welche nun nicht mehr so leicht in den Besitz einträglicher Stellen kamen und zum Theil wenig anderes Vermögen hatten, verarmten von Jahr zu Jahr mehr, so dass die österreichische Regierung den Gliedern der ärmeren Geschlechter eine Art von Almosen reichen liess. Aber auch andere Familien, besonders aus dem Handelsstande, kamen herab. Man behauptete, ohne dass sich sagen lässt ob mit Recht oder Unrecht, dass die Regierung mit einer gewissen Parteilichkeit gegen Venedig alle Vortheile des Handels der Stadt Triest zuzuwenden suche. Wegen der jetzt erreichten Arrondirung des Staates zog man jetzt auch das Venetianische in die österreichische Zolllinie ein.

Dies auch bezüglich Dalmatiens zu thun erschien nicht thunlich, weil es mit den übrigen Ländern nur durch eine schmale Grenze zusammenhieng. Dalmatien behielt also seinen freien Handel. Es hob sich sogar unter der österreichischen Regierung, weil die Republik Venedig, um nicht die Habsucht der Türken zu reizen, das Land systematisch vernachlässigt hatte, was unter der österreichischen Regierung natürlich aufhörte.

Im Venetianischen sowohl als in Dalmatien machte die österreichische Regierung die für sie unangenehme Erfahrung, dass der Clerus im Ganzen genommen päpstlich gesinnt sei. Die Sache befremdete sie um so mehr, als der venetianische Senat schon um das Jahr 1606 sehr entschieden gegen die päpstlichen Ansprüche aufgetreten war und später (1764—1790) sich von febronianischen Ideen hatte leiten lassen. Man meinte aber, der venetianische Senat sei zu sehr bei der Theorie stehen geblieben und die Bildung vieler Cleriker zu Rom oder Bologna habe zu den ultramontanen Gesinnungen den Grund gelegt. Eben so missfiel es zu Wien, dass der päpstliche Stuhl in diesen Gebieten noch ein Ernennungsrecht zu vielen Pfründen hatte.

Ganz natürlich führte man auch in Italien das österreichische Militärwesen ein. Aber auch hier sorgte man dafür, dass die Italiener zu anderen Regimentern kamen und nicht im Lande blieben, wofür die Nothwendigkeit, die Truppen an die verschiedenen Provinzen und Dialecte zu gewöhnen, als Grund angegeben wurde. Das ehemalige venetianische Militär gieng zum Theil zur Versorgung an Oesterreich über.

Einen politischen Geist hat es im österreichischen Italien weder vor dem Falle der Republik noch nach demselben gegeben, da die österreichische Herrschaft ihren Grundsätzen gemäss alles öffentliche Leben niederhielt. Ungeachtet dieser Vorsicht war aber die Stimmung im Venetianischen ziemlich ungünstig. Zu Wien wusste man dies. Weil man aber damals auf die Volksstimmung wenig Werth legte und Alles von der materiellen Macht erwartete, so wurden die Leiter der österreichischen Politik dadurch nicht beunruhigt.

Fremde Beamte kamen in die italienischen Länder weniger, als nach Galizien gekommen waren, theils weil die Italiener eine eigentliche Abneigung gegen Oesterreich doch nicht hatten, theils weil man dort eine Menge brauchbarer Beamten vorfand. Man begnügte sich mit der Absendung Einzelner, um die österreichischen Geschäftsformen einzuführen.

Derselbe Grund entschied dafür, dass an viele vornehme Venetianer Kammerherrenschlüssel und an die dortigen Damen Kreuze des Sternkreuzordens verliehen wurden. Der stolze Geist der alten venetianischen Aristokratie war so sehr verschwunden, dass die ersten patrizischen Familien diese Auszeichnungen suchten und viele ihrer Glieder unbedeutende österreichische Staatsämter z. B. das Amt eines Polizeicommissärs annahmen. Wenn irgend etwas bewies, welche Veränderungen in der Richtung der Geister das achtzehnte Jahrhundert hervorgebracht hatte, so waren es solche Erscheinungen. Niemand glaubte daher nach dem Lüneviller Frieden (1801) an ein Wiederaufleben der Republik Venedig und für die thätigen und unzufriedenen Menschen war seit jener Zeit auf lange hinaus jede Hoffnung auf eine Regierungsveränderung dahin.

Die Abtretung der ehemals venetianischen Gebiete an das Königreich Italien (1805) war den meisten Menschen gleichgiltig, wenigen unangenehm, vielen aber auch erwünscht, weil das Land manche nationale Einrichtungen erhielt und an der zu Mailand errichteten Regierung und Nationalrepräsentation Theil nahm. Von jetzt an war die Vereinigung Italiens in einen einzigen Staat eine Lieblingsidee, welcher viele Italiener anhiengen und deren Realisierung man zu glauben anfieng, ein Gedanke, welcher die sonst unkriegerischen Italiener selbst mit dem von Napoleon geforderten Kriegsdienste aussöhnte.

Statt der italienischen Gebiete hatte der Kaiser im Presburger Frieden das Herzogthum Salzburg erhalten. Dieses damals etwa 180 Quadratmeilen umfassende Land, welches Jahrhunderte lang unter der Herrschaft seiner Erzbischöfe gestanden hatte und erst seit 1802 an den Erzherzog Ferdinand als Entschädigung für Toscana gekommen war, hatte noch in seinen Einrichtungen, seinen Sitten und seinen Erinnerungen viel, was an die geistliche Herrschaft erinnerte. Die österreichische Regierung organisierte das Land auf dem sogenannten deutschen Fuss und stellte es unter das Gubernium zu Linz. Aber auch hier war die Organisation noch nicht ganz geendigt, als der Wiener Friede (14. October 1809) das Land und ein bedeutendes Stück von Oberösterreich unter die baierische Herrschaft brachte, wo nach der Sitte des Zeitalters wieder im baierischen Sinne organisiert wurde.

Durch den Verlust Belgiens und Tirols war die Zahl der constitutionell regierten Provinzen des österreichischen Staates geringer und mehrere Provinzen, in denen nicht einmal ständische Institute nach dem Muster von Böhmen und Oesterreich bestanden, waren der Monarchie einverleibt worden. Ganz natürlich bekam also im Staate das absolute Regierungsprinzip gegen das constitutionelle, welches (1805—1814) nur noch in Ungarn und Siebenbürgen bestand, noch mehr das Uebergewicht. Die Regierung behandelte daher den Adel der deutschen und böhmischen Länder, der ihr nicht die geringste Opposition machte, mit den herkömmlichen Rücksichten, liess ihm aber nicht die mindeste Gewalt, weshalb viele der Landstände ihre Zusammenkünfte schon um das Jahr 1810 für nicht viel mehr als für ein herkömmliches, alle Jahre wiederkehrendes Gaukelspiel hielten [1], welches darin

---

[1] Zu Prag sah der Verfasser dieses Werkes 1839 den Aufzug der Stände zur Eröffnung des Landtags. Wenige Personen und diese nur aus den untersten Classen machten die Zuscher und man hörte spöttisch „von den Vätern des Vaterlandes" reden. Zu Brünn war es (1808—1848) fast lächerlich, den Schluss oder die Eröffnung des Provinziallandtages zu sehen. Die obersten Landesofficiere fuhren in feierlicher Weise auf einer gewissen Strasse. Jeder hatte nach dem alten Herkommen einen mit sechs Pferden bespannten Galawagen, eine Dienerschaft von wenigstens zehn Personen in Livrée gieng vor, vier Hausofficiere neben dem Wagen. Ehemals, als die obersten Landesofficiere ihre eigenen Pferde, Bedienten und Hausofficiere hatten, machte dies auch einigen Eindruck. Jetzt aber wusste Jedermann oder erfuhr es sogleich beim Aufzug, dass keiner derselben sechs Pferde habe, sondern der Abt von Raigern, welcher ein kleines Gestüt hatte, sie alle Jahre herleihe. Ebenso hatte wohl vielleicht der Gouverneur vier Bediente, die andern obersten Landesofficiere nur einen oder zwei und man wusste, dass jeder dieser Landesofficiere für diese Tage eine Anzahl Leute dinge, welche er dann für ein paar Stunden in seine Livrée stecke. Ein ganz ähnliches Verhältnis war in Ansehung der sogenannten Hausofficiere. Der Landeshauptmann hatte vielleicht einen oder zwei, die andern obersten Landesofficiere keinen. Ein Theil der Zuschauer nannte daher diese Aufzüge nichts anderes als Maskerade. Ebenso waren ehemals bei den obersten Landesofficieren in den ersten Tagen des Landtages prächtige Feste gegeben worden. Jetzt stritt man sich oft, wer sie geben müsse, und die Stände fanden es nothwendig, Porcellan und Silber anzuschaffen, damit es demjenigen, welcher die Tafel gab, geliehen werden könne. Nach der alten Sitte sollte der Hofcommissär, welcher von

bestehe, dass man die landesherrlichen Steuerpostulate vorlese und die Stände sie nach einer Scheinberathung bewilligten. Es war daher auch gewöhnlich, dass die meisten zu den Landtagen erschienenen Ständeglieder, nachdem man in den ersten drei oder vier Tagen die wichtigeren Landtagsgeschäfte abgethan hatte, sich wieder auf ihren gewöhnlichen Aufenthaltsort zurückbegaben und dann der Landesausschuss ganz im Stillen die wenigen Geschäfte, welche den Ständeversammlungen noch überlassen waren, bis zum nächsten Landtage fortführte.

Das Volk sah die geringe Bedeutung der Landstände mit Gleichgiltigkeit, auch regte sich in den Provinzen mit deutscher Verfassung kein Verlangen nach einer Constitution. Was aber das Volk sehr wünschte, war ein zweckmässiger Geschäftsgang in der Verwaltung. Jedoch auch in dieser Beziehung wurde es wenig befriedigt.

5. Die Langsamkeit des Geschäftsganges in allen Zweigen der Regierung.

In Folge der früher geschilderten Einrichtungen bei der Centralregierung des Staates entstand in der ersten Periode des Kaisers Franz ein äusserst langsamer und schwerfälliger Geschäftsgang. Alles klagte über ihn, die Staats- und Privatbeamten gestanden ihn zu, die Minister entschuldigten mit ihm viele ihrer Missgriffe und Unterlassungen, auch der Monarch war manchmal mit der Langsamkeit des Geschäftsganges unzufrieden. Dennoch aber blieb derselbe und schien sogar (1806—1835) von Jahr zu Jahr zuzunehmen. Billig muss dies Jeden, der mit der öster-

Wien die Postulate brachte, „in Eile" von Wien kommen, und er erschien daher meistens mit bestaubten Stiefeln. Jetzt schickte man längst keinen Hofcommissär mehr von Wien, sondern gab die Commission einem der höheren Provincialbeamten, welcher sich am Tage der Eröffnung des Landtages aus der Stadt in das in Altbrünn gelegene Kloster der Barmherzigen begab, und von da, gleichfalls in bestaubten Stiefeln, als Principalcommissär seinen Einzug in die Stadt hielt. Ganz auf eine ähnliche Art wurden Reden und Gegenreden gehalten, welche selten mehr auf die ganz veränderten Zeitverhältnisse passten und sich in einigen Gemeinplätzen ergiengen. Die landesherrlichen Postulate wurden schweigend angehört und bewilligt, aber sie betrafen fast nur die directen Steuern; denn in Ansehung der indirecten handelte die Regierung, ohne auch nur den Schein einer Rücksprache mit den Landständen zu wahren, ganz nach dem eigenem Ermessen.

reichischen Staatsverwaltung nicht auch praktisch bekannt ist, in Staunen setzen, aber der Hemmnisse eines guten Geschäftsganges waren so viele, dass nicht viel weniger als eine Veränderung des ganzen Regierungssystems dazu gehört hätte, um eine genügende Abhilfe zu bringen.

Der Kaiser Franz fand eine bereits unter Maria Theresia und Joseph II. eingeführte Centralisation vor, welche bald im Wege der officiösen Actenvorlegung und bald wieder im Wege der Beschwerdeführungen oder der Vorbehalte eines Einflusses fast Alles an die obersten Instanzen brachte und sämmtliche Kirchen, Schulen, Stiftungen, Gemeinden und Gewerbesachen unter die Vormundschaft der Staatsgewalt gestellt hatte. Unter dem Kaiser Franz wurde in dieser Sache nichts geändert, vielmehr nahm die Centralisation noch immer zu, wiewohl man von Zeit zu Zeit die Miene annahm, den Wirkungskreis der unteren Administrativbehörden zu erweitern.

Unter Joseph II. hatte ungeachtet der Centralisation ein ziemlich rascher Geschäftsgang stattgefunden, weil der Kaiser unermüdet thätig gewesen war und eine gleiche Thätigkeit mit eiserner Strenge auch von seinen Beamten jedes Grades verlangte. Franz war aber nicht für dieselbe Raschheit, weil unter Joseph II. manches überstürzt worden war. Die Nachtheile der zu weit getriebenen Centralisation traten also schon in den ersten Jahren seiner Regierung hervor.

Mehr noch trug zu einem langsamen Geschäftsgange bei, dass eine Menge neuer, in Ansehung ihrer Folgen wenig überdachter Gesetze erschien.

So hatte sich nach und nach in der Administration ein System von fünf Instanzen gebildet, deren erste der Magistrat oder das Wirtschaftsamt, die zweite das Kreisamt, die dritte das Gubernium, die vierte die Hofkanzlei und die fünfte das Cabinet des Kaisers war. In jeder unbedeutenden Sache konnte derjenige, welchem eine selbst von der Hofstelle ausgegangene Entscheidung nicht recht war, sich an die Person des Kaisers wenden, welcher dann gewöhnlich die Sache der Entscheidung des Staatsrathes zuwies und, da der Staatsrath weder Eingaben der Parteien annehmen noch Entscheidungen an sie hinausgeben durfte, durch das geheime Cabinet des Kaisers seine Beschlüsse als die Entscheidung des Monarchen kundgemacht sah. Da nun, wenn eine Sache vom Gubernium oder der Hofkanzlei zu entscheiden war,

oft die Acten aller unteren Instanzen, zuweilen sogar mit Gutachten, hinaufgegeben werden mussten und wieder nach der Entscheidung durch alle Instanzen herabliefen, so waren die Fälle
ganz gewöhnlich, dass sich eine unbedeutende Sache drei oder
vier Jahre herumtrieb. Wichtigere Fragen fanden aber oft kaum
in acht oder zehn Jahren ihre Erledigung [1]).

Im Justizfache war aus angeblichen Humanitätsrücksichten
der Recurs und die Appellation an den höheren Richter auf das
äusserste begünstigt. Ein Prozess um zwanzig Gulden konnte
leicht durch drei Instanzen laufen, die Frage wegen einer Frist
leicht Monate lang unentschieden bleiben. Die Gerichtsordnung
begünstigte überhaupt die Fristen und die Wiedereinsetzungen in
den vorigen Stand viel zu sehr.

In den Kriminalsachen lagen gleichfalls gleich anfangs die Keime
zu grossen Verzögerungen. Die gesetzliche Nothwendigkeit, dass
bei gewissen Verbrechen, Strafarten oder Beweisarten das zur
Kundmachung geeignete Urtheil erst in zweiter oder dritter Instanz geschöpft werden konnte und gegen die Urtheile erster oder
zweiter Instanz der Recurs gleichfalls zu sehr begünstigt war,
brachte selbst bei einer zweckmässigen Geschäftsführung der
Staatsbehörden viele auffallende und den Menschen, welche nicht
vom Fache waren, unerklärliche Verzögerungen. Allmählich aber
kamen, als zufolge des auf Conduitlisten gegründeten Beförderungs-
systems viele geistlose Menschen die höheren Posten im Justizfache inne hatten, auch noch tiefer gehende Verzögerungen des
Geschäftsganges zum Vorschein. Diese Männer, im Gefühle, dass
sie durch nichts als Fleiss oder eine sogenannte „Gründlichkeit"
sich auszeichnen könnten, verlangten von den Unterbehörden die

---

[1]) Manche Dinge waren besonders auffallend. So wollte die Stadt Olmütz sich aus ihren eigenen Mitteln ein Theater und einen Redoutensaal
bauen. Da aber gewisse Städte unter einer Art von Curatel der Staatsbehörden waren, dauerte es fast zwanzig Jahre (1798–1818), ehe der Theater-
bau zu Stande kam. Nach dem Olmützer Bürgermeister Wilpert, welcher um
das Jahr 1818 starb, blieb der Posten zehn Jahre unbesetzt und endlich erhielt ihn ein Böhme Namens Ritschel. Fast um die nämliche Zeit war die
Bürgermeisterstelle der Stadt Brünn gleichfalls ungefähr zehn Jahre unbesetzt, worauf Ritschel Bürgermeister in Brünn und ein anderer Böhme Bürgermeister zu Olmütz wurde. Auf dem heiligen Berge, einem Wallfahrtsorte
bei Olmütz, wo eine Reparatur der schönen Gebäude schon im Jahre 1800
verlangt worden war, dauerte es acht Jahre, bis die Verwaltung des Religionsfondes sich dazu entschloss.

umständlichsten auf den Prozess sich beziehenden Erhebungen oft über Punkte, welche jedem Sachverständigen höchst gleichgiltig schienen, und dadurch geschah es, dass oft die unbedeutendsten Thatsachen ungeheure Actenconvolute zur Folge hatten.

Im Finanzfache war gleichfalls jede Kleinigkeit den höheren Behörden vorbehalten und ausserdem bewirkten die Unordnungen, welche vorzüglich wegen des Papiergeldes in der Besteuerung, den Geldverhältnissen, den Handelsangelegenheiten u. s. w. entstanden, dass man in einem fort das Personal vermehren musste. Dennoch gieng man an diese Vermehrungen sehr ungern und es musste schon ein Berg von Rückständen entstanden sein, ehe man sich zur Abhilfe entschloss. Selbst diese war gewöhnlich unzureichend.

Die Pfenningwirthschaft im Kleinen, welche bei der Finanzverwaltung neben der Verschwendung im Grossen bestand und der letzteren zum Deckmantel dienen sollte, bewirkte, dass man auch die Buchhaltungen über alles Mass vermehrte und ihren Wirkungskreis, der vorher nur auf die Prüfung von Rechnungen beschränkt gewesen war, auf Berichterstattungen über verschiedene staatswirthschaftliche und finanzielle Fragen erweiterte. Die Vernehmung des Gutachtens der Buchhaltungen wurde bei den politischen Behörden zu einer ganz gewöhnlichen Massregel, und da man jetzt auch von Seiten dieser Behörden häufiger als ehemals die Fiscalämter und die Ortsbehörden vernahm, so verwickelte sich auch von dieser Seite der Geschäftsgang.

Aehnliche Ursachen veranlassten auch die Langsamkeit der Entscheidungen bei den Militärbehörden, ja sogar, was man kaum glauben sollte, theilweise beim Ministerium der auswärtigen Angelegenheiten.

In nichts beurkundete sich aber die Langsamkeit der Entscheidungen mehr als bei Besetzung der Dienststellen und bei der Gesetzgebung. Bei ersteren entstand sie nicht nur durch die fast ausschliesslich den Centralstellen des Staates oder dem Monarchen vorbehaltene Besetzung der Aemter, sondern durch die Einführung vieler, grösstentheils aus Misstrauen veranlassten Formalitäten. So wurde nach und nach eingeführt, dass für eine grosse Anzahl von Stellen der Concurs ausgeschrieben wurde. Da sich nun bei diesem System z. B. für einen in Mähren erledigten Dienstplatz Bewerber aus der Bukowina und aus Venedig melden konnten, musste schon mit Rücksicht auf die damaligen

Verkehrsverhältnisse für die Bewerbung ein ziemlich langer Termin gegeben werden. Jeder Bewerber musste sein Gesuch seinem Vorgesetzten zur weiteren Beförderung übergeben. Allein dessen Conduitliste reichte zur Beruhigung des Systems noch nicht hin, sondern es musste auch über die Bewerber die Polizei vernommen werden, welche zuweilen sich Fristen erbat, um erst Informationen einzuziehen. Waren endlich die Competenten der den Vorschlag erstattenden Behörde bekannt, so kam es zum Vortrag. Wenn aber dabei von einem Votanten irgend ein Zweifel geäussert wurde, konnten neue Informationen verlangt werden. Der Vorschlag wurde dann einer zweiten Behörde vorgelegt, bis er an die Centralstelle kam, wo eben so verfahren wurde. Gelangte er bei den dem Monarchen vorbehaltenen Ernennungen in das Cabinet, so wanderte er von dort an den Staatsrath und von da wieder in das Cabinet zurück, von dem er erst dem Monarchen zur Schlussfassung vorgelegt wurde. Auch dort blieb er gewöhnlich einige Zeit liegen und gar oft geschah es, dass, wenn die Anträge der Stellen einige Verschiedenheit zeigten, über den einen oder den andern Bewerber neue Informationen eingeholt wurden oder auch die Sache auf längere Zeit in Vergessenheit gerieth.

Bei Lehrkanzeln an den hohen Schulen, den Posten der Appellations- und Gubernialräthe, der Hofräthe und Präsidenten nahm man daher durchschnittlich ein Jahr als die zur Wiederbesetzung nöthige Zeit an.

Die Regierung hätte allerdings diesen Geschäftsgang sehr abkürzen können, wenn sie bei Erledigungen schon von Amtswegen den nächsten Anwärter zu dem erledigten Posten ernannt hätte, und in der That hielt man es so in mehreren Staaten, dass oft durch ein und dasselbe Decret über fünf oder sechs Nachrückungen entschieden wurde. Aber in Oesterreich wollte man dies nicht. Man sagte, man wisse nicht, ob der präsumtive Anwärter den erledigten Dienstplatz wolle oder für denselben geeignet sei. Das erstere war eine Ausrede, das zweite war aber insoferne wahr, als sonst die Conduitliste weniger wichtig gewesen wäre und es gerade im System lag, die Gelegenheiten zur Vorlegung geheimer Conduitlisten zu vervielfältigen.

6. Der Mangel eines Systems bei der Gesetzgebung.

Zufolge des langsamen Geschäftsganges und der unterbliebenen Untersuchung über den Werth der Josephinischen und Theresianischen Gesetze herrschte, wenn man auch viele der neueren Maximen der Regierung zu kennen glaubte, doch grosse Unsicherheit, was eigentlich in der Gesetzgebung gethan werden sollte. Im Allgemeinen behielt man alle nicht schon früher aufgehobenen Gesetze aus der Periode von 1746—1790 bei und machte auch wohl neue in diesem Geiste. Die Regel bei der Gesetzgebung war aber Langsamkeit, so dass oft über einen an sich sehr unbedeutenden Gegenstand der Gesetzgebung oder Organisation ein Berg von Acten entstand.

Folgende Punkte waren aber bemerkbar:

1. In Ansehung der Gesetzgebung war es eine auffallende Eigenschaft der österreichischen Zustände, dass es über die Art ihrer Zustandebringung kein eigentliches und noch weniger ein vernünftiges System gab. Justizgesetze ausgenommen, welche gewöhnlich von einer zu Wien aufgestellten Gesetzgebungs-Commission berathen wurden, war es ganz unentschieden, wie ein Gesetz entstehen solle. Oft wurde wegen eines höchst unbedeutenden Gesetzes von den Gubernien, den Kreisämtern und den Magistraten ein Bericht abgefordert, in welchem Falle das Gubernium wieder das Appellationsgericht um sein Gutachten angieng, welches seinerseits vielleicht wieder viele Gerichte erster Instanz um ihre Meinung fragte. Oft aber wurden die wichtigsten Gesetze ohne irgend eine Vernehmung der Landesstellen, ja sogar oft nach blosser Anhörung einer Commission erlassen. So z. B. giengen aus den Berathungen weniger Personen die Finanzpatente vom 24. Februar 1810, 20. Februar 1811 und 4. Juni 1816 sowie das Verlosungspatent der älteren Staatsschuld vom 18. März 1818 hervor, während über die blosse Abänderung einer absurden, im Jahre 1785 eingeführten Sponsionsformel bei der Ertheilung des theologischen Doctorates fünf Jahre, und wegen Zustandebringung eines neuen juridischen Studienplans zwölf Jahre hin und her geschrieben wurde, ohne dass man ein Resultat erzielte.

Bei der Hofkammer und der vereinigten Hofkanzlei kam es oft vor, dass ein Gesetz der Gedanke eines einzelnen Hofrathes war, von welchem die anderen Hofräthe der Stelle nicht einmal etwas wussten.

Selbst über die Frage, wann ein Gesetz nothwendig sei, hatte man keine Art von Richtschnur. Viele Hofdecrete (Gesetze) fiengen mit den Worten an: Da man wahrgenommen hat, dass über das und das eine ungleiche Uebung bestehe, so wird verordnet.

oder auch: aus Veranlassung eines vorgekommenen Falles wird
vorgeschrieben. Dadurch entstand eine Masse von Gesetzen, von
denen die meisten sehr entbehrlich, viele schlecht überdacht und
alle zusammen geeignet waren, dem untergeordneten Beamten jede
freie Beurtheilung vorkommender Fälle zu untersagen. Das Gesetz, gleich viel, ob es gut oder schlecht war, war nun in jedem
Falle massgebend und der Beamte hatte an der oft sehr unver-
nünftigen Entscheidung nicht die geringste Schuld. Ihm selbst
wäre es oft lieber gewesen, wenn man ihm ein vernünftigeres
Gesetz in die Hand gegeben, oder die Entscheidung seiner vernünftigen Beurtheilung überlassen hätte.

Oft sah der untergeordnete Beamte, wenn ein so schlechtes
Gesetz erschien, sogleich alle Schwierigkeiten der Ausführung.
Aber er konnte nichts ändern. Vorstellungen gegen die Unaus-
führbarkeit oder die Schädlichkeit eines Gesetzes, welche in manchem Staate z. B. dem preussischen unter gewissen Umständen
dem Beamten erlaubt waren und zuweilen gern gesehen wurden,
waren in Oesterreich dem Beamtenstande verboten, ja selbst
wenn auf höheren Befehl über ein schon erlassenes Gesetz, dessen
Ausführung oder Beibehaltung den Centralbehörden Schwierigkeiten gezeigt hatte, Berichte oder Gutachten abgefordert wurden,
hielt es jede Behörde für eine Klugheitsmaxime, eine äusserst be-
hutsame Sprache zu führen, um nicht bei den Urhebern oder
Vertheidigern dieses Gesetzes anzustossen.

2. Bei der eingeführten Centralisation der Geschäfte kam es
gewöhnlich vor, dass die Behörden die von ihnen erlassene Entscheidung als keine definitive betrachten konnten. Diesem zufolge
zeigte sich ziemlich deutlich, dass man nur sehr selten Finalentscheidungen der unteren Stellen sah und der Werth oder Un-
werth der meisten Finalentscheidungen den höheren Stellen zugeschrieben werden musste.

3. Wollte man von dem System der geheimen Conduitlisten,
der geheimen Präsidialberichte, der Ausserachtlassung des Dienst-
alters bei den Beförderungen, der ganz willkürlichen Schätzung
der Verdienste u. s. w. reden, so muss man bemerken, dass unter
hundert Beamten gewiss neunundneunzig mit diesen Einrichtungen
unzufrieden und dass sie eigentlich nur einer kleinen Anzahl von
Oberen und dann denjenigen Personen, welche Geld oder Verbindungen hatten, angenehm waren. Unstreitig hätte man im
Ganzen geschicktere Beamte gehabt, wenn diese Einrichtungen

5*

nicht gewesen, und gewiss wären dann allgemeine Kenntnisse mehr geschätzt gewesen. Aber die Oberen legten einmal auf nichts Werth als auf eine gewisse Routine und zuweilen auch auf Fleiss.

4. Bei der Herrschaft der Willkür in Ansehung der Beförderungen gab es (1820—1848) wenige Staatsbeamte, welche sich ein Bedenken machten, ihre Rivalen zu verläumden, das Vertrauen zu missbrauchen und auf den schlechtesten Wegen jahrelang ihre Pläne vorzubereiten. Aber der Bevölkerung gegenüber, wo diese Rücksichten nicht eintraten, und im gewöhnlichen Dienste waren die meisten Beamten tadelfrei. Bestechlichkeit und Defraudationen kamen schwerlich häufiger vor als in anderen Staaten, und gewöhnliche Geschäfte wurden so gut erledigt, als es die eingeführten Formen gestatteten.

5. Schlimmeres konnte man allerdings von der Mehrzahl derjenigen Privatbeamten sagen, welche mit der politischen Geschäftsführung beauftragt waren. Es war in mehreren Provinzen eine bekannte Sache, dass bei Recrutierungen, Gewerbsverleihungen, Grundzuschreibungen oft Bestechungen vorkamen und bei einzelnen Beamten sogar Regel waren. Allein an diesen Fehlern war wieder vorzugsweise die Gesetzgebung schuld. Da bei den Recrutierungen und Gewerbsverleihungen so viel auf die Willkür des Beamten ankam und bei den Grundzuschreibungen der Beamte so oft entscheidend dahin wirken konnte, zu welchem Preise der Uebernehmer eines Grundes diesen aus der Erbschaft erhalten könne, um bestehen zu können, so bahnte schon die Gesetzgebung den Weg zur Bestechung, wozu noch kam, dass dem Beamten von seinem Dienstherrn der Dienst leicht aufgekündiget werden konnte und also der Beamte sich für Nothfälle auf erlaubten und unerlaubten Wegen Vermögen zu sammeln suchte.

7. Die Umwandlung der früheren Oppositionsparteien und die Zunahme des politischen Indifferentismus.

Seit der Zeit, als die unter Leopold II. bestandene Aussicht auf eine Feststellung neuer Grundsätze für das Regierungssystem verschwunden war, verschwanden nach und nach die Männer mit ausgeprägten politischen Anschauungen durch den Tod, das Alter oder die Ermüdung und, obgleich die Regierung auch jetzt noch von zwei Seiten Opposition fand, indem sie manchen zu sehr und den andern zu wenig an den Josephinischen Ideen festhielt, so waren doch diese Oppositionsmänner nicht heftig, sondern meistens schon zufrieden, wenn man in diesem und jenem ihren Willen that und besonders ihnen in wesentlichen Dingen nichts in den Weg legte.

Ein gemässigter Josephinismus war daher der vorherrschende Charakter der Kanzleien, Consistorien und Schulen, und dieser liess es sich nicht nehmen, dort, wo es ohne erhebliche Gefahr geschehen konnte, auch einen anderen Weg zu gehen, als den von der Regierung gewünschten. Besonders consolidirte sich im Verlaufe der Zeit das Josephinische Schulwesen. Diese Männer kannten kein anderes System als das durch Joseph II. eingeführte und hielten es für das Resultat grosser Einsicht. Die Bedeutung dieser Männer war um so grösser, als sie fast nirgends eine entschiedene oder wissenschaftliche Opposition fanden.

Unter diesen Umständen wagte es die Regierung nicht, der Josephinischen Richtung, wofern sie nur mit Mässigung auftrat, entgegenzutreten, und trotz alles Redens vom Gegentheile behauptete dieselbe unter Kaiser Franz im Stillen einen grossen Einfluss, welcher sich geräuschlos in Tausenden von Gesetzen und Entscheidungen äusserte.

Aber es fehlte auch nicht an Missvergnügten wegen dieser Richtung und besonders gross war die Partei der Unzufriedenen in den neu erworbenen Provinzen Westgalizien, Venedig und Salzburg. Nichts war natürlicher. Diese Länder waren an die österreichische Herrschaft nicht gewöhnt, vieles also, was nur die Gewohnheit erträglich macht wie z. B. das österreichische Polizeiwesen und die österreichischen Gesetze in Kirchen- und Schulsachen, waren ihnen äusserst drückend. Dazu kam, dass die Regierung, da sie im Allgemeinen die ihr ungünstige Stimmung besonders in den 1795 erworbenen politischen Gebieten kannte, diese Länder noch schärfer unter Aufsicht stellte und insbesondere aus Westgalizien (1796—1804) eine ganz unverhältnismässige Anzahl von Rekruten ausheben liess.

Was aber fast noch schlimmer war als die nicht unbedeutende Anzahl von Missvergnügten, war die selbst in den altösterreichischen Provinzen unter den grossen Volksmassen weit verbreitete politische Gleichgiltigkeit. Sie war hier die Folge der unter Maria Theresia und Joseph II. eingeführten Reformen, von denen der grösste Theil dem Volke verhasst gewesen war und mit Zwang eingeführt werden musste. Das Volk hatte sich dem

Zwange gefügt, aber die Neigung zur Regierung war verloren gegangen. Man hielt die Zustände, welche entstanden waren, nicht
für heilbringend, aber man sah sie als Zustände an, welche der
Einzelne nicht ändern könne und denen sich zu unterwerfen die
Klugheit gebiete.

Ganz natürlich war es nun, dass man diese Stimmung, welche
den Ministern nicht unbekannt war, so viel als möglich geheim-
halten und vielmehr den Glauben verbreiten wollte, dass es anders sei und die Josephinischen Reformen spurlos über die österreichische Monarchie hingegangen wären. Da die Regierung ausschliesslich über die inländische Presse verfügte, so schien dies
nicht unmöglich und überdies traf man in Ansehung der Staatsbeamten und insbesondere der Polizei eine Menge von Massregeln,
welche den Zweck hatten, die der Regierung so gefährliche Publicität durchaus nicht aufkommen zu lassen.

8. Die Einführung der erblichen Kaiserwürde und ihre Folgen.

In Folge der Annahme des Kaisertitels durch Napoleon I.
nahm auch der Kaiser Franz am 11. August 1804 den Titel eines
erblichen Kaisers von Oesterreich an und führte ihn einige Zeit
nach dem Titel eines römischen Kaisers, bis er nach der Entstehung des Rheinbundes am 6. August 1806 letzteren aufgab und
das deutsche Reich für aufgelöst erklärte.

Diese Veränderungen in der Titulatur des österreichischen
Monarchen sind von vielen Schriftstellern als wenig wichtig be-
trachtet worden, sie sind es aber durchaus nicht und dies ist die
Ursache, dass sie hier besprochen werden muss.

Schon Joseph II. hatte den Wunsch gehabt, für jenes Conglomerat von Ländern, welches man gewöhnlich die österreichische
Monarchie nannte, einen gemeinschaftlichen Titel zu haben, um
auch äusserlich den Einheitsstaat, auf welchen Joseph II. durch
seine Neuerungen hinwirkte, zu kennzeichnen. Das, was unter
Joseph II. unausführbar gefunden wurde, gelang aber unter dem
Kaiser Franz, weil Napoleon als Preis der Anerkennung seiner
Kaiserwürde durch Oesterreich geneigt war, auch dem österreichischen Hofe den erblichen Kaisertitel zuzugestehen, und bei
der damaligen Weltlage die Anerkennung dieses Titels durch
Frankreich auch die Anerkennung durch alle anderen grossen
und kleinen Staaten zur Folge haben musste.

Das über die Annahme des Titels erblicher Kaiser von Oesterreich am 11. August 1804 erlassene Patent erklärt in sehr sorgfältig gewählten Ausdrücken die Ursache und den Sinn der Einführung dieses neuen Titels. Es heisst darin: „Obschon wir
durch die göttliche Fügung und durch die Wahl der Churfürsten
des römisch-deutschen Reichs zu einer Würde gediehen sind,
welche uns für Unsere Person keinen Zuwachs von Titeln und
Ansehen zu wünschen übrig lässt, so muss doch Unsere Sorgfalt
als Regent des Hauses und der Monarchie von Oesterreich dahin
gerichtet sein, dass jene vollkommene Gleichheit des Titels und
der erblichen Würde mit den vorzüglichsten Europäischen Regenten und Mächten aufrecht erhalten und behauptet werde, welche
den Souveränen Oesterreichs sowohl in Hinsicht des uralten
Glanzes ihres Erzhauses, als vermög der Grösse und Bevölkerung
Ihrer, so beträchtliche Königreiche und unabhängige Fürstenthümer
in sich fassenden Staaten gebührt und durch völkerrechtliche
Ausübung und Traktate zugesichert ist.

„In Gemässheit dessen haben wir nach gepflogener reiflicher
Ueberlegung beschlossen, für uns und Unsere Nachfolger in dem
unzertrennlichen Besitze unserer unabhängigen Königreiche und
Staaten den Titel und die Würde eines erblichen Kaisers von
Oesterreich (als den Namen Unseres Erzhauses) dergestalt feier-
lichst anzunehmen und festzusetzen, dass Unsere sämmtlichen
Königreiche, Fürstenthümer und Provinzen ihre bisherigen Titel,
Vorrechte, Verfassungen und Verhältnisse fernerhin unverändert
beibehalten sollen. Zufolge dieser Unserer höchsten Entschlies-
sung und Erklärung verordnen Wir:

1. Dass unmittelbar nach Unserem Titel eines erwählten
römisch-deutschen Kaisers, jener eines erblichen Kaisers von
Oesterreich eingeschaltet werde, sonach aber Unsere weiteren
Titel als König von Germanien, Ungarn, Böhmen etc., dann die
eines Erzherzogs von Oesterreich, Herzogs von Steiermark etc.
und jene der übrigen Kronlande folgen sollen. . . .

2. Soll Allen, sowohl Unseren Descendenten beiderlei Geschlechts als jenen Unserer Nachfolger in der Regentschaft des
Erzhauses der Titel von kaiserlich-königlichen Prinzen und Prin-
zessinnen, nebst jenen von Erzherzogen und Erzherzoginnen von
Oesterreich dann von kaiserlich-königlichen Hoheiten beigelegt
und ertheilt werden.

3. Gleichwie aber alle Unsere Königreiche und andere Staaten

vorbesagtermassen in ihren bisherigen Benennungen und Zustande zu verbleiben haben, so ist solches insbesondere von Unserm Königreiche Ungarn und den damit vereinigten Ländern, dann von denjenigen Unserer Erbstaaten zu verstehen, welche bisher mit dem römisch-deutschen Reiche in unmittelbarem Verbande gestanden sind, und auch in Zukunft die nämlichen Verhältnisse mit demselben in Gemässheit der von Unsern Vorfahren im römisch-deutschen Kaiserthume Unserem Erzhause ertheilten Privilegien beibehalten sollen".

Obgleich diese Verordnung fast in alle inneren Verhältnisse der österreichischen Staaten eingriff, indem sie jetzt formell in Einem Staatskörper vereinigt erschienen und auch die Verhältnisse des österreichischen Hofes zu dem deutschen Reiche geändert wurden, so hörte man doch nichts von ständischen Protestationen in den österreichischen Ländern oder von einem Proteste des deutschen Reichstages.

Die erste Folge der Einführung der erblichen österreichischen Kaiserwürde war, dass sie das Interesse des österreichischen Hofes an der Erhaltung des deutschen Reichs sehr schwächen musste, während das deutsche Reich ohnehin schon längere Zeit in voller Auflösung war.

Auf die Ungarn, welche gern an die ihrer Krone gebührende Selbständigkeit glaubten, konnte der Eindruck kein günstiger sein, weil sie nunmehr die offizielle Gewissheit hatten, dass es auf einen österreichischen Einheitsstaat abgesehen sei, welcher sich die Abschaffung der ungarischen Constitution zur Aufgabe machen werde.

Bis zum Jahre 1804 hatte für den ganzen österreichischen Ländercomplex die Benennung „österreichische Monarchie" gewissermassen das Bürgerrecht erhalten. Jetzt bekam die Benennung österreichischer Kaiserstaat amtlich und wissenschaftlich seine Anwendung. Der grosse Unterschied dieser zwei Collectivnamen war der, dass der Ausdruck „österreichische Monarchie" Jeden über die staatsrechtliche Stellung der Theile des Staates denken liess, wie er wollte, der Ausdruck „Kaiserstaat" aber den Begriff mit sich brachte, dass eine Absorbierung, eine Art von Mediatisirung mancher Theile des Staates, in welchen noch eine gewisse Selbstständigkeit bestand, erfolgt sei. Zwar sagt das Einführungspatent, alle Länder würden unverändert ihre bis dahin bestandene Verfassung behalten. Allein wie dies möglich sei, leuchtete nicht Jedem ein.

Man sah dies auch in der Wirklichkeit. Die Regierung, die Armee und die Verwaltung hiessen jetzt „österreichische". Consequenterweise hätte sich nun der Ungar, der Böhme, der Pole und Galizier, der Italiener zu Venedig einen „Oesterreicher" nennen sollen. Aber dies zu thun, fiel Niemanden ein. Der Ungar nannte sich einen Ungarn, der Böhme einen Böhmen, der polnische Bewohner Galiziens einen Polen, der Venetianer einen Italiener. Mit einer gewissen Verachtung wurde oft die Benennung „Oesterreicher" zurückgewiesen. Die Benennung „österreichisches Kaiserthum" schien daher längere Zeit mehr zur Weckung von Nationalitätsbestrebungen als zur Verschmelzung von verschiedenen im Staate befindlichen Nationalitäten beizutragen.

Doch wurde am Charakter des Staates für den Augenblick gar nichts geändert. Im Ganzen blieben Hof und Staat deutsch, und die Germanisierung machte geräuschlos ihre Fortschritte. Das österreichische Italien ausgenommen war schwerlich ein Geistlicher, ein Adeliger oder ein Offizier zu finden, welcher nicht deutsch sprach.

9. Die Stellung der Regierung zu Ungarn und Siebenbürgen.

Den Männern, welche den Absolutismus als das einzige für die österreichischen Staaten passende Regierungssystem betrachteten, musste natürlich die Verfassung Ungarns und Siebenbürgens, wo gesetzlich eine constitutionelle Regierungsgewalt bestand, ein Greuel sein. So lang diese Verfassung bestand, war nach ihrer Meinung die Macht Oesterreichs nicht so gross, wie sie sein konnte und sein sollte. Dass also zu Wien fortdauernd der Gedanke herrschte, die ungarische und siebenbürgische Verfassung zu untergraben, war begreiflich, nur wollten sich die Umstände nie so günstig gestalten, dass man auf legalem Wege beträchtliche Erfolge hätte erringen können.

Insbesondere wurde der Artikel 10 des ungarischen Reichstages von 1790/91, welcher bestimmte, dass Ungarn als selbstständiges Reich und nicht nach Art der anderen Provinzen regiert werde, vom Ministerium in Wien stets als eine grosse Schwierigkeit für die Einheit des österreichischen Reichs angesehen. Man erlaubte sich daher bald unter dem Vorwand der

Nothwendigkeit, bald unter dem Schilde einer einseitigen Gesetz-
auslegung Abweichungen von der Verfassung. Im Allgemeinen
nahm man die königliche Machtvollkommenheit als Regel an und
zog daraus den Schluss, dass das, was nicht mit klaren Worten
der Mitwirkung oder Entscheidung des Reichstages oder den Comitatscongregationen zugewiesen sei, vom König nach Willkür
geordnet werden dürfe. Da nun in alten Zeiten über Religion
und Schulen keine näheren Bestimmungen getroffen worden waren,
weil damals Niemand daran zweifelte, dass Schulen und Kirchen
wesentlich zum Wirkungskreise der Geistlichen gehörten, und
eben so wenig in Ansehung des Papiergeldes, weil man keines
kannte, so fuhr die Regierung fort, auf das Schul- und Unterrichtswesen der ungarischen Katholiken einen entscheidenden
Einfluss zu nehmen und auch in Ansehung des Papiergeldes die
ungarischen Länder eben so zu behandeln wie die anderen Provinzen. Als aber der Werth des Papiergeldes durch das Finanzpatent vom Jahre 1811 auf ein Fünftel herabgesetzt wurde, so
weigerten sich die Ungarn auf dem Reichstage von 1812, dieses
Gesetz anzunehmen, weil es einseitig von der Regierung erlassen
sei, und jene Steuern, welche der Hof nunmehr verlangte, einzuführen. Darüber kam es zu stürmischen Verhandlungen. Endlich
erliess die Regierung provisorische Verordnungen über das Geld-
wesen in Ungarn. Der Hof wollte auch Recruten. Aber auch
hier konnte er auf dem gesetzlichen Wege nichts erlangen.

Nunmehr griff er zu einer ganz inconstitutionellen Massregel.
Er liess in Ungarn (1812—1825) durch aufgestellte Commissäre
die Abgaben einheben und Recrutierungen vornehmen.

Dieser Schritt empörte einen Theil der Nation. Der Gedanke
fand Eingang, dass, wenn nicht auch in den österreichischen Provinzen mit deutschen Verfassungen freisinnige Einrichtungen eingeführt und dem Absolutismus ein Ende gemacht würde, es in
die Länge unmöglich sei, die ungarische Constitution aufrecht zu
erhalten.

Der Hof liess nun bis zum Jahre 1825 keinen ungarischen
Reichstag, welcher nach der Verfassung alle drei Jahre abgehalten werden sollte, einberufen, weil man eine zu starke Opposition besorgte.

Ganz nach dem nämlichen System handelte die Regierung in
Siebenbürgen. Auch dort kam es zu keinem Landtage mehr.

Die Gesetzgebung, welche in Ungarn und Siebenbürgen nach der Verfassung dem Könige und den Ständen zustand, ruhte nun gänzlich. Dafür erliess der Hof Ordonanzen und auf den kleinen von der Constitution gestatteten Versammlungen bildeten sich dafür manche neue Gebräuche, welche nun Normen wurden.

In den deutschen Provinzen erfuhr man zufolge der Presszustände wenig von den inneren Zuständen der ungarischen Länder. Die Regierung liess fortdauernd Gerüchte und Erzählungen verbreiten, als ob Ungarn und Siebenbürgen sich in einem Zustande von Barbarei befänden, weil der Egoismus der ungarischen Aristokraten viele jener Einrichtungen, welche sonst unter den gebildeten Völkern bestünden, nicht annehmen wolle. Unter diesen Einrichtungen verstand man vorzugsweise den Abgang vieler Polizeianstalten. Aber gerade auf die Fernhaltung der österreichischen Polizeianstalten legten die Ungarn und Siebenbürger Werth. Sie wollten lieber manche auch von ihnen anerkannte Unvollkommenheiten ihrer Staatseinrichtungen ertragen als dem österreichischen Polizeisystem mit seinem Passwesen, seiner Ueberwachung des Volkes und seiner Neigung zu geheimen Agenten und Denunciationen das Thor öffnen. Dafür herrschten bei ihnen, was in den deutschen Provinzen des Staates von Jahr zu Jahr weniger zu finden war, eine ungezwungene Geselligkeit, grosse Gastfreiheit, viel Gutmüthigkeit und in vielen ausgedehnten Gegenden noch ein Vorherrschen der alten Landessitte. Man begriff in Ungarn, was constitutionelle Freiheit sei, und wenn sie auch nach der Verfassung meistens nur dem Adel zu gute kam, so gab es doch bedeutende Vortheile auch für andere Stände. Zu den höchsten kirchlichen Würden konnte man auch ohne ein Adelsdiplom kommen, die Municipalfreiheiten waren ausgedehnt, ebenso bestanden viele örtliche Privilegien und die Abgaben waren für die unteren Stände erträglich. Frei reiste der Ungar von einem Ende seines Landes bis zum andern und frei war er von der Conscription und von der Beseitigung seiner nationalen Gebräuche. Eben deswegen gab es aber auch in den ungarischen Ländern noch Patriotismus, welcher in den Provinzen mit deutscher Verfassung bereits auf eine beunruhigende Weise sich vermindert hatte.

Der Patriotismus in Ungarn und Siebenbürgen zeigte aber schon um das Jahr 1805 einen etwas separatistischen Geist. Als im Monat November 1805 ein französisches Armeecorps Pressburg nahm, erfuhr man bald von einer geheimen Unterhandlung, zufolge deren die Franzosen in Ungarn nicht weiter vorrückten und über welche der Kaiser Franz entrüstet war. Als im Jahre 1808 vom Hofe die ungarische Insurrection verlangt wurde und eine grosse Vermehrung der Armee im Werke war, für welche man den Ungarn die Errichtung einer eigenen Militärakademie zumuthete, subscribierten zwar die ungarischen Grossen höchst bedeutende Summen, machten aber in Ansehung der Militärakademie Bedingungen, welche der Hof verwerflich fand, weshalb auch dieselbe nicht zu Stande kam. Im Allgemeinen war man im Cabinette niemals recht mit Ungarn und Siebenbürgen zufrieden.

Gleichwohl zeigte die Opposition gegen den Hof noch den Charakter der Offenheit. Das, was sie suchte, war die Aufrechthaltung der Constitution und ein aufrichtiges Benehmen von Seite des Hofes. Man schien, wenn man dieses fände, auch zu einigen Concessionen bereit. Allein dieses Entgegenkommen fehlte gänzlich, weil man durch die langen und kostspieligen Kriege gegen Frankreich Alles auf einen Punkt gebracht hatte, wo die Erweiterung der Regierungsgewalt in den Ostprovinzen ein unerlässliches Bedürfnis zu sein schien. Der österreichische Staat zeigte daher zwei verschiedene Hälften, eine rein monarchisch und eine constitutionell regierte, und viele glaubten, dass, ehe fünfzehn Jahre vergiengen, Ungarns Verfassung auf die Stufe jener von Böhmen und Mähren herabgedrückt sein würde.

III. Buch.

Die Ausbildung des Polizeisystems und die Aenderungen im Militärwesen.

———

1. Die allgemeinen Grundsätze in Beziehung auf das Polizeisystem.

Das bald nach der Thronbesteigung des Kaisers Franz hervortretende Regierungssystem zeigte einen polizeilichen Charakter in einem Grade, wie er noch niemals in irgend einem grossen Staate da gewesen ist. Es gieng grösstentheils aus den Beobachtungen hervor, welche man über die Erscheinungen der französischen Revolution machte und dann mit den längst angenommenen Grundsätzen von Sonnenfels vereinigte.

Der Graf Colloredo hatte gesehen, dass in der französischen Revolution wie früher in den Unruhen in Belgien und Holland Advokaten, Mediciner, Litteraten, kleine Kapitalisten und Geistliche niederen Ranges eine grosse Rolle spielten. Andererseits hatte man beobachtet, dass, wenn irgendwo eine Bewegung zum Vortheile des Thrones entstand, gewöhnlich einzelne Adelige dabei betheiligt waren und ein Theil des ganz gemeinen Volkes sie unterstützte. Auch Robespierre war ein Advokat gewesen und ein bedeutender Theil der Nationalrepräsentationen bestand stets aus Männern der sogenannten gebildeten Klassen. Man zog daraus den Schluss, dass die eigentliche Gefahr für die Throne in der Mittelklasse, besonders in jenen Abtheilungen, welche sich mit Wissenschaften beschäftigen, liege, dann aber, dass in diesen Klassen ein unbegrenzter Ehrgeiz vorherrsche.

Dem Adel, der in den Revolutionen niemals eine Hauptrolle spielte, vielmehr zurückgesetzt, verbannt, zum Theil hingerichtet wurde, wendete daher die Regierung grössere Neigung zu. Ueber die Bauern, die Kleinbürger und das Militär hatte man sich auch nicht sehr zu beklagen; denn wenn auch manche der Sache der Revolution anhiengen, so waren sie doch gehorsam gegen die Autorität der Regierung.

Dass in Frankreich von der bourbonischen Dynastie grosse Fehler begangen worden wären und zur Entstehung der Revolution beigetragen hätten, gab man gern zu. Aber man meinte, es wären Fehler der Güte, der Schwäche, der Sorglosigkeit gewesen, welche Monarchen nicht eben hoch anzurechnen wären. Mit dem Regierungssystem, welches vor der Revolution in Frankreich bestand und den Revolutionsmännern so verhasst war, scheint man am Wiener Hofe wenig bekannt gewesen zu sein. Die Geschichte, wie man sie damals gewöhnlich schrieb, war eine Hof- und Kriegsgeschichte; man stellte sich also die früheren französischen Zustände viel besser vor, als sie gewesen waren, und am allerwenigsten überlegte man, was durch die Gesetzgebung für die Ordnung oder Unordnung gethan werden könne. Doch fand man, dass die von den französischen Nationalversammlungen getroffenen Anordnungen viele Aehnlichkeit mit den Reformen Josephs II. hätten. Dies war genug, um gegen die Männer der ehemaligen Aufklärungspartei misstrauisch zu sein.

In ähnlicher Weise äusserte man sich häufig in den Kreisen des Provinzialadels und man hatte es in keiner Kreisstadt hehl, dass man zu Wien in den höchsten Gesellschaften die Sache auch so ansehe, woraus man, abgesehen von anderen Erscheinungen, schliessen konnte, dass dies auch die Ansicht der Umgebung des Kaisers sei.

Noch herrschte übrigens in den österreichischen Provinzen ein gewisser Freimuth. Ausserhalb der grossen Städte redeten die Leute offen über die Tagesereignisse. Mehrere Familien hielten oft gemeinsam die Hamburger Zeitung und lasen sie manchmal grösseren Kreisen vor. Man bewunderte sogar manchmal die in Frankreich gehaltenen Reden der Demokraten. Man disputierte über dies oder jenes mit Lebhaftigkeit und mit Berücksichtigung von Gründen und Gegengründen. Die sogenannten gebildeten Klassen waren der Mehrzahl nach Freunde der Revolution, wie sie sich Anfangs entwickelte. Es gab auch sogenannte gut-

gesinnte Menschen, welche, wenn auch nicht vieles, doch manches
in den österreichischen Staaten geändert sehen wollten. Von den
ehemaligen Josephinern wurde über die Regierung besonders übel,
aber doch stets innerhalb der gesetzlichen Schranken geredet.

Die Regierung traute zwar den Ungarn nicht ganz. Aber in
diesen Ländern schien das aristokratische Element so stark, dass
man dort das Aufkommen demokratischer Ideen nicht sehr fürchtete. Es waren also nur die deutschen Provinzen besonders zu
berücksichtigen und für diese glaubte man die Kosten umfang-
reicher Polizeianstalten erschwingen zu können.

Die Hauptaufgabe schien die Entstehung gefährlicher Kenntnisse möglichst zu beschränken, dann auch Gespräche über Dinge,
welche der Regierung unangenehm wären, zu erschweren, endlich aber auch auf mehreren und zum Theil geheimen Wegen
Nachrichten, Urtheile und Grundsätze, welche die Regierung passend fände, unter das Volk zu bringen. Für jene, welche sich
nicht sogleich fügen würden, wollte man aber nicht Kerker und
Galgen — denn dieses konnte Aufsehen machen, — sondern
Zurücksetzungen, Polizeierinnerungen, leichte Haft, beständige
Ueberwachung, Isolierung, Versetzung nach anderen Orten in Anwendung bringen. Man glaubte versichert sein zu können, dass
man mit diesen Mitteln ausreichen würde.

Indessen machte man nach und nach Erfahrungen, welche
weiter führten. In Ungarn hatte sich doch (1795) eine Verschwörung gebildet, welche den Mord des Kaisers und eine Veränderung der Verfassung beabsichtigt hatte, und in Wien war gleichzeitig Hebenstreit als Hochverräther aufgetreten. Andererseits
wurden so viele österreichische Generale, welche gute Truppen
commandierten, von schnell zusammengerafften französischen Soldaten geschlagen, dass man die Sache durch Verrath wohl erklären, den Verrath selbst aber nicht beweisen konnte. Selbst
berühmte Generale, wie der Prinz Josias von Sachsen-Coburg,
Clairfait, Beaulieu, Mercy d'Argenteau wurden aus dieser Ursache
pensioniert. Man glaubte gerade nicht, dass sie Geld bekommen
hätten, wohl aber, dass Landsmannschaften, geheime Gesellschaften, Humanitätszwecke oder auch Verdruss über dies oder
jenes ein pflichtwidriges Benehmen veranlasst hätten. Man glaubte
also die Polizeiaufsicht auf die Armee und, so weit es thunlich
wäre, auch auf den Adel der Ostprovinzen ausdehnen zu müssen.
Von dem, was man thun wolle, schwieg man übrigens; nur aus

einzelnen Erscheinungen konnte man es errathen. Nach diesen war Ruhe um jeden Preis die Losung.

Wohin dieses System führen könne, scheint man nicht bedacht zu haben. Auch wurde es, wo kein ausdrückliches Gesetz vorlag, höchst verschieden gehandhabt. Lange Zeit sträubte sich noch der zur Offenheit, Aufrichtigkeit und zur Geselligkeit geneigte Nationalcharakter gegen die Beschränkungen und Denunciationen.

2. Die neuen Verordnungen über die Censur.

Schon im Jahre 1792 fieng man wegen des Krieges gegen Frankreich an, die Polizei in den deutschen Provinzen neu zu organisieren, und je mehr die Revolution siegreich blieb, um so mehr suchte man den Ideen der Neuerung die Zugänge zu versperren. Dass die Nation dadurch in geistiger Beziehung zurückgehen könne, schien man nicht zu wissen, oder nicht zu beachten. Auch hoffte man, für die wichtigen Angelegenheiten stets In- oder Ausländer zu finden, auf welche man sich verlassen könne, während man glaubte, dass für gewöhnliche Stellen Routine, Fleiss und gesunder Menschenverstand genügten. Bei diesem System musste jede Kritik der Regierungsmassregeln und jede unbefangene Beurtheilung der höheren Beamten unerlaubt, jede Besprechung öffentlicher Interessen als unnütz erscheinen.

In diesem Geiste erschienen, ohne dass von der von Leopold II. beabsichtigten Uebertragung der Censur an die höheren Lehranstalten mehr die Rede gewesen wäre, bald nach dem Regierungsantritte des Kaisers Franz eine Menge von Polizeigesetzen, von denen wir, um nicht weitläufig zu werden, nur einige herausheben.

Schon in einem Handbillet vom 26. März 1792 erklärte der Kaiser: „So wenig ich gesinnt bin, eine gemässigte Pressfreiheit zu beschränken, so ist es mir doch auffallend, in verschiedenen Zeitungen und Wochenblättern Anzeigen von künftigen Veränderungen oder Aeusserungen über Geschäfte anzutreffen, welche, da sie aus einer blossen Volkssage hergenommen sind, keinen Grund haben". Und da „falsche Nachrichten und erdichtete Entwürfe den Leser in einen Irrthum führen", wurden die Censoren angewiesen „in allen jenen Fällen, wo inländische Thatsachen, künftige Verordnungen und Unternehmungen in das Publikum gebracht werden, solche nicht eher zuzulassen, bis sie sich über-

zeugt haben, dass das, was man vorbringt, mit der Wahrheit
übereinstimme". Dadurch wurde den inländischen Zeitungen und
Schriftstellern jede vorläufige Besprechung jener Regierungsent-
würfe, von denen man hörte, unmöglich gemacht. Wenn aber
diese Entwürfe Gesetz geworden waren, war es verboten und
überdies zu spät, ihren Werth zu erörtern.

Ein Hofkanzleidecret vom 12. October 1792 erklärte ferner:
„Da die gegenwärtigen Umstände fordern, die sorgfältigste Aufmerksamkeit darauf zu wenden, dass Bücher, welche staatsge-
fährliche und solche Stellen und Grundsätze enthalten, welche
die allgemeine Ruhe stören können, auf keine Weise in Umlauf
gebracht, sondern zur rechten Zeit unterdrückt und verboten
werden", so hätten die Censoren diesen Grundsatz zu beobachten,
und „da auch Zeitungsblätter, wenn sie nicht gut gewählt und
von allen anstössigen und bedenklichen Stellen gereiniget werden,
zur Verbreitung übler Gesinnungen sehr viel beitragen können, so
wird es eine vorzügliche Pflicht der Staatsverwaltung sein, auch
hierauf sorgfältig zu wachen, damit sonderheitlich in jenen Zeitungen, die in den Erbländern den fremden nachgedruckt werden,
nichts anstössiges und bedenkliches zugelassen werde, wenn
solches auch schon in anderen fremden Originalzeitungen aufgeführt ist". „Uebrigens, da auch durch heimliche Hauspressen die
verderblichsten Bücher und Broschüren in das Publikum mit Beseitigung der Censur gebracht zu werden pflegen, so wird der
Polizei die besondere Aufsicht und Nachforschung darüber besonders aufzutragen sein."

Bald nachher wurde durch ein Handbillet vom 31. December
1792 dem Grafen Pergen, welcher schon unter Joseph II. Polizei-
minister gewesen war, das Polizeiministerium übertragen mit der
Weisung, die Polizei „wieder so, wie sie unter Joseph II. war",
einzurichten, und diesem Minister aufgetragen, „einen Plan vorzu-
zulegen, wie die allgemeinen Polizeianstalten gehandhabt werden
sollen." Es scheint, dass der Graf Pergen, welcher unter Joseph II.
eine der Koryphäen der Aufklärungspartei gewesen war, im
Jahre 1792 gleich so vielen seiner Standesgenossen durch die
französische Revolution zu anderen Ansichten gekommen war,
und dass er den von ihm verlangten Plan noch vor dem Anfang
des Jahres 1795 vorlegte. Denn damals war es schon gewiss, dass
in allen grösseren Städten eine geheime Polizei bestand, welche

überall und zum Theil sogar in der Classe der höheren Staatsbeamten [1]) ihre Correspondenten hatte und viel Geld kostete.

Ein Hofdecret vom 3. Februar 1793 verordnete sogar schon vor der Activierung dieser Polizei, „keine heimlichen Zusammenkünfte unter was immer für einem Vorwand zu gestatten und die Dawiderhandelnden zu bestrafen" und vermittelst der Censur streng auf die bestehende Vorschrift zu halten, „dass kein inländischer Druck oder Nachdruck und keine Einführung solcher Bücher erlaubt werde, die von der französischen Revolution eine günstige Schilderung machen, oder von solchen Staatsveränderungen und Grundsätzen handeln, die den Grundsätzen einer wohleingerichteten Monarchie und besonders der österreichischen Staaten entgegen sind." Ebenso wurde geboten, in die inländischen Zeitungen keine Einschaltung zu gestatten von dem, „was eine vortheilhafte Beziehung auf die französische Revolution hat." Ganz natürlich kam dabei das Interesse der Wahrheit und der Wissenschaft nicht weiter in Betracht.

Ein Hofdecret vom 22. Februar 1795 verschärfte von neuem die Censur, stellte mehrere wenig mehr in Uebung gewesene Censurvorschriften zusammen und verlangte, dass ausländische, von der österreichischen Censur nicht zugelassene Bücher so lange in polizeicher Verwahrung bleiben sollen, bis die Eigenthümer sie wieder in das Ausland oder im Lande an einen berechtigten Käufer verkaufen könnten. Es setzte aber auch fest, es gelte dies „nicht von solchen Stücken, die in hohem Grade Religions-, Sitten- oder Staatswidrig oder pasquillantisch, ehrenrührig und offenbar boshaft sind, als welche ohne weiters vom Revisionsamte zu vertilgen sind". Ganz natürlich setzte diese Verordnung dem Bezuge auswärtiger Bücher grosse Hindernisse.

Eine weitere allgemeine Censurvorschrift vom 22. Februar 1795 verbot den Buchhändlern „ihre schlechte Ware, sogenannte Laufer und einzelne nach dem Geschmacke des Pöbels geschriebene Blätter durch die Ständelweiber oder durch herumschreiende,

---

[1]) Viele dieser Correspondenten erhielten jährlich beträchtliche Remunerationen. Es gab Hofräthe, welche 1000 fl. C.-M. jährlich bezogen und (1823--1826) soll nach bestverbürgten Nachrichten der mährische Appellationspräsident und geheime Rath Baron W. jährlich 2000 fl. C.-M. bezogen haben. Für viele Leute in zerrütteten Vermögensumständen war die geheime Polizei eine Geldquelle.

Strassen und Häuser durchlaufende Leute abzusetzen, auch durch Krämer auf den Jahrmärkten in den Städten und an den Thoren derselben, wie auch in anderen Wegen an Mann zu bringen". Diese Art von Verkauf neu gedruckter Blätter, es seien Gebete, Lieder, Kriegsnachrichten oder Gaukeleien und Possenstücke wird „unter Strafe des Zuchthauses für den Verkäufer und noch empfindlicher für den Urheber eingestellt."

In den österreichischen Staaten hatten sich seit 1781 in mehreren Städten Lesecabinette gebildet. Allerdings enthielten sie meistens Unterhaltungsschriften. Indessen waren auch andere Werke daselbst zu finden und diese Einrichtung war unzähligen Menschen willkommen, weil es oft in ganzen Ländern keine öffentliche Bibliothek gab. Ein Hofdecret vom 3. August 1798 stellte alle diese Lesecabinette ein, „da (wie es in dem Gesetze heisst) diese Lesecabinette statt Nutzen zu verschaffen, vielmehr schädlich geworden sind." Bald wurde (Hofdecret vom 6. April 1799) diese Massregel auch auf die Leihbibliotheken ausgedehnt und (15. September 1798) auch die Auslegung von Literaturzeitungen wie litterarischen Journalen und Flugschriften verboten, „da hiedurch die von der Censur verbotenen Bücher in Auszügen zur öffentlichen Kenntnis gelangen." Ferner wurde (6. October 1798) auch verboten, irgend eine Schrift ohne vorläufige Bewilligung der österreichischen Censur im Auslande drucken zu lassen. Da jene, welche in den österreichischen Staaten als Schriftsteller auftreten konnten, nicht sehr zahlreich und meistens Beamte waren, so war diese Verordnung, da sich Niemand auch nur dem Verdachte, das Gesetz umgangen zu haben, aussetzen wollte, keine unwichtige Massregel. Bis zum Jahre 1801 wurde aber die Censur doch noch mit einer gewissen Rücksicht auf die Wissenschaft gehandhabt. Auch dieses schien zu viel. Mit dem Hofdecret vom 18. September 1801 wurde das Censurwesen dem Polizeiministerium untergeordnet, wo nun während der ganzen Regierung des Kaisers Franz stets der polizeiliche Gesichtspunkt bei der Beurtheilung der Werke vorherrschte und oft absichtlich eine gewisse Langsamkeit in die Censurverhandlungen gebracht wurde, um Jedermann auch durch indirecte Mittel von der schriftstellerischen Thätigkeit abzuschrecken. Ausserdem wurde jetzt mehr als jemals darauf gehalten, dass, wenn eine der Censur übergebene Schrift an irgend einen Punkt der Staatsverwaltung unmittelbar oder mittelbar anstreifte, sie ausser der gewöhnlichen Censur

auch noch der Censur desjenigen Verwaltungsdepartements, dessen
Wirkungskreis durch die Schrift berührt wurde, unterzogen werden müsse, wodurch es nicht selten geschah, dass nun selbst ein
von dem gewöhnlichen Censor anstandslos befundenes Manuscript
durch drei oder vier Jahre bei sechs verschiedenen Hofstellen
herumwanderte. Dadurch erreichte man in der That, dass in dem
langen Zeitraum von 43 Jahren (1792—1835) im Inlande nicht
eine einzige Schrift erschien, die sich freimüthig oder tadelnd über
das österreichische Regierungssystem oder dessen Hauptträger
aussprach. Selbst auf die Inschriften und Embleme von Tabaks-
dosen und Fächern, von Monumenten und Spielwaren erstreckte
sich die Censur, wie man sich aus den Werken des Grafen
Barth über die österreichischen Polizeiverhältnisse überzeugen
kann.

Unter solchen Umständen gieng auch der inländische Buch-
handel mehr und mehr zu Grunde und der auswärtige befasste
sich nicht gern mit den von der österreichischen Censur zugelassenen Werken.

Schon dies reichte hin, von schriftstellerischen Arbeiten abzuhalten. Aber auch der Bezug theuer angekaufter Bücher war
den Familien äusserst erschwert. Ein Hofdecret vom 19. Februar
1802 begnügte sich nicht mehr: „dass die in Verlassenschaften
vorgefundenen verbotenen Bücher zwar von dem öffentlichen Verkaufe ausgeschlossen, jedoch den Erben zur willkürlichen Dispo-
sition überlassen werden", sondern es verfügte, dass diese Bücher
„nur dann den Erben zum Gebrauche ausgefolgt werden sollten,
wenn diese in wissenschaftlicher Rücksicht oder in Betracht ihres
Charakters oder Standes zum Besitze derselben geeignet sind,"
worauf dann nähere Bestimmungen über das, was im entgegengesetzten Falle geschehen soll, gegeben werden.

Noch nicht damit zufrieden, nach und nach alle Quellen des
Wissens abzuschneiden, verordnete die Regierung am 16. April
1803, „dass den Zeitungsschreibern . . . durchaus nicht gestattet
werden soll, von inländischen Einrichtungen und überhaupt von
hierländischen Regierungsgeschäften in ihren Zeitungsblättern
eine andere Erwähnung zu machen, als es ihnen von der Landesstelle entweder wirklich aufgetragen wird oder als etwas davon
in dem „Wiener Diarium" [1] enthalten ist.

---

[1] Siehe über dieses das folgende Capitel.

Wie es die österreichische Polizei mit dem Büchernachdruck hielt, ergab sich daraus, dass viele ausländische Werke, vorerst durch die Censur wesentlich beschnitten, nachgedruckt wurden. Auch das im Jahre 1810 erschienene bürgerliche Gesetzbuch überliess (§ 117) die Bestimmungen über den Büchernachdruck den politischen Gesetzen.

Ueberhaupt aber erhielt das gesammte Censurwesen durch das im Jahre 1803 erschienene Strafgesetzbuch viele neue Verschärfungen. Wir werden darauf in einem der nächsten Abschnitte zurückkommen. Hier bemerken wir nur, dass in eben dem Verhältniss, als wegen des Zwangscurses des Papiergeldes das Missvergnügen mehrerer Volksklassen stieg, die Vorsichtsmassregeln der Polizei sich vermehrten.

Man blieb aber bei diesen Vorschriften nicht stehen, sondern verschärfte dieselben von Zeit zu Zeit.

Nach dem Kriege von 1809, welcher die Franzosen nach Wien führte, wo sie die Fesseln der Censur einigermassen erleichterten, schien die österreichische Regierung selbst den Gedanken zu haben, die Censurgesetze zu ändern. Im Censuredicte von 1810 kommen die schönen Worte vor:

„Kein Strahl des Lichtes, woher er auch kommen mag, soll von Oesterreich abgehalten werden. Anständig vorgetragene Meinungen und Ansichten, wenn sie auch den herrschenden Regierungsgrundsätzen widersprechen, sollen darum nicht unterdrückt werden." Allein vermuthlich waren diese Worte schon anfangs nicht ernstlich gemeint; denn gewiss ist es, dass, nachdem sich die Regierung eine Weile wegen ihrer jetzt so freisinnigen Grundsätze hatte loben lassen, Alles blieb, wie es war.

Es dürfte daher fast überflüssig sein, mehr von den österreichischen Censureinrichtungen zu sagen. Bemerkt soll nur werden, dass bereits 1812 ihr Ruf im In- und Auslande gleich schlecht war und ein Werk, welches von der österreichischen Censur zugelassen war, die Vermuthung für sich hatte, dass es ein schlechtes Werk sei.

3. Das österreichische Zeitungswesen.

In einer Zeit, in welcher fast jede Regierung die Gedanken und Meinungen ihrer Unterthanen in ihrem Interesse leiten wollte, gehörten neben den Volksschulen und dem Religionsunterricht die periodischen Schriften unter die grossen Hilfsmittel der Minister. Diese wussten, dass man auf diesem Wege zwar nicht alle Geister leiten könne, indem es immer einige selbständig denkende Menschen gibt, dass man aber auf die grossen Volksmassen einwirken könne. Auch gab die Besprechung der politischen Ereignisse, welche man weder ganz hindern wollte, noch hindern konnte, dann, wenn die Regierung die Massen für sich hatte, der Polizei sogar eine erwünschte Gelegenheit, ihre Freunde und Feinde kennen zu lernen.

Die Mittel, durch welche die Polizei ihre Nachrichten verbreitete, waren zahlreich und oft kaum zu errathen. So wurde Manches mittelst Privatbriefen in Umlauf gesetzt. Doch war man mit diesem Mittel, um es nicht zu sehr abzunützen, sparsam.

Ein häufigeres und wirksameres Mittel waren die inländischen Zeitungen. Um aber dies begreiflich zu finden, muss man die damalige Einrichtung des österreichischen Zeitungswesens kennen.

Das wichtigste Organ war die „Wiener Zeitung", welche man oft die Hofzeitung nannte. Sie bestand aus vier Abtheilungen. Die erste war der officielle Theil, worin die Geburten, Heirathen und Todesfälle der regierenden Familie und alle vom Monarchen ausgegangenen Ernennungen zu Standesämtern, Bisthümern, Canonicaten und militärischen Aemtern, sowie etwa Kriegserklärungen und Friedensschlüsse enthalten waren. Hier wurden auch jene Nachrichten vom Kriegsschauplatze mitgetheilt, welche die Regierung dem Volke mitzutheilen für gut fand. Endlich waren dort die Nachrichten über die Verleihung von Orden, Civilehrenmedaillen, Titeln u. s. w. so wie auch die officiellen Nachrichten aus den Provinzialblättern über den dort stattgefundenen Empfang des Monarchen oder dieses oder jenes Erzherzogs, wo dann die obligaten Formeln von „allgemeinem Jubel, unvergesslichen Tagen, huldvoller Herablassung und allerunterthänigsten Aufwartungen" nicht fehlten.

Der zweite gewöhnlich durch einen Strich vom officiellen Theile getrennte Abschnitt der Wiener Zeitung enthielt Nachrichten aus allen Ländern, die gewöhnlich aus anderen Zeitungen entlehnt waren, natürlich nur solche, deren Mittheilung die Regierung unbedenklich fand.

Mit dieser Zeitung war ein „Amtsblatt" verbunden, voll von Kundmachungen neuer Gesetze, Polizeitaxen, Börsencursen, gerichtlichen Convocationsedicten und Concursausschreibungen für erledigte Aemter.

Endlich enthielt die Wiener Zeitung ein „Intelligenzblatt", worin Fabrikanten ihre Fabrikate, Aerzte ihre Wohnungsveränderungen, Buchhändler die bei ihnen erschienenen Bücher ankündigten, und überhaupt Jedermann gegen Bezahlung der Insertionsgebühren etwas bekannt machen konnte.

Diese Zeitung war nun wegen ihres officiellen Theils, des Amtsblattes und oft auch wegen des Intelligenzblattes für Tausende von österreichischen Unterthanen von Wichtigkeit. Man hielt sie also bei jedem grösseren Amte und da man aus ihrem politischen Theile doch etwas von den Weltereignissen erfuhr, so lasen manche, welche die Wiener Zeitung halten konnten, keine andere.

Bezüglich der Provinzialzeitungen bestand die Einrichtung, dass jede Provinzialhauptstadt eine solche haben müsse. Nur für Niederösterreich bestand eine Ausnahme, weil hier die Wiener Zeitung erschien. Die Provinzialzeitungen waren ebenso eingerichtet wie die Wiener Zeitung, nur mit dem Unterschiede, dass sie zunächst für die Bedürfnisse der betreffenden Provinz berechnet waren.

Ihr officieller Theil bestand aus den officiellen Mittheilungen der Wiener Zeitung und den Zusendungen des Guberniums an die Zeitungsredaction. Unter diesen machten jene schwulstigen Artikel über die Reisen des Kaisers oder der Erzherzoge, welche dann in die Wiener Zeitung übergiengen, einen Hauptbestandtheil aus.

Der politische Theil jeder Provinzialzeitung bestand aus den im politischen Theile der Wiener Zeitung abgedruckten Nachrichten und einigen ganz unverfänglichen meistens aus anderen Zeitungen entlehnten Artikeln.

Das Amtsblatt enthielt die neuen Verordnungen, Polizeitaxen, Concursausschreibungen, gerichtlichen Feilbietungen u. s. w., welche die Bewohner der Provinz interessieren konnten.

Das Intelligenzblatt war wie bei der Wiener Zeitung aber natürlich für das Provinzialbedürfnis eingerichtet.

Zur Ueberwachung dieses Zeitungswesens bestand eine strenge Censur. Da aber die Redacteure nur mit Rothstift bezeichnen durften, was abzudrucken sei, so war das Geschäft eines österreichischen Zeitungsschreibers das leichteste, was es geben konnte, und wurde oft einem Kanzlisten gegen eine mässige Remuneration zugetheilt.

Die Regel für alle diese Zeitungen war, möglichst im Sinne der Regierung zu schreiben. Daher Verschweigung, Verstümmelung oder Entstellung der in einem feindlichen Lande veröffentlichten Nachrichten, häufiges Citieren der gegen gewisse Regierungen gerichteten Oppositionsjournale, Mangel jedes Raisonnements, wo es nothwendig schien Erweckung guter Hoffnungen für Oesterreich, so dass man das, was wirklich geschehen war, höchstens zuweilen zwischen den Zeilen lesen konnte, was aber natürlich nicht Jedermanns Sache war und von der Polizei auch nicht gern gesehen wurde.

Eben diese Erbärmlichkeit des politischen Theils der österreichischen Zeitungen bewirkte, dass Menschen, welche es nur einigermassen thun konnten, sich allein oder in Verbindung mit anderen eine oder die andere ausländische Zeitung hielten. Die Regierung erschwerte dies zwar durch eine Stempelabgabe und hohe Provisionen der Postämter, wollte es aber doch nicht ganz verhindern. So war also (1792—1803) der „Hamburger Correspondent" und später (1803—1848) die Augsburger „Allgemeine Zeitung" in den österreichischen Staaten weit verbreitet. Sowie aber die Regierung die stärkere Verbreitung eines auswärtigen Blattes bemerkte, traf sie auch gewisse Anstalten, um sich gegen die Nachtheile unwillkommener Mittheilungen zu sichern. Die Zeitungsredactionen bekamen Winke, unter welchen Bedingungen für sie der Absatz dauerhaft werden könne, und in gewissen Zeiten wurden auch ausländische Blätter, natürlich mit ähnlichen Lettern und wesentlichen Auslassungen, in Oesterreich nachgedruckt. In den Kriegen geschah es auch oft, dass man mehrere Tage hindurch die Zeitungsblätter ganz zurückhielt, ja sogar, dass man sie den Abonnenten gar nicht ausfolgte.

Die Regierung fand aber bald, dass, wenn sie sich mit grösserem Erfolge loben oder vertheidigen lassen wolle, dies in anderwärtigen Zeitungen geschehen müsse. Von diesem Mittel machte sie, besonders nach dem Jahre 1809, sehr oft Gebrauch.

Bei diesen Einrichtungen fehlte aber der Regierung doch ein Organ, durch welches sie die sogenannten halbofficiellen Artikel, welche für jede Regierung so wichtig sind, in die Welt senden könnte. Für diesen Zweck entstand (1810) der „österreichische Beobachter" und er leistete anfangs der Regierung einige Dienste. Da es aber natürlich bald bekannt war, dass in denselben kein räsonnirender Artikel ohne Anordnung der österreichischen Staats-

kanzlei kommen könne, so erhielten solche Artikel bald das Ansehen von offiziellen, weshalb die Regierung fast nicht anders, als
durch ausländische Zeitungen ihre halbofficiellen Artikel in die
Welt bringen konnte. Davon machte nun zwar die Regierung
sehr sparsamen Gebrauch. Aber diese Artikel selbst waren nach
dem Tode des Hofrathes Gentz (1832), der bei ihrer Abfassung
sich als Meister gezeigt hatte, gewöhnlich sehr schlecht geschrieben,
was einen Beweis gibt, wie selten bei der Staatskanzlei eigentliche Publizisten waren oder wie sehr sie sich in ihren Darstellungen beengt fühlten.

Was das Zeitungswesen in politischer Rücksicht leistete, das
musste vielfach eine andere Gattung der Journalistik, welche
belletristische und Handelsgegenstände betraf, leisten.

Die österreichischen Staaten hatten auch mehrere der Unterhaltung dienende Journale von ungleichem Werthe, von denen
man stets eine gute Portion Schmeichelei für die inländischen
Einrichtungen, als eine Art von Tribut verlangte. Ausser diesen
Journalen las das Publikum, und zwar alle Jahre mehr, ausländische Zeitschriften, doch versteht sich von selbst, dass auch
hier die Censur eine strenge Aufsicht führte. Was aber den österreichischen Ländern vorzüglich abging, war eine gut eingerichtete
Litteraturzeitung. Mehreremal wurden Versuche gemacht, eine
solche zu gründen, aber entweder ganz ohne Erfolg oder doch
ohne Dauer. Die Ursache war einleuchtend. Viele im Auslande
erschienene Bücher durften gar nicht erwähnt werden, und
selbst bei der Kritik der angezeigten Werke musste man auf
die von der österreichischen Regierung angenommenen Grundsätze über Unterricht, Religion, Polizei, Staatswirthschaft und
Politik Rücksicht nehmen. Das Raisonnement war also überall
beengt, wurde deshalb matt, oft unbefriedigend und Menschen
von Talent wollten selten zu diesen Litteraturzeitungen Beiträge
liefern.

4. Die zunehmende Verbreitung der ausländischen Werke und der Unterhaltungsschriften.

Die Censur und Studienanstalten hatten dem österreichischen
Gelehrten, wenn er als Schriftsteller auftreten wollte, fast nur
das Feld der Mathematik, der Naturwissenschaften und allenfalls
der Archäologie übrig gelassen und selbst dieses war nicht leicht
zu betreten, weil in äusserst wenigen Städten ein auch nur er-

träglicher wissenschaftlicher Apparat und ein Publikum, welches sich für gelehrte Werke interessirte, zu finden war.

Dessenungeachtet hatten die seit 1774 getroffenen Einrichtungen des Schulwesens die Folge gehabt, dass mehr Leute als früher lesen konnten und also auch lesen wollten. Da im Inlande nichts erschien, was die Massen ansprach, so waren es grösstentheils die im Auslande, und zwar vorzüglich in Norddeutschland erschienenen Volksschriften und Romane, welche gelesen wurden; auch lag es in dem Interesse der Polizei, das Volk auf eine, wie man meinte, unschädliche Art zu beschäftigen. Das Lesen von Romanen kam daher mehr als jemals in Aufnahme und um das Jahr 1800 sah man solche nicht selten in der Hand von Höckerinnen und Dienstboten. Diese nahmen viel des Gelesenen für Wahrheit und erhielten daher mancherlei schiefe Ansichten über die wirkliche Welt.

Auch Jene, welche Wissenschaftliches gerne lasen, hielten sich, da wenige Menschen französische oder englische Werke besassen oder benützen konnten, grösstentheils an das in Norddeutschland Erschienene, von dem aber die Regierung nur einen kleinen Theil unanstössig fand. Da aber nun einmal die norddeutschen Verfasser von den staatlichen und kirchlichen Einrichtungen katholischer Länder fast niemals gut redeten, so durfte es die österreichische Censur, wenn sie nicht alles verbieten wollte, in dieser Rücksicht nicht allzu genau nehmen. Daher hatte jener Theil der norddeutschen Litteratur, welche in den österreichischen Staaten bekannt wurde, insofern es die Natur der Dinge vertrug, stets eine feindliche Tendenz gegen das österreichische Haus und die katholische Religion, was, da diese Tendenz wissenschaftlich nicht bekämpft wurde, viele der Regierung und ihrem Systeme ungünstige Eindrücke zurückliess.

Die Regierung würdigte einigermassen diesen letztern Punkt und schien manchmal eine gänzliche Absperrung der österreichischen Länder gegen die Litteratur des Auslandes vorbereiten zu wollen. Aber das Interesse der Buchhändler vereitelte manchen Plan, sowie die Wirksamkeit mancher Verbote, und auf verbotene Bücher, die im Besitze von Privaten waren, die Confiscation auszudehnen, schien denn doch der Regierung nicht angemessen. Nicht gern gesehene Bücher circulirten daher häufig im Publikum und bestimmten oft die politischen oder religiösen Meinungen einzelner Personen.

Die Regierung musste also wünschen, dass statt wissenschaftlicher Werke Unterhaltungsschriften gelesen würden. Das Lesen derselben war daher bei der Seltenheit anderer Unterhaltungen oft so verbreitet, dass bei Leuten, welche kleine Büchersammlungen hatten, fast nur Unterhaltungsschriften gefunden wurden, und es zur Modesache wurde, stets die neueren derselben zu kennen. Es gab Beamte, welche sich rühmten, dass sie niemals etwas anderes als Acten, Gesetze und Unterhaltungsschriften läsen.

Unter Maria Theresia hatte man gegen das dort und da bestehende „Kreuzertheater" geeifert und Sonnenfels wollte unter dem Beifall der Regierung das Theater zu einer Schule der Sitten erhoben wissen. Es liess sich schon damals voraussehen, dass dies nicht erreichbar sein würde, weil jede Theaterdirection zuerst darauf denken muss, gute Einnahmen zu haben. Das geschah denn auch wirklich und schon vor dem Jahre 1800 wurde gar oft die ehemalige Posse des Kreuzertheaters in die Theater der Hauptstädte verlegt. Anfangs waren es noch grösstentheils Ritterstücke oder Volkssagen, welche man im Sinne des gemeinen Mannes verarbeitete. Allmählig aber kamen auch andere Stücke voll Zweideutigkeiten, in denen besonders der Glaube an eine Vergeltung in der andern Welt lächerlich gemacht wurde. Dass diese die Sitten des Volkes verdarben und den Glauben vernichten halfen, schien die Polizei nicht einzusehen, daher denn die Scandale von Jahr zu Jahr (1814—1848) ärger wurden.

So rüttelte also auch die Presse und das Theater am Staatsgebäude. Ausländer verwunderten sich darüber sowie über die Seltenheit litterarischer Arbeiten in den österreichischen Staaten. Aber die Regierung legte auf diese Verwunderung kein Gewicht. Gelegenheitlich sprengte die Polizei aus, dass die Regierung alles mögliche thue, um die Wissenschaften emporzubringen, „aber das Volk habe keinen Sinn für sie".

Die meisten Leute glaubten diese Angaben, aber gar Viele wussten, dass die Schuld nicht am Volke, sondern an den Regierungsanstalten liege. Manche im Auslande erschienene Schriften wiesen auf die Censur und Polizei hin und diese Erklärung leuchtete immer mehr Leuten ein. Die Regierung hatte desshalb an allen Menschen, welche sich für Litteratur und Nationalehre interessirten, Gegner und sie wusste es auch. Aber man änderte nichts und glaubte nur diejenigen, welche Missvergnügen zeigten, um so strenger überwachen zu müssen.

Nur in einer Beziehung bemerkte man einen Fortschritt und zwar in der Schriftsprache. Durch das viele Lesen, wenn es auch meistens nur Unterhaltungsschriften waren, bildete sich bei unzähligen jungen Leuten der Stil, und wenn man bedenkt, wie schlecht noch um das Jahr 1790 der Geschäftsstil aller älteren Beamten war und wie viele um das Jahr 1835 gut zu schreiben wussten, so war der Fortschritt auffallend. Wenn trotzdem zuweilen die Bemerkung gemacht wurde, dass dieses und jenes im Geschäftsstil nicht gut sei, so lag die Schuld meistens an den gesetzlichen Vorschriften oder an dem Herkommen, von welchem sich der Einzelne nicht wohl lossagen konnte.

5. Das Streben nach Entstellung der Zeitgeschichte.

Infolge des Polizeisystems, welches die Regierungsthätigkeit in allen Richtungen durchdrang, suchte man die geschichtlichen Vorgänge ganz den Zwecken der Polizei entsprechend darzustellen. Die Landeszeitungen, zum Theil auch bezahlte Druckschriften mussten das Material liefern. Dabei gieng man mit einer Unverschämtheit zu Werke, welche zuweilen überraschte.

So las man beim Geburts- und Namenstage des Kaisers zu Brünn, wo der Verfasser dieses Werkes durch mehr als 20 Jahre den Beobachter machen konnte, diese Tage würden durch Familienfeste gefeiert und in der Domkirche sei alles voll von Andächtigen gewesen, während von Familienfesten nichts zu hören war und in der Domkirche ausser denjenigen, welche wegen ihrer amtlichen Stellung erschienen, nur wenig Anwesende zu zählen waren. Die Nachrichten aus den anderen Provinzen waren von gleichem Werthe, sie wurden in den Bureaus der Gubernien abgefasst. Die Berichte der österreichischen Zeitungen über die Reisen des Kaisers trugen auch etwas von diesem Stil.

Es gab gleichwohl Menschen, welche manches, was sie beobachtet hatten, z. B. Marktpreise, Stadtgeschichten, Gesetze u. s. w., so gut sie konnten, aufzeichneten. Vor 1740 hatte man sogar in den meisten Städten sogenannte „Gedenkbücher" gehalten, welche an und für sich schon einigen Nutzen gewährten und später einen grossen Theil des Materials zur Abfassung der Stadtchroniken lieferten. Nach dem Jahre 1740 wurde aber das Regierungssystem diesen Gedenkbüchern abhold, sie wurden zum Theil vernichtet, zum Theil nicht fortgesetzt, und als man in Böhmen ein missliebiges Gedenkbuch eines Pfarrers entdeckt hatte, wurde mit einer in die allgemeine Gesetzsammlung aufgenommenen Gubernialverordnung in Böhmen vom 6. November 1795 den Kreiscommissären eine strenge Aufsicht auf die Existenz oder den Inhalt der Gedenkbücher geboten.

Aus demselben Grunde sah es auch die Polizei nicht gerne, wenn Fragmente der Lebensgeschichte oder Erfahrungen, welche man gemacht, in Gegenwart mehrerer Personen erzählt wurden. Sie sah solche Erzählungen aus dem nämlichen Gesichtspunkte an wie die Gedenkbücher. Waren sie auch minder umfassend, so bezogen sie sich dagegen oft mehr auf die Gegenwart, schilderten Sitten und Zustände, sprachen Urtheile über Personen und Gesetze aus, mahnten zur Vorsicht, liessen gewisse Fähigkeiten des Redenden und der geschilderten Personen wahrnehmen, konnten zu Disputen und daher zur Berichtigung verschiedener Meinungen führen. Das Alles wollte die Polizei nicht, aber verbieten konnte man es nicht. Man suchte also Gespräche dieser Art aus der Mode zu bringen. Wozu, hiess es, alte Sachen und Schicksale, die jedem begegnen, anwärmen? Sehr viel sei an solchen Erzählungen lügenhaft, manches anmassend, das meiste wenig interessant. Fast alle Kreishauptleute, also jene Beamten, welche in kleinen Städten den Ton angaben, sprachen in diesem Sinne und um das Jahr 1808 war die alte Sitte, in der Gesellschaft aus der eigenen Lebensgeschichte zu erzählen, so gut wie ganz abgekommen. Auch die sogenannten Bildungsbücher empfahlen Stillschweigen über die eigenen Erfahrungen.

Während man schon in den ersten Jahren der Regierung des Kaisers Franz die wahre Geschichte zu verbannen suchte, bemühte man sich um so mehr, eine falsche Darstellung, welche man Geschichte nannte, in Umlauf zu setzen. Die Regierungspresse gefiel sich mehr in der Verdrehung als in der redlichen Darstellung von Thatsachen, weshalb für die Periode von 1792—1835 die Gesetzsammlungen mehr als jemals nothwendig sind, um die Angaben und Rechtfertigungen der Regierungspresse zu würdigen.

Dass die österreichische Monarchie in der Periode von 1792 bis 1835 äusserst wenige Staatsmänner gehabt hat, beweiset die Verschlimmerung aller öffentlichen Zustände durch eine lange Reihe von Jahren. Dennoch sprach die Regierungspresse oft von den „österreichischen Staatsmännern". Wenn einer der Männer, welche hohe Posten inne gehabt hatten, starb, so las man ge-

wöhnlich einen pomphaften Nekrolog, in welchem der Zusatz von
seiner „Frömmigkeit" nicht fehlte, und wenn man das, was man
über das Wirken des Verstorbenen wusste, damit verglich, welcher
Unterschied!

Die Vorschriften für die Behörden verlangten, dass bei gewissen Veranlassungen auf die binnen einer bestimmten Periode
gemachten Leistungen oder Wahrnehmungen zurückgeblickt und
darüber ein wohlerwogener Bericht erstattet werde. So hatten die
Appellationsgerichte alle Jahre einen Bericht über die Wahrnehmungen in der Criminal-Justizpflege zu erstatten. Aehnliche Berichte waren in Ansehung der Gefängnisse und des Schubwesens
vorgeschrieben. Daraus hätte viel Gutes hervorgehen können.
Aber man scheute Alles, was einem Tadel der Einrichtungen
auch nur entfernt ähnlich war. Ebenso wollte man nicht für
anmassend gelten und so schadeten diese Berichte mehr, als sie
nützten.

Berichte ähnlicher Art gelangten oft von den Bischöfen an
den Kaiser und manchmal auch nach Rom. Ueberall bewegte
man sich aber in Gemeinplätzen oder schilderte die bestehenden
Zustände ziemlich günstig. Es ist aus hundert kleinen Zügen er-
weisbar, dass man selbst damals, als man zu Wien bereits weniger
Misstrauen als früher gegen die päpstliche Curie hatte (1814 bis
1835), zu Rom äusserst wenig von den kirchlichen Verhältnissen
in der österreichischen Monarchie wusste und sie für besser hielt,
als sie waren. Einen Beweis dafür liefert selbst die Art, wie
Gregor XVI. nach dem Tode des Kaisers Franz von diesem Monarchen im Consistorium der Cardinäle redete.

Doch mochte die Regierung eine Ahnung davon haben, dass
jede kritische Untersuchung der neuern Geschichte der österreichischen Monarchie ihr im Ganzen nachtheilig werden könne. Eben
darum sah man es ungern, wenn Jemand sich mit dieser beschäftigte. Dies wussten alle Professoren in den österreichischen
Staaten. Eben darum endigten sie ihre Vorträge stets vor dem
Aussterben des Mannsstammes der Habsburger oder beschränkten
sich bei dem, was die spätere Zeit betrifft, auf kurze Andeutungen,
entschiedene Schmeichelei oder historische Gemeinplätze.

Aus eben diesem Grunde liebte man es, wenn die Schriftsteller sich mit der Detailgeschichte irgend eines Herzogthums,
einer Herrschaft oder irgend eines bereits ausgestorbenen Geschlechts während des Mittelalters beschäftigten. Solche Unter-

suchungen hatten gewöhnlich für Niemanden als etwa den Verfasser und vielleicht drei oder vier Gelehrte Interesse.

Bei diesen Tendenzen war es ganz natürlich, dass die Geschichte des Staates, wie sie an den Gymnasien und theilweise auch in den philosophischen Cursen vorgetragen wurde, voll von Unrichtigkeiten, Schmeichelei und unnützem Detail und überhaupt mehr geeignet war, von historischen Studien abzuschrecken als dazu einzuladen.

Ebenso entsprach es vielleicht diesen Tendenzen, dass man bei der Nothwendigkeit, von Zeit zu Zeit in den Archiven und Registraturen Platz zu machen, solche Directivregeln oder einzelne Aufträge gab, dass ein wichtiger Theil des Materials für die Landesgeschichte vernichtet wurde. Mit Erstaunen bemerkte (1850) der Verfasser dieses Werkes, wie viel schon bei den Landesstellen und den Ministerien von jenen Materialien zur Geschichte Josephs II. fehlte, welche zur Zeit Leopolds II. noch vorhanden gewesen waren.

Eben deswegen verbannte man auch so viel als möglich die Geschichte der letztvergangenen Zeiten, welche, von Zeitgenossen vorgetragen, für die Zuhörer noch viel Interesse gehabt hätte, aus dem gesellschaftlichen Gespräche. Man brachte es auf diesem Wege dahin, dass die Geschichte Josephs II., das Elend der Periode des Papiergelds und die zwei Staatsbankerotte von 1811 und 1816 um das Jahr 1832 der jüngeren Generation schon fast ganz oder theilweise unbekannt waren und die Regierungspresse in Beziehung auf jene Zeiten von der „guten alten Zeit" reden konnte.

6. Die Stellung der Regierung zu den Vereinen und Gesellschaften.

Zu den angeführten polizeilichen Massregeln kamen noch verschiedene Anstalten zur Verhinderung der grösseren Gesellschaften, um es nach und nach dahin zu bringen, dass diese in den grösseren Städten fast nur Spielgesellschaften wurden, wo man anfangs Kaffee oder Thee trank und dabei von Theater, Mode und Stadtneuigkeiten sprach, dann aber auch einige Stunden die Karten in die Hand nahm.

Die grösseren Gesellschaften, welche man periodisch besuchte und welche auch in den österreichischen Staaten mit dem in

Frankreich und England weit verbreiteten Namen „Clubs" benannt wurden, wurden schon in den ersten Regierungsjahren des Kaisers Franz verboten. Besonders übel gestimmt war aber die Polizei gegen die geheimen Gesellschaften, namentlich gegen die Freimaurer, welche (1760–1790) eine so grosse Rolle in den österreichischen Staaten gespielt hatten. Obgleich ihre Logen schon seit dem Regierungsantritte des Kaisers Franz sehr behutsam geworden waren, trug doch der kaiserliche Hof, wiewohl vergebens, bei dem deutschen Reichstage auf die Aufhebung aller Freimaurerlogen an. Am 23. April 1801 erging an die Chefs der Hofstellen ein kaiserliches Handbillet, worin es hiess: „Bei dem jetzt hergestellten Frieden von Aussen ist Mein sehnlichster Wunsch, Meinen getreuen Unterthanen auch die innere Ruhe und Sicherheit, so viel in Meinen Kräften steht, zu verschaffen und alles zu entfernen, was dieselben auch nur beunruhigen könnte. Da nun die Erfahrung gelehrt hat, dass geheime Gesellschaften und Verbrüderungen eine der Hauptquellen waren, wodurch die verderblichsten Grundsätze verbreitet, die wahre Religion untergraben, die Moralität, wo nicht ganz verdorben, doch sehr verändert werde, und folglich auch die Ruhe und häusliche Glückseligkeit gestört worden ist, so hat es bei dem von Mir schon vorlängst gegebenen Befehle, keine der geheimen Gesellschaften oder Verbrüderungen in Meinen Staaten, unter was immer für einem Vorwand oder Benennung zu dulden, um so mehr sein Bewenden, als auch die in guter Absicht errichteten Gesellschaften öfters ausarten und folglich jedem Staate so unschicklich als gefährlich sind. Um nun das gegenseitige Zutrauen zwischen dem Landesfürsten und seinen Unterthanen, deren beiderseitiges Wohl und Beste so eng untereinander verbunden sind, sowie die innerliche Ruhe durch Meine Beamten nicht gestört zu sehen", sollte es auch in den Amtseid aufgenommen werden, dass der Schwörende zu keiner geheimen Gesellschaft gehöre oder, wenn er dazu gehöre, sich von ihr losmachen und in Zukunft in keine solche eintreten werde. Es war aber an diesem Eide nicht genug, es mussten (1801—1848) auch schriftliche Reverse, in denen die Amtsentsetzung als Strafe der Uebertretung erwähnt war, von jedem Beamten ausgestellt werden.

Als die scharfen Massregeln gegen die geheimen Gesellschaften begonnen hatten, beschlossen mehrere Freimaurerlogen „den Hammer ruhen zu lassen", das heisst, ihre gewöhnliche

Thätigkeit zu suspendieren, und man hat seitdem wenig mehr von Freimaurern gehört. Blos die alten Mitglieder unterhielten noch unter einander eine Art von Verbindung. Ob aber noch im Geheimen Logen fortbestanden, darüber waren die Meinungen sehr verschieden.

Die Abneigung der Regierung gegen alle grösseren Gesellschaften zeigte sich aber nicht nur gegen solche, welche eine politische Färbung hatten, sondern auch gegen religiöse Vereine. Theils fürchtete man, dass unter diesem Vorwande etwas Anderes verborgen sein, theils dass durch wahrhaft katholische Vereine die Achtung gegen die bestehende Staatsgesetzgebung leiden oder eine Art von Aufregung, welche man überhaupt nicht wollte, verursacht werden könnte.

Die Abneigung des Systems gegen alle Vereine und Verbindungen gestattete auch den inländischen hohen Schulen nicht die geringste Verbindung mit ausländischen Universitäten oder gelehrten Gesellschaften. Daher ergiengen Verbote gegen Annahme von Diplomen, Zusendungen von Schriften, Betheiligung an einem wissenschaftlichen Wirken; die Ausländer hielten dann vieles für Ungefälligkeit der hohen Schulen, was für diese eine Nothwendigkeit war.

Diese Abneigung der Regierung hatte auch zur Folge, dass in den österreichischen Staaten keine Vereine für wohlthätige Zwecke ohne vorläufige Genehmigung gestattet wurden, dass Vereine für wissenschaftliche Zwecke mit Ausnahme der Ackerbau-Gesellschaften untersagt waren, dass man die offiziellen Zusammentretungen der Bischöfe verbot und auch ihre Correspondenzen unter einander nicht gerne sah. Gesellschaften, wo man öfters über Politik sprach, wurden schon an und für sich verdächtig, und es geschah an vielen Orten, dass Privatbeamte, wenn sie eine etwas grössere Gesellschaft gaben, einen Polizeibeamten dazu einluden, um durch seine Gegenwart gegen jeden polizeilichen Verdacht geschützt zu sein.

Der Verdacht entstand überhaupt sogleich gegen alles Ungewöhnliche. So war es selbst hoch gestellten Staatsbeamten ziemlich schwer gemacht, Amtsacten, welche längst vergangene Zeiten betrafen, lesen oder von ihnen Einsicht nehmen zu können.[1]) Es

---

[1]) Der Verfasser dieses Werkes hat, als er (1850—1851) im Cultusministerium in Verwendung war, nur mit Mühe die Einsicht verschiedener Acten

gab in allen Städten Leute, welche für verdächtig galten und bei denen es ziemlich leicht zu Hausvisitationen kommen konnte. Schon die Gesetzgebung war so eingerichtet, dass man bei einer Denunziation über eine Gefällsverletzung Hausuntersuchungen, bei denen ein Polizeibeamter intervenierte, vornehmen konnte.

Aber nicht genug an diesen Massregeln, es bestanden auch viele kleine Polizeiplakereien, für die sich nicht einmal ein erheblicher Grund anführen liess. So verlangte man in den grösseren Städten von allen Fremden oder fremd Scheinenden einen Ausweis und Niemand konnte in einer Landkutsche oder dem Postwagen die Stadt verlassen, ohne von der Polizei einen sogenannten „Passierschein" erhoben zu haben. Es war allerdings leicht, dieses Gesetz zu umgehen, da man sich nur ausserhalb der Stadt auf den Wagen zu setzen brauchte. Um so mehr aber beweist es die Unwissenheit oder die Herrschsucht jener Männer, welche dieses Gesetz handzuhaben befahlen.

Ganz in diesem Sinne sollte man jeden Gast, jeden Dienstboten, den man aufnahm oder entliess, jede Veränderung der Wohnung der Polizei melden. Man duldete in keinem Hause ohne vorläufige Anmeldung eine Tanzmusik mit zwei Instrumenten, kein Aufstecken von Lichtern auf einem Kronleuchter, wenn etwa das Clavier eine Tanzmusik spielte. In manchen Städten mit ziemlich breiten Gassen duldete man vor einem Wirthshause oder Kaffeehause keine Bänke.

In manchen Orten gieng man in der Handhabung der sogenannten Ordnung so weit, dass, wenn ein Mensch Zeichen von Trunkenheit gab, ohne übrigens Lärm zu machen oder andere zu verletzen, sich sogleich ein Polizeimann an seinen Arm hieng und ihn zur Polizeibehörde führte.[1]

---

aus der Periode von 1800—1806, welche gewisse Verhandlungen wichtigerer Art betrafen, erhalten können, weil man sich nach verschiedenen vor 1848 darüber ergangenen Vorschriften richten wollte, und es bedurfte der Befehle des damaligen Ministerpräsidenten Fürsten von Schwarzenberg, um die Ausfolgung dieser Acten an den Verfasser zu autorisieren, obgleich die Grundsätze der Revolution von 1848 bereits viel in dieser Beziehung geändert hatten.

[1] Alles das, was hier gesagt wird, kam z. B. (1825—1848) zu Brünn vor. Die Wiener Observanz war etwas gelinder. Zu Prag, sagte man damals, herrsche viel Rigorismus; es ist aber vieles, was man nicht selbst sieht, schwer zu constatieren.

Es kam auch der Fall vor, dass Leute, welche eine Reise von zwei oder drei Meilen machten, an dem Orte, wo sie hinkamen, wofern der Ortsbeamte oder sein Schreiber sie chicaniren wollte, um ihren Pass gefragt wurden und, wenn sie keinen hatten, viele Weitläufigkeiten hatten. Bei grösseren Entfernungen konnte es demjenigen, welcher keine wenigstens einigermassen legitimirenden Papiere oder Bekanntschaften im Orte hatte, wohl auch geschehen, mit dem „Schube" in die angebliche Heimath abgeliefert zu werden. Es gab einzelne Fälle dieser Art, welche dann in mehr als einer Rücksicht grosses Aufsehen machten.

Schlimmer als diese, oft nur von dem Eifer oder der Kurzsichtigkeit einzelner Polizeidirectoren herbeigeführten Plakereien war aber, dass man (ungefähr seit 1794) allgemein an das Dasein einer geheimen Polizei, welche ihre Agenten in den Provinzen habe, zu glauben anfing. Man sah manchmal Beamte auf eine unbegreifliche Art zurückgesetzt, man vernahm von diesem oder jenem, dass er von der geheimen Polizei Einkünfte beziehe, man bemerkte Correspondenzen, welche man schwer erklären konnte, und zu Olmütz hörte man sogar (1798—1799) öfters von nächtlichen Hinrichtungen von solchen Staatsgefangenen, welche unter einem unbekannten Namen angelangt waren. Höchst wahrscheinlich waren diese Nachrichten nicht begründet. Da man aber Aehnliches auch als zu Kufstein und Munkatsch geschehen erzählte, entstand im Staate eine Furcht vor der geheimen Polizei, welche dort und da eine ängstliche Vorsicht zur Folge hatte. Man wusste nicht recht, was eigentlich verboten sei, jeder zog sich also selbst im Interesse der Klugheit seine Grenzlinie. Dieser Glaube warf das Misstrauen in alle Familien, ein Beamter traute dem Andern nicht, wenn er ihn nicht schon längere Zeit kannte. Dass solchen Menschen, welche eine angesehene Stellung hatten oder verdächtig geworden waren, oft Briefe zurückgehalten oder eröffnet wurden, war bekannt.

Unter diesen Angebereien litten am meisten diejenigen Menschen, welche zu den sogenannten gebildeten Classen gehörten. Der junge Mann, welcher in den Staatsdienst treten wollte, der Beamte, welcher eine Beförderung wünschte, der Arzt, welcher ein Physikat, der Geistliche, welcher eine Pfründe, der Adeliche, welcher den Kammerherrnschlüssel, der Jurist, welcher den Platz eines Advokaten, Amtmanns oder Justiziärs suchte, war der Möglichkeit ausgesetzt, durch geheime Denunciationen um das Ziel seiner Bestrebungen zu kommen. Was aber zur Vervollständigung dieses Einschüchterungssystems gehörte, war, dass gegen eine bekannt gewordene Verläumdung nicht einmal eine laute Klage stattfinden durfte; denn von solchen Klagen hiess es, sie seien nur geeignet, Verdacht auf die Staatseinrichtungen zu werfen, und beurkundeten schon von dieser Seite üblen Willen.

7. Die Beschränkung der Freiheit durch die neuen Strafgesetze.

Als nach dem Jahre 1794 die Bearbeitung neuer Strafgesetze beschlossen wurde, benützte man diese Gelegenheit, um in dieselben mehr noch als früher einen polizeilichen Charakter zu bringen.

Im Jahre 1795 wurde auf den Hochverrath von neuem die Todesstrafe gesetzt. In das hierüber erlassene Gesetz wurde bereits eine schwankende und weitreichende Definition des Hochverraths aufgenommen und sie fand ihren Platz sowohl in dem 1796 für Westgalizien als auch in dem neuen 1803 für die sämmtlichen böhmisch-österreichischen Provinzen und Galizien erlassenen Strafgesetze, das nach 1814 auch in den italienischen Provinzen Anwendung erhielt.

Der erste Theil dieses Gesetzbuches hatte „die Verbrechen" zum Gegenstande, unter welcher Benennung man jetzt das verstand, was man früher (1760—1803) „Criminalverbrechen" genannt hatte. Der zweite Theil betraf die sogenannten „schweren Polizeiübertretungen", unter welchem Namen man eigentliche Polizeiübertretungen und geringere Verbrechen, z. B. kleinere Diebstähle oder Betrugsfälle, mit einem Worte das begriff, was die Josephinische Strafgesetzgebung „politische Verbrechen" genannt hatte.

Reden wir jedoch hier nur vom polizeilichen Gesichtspunkte über dieses Gesetzbuch, welches noch 1849 in Wirksamkeit stand, und zwar zuerst vom ersten Theile desselben.

Hier finden wir (§ 52) folgende Definition des Hochverrathes: „Das Verbrechen des Hochverrathes begeht a) der die persönliche Sicherheit des Oberhauptes des Staates verletzt; b) der etwas unternimmt, was auf eine gewaltsame Veränderung der Staatsverfassung, auf Zuziehung oder Vergrösserung einer Gefahr von aussen gegen den Staat angelegt wäre, es geschehe öffentlich oder im Verborgenen, von einzelnen Personen oder in Verbindungen, durch Anspinnung.

Rath oder eigene That, mit oder ohne Ergreifung der Waffen, durch mitgetheilte zu solchem Zwecke leitende Geheimnisse oder Anschläge, durch Aufwieglung, Anwerbung, Ausspähung oder Unterstützung oder durch was sonst immer für eine dahin abzielende Handlung.

§ 54. Auf dieses Verbrechen, wäre es auch ohne allen Erfolg, nur bei dem Versuche geblieben, wird die Todesstrafe verhängt.

Es leuchtet ein, dass die Definition des Hochverrathes allzuviel umfasst und dass dies kein blos wissenschaftliches Versehen war.

Ueber das Verbrechen der Störung der innern Ruhe des Staates sagt das Strafgesetzbuch: (§ 57) „Wer boshafter Weise andern Mitbürgern durch Reden, schriftliche oder bildliche Darstellungen solche Gesinnungen einzuflössen sucht, woraus Abneigung gegen die Regierungsform, Staatsverwaltung oder Staatsverfassung entstehen kann, begeht das Verbrechen der Störung der öffentlichen Ruhe".

§ 58. Unter dieses Verbrechen werden auch Lästerungen auf die Person des Landesfürsten, aus welchen unverkennbare Abneigung gegen denselben entstehen kann, wenn sie in Gesellschaft oder öffentlich vorgebracht werden, wie auch dergleichen Schriften oder spöttische Vorstellungen, wenn sie Jemandem mitgetheilt werden, gerechnet.

Diese zwei Paragraphe machten jede historische Darstellung des Bestehenden höchst bedenklich. Nicht minder merkwürdig sind die in den §§ 85—89 vorkommenden Bestimmungen über das Verbrechen des Missbrauchs der Amtsgewalt. Es heisst dort (§ 85): „Wer von dem Amte, in welchem er verpflichtet ist, von der ihm anvertrauten Gewalt, um Jemanden Schaden zuzufügen, was immer für einen Missbrauch macht, begeht durch einen solchen Missbrauch ein Verbrechen, er mag sich durch Eigennutz oder sonst durch Leidenschaft oder Nebenabsicht dazu haben verleiten lassen".

§ 96 heisst es: „Unter solchen Umständen begeht dieses Verbrechen insbesondere a) ein Richter oder anderer obrigkeitlicher, wie auch sonst jeder in Pflichten stehender Beamte, der sich von gesetzmässiger Erfüllung seiner Amtspflicht abwenden lässt; b) jeder Beamte, der in Amtssachen eine Unwahrheit bezeugt; c) der ihm anvertraute Amtsgeheimnis gefährlicherweise eröffnet, der eine seiner Amtspflicht anvertraute Urkunde vernichtet oder Jemandem pflichtwidrig mittheilt.

Im § 88 wird dem Beamten jede Geschenkannahme, selbst wenn das Amt pflichtmässig ausgeübt werde, unter Criminalstrafen verboten und ebenso wird (§ 89) demjenigen, welcher ein Geschenk verabreicht, mit einer Criminalstrafe gedroht.

Auch hier wurde dem Beamten eine grosse Vorsicht zur Nothwendigkeit gemacht, was in einzelnen Fällen oft eine zaghafte dem Interesse des Dienstes nachtheilige Geschäftsführung zur Folge hatte.

Von dem Verbrechen der Religionsstörung heisst es im § 107: „Das Verbrechen der Religionsstörung begeht a) wer durch Reden, Schriften oder Handlungen Gott lästert; b) wer eine im Staate bestehende Religionsübung stört oder durch entehrende Misshandlung an den zum Gottesdienste gewidmeten Geräthschaften oder sonst durch Handlungen oder Schriften öffentlich der Religion Verachtung bezeuget: c) wer einen Christen zum Abfall von dem Christenthum zu verleiten, sich anmasset; d) wer Unglauben zu verbreiten oder eine der christlichen Religion widerstrebende Irrlehre auszustreuen, wer Sektirung zu stiften sich bemüht.

Durch diese Bestimmungen traf man die freigeisterischen und römisch-katholischen Bestrebungen, überhaupt aber einem grossen Theile nach die religiösen Gespräche, Zusammenkünfte und confessionellen Bestrebungen. Die oben citirten Gesetzesstellen konnten für ein wichtiges Mittel zur Aufrechthaltung des Bestehenden in Rücksicht der Kirche gelten, obgleich vielen Denkern gerade das Bestehende die moralischen und religiösen Grundlagen des Staates zu untergraben schien.

Zu allem diesem kam die Beibehaltung einer schon im Josephinischen und westgalizischen Gesetzbuch vorgekommenen Einrichtung, zufolge deren bei gewissen Verbrechen, bei höheren Strafen oder bei schwierigeren Beweisarten das Gericht erster Instanz zwar ein sogenanntes „Urtheil" schöpfen, aber nicht kundmachen durfte. In diesen Fällen mussten (nach den §§ 433—443) die Acten sammt dem sogenannten Urtheile dem Appellationsgerichte vorgelegt werden, welches zwar nicht in allen, aber doch in den meisten dieser Fälle das eigentliche kundzumachende Urtheil sprechen durfte, ohne dass es dabei an den Ausspruch des Gerichts erster Instanz gebunden war.

Bei gewissen Verbrechen, wo der Regierung an der gehörigen Bestrafung besonders viel gelegen war, wie in Fällen des Hochverrathes, der Störung der inneren Ruhe des Staates, der Verfälschung öffentlicher Creditpapiere und des Missbrauchs der Amtsgewalt hatte aber auch das Appellationsgericht nicht das Recht, ein eigentliches zur unverzüglichen Kundmachung geeignetes Urtheil zu schöpfen, sondern sein „Urtheil" war (nach § 443) auch nur ein Urtheilsentwurf, welcher dem obersten Gerichtshofe vorgelegt werden musste, der erst das eigentliche Urtheil schöpfte, ohne an die Ansichten der ersten oder zweiten Instanz dabei gebunden zu sein.

Es versteht sich von selbst, dass der Grundsatz: „Niemand dürfe seinem ordentlichen Richter entzogen werden", auf welchen man in den älteren Zeiten so viel gehalten hatte, jetzt jede praktische Bedeutung verlor, indem nun das Gesetzbuch, die minder wichtigen Verbrechen ausgenommen, alle Gerichtsbarkeit bei den neuen Appellationsgerichten und dem obersten Gerichtshof concentrierte. Bei diesen Stellen aber waren blos landesherrliche unter der Herrschaft der Conduitlisten stehende Beamte, welche noch überdies der Vorsitzende willkürlich in die Senate vertheilte, so dass er nur jene Räthe, welche er wollte, zur Entscheidung des vorliegenden Falles bestimmen konnte.

In Ansehung der Polizeiübertretungen ist zu bemerken, dass bei der Verschiedenheit der Praxis in der Behandlung jener Straffälle, über welche noch keine gesetzliche Normen bestanden, und bei dem zunehmenden Geiste des Misstrauens, (1793—1800) die Idee entstand, das Gesetzbuch über schwere Polizeiübertretungen abfassen zu lassen. Der Gedanke war, jene Handlungen und Unterlassungen, welche, ohne Verbrechen zu sein, grössere Strafen zu verdienen scheinen und daher einer sorgfältigeren Untersuchung bedürfen, in ein Strafgesetzbuch, welches den Titel „Gesetzbuch über die schweren Polizeiübertretungen" führen sollte, zusammenzufassen. Sonnenfels, welcher diese Idee angeregt zu haben scheint, wurde zufolge des alten Rufes, welchen ihm die Aufklärungspartei 1764—1792 verschafft hatte, der Referent über den die schweren Polizeiübertretungen betreffenden Theil des Strafgesetzbuches.

Wer den Namen Sonnenfels und die ehemals auf dem Lehrstuhle von ihm ausgesprochenen oder empfohlenen Ansichten kannte, der konnte im Voraus wissen, dass die engherzigsten

Polizeiansichten in ein förmliches System gebracht werden würden. Allerdings mussten über den Entwurf noch mancherlei Berathschlagungen stattfinden, welche viel daran ändern konnten. Aber wer wusste, wie es gewöhnlich bei solchen Berathschlagungen vorgeht, der konnte auch darauf keine grossen Hoffnungen bauen.

Was in dem Gesetzbuche bei seiner Kundmachung im Jahre 1803 auffiel, war, dass über den Begriff einer Polizeiübertretung oder gar einer schweren Polizeiübertretung keine klare Definition gegeben war. Kleine Diebstähle, Betrügereien und Unzuchtsfälle werden hier als Polizeiübertretungen aufgeführt, während die ältere wissenschaftliche Ansicht und der gesunde Menschenverstand sie als „Vergehen" betrachten. Die eigentliche Polizeiübertretung ist ferner bei einer richtigen Theorie nirgends ein durch Nachlässigkeit verübtes Verbrechen, welches andere Menschen in Schaden bringt, und doch führt es das Gesetzbuch von 1803 in einem und demselben Paragraphen auf, wenn Jemand einen unbefestigten Blumentopf an das Fenster stellt und wenn durch das Herabfallen desselben die Tödtung eines Vorübergehenden erfolgt, und fügt nur bei einer stattgefundenen Beschädigung strengere Strafbestimmungen bei. Man darf fragen, ob das Hinstellen eines unbefestigten Blumentopfes vor das Fenster, wenn es nicht zur Beschädigung eines Menschen geführt hat und von der Polizei wahrgenommen wird, schon eine „schwere" Polizeiübertretung sei, und man muss es also auffallend nennen, dass das Gesetzbuch viele Ausserachtsetzungen polizeilicher Vorschriften, welche sich auch zuweilen ein sonst gewissenhafter Mensch zu Schulden kommen lässt, wie z. B. die unterbliebene polizeiliche Meldung eines neu angekommenen Gastes, als „schwere" Polizeiübertretungen aufgeführt hat.

Solcher Bestimmungen aber fanden sich im Gesetzbuche sehr viele, so dass bald nach dem Erscheinen desselben vielen Ortsobrigkeiten die Ausführung der gesetzlichen Bestimmungen sehr hart schien. Sie bestanden indessen und in den österreichischen Staaten war es sehr bedenklich, gegen ein einmal erlassenes Gesetz Vorstellungen zu machen.

Die Folge dieser Bestimmungen war, dass ein Mensch zuweilen wegen Handlungen oder Unterlassungen, welche früher von der Polizei kurzweg mit einer kleinen Geldstrafe geahndet worden waren, jetzt einer weitläufigen Untersuchung unterzogen wurde, welche nach Art eines Criminalprozesses geführt wurde.

Machte dies die Leute behutsam, so kam dazu bald ein neuer Grund, indem die Regierung, weil im Polizeigesetzbuche auch Diebereien und andere kleine Verbrechen enthalten waren, annahm, dass die Verurtheilung eines Menschen wegen einer schweren Polizeiübertretung überhaupt auf seinen Charakter ein übles Licht werfe. Sie verfügte daher, wenn diese Verurtheilung einen ihrer Beamten traf, sogleich die Entlassung und es brauchte oftmalige Vorstellungen und Erläuterungen, um sie endlich zur Einsicht zu bringen, dass die Verfasser des Gesetzbuches eigentliche Polizeiübertretungen und kleine Verbrechen unter einander geworfen haben und die ersten keineswegs diese strenge Strafe verdienen. Man traf nun wohl einige mildernde Bestimmungen in Beziehung auf die Dienstesentlassung, änderte aber nichts an dem Gesetzbuche.

Auch über viele Polizeiübertretungen durften die Gerichte erster Instanz nur solche „Urtheile" schöpfen, welche im Grunde Urtheilsentwürfe waren, während die eigentliche Urtheilsschöpfung dem Gubernium oder der Hofkanzlei zustand. Die landesfürstlichen Behörden waren aber bei jenen Polizeiübertretungen, bei denen das wahre oder angebliche Staatsinteresse in Frage kam, zu nichts weniger als zu einer nachsichtigen Beurtheilung geneigt.

Endlich enthielten die Gesetze die wichtige Bestimmung, dass über alle criminell oder polizeilich bestraften Personen verschiedene Nachschlageregister gehalten werden sollten, welche stets zu Rathe gezogen wurden, wenn die Polizei über Jemanden Auskünfte zu geben hatte. Auch wurden öfters Personen unter eine specielle Polizeiaufsicht gestellt, von welcher sie oft selbst nichts wussten, und diese hatte dann zur weitern Folge, dass sich auch solchen Personen, mit denen sie umgiengen, die Aufmerksamkeit der Polizei zuwendete und es dort, wo man Verdachtsgründe hatte oder zu haben glaubte, leicht unter einem Vorwande zu Hausvisitationen kommen konnte.

8. Der polizeiliche Charakter des Unterrichtswesens und der Seelsorge. — Die Abstumpfung des Rechtsgefühls des Volkes.

So wie das Strafgesetzbuch vorherrschend einen polizeilichen Charakter zeigte, so war dies auch bei dem öffentlichen Unterricht, der Gesetzgebung in Religionsangelegenheiten, der Armenversorgung und der Civilgesetzgebung der Fall.

Beim öffentlichen Unterricht, welcher (1792—1814) fortdauernd eine Sache des Staates blieb, war es nicht die Entwicklung des Geistes zur Einheit und Selbstständigkeit, was man im Auge hatte, sondern die blosse Heranbildung zur praktischen Brauchbarkeit, verbunden mit Anstalten und Einrichtungen zur Verhütung jeder politischen Verirrung. Als die Regierung daran dachte, die Studiengesetze Leopolds II. durch andere zu ersetzen (1794—1804), und die letzteren (1802—1804) einführte, war deutlich vorgeschrieben, wie, wann und nach welchen Lehrbüchern gelehrt werden sollte. Die Lehrfreiheit wurde daher noch mehr als früher beschränkt und jede Abweichung von dem eingeführten Systeme durch eine strenge Ueberwachung erschwert. Damit auch diese Ueberwachung nicht etwa durch einige Rücksichten auf die Forderungen der Wissenschaft gemildert würde, ward sie Männern anvertraut, welche in der Regel die Forschungen der Wissenschaft nicht kannten[1]) und sich blos in der strengen Handhabung der kaiserlichen Verordnungen gefielen. Selbst von dem geistlosen Stoff des Unterrichts wurde Vieles, was zum Ganzen gehörte, ausgeschieden, besonders dasjenige, was zu gründlichen Kenntnissen und zu einer Grundlage der politischen Bildung hätte führen können. Es war allgemein anerkannt, dass in der Periode von 1802—1814 alle Schulen viel schlechter geworden waren, als sie in der Zeit von 1790—1802 gewesen waren, obgleich sich die Studierenden seit 1802 weit mehr mit den Studien anstrengen mussten als vorher, um günstige Studienzeugnisse davon zu tragen, wegen deren sie eigentlich studierten. Auch ward es allgemein anerkannt, dass nach den Plänen von 1802 die Studierenden mit weit geringeren allgemeinen Kenntnissen[2]) aus den Schulen traten, als vorher, was man bald an der Bildung der jüngeren Beamten wahrnahm.

Wie wenig es aber der Regierung darum zu thun war, einen kräftigen Geist beim Volke entstehen zu lassen, davon legten alle Lehrbücher Zeugnis ab. Die vaterländische Geschichte war, in so fern man sie vortragen liess, eine beständige Lobrede auf die Regenten. Die Sprache wurde, so weit die Schule und die Kanzlei

---

[1]) Es waren meistens höhere Beamte z. B.: Appellations- oder Gubernialräthe, Prälaten, Domherren oder Gutsbesitzer.

[2]) Namentlich zeigt sich seit jener Zeit eine viel geringere Kenntnis der lateinischen Sprache und die gänzliche Unkenntnis in der classischen Litteratur.

reichten, von gefährlichen Ausdrücken gereinigt. Auch für erwachsene Jünglinge wollte man die Worte „Volksgeist", „Nationalwunsch", „Nationalität" und „Patriotismus" nicht in Uebung kommen lassen. Das Wort Patriotismus wurde sogar bald als zweideutig angesehen, weil die dem Lande zugewandte Vaterlandsliebe vielleicht nicht seinem Herrscher zugewendet sein konnte. Auch vom Staate sollte nicht die Rede sein, sondern nur vom Regenten und den von ihm regierten Unterthanen.

Ganz dem Geiste eines vom Staate geleiteten Unterrichts gemäss sorgte man dafür, dass die der Regierung am meisten zusagenden Ideen schon den jugendlichen Gemüthern eingeprägt würden. Auch jetzt bedrohten die Schulbücher Deserteure mit der Ankündigung zeitlicher und ewiger Strafen.[1]) Das Volk sollte in dem Regenten stets den von Gott eingesetzten Herrscher und den Wohlthäter des Landes erkennen, gegen welchen nicht nur der Ungehorsam, sondern auch das Murren eine schwere Sünde sei. In den Schulbüchern und den Regierungsacten wurde das Verhältnis des Regenten zu den Regierten nie anders als durch Väterlichkeit und Kindschaft ausgedrückt; man gebrauchte für Alles, was vom Throne ausgieng, nie andere Ausdrücke als die „Gnade", „allerhöchste Gnade", „allergnädigst", ohne immer zu beobachten, ob diese Ausdrücke auch der Natur der ergangenen Entscheidung entsprachen. Ganz damit in Uebereinstimmung hiess alles, was von unten aus dem Throne zukam, alleruntertänigst u. s. w. Dem Regenten wurde für seine Regierungshandlungen keine andere Verantwortlichkeit zugeschrieben als jene vor Gott und seinem Gewissen, dem Unterthan gegenüber hatte also (juridisch betrachtet) der Regent nur Rechte, während man von den Unterthanen kindliches Vertrauen und blinden Gehorsam forderte, also wieder im juridischen Sinne nur Pflichten kannte.

Ganz dieselben Begriffe von dem Predigtstuhl, dem Beichtstuhl und der Dorfschule aus zu verbreiten, war in den Augen der Regierung die Bestimmung der Geistlichkeit. Aus diesem Gesichtspunkte schätzte man sie. Aber man wollte nicht, dass

---

[1]) Dies geschah seit 1774 und eine im Jahre 1820 erschienene Ausgabe des zweiten Theils des „Lesebuchs für Schüler der deutschen Schulen in den Städten und grösseren Märkten der k. k. Staaten" (Brünn bei Trassler, 1814) beurkundet dies indirect. Eine spätere Ausgabe ohne Jahreszahl sagt es ausdrücklich Seite 181—183.

sie auch nur auf die Feststellung gewisser religiöser Begriffe hinwirke. Wozu auch? Bei einer genauen Kenntniss der katholischen Dogmen konnte ein Sektengeist entstehen, bei einer genauen Kenntniss der Kirchengeschichte konnte das Volk das, was ist, und jenes, was war, mit einander vergleichen, bei einer frömmeren Stimmung konnte sich der gemeine Mann weniger an die materiellen Interessen halten. Man wollte auch von den Bischöfen nichts als ein ruhiges Betragen und eine gränzenlose Ergebenheit. Das Hofdecret vom 17. Oktober 1810, welches auch in der Theologie nichts lehren lassen wollte, als die „doctrina plana" und das „jus planum", erklärt hinlänglich die Tendenz der österreichischen Studienpläne.

So wie die Strafgesetsgebung durch die Polizeiansichten verdorben wurde, so war es auch bei der Civilgesetzgebung der Fall. Man wollte bei der Abfassung des bürgerlichen Gesetzbuches die Beibehaltung der Josephinischen, der Einmengung der Regierung in alle Privatverhältnisse günstigen, Grundsätze. Daher höchst unbestimmte Begriffe über das Wesen der väterlichen und herrischen Gewalt, eine schwerfällige Verlassenschaftsabhandlung, ein schwerfälliges Vormundschaftswesen, eine von allen Rechtsbegriffen unabhängige Justizverwaltung in Ansehung der Geldverhältnisse [1], ein gänzlicher Mangel an Unabhängigkeit für den Richterstand, ein ganz von der Gunst der Oberen abhängiges Beförderungs-System, mit einem Worte die Realisierung jener Definition des Rechts, welche schon 1798 bei der österreichischen Gesetzgebungs-Commission zu Wien ausgesprochen worden war und welche lautete: „Recht ist das, was den bestehenden Gesetzen gemäss ist".

Diese Definition, welche allenfalls wahr sein kann in Beziehung auf den Richter, ist der Inbegriff aller Verirrungen, wenn

---

[1] Das Wichtigste an dieser Gesetzgebung war, dass nach ihr das Geldzeichen (das Papiergeld) als wirkliches Geld und das wirkliche Geld (die feine Metallmünze) als Ware betrachtet werden musste und daher an dem Papiergelde ein Werthmesser aufgestellt wurde, welcher von einem Tage auf den andern sich änderte, oder wenigstens ändern konnte. Diesem zufolge sah die Justizverwaltung jede Schuldsumme als getilgt an, wenn sie mit einer gleichen Summe in Papiergeld bezahlt wurde, was jeden Begriff einer gehörigen Justizverwaltung aufhob und das handgreifliche Unrecht unter dem Schutz des Gesetzes als Recht erscheinen liess. Die Gerichtsstellen, angewiesen das positive Recht zu handhaben, konnten nichts anderes thun, als sich in ihren Aussprüchen dem positiven Gesetze zu fügen,

sie auf den Standpunkt des Gesetzgebers übertragen wird. Sie ist der Beweis, dass in einem Staate, in welchem man nach dieser Definition handelt, der Regent es ist, welcher durch seinen Ausspruch Recht und Unrecht macht, und dass also in einem solchem nichts besteht als die durch eine überwiegende Macht geschützte und aufrecht erhaltene Anordnung in allen jenen Geschäften, in denen die Regierung diese Anordnung befiehlt oder gestattet.

So war es nun wirklich in jener Zeit, in welcher der Zwangscurs des Papiergeldes bestand (1800—1818). Alle Tage wurden unter dem Schutze des Gesetzes Millionen Ungerechtigkeiten begangen, es wurde nach und nach auch für andere Dinge alles Rechtsgefühl unter dem Volke abgestumpft und eine Unsicherheit des Eigenthums bewirkt, wie sie die schlimmste socialistische Theorie nicht ärger bringen könnte. Aber der nächste polizeiliche Zweck wurde erreicht. Niemand im Staate wagte es, gegen das Bestehende seine Stimme zu erheben, und es war auch zuletzt durch die lange Dauer dieser Zustände dahin gekommen, dass viele Menschen dieses beständige Schwanken aller Werthverhältnisse sogar als regelmässige Zustände ansahen.

Der natürliche Ideengang übertrug nun freilich die Nichtachtung des natürlichen Rechtes auch noch auf manche andere Dinge, wie denn unzähligen Menschen die schon um 1780 oft gepredigte Lehre: im Staate könne nur das Wohl der Mehrzahl gelten und der Einzelne müsse, wenn jenes Wohl gewisse Opfer fordere, diese sich gefallen lassen, schon 1800—1818 sehr geläufig wurde. Auch wurde der Gedanke immer lauter, es sei gar kein Unrecht, wenn man Zünfte, Innungen und Privilegien immer mehr aufhebe und den Herrschaftsbesitzern ihre Rechte auf die Leistungen der Bauern nehme. Wenn einmal die Rechtlosigkeit in gewissen Beziehungen autorisiert ist, ist es freilich auch für die Regierung fast unmöglich, die Volksansichten in gewissen Schranken zu erhalten. Die Polizei wusste dies auch. Aber sie tröstete sich mit dem Gedanken, dass durch das eingeführte System die Regierung dem Volke gegenüber doch im Vortheil sei. Gab es auch Millionen von Missvergnügten im Staate, so bildeten sich doch keine eigentlichen Parteien, die Missvergnügten hatten keine Häupter, keine Führer, keine Presse, keine organisierte Correspondenz, der eine tadelte dieses, der andere jenes, die meisten suchten die Ursachen der Uebel, unter denen sie litten, in örtlichen Verhältnissen, in dem Zeitgeiste, in der geringen Einsicht einzelner hochgestellter Personen, in dem Verfalle der Religion, in der Beschaffenheit der Schulen, in dem geringen Fleisse einzelner Beamten, in den vielen dem österreichischen Hofe abgenöthigten Kriegen und nur Einzelne stiegen, indem sie den Zusammenhang der verschiedenen Staatseinrichtungen zum Gegenstand ihrer Aufmerksamkeit machten, zu den Quellen des Uebels hinauf. Allein auch diese redeten entweder mehr andeutend als erklärend, oder sie sprachen nur in sehr kleinen Kreisen, oft mit unvollständiger Kenntniss der positiven Gesetzgebung und immer mit der Ueberzeugung, dass nur eine Systemsveränderung, zu welcher aber keine Aussicht sei, vielleicht Rettung bringen könne.

9. Die misstrauische Behandlung der Staats- und Privatbeamten.

Einen sehr geringen Grad von Vertrauen flösste dem Hofe schon im Jahre 1792 die Classe der Staats- und Privatbeamten ein und daraus ergab sich bald ein Ueberwachungs- und Beförderungs-System, welches theils einen polizeilichen Charakter hatte, theils den Wünschen und Bedürfnissen einer Ministerregierung angepasst war. Dieses System in der Hauptsache zu kennen, ist für jeden, welcher über die neuere Geschichte der österreichischen Monarchie zu einem gegründeten Urtheil gelangen will, nothwendig, indem es eine Menge von Erscheinungen erklärt, welche in den einzelnen Verwaltungszweigen hervortraten.

Schon um das Jahr 1792 herrschte in den Kreisen der Grossen in Ansehung der Staatsbeamten ein gewisser Argwohn. Man wusste, dass viele unter ihnen Josephiner waren, andere den Grundsätzen der französischen Revolution Beifall zollten und noch andere an den Ideen von 1760 hiengen. Leopolds II. Regierung hatte die Ausscheidungen von Civilbeamten (Epurationen) vermieden. Auch Franz II. wollte sie nicht, damit kein Aufsehen entstehe. Aber grosse Aufmerksamkeit auf die Beamtenclasse schien geboten.

Bald kam zum Misstrauen auch noch ein anderer Grund. In der Periode von 1792—1798 waren die ohnehin kärglich bemessenen Gehalte der Staatsbeamten mit verhältnismässig ungeheueren Abgaben belastet[1]), und als nach 1798 die Bancozettel, welche nicht mehr al pari standen, bei allen Rechnungen der Regierung zu Grunde gelegt wurden, waren die Staatsbeamten in einer noch schlechteren Lage. Im Durchschnitt hatten sie in feiner Münze, (nach welcher am Ende doch immer gerechnet werden musste), nur die Hälfte des ihnen zugesicherten Diensteinkommens. Schon dies bewirkte, dass viele Beamte sich von jedem Aufwande, jeder Bücheranschaffung, ja sogar von dem gesellschaftlichen Umgange, zurückzogen. Da nun stets ein gewisser Grad von Wohlstand dazu gehört, um in seinem Kreise einiges Ansehen zu haben, sanken jene Beamten, welche geringe oder keine Amtsgewalt hatten, ausserordentlich an Ansehen und selbst jene, die eine solche besassen, empfanden das Schwinden desselben, was oft Veranlassung gab, dass Staatsbeamte auf eine unerlaubte Art sich Einkünfte zu verschaffen suchten, was auch vom Volke bemerkt wurde und dem ganzen Stande, ja selbst dem Rufe der Staatsverwaltung schadete.

Ganz natürlich stimmten solche Verhältnisse jene Beamte, welche bei einer Regierungs- oder Systemsveränderung zu gewinnen hofften, gegen die Regierung. Diese letztere hatte aber schon aus verschiedenen Ursachen Massregeln getroffen, um das Schicksal ihrer Beamten ganz in ihrer Hand zu haben. Ohne diese Massregeln in ihrem ganzen Umfange aufzählen zu wollen, indem manche auf geheimgehaltene oder nur unvollständig bekannt gewordene Instructionen beruhten, wollen wir doch einige für die Regierungszwecke eingeführte Massregeln anführen.

Schon am 9. December 1794 verordnete ein Hofdecret: „zu der Stelle der Kämmerlinge (Kämmerer) sowie überhaupt zu den öffentlichen Aemtern sollen nur die würdigsten, unbescholtensten, und von Seite der Uneigennützigkeit bewährtesten Männer angestellt werden; nebst dem soll auch auf jene, welche mehrere

---

[1]) Die Staatsbeamten hatten einen Abzug von fünf bis zehn Procent von ihrem decretmässigen Einkommen. Fast eben so viel betrug die Kriegssteuer, welche sie jährlich zu bezahlen hatten. Man sah zwar, wie es scheint, ein, dass ein Abzug an Kriegssteuern, welcher bei 500 Gulden Gehalt schon 25 Gulden ausmachte, eine schwere Zumuthung sei. Allein viele Beamte glaubten, dass eine siegreiche Revolution sie aus dem Amte werfen würde, und die Regierung liess diese Ansicht auch durch die Polizei verbreiten. Erst als 1795 und 1796 die Theuerung immer zunahm, erfolgten Milderungen in Ansehung der Gehaltsabzüge.

Studien besitzen, und auf die grössere praktische Erfahrung im Dienste Rücksicht genommen werden". Infolge dieses Gesetzes kam es also auf untadelhafte Dienstleistung nicht mehr allein an, die Oberen waren berechtigt, zum Nachtheil der Anciennitäts-ansprüche auch andere Eigenschaften zu berücksichtigen.

Ein Hofdecret vom 11. März 1796 verordnete: „Sr. Majestät als Regenten bleibe es immer vorbehalten, jene Staatsbeamten, die durch Verbrechen oder auch nur bedenkliche Handlungen sich verdächtig, folglich des höchsten landesherrlichen und öffentlichen Zutrauens, mithin auch ihres Amtes unwürdig gemacht haben, nach Beschaffenheit der Umstände mit oder ohne Pension und normalmässigen Behandlung zu entlassen, wie denn auch dergleichen Entlassene zu Dienststellen nie wieder aufzunehmen noch vorzuschlagen sind, ohne Höchstdemselben die Ursache ihrer Entlassung gegenwärtig zu halten, und zur Wiederanstellung die höchste Bewilligung eingeholt zu haben". Dieses Gesetz wurde zwar nur höchst selten angewendet, bestand aber noch 1849 und machte den Mangel einer Dienstpragmatik für die Beamten um so bedauerlicher.

Ein weiteres Hofdecret vom 3. August 1798 verordnete: „bei den Dienstvergebungen, wobei nicht auf die Person, sondern auf das Beste des Dienstes gesehen werden muss, ist das Augenmerk nur auf den Fähigsten und Würdigsten zu richten, jedoch ist es billig, dass bei gleichen Eigenschaften auf jene vorzüglich Rücksicht genommen werde, welche bei der Stelle, wo sich die Erledigung ergibt, selbst angestellt sind und sich dabei mehrjährige Verdienste erworben haben". Diese Verordnung stellte also schon das Beste des Dienstes, und den Grundsatz, „die Fähigsten und Würdigsten" sollten befördert werden, auf, liess also der individuellen Beurtheilung der Obern über die Fähigkeit und Würdigkeit der Competenten einen grossen von der Leidenschaftlichkeit sorgfältig ausgebeuteten Spielraum.

Dieser Spielraum war um so bedeutender, da mittelst des Cabinetschreibens vom 16. April 1803 erklärt wurde: „Se. Majestät haben die neuerliche Vorlegung der Conduitlisten, und zwar vollständig nach der beiliegenden Tabelle und Papierformat bearbeitet, anzuordnen befunden". Dieses merkwürdige Gesetz empfiehlt zwar jedem Amtsvorsteher, die Rubriken, deren Ausfüllung ihm obliegt, „ohne aus irgend einer Vorliebe oder Abneigung die Eigenschaften des einen zu verkleinern, die Fehler des andern zu ver-

behlen, mithin vollkommen unparteiisch, gewissenhaft und nach
seiner Kenntnis auszufüllen". Aber diese Ermahnung nützte wenig,
weil der Obere in jedem Fall durch das vorgeschriebene Geheimnis
gedeckt war und er unter andern auch in Ansehung jedes ihm
untergeordneten Beamten anzugeben hatte, die „Gesundheits-Um-
stände", dann „Aufführung", „Talente", „Geschäftskenntnis", „Verwendung" und „ob er zur Beförderung geeignet sei". Diese Rubrik
hatte der Obere auch dann auszufüllen, wenn sich ein Beamter
um eine Stelle in einer ganz andern Sphäre bewarb, von der
jener gar nichts verstand.

Als das neue Strafgesetzbuch von 1803 erschienen war, wurde
(Hofdecret vom 16. August 1816) auch entschieden, dass auch ein
wegen eines Verbrechens ab instantia freigesprochener Beamter
des Dienstes zu entlassen sei. Bei der Verurtheilung eines Beamten wegen einer schweren Polizeiübertretung oder auch nur
bei Aufhebung der Untersuchung aus Mangel an rechtlichen Beweisen in Rücksicht einer schweren Polizeiübertretung sollte (Hofdecret vom 17. März 1815) von Fall zu Fall entschieden werden,
ob nicht der Beamte des Dienstes zu entlassen sei.

Ein Hofdecret vom 23. December 1811 verordnete: „dass die
Behörden vor Erstattung der Vorschläge zu erledigten Stellen oder
bei der ihnen selbst zustehenden Besetzung sich mit strengster
Genauigkeit von den Kenntnissen, dem Fleisse und dem moralischen Charakter der Candidaten überzeugen" sollten, woraus folgte,
dass der Entscheidung über die zwei ersten Eigenschaften fast
immer die Conduitliste und in Rücksicht der moralischen Eigenschaften die von der Polizei insgeheim eingeholten Notizen zu
Grunde gelegt wurden.

Zu allem diesem kamen noch andere Bestimmungen, welche
den Staatsbeamten ausserhalb des gemeinen Rechtes stellten. So
war es ihm nicht gestattet, wenn er aus dem Dienstverhältnisse
irgend einen Anspruch z. B. auf eine bestimmte Pension, auf eine
gewisse Remuneration oder auf einen Diätenbezug zu haben
glaubte, den Rechtsweg zu betreten, sondern er musste sich mit
dem, was seine Obern im administrativen Wege ausgesprochen
hatten, zufrieden geben. Eben so wenig durfte er, wenn ihm im
Dienste ein Unrecht geschehen war, dieses öffentlich z. B. in
einer Zeitung zur Sprache bringen. Auch war es dem Beamten
nicht gestattet, gegen einen Auftrag, dessen Vollziehung ihm für
den Dienst schädlich schien, auch wenn keine Gefahr im Verzuge

war, Vorstellungen zu machen. Versetzungen musste sich der
Staatsbeamte gefallen lassen, auch wenn sie ihm noch so wenig
zusagten. Alle diese Anordnungen waren zwar nicht neu. Aber
sie waren seit 1793 verschärft und wurden mit mehr Strenge
als vorher gehandhabt. Auch Beschwerdeführungen gegen einen
Obern wurden nicht gern gesehen, und wenn der Beschwerde-
führende nicht sonnenklar Recht hatte, führten sie zu nichts. Ja
selbst wenn sein Recht anerkannt wurde, war es gewöhnlich um
seine Beförderung geschehen, weil man in dem Schritte, den er
gethan, einen Zug von Keckheit sah.

Auch die Kinder von Staatsbeamten genossen weder bei der
Verleihung von Stipendien und Stiftungsplätzen noch (seit c. 1800)
bei dem Eintritt in den Staatsdienst die geringste Begünstigung.
Die Töchter, welche bei der kargen Besoldung der Beamten fast
immer ohne Vermögen blieben, waren meistens nach dem Tode
und oft auch schon bei Lebzeiten des Vaters gezwungen, in Dienste
zu treten oder, was nach 1812 auch schon beinahe unmöglich wurde,
mit weiblichen Handarbeiten sich fortzubringen. Die sogenannten
Erziehungsbeiträge, welche unter gewissen Umständen Kinder von
Staatsbeamten in geringer Höhe erhielten, endeten bei Söhnen
mit dem zwanzigsten, bei Mädchen mit dem achtzehnten Jahre.
Auf sogenannte Gnadengaben, welche Mädchen manchmal nach
dem achtzehnten Jahre gegeben wurden, war keine Hoffnung,
wenn ein auch noch so kleines Vermögen vorhanden war. Alle
diese Verhältnisse brachten bei Beamtenfamilien, deren Glieder
bei Gesuchen oft von polizeilichen Sittenzeugnissen abhingen,
einen solchen Grad von Vorsicht und selbst von Aengstlichkeit
hervor, dass auch diese Dürftigkeit den Zwecken der Polizei als
Mittel diente.

Auch die Lage der Privatbeamten blieb in vielen Beziehungen
eine gedrückte. Das den Herrschaftsbesitzern fortdauernd gebliebene Recht, ihren Beamten ohne Unterschied der ihnen übertragenen Geschäfte mit oder ohne Angabe von Gründen den
Dienst aufzukündigen, setzte jene Privatbeamten, welche mit der
Besorgung der politischen oder gerichtlichen Geschäfte zu thun
hatten, oft in Verlegenheit, wenn der Herrschaftsbesitzer persönlich auf einzelne dieser Geschäfte einen gesetzwidrigen Einfluss
ausüben wollte. Die Regierung that aber in dieser Sache nichts,
weil man sich scheute, in die verfassungsmässigen Rechte der
Herrschaftsbesitzer einen Eingriff zu machen. Ueberdies meinte

man, es werde dieses Aufkündigungsrecht jene, welche sonst zur Willkür und Anmassung geneigt wären, vorsichtig machen.

Es gab aber auch mehrere Veranlassungen, wo die obere aus Staatsbeamten zusammengesetzte Behörde in Ansehung der Privatbeamten eine Art von Conduitliste schrieb. Auch konnte die Oberbehörde nach Umständen auf die Entfernung missliebiger Privatbeamten, welche mit der Justiz, der Administration oder der Steuereinhebung zu thun hatten, hinwirken. Auch die Polizei konnte den Landbeamten viel schaden.

Diese dehnte ihren Einfluss auch auf alle diejenigen Personen aus, welche, ohne als Beamte im Dienste zu stehen, doch für ihre Wünsche das Wohlwollen der Regierung brauchten. In diese Kategorie gehörten die Aerzte, welche die sogenannten Physikate hatten, junge Männer, die bei den Landschulen unterzukommen strebten, Edelleute, welche eine ständische Anstellung oder eine Hofcharge zu erhalten wünschten, Menschen, welche den Adel zu zu erreichen suchten oder auf eine Ehrenmedaille hofften, Bürger, die ein Municipalamt annehmen oder ansuchen wollten, Advokaten, welche den Uebergang zum Richterstande sich erleichtern wollten, Vorsteher der Zünfte, welche die Bestätigung der Regierung verlangten. Alle diese mussten trachten, dass über ihren Lebenslauf die Polizei oder die Vorsteher jener Behörde, von welcher die Berichterstattung abhing, nicht irgend etwas Nachtheiliges sagten.

Gegen diese nachtheiligen Angaben war selbst derjenige nicht sicher, welcher sich nicht das Geringste vorzuwerfen hatte. Die Polizei schöpfte oft aus sehr trüben Quellen und oft waren Schreiber, Dienstboten oder Hausmeister jene Personen, von denen man im Abgange anderer Mittel die Auskünfte verlangte.

Sogar die Geistlichkeit, obgleich sie selbst so gut als die Beamten den polizeilichen Berichten und den willkürlichen Angaben ihrer Obern ausgesetzt war, gab sich (nach 1810) sehr oft zu polizeilichen Informationen her, ja es war nicht unerhört, dass, wenn mehrere über einen und denselben Menschen eingezogene Informationen sich zu widersprechen schienen, und man im Cabinette es der Mühe werth fand, diesen Widerspruch aufklären oder beheben zu lassen, der Bischof, der sich dann gewöhnlich an den Ortsseelsorger wendete, zur geheimen Berichterstattung Auftrag bekam.

Zu den Massregeln des Polizeisystems in Ansehung der öffentlichen und Privatbeamten gehörten auch strenge Gesetze gegen

8*

die Verletzung des sogenannten Amtsgeheimnisses. Die Strafen lauteten bei Staatsbeamten, auch abgesehen von den etwa durch allgemeine Gesetze angeordneten Nachtheilen, meistens auf Amtsverlust. Nirgends war aber in den Gesetzen bestimmt, was eigentlich ein Amtsgeheimnis sei, und es gab ängstliche oder streng denkende Beamte, welche Alles ohne Unterschied als Gegenstand des Amtsgeheimnisses ansahen, was man nur im Amte sehen oder erfahren konnte.

In dieser Ausdehnung wurde zwar der Begriff des Amtsgeheimnisses von Wenigen genommen, allein oft wurden von Obern oder Collegen auch die unbedeutendsten Mittheilungen übel gedeutet und um solchen Deutungen zu entgehen, vermied mancher Beamte jeden Umgang oder benahm sich in der Gesellschaft mit einer Art von Aengstlichkeit.

Zur Ueberwachung derjenigen, welche Amtsgeheimnisse kannten, waren mehrere Vorsichtsmassregeln getroffen, was zu einer grossen Unsicherheit der Correspondenz und des Umgangs führte. Aber es geschah nicht leicht, dass sich die Polizei dieser Mittel bediente, nicht etwa aus Gutmüthigkeit, sondern um nicht allzu viel Gerede zu veranlassen. Doch kamen zuweilen Disciplinaruntersuchungen vor, welche sich auf aufgefangene oder eröffnete Briefe gründeten und gewöhnlich mit Versetzung, Degradierung oder Cassation des Beamten endigten.

Solche Erscheinungen verbreiteten Schrecken, und da man bezüglich der Polizeivorschriften überhaupt nicht wusste, was verboten sei, weil kein Gesetz dies aussprach, so glaubte mancher Beamte, die Summe des Verbotenen lieber zu gross, als zu klein sich denken zu müssen. Man fand daher Beamte, welche sich nicht getrauten, eine ausländische Zeitung an einem öffentlichen Orte zu lesen, ein verbotenes Buch zu kaufen, mit einer der Polizei missliebigen Person Umgang zu pflegen und von der unbedeutendsten Regierungsmassregel zu reden. Ganz natürlich legten also solche Beamte das Wort Amtsgeheimnis in dem weitesten Sinne aus, so wenig sie auch mit dieser Auslegung sich in ihrem Innern befreunden konnten.

Man sollte glauben, es sei nicht im Interesse der Regierung gelegen, diesen Polizeiterrorismus in Ansehung der Amtsgeheimnisse zu begünstigen, weil es jedem Beamten die Erwerbung vielseitiger Kenntnisse erschwerte. Aber dass die hohen Staatsbeamten die Aufrechthaltung dieser Einrichtung wünschten, konnte man leicht wahrnehmen. Es wurden, wo nicht immer, doch meistens die vorbereiteten Regierungsacte geheimgehalten, bis sie als Gesetz oder Beschluss hervortraten, in welchem Falle es dann unwiderruflich war und niemand, ohne einer Renitenz gegen die Staatsverwaltung beschuldigt zu werden, es angreifen konnte. Dann aber wollte man keine Klagen gegen die geheimen Präsidialberichte, die geheimen Conduitlisten, die, wenn sie bekannt geworden wären, gegründeten Anlass zur Unzufriedenheit gegeben hätten. Man wollte nicht einmal, dass sich ein Beamter über Zurücksetzungen oder offenbare Parteilichkeit der Obern beklage. Diesen Zweck erreichte man mittlelst des sogenannten Amtsgeheimnisses. Denn wenn sich ein Beamter auf was immer für eine Art beklagt hätte, hätte er doch verschiedene Daten anführen müssen, von denen man sagen konnte, dass sie Amtsgeheimnisse enthüllten, und dann war der Beamte schon wegen der Mittel, welche er zur Begründung seiner Klagen anwendete, in Verlegenheit und konnte einer Disciplinaruntersuchung wegen Verletzung des Amtsgeheimnisses unterworfen werden.

Die Theorie des Amtsgeheimnisses war also ein Hauptmittel, durch welches sich so viele ungeschickte oder schlechte Menschen auf hohen Beamtenposten erhalten konnten. Sie waren dadurch, wenn sie nur nach aufwärts gut standen, gegen alle Angriffe von unten gesichert.

Unter diesem Geheimnis litt aber auch der Monarch. Da er stets von Schmeichlern umgeben war, und kein grosses Verlangen zeigte, sich auf andern Wegen über die bestehenden Zustände zu unterrichten, so hatte auch der Staatsbeamte, welcher etwa über seine Verhältnisse klagen wollte, wenig Aussicht, mit seiner Klage durchzudringen.

10. Die Einwirkungen des Polizeisystems auf die gesellschaftlichen Zustände.

Das geschilderte Polizeisystem konnte in Ungarn und Siebenbürgen wegen der Verfassung nicht wirksam werden. Aber auch in vielen deutschen Provinzen wurde es nicht vollständig ausgeführt, theils wegen des persönlichen Charakters der Ortsvorsteher, theils wegen der Ueberzeugung vieler Obrigkeiten, dass sich in kleinen Orten nicht viel der Anzeige Lohnendes ereignen könne, theils endlich wegen der oft wahrnehmbaren Sparsamkeit der Geldzusendungen. Es scheint sogar periodenweise in den Wünschen des Systems selbst gelegen gewesen zu sein, dass man die im Allgemeinen vorgeschriebenen Massregeln nicht mit einer Kleinlichkeit, welche ohne Noth verletzt, ausführte.

War in den kleineren Orten das Polizeisystem weniger fühlbar, so sah man in den grösseren Städten Erscheinungen, welche Viele befremdeten. In den Wirths-, Wein- und Kaffeehäusern, welche in den meisten Ländern der gewöhnliche Schauplatz des freien Gespräches über die verschiedenartigsten Gegenstände waren und in so fern Unterhaltung gewährten [1], redeten schon im Jahre 1794 nur dann und wann einige Bekannte im Stillen mit einander und Meinungen, welche der Polizei unangenehm sein konnten, wurden gar nicht mehr gehört. In solchen Häusern, wie in Theatern, in Schiffen und in Landkutschen sassen nämlich (1800—1814) oft, ohne eine unterscheidende Kleidung zu tragen, sogenannte „Vertraute der Polizei" und die blosse Möglichkeit, dass solche Menschen da wären, hielt jeden besonnenen Mann von einem Gespräche ab. Schon um das Jahr 1804 war es zu Wien dahin gekommen, dass in den Wirths- und Kaffeehäusern Personen, welche Wochen lang an dem nämlichen Tisch sassen, kein Wort miteinander redeten, stumm dasjenige verzehrten, was sie sich hatten geben lassen. [2]

---

[1] Dies war noch im Jahr 1842 in den meisten deutschen Bundesstaaten der Fall, wie ich mich auf einer grossen Reise durch einen beträchtlichen Theil Deutschlands überzeugte. Wenn dagegen Ausländer in die österreichischen Staaten kamen und es oft ganz anders fanden, als sie es in den so oft ausgesprengten Nachrichten von dem „lebensfrohen Oesterreich", von der gerühmten „Gemüthlichkeit der Wiener" erwartet hatten, glaubten sie gern die übertriebensten Mittheilungen über die österreichischen Polizeianstalten und meinten bei jedem Schritte von unsichtbaren Augen beobachtet zu sein, was der Regierung in der öffentlichen Meinung viel schadete. Mehrere dieser Ausländer wollten sich auch genauere Kenntnisse über die wirklichen Zustände verschaffen, fanden aber bald, dass nichts schwerer sei als dies.

[2] Ich lernte im Jahre 1804 Wien kennen und verweilte später, die Jahre 1808, 1809 und 1816—1823 ausgenommen, fast jedes Jahr einige Wochen daselbst. Ich fand in allen Wirths- und Kaffeehäusern — und ich besuchte die meisten derselben — diesen gänzlichen Mangel an Gesprächen. In der späteren Zeit behaupteten viele, dass dieses Verstummen erst viel später angefangen habe, und namentlich nach 1849 wurde gesagt, es sei erst durch die Revolution von 1848 entstanden. Aber daran war kein wahres Wort. Vielmehr war im Jahre 1848 an allen öffentlichen Orten eine Lebendigkeit des Gespräches bemerkbar, welche demjenigen, welcher Wien von früher kannte, im höchsten Grade auffiel.

Von dem „lebensfrohen Wien" war nichts zu entdecken. Die Agenten der Regierung verstanden darunter, wenn man mit ihnen redete, freilich nur das gemeine Volk. Aber wer die Volks- unterhaltungen zu Prag, München, Dresden oder Berlin gesehen hatte, fand, dass sich in diesen Städten das Volk nicht mehr und nicht weniger lebensfroh zeigte als zu Wien.

Ungeachtet aber das System manche an sich sehr unschäd- liche Freiheitsäusserungen hinderte, musste es desto nachsichtiger in Ansehung der Licenz der Sitten sein, weil man auf diese Art das Polizeisystem leichter halten zu können glaubte.[1]

Jene Ausschweifungen in Ansehung der Sitten und jene Zurück- haltung an öffentlichen Orten, welche man zu Wien schon um das Jahr 1800 beobachtete, gieng später (vorzüglich nach 1809) auf alle grösseren Städte über, und machte daselbst das Leben freuden- loser. Es hiess bald, viele Menschen lebten gern für sich, es sei am besten, sich im Kreise seiner Familie zu unterhalten, man müsse allen unnützen Aufwand vermeiden u. s. w., und doch wurde die Betheiligung an den öffentlichen Unterhaltungen wieder in gewissen Kreisen gern gesehen.

Das Schlimmste für die geselligen Verhältnisse war aber, dass zufolge des allgemeinen Verfalls der Religion die Verlässlichkeit im Umgang nach und nach aufhörte. Worte, die dort, wo sie gesprochen worden, nicht unpassend gewesen, wurden, oft sogar mit den grössten Entstellungen, an andere Orte, wo sie schaden konnten, hingetragen, oft erfuhr man auch, dass einer, von dem man es nicht geahnt, ein besoldeter „Aufpasser" gewesen sei, und so geschah es, dass Mancher, dem es in vielen Beziehungen gut gieng, sich unbehaglich fühlte oder allen Glauben an die Menschheit verlor.

Die Folgen dieser erzwungenen Zurückhaltung der Menschen in der Wahl des Conversationsstoffes reichten weiter und ver- gifteten nach und nach alle Verhältnisse. Der Verstand durfte sich in Gesellschaften wenig mehr zeigen, die Unwissenheit war privilegiert. Jenes hohe moralische Gefühl, welches den Menschen

---

[1] In Wien, Brünn und anderen Städten war die Zahl und das Benehmen der Freudenmädchen auffallend. In Wien waren unter ihnen viele, welche mit der Polizei in Verbindung standen. Auch dem Beamten nahm man es vor 1814 nicht übel, wenn er es in Ansehung des weiblichen Geschlechtes nicht genau nahm.

zuweilen über alle Verfolgungen des Schicksals erhebt, galt für Ueberspanntheit und wurde immer seltener. Die guten Beispiele in der Familie, die Belehrungen, welche sonst Eltern ihren Kindern geben, kamen immer seltener vor, oder verloren den grössern Theil ihrer Wirksamkeit den schädlichen Einflüssen der Schule und der Gesellschaft gegenüber. Von ächtem Wohlthätigkeitssinn, von wahrer Menschenliebe sah man von Jahr zu Jahr weniger, obgleich mehr als sonst davon geredet wurde. Eine Atmosphäre von Lügen umgab den Menschen von seiner Jugend an bis zum Grabe.

Unter diesen Umständen fühlte sich auch das sogenannte gebildete Publikum fast unfähig zur Beurtheilung dessen, was geschah oder gedruckt wurde. Es glaubte am besten zu thun, wenn es sich an den Ausspruch von Zeitungen und Journalen hielt.

Ganz natürlich traten nun in den Städten an die Stelle der geselligen und freundschaftlichen Gespräche das Kartenspiel, das Kaffeehaus, das Theater, die Romanlektüre, die Bälle. Diese trugen aber nichts zur Erweiterung der Kenntnisse bei und begründeten keine feste öffentliche Meinung. Es war in den österreichischen Staaten nichts seltenes, dass das, was in einem Jahre gelobt oder bewundert worden war, einige Jahre darauf zum Gegenstand der Verachtung wurde, oder dass man sich verwunderte, wie man jenes habe schön finden können. Grosse Zeiterscheinungen wie z. B. Napoleon wurden bald bis in den Himmel gehoben, bald von den nämlichen Menschen auch wieder in den Koth gezogen. Unzählige Leute beschäftigten sich blos mit der Mode und wollten auch, wenn sie etwa philosophische Schriften lasen, nur moderne.

Unter diesen Einwirkungen verloren sich der leichte Conversationston und die lebendigen Gespräche aus den Gesellschaften, der Patriotismus war fast nirgends mehr zu finden, bei den Staatsbeamten war kein Eifer mehr für die Durchführung irgend einer Idee, alles gieng auf Erreichung oder Befriedigung gewisser mit Geldinteressen zusammenhängender Zwecke hinaus.

Als durch den Zwangscurs des Papiergeldes (1800—1818) so viele Menschen in die Classe der Unzufriedenen geworfen wurden, verdoppelte die Polizei ihre Aufmerksamkeit auf Alles, was nur entfernt die Missgriffe der Regierung aufdecken oder die Zahl der Missvergnügten vermehren konnte. Die gesellschaftlichen Verhältnisse wurden daher noch schlechter und auch sie lieferten dem aufmerksamen Beobachter einen reichlichen Stoff zu grossen

Besorgnissen in Ansehung der Zukunft. Die Polizei schien gar nicht zu fühlen, wie viel daran liege, das Vertrauen der Menschen gegen einander nicht ganz zu Grunde zu richten.

11. Die Lähmung der Volkskräfte durch das Polizeisystem.

In der Gesammtheit aller Polizeimassregeln lag die Tendenz, das Böse zu verhindern, was aber so wenig erreicht wurde, dass sich die Bevölkerung von Jahr zu Jahr mehr von den verschiedenen der Regierung missfälligen Ansichten aneignete. Die Folge der getroffenen Polizeianstalten war aber auch die, dass alle Kräfte, welche zu Gunsten der richtigen Grundsätze ohne diese Anstalten hätten geltend gemacht werden können, unterdrückt oder vernichtet wurden.

Es gab in der ersten Hälfte der Regierung des Kaisers Franz auch in den Westprovinzen des Staates noch sehr viele Menschen, welche es mit dem Kaiser und dem Reiche gut meinten und auch über örtliche, provinzielle oder allgemeine Interessen vortreffliche Ideen hatten. Sie hätten dieselben gern zur Ausführung oder wenigstens in die Oeffentlichkeit gebracht, entweder durch eigene Kraft oder die Mitwirkung Anderer. Aber es war Alles umsonst. Entweder gieng das, was sie thaten, spurlos vorüber oder es zog ihnen Verfolgung zu und führte sie zur Ueberzeugung, dass die Regierung Freunde und Feinde nicht mehr zu unterscheiden wisse, die ersteren drücke, die letzteren belohne und dass insbesondere (nach 1812) der höhere Handelsstand herrsche.

Man könnte von solchen Erfahrungen, wenn man sich auch nur an Bekanntes halten wollte, eine interessante Zusammenstellung machen. Um aber nicht zu weitläufig zu werden, soll hier nur Einiges angeführt werden.

Wie nachtheilig die Gesetze über die Intestaterbfolge auf den Wohlstand und die Zufriedenheit der ländlichen Bevölkerung wirkten und wohin die Anwendung der Gesetze von 1785 und 1786 in Ansehung der Güterzerstückelungen führen würden, sahen in Mähren Hunderte von Staats- und Privatbeamten ein, einige machten auch höheren Ortes darauf aufmerksam, dass man auf diesem Wege eine allzu grosse und dürftige Bevölkerung erhalte. Sie wurden aber unsanft zurecht gewiesen und bei Staatsbeamten war es dann gewöhnlich um die Beförderung geschehen.

Bei der im Jahre 1776 vorgenommenen Gymnasialreform waren die Lehrbücher der Syntax, Rhetorik und Poesie zu phrasenreich und daher aus dem didaktischen Gesichtspunkt nicht gut. Einige eifrige Präfecten, unter andern Scherschnik zu Teschen, stellten vor, dass hier Abhilfe wünschenswerth und überdies sehr leicht sei. Verweise waren ihr Lohn. Einige Kreishauptleute im mährischen Gubernium, wie Mikusch zu Troppau und Rosenzweig zu Znaim machten einige Vorschläge, um zur Erleichterung des Geschäftsganges das Recht der Beschwerdeführung bei gewissen Kleinigkeiten zu beschränken. Sie wurden unsanft zurecht gewiesen. Im Jahre 1806 wurde an der hohen Schule zu Olmütz von dem damaligen Professor Dr. Füger die Theorie des Socialcontractes, vorzugsweise mit historischen Gründen, angegriffen. Man rieth ihm höheren Ortes, darüber zu schweigen. Im Jahre 1805 wurde ein Professor der Theologie zu Olmütz abgesetzt, weil er katholische Ansichten in seinen Vorlesungen vorgetragen hatte.[1] Der Vorwand war eine zweideutige Stelle über das Verhältnis, welches die platonische Philosophie im zweiten Jahrhundert zum Christenthum eingenommen hatte. Um die nämliche Zeit leugnete dagegen ein Professor der Hermeneutik zu Olmütz, ohne dass er die geringsten Unannehmlichkeiten gehabt hätte, die Gottheit Christi.[2]

Das bürgerliche Gesetzbuch von 1811 galt nach den Aeusserungen der Regierungspresse für eines der glänzendsten Monumente der Regierung des Kaisers Franz. Der Hofrath bei der obersten Justizstelle Franz von Zeiller hatte als Referent um das Zustandekommen desselben die wesentlichsten Verdienste gehabt. Was erhielt er als Belohnung? Das Kreuz des ungarischen Stephansordens, welches für ihn als einen Mann, der keine Söhne hatte, wenig Werth haben musste. Menschen, welche nicht entfernt mit ihm verglichen werden konnten, wurden ihm bei jeder Gelegenheit vorgezogen, zum Theil darum, weil Zeiller bei den Berathungen über das Gesetzbuch manche der herkömmlichen beschränkten Ansichten hatte bestreiten müssen.

Man legte damals einen grossen Werth auf die Beibehaltung des Josephinischen Kirchenrechts. Wenn es, was einigemale geschah, von Ausländern angefochten wurde, wünschte man einen wissenschaftlichen Vertheidiger. Der Professor des Kirchenrechts

---

[1] Er starb 1814 als Pfarrer auf dem heiligen Berge bei Olmütz.
[2] Er starb dann als Canonicus zu Nikolsburg.

an der Wiener Universität, Thomas Dolliner, musste es von der Kanzel und bei Commissionen vertheidigen und er that es mit Takt und Gelehrsamkeit. Aber er erhielt gar keine Belohnung und erst in seinem hohen Alter bekam er wegen Verdienste anderer Art den Hofrathstitel.

Schon um das Jahr 1806 und noch mehr in späterer Zeit hatte es vielen verständigen Leuten als Klugheitsregel gegolten, nicht des Mindeste in Druck zu geben, und nirgends mit der Bestreitung einer vom Hofe begünstigten Meinung oder mit einem patriotischen Vorschlage aufzutreten. Es gab Menschen, welche ungeachtet ihrer der Regierung ungünstigen Meinung dennoch diese Maximen für allzu pessimistisch hielten. Aber gewöhnlich erfuhren sie zu ihrem Schaden, wie sehr ihre Gegner Recht gehabt hatten.

Auf der andern Seite wurden Menschen befördert, gehoben, gepriesen, welche durch ungeschickte Vorschläge die Regierung in die grössten Verlegenheiten gebracht hatten. Man sah dies vorzüglich im Finanzfache. Solche Männer wurden die Lieblinge der Börse und die directe wie indirecte Empfehlung durch die Börse galt viel.

Die Zurücksetzung rechtschaffener und patriotischer Männer kam aber nicht blos im Beamtenstande vor, sondern sie erstreckte sich auch oft auf Bürger und Bauern.

So gab es in Mähren Dorfrichter (Schulzen), welche bei ihren Obern unbeliebt wurden, weil sie gegen die Zerstückelungen des Gemeindeeigenthums gesprochen hatten. Sie wurden dann unter verschiedenen Vorwänden ausser Wirksamkeit gesetzt. Zu Olmütz gab es (1802—1812) einige patriotische Bürger, wie z. B. einen gewissen Schwanzer, welche, ihre Stellung im Gemeindeausschusse benützend, sich einigen von oben herab gewünschten, aber der Gemeinde schädlichen Neuerungen in Ansehung der städtischen Güter in gesetzlichen Formen widersetzten. Es hiess sogleich, sie wären „unruhige Köpfe" und wurden der polizeilichen Ueberwachung unterworfen.

Es geschah oft, dass die Bürgerschaften, welche (1808—1848) für die sogenannten unbesoldeten Rathsstellen ein Wahlrecht hatten, einen Mann von anerkannter Rechtschaffenheit wählten, dass er aber, wenn er dem Kreisamte, dem Gubernium oder dem Appellationsgerichte aus polizeilichen Gründen nicht zusagte, nicht die Bestätigung der competenten Oberbehörde erhielt. Noch öfter geschah es, dass der Gewählte wegen der Chikanen, welche er zu erwarten hatte, oder weil er an der Erlangung der Bestätigung zweifelte, die auf ihn gefallene Wahl nicht annahm.

Am besten kam mit der Polizei derjenige aus, welcher als ganz gleichgültig für alle politischen, religiösen, gesellschaftlichen oder wissenschaftlichen Fragen bekannt war, besonders, wenn er zugleich für einen Liebhaber des Spiels, des Theaters und der Geschlechtsausschweifungen galt. Viele Erziehungsanstalten empfahlen daher ihren Zöglingen nur „Weltklugheit" und Nachahmung jener Männer, welche „Glück" machten, durchaus aber die Abwendung ihrer Aufmerksamkeit von den „Weltzuständen und von den Dingen, welche sie nichts angehen".

Gegen das Jahr 1814 verbreitete und befestigte sich diese Denkungsart immer mehr. Sie gieng aus der Ueberzeugung hervor, dass es umsonst sei, gegen den Strom zu schwimmen oder der Regierung nützen zu wollen. In der That kam es auch nach und nach dahin, dass eine völlige Theilnahmslosigkeit an den Angelegenheiten des Staates, der Kirche, der Gemeinde und des Schulwesens überall erkennbar war.

Wie schädlich aber solche Erscheinungen auf die Sitten wirkten, bemerkten alle verständigen Männer. Schon im Jahre 1809 bemerkte ein sorgfältiger Beobachter der österreichischen Zustände[1]: „Da dem Volke die Wege zur Geistesbildung und zu Genüssen höherer Art immer mehr abgeschnitten werden, so wird es immer fleischlicher, zugleich immer geistloser und geräth in eine stumpfe Behaglichkeit, in welcher es zu stören nicht rathsam ist. Zeihet in einer Privatgesellschaft ein Ausländer die Regierung eines Missgriffes oder findet er irgend eine Seite des Volkscharakters verbesserlich, so wird er für sehr indiscret gehalten, dass er als ein Fremder, der sich im Lande nährt, nicht Alles lobt, was die Gränzen des Landes in sich schliessen. Thut es ein Inländer und glaubt etwa der, er dürfe seinen Mitbürgern über etwas die Augen öffnen, so wird er sogleich als ein Unpatriot verschrieen, oder für einen heimlichen Feind des Landes erklärt. Was den Menschen kraftvoll und selbständig macht, hat den Beifall der Regierung nicht. Dafür werden entkräftende Laster, Wollust, Wucher und Selbstsucht verschont, der Patriotismus wird überall geheuchelt,

---

[1] Der Verfasser der im Jahre 1809 erschienen Schrift: Sinn und Herzmann. S. 14-16.

aber selten gefunden, und die kleine Zahl der Redlichen und Klugen zieht sich zurück und bedauert, dass es ihr Niemand glauben will, wie rasch der Wagen des Staates abwärts rolle".

Der Verfasser jenes Werkes macht schon damals die Bemerkung, dass unter solchen Verhältnissen ein Umsturz des Bestehenden früher oder später unvermeidlich sei.

Solche Ansichten über Oesterreich und dessen Zukunft fand man auch später (1810—1814) in Druckschriften, noch mehr aber dort, wo Menschen auf die Verschwiegenheit ihrer Umgebungen trauen zu können glaubten und sich daher rücksichtslos über das, was sie sahen, und dessen Tendenzen aussprachen.

12. Die Aenderungen im Militärwesen.

Nebst dem Polizeisytem wurde von der österreichischen, wie von den meisten andern Regierungen das Militär als die Hauptstütze des Thrones betrachtet und es ist daher nothwendig, auch von den österreichischen Militärverhältnissen in der Periode von 1792—1814 umständlicher zu handeln.

Weniger als andere Staatsverwaltungen dieser Periode wollte es die österreichische begreifen, dass Militär- und Finanzkräfte in jedem Staate in einem gewissen auf genaue Erwägungen gegründeten Verhältnisse stehen müssen. Mehr und mehr kam unter den Leidenschaften der Männer, welche die Gewalt in den Händen hatten, der schon von Sonnenfels (1764) empfohlene Grundsatz zur Geltung, dass die Staatsausgaben sich nicht nothwendig nach den Staatseinkünften richten, sondern umgekehrt das Staatsbedürfniss die Staatsausgaben bestimmen müsse.

Der Anwendung dieses Grundsatzes hat die österreichische Monarchie die Staatsbankerotte von 1811 und 1816 und eine grosse Staatsschuld, zu deren Verzinsung hohe Steuern zur Nothwendigkeit wurden, zu danken.

Wie in allen Dingen, so waren übrigens auch in den europäischen Armeen während der Revolutionskriege von 1792—1799 grosse Veränderungen eingetreten, von welchen auch das Wiener Cabinet einen Theil berücksichtigte. Es waren hauptsächlich folgende:

1. Als Frankreich im Jahre 1792 einen Theil seiner Officiere durch die Auswanderung des Adels und einen andern durch die von der demokratischen Partei veranlasste Epuration der Armee

verlor, erhielt es an gewesenen Ladendienern, Wirthen, Handwerkern u. s. w. ein Officierscorps, über welches sich das an andere Erscheinungen gewöhnte Europa nicht genug verwundern konnte. Noch mehr staunte man aber, als dieses Officierscorps (1793—1797) Siege erfocht und aus ihm Generale von grossem Rufe hervorgiengen. In Frankreich war so das System, die Officiersstellen aus der Reihe der Cadetten zu ersetzen, gefallen und das Avancement war jedem Gemeinen offen.

Diese Einrichtung war dem österreichischen Offizierscorps, welches seiner Mehrzahl nach aus Adeligen bestand, nicht sympathisch. Wohin sollten die Adeligen und die Officiere ihre Söhne thun, wenn es keine Cadetten gab? Das aber glaubte die österreichische Regierung doch gestatten zu müssen, dass öfter als früher Unterofficiere den Officiersgrad erhielten.

2. Die französische Revolution hatte das Medizinalwesen ihrer Armee mit einer gewissen Freigebigkeit eingerichtet. Es wurde mehr als in früherer Zeit auf die Spitäler verwendet und die Feldärzte, unter dem Namen „Sanitätsbeamte" begriffen, hatten nebst dem Officiersrang ziemlich hohe Gehalte. Auch dieses gefiel in den österreichischen Lagern. Die Regierung glaubte aber, von ihrem unter Joseph II. angenommenen System, welches den Feldärzten äusserst geringe Einkünfte und nur in den drei höchsten Graden den Officiersrang gab, nicht abgehen zu dürfen. Unterärzte wurden daher mit wenigen Gulden monatlich bezahlt und Regimentsärzte hatten nur einen Jahresgehalt von 603 Gulden. Die Männer, welche das grosse Wort zu führen hatten, fanden es nicht schicklich, den Officierscharakter so leicht zu verleihen oder in einer Zeit des grossen Staatsaufwandes diesen noch durch Bezahlung höherer Gagen an das ärztliche Personal zu erhöhen. Man half also in den Zeiten des Papiergeldes (1798—1818) mit Zulagen und Zuweisungen einiger Naturalemolumente und das von Joseph II. gegründete System in Ansehung der Feldärzte erhielt sich bis zum Jahre 1851, wo eine zeitgemässe Regulierung stattfand.

3. In Frankreich waren bei den Angriffen der ersten Coalition und den inneren Unruhen grosse Heere erforderlich gewesen, bei deren Aufstellung die Zeit fehlte, um das Exerciren nach der früheren Methode durchzuführen. Man beschränkte sich also auf das Nothwendige. Da die Revolution alle Stände unter die Waffen rief und vorgab, überall wo es angehe, Humanitätsrück-

sichten zu ehren, so wurde auch der Korporalstock weder auf dem Exercierplatze noch sonst angewendet. Ausserhalb des Dienstes war der Gemeine und der Unterofficier dem Officier gegenüber so ziemlich ein freier Mann.

Diese Einrichtungen konnte die österreichische Regierung bei ihrer Armee nur insofern einführen, als sie die Vereinfachung des Exercierens betrafen, und auch die Anwendung des Korporalstockes wurde seltener. Aber sonst viel an den militärischen Staatsgesetzen zu ändern, fand sie nicht passend, weil sie glaubte, dass die Zusammensetzung der Armee aus einer dem Culturgrade nach höchst gemischten Bevölkerung die Abschaffung der strengeren Militärstrafen nicht gestatte. Auch die Kluft zwischen dem Officier und dem Unterofficier hielt sie aufrecht, nur befahl sie (nach 1797), dass der Officier den Feldwebel oder Wachtmeister „Sie" nenne.

4. Die französische Revolution hatte bei ihren Gleichheitsprincipien die allgemeine Wehrpflicht decretiert und begünstigt von dem längere Zeit bestandenen Enthusiasmus auch durchgeführt. Um Parteilichkeit zu vermeiden, verordnete das Gesetz die Aushebung der erforderlichen Anzahl von Rekruten durch das Loos. Diese Einrichtung gefiel in mancher Beziehung der österreichischen Regierung, aber man glaubte, sie sei für die österreichischen Staaten nicht passend. Ein Hauptgrund war schon die Verfassung der ungarischen Provinzen, da diese keine Rekrutierung, sondern nur eine Werbung kannten und in der Militärgränze ohnehin jeder Mann Soldat war. Es gab aber auch noch andere Gründe. Viele Domänen glaubten, dass auf dem Lande die Ordnung unter den Bauern nicht zu erhalten wäre, wenn es nicht dem Herrschaftsbesitzer frei stände, die zum Militär verlangte Anzahl von Personen selbst zu stellen. Sie meinten, der Beamte der Herrschaft kenne am besten die leichter entbehrlichen oder geradezu schädlichen jungen Leute. Wenn aus diesen von der Herrschaft gestellten Burschen die Militärbehörde sich die geforderte Anzahl auswähle, leide also am wenigsten die Landwirthschaft und es gewinne zugleich die Furcht vor der Obrigkeit.

Aehnliche Bemerkungen machten die Magistrate in den Städten. Sie wollten es sich nicht nehmen lassen, dass es in polizeilicher Rücksicht sehr gut sei, wenn Leute, mit denen man sonst nichts anzufangen wisse, zum Militär gestellt würden.

Die Regierung ihrerseits hatte, wie die Reden und Schriften ihrer Schutzredner bewiesen, wieder andere Gründe. Sie meinte, das System allgemeiner Wehrpflicht passe zwar für eine demokratische Republik, aber keineswegs für eine alte Monarchie. Man müsste bei einer allgemeinen Militärpflichtigkeit Leute von besserer Bildung der für eine rohere Bevölkerung berechneten Militärdisciplin unterwerfen, was hart wäre, oder die Militärdisciplin ändern, was wieder wegen der aus den untersten Ständen genommenen Rekruten nicht angehe. Ueberdies habe die österreichische Monarchie keinen solchen Ueberfluss an Gewerbsleuten und an Leuten mit Studien, dass man Menschen, welche für diese Stellung schon eine beträchtliche Vorbildung erhalten hätten, in eine Lage versetzen sollte, in welcher diese Vorbildung nutzlos verloren gehe.

Die Regierung begnügte sich daher (1795—1804) mit der Beschränkung der Zahl der gesetzlichen Befreiungen vom Militärstande.

Gleichwohl musste die Regierung, um es mit den französischen Armeen aufnehmen zu können, eine grössere Truppenzahl halten, als man selbst unter Joseph II. gehabt hatte. Die Rekrutierungen wurden also für jene Stände, welche vorzüglich durch sie getroffen wurden, ausserordentlich drückend, besonders weil bis in das Jahr 1802 der Soldat lebenslänglich dienen musste und nicht wie der französische Aussicht hatte, nach dem Ablauf gewisser Jahre wieder aus der Armee austreten zu können.

In dieser Lage griff die Regierung 1802 zu dem System, für ihre Soldaten aus den Ländern mit deutscher Verfassung eine sogenannte Capitulation einzuführen, und blos in den ungarischen Provinzen, in welchen sie umsonst die Einführung der Militärconscription empfahl, blieb es bei den früheren Einrichtungen. Seit jener Zeit kam es oft vor, dass ausgediente Capitulanten nach ihrer Entlassung aus dem Militärdienste aus Mangel an Erwerb und sogar oft aus Mangel an Erwerbsfähigkeit in Noth kamen und dadurch eine grosse Last für die Gemeinden wurden. Man beschuldigte sogar oft die Regierung, dass bei der Einführung der Militärcapitulation wohl ein Hauptgrund der gewesen sei, etwas an Invalidengehalten zu ersparen.

5. Die französische Revolution hatte für die Aufrechthaltung der Verfassung und den Militärdienst im Innern das Institut der Nationalgarde errichtet und es hatte bei dem anfänglichen Enthusiasmus für die Constitution der Republik gute Dienste gethan. Insbesondere hatte es ermöglicht, dass man mehr Truppen gegen

die äussern Feinde schicken konnte und dass man, wenn National-
gardisten in die Reihe der Linienarmee eintraten, sogleich geübte Soldaten hatte. Dieses Institut hätten viele hochgestellte
Personen aus militärischen Rücksichten auch in den österreichischen Ländern gern eingeführt. Aber der Regierung schien es
zu demokratisch zu sein. Man begnügte sich also mit Nach-
ahmungen im Kleinen. So erlaubte man, schon mit der Hoffnung,
dort oder da ohne Besatzung bestehen zu können, bewaffnete
Bürgercorps. So gestattete man in Tirol bei der Annäherung der
Franzosen (Mai 1796) die Errichtung von Corps von Freiwilligen und
die Organisierung eines sogenannten Landsturmes. Als dieses für
die Landesvertheidigung grossen Nutzen brachte und (April 1797)
sich von Steiermark her die Feindesgefahr der Residenzstadt
näherte, veranlasste man daselbst die Errichtung eines Corps von
„Wiener Freiwilligen" und überdies ein „Aufgebot". Doch setzte
man auf diese in Eile zusammengerafften Streitkräfte nicht viel
Vertrauen und nach dem Frieden von Campio Formio (October
1797) vergiengen einige Jahre, ohne dass man in dieser Richtung
Fortschritte sah. Blos bei der Erneuerung des Krieges im März
1799 wünschte man in Tirol wieder die Theilnahme des Volkes
an der Landesvertheidigung[1], was auch geschah. Dagegen hätte
man es lange Zeit (1797—1804) lieber gesehen, wenn der ungarische
Adel seine constitutionelle Insurrectionspflicht durch eine ergiebige
jährliche Geldzahlung ersetzt hätte.

6. Die französische Regierung suchte ihr Volk und, in so fern
es ausführbar schien, auch andere Völker für ihre Sache zu be-
geistern. Daher wohlgeschriebene Proclamationen, Reden voll
Feuer auf der Tribüne, zuweilen auch Bemühungen der Polizei,
um die öffentliche Meinung zu bearbeiten. Den Maximen der
früheren Zeit getreu, wollte Oesterreich lange Zeit von Proclamationen nichts wissen und beschränkte sich auf jene Hilfsmittel,
welche die Polizeiverfassung darbot. Seine Soldaten sollten fechten
und nichts weiter. Allein nach und nach wurde man doch gewahr, dass der Enthusiasmus oder die Vaterlandsliebe, mit einem
Worte, die Begeisterung für eine Idee auch etwas werth sei. Nun
fieng auch Oesterreich an mit Proclamationen aufzutreten.

[1] [Das Landesvertheidigungswesen in Tirol war schon seit 1511 gesetzlich geregelt.]

Indessen gebot auch hier die Vorsicht manche Abweichungen von dem französischen Systeme. Es war bekannt, dass die Revolution nicht nur im Civilstande Oesterreichs, sondern auch in der Armee manche Bewunderer, ja sogar Anhänger habe. Wie man gegen jene die geheime Polizei brauchte, so hatte man auch eine eigene Armeepolizei, die sich vom Feldherrn bis zum letzten Officier ihren Wirkungskreis suchte.[1]) Natürlich sprach kein für die französische Sache auch noch so sehr eingenommener Officier offen seine Gedanken aus. Aber schon verdächtige einzelne Aeusserungen, eine ungewöhnliche Lecture, oder das sogenannte Raisonnieren wurden übel gedeutet und konnten schaden. Doch that unter dem Militär das Polizeisystem bei weitem nicht so vielen Schaden als im Civilstande. Der Officier war zwar der Conduitliste, aber keiner geheimen unterworfen, er konnte sie einsehen und nach Umständen darüber klagen oder sein Benehmen anders einrichten.

Obgleich aber der Fall sehr selten vorkam, dass ein Officier erweislichermassen eine der Regierung oder der Verfassung feindliche Stimmung zu erkennen gab, so bestand doch zu Wien mehrere Jahre hindurch der Verdacht, dass jeder General, der vor dem Feinde unglücklich war, auch ein Verräther gewesen sei. Dieser Verdacht kam grösstentheils von den übertriebenen Begriffen über den Werth der österreichischen Armee her, welche man um das Jahr 1792 gehabt hatte und (1794—1797) nur ungern und langsam aufgab. Man meinte, ein österreichisches Corps könne gar nicht geschlagen werden, wenn der Commandant desselben ehrlich zu Werke gehe, so sehr sei es durch Zucht und militärische Kenntnisse dem Feinde überlegen.

7. In der französischen Armee war (1793—1797) auch ein besseres System für die Versorgung der Invaliden eingeführt worden. Man nahm dabei Rücksicht auf die längere Dienstzeit, auf verlorene Glieder, auf einen der Hilfe und Bedienung be-

---

[1]) Noch im Jahre 1813 und Anfangs 1814 war Langswerth, welcher 1815 Secretär zu Wien und 1816 Kreishauptmann zu Macarsca war und 1820 als Kreishauptmann und Polizeidirector zu Zara starb, mit einigen unbedeutenden ostensiblen Aufträgen im Hauptquartier des Fürsten Schwarzenberg. Der wichtige Theil seiner Functionen betraf eine specielle Aufsicht auf Alles, was die nächsten Umgebungen des Fürsten betraf. Der Verfasser dieses Werkes hat darüber Documente gesehen und von Langswerth selbst nähere Erläuterungen gehört.

dürftigen Zustand. In der österreichischen Armee wurde dies aus ökonomischen Gründen nicht bewilligt und das System der Invalidenversorgung für Krieger jedes Grades blieb bis zum Jahre 1851 ungeändert. Dagegen kam in keiner Armee eine solche Masse von Pensionierungen und eine solche Menge von Generalen vor. Auch die Einrichtung blieb ungeändert, dass der Unterofficier für eine ausgezeichnete That nur die goldene oder silberne Medaille erhalten konnte.

So hatte sich aus Anlass der Kriege mit Frankreich schon vor 1803 manches in den Zuständen des österreichischen Heeres geändert.

IV. Buch.

Die Studienverfassung in der ersten Hälfte der Regierung des Kaisers Franz.

---

1. Das Unterrichtssystem im ersten Decennium der Regierung des Kaisers Franz.

Da sich bald nach der Thronbesteigung des Kaisers Franz das Regierungs-System wesentlich geändert und die leitenden Männer gar kein Interesse für die Wissenschaften hatten, so konnten die von Leopold II. zu Gunsten des öffentlichen Unterrichts erlassenen, aber theilweise noch nicht durchgeführten Verordnungen nicht mehr gefallen. Die Errichtung der Studienconsesse, ihr Einfluss auf die Besetzung der Lehrämter und alle im Studienfache erfolgenden Verbesserungspläne, der den Professoren eingeräumte Einfluss auf die Censur, die Errichtung eines wissenschaftlichen Journals, alle diese und viele andere Punkte waren bald aus diesem bald aus jenem Grunde missfällig geworden.

Grössere Garantieen gegen die Revolutionsideen schien jetzt der Regierung der Einfluss der Geistlichkeit zu bieten. Von ihr war, da die päbstliche Partei beinahe ausgestorben war und der Clerus sich jetzt ruhig allen Regierungsverordnungen fügte, für die weltliche Suprematie nichts mehr zu besorgen.

Aus diesen Ansichten ergab sich die Nothwendigkeit neuer Studienpläne, bei denen ein Hauptgesichtspunkt sein musste, dem geistlichen Stande mehr Candidaten zu verschaffen.

Als dieser Gedanke sich einigermassen festgestellt hatte, enthob man die Professoren der höheren Lehranstalten von der Censur.

für das litterarische Journal liess man es an Fonds fehlen, so dass es nicht zu Stande kam, mit der Organisierung der Studienconsesse, in so fern sie noch nicht eingeführt waren, wurde nicht geeilt, einzelne Verordnungen entzogen auch diesen Consessen manche ihrer wichtigeren Befugnisse, ausgezeichnete Verdienste der Professoren wurden entweder gar nicht oder armselig belohnt. Zugleich wurde die Sparsamkeit bei den Ausgaben für wissenschaftliche Zwecke auf das Aeusserste getrieben.[1] Wenn je irgendwo für Schulen etwas gethan wurde, so geschah es für die Volksschulen, welche man mit Rücksicht auf die Gewerbe und die Unterofficiere für wichtig hielt.

In dieser Periode war der Geist der Schulen im allgemeinen ungefähr folgender. In den Volksschulen herrschte der Geist der Aufklärungsperiode, aber merklich gemässigt. Die Gymnasien, an denen vor 1802 noch grösstentheils ehemalige Jesuiten oder andere Ordensgeistliche lehrten, waren im Ganzen genommen gut, die meisten Knaben lernten noch lateinisch oder konnten es wenigstens noch lernen. Doch gab es, wenn weltliche Gymnasiallehrer angestellt wurden, schon viele Ausnahmen von der Regel und es war denselben, da sie fast alle verheirathet waren, bei weitem weniger um den Fortgang der Schüler als darum zu thun, die Classification der Studenten in ihren Händen zu haben, und durch dieses Mittel Repetitionsgelder und Geschenke zu erpressen. Die philosophischen Facultäten waren ganz im Geiste der Josephinischen Periode besetzt. In der Rechtswissenschaft waren die Vorträge im Ganzen zwar im Josephinischen Sinne, doch sehr gemässigt. In der Theologie herrschte bei häufigen Scandalen in Ansehung einzelner Lehrsätze oder des Lebenswandels einzelner Professoren der protestantische Rationalismus, welcher nicht sowohl die katholischen Glaubenssätze lehrte, als sie vielmehr stets zu widerlegen suchte.

Die Zahl der Studierenden war in dieser Periode gering. Die Gymnasien waren nur in grössern Städten stark besucht. So gab es manche, welche in sämmtlichen Classen nicht mehr als 120

---

[1] Ein Gymnasium kostete der Staatscasse meistens nur etwa 4000, die hohe Schule in Olmütz im Jahre 1795, Gehalte, Localitäten, Beheizung, Bedienung und Bibliothek zusammengerechnet, 8200 Gulden. Die Ausgaben für sämmtliche öffentlichen Bibliotheken in den Ländern mit deutscher Verfassung betrugen noch vor dem Jahre 1848 nicht mehr als 39.000 Gulden, wovon 19.000 auf die Hofbibliothek in Wien kamen.

Schüler hatten. Lehrcurse der Philosophie waren nur an den wenigen Universitäten zu Linz, Klagenfurt und Laibach. An den juridischen Faculläten und zu Wien, Prag, Olmütz, Graz, Innsbruck, Lemberg und Krakau waren, weil es mit dem Unterkommen langsam gieng, wenige Studierende und in der Theologie waren zwar mehrere, weil man leere Plätze in der Seelsorge genug hatte, aber die Zahl entsprach noch immer nicht dem Bedürfnisse. Die Regierung gab Stipendien über Stipendien, um junge Leute für die Theologie zu bekommen. Aber wer konnte, vermied doch diese Schulen, weil der Stand zu wenig Achtung genoss und zu viel den Zeitmeinungen Widerstrebendes verlangte.

Diese Erscheinungen bestimmten die Veränderungen, welche man einführen wollte. Zunächst wurde es für nothwendig gehalten, den politischen Behörden einen grösseren Einfluss auf die Studien zu verschaffen, dabei aber die Geistlichkeit so zu stellen, dass es scheinen sollte, als habe sie an Einfluss auf die Schulen gewonnen. Das Josephinische System des Kirchenrechts sollte bleiben. Aber man wollte mehr Gymnasien, philosophische und theologische Lehranstalten, um auf diese Art die erforderliche Anzahl von Candidaten für den geistlichen Stand zu bekommen. Die unmittelbare Aufsicht über jedes Gymnasium und jede Facultät sollte einem von der Universität möglichst unabhängigen und von der Regierung ernannten Director übertragen werden, um auf diese Art über die Lehrer jedes Grades eine strengere Aufsicht üben zu können. Im Unterricht selbst sah man demnach, wenn man auch an seinen Grundlagen nichts ändern wollte, eine gewisse religiöse Färbung gerne. Endlich wollte man die Lehranstalten des Inlandes von denen des Auslandes möglichst absondern.

Die Ausarbeitung der Pläne nach allen diesen Gesichtspunkten zog sich aber wegen des langsamen Geschäftsganges sehr in die Länge. Doch wurden in dieser Zeit die früheren Gesetze, so weit sie noch nicht aufgehoben waren, lau und mit beständiger Rücksicht auf das Wehen der Hofluft vollzogen. Erst in der Periode von 1802—1804 traten die neueren Studiengesetze zu Tage.

Vor diesem Zeitpunkt hatte die Regierung in Westgalizien und dem Venetianischen bereits Manches organisiert. Doch verlor die einst so reich dotierte Universität Krakau ihre Güter und erhielt eine Anzahl karg besoldeter Professoren, welche nach dem für die andern höheren Lehranstalten des Staates angenommenen System lehren mussten. Da ferner die Regierung in Westgalizien

die meisten der reicheren Klöster aufhob, so giengen auch sehr
viele alte Gymnasien zu Grunde. Doch war im Jahre 1807 die
Krakauer Universität, neben welcher man in Lemberg keine Universität mehr, sondern nur ein Lyceum hielt, noch keineswegs
vollständig organisiert. In dem 1797 erworbenen Dalmatien aber
fand man so wenig öffentliche Schulen und Fonds für solche Anstalten, dass während der ersten österreichischen Herrschaft (bis
1805) nichts erhebliches im Schulwesen geändert wurde.

Um das Jahr 1801 waren endlich ungeachtet des von Jahr
zu Jahr schwerfälliger werdenden Geschäftsgangs die Anstalten
zu neuen Organisationen des öffentlichen Unterrichts so weit vor-
gerückt, dass die Regierung zur Aufhebung der bei ihr so wenig
beliebten Studienconsesse schreiten konnte.

Das darüber am 29. April 1802 erlassene Hofdecret erklärt,
„da die vielfältigen Gebrechen im Unterrichts- und Erziehungs-
fache hauptsächlich daher entstanden sind, dass die den Studien-
consessen eingeräumte unmittelbare Aufsicht und Leitung der Erwartung nicht entsprochen hat, so haben Seine Majestät gnädigst
beschlossen, die vormals bestandenen Facultäts- und Gymnasial-
directoren wieder einzuführen, zu welchem Ende die Landesstelle
für die höheren Studien ansehnliche und bewährte Mitglieder,
welche schon in höchsten Diensten stehen, und denen diese
Direction und die unmittelbare Leitung mit zuversichtlich gutem
Erfolge anvertraut werden kann, vorzuschlagen hat".

Aus diesem Gesetze sieht man, dass die unmittelbare Leitung der verschiedenen Studienanstalten durch Männer, welche
ausserhalb des Kreises der Lehrer standen, das Hauptaugenmerk
der Regierung war. Directoren der theologischen Lehranstalten
wurden nun meistens Prälaten, Directoren der Rechtsschulen Hofräthe oder Appellationsräthe, der medicinischen Anstalten, wenn
es sein konnte, der Landesprotomedicus, der philosophischen Curse
Domherrn oder Landräthe und bei jedem Gymnasium wurde es
wieder der Kreishauptmann.

2. Die Massregeln zur Vermehrung der Geistlichen, die Stellung des Clerus zum Unterrichtswesen und die Studien-Hofcommission.

Kurze Zeit vor der Aufhebung der Studienconsesse (25. März
1802) waren zwei kaiserliche Handbillete erschienen, von denen das

eine die nothwendig befundenen Reformen beim Säcular-, das andere die Reformen beim Regularclerus betraf.

Ein Hauptgedanke bei diesen über wiederholte Vorstellungen der Bischöfe erlassenen Gesetzen war, durch Vervielfältigung der Gymnasien, der philosophischen Lehranstalten und der Anstalten für die Theologie¹) der Seltenheit der Candidaten für den geistlichen Stand ein Ende zu machen. Man hoffte nicht ohne Grund, dass, wenn das Studieren an vielen Orten, wo es unter Joseph II. aufgehört hatte, wieder ermöglicht würde und zugleich der geistliche Stand an Achtung und Einkommen gewänne, viele junge Leute sich leichter zum geistlichen Stande entschliessen würden.

Es wurden aber nicht blos zahlreiche neue Anstalten errichtet, sondern die Gymnasien selbst erhielten auch neue Schulpläne und grösstentheils neue Lehrbücher. In den Volksschulen sollte mehr auf das Practische und für die Bedürfnisse des Volkes Nothwendige als auf das mehr entbehrliche theoretische Wissen gesehen werden. Die Befreiungen vom Schulgelde wurden sehr erleichtert, den Theologen noch mehr Stipendien und Freiplätze in den Seminarien bewilligt und den Klöstern ziemlich deutlich angekündigt, dass man sie nur als Pflanzschulen der Wissenschaft und als Aushilfsanstalten für die Seelsorge ansehe und nur in diesem Sinne behalten wolle.

Bei den neu zu errichtenden Gymnasien und philosophischen Schulen war zum Theil schon durch das Gesetz dafür gesorgt, dass sie mit Geistlichen besetzt würden. Bei den schon bestehenden Lehranstalten wünschte man wenigstens, dass dies vorzugsweise geschehe. Für den Religionsunterricht an den Gymnasien, über dessen Verfall geklagt worden war, wollte man die Anstellung von Katecheten. Ueberhaupt sollte in den Gymnasien mehr auf Religion und Sittlichkeit gesehen, in den theologischen Lehranstalten die Ehrfurcht gegen die Religion geweckt werden.

Als dieser Studienplan bekannt wurde, war das Urtheil ein sehr verschiedenes. Die wenigen Sachverständigen im Lande zollten ihm wenig Beifall, zum Theil auch deswegen, weil nun der durch

---

¹) Unter Joseph II. hatte man durchschnittlich für jeden Kreis nur ein Gymnasium gewollt und die bischöflichen und klösterlichen Schulen für die Theologie aufgehoben. Nach dem Handbillete vom 25. März 1802 schien es, dass die Zahl der Gymnasien auf das doppelte, die der philosophischen und theologischen Lehranstalten auf das Dreifache gebracht werden sollte.

die Organisation sehr wichtig gewordene Posten der Directoren grösstentheils an Männer kommen musste, welche vom Studien-wesen nicht viel verstanden, und die neuen Lehrbücher den Meisten noch weniger gefielen als die alten abgeschafften. Auch war in Oesterreich und noch mehr im Auslande die Meinung weit ver-breitet, dass die katholische Clerisei durch diese Organisation ungemein viel gewonnen habe und Oesterreich nun wieder zu streng katholischen Regierungsgrundsätzen zurückgekehrt sei.

Dass diese letztere Meinung im Auslande, besonders im prote-stantischen Deutschland emporkommen konnte, ist begreiflich bei den äusserst geringen Kenntnissen, welche die Protestanten ge-wöhnlich in Ansehung des katholischen Kirchenrechts und der österreichischen Zustände an den Tag legten. Dass aber auch in den österreichischen Staaten diese Meinung aufkommen konnte, bewies mehr als manches Andere den tiefen Verfall des katho-lischen Systems, welches kaum noch unter der Geistlichkeit einzelne Kenner aufweisen konnte.

In der That konnte dem Systeme der Kirche nichts fremder sein als die den österreichischen Schulen gegebene Organisation. Schon in Ansehung der Volksschulen war es bemerkenswerth, dass sie zwar unter die Aufsicht der bischöflichen Consistorien gestellt wurden, aber die Geistlichkeit nicht das Mindeste an den Lehrbüchern, der Lehrmethode oder der Disciplin der Schulen ändern konnte. Der Pfarrer, der Dechant und das Consistorium waren blos zur Vollziehung der kaiserlichen Verordnungen, welche über die kleinsten Einzelnheiten entschieden, angewiesen. Da nun diese Verordnungen dem bei weitem grössten Theile nach, aus den Zeiten Josephs II. und Maria Theresias (1770—1790) herrührten, machte man die Geistlichkeit sogar zur Verbreiterin mancher von der Kirche verworfener Lehrsätze und schläferte denjenigen Theil des Volkes ein, welcher noch an der Religion hieng.

Man setzte aber die Geistlichkeit in eine falsche Stellung zu andern Religionsparteien. Da die katholischen Schulen auch den Lutheranern, Calvinern und Juden offen standen, die Josephini-schen Verordnungen aber die Verbreitung toleranter Gesinnungen unter der Jugend vorschrieben, so musste die katholische Geist-lichkeit selbst bis zu einem gewissen Punkte dem religiösen In-differentismus das Wort reden, hatte aber doch die unangenehme Aufgabe, über die Volksschulen der Akatholiken eine von diesen durchaus nicht gern gesehene Aufsicht zu führen.

Auch gegen die Bischöfe wurde der katholische Clerus, in so fern er mit der Schulaufsicht zu thun hatte, in eine neue Stellung gesetzt. Nicht der Pfarrer als solcher, nicht der Dechant als solcher hatte die Aufsicht über die Volksschule seines Districtes, sondern er hatte sie als der vom Staate aufgestellte Local- oder Districtsaufseher. Ebenso hatte das Consistorium nicht als solches die Aufsicht, sondern es wurde in Beziehung auf das Volksschulwesen dem Gubernium untergeordnet, folglich in dieser Beziehung vom Bischofe ganz unabhängig und zu einer Staatsbehörde gemacht.

Die Kirche hatte demnach mit ihren geistlichen Aemtern der Staatsgewalt die Mittel liefern müssen, wohlfeile Aufsichtsbehörden für das deutsche Schulwesen aufzustellen und doch war dies noch nicht das Einzige, was dem Interesse der Geistlichkeit nachtheilig war. Noch wichtiger war, dass nun der Staat verlangte, Niemand solle zum Amte eines Dechants oder Consistorialassessors befördert werden, der nicht ein verlässlicher Schulmann sei, und dass er auch von diesem Standpunkte aus das Ernennungsrecht des Bischofs beschränkte. Man gieng in dieser Sache so weit, dass man sogar den Dechanten in ihrer Eigenschaft als Districts-Schulaufsehern den Titel von Consistorialräthen gesetzlich zuerkannte, so dass dem Bischofe selbst das Mittel, ausgezeichneten Curatgeistlichen die Ehre dieses Titels zuzuwenden, nicht mehr allein zustand.

Ganz auf dieselbe Art gieng es auch mit den anderen scheinbar der Geistlichkeit zugewendeten Vortheilen. Dass man an Gymnasien die Aufstellung von Katecheten verordnete, beschränkte die Wirksamkeit der andern geistlichen Professoren. Dass man mehrere philosophische und theologische Schulen errichtete, um dadurch mehr Candidaten des geistlichen Standes zu erhalten, konnte der Theologie nur eine Anzahl armer oft ganz talentloser Jünglinge zuführen, von denen in dem Stande, welchem sie sich widmeten, keine ausgezeichneten Leistungen zu hoffen waren. Auch waren diese Schulen, da der Staat für sie die gewöhnlichen Studiengesetze vorschrieb, nichts als Staatsschulen.

Den grössten Nachtheil für die Clerisei brachte aber die Art, wie die Studienreferate bei den Gubernien, der Hofkanzlei und im Staatsrathe besetzt wurden. Bei den Gubernien hatten meistens und bei der Hofkanzlei und im Staatsrathe stets (1802 -- 1840)

Geistliche das Studienreferat, mit welchem bei den Gubernien meistens, und bei den höheren Stellen stets das Referat über die geistlichen Angelegenheiten verbunden war. Zufolge dieser Einrichtung gab es katholische Geistliche, welche von Amtswegen verbunden waren, die von der Kirche am meisten gemissbilligten Staatsgesetze zu handhaben, welche als Mitglieder jener Regierungsbehörde, bei der sie angestellt waren, über den Bischöfen standen und welche, da sie oft der Kenntnisse eines höher gebildeten Weltmannes entbehrten, so weit es von ihnen abhieng, die Grundsätze von 1785 aufrecht hielten, selbst dann, als diese Grundsätze im Auslande schon sehr aus der Mode gekommen waren.

Die Ernennungen zu diesen Posten geschahen (1802 — 1840) ganz in jenem Geiste, welcher die Einrichtung dieser geistlichen Referentenstellen veranlasst hatte. Die eifrigsten Anhänger des Josephinischen Systems, zum Theil noch Professoren und Directoren der ehemaligen Generalseminarien, hatten diese Posten inne, ihre Partei schien darauf ein ausschliessliches Recht zu haben und viele Jahre hindurch (1802 — 1828) war der Staatsrath Martin Lorenz, einst Rector eines Josephinischen Generalseminariums, Referent in Schulangelegenheiten, das heisst, Chef der geistlichen und Studienangelegenheiten der österreichischen Monarchie. Ein anderer ehemaliger Director eines Generalseminariums Alois Jüstel kam später (1830—1848) an die Stelle von Lorenz. Es ist hier nicht der Ort, die Ursachen dieser Erscheinung auseinanderzusetzen, nur auf die Thatsache wollten wir aufmerksam machen.

Bei der vereinigten Hofkanzlei wurde 1808 an die Stelle eines Referenten, welcher dem Geschäfte nicht genügen konnte, die unter Leopold II. aufgehobene Studienhofcommission als Centralbehörde für das Studienwesen in sämmtlichen Provinzen mit deutscher Verfassung wieder hergestellt. Sie bestand gewöhnlich aus einem Präsidenten, der meistens der oberste Kanzler oder ein anderer der Präsidenten der Hofkanzlei war, einem Hofrathe für die allgemeinen Geschäfte und den Directoren der Facultäten zu Wien, so wie den Gymnasialreferenten, oft aber auch noch aus einigen von andern Hofstellen genommenen Beisitzern. Die Facultätsdirectoren sollten den wissenschaftlichen Theil der Geschäfte übernehmen, die andern Beisitzer aber dafür sorgen, dass nicht etwa bei der Studien-Hofcommission dem Interesse der anderen Verwaltungszweige zu nahe getreten werde.

Durch diese Einrichtung wurden die Facultätsdirectoren der Wiener Universität gewissermassen die natürlichen Oberen aller österreichischen Lehranstalten. Der allgemeinen Sitte dieser Zeit gemäss suchte nun jeder dieser Facultätsdirectoren unter stillschweigender Voraussetzung der Reciprocität Herr in seinem Fache zu werden, jeder machte daher Pläne, welche die andern Beisitzer guthiessen, und da die meisten dieser Directoren dies ohne Rücksicht auf das Allgemeine thaten, so waren diese Pläne meistens nicht nur an sich schlecht, sondern standen oft unter einander nicht im geringsten Zusammenhange. Gleichwohl nahm wegen des Beisitzes bei der Studien-Hofcommission das Amt eines Facultätsdirectors jetzt viel mehr Zeit in Anspruch, als die meisten dieser aus den Reihen der höheren Staatsbeamten und der Prälaten genommenen Directoren erwartet hatten, und man ernannte daher für die Geschäfte, welche blos Wien betrafen, bald besondere Vicedirectoren.

Eine sehr bemerkbare Eigenthümlichkeit der Studien-Hofcommission war, dass höchst selten ein Mann von anerkannter Gelehrsamkeit in ihrer Mitte sass. Wenn man den Hofrath von Zeiller und den nachmaligen Staatsrath Stift ausnimmt, zu denen man etwa (1836 — 1839) den Burgpfarrer Pletz zählen könnte, waren meistens Männer, welche mit der Wissenschaft ganz unbekannt waren, oder gar feindliche Gesinnungen gegen sie zeigten, im Besitze der Referate. Noch wichtiger war, dass diese Männer auch in den Provinzen meistens ähnliche Directoren wollten und sie daher (seit 1810) gewöhnlich in dem Kreise der Domherren und Kanzleibeamten suchten, so dass überall der wissenschaftliche Geist, wenn er sich zeigen wollte, erstickt wurde.

Die Farbe, die bei der Studien-Hofcommission stets vorherrschte, war Josephinisch, mit jenen Modificationen, welche das höheren Ortes angenommene Polizeisystem gebot. Man hielt sich also ziemlich genau auf dem Standpunkte von 1770 und wie der Verfasser dieses Werkes aus eigenen näheren Erfahrungen hinzufügen kann, bestand in verschiedenen Zeitpunkten bei der Studien-Hofcommission keine Ahnung davon, was sich im Auslande Alles geändert habe und welche Bedürfnisse dadurch entstanden wären.

3. Die Organisation des Volksschulunterrichts vom Jahre 1804.

Die Verfassung der Volksschulen wurde im Jahre 1804 reguliert, und blieb seit jener Zeit bis zum Tode des Kaisers Franz ohne wesentliche Modificationen. Die Veränderung bestand vorzüglich darin, dass man, wie es hiess, die Volksschulen mit der Religion in eine engere Verbindung bringen und unter die Aufsicht der Geistlichkeit stellen wollte. Es war daher der Pfarrer Ortsschulaufseher. Dann bildete jedes Decanat einen Schuldistrict, dessen Aufseher der Dechant war. Sämmtliche Dechante als Schuldistrictsaufseher standen unter dem bischöflichen Consistorium, bei welchem ein Domcapitular als Schulenoberaufseher Referent in Schulsachen war. Das Consistorium seinerseits stand aber in Schulsachen ebenso wie das Kreisamt, welches auch eine gewisse Aufsicht führte, unter dem Gubernium. In der Methode und dem ganzen Systeme des Unterrichts wurde aber wenig geändert, nur war man ernstlicher darauf bedacht, das karge Einkommen der Landschullehrer durch verschiedene Leistungen, welche man den Gemeinden und Kirchenpatronen, zuweilen aber auch dem Schulfonde auflegte, etwas zu verbessern.

Seit jener Zeit kam mehr Leben in das Volksschulwesen. Man drang wegen des Steigens der Bevölkerung auf Erweiterung der bestehenden oder die Erbauung neuer Schulgebäude, man schrieb auch manche neue Lehrbücher vor, die Lehrer an den Hauptschulen erhielten bessere Gehalte [1] und, als (1815) die Uniformierung der Staatsbeamten anfieng, auch das Recht der Uniform. Auch war das Verhältniss, in welchem das „deutsche" Schulwesen zu den lateinischen Schulen und dem ganzen Erziehungswesen überhaupt stehen sollte, jetzt genauer bestimmt.

Demnach sieht man in dem durch ein Gesetz kundgemachten Plane für die Volksschulen eine auffallende Vereinigung von Begriffen, welche verschiedenen Zeitaltern und Schulen angehörten. So wird an mehr als einem Orte dieses Planes anerkannt, dass der Volksunterricht eine religiöse Grundlage haben müsse, dass die Unterweisung von Kindern beider Geschlechter in einer und derselben Schule nicht günstig sei, dass sehr viele Kinder zu gleicher Zeit nicht füglich gut unterrichtet werden können, dass in den Trivialschulen der Unterricht nur auf das für die untersten Stände Nothwendige zu beschränken sei, weil eine für andere Verhältnisse berechnete Bildung mehr Schaden als Nutzen bringe.

[1] Doch betrugen auch diese, wo nicht besondere Stiftungen waren, nur 150 bis 300 Gulden, während als Congrua eines Dorfschullehrers in vielen Provinzen nur 120 Gulden angenommen, in anderen oft noch geringer war.

und bei der Religionslehre der Schullehrer nur eine dem Priester untergeordnete Stelle haben könne. Während man aber gestützt auf diese Ideen erwartet, ein consequentes System entwickelt zu sehen, bemerkt man die Meinung, dass die Moralität des Volkes doch vorzugsweise vom Schulunterrichte abhänge, dass man nicht im Stande sei, so viele Schulen, als ein zweckmässiger Unterricht fordern würde, zu erhalten, dass der Religionsunterricht den Zuschnitt von 1772 beibehalten müsse und dass man vor allem römisch-katholische Einrichtungen scheue. Neben den Pfarrschulen, die jetzt Trivialschulen hiessen, gab es ziemlich viele sogenannte Hauptschulen und einige Realschulen. Die Hauptsache waren aber Reglements, Instructionen, Controllen, Formelwesen und ein politischer Zuschnitt selbst des Religiösen und Wissenschaftlichen. Während man ferner nicht undeutlich eine rationalistische Tendenz des Unterrichts durchblicken lässt, häuft man die Andachtsübungen, welche Glauben voraussetzen und ohne diesen zuweilen selbst zu Sacrilegien werden. Ebenso nimmt man den ganzen Privatunterricht in eine äusserst beengende Aufsicht. Der Vater kann sich kaum mehr einen Hofmeister nach seinem Sinne wählen und da der oberflächlich in der Pädagogik unterrichtete Hofmeister in den meisten Fällen eitel auf sein Wissen und voll Eigendünkel ist, so muss, selbst mit schweren Kosten, das Wohl des Kindes diesem mehr oder weniger preisgegeben werden.

Traurig war es übrigens, dass vor der Kundmachung eines tief in alle Verhältnisse der Kirche und der Familie eingreifenden, das Vermögen und die Wissenschaft beeinflussenden Gesetzes aus den Provinzen gar niemand gehört wurde, und dass kein Bischof, keine Ständeversammlung, kein Erzeugnis der Presse, keine hohe Schule dagegen eine Vorstellung machte.

4. Der neue Lehrplan für die Gymnasien.

Bei den grossen Studienreformen, welche 1802—1804 durchgeführt wurden, erlitten 1804 auch die Gymnasien wesentliche Umgestaltungen.

Da man dem Kaiser Franz die unter Joseph II. erlassenen Verordnungen über die Gymnasien als den Hauptgrund der geringen Zahl von Candidaten für den geistlichen Stand dargestellt hatte, so wurden, wo ein passendes Gebäude, ein Kloster und Geldmittel dies ermöglichten, wieder Gymnasien errichtet, so dass sich ihre Zahl überall beträchtlich hob und in manchem Lande auf das Doppelte stieg. Dies zog nun allerdings eine grössere Anzahl von Studierenden herbei, da viele jetzt leichter zu den Studien gelangen konnten, doch wollten die wenigsten der Studenten, welche die philosophischen Schulen verliessen (1807—1830), zur Theologie gehen, sondern wurden Juristen oder Mediciner, weshalb (1816—1835) zum Staatsdienste, besonders seitdem die Beamten wieder mit Conventionsmünze bezahlt wurden (1818—1835), ein ungeheurer Andrang war.

Um dieselbe Zeit, wo man die Zahl der Gymnasien zu vermehren beschloss, beseitigte man den Gymnasial - Studienplan vom 1776, an welchem man ohnehin schon in den letzten Jahren manche minder erhebliche Veränderung vorgenommen hatte. Unter dem Vorwande, den Gymnasialunterricht zu verbessern, richtete man ihn völlig zu Grunde.

Eine der Massregeln, die dazu führten, war, dass man die Grammatiken mit lateinischen Kunstwörtern überfüllte, wodurch dem Knaben der Vortheil entgieng, das, was er über die Eintheilung der Wörter und Sätze in der Hauptschule gelernt hatte, für die lateinischen Sprachstudien zu benützen. Dann waren die Schulbücher, welche die Erlernung der lateinischen Sprache bezwecken sollten, so ungemein schlecht abgefasst, dass der Knabe nicht leicht zur Kenntniss der für das gewöhnlichste Gespräch erforderlichen Wörter gelangen konnte.

Schlimm war ferner, dass man viele Gegenstände, welche nach dem früheren Plane leicht gelernt werden konnten und doch mannigfaltigen Nutzen gewährten, wie Naturlehre, Chronologie oder Heraldik aus dem Unterrichte wegliess, oder wie die Geschichte und Geographie ungeheuer weitläufig und langweilig vortrug, noch andere z. B. die Gebräuche der Römer durch schwerfällige Darstellungen erschwerte, auf häufiges Uebersetzen aus einer Sprache in die andere weniger sah und den Nebengegenständen zu viel Zeit zuwies.

Ebenso war es ein Fehler, dass, als nach und nach die Exjesuiten ausstarben und viele weltliche Professoren angestellt werden mussten, die sogenannten Repetitionen durch das Gesetz vom 20. Jänner 1795 erlaubt und durch das Studien - Hofcommissions-Decret vom 9. October 1812 näher reguliert wurden. Dadurch wurden die Schulstunden verlängert, statt der Selbstübung im Uebersetzen wurden die Uebersetzungen oft dictiert, bei den Prüfungen wurde zuweilen nur zum Schein übersetzt, in der That aber die von jemand andern gemachte Uebersetzung auswendig gelernt und endlich von den Professoren selbst ein Interesse am schlechten Fortgang der Schüler erzeugt, weil sie auf diesem Wege die Classification der Schüler bestimmten und von den Eltern für ihre Nachsicht Geschenke aller Art erzwingen konnten.

Zum Verfall der Gymnasien trug auch das durch viele Jahre (1804—1818) bestandene System der sogenannten Fachlehrer bei. Es bestand darin, dass z. B. ein Gymnasiallehrer die Naturgeschichte und Mathematik lehrte, indem er jeder Classe wöchentlich drei Stunden widmete, ein anderer Geschichte und Geographie, ein dritter die Religion, ein vierter das Latein vortrug. Ein oberflächlicher Beobachter kann dies billigen, weil z. B. ein Mann, welcher sich nur mit Geographie und Geschichte beschäftigt, es darin weiter bringen kann, als wenn er sich auch mit dem Lateinischen und Griechischen beschäftigen muss. Allein es gehört wenig Nachdenken dazu, um die Nachtheile einzusehen, welche die Ausführung dieser Idee zur Folge hat, indem jeder Fachlehrer seinen Gegenstand für den wichtigsten ansieht und ein Chaos von Methoden zur Herrschaft kommt. Dabei wurde der Zweck, die Kenntnis der lateinischen Sprache, deren Verfall nach dem Austritt der alten Lehrer von Jahr zu Jahr mehr bemerkbar geworden war, zu fördern, durchaus nicht erreicht. Schon um das Jahr 1810 waren die Juristen, denen systemmässig das canonische Recht lateinisch vorgetragen wurde, der Regel nach nicht im Stande, die Prüfungen lateinisch zu machen, weshalb die Regierung das, was anfangs blos aus Nothwendigkeit geschehen war, auch gesetzlich gestattete.

Eine sehr schlimme Seite des neuen Gymnasial-Lehrplanes war, dass durch das Institut der Fachlehrer und die Masse des zu Lernenden dem Gedächtnisse der jungen Leute allzu viel zugemuthet wurde. Zwar überwältigte bei den meisten die Jugendstärke des Gedächtnisses manche Schwierigkeit. Aber zum Wiederholen des Erlernten und zum gehörigen Verdauen desselben blieb zu wenig Zeit.

An allen hohen Schulen wurde Klage geführt, dass die jungen Leute eine viel zu geringe Vorbereitung für die Studien an denselben mitbrächten, was zur Folge hatte, dass dort Manches, was jene eigentlich schon hätten wissen sollen, wieder gelehrt werden musste.

Der durch den neuen Studienplan nothwendig werdende Subsidiarunterricht, welcher viel Zeit und Geld in Anspruch nahm, hatte die Folge, dass der Knabe täglich acht bis zehn Stunden mit Lernen beschäftigt war und doch zur Selbstübung des Erlernten, an welcher so viel gelegen ist, kaum gelangen konnte. Bei den meisten jungen Leuten rief dies einen frühzeitigen Ekel gegen Alles, was Studium hiess, hervor, er bewirkte, dass sie dann als Beamte fast blos der Routine einen Werth beilegten, und wenn sie in eine höhere Stellung kamen, sehr oft eine unzureichende Bildung zeigten.

Diese Ueberbürdung der Gymnasialstudenten hatte auch die Folge, dass diese wenig Zeit hatten, sich in fremden Sprachen, in der Musik, im Reiten oder Fechten auszubilden, oder an gesellschaftlichen Unterhaltungen zu betheiligen, welche das Leben verschönern und zu einer guten gesellschaftlichen Form den Grund legen.

Die Gymnasien kosteten jetzt, da der Gymnasialcurs (seit 1804) wieder auf sechs Jahre festgesetzt und die Gehalte auf mehr als das Doppelte erhöht wurden, viel mehr als ehemals, waren aber den Lehrern, welche möglichst gut leben wollten, immer noch viel zu gering, weshalb Erpressungen mancher Art, welche höheren Ortes ignoriert wurden und über die sich Niemand zu klagen getraute, an der Tagesordnung waren.

Die Gymnasiallehrer erhielten jetzt einen viel grösseren Einfluss auf die Geschicke der Studenten, die sie von den Studien ausschliessen konnten. Die Katecheten, von denen die meisten beschränkte Köpfe waren, verbreiteten ihr eigenes Religionssystem als das System der Kirche und konnten die bedeutendsten Nachtheile über diejenigen verhängen, welche ihnen etwa Stoff zur Unzufriedenheit gaben. Menschen von anerkannter Schlechtigkeit, welche zuweilen Directoren an Gymnasien wurden, konnten rohe Sitten, Unglauben und Unwissenheit nach allen Richtungen verbreiten, ohne in ihrem Geschäfte gestört zu werden, und hatten sogar noch die Befugnis, durch mangelhafte Berichte und angebliche Urtheile eines Sachverständigen alle Entwürfe zum Bessern zu vereiteln.[1] Auf manche für nothwendig erachtete Einrichtung

[1] In allen Gegenden der Provinzen mit deutscher Verfassung machte man in dieser Beziehung Erfahrungen, welche den Hass gegen die Clerisei vermehrten. Die meisten der an den Gymnasien angestellten Geistlichen

schien man daher manchmal, wie durch eine zufällige Wahrnehmung zu kommen. So wusste Jedermann, welcher sich um
solche Dinge bekümmerte, dass auf den Religionsunterricht an
den Gymnasien und anderen mittleren oder hohen Schulen die
Bischöfe schon seit langer Zeit keinen Einfluss hatten. Aber erst
im Jahre 1808 erklärte ein Gesetz vom 23. Juli: „Seine Majestät
geruhte anzuordnen, dass gleichwie nicht nur die sämmtlichen
deutschen Schulanstalten sondern auch die in einigen Landstädten
neu errichteten philosophischen Lyceen sowohl in Rücksicht des
litterarischen als des Religionsunterrichtes der unmittelbaren Aufsicht der Diöcesanbischöfe anvertraut seien, ebenso denselben die
unmittelbare Aufsicht über jeden Religionsunterricht, welcher der
Gymnasialjugend durch die aufgestellten Katecheten ertheilt wird,
wenn es nicht schon geschehen ist, übertragen und das hiezu
Erforderliche eingeleitet werde". Dieses Gesetz bezeichnet zugleich
den Anfang einer Periode, in welcher die Geistlichkeit wieder
etwas mehr Einfluss erhält.

5. Die Aenderungen im philosophischen Lehrplan.

In der Periode von 1780—1802 wurden nach dem Studiensystem in den philosophischen Cursen nur über das, was man
gewöhnlich Philosophie nannte, weiter über Physik und Mathematik Vorträge gehalten. Nach den Unterrichtsreformen des Jahres
1802 [1]) wollte man aber auch noch Lehrkanzeln für Religions-
wissenschaft, für Weltgeschichte, Naturgeschichte, Landwirthschaft
und lateinische und griechische Sprache, welche denn auch nach
und nach (bis 1812) in das Leben traten. Begreiflicherweise musste
man jetzt auch einen dreijährigen philosophischen Curs anordnen,
da der Lehrgegenstände zu viele waren und zu Wien und einigen
andern grösseren Universitäten, wo man schon lange Aesthetik

waren Bauernsöhne, die sich darin gefielen, unter den sämmtlichen Knaben
das Dutzen einzuführen, Bauernsöhne auffallend begünstigten und laut die
Forderung aussprachen, dass Väter, die ein bedeutendes Amt bekleideten,
z. B. Stabsofficiere, Landstände oder Räthe einer Landesstelle ihnen Besuche
machten und sie zu ihren Hausfesten einluden.

[1]) [Das a. h. Handbillet, durch welches ein neuer Studienplan für die
philosophischen Facultäten eingeführt wurde, ist vom 12. Juli 1805. Am
9. August wurde derselbe publicirt. Kink, Geschichte der Universität
Wien I, 1, 202 ff., der S. 597—623 nähere Nachrichten über die Reformen
des Kaisers Franz I. bringt.]

und Geschichte hatte lehren lassen, der dreijährige Curs seit 1780 ohnehin vorgeschrieben war.

Seit 1802 wollte man aber die philosophischen Studien nicht nur an den hohen Schulen des Staates, sondern an mehreren andern Orten, wo man einigermassen die erforderlichen Lehrmittel zusammenbringen konnte. So wurden z. B. in Mähren zu Brünn und Nikolsburg philosophische Lehranstalten, grösstentheils mit Geistlichen besetzt, errichtet.

Der Plan der Regierung war, durch diese Anstalten vielen Gegenden eine grössere Leichtigkeit zu verschaffen, ihre jungen Leute studieren zu lassen und zugleich an allen höheren Schulen gewisse im Unterricht wahrgenommene Lücken auszufüllen.[1])

In der letztern Rücksicht fand man jetzt, dass, wenn einmal das Gymnasium zurückgelegt war, jeder Unterricht in der Weltgeschichte, der Naturlehre, den Religionswissenschaften u. s. w. aufgehört hatte. Zwar wusste man, dass die jungen Leute, wenn dieser oder jener Zweig sie interessirte, über diesen Gegenstand Manches lasen, und dass unter diesen Dilettanten mehr Wissen zu finden sei, als man im Allgemeinen vermuthete. Allein man wusste doch auch, dass die Zahl dieser Autodidakten sehr klein sei, und fand es überdies dem Anstand entsprechend, von den vielen Lehrkanzeln, welche man im Auslande schon längst hatte, doch auch einige in den österreichischen Provinzen einzuführen.

Bei der grossen Anzahl der Gegenstände, welche jetzt in den philosophischen Cursen eingeführt waren, glaubte man aber zwischen solchen, die man hören musste, und solchen, die man hören konnte, unterscheiden zu müssen. Jene nannte man officiell „Zwangsgegenstände", diese „freiwillige". Zu jenen Zwangsstudien gehörten Philosophie, Mathematik, Physik und Religionslehre. Bezüglich der andern wechselten von Zeit zu Zeit die Vorschriften, durch welche z. B. dies oder jenes Fach wohl für den Eintritt in die Rechtsstudien, keineswegs aber für den Eintritt in die Theologie vorgeschrieben war.

---

[1]) [Der Kaiser hatte als unter vielen andern Ursachen des bisherigen geringen Erfolges „die vorzüglichste in der zu häufigen Gelegenheit zu Zerstreuungen in Hauptstädten, besonders bei dem grossen Zusammenflusse vieler sich selbst überlassener Jünglinge daselbst" gefunden und wollte dem durch die Errichtung von Lehranstalten an kleineren Orten abhelfen. K i n k, a. a. O. S. 603 Anm.]

Zu bemerken ist in Ansehung der Zwangsstudien, dass in der Philosophie empirische Psychologie und Logik die Hauptgegenstände waren, und dass man es in Ansehung der Methaphysik ungern sah, wenn ein Professor den Systemen von Kant, Fichte und Schelling huldigte.

Für die Mathematik hatten wenige Studierende Sinn, auch waren die Vorträge meistens schlecht, der Nutzen dieser Vorträge war daher sehr gering. Dies sahen auch die meisten Professoren ein. Allein es galt für ein Axiom, dass der Mensch durch die Mathematik denken lerne.

Bei den Vorträgen über Weltgeschichte, wozu auch solche über österreichische Geschichte kamen, war das Gute, dass es an einem passenden Lehrbuche fehlte, und daher die Professoren sich etwas freier bewegen konnten. Das Studium der Philologie, welche den Studenten die Ergründung des Geistes der griechischen und römischen Classiker ermöglichen sollte, wurde oft nur zum Schein betrieben, weil die Studierenden vom Gymnasium meist ungenügende Kenntnisse im Latein mitbrachten und im Griechischen gewöhnlich nicht die einfachsten Sätze verstanden.

Uebrigens kostete die Vermehrung der Lehrkanzeln für die philosophischen Studien der Regierung nur wenig. Selbst an den hohen Schulen des Staates war fast nur der Professor der Landwirthschaft gut bezahlt und für die philosophischen Studien, welche an andern Orten bestanden, mussten die Klöster Professoren stellen und besolden. Es geschah meistens mit sehr geringen Gehalten. Die Regierung stellte aber auch in Ansehung der Fähigkeiten leichte Bedingungen.

6. Das medicinische Studienwesen.

Die am 25. März 1802 erschienenen kaiserlichen Handbillete berührten die medicinischen Studien nur in so fern, als man durch die Vermehrung der Gymnasien und philosophischen Lehranstalten der Andrang der jungen Leute zu den medicinischen Studien grösser werden konnte.

Bis zum Jahre 1804 war das eingeführte System in Ansehung des ärztlichen Personals folgendes gewesen. Für das vollständige medicinisch-chirurgische Studium waren in den Provinzen mit deutscher Verfassung nur die Universitäten von Wien und Prag organisiert. An den hohen Schulen von Graz, Olmütz, Innsbruck und Lemberg bestanden nur Schulen für Landärzte und Hebammen und theilweise war dies auch zu Klagenfurt und Laibach der Fall. Diese Anstalten reichten in manchen Beziehungen für die Bedürfnisse des Landes vollkommen aus. Denn die Zahl der Aerzte und Hebammen, welche ohnehin durch kein Gesetz beschränkt war, nahm immer mehr zu, so dass ein grosser Theil des ärztlichen Personals schon um 1800 in Verlegenheit war, einen auch nur einigermassen anständigen Unterhalt zu finden. Ob im Innern der Lehranstalten aber viel zu ändern war, hörte man unter Menschen, welche man für Sachverständige halten konnte, verschiedene Meinungen. Mancherlei Verordnungen von minderer Wichtigkeit erschienen darüber.[1]

Eine oft verdriessliche Lage bereitete den Civilärzten fortdauernd die Berechtigung der Militärärzte zur Civilpraxis. Allein die Militärbehörden, welche die elende Bezahlung der Militärärzte nicht ändern und daher ihnen gern Einkünfte durch die Civilpraxis zuwenden wollten, erwirkten, dass doch ungeachtet jahrelanger Schreibereien Alles so ziemlich beim Alten blieb.

Bemerkenswerth war es übrigens, dass die Regierung theils wegen der Armuth, theils wegen der Vorurtheile des Landvolkes das Sanitätswesen in Galizien und der Bukowina nicht emporbringen konnte.

7. Die Reform der juridischen Studien.

Bis zum Regierungsantritte des Kaisers Franz hatte man nur bei Anstellungen für das Richteramt oder die Parteivertretung (Advocatie) juridische Studienzeugnisse gefordert. Bei den Finanzbehörden, den politischen Stellen, der Militäradministration und den Buchhaltungen hielt man sie für ganz entbehrlich und berief sich dabei auf die Beispiele von England und Frankreich. Nach 1795 aber kam in den österreichischen Staaten ein anderes System zur Geltung. Man machte um diese Zeit bei den politischen Stellen auch verdienten Männern Anstände mit der Beförderung, wenn sie nicht zurückgelegte Rechtsstudien nachweisen konnten. Hunderte von Kreiscommissären wünschten sich nun diese Zeugnisse zu verschaffen. Da man ihnen aber nicht einen jahrelangen Urlaub

---

[1] [Das Wichtigste war die durch den Lehrplan vom 17. Februar 1804 verfügte Ausdehnung der medicinischen Studien von vier auf fünf Jahre, drei für den theoretischen, zwei für den praktischen Unterricht. Kink, a. a. O. S. 608.]

geben konnte, um an einer hohen Schule die Rechte zu studieren, so gestattete man ihnen, durch Privatstudien und die hierüber an den hohen Schulen gemachten Prüfungen sich diese Zeugnisse zu verschaffen.

In den spätern Jahren verfuhr man auf eine ähnliche Art in Ansehung vieler bei der Militärverwaltung, den Finanzen oder den Buchhaltungen angestellten Beamten, bis endlich der Grundsatz gesetzlich wurde, zur Aufnahme als Conceptspraktikant bedürfe man bei allen Stellen der juridischen Studien.

Diese selbst wurden in der Periode von 1792—1810 höchst oberflächlich betrieben, besonders wegen der unpraktischen Gegenstände, welche gelehrt wurden. Das für den praktischen Juristen Nothwendige musste erst nach den Studien erlernt werden. Jene, die nicht praktische Juristen werden wollten, hatten daher schon in den nächsten Jahren Alles, was sie zur Zeit der Prüfungen gewusst hatten, vergessen. Gleichwohl konnten sie, da sie einmal die Studienzeugnisse hatten, selbst zu den höchsten Stellen emporsteigen, ohne dass man weitere wissenschaftliche Anforderungen an sie gestellt hätte.

Unter dem Kaiser Franz kam nun aber auch die Vervollständigung der österreichischen Justizgesetzgebung für die Provinzen mit deutscher Verfassung in dem Sinne zu Stande, dass nun jene geringe Anwendbarkeit des römischen Civilrechtes und der ältern einheimischen Gesetze, von denen sich (1785—1810) noch einige Trümmer erhalten hatten, aufhören sollte.

Bei diesen Vervollständigungen galten die Justizgesetze Josephs II. als Grundlage. Die sämmtlichen unter dem Kaiser Franz (1792—1835) erschienenen Justizgesetze haben daher an jenem Geiste, welcher 1792 in der Justizverwaltung herrschte, nichts Erhebliches geändert.

Mit der Publikation des bürgerlichen Gesetzbuches, welches am 1. Jänner 1812 in Gesetzeskraft trat, war das, was Maria Theresia im Jahre 1754 begonnen hatte, vollendet. Um aber auch Rechtsverständige, wie man sie jetzt brauchte, zu haben, war ein neuer juridischer Studienplan nothwendig.

Niemand schien mehr geeignet, ihn abzufassen, als der Justizhofrath Franz von Zeiller, welcher die Hauptperson bei der Abfassung des österreichischen bürgerlichen Gesetzbuches gewesen war und in früherer Zeit als Professor der Rechte an der Wiener

Universität die Zustände und Bedürfnisse der Zeit lange beobachtet
hatte. Er war zugleich Director der juridischen Studien und Mitglied der Studien-Hofcommission. Der von ihm 1808 ausgearbeitete
Studienplan erhielt die kaiserliche Genehmigung und wurde am
13. Juli 1810 kundgemacht.

Zufolge dieses Planes wurde der juridisch-politische Lehrcurs
an allen hohen Schulen auf vier Jahre festgesetzt. Im ersten Jahre
sollte nebst der Encyklopädie des juridisch-politischen Studiums
auch Natur-, Staats- und Völkerrecht, dann Criminalrecht und
Statistik, im zweiten Jahre, jedes in einem Curse von fünf Monaten,
das römische Civilrecht und das österreichische Kirchenrecht, im
dritten Jahre das österreichische bürgerliche Gesetzbuch, dann
Lehen- und Wechselrecht, im vierten endlich das gerichtliche Verfahren, die Theorie der Staatswissenschaften und die wichtigeren
positiven politischen Gesetze vorgetragen werden. Zugleich wurden
die Gehalte der Professoren erhöhet.

Dieser Plan war eine grosse Verbesserung gegen den früheren,
denn er hatte zur Folge, dass der Jurist, wenn er mit befriedigen-
den Kenntnissen die Schule verliess, schon einen gewissen Grad
von Brauchbarkeit in die Kanzlei mitbrachte, und dass insbesondere das Studium der vaterländischen Gesetze gründlicher betrieben wurde. Indessen hatte der Plan auch seine Schattenseiten.
Zeiller hatte es nicht dahin bringen können, dass man die Vor-
lesebücher von Martini und Sonnenfels [1]) beseitigte, wenn man
auch andere Vorträge über Nationalökonomie zugab. Indem das
Handbuch des österreichischen Kirchenrechtes, welches Georg Rechberger, bischöflicher Consistorialkanzler zu Linz, (1807) verfasst
hatte, als Lehrbuch vorgeschrieben wurde, ward die Kenntnis des
canonischen Rechtes noch seltener gemacht, als sie schon vorher

---

[1]) Beide Lehrbücher konnte man schon um das Jahr 1800 als veraltet
ansehen. Für das Naturrecht wurde auch 1802 Zeillers zeitgemässes Compendium eingeführt, das Staatsrecht wurde jedoch fortdauernd nach Martini
gelehrt und seine Grundsätze mussten auch in dem mehr modernen Gewande,
welches (1808) Egger ihnen gegeben, beibehalten werden. Sonnenfels aber
kam mit seinem Bevölkerungsgrundsatz, seinen auf Religion, Wissenschaft,
Censur, Theater, Unterhaltungen u. s. w. angewendeten Polizeiansichten immer
mehr in Miscredit. Auch das strenge Mercantilsystem, welches Sonnenfels
in Schutz nahm, machte in den Vorträgen der Professoren mehr und mehr
den Ansichten von Adam Smith Platz, welche nach 1812 sogar auf dem Wege
zur Herrschaft waren.

war.[1]) Auch für das römische Civilrecht, das man nach der Einführung des bürgerlichen Gesetzbuches fast für überflüssig hielt, konnte bei einem blos halbjährigen Curse keine Gründlichkeit erreicht werden. Dass dagegen über das in seiner Texturing musterhafte bürgerliche Gesetzbuch Vorträge durch ein ganzes Jahr gehalten wurden, führte fast nothwendig zur Entstehung von vielen oft auf sehr seichte Gründe gestützten Commentaren. Auch das war vielleicht gefehlt, dass man für das positive österreichische Recht zweierlei Vorbereitungswissenschaften hatte, nämlich das Naturrecht und das römische Civilrecht. Endlich war es einleuchtend, dass ein Ausländer keinen Grund finden konnte, die österreichischen Rechtsschulen zu besuchen, was übrigens auch die Regierung nicht wollte.

8. Die theologischen Studien und die bischöflichen Seminarien.

Der Hauptzweck der zwei kaiserlichen Handbillete vom 25. März 1802 legte dem Verfasser derselben die Frage nahe, ob es nicht zur Emporbringung der Clerisei nothwendig sei, an dem seit 1748 nach und nach eingeführten Kirchenrechte etwas zu ändern. Es scheint aber, dass man sich mit dieser Frage gar nicht beschäftigte, was übrigens leicht begreiflich ist. Man hatte, wie man gewünscht hatte, die Suprematie in Kirchensachen erlangt, die Clerisei murrte nicht mehr dagegen, die grosse Mehrzahl der Geistlichen meinte auch, sie sei wirklich eine Art von Polizei im schwarzen Rocke, die Kirche war ganz Staatsinstitut geworden. Warum, dachte man also, soll man eine so vortheilhafte nicht ohne grosse Mühe errungene Stellung ohne Noth aufgeben? Doch hielt man für klug, von dem errungenen Triumphe weder viel noch laut zu reden, der Kirche äusserlich eine grosse Achtung zu zeigen und wo möglich das Volk frommer zu stimmen.

Es war also ganz natürlich, dass die erwähnten Handbillete keine neuen Bestimmungen über die theologischen Studien ent-

---

[1]) Wenn man, wie Zeiller musste, auf den praktischen Nutzen des canonischen Rechtes sah, so war es evident, dass im österreichischen Staate, wo drei Viertheile aller kirchlichen Geschäfte blos nach landesherrlichen Gesetzen entschieden wurden, ein Lehrbuch, welches das jetzt giltige Kirchenrecht zusammenstellte, ein Bedürfnis war, das eigentliche canonische Recht aber vernachlässigt wurde.

hielten, sondern nur darüber Verfügungen trafen, wie es in den theologischen Lehranstalten der Bischöfe und der geistlichen Orden sollte gehalten werden.

Hier galt nun die Vorschrift, dass die Gegenstände nach den nämlichen Lehrbüchern, und in der nämlichen Reihenfolge wie an den hohen Schulen des Staates gelehrt werden sollten, jedoch nur statt in vier in drei Jahrgängen. Auch die dafür bestimmten Lehrer sollten die Approbation der Regierung erhalten und, um sie sorgfältig zu überwachen, der Director der Theologie an der hohen Schule des Landes verpflichtet sein, diese Lehranstalten von Zeit zu Zeit zu inspicieren.

Aus dem Gesagten ergiebt sich, dass die bischöflichen und Klosterschulen für die Theologie um nichts besser sein konnten als die theologischen Schulen an den Universitäten und Lyceen des Staates, und dass sie eigentlich nichts als Staatsanstalten waren. Wie an diesen, so herrschten auch an jenen eine mehr protestantisch als katholisch geschriebene Kirchengeschichte, ein febronianisches Kirchenrecht, eine vielfach geänderte Moral u. s. w.

Bischöfliche Lehranstalten wurden allmählig bei den meisten Bisthümern errichtet. Man gab den Lehrern Gehalte, aber keine feste Aussicht auf Pension. Dies hatte zur Folge, dass die Lehrkanzeln fast nur gesucht wurden, um bald von ihnen auf eine einträgliche Pfarre übergehen zu können, was zur Folge hatte, dass kein Professor selbst bei dem besten Willen in seinem Fache sehr viel leisten konnte.

Etwas besser war es in dieser Beziehung mit den klösterlichen Lehranstalten für die philosophischen und theologischen Gegenstände bestellt. Doch hat es deren sehr wenige gegeben.

Ein anderer Weg wurde seit 1802 auch in Ansehung der Seminarien eingeschlagen. Während vor 1802 der Theolog gewöhnlich erst im vierten Jahre der Theologie in das Seminarium kam und in der Welt nach der Art armer junger Leute oft in den sonderbarsten Verhältnissen lebte, sollte jetzt jeder Theolog mehrere Jahre im Seminarium zubringen. Der Religionsfond gab für diesen Zweck Beiträge, andere wurden von der Clerisei gefordert und so waren um das Jahr 1811 doch schon die meisten bischöflichen Seminarien geordnet. Ueber den Geist, welcher in diesen herrschte, entschied meistens der Geist der bischöflichen Curie.

Demzufolge gab es nun viele Anstalten, welche den Eintritt
in den geistlichen Stand erleichterten und man erhielt jetzt (1808
bis 1820) eine solche Anzahl von Candidaten, dass ein Mangel an
Geistlichen nicht mehr zu drohen schien.

9. Das Schulwesen der Akatholiken.

Während die Katholiken sich ihr Schulwesen nicht ordnen
durften, sondern Staatsschulen erhielten, hatten die Protestanten,
nicht unirten Griechen und Juden das Recht, sich eigene Schulen
zu halten, dabei aber die Befugnis, wenn sie solche nicht hatten,
sich der Schulen der Katholiken zu bedienen, und den Protestanten
war es sogar gestattet, ihre Candidaten der Theologie im Auslande studieren zu lassen.

Die sämmtlichen Akatholiken waren aber nicht vermöglich
genug, um an vielen Orten sich eigene Schulen zu gründen.
Meistens waren daher dort, wo die Bevölkerung gemischt war,
in den Volksschulen, Gymnasien und philosophischen Schulen
Juden, Protestanten und nicht unirte Griechen in der Schule der
Katholiken, sassen unter der katholischen Jugend und fraterni-
sierten zum Theil mit ihr. Gewöhnlich fand dies in den Volksschulen noch mit einer Art von Widerwillen statt, aber die
Lehrer waren angewiesen, diesen Geist der Intoleranz mit Strenge
niederzuhalten.

Obschon aber die Akatholiken in Ansehung ihrer Schulen bei
weitem mehr Freiheit hatten als die Katholiken, so hatten sie eine
vollkommene Freiheit doch auch nicht. Als die protestantischen
Lehrer nach den in Preussen und Sachsen gegebenen Beispielen
sich wenig um die symbolischen Bücher ihrer Confession bekümmerten und in den deutschen Provinzen fast durchaus Ratio-
nalisten waren, wurde dies von der Regierung in einem eigenen
Hofdecrete getadelt. Auch den Juden gestattete man keine Lehrbücher mit talmudistischer Färbung. Alles sollte den von der Regierung gewünschten Zuschnitt haben, und wenn sie in Ansehung
der Protestanten dennoch manches geschehen liess, was auf den
von ihr so sehr gemissbilligten Rationalismus hinwirkte, so kam
es daher, weil dieselben, wenn man die kaiserliche Familie und
die Minister abrechnete, bei der Regierung eine Menge von Freunden hatten.

Die angeführten Grundsätze bewirkten inzwischen, dass die grösstentheils von Sachverständigen geleiteten oder errichteten protestantischen Schulen in Hinsicht auf Methode und Erfolge besser waren als die katholischen, was dem Publikum nicht unbekannt blieb. Daraus entstanden viele dem Protestantismus günstige Vorurtheile. Viele katholische Eltern schickten ihre Kinder in protestantische Schulen und da die protestantischen Prediger grösstentheils die Sprache des Rationalismus sprachen, was von vielen katholischen Geistlichen doch nicht geschah, so hielt auch das Publikum in den Städten den Protestantismus für bei weitem vernünftiger als die kathol'sche Religion.

V. Buch.

Geschichte der kirchlichen Verhältnisse von 1792—1814.

---

1. Der Verfall des Clerus in der ersten Zeit des Kaisers Franz.

Bald nach dem Regierungsantritt des Kaisers Franz I. schienen die religiösen Fragen in den Augen der Regierung die bisherige Wichtigkeit zu verlieren. Man wollte nicht mehr in der Josephinischen Richtung fortschreiten, weil man anfieng, sie in vieler Beziehung für fehlerhaft zu halten, man wollte aber auch nicht mehr zu dem römisch-katholischen System zurückkehren, weil man fürchtete, dadurch Aufregungen unter dem Volke zu veranlassen, und weil man auf den Besitz der weltlichen Kirchendirection Werth legte.

Es begann daher um das Jahr 1793 eine lange bis zum Jahre 1848 fortdauernde Periode, in welcher man in der österreichischen Monarchie nichts von Religionsstreitigkeiten oder wichtigen Verordnungen der Regierung über kirchliche Angelegenheiten hörte und bloss die Herrschaft der Gleichgiltigkeit in Religionssachen bei den gebildeten Ständen und eine sehr geschwächte Religiosität unter dem Landvolke wahrzunehmen war. Dem geistlichen Stande widmeten sich Wenige gern; theologische Studien wurden nur in so ferne, als sie zum täglichen Gebrauche nothwendig waren, betrieben; die Anhänglichkeit an Rom war bei der katholischen Geistlichkeit gering; die Sittlichkeit liess meistens viel zu wünschen übrig; die Geistlichkeit glaubte der Regierung unbedingten Gehorsam schuldig zu sein.

Die ganze kirchliche Politik der Regierung lief darauf hinaus, eine dem Stande der Bevölkerung entsprechende Anzahl von Clerikern zu erhalten, öffentliche Aergernisse so viel als möglich zu verhüten und auf Vollziehung der bestehenden Verordnungen zu sehen.

Im Jahre 1792 standen die meisten Klöster fast leer und auch von den systemisierten Plätzen in der Seelsorge war ein grosser Theil unbesetzt. Für den geistlichen Stand meldeten sich fast nur solche Jünglinge, welche für keinen andern Stand passten oder keine Mittel für die Ergreifung eines andern Standes hatten. Die Bischöfe, statt auf eine umfassende Veränderung des Systems hinzuwirken, bestürmten schon 1792 den Hof mit Klagen über Einzelnes, und die Regierung entschloss sich, allen jungen Leuten, welche in das theologische Studium eintreten würden, Stipendien zu geben.

Nunmehr meldeten sich mehrere Jünglinge zur Theologie. Aber zum Theil waren sie so schwach an Talenten oder so wenig fleissig, dass sie bei der gewöhnlichen zu Art prüfen, nicht bestanden. Man glaubte sie indessen haben zu müssen und die Professoren bekamen deshalb unter der Hand die Weisung, bei den Prüfungen minder streng zu sein. Dies bewirkte allerdings eine Vermehrung der Theologen, aber noch immer war dem Mangel an Seelsorgern in den meisten deutschen Provinzen nicht abgeholfen.

Man glaubte manche neue Seelsorgsstationen einziehen und in Ansehung der Sitten der Theologen noch toleranter sein zu sollen. Der Erfolg war so, wie ihn alle Unterrichteten vorhergesehen hatten. Jene Ortschaften, welche einer etwas entlegenen Pfarrkirche zugewiesen werden sollten, lärmten und die Sittlichkeit der Theologen, über welche man schon seit Jahren geklagt hatte, wurde nun oft geradezu scandalös.

Gleichwohl ordinirten die Bischöfe jeden, welcher sich, mit den nothwendigen Schulzeugnissen versehen, meldete, und wie es mit der Aufnahme zur Theologie an vielen Orten gehalten wurde, darüber hörte man merkwürdige Aeusserungen.[1]

---

[1] So erzählte Paul Ferdinand Niering, welcher (1797—1811) viele Jahre Director der Theologie an der hohen Schule zu Olmütz war und 1829 als Domdechant zu Brünn starb, öfters und in Gegenwart mehrerer Menschen, wenn auf das Studium der Theologie in der Periode von 1797—1804 die Rede kam: „Wenn der Teufel käme und erklärte, er wolle ein Geistlicher werden, er musste aufgenommen werden, und bekam sein Stipendium."

Die Vorlesungen wurden noch immer in jenem Geiste, welcher unter Joseph II. herrschte, gehalten [1]), die Bischöfe hatten keinen andern Einfluss auf die Candidaten des Priesterstandes, als den, ihnen seiner Zeit die kirchliche Weihe zu ertheilen. Selbst die Vorlesungen über die Theologie wurden von vielen Studierenden nur des Stipendiums wegen besucht, während sie gleichzeitig ernstlicher juridische oder medicinische Studien betrieben, um sich für die Zukunft eine bessere bürgerliche Stellung zu sichern. Dies kam so häufig vor, dass die Regierung durch ein eigenes Hofdecret (14. December 1797) ihm ein Ende machen musste.

Die junge Geistlichkeit, welche aus den Schulen in die Seelsorge trat, gab damals oft Aergernisse. Gezwungen im Cölibate zu leben, den sie verachtete, und Glaubenssätze zu verkündigen, an welche sie selbst nicht glaubte, dabei dem frommeren Theile des Volkes durch ihre Lehre oder ihren Ruf verhasst und von den sog. Aufgeklärten in ihrer Gemeinde gering geschätzt, gab sie sich häufig Ausschweifungen im Trunke, mit verheirateten Weibern oder mit ihren Wirschafterinnen hin, was besonders häufig auf dem Lande vorkam, wo oft junge Geistliche Localcapläne waren und fast gar keinen passenden Umgang in ihrem Dorfe finden konnten.

In den Klöstern war der Verfall nicht minder gross. Die noch einigermassen kräftigen Ordensgeistlichen wurden in der Seelsorge verwendet. In den Klöstern selbst waren daher gewöhnlich nur einige alte Mönche, welche sich oft einzeln verpflegten und zuweilen auch den Ordenshabit ablegten. Man musste (1792—1800) mehrere Klöster wegen der zu gering gewordenen Anzahl der Geistlichen aufheben.

Im Ganzen lebte so die Geistlichkeit in den Tag hinein, betrachtete ihren Stand wie ein wenig vortheilhaftes Gewerbe, welches man mechanisch betreibt, weil man muss, und überliess es der Regierung, für Anstalten, welche den katholischen Cultus sicherstellten, zu sorgen.

Um den ärgsten Uebelständen abzuhelfen, machten doch endlich die Bischöfe dem Hofe Vorstellungen und wahrscheinlich auf Grund ihrer Vorschläge erschienen am 25. März 1802 zwei Handbillete des Kaisers, von denen eines die Säcular- und das andere die Regulargeistlichkeit betraf.

[1]) An jeder der hohen Schulen des Staates konnte man davon hören. Zu Wien lehrte der Professor des Kirchenrechtes D. Pelzek (gestorben 1804), dass der Primat des Papstes menschlichen Ursprunges sei; zu Olmütz lehrte Kestler, Professor der Hermeneutik, Christus sei ein blosser **Mensch gewesen**, zu Prag machte man Huss zu einem Heiligen u. s. w.

2. Die Verordnungen der Regierung zur Vermehrung und Hebung des Clerus.

Schon der Eingang des den Säcularclerus betreffenden Handbillets vom 25. März 1802 zeigt, dass der Kaiser Franz ganz in den Ideen der weltlichen Suprematie in Kirchensachen bei seinen Reformdecreten handelte. „Ich", heisst es im Eingang dieses Gesetzes, „habe ... die wiederholten Beschwerden der Bischöfe über die gegenwärtigen Mängel und Verfall des Säcular- und Regularclerus und die angegebenen Ursachen, welche beides befördert haben mögen, in reife Ueberlegung gezogen, und zur Abhilfe desselben Nachstehendes zu veranstalten nöthig befunden". Man sieht, von einer Rücksprache mit dem päbstlichen Stuhl oder den Bischöfen über die zu wählenden Mittel, um befriedigendere Zustände herbeizuführen, geschieht wenigstens officiell keine Erwähnung.

Es wird nun die Wiedererrichtung vieler ehedem aufgelassenen Gymnasien und die Errichtung mehrerer philosophischer Lehranstalten in Aussicht gestellt. Die Convicte und Studentenseminarien sollten, wo ihre Gebäude noch vorhanden wären oder andere dafür ausfindig gemacht werden könnten, hergestellt werden.[1]) Den Klöstern und ebenso den Pfarrern wurde erlaubt, einigen Studenten Unterricht in den Gymnasialgegenständen zu geben. Die Studierenden der Theologie sollten so viel als möglich in bischöflichen Seminarien gehalten und erzogen werden.[2]) Einigen schwachdotierten Pfarreien und den Localcapellanien wurden wegen der damaligen Theuerung einige Zulagen bewilligt. Es soll auf Häuser für incorrigible Geistliche und Deficienten gedacht werden. Das Ansehen der Geistlichen werde man durch Censurvorschriften

---

[1]) Diese Herstellung geschah äusserst langsam und unvollständig, schon weil meistens alle materiellen Bedingungen fehlten.

[2]) Durch die Josephinischen Confiscationen waren aber die ehemaligen Fonds für die Seminarien der Theologen grösstentheils verloren gegangen, so dass man in den meisten Seminarien, wenn sie neu errichtet wurden, fast nur die Studierenden der letzten Jahrgänge der Theologie und selbst von diesen nur einige aufnehmen konnte. So z. B. waren zu Olmütz, wo bis gegen 1810 die einzige theologische Schule und das einzige Seminarium für Mähren und Schlesien war, nur Studierende des vierten Jahrganges im Seminar. Die der drei anderen Jahrgänge lebten gleich anderen Studenten in Bürgerhäusern, ohne Clericalkleidung zu tragen, ohne besonderen Disciplinargesetzen unterworfen zu sein.

sicherstellen. Dort, wo man durch das Abgehen von den ehemaligen Directivregeln unnöthige Pfarreien und Localien geschaffen habe, soll man auf ihre Verminderung bedacht sein. Ausländische Priester zu berufen, wurde nicht gutgeheissen. Unnöthige Hilfspriester sollten wegen des Mangels an Curatgeistlichen nicht gestattet werden.

Das gleichzeitige Gesetz für den Regularclerus bestimmte, dass in Zukunft keines der noch bestehenden Klöster aufgehoben werden, aber auch von Wiedererrichtung aufgehobener Klöster vorläufig keine Rede sein könne. Den Klöstern wird wieder die Aufnahme von Candidaten gestattet, jedoch mit gewissen Rücksichten auf den Orden und dessen Bestimmung. Die Ablegung der Ordensgelübde kann unter gewissen Umständen mit der Vollendung des einundzwanzigsten Jahres geschehen. Die Klöster können eigene philosophische und theologische Lehranstalten für ihre Novizen und Ordensglieder haben, jedoch mit der Verpflichtung, sich an den Studienplan und die Lehrbücher der öffentlichen Schulen zu halten. Man soll sich, so weit die Ordensstatuten nicht durch kaiserliche Verordnungen abgeändert sind, an diese halten und es bedürfe keiner Umarbeitung der Statuten. Die Verordnung vom 30. November 1784 wegen der Wahl der Ordensobern wird aufgehoben. Die periodischen Visitationen können wieder stattfinden, doch die Aufträge, zu deren Erlassung diese Visitationen etwa Gründe liefern, sollen nicht vor erfolgter Genehmigung durch die Landesstelle kundgemacht werden. Die Ordensvorsteher werden für die Aufrechthaltung der Klosterdisciplin dem Ordinariate verantwortlich gemacht.

Diese Verfügungen wurden in den nächsten Jahren auch ausgeführt. Die Klöster füllten sich wieder mit Candidaten; die Scandale unter der Geistlichkeit verminderten sich. Aber das Ansehen des geistlichen Standes wollte sich nicht heben. Er war allerdings durch die Censur gegen die Herabwürdigung in der Presse mehr geschützt, als es unter Joseph II. und selbst mehr, als es in der Periode von 1792—1802 der Fall gewesen war. Aber die Denkungsart der Menschen hatte sich nicht geändert. Den meisten Männern der ehemaligen Aufklärungspartei war der Geistliche „der Diener des Aberglaubens" und im besten Falle „ein Polizeibeamter in schwarzer Uniform". Wo solche Gesinnungen unter den einflussreichsten Classen vorherrschen, da kann der Geistliche wohl gegen Insulte, keineswegs aber gegen die stille Herabwürdigung geschützt sein, und was die höheren Classen thaten, wirkte selbst auf das Landvolk zurück, wenigstens in so weit, dass das grosse Ansehen, welches der Pfarrer einer Dorfgemeinde in derselben noch um das Jahr 1770 genossen, sehr abgenommen hatte. Die meisten Geistlichen hatten auch jetzt keinen rechten Glauben an das, was sie pflichtgemäss lehren sollten, und waren unwillig über die Nothlage, welche sie in den geistlichen Stand geführt, und über die Einschränkungen der Freiheit, welche er auferlegte. Noch immer traten daher äusserst selten junge Leute, welche ein anderes Fortkommen zu finden wussten, in den geistlichen Stand. Die österreichischen Kirchen vegetierten daher in einem Zustande, welcher weder die Anhänger noch die Gegner der Kirche befriedigte und eine consequente Theologie nicht aufkommen liess, und als 1807 das Handbuch des österreichischen Kirchenrechts von Rechberger erschien, aus welchem der Clerus erst recht erfuhr, dass fast alle ihre Verhältnisse blos durch Staatsgesetze geordnet waren, nahm in demselben der Gedanke, er brauche zu seiner Amtsführung nichts als die Vollziehung der kaiserlichen Verordnungen, mehr überhand, als der Regierung angenehm war.

Der Geist, welcher die kaiserlichen Handbillete vom 25. März 1802 dictiert hatte, verlangte auch zur obersten Leitung des katholischen Kirchenwesens einen obersten Beamten. Dieser war der geistliche Referent im Staatsrathe, und dieser Posten wurde, was den Geist des Cabinets beurkundete, einem zum Staats- und Conferenzrath ernannten ehemaligen Rector eines Josephinischen General-Seminariums Namens Martin Lorenz übertragen. Es war aber nicht etwa der Posten eines Cultusministers, den er inne hatte, sondern der eines Referenten über die katholischen Kirchenangelegenheiten und den öffentlichen Unterricht, indem das, was die Kirchenangelegenheiten anderer Religionsparteien angieng, anderen Referenten zugewiesen war.

Der Staatsrath Lorenz hatte diese Stelle sechsundzwanzig Jahre (1802—1828) inne und in dieser langen Zeit widersetzte er sich stets allen römisch-katholischen Ideen und übte einen grossen Einfluss auf die Ernennung der Bischöfe aus. Er gab nach, wo es die Klugheit zu fordern schien, wie denn (1816—1835) die vierte Gemahlin des Kaisers Franz Carolina Augusta von Baiern einen bedeutenden Einfluss auf die Besetzung der Bischofsstühle hatte. Aber er gab niemals nach in den Grundsätzen. Seine

Consequenz sicherte ihm einen gewissen Ruf und dieser war, von Macht begleitet, so gross, dass, wie im Mai 1830 der damalige Burgpfarrer Wagner erzählte, man in Oesterreich allgemein den Staatsrath Lorenz „den österreichischen Pabst" genannt hat. Auch sein Nachfolger Alois Jüstel, welcher diesen Posten noch am 13. März 1848 innehatte, war Vorsteher eines Josephinischen General-Seminariums gewesen.

In demselben Geiste, der bei der Ernennung des Staatsrathes Lorenz entschieden hatte, erfolgten auch die Ernennungen zu den geistlichen Referenten bei der Hofkanzlei und den Gubernien. Den Posten eines Hofrathes bekam gleich anfangs der Canonicus Dankesreiter, einer der ehemaligen Vorsteher des Josephinischen General-Seminariums zu Olmütz. Den Platz eines geistlichen Gubernialrathes zu Prag erhielt Caspar Royko, der Verfasser einer scandalösen Kirchengeschichte, in welcher er unter Joseph II. den Reformator Johann Huss förmlich als Martyrer hingestellt hatte. Gubernialrath zu Brünn wurde Wenzel Stuffler, einst Vicar an der Domkirche und Freimaurer zu Olmütz. Die andern Ernennungen waren anfangs alle diesen ähnlich. Erst später waren sie minder grell, doch erfolgten sie meistens aus den Reihen der Professoren und Consistorialräthe, welche selten es geworden wären, wenn sie nicht die Josephinische Farbe getragen hätten.

Uebrigens lag es im Interesse dieses Systems, auch das Pabstthum öffentlich nicht angreifen zu lassen. Unter Joseph II. in den Schulen angefeindet, wurde es unter Franz I. dem Clerus und dem Volke mehr aus den Augen gerückt. Die Schulbücher erwähnten seine Existenz mit wenigen Worten und sprachen, wenn sie nicht für Theologen bestimmt waren, nichts von seiner Entstehung.

Unter solchen Verhältnissen darf man sich nicht wundern, dass der Verfall des kirchlichen Lebens im Volke fortdauerte. Zwar waren an Sonn- und Festtagen die Kirchen sehr besucht, aber im Innern waren diese vernachlässigt. An den Processionen betheiligte sich ausser der dazu commandirten Schuljugend nur eine kleine Anzahl gemeiner Leute. In den meisten Privathäusern und fast allen Wirtshäusern ass man, etwa einen oder drei Tage im Jahre ausgenommen, auch an Fasttagen Fleischspeisen. Die österliche Communion war in den Städten fast ganz abgekommen, ebenso die Hausandachten. Die Dogmen der Kirche läugnete man zwar nicht mehr, aber man liess sie dahin gestellt sein, und wenn sich auch (seit 1798) in der besseren Gesellschaft die Religions-spöttereien ganz verloren hatten, so war es doch manchmal nur Folge der Polizeianstalten oder des Gedankens, dass der kirchliche System ohnehin bereits niedergeworfen und ein weiterer Kampf gegen dasselbe unnöthig sei.

Auf dem Lande stand die Sache der Religion allerdings etwas besser, aber bei weitem nicht mehr so wie fünfzig Jahre vorher. Die Regierung glaubte für die Religiosität des Landvolkes etwas thun zu müssen und gestattete daher seit 1800 wieder mit einigen Beschränkungen die Wallfahrtszüge.

Dass die Schulen für die Hebung der Religiosität nichts leisteten, im Gegentheile die religiösen Ideen, welche die jungen Leute aus dem Hause der Eltern mitbrachten, zuweilen unter-gruben, begreift man, wenn man auf die Schulbücher, den Lehr-plan und die Beschaffenheit der jüngeren Lehrer sah. Die Bischöfe aber hatten wenig Einfluss auf die Schulen und getrauten sich auch nicht einen grösseren zu begehren. Auf Grund der gemachten Erfahrungen an den hohen und Mittelschulen erliess aber die Re-gierung am 23. Juli 1808 ein Gesetz, welches lautete: „Seine Majestät geruhte anzuordnen, dass, gleichwie nicht nur die sämmt-lichen deutschen Schulanstalten, sondern auch die in einigen Landstädten errichteten philosophischen Lyceen, sowohl in Rück-sicht des litterarischen als des Religionsunterrichtes der unmittel-baren Aufsicht der Diöcesanbischöfe anvertraut sind, ebenso den-selben die unmittelbare Aufsicht über jeden Religionsunterricht, welcher der Gymnasialjugend durch die eigens aufgestellten Kate-cheten ertheilt wird, wenn es nicht schon geschehen ist, über-tragen und das hierwegen Erforderliche eingeleitet werde".

Welche Art von Theologie vorgetragen werden sollte, darüber gibt das Hofdecret vom 17. October 1810 Aufschluss, welches an alle Landesstellen ergieng. Es sagt: „Seine Majestät haben bei Gelegenheit, als im letztverflossenen Schuljahre an der Wiener Universität einige anstössige, zweifelhafte und unzeitige Lehrsätze im theologischen Fache zur öffentlichen Vertheidigung ausgesetzt und zum Drucke befördert worden sind, sich bewogen gefunden, wiederholt und nachdrucksamst zu befehlen, dass statt der blos disputablen Lehrsätze, womit man immer mehr zu glänzen als zu nützen trachtet, und der Schüler meistens nur Zweifel und leeres Wissen davon trägt und seinen Kopf lediglich mit schwanken-den, der Kirche und dem Staate gleich wenig frommenden Grund-

11*

sätzen ausfüllt, bei allen Schul-, Semestral- und öffentlichen Prüfungen, als vorzüglich bei den feierlichen Disputationen blos die
doctrina plana und das jus planum vorgenommen und stets nur
das praktisch Brauchbare, wodurch die gute Sache der Kirche
und des Staates wahrhaft befördert wird, gewählet und Alles be-
seitiget werden soll, was für beide wie immer anstössig oder
nachtheilig sein könnte". Dieses Gesetz war ein förmlicher Frei-
brief gegen alle tieferen Studien, dessen es nicht einmal bedurfte,
weil die wissenschaftlichen Hilfsmittel an den österreichischen
Lehranstalten äusserst beschränkt waren und insbesondere die
Lehrer der Theologie bei der elenden Zahlung, welche sie erhielten, gewöhnlich eilten, die Lehrkanzel mit einer, wäre es auch
nur höchst mittelmässigen, Pfründe zu vertauschen.

Ein Hofdecret vom 14. Februar 1811 forderte die Stifter und
Abteien auf, sich die Bildung von Professoren der Theologie angelegen sein zu lassen, und durch „diese Pflichterfüllung ihre
fernere Aufrechthaltung und den Schutz der Staatsverwaltung zu
verdienen", wodurch man gewissermassen eine Bedingung für die
fernere Aufrechthaltung stellte. Aber es war schwer, wirkliche
Gelehrte aus den Klöstern hervorgehen zu lassen, da sie in Ansehung der Candidaten gewöhnlich nicht viele Auswahl hatten.

In welchem Grade und mit welcher Unbefangenheit in der
Zeit von 1807 — 1832 der Indifferentismus und der politische
Atheismus in den Staatsschulen zur Schau getragen wurde, ergibt
sich am besten aus dem mehrfach erwähnten, von 1810 — 1832
an den theologischen Studienanstalten und den Rechtsschulen
als Lehrbuch vorgeschriebenen „Handbuche des österreichischen
Kirchenrechts" von Rechberger, in welchem es heisst [)]: „Der
Staat für sich als Gesellschaft betrachtet, ist kein Subject der
Religion und gehört zu keiner bestimmten Religionsgesellschaft
oder Kirche, indem es in dem Vereinigungs- oder Unterwerfungs-
vertrage nicht liegt, welcher Religion die Bürger eines Staates

---

[)] Auflage von 1815. 1. Theil. S. 243. Die hier citierte Stelle ist auch
deswegen merkwürdig, weil sie zeigt, dass in einer Zeit, in welcher das
Cabinet die grellsten Legitimitätsideen bekannte und in Staatsschriften aufstellte, die Lehre von dem bürgerlichen Vertrage eine in den österreichischen
Rechtsschulen nicht nur geduldete, sondern vorgeschriebene war. Die Sache
erklärt sich nur durch jene Geringschätzung, welche die Regierung für alle
wissenschaftlichen Werke und Bestrebungen hatte.

zugethan sein sollen. Der Regent für seine Person, so wie die einzelnen Bürger des Staates, können in oder ausser der Kirche stehen, aber auch im erstern Falle ist dies für den Staat etwas zufälliges. Der Staat ist also nicht in der Kirche, wenn gleich der Regent und alle einzelnen Bürger Mitglieder der Kirche sein sollten. Auch der katholische Regent kann als Regent nicht mehr und nicht weniger Rechte und Pflichten als der nicht katholische haben. Daraus folgt, dass die Kirche dem Staate, folglich auch dem Staatsregenten als solchem, wenn er auch für seine Person Mitglied der Kirche und als solcher in geistlichen Dingen von der Kirche abhängig ist, durchaus nichts zu gebieten habe, und der Staat als solcher auch in kirchlicher Rücksicht, weil er nicht zur Kirche gehört, von ihr ganz und gar unabhängig ist".

Diese Lehre, an der Niemand was Anstössiges fand, ist die Lehre des politischen Atheismus. Durch sie ist ausgesprochen, dass der Staat als solcher weder Gott noch sein Gebot kennt und nichts als den Gedanken seines Herrschers als Richtschnur seiner Bewohner machen kann.

3. Der Clerus und die Armeninstitute.

Seitdem man unter Joseph II. die Wohlthätigkeitsanstalten jeder Art zu einer Sache der Polizei gemacht, und ohne Rücksicht auf die Stiftungsurkunden die damals vorhandenen Fonds willkürlich vertheilt hatte, war der Wille, Stiftungen zu machen, bei den Wohlhabenden fast gänzlich verschwunden. Ebenso hatte sich durch das Josephinische Armeninstitut, zu dessen Gunsten man (1785—1790) alles Almosengeben an einzelne Dürftige verboten, und das Betteln unter empfindlichen Strafen untersagt hatte, nach und nach der alte Begriff der christlichen Wohlthätigkeit verloren. Auf dem Lande trug das Sammeln für das Armeninstitut nur etwas Unbedeutendes ein und selbst in den Städten glaubten die meisten Menschen ihrer Pflicht gegen die Dürftigen vollkommen Genüge geleistet zu haben, wenn sie wöchentlich einige Kreuzer dem Almosensammler übergaben.

Diese Erlahmung war einer der wichtigsten Gründe für die Regierung, von der zwangsweisen und genauen Handhabung des Josephinischen Armeninstitutes, welche schon unter Leopold II. in den meisten Provinzen abgeschafft worden, in den neuen Provinzen, wie Westgalizien, Venedig, Dalmatien, ganz oder fast ganz abzusehen, und es überhaupt mehr bei den dort früher bestandenen Armenanstalten bewenden zu lassen, ja selbst in den alten Provinzen das Betteln vor den Häusern wenigstens stillschweigend zu gestatten.

Den Bettlern wurde nun zwar wieder, wie in den ältern Zeiten ein Handalmosen gegeben, aber viel weniger als ehemals. Die Vertheilungen von Brot, Geld oder Kleidungsstücken, welche früher an so vielen Orten nach Hochzeiten oder Begräbnissen stattgefunden hatten, oder die regelmässigen wochentlichen Brotvertheilungen, welche auf so vielen Schlössern gewöhnlich geworden waren, wurden (1794 — 1814) von Jahr zu Jahr seltener. Freilich trug dazu auch die bedrängte Lage bei, in welche früher wohlhabende Menschen in Folge der Entwertung des Papiergeldes kamen.

Umsonst predigte die Geistlichkeit zufolge der von der Regierung erhaltenen Weisungen jedes Jahr einigemale zu Gunsten des Armeninstitutes. Wenige Menschen giengen in diese Predigten und das Institut war unbeliebt.

Als die Einkünfte des Armeninstitutes aus den angegebenen Gründen immer geringer wurden, unternahmen einige Städte, z. B. Brünn, selbständig eine Reorganisierung des Armenwesens. Aber schon nach einigen Jahren kam die Sache wieder in Verfall.

Um doch so gut als möglich zu helfen, wurde es nach 1804 immer gewöhnlicher, „Unterhaltungen für wohlthätige Zwecke", besonders Bälle, zu veranlassen. Aber auch dies half nicht viel, weil der Reinertrag meistens klein war und diese Feste zu oft kamen. Auch der ganze Gedanke war ein verfehlter, weil die Handelsleute, Schneider, Fiaker und Modistinnen davon mehr Vortheil hatten, als die Armen. Die nicht reichen Familien aber empfanden die Ausgabe, die man ihnen zumuthete und der doch unter gewissen Umständen nicht leicht auszuweichen war, sehr schwer.

Auch hier wünschte die Regierung, dass die Geistlichkeit zur Beförderung der Wohlthätigkeit einwirke, und die Geistlichen, selbst einzelne Bischöfe, gaben sich (1810—1825) zur Aufmunterung der Putzsucht und des Leichtsinns her, ohne zu erwägen, ob und wie sich dies mit den Pflichten ihres Standes vereinigen lasse.

Indessen hatten die Armenanstalten, wenn sie auch noch so
gut gewesen wären, in keinem Falle den mächtigen Anforderungen
genügen können, welche an sie gestellt wurden, weil sich die
Zahl der Dürftigen in Folge der Zerstückelung der kleinen Güter,
der durch die Regierung begünstigten Vermehrung der Gewerbe,
der wiederholten Einstellung der Arbeit in manchen Fabriken,
der grossen Zahl erwerbsunfähiger ehemaliger Soldaten und des
Sinkens des Papiergeldes von Jahr zu Jahr vermehrte. So geschah es, dass schon um das Jahr 1814 für den Staat die Armen-
frage von grosser Wichtigkeit wurde, an deren Lösung man
aber, eben wegen der Schwierigkeiten, welche sie bot, nicht
gehen wollte.

Ohne Eifer und blos, um den bestehenden Verordnungen
nachzukommen, besorgte nun die Geistlichkeit (1794 — 1848) die
Conscription, sowie die Sichtung und die Betheilung der Armen,
wobei sie aber von Niemandem viel Dank erntete. Die Armen
klagten oft über Härte oder Parteilichkeit, die Regierung ihrerseits hätte grössere Resultate gewünscht.

4. Die Stellung der Protestanten, Nichtunirten und Juden.

Um die Stellung der Protestanten unter dem Kaiser Franz zu
begreifen, muss man die Denkungsart der Katholiken über dieselben beachten. Bei Hof waren sie (1792—1835) nicht beliebt,
weil man sich erinnerte, dass sie in den letzten Jahren Josephs II.,
weit entfernt, Dankbarkeit gegen den Thron zu zeigen, in Ungarn
zur Opposition gehört hatten und auf die Erweiterung ihrer Rechte
bedacht gewesen waren. In den Kanzleien dagegen, in denen
Josephinische Ansichten fortlebten, herrschten andere Ansichten
und man war geneigt, für sie so viel zu thun, als sich ohne
grosse Verantwortung thun lasse. Die gewöhnliche Beamtenansicht
war, dass die Protestanten in ihren Religionseinrichtungen mehr
Vernünftiges hätten als die Katholiken.

Ungefähr ebenso, wie die Beamten dachte der aufgeklärte
Theil der Bevölkerung. Selbst unter dem Landvolk hatte die ehemalige Abneigung gegen die Protestanten, wenn diese sich ruhig
verhielten, beinahe aufgehört. Der Einfluss der Schulen, das Beispiel der Obrigkeiten und zuweilen auch das Benehmen der katholischen Pfarrer hatte dieses Resultat hervorgebracht. Nur in jenen
Gegenden erhielt sich bei den Katholiken der Religionshass, wo

Protestanten mit Katholiken vermischt bei einander wohnten, weil dort die Katholiken manchmal mit Unrecht, manchmal aber auch mit Recht über das Benehmen der Protestanten ihnen gegenüber klagten. Diese hatten noch immer vom intoleranten Geiste Luthers und Calvins etwas beibehalten. Sie hielten sich für die Unterrichteteren, der katholische Cultus mit jenen Lehren, welche ihm zu Grunde liegen, war ihnen Aberglauben, ja oft sogar Götzendienst und die ihnen bewilligte Toleranz betrachteten sie nicht als Gnade, sondern als eine Abschlagszahlung, welche weitere Forderungen nicht ausschliesse. Weil sie die Abneigung des Hofes gegen sie kannten, waren sie bestrebt, den Katholicismus nicht aufkommen zu lassen und schlugen über die kleinste den Katholiken gewährte Begünstigung gleich Lärm, was sie den Bischöfen verhasst machte.

Auch die Regierung stiess sich daran, dass die Protestanten dadurch, dass sie ihre Kirchenverfassung von der Staatsgewalt unabhängiger zu machen suchten, dieser ihre Rechte streitig machten. Eine unter Leopold II. in Ungarn abgehaltene Synode lutherischer und calvinischer Religionslehrer hatte dies durch ihre Beschlüsse deutlich an den Tag gelegt; aber eben deshalb waren diese von der Regierung nicht bestätigt worden. Die Bemühungen, eine für die augsburgischen und helvetischen Confessionsverwandten gemeinsame Synodalverfassung zu bekommen, ruhten daher zur grossen Freude jener Prediger, welche noch an den alten Bekenntnisschriften hiengen, durch mehrere Jahre. Einstweilen ordneten die Protestanten in Ungarn und Siebenbürgen ihr Schulwesen selbständig. Ihre Schulen, auf welche nach dem Artikel XXVI des Gesetzes von 1791 die Regierung wenig Einfluss hatte, wurden zum Theil aus dieser Ursache besser als die katholischen, ihre Partei hatte auch mehrere Schriftsteller und die Protestanten überhaupt wussten sich als Eiferer für die ungarische Verfassung geltend zu machen.

In den nicht ungarischen Provinzen zog das Benehmen der Protestanten weniger die öffentliche Aufmerksamkeit auf sich. Ihre Prediger folgten hier wie in Ungarn und Siebenbürgen in religiöser Rücksicht verschiedenen Richtungen. Doch war unter den an den norddeutschen Universitäten gebildeten Theologen die rationalistische Richtung vorherrschend. Wie das Gesetz vom 20. Juli 1796 über die Behandlung der Protestanten in Westgalizien beweist, hatten die Lutheraner und Reformierten schon damals zu Wien ein allgemeines Consistorium beider Confessionen, was darthut, dass die Regierung der Vereinigung derselben damals kein Hindernis in den Weg legte und beide, wenigstens zum Theil, ihre Bekenntnisschriften (libros symbolicos) aufgegeben hatten. Dreizehn Jahre später muss aber die Regierung die Verschmelzung der zwei protestantischen Hauptconfessionen bedenklich gefunden haben. Denn ein Gesetz vom 26. November 1809 erklärte: „es sei von mehreren Seiten die Anzeige gemacht worden, dass man hie und da in protestantischen Schulen und auf ihren Kanzeln Religionslehren vorzutragen und zu predigen sich erlaubte, die von dem ächten Glaubensbekenntnisse der augsburgischen und helvetischen Confessionsverwandten in manchen Punkten abweichen und ein geheimes Gift in sich enthalten. Seine Majestät wollen und befehlen daher, dass unter schwerer Verantwortung der beiden protestantischen Consistorien und der ihnen untergeordneten Superintendenten, Pastoren und Prediger sich überall und in allen Stücken an die unverfälschten Grund- und Lehrsätze der augsburgischen und helvetischen Confessionen von ihren Glaubensgenossen genau und pünktlich gehalten, diesfalls jede toleranzwidrige Neuerung streng vermieden und von den Superintendenten, Pastoren und Predigern bei dem Antritte ihres Amtes feierlich beschworen werde, dass sie allen diesem stets und unverbrüchlich nachkommen werden. Dieses Gesetz wurde übrigens durch die Connivenz der Regierungsbehörden wenig beachtet, da viele Prediger die symbolischen Bücher nur als ein für die Zeit ihrer Entstehung giltiges Symbol betrachteten.

Der Rationalismus machte in den nächsten Jahren stets Fortschritte. Als positives System war der Protestantismus in tiefem Verfalle, in der öffentlichen Meinung aber wurde seine Stellung immer günstiger. Zwar erfolgten fast gar keine Uebertritte der Katholiken zum Protestantismus. Allein dies war nur die Folge der lästigen Förmlichkeiten, an welche diese durch die Gesetze gebunden waren, und des Indifferentismus, welcher den Uebertritt überflüssig erscheinen liess, weil ja ohnehin der Katholik glauben und handeln konnte, wie es Ueberzeugung oder Klugheit ihm geboten.

Ganz anders stellten sich die Verhältnisse der nichtunirten Griechen. In ihrer Kirche war ein wissenschaftlicher Stillstand. Da aber den ungarischen Provinzen, wo sie allein bisher zu finden waren, seit der letzten Theilung Polens Russland näher gerückt war, beunruhigte es einigermassen den österreichischen Hof, dass die meisten derselben den russischen Kaiser als den Schutzherrn ihrer Kirche betrachteten. Die Politik gebot indessen zu Wien und Petersburg, um die Allianzen nicht zu gefährden, mancherlei Rücksichten, und den Griechen kam auch zu statten, dass die österreichische Staatsverwaltung, fest auf den unter Joseph II. und Leopold II. erlassenen Gesetzen beharrend, sich um die inneren Kirchenangelegenheiten der sogenannten „Akatholiken" wenig bekümmerte, ja sogar theilweise geringe Kenntnis der Theologie derselben zeigte.

In Ansehung der Juden wurden die unter Joseph II. erlassenen und unter Leopold II. beibehaltenen Gesetze nicht wesentlich geändert. Als die Regierung für Böhmen mit dem Gesetze vom 3. August 1797 ein neues Judensystem einführte, wurde am Eingange desselben ausdrücklich das Streben „nach einer möglichst bald zu bewirkenden Gleichstellung der Juden mit den andern Classen der Einwohner" als Zweck angegeben. Allein das Recht, ihre Religionsverhältnisse beliebig zu ordnen, erhielten die Juden nicht. Ihre Rabbiner mussten die österreichischen Schulen besucht und sowohl das Naturrecht als die Ethik daselbst studiert haben. Ein eigener Talmudlehrer wurde ihnen nicht gestattet. Wenn eine Judengemeinde eine eigene Schule hielt, musste sie nach den für andere Schulen bestehenden Vorschriften eingerichtet werden; wenn eine solche nicht bestand, mussten die Juden ihre Kinder in eine der christlichen Schulen schicken. Doch hiess es in dem Gesetze: „Da den Juden kein Mittel benommen werden soll, sich zu nützlichen Staatsbürgern auszubilden, so sollen sie gleich allen christlichen Jünglingen in den niedern lateinischen sowohl, als in den philosophischen, medicinischen und juridischen Studien mit Ausnahme des katechetischen Unterrichts den Zutritt haben und mit den andern Schülern auf gleichem Fusse behandelt werden". Aehnliche Verordnungen wurden auch in den andern Provinzen gegeben, in denen Juden wohnten.

Diese Vorschriften änderten sehr viel an der Stellung der Juden. Der Hass der christlichen Kinder gegen die Judenkinder, welcher sich anfangs dort und da heftig äusserte, wurde von den Lehrern mit äusserster Strenge niedergehalten oder sonst ausgerottet. Und als die Juden einmal zu den Facultätsstudien zugelassen waren, traten sie bald als Aerzte oder Advocaten in die Reihe der geachteteren Stände, und obschon ihnen der Eintritt in die vornehmere Gesellschaft noch längere Zeit sehr erschwert wurde, weil man vor 1792 die Juden als die niedrigste Classe der Bevölkerung angesehen hatte, so verschwanden doch nach und nach vorzüglich durch die Beispiele hochgestellter Personen diese „nicht mehr zeitgemässen Vorurtheile".

Der grössere Theil der Juden machte aber von vielen jener Begünstigungen, welche die Gesetzgebung ihnen gewährte, keinen Gebrauch, meistens aus Armuth, zum Theil aber auch aus Besorgnis, dass durch eine zu grosse Annäherung an christliche Bildung und christliche Gesellschaft die Rechtgläubigkeit der Juden nach und nach verloren gehen könnte. In der That hatten sie für diese Besorgnis gute Gründe. Viele jener Juden, welche sich den christlichen Sitten näherten, legten den Bart ab, beobachteten nicht mehr das jüdische Ceremonialgesetz, verachteten den Talmud, und behaupteten, während sie Frivolität oder einen leicht erkennbaren Deismus zeigten, Anhänger der „mosaischen Religion" zu sein.

Die Umwandlung der Verhältnisse der Juden in den österreichischen Staaten nahm aber bald einen schnelleren Fortgang, als seit 1798 das österreichische Papiergeld ein Agio bekam und die Preise der feinen Münze, der Waaren aller Art, der Häuser und der Grundstücke in Papiergeld von Monat zu Monat wechselten. Jetzt fieng für die Juden, unter denen es bisher nur wenige nicht arme gegeben hatte, eine Zeit des Erwerbs an, wie noch keine gewesen war. Als Hausierer, als Kleinhändler, als Agenten, als Mäckler, als sogenannte Speculanten erwarben sie bedentende Summen und viele fiengen nun an ihre Haushaltungen auf einen andern Fuss zu setzen.

Der vornehmere Theil der Juden wollte besonders die Judensteuern beseitigt sehen und ihre Zulassung zur Ansiedlung, zum Besitze von Häusern und Grundstücken und zu gewissen Gewerben durchsetzen. Man wollte die „Emancipation" der Juden, welche ein Gebot der Vernunft und der Humanität zu sein schien. Die österreichische Regierung zeigte aber dazu wenig Lust, theils weil ihr bei ihrer Finanzlage an den Judensteuern etwas lag, theils weil ungeachtet des sehr verminderten Judenhasses dennoch unter der ungeheuern Mehrzahl der Bevölkerung noch eine grosse Abneigung gegen die Juden bestand.

Insofern gab aber doch die Regierung den Wünschen der Juden nach, dass sie ihnen von Zeit zu Zeit kleine Bewilligungen

machte, einzelnen Juden den Adel verlieh, einzelne auch als Staatsbeamte anstellte, und deutlich zeigte, dass sie selbst der Gleichstellung derselben mit den Christen nicht abgeneigt sei.

Wir haben darüber ein entscheidendes Document. Da vorzüglich durch die kirchliche Disciplinargewalt der Rabbiner das
Judenthum Jahrhunderte lang gegen den Einbruch der Neuerungen
geschützt worden war, hatte man schon unter Maria Theresia
den Rabbinern den Ausspruch des Bannes ohne Bewilligung der
Regierung untersagt. Als nun in einigen Gegenden diese Verordnung nicht beachtet wurde, verfügte ein Hofdecret vom 26. Mai
1808, „dass jeder Bannfluch (des Rabbiners), so lang die Regierung dessen Giltigkeit nicht anerkennt, ungiltig sei".

VI. Buch.

Geschichte des Finanzwesens bis zum zweiten Pariser Frieden im Jahre 1815.

---

1. Das österreichische Finanzwesen und die Vermehrung der Bancozettel bis zur Einführung des Zwangscurses für dieselben (1792—1800).

Die Geschichte der Finanzverwaltung unter der Regierung des Kaisers Franz ist eine der traurigsten Partien in der Geschichte der österreichischen Völker.

Als 1792 der erste Krieg mit Frankreich ausbrach, griff man zunächst zu dem in Kriegen gewöhnlichen Mittel der Steuererhöhungen und kleinen Anleihen, welche auf Rechnung der Regierung bei ausländischen Wechselhäusern (in Holland, den österreichischen Niederlanden, Bern, Basel, Frankfurt u. s. w.) gemacht wurden. Bei der geringen Meinung, welche man vom Werte der französischen Armee hatte, glaubte man anfangs den Krieg schnell beendigen zu können.

Als im Jahre 1793 auch England in den Krieg verwickelt wurde, erhielt Oesterreich englische Subsidien. Aber diese reichten um so weniger aus, als die Erfolge der französischen Heere eine stete Vermehrung der österreichischen Truppen nothwendig machten und diese meistens auf dem Boden von Piemont und der deutschen Reichsfürsten standen, wo Alles, was man brauchte, bar bezahlt werden musste.

Die Geldverlegenheiten wuchsen dadurch, dass man die Steuern nicht den Bedürfnissen entsprechend erhöhen konnte. Einestheils erkannte man, dass die Steuerkraft seit 1792 nicht zugenommen habe, anderntheils hielt man es für unklug, das Land hoch zu besteuern, da ohnehin das Volk vielfach dem Kriege abgeneigt war.

Man suchte sich also auf eine andere Art zu helfen. Man verkaufte in den Jahren 1792—1795 Staatsobligationen in Menge, und vermehrte dadurch die verzinsliche Staatsschuld. Man erhob in den Jahren 1794, 1795, 1796 und 1797 statt einer ausserordentlichen Kriegssteuer Zwangsanleihen. Theils wurden durch Vermittlung der Landstände einige Anleihen aufgenommen, theils durch grosse Wiener Wechselhäuser, unter denen die Häuser Arnstein, Eskeles und Geymüller hervorragten. Auch wurde eine geringhältige Scheidemünze in Umlauf gesetzt. Schon im Jahre 1793 hatte man unterwertige Sechs- und Zwölfkreuzerstücke, wodurch die feine Münze sich mehr aus dem Umlaufe zurückzog.

Vor allem aber erfolgte eine starke Vermehrung der Bancozettel, welche nicht offen angekündigt wurde und die Grundlage der Finanzverwaltung in den nächsten zwanzig Jahren bildete. Die Umstände schienen der Vermehrung des österreichischen Papiergeldes günstig zu sein. Da schon seit 1762 Bancozettel [1] umliefen, welche Jedermann gern annahm, und welche zuweilen wegen der Leichtigkeit ihrer Versendung sogar mit einem kleinen Agio gesucht wurden, war anzunehmen, dass auch eine grössere Zahl sich im Umlaufe erhalten würde. Im entgegengesetzten Falle schien die Noth des Staates auch gesetzliche Massregeln zu rechtfertigen.

Nach den bisherigen Gesetzen brauchten die Bancozettel von keinem Privaten, wenn er nicht wollte, angenommen zu werden, konnten bei den Einlösungscassen in bares Geld umgetauscht werden und hatten daher in den ungarischen Kronländern ebenso gut Eingang gefunden, wie in den andern Provinzen. Seit dem Jahre 1796 an begann man solche Bancozettel in viel grösserer Zahl auszugeben. [2] Zugleich wurde im Patent vom 19. August

---

[1] [Sie heissen so, weil sie Anfangs als Schuld der Wiener Stadtbank galten.]

[2] [Zuerst, 1762, waren für 12 Millionen ausgegeben, aber unter Joseph II., wo man besonders in den letzten Jahren seiner Regierung immer ein Deficit hatte, bedeutend vermehrt worden, so dass bei seinem Tode um 28·06 Millionen Gulden im Umlauf waren, welche unter Leopold II. auf 26·7 Millionen vermindert wurden. Am 31. October 1795 waren sie wieder auf 35·495, ein Jahr später auf 46·825 Millionen gestiegen. Beer, Die Finanzen Oesterreichs im 19. Jahrhundert. S. 4 ff.]

1796, nach welchem an Stelle der abgenützten neue Bancozettel ausgegeben werden sollten, im § 4 bemerkt: „Die Bancozettel stellen bares Geld vor. Sie müssen demzufolge, wie bisher geschehen, bei allen öffentlichen, wie immer Namen führenden Cassen in allen ungarischen, böhmischen, österreichischen und galizischen Erbländern bei Abführung aller Abgaben und Gefällen in dem vollen darauf gesetzten Werte als bares Geld angenommen werden. Ebenso wechselseitig sind sie bei was immer für Aerarialzahlungen an Jedermann auszugeben". Dadurch war schon entschieden, dass alle Besoldeten und die Staatsgläubiger das Papiergeld zwangsweise nach dem darauf gesetzten Werte nehmen mussten.

In Folge der stäten Vermehrung des Papiergeldes schlugen auch die Preise aller Gegenstände auf. Das Volk, welches von der Natur des Geldumlaufes, den Wirkungen des Papiergeldes und den Gesetzen, nach denen sich die Marktpreise richten, keinen Begriff hatte, verwunderte sich darüber und sah nicht ein, dass der Grund des Aufschlagens aller Waaren in der zunehmenden Menge des Geldes liege, und die Regierung suchte durch polizeiliche Massregeln diese Unwissenheit zu erhalten und die Meinung zu verbreiten, dass nur der Wucher Schuld an der Theuerung sei. Es erschienen deshalb einige Gesetze gegen die Zwischenhändler und gegen die Getreideausfuhr. Zugleich liess es sich die Regierung angelegen sein, durch pecuniäre Opfer den Markt von Wien in Hinsicht auf Brot und Fleisch verhältnismässig wohlfeil zu erhalten. Sie handelte bei diesen Massregeln nach dem von den türkischen Sultanen gegebenen Muster und sie wusste auch, dass man in den Provinzen gewöhnt war, die Stimme von Wien als tonangebend zu betrachten.

Jm Jahre 1796 waren schon vorherrschend Bancozettel im Umlauf und es war schwer, grössere Summen in feiner Münze aufzubringen. Dem Vorgeben nach wechselten zwar die öffentlichen Cassen Bancozettel gegen feine Münze auf jedesmaliges Begehren. In der That aber entschuldigten sie sich meistens damit, dass die starke Nachfrage ihre baren Geldvorräthe erschöpft habe, und verlangten ein Zuwarten von mehreren T. gen. Das Geld kam dann wirklich und das Volk wurde dadurch in seinem Vertrauen bestärkt.

Aber schon der Umstand, dass die feine Münze nicht ohne Schwierigkeit zu erlangen war, bewirkte, dass in der zweiten Hälfte des Jahres 1796 diese gegen Agio aufgekauft wurde Den

Beweis dieser Thatsache liefern mehrere in der officiellen Gesetzsammlung vorkommende Kundmachungen der Provinzial-Be-
hörden von Steiermark, Krain, Galizien und Böhmen. Man bezeichnete in denselben diejenigen, welche feine Münze verlangten,
bereits als Uebelwollende oder Wucherer und bedrohte sie mit
Strafen.

So heisst es in einem Circular des steierischen Guberniums
vom 19. Juli 1797: „Es ist die Anzeige vorgekommen, dass sich
hie und da auf dem Lande geweigert werden wolle, die Bancozettel an voller Zahlungsstatt anzunehmen, und dass diese Weige-
rungen aus dem Benehmen einiger Geldwucherer herrühren, die
durch Verbreitung des Vorurtheils, als wenn die Bancozettel nicht
in gleichem Werte wie das bare Geld ständen, es dahin zu bringen
suchen, die Bancozettel gegen Abzug einzulösen, um selbe dann
wieder im vollen Werte an den Mann zu bringen. Da aber ein
so sträfliches Unternehmen alle öffentliche Aufmerksamkeit fordert,
so wird hiemit Jedermann auf das gemessenste erinnert, dass bei
mindester Spur von derlei wucherischer Handlung sogleich auf
den Grund gesehen, die Thäter, als Störer des öffentlichen Staatscredits, eingezogen und nach den Strafgesetzen würden behandelt
werden, und da die Bancozettel in allen öffentlichen Cassen nach
ihrem Werte angenommen werden, so hat auch in Privatzahlungen
sich Niemand zu weigern, solche statt barer Münze, auf welchen
ganz gleichen Wert sie der Staat gesetzt hat, anzunehmen, daher
Jeder, der ihre Annahme verweigert, sich des Ungehorsams gegen
die landesfürstlichen Anordnungen schuldig macht und bei vorkommender Anzeige als ungehorsamer Unterthan ohne weiters
dafür angesehen werden würde".

Unter diesen drohenden Symptomen eines bevorstehenden
Zwangscurses erfolgte 1797 der Friedensschluss von Campo Formio
und viele glaubten, dass er wegen der Erschöpfung Oesterreichs
dauerhaft sein werde. Als aber die französischen Unternehmungen
gegen Malta und Aegypten 1798 eine neue Coalition entstehen
liessen, zeigte sich auch Oesterreich bereit, ihr beizutreten, nachdem es schon einige Zeit vorher sich finanzielle Hilfsmittel eröffnet hatte.

Sie bestanden zum Theil in einer Erhöhung der Abgaben.
In Ansehung dieser war aber die Regierung mit Rücksicht auf
die Stimmung des Volkes ziemlich vorsichtig und sie fand zugleich
Mittel, die grossen Gutsbesitzer zu schonen.

Von den Steuern hoffte man indessen nicht die Deckung der Kosten des bevorstehenden Krieges. Am 1. Juni 1798 wurde zwangsweise eine sogenannte Arrosierung der Staatsobligationen angeordnet. Zufolge derselben musste jeder Eigenthümer einer Wiener Bancoobligation 30 Procent zu dem Capitalswerte, auf welchen sie lautete, nachzahlen. Er erhielt dadurch das Recht, seine Bancoobligationen zu einer Umschreibung, bei welcher ihm über das ganze Capital, also das ursprüngliche und den Zuschuss von 30 Procent, eine neue Obligation mit 5 Procent Interessen gegeben wurde, vorzulegen. Im entgegengesetzten Falle wurde die Auszahlung der Interessen gesperrt. Die Inhaber der Staatsobligationen thaten alles Mögliche, um den Forderungen der Regierung zu genügen, hatten aber nach 1809 viele Gründe, es zu bereuen.

Ungeachtet der bedeutenden Geldmittel, welche dieses Patent der Regierung verschaffte, und ungeachtet bedeutender Subsidien reichte das Einkommen des Staates doch nicht aus, um die Ausgaben zu decken, und man griff deshalb zur Ausgabe neuer Bancozettel im Grossen. Natürlich drückte dies von neuem den Curs, was besonders die Kaufleute fühlten. Dem grossen Publikum, welches sich stets mit dem Gerede vom Wucher unterhielt, blieb aber die Natur des Papiergeldes noch so fremd, dass man selbst bei den meisten neuen Schuldverschreibungen sich meistens der in den alten Formularen gewöhnlich vorkommenden Worte, zurückzuzahlen „in guter gangbarer keiner Devalvation unterliegenden Münze" bediente, obgleich es jetzt die Gesetzgebung noch erlaubte, sich anderer genauerer Formeln zu bedienen.

Unter solchen Verhältnissen kam das Jahr 1800, in welchem die österreichischen Waffen unglücklich waren. Dies wirkte auch auf die österreichischen Finanzen und zur Zeit der Schlacht bei Marengo (14. Juni 1800) war bereits kein Gulden feiner Münze im Umlauf, weil verschiedene Agenten von Dorf zu Dorf mit Agio die feine Münze aufkauften, und das Volk in seiner Unkenntnis über die Zwecke dieses Aufkaufes arglos seine kleinen Münzvorräthe hergab.

2. Das österreichische Finanzwesen von der Einführung des Zwangscurses bis zur Erklärung des Staatsbankerotts (1800 bis 1810).

Als im Frühjahr von 1800 die feine Münze sich ganz aus dem Umlauf zurückzog, so zwar, dass selbst der Bauer und Handwerker dieses bemerkte, unterlag die Ausgleichung von Zahlungen grossen Schwierigkeiten. Die kleinsten Bancozettel lauteten auf fünf Gulden und ausser dem Papiergeld gab es nur Kupfergeld und wenig geringhältige Silbermünzen. Um den Anständen beim Geldwechseln abzuhelfen, entschloss sich die Regierung zur Herausgabe kleiner Bancozettel von einem und zwei Gulden und zur Prägung einer schlechten Silbermünze, von der das Stück auf vierundzwanzig Kreuzer lautete.

Im Kundmachungspatente über die erwähnten kleinen Bancozettel (13. Mai 1800) finden sich die Bestimmungen: „Diese Art Bancozettel hat ganz die Eigenschaft der schon bestehenden, sie bleibt demzufolge den in Ansehung der früheren Bancozettel bestehenden Verordnungen durchaus unterworfen. Hiernach werden also dieselben nicht nur bei allen Aerarial-ständischen und andern öffentlichen Cassen, sowie auch bei Privatzahlungen vollgiltigen und unverweigerlichen Umlauf haben, sondern auch bei den Bancozettelcassen auf jedesmaliges Verlangen gegen grössere Bancozettel, jedoch gegen klingende Münze nicht ausgewechselt werden".

Offenbar zeigt sich aus diesem Gesetze, dass in Ansehung der ältern grösseren Bancozettel ein Zwangscurs vorausgesetzt und in Ansehung der neuen, kleinen, verordnet wird, sie auch bei Privatzahlungen unweigerlich nach ihrem vollen Nennwerte anzunehmen.

Bald sprach sich aber die Regierung über den Zwangscurs des Papiergeldes, welcher in ihrem Plane lag, noch deutlicher aus. Denn als man mit dem Patente vom 15. Juli 1800 die alten abgenützten Bancozettel aus dem Verkehr zog und dafür neue ankündigte, hiess es im § 4: „Da die Bancozettel bares Geld vorstellen, so müssen solche, wie es bisher geschehen ist, bei allen öffentlichen wie immer Namen führenden Cassen in allen ungarischen, böhmischen, galizischen und österreichischen Erblanden bei Abführung aller Abgaben und Gefälle, sowie im Privatverkehr in dem vollen darauf gesetzten Werte als bares Geld

angenommen, und ebenso wechselseitig bei allen Aerarialzahlungen
an Jedermann ausgegeben werden".

Dieses Patent, welches so höchst wichtige Bestimmungen über
den Privatverkehr enthielt, kündigte durch seine mit Cursivschrift
gedruckte Summarangabe nichts als eine Einziehung der alten
abgenützten Bancozettel an, und da in einer solchen Umwechslung Niemand etwas Wichtiges voraussetzte, lasen Wenige das
ganze Patent, wovon die Folge war, dass der Zwangscurs gewissermassen eingeschmuggelt war und lange Zeit selbst Gerichts-
personen und Advocaten unbekannt blieb.

Damit das Publikum die Einführung des Zwangscurses für
die Bancozettel weniger merke, ergriff die Regierung auch einige
polizeiliche Massregeln. Man erlaubte nämlich nicht, dass in den
Verkaufsgewölben, gedruckten Preistabellen, Polizeitaxen oder
auf Märkten die Preise anders als nach den Bancozetteln und
ihren Unterabtheilungen von Scheidemünzen, z. B. Kreuzern, angegeben würden. Ebenso suchte die Regierung die Meinung zu
verbreiten, dass die Bancozettel noch immer die Solidität besässen,
welche sie seit Maria Theresia gehabt hatten, was anfangs das
Volk anstandslos glaubte. Dadurch geschah es, dass dieses die
Bancozettel für das eigentliche Geld, die feine Gold- und Silbermünze aber für eine gewöhnliche Waare hielt und dass es äusserst
selten Jemandem einfiel, beim Kaufe von Häusern und Grundstücken auf eine bestimmte Gattung in- oder ausländischer feiner
Münze den Vertrag zu schliessen.

Um solche Zustände noch sicherer zu erhalten, bewachte die
Polizei jedes Gespräch über die Bancozettel. In den Rechtsschulen
hätte sich ein Professor schlecht empfohlen, wenn er die Natur
des Papiergeldes auseinandergesetzt hätte. Das sogenannte gebildete Publikum verstand aber von diesem Gegenstand nicht das
Mindeste. Nur die Ausländer würdigten den Unterschied zwischen
Bancozetteln und feiner Münze, d. h. dem scheinbaren und dem
wirklichen Gelde, und durch den Börsencurs der Bancozettel wurde
dieser Unterschied in Ziffern ausgedrückt. Wenn es z. B. hiess,
der Augsburger Curs der Bancozettel sei 120, so hiess dies so
viel, dass 120 Gulden in Bancozetteln 100 Gulden in feiner Münze
gleich geachtet wurden.[1] Vor 1800 hatten sich fast nur die

---

[1] [Der Wechselcurs auf Augsburg stieg in zwei Jahren, Jänner 1799 bis
Jänner 1801 von 103 auf 117. Beer a. a. O. S. 394.]

Kaufleute, welche Zahlungen in das Ausland zu machen hatten, um den Curs zu bekümmern. Von dieser Zeit an, besonders seit 1806 [1]) machten sich die Folgen aber auch dem ganzen Volke bemerkbar.

Es war unvermeidlich, dass in Folge dessen auch die Theuerung, nach Bancozetteln gemessen, stets steigen musste. Die österreichische Finanzverwaltung hätte an der Geschichte der französischen Assignaten, welche nach und nach im Curse fast bis zum Unwerte sanken, ein deutliches Warnungszeichen gehabt, um zu wissen, was der Zwangscurs für Folgen habe. Millionen Menschen waren in Frankreich um das Ihrige gekommen und am Ende hatte man einige tausend Francs für ein Paar Stiefel zahlen müssen.

In Oesterreich wurden in Folge der Entwertung der Bancozettel besonders die Staatsgläubiger, die vom Staate Besoldeten und die Pensionisten, welchen man die früher in feiner Münze gegebenen Gelder in Papiergelde bezahlte, immer ärmer. Wenn die Beamten von ihrem kärglichen Gehalte noch ein Verlust von 30—40 Procent traf, waren selbst die höher Gestellten genöthigt, sich sehr einzuschränken. In Brünn konnten Gubernialräthe, welche kein eigenes Vermögen hatten, nur einen oder zwei weibliche Dienstboten halten. In Wien gab es schon damals Hofräthe, welche sich keinen Bedienten halten konnten und eine Wohnung im 4. Stocke oder in einer Vorstadt nehmen mussten. Die untersten Classen waren fast dem Hungertode preis gegeben. Bald kam es so weit, dass Beamte selbst mit Zustimmung ihrer Oberen nur wenig die Kanzlei besuchten, Kindern im Lesen, Zeichnen, Sprachen u. s. w. Unterrichtsstunden gaben oder als Musiker in Wirtshäusern aufspielten oder endlich, wo es angieng, aus ihrem Amte unerlaubten Gewinn zu ziehen suchten. Noch gewöhnlicher war, dass Beamtenfamilien mit einigem Vermögen dasselbe zusetzten, oder dass Beamte, welche unter andern Umständen bei ihrem Gehalte geheiratet hätten, gegen ihren Willen ledig bleiben mussten. Ungefähr ebenso gieng es mit den Pensionisten.

Besser war allerdings das Militär daran. Die Mannschaft vom Feldwebel abwärts, die schon vor 1798 nur für ihre strengsten

Bedürfnisse ihre Bezahlung erhielt, musste eben deswegen Theuerungs-Zulagen erhalten, und überdies war die Wohnung, Beheizung und das Brot, welches sie systemmässig erhielten, von den Cursen unabhängig. Der Officier aber bekam Zulagen an Geld, Brotportionen, Rationen an Heu u. s. w., so dass seine Verluste an Einkommen in jedem Falle kleiner waren, als die der Civilbeamten, obgleich auch diese nach dem Jahre 1802 einige kleine Zulagen erhielten.

Ausser den Beamten und den in denselben Verhältnissen lebenden Pensionisten gab es aber noch andere, deren Lage noch bedauerungswürdiger war, nämlich die kleinen Capitalisten, jene, welche aus Privatcassen Renten bezogen, und die besoldeten Geistlichen. Viele aus diesen Kategorien wurden (1805—1811) beinahe in die Lage von Bettlern gebracht. Wenn sie noch etwas an Vermögen besassen, mussten sie es aufkündigen; hätten sie aber auch nicht selbst aufgekündigt, so wurde ihnen das Capital von den Gläubigern zurückgezahlt, da die Geldverhältnisse dazu ausserordentlich günstig waren. Als 1810 der Curs auf 1000 gestiegen war, wurde eine alte, durch die Uebernahme von 1000 Gulden feiner Münze entstandene Schuld der Sache nach, wenn man dem Gläubiger 1000 Gulden in Bancozetteln zurückgab, mit 100 Gulden feiner Münze bezahlt.

Die Regierung war dabei einigermassen dadurch entschuldigt, dass die Staatseinkünfte unzureichend waren. Wenn eine Provinz, welche vorher eine Million Gulden in feiner Münze getragen hatte, jetzt eine Million Gulden in Bancozetteln trug, hatte diese Million nach Verschiedenheit der Curse ja nur einen Wert von 700.000, oder gar von 100.000 Gulden. Nothwendig hätte also bei dieser Verminderung der Staatseinkünfte der Staat auseinanderfallen müssen, wenn man nicht in einem fort theils die Bancozettel, theils die Abgaben gesteigert hätte. Aber diese Steigerung verschlimmerte oft die Curse, und traf nicht immer den Reichen. In den ungarischen Provinzen, in denen der Hof ohnehin gebundene Hände hatte, war diese Steigerung überhaupt nicht thunlich. Da man nun auch die Ausgaben für das Militär nicht einschränken wollte, so wurde das Deficit in den Staatsfinanzen mit jedem Jahre grösser.

Um nun den Bancozetteln dem Metallgelde gegenüber einigermassen einen festen Wert zu verschaffen, erliess die Regierung das Wucherpatent vom 2. December 1803. Joseph II. hatte die älteren

Wuchergesetze aufgehoben, weil er sie mit Recht für schädlich hielt. Unter dem Kaiser Franz aber wurde unter dem Vorwand, dass der überhandnehmende Wucher gesetzliche Vorkehrungen nothwendig mache, ein neues Wuchergesetz erlassen. Seine für einen scharfen Beobachter leicht erkennbare Bestimmung war, zu verhindern, dass Privatleute auf feine Münze Verträge abschlössen oder für die Art der Zahlung bei einem Wechsel des Curses eine solche Zahlung stipulirten, dass kein Contrahent dabei zu Schaden käme. Im § 6 dieses Gesetzes heisst es ausdrücklich: „Bedingungen sind bei einem verzinslichen Darlehen nur dann rechtlich, wenn durch dieselben dem Anleiher weder in Rücksicht des Capitals noch der Zinsen eine grössere Verbindlichkeit auferlegt wird, als das gegenwärtige Gesetz gestattet". Dieses Gesetz gestattete kein Contrahiren auf Metallgeld und keine Art von Clauseln zur Verminderung der durch den Curswechsel etwa für einen der Contrahenten entstehenden Nachtheile. Dieses Patent war also eine wichtige und sehr wirksame Massregel zur Aufrechthaltung des den Bancozetteln gegebenen Zwangscurses.

Die Regierung bediente sich zur Verringerung ihres Deficits auch des Mittels, schlechte Münzen in ungeheueren Mengen auszuprägen. Mit dem Patent vom 26. August 1801 setzte sie die Silberstücke zu 6 und 12 Kreuzern ausser Verkehr, wofür später geringhaltigere Silberstücke zu 7 Kreuzern ausgegeben wurden. Als jedoch der Curs noch mehr fiel, verschwand selbst diese Silbermünze aus dem Umlauf, weil viele sie aufhoben in der Meinung, dass sie doch wenigstens einigen realen Wert hätte. Grosse Emissionen von Kupfergeld kamen nun an die Tagesordnung und schon 1807 waren 80 Millionen Gulden im Nennwert ausgegeben. Stücke zu 30 und zu 15 Kreuzern waren das gewöhnlichste, von denen ein Stück der ersteren einen wirklichen Wert von $1^{10}/_{12}$ Kreuzern in Silber hatte.

Während sich so die Regierung im Kupfergelde eine neue Einnahmsquelle eröffnete, war sie von Zeit zu Zeit darauf bedacht, unter dem Scheine einer Staatsanleihe Bancozettel aus dem Umlaufe zu ziehen, um mit ihnen einige Zeit die Ausgaben zu bestreiten und der Verfertigung neuer Bancozettel überhoben zu sein. Sie wählte dazu gern den Weg der Arrosierungsanleihen, d. h. solcher Anleihen, wo der Staat nicht den ganzen geliehenen Betrag in barem Gelde, sondern zum Theil in andern Effecten erhielt, welche er dann auf seine Rechnung veräussern mochte.

Diese Arrosierungsanleihen waren für die ersten Bankhäuser von Wien, welche sich nach und nach in das Vertrauen der Finanzverwaltung eingeschlichen hatten, ein vortreffliches Mittel, um entwertete Papiere in einem höhern als ihrem Curswerte der Regierung zu übergeben. Denn da diese Wechselhäuser gewöhnlich die Gedanken der Finanzverwaltung früher wussten, als andere Leute und zum Theil wohl auch selbst diese Gedanken erzeugten, so machten sie dabei gewöhnlich unermessliche Gewinnste.[1]

Eine solche Anleihe war die am 20. August 1806 eröffnete von 75 Millionen Gulden im Papiergelde, welche von den Besitzern eines Vermögens von mehr als 10.000 Gulden in der Höhe von 1% desselben gezahlt und in 35 Jahren amortisiert werden sollte. Die Regierung gab an, die Summe der umlaufenden Bancozettel, welche um diese Zeit in den durch den Pressburger Frieden vom 26. December 1805 abgetretenen Provinzen Tirol, Venedig und Dalmatien nicht mehr geduldet wurden und daher in grossen Massen in das österreichische Gebiet zurückströmten, vermindern zu wollen. Da aber in Folge des Krieges zwischen Preussen und Frankreich auch Oesterreich neue Rüstungen begann, so war von einer dauernden Besserung der Curse keine Rede. Gewonnen hatten nur die Wechsler, Bankiers und Juden und einzelne Andere, welche die Cursdifferenzen auszubeuten wussten.

Zu den Leuten, welche durch die Entwertung des Papiergeldes gewannen, gehörten auch alle Besitzer von Häusern und Grundstücken, wenn sie dieselben nicht zu theuer gekauft hatten. Sie bezahlten jetzt mittelst des Zwangcurses ihre Tabularschulden, nach feiner Münze berechnet oft mit zwei Dritteln oder der Hälfte, ja später oft mit dem zehnten Theile einer Summe, welche sie nach den natürlichen Bestimmungen der Gerechtigkeit hätten bezahlen sollen. Verkauften andere Eigenthümer die Häuser oder Grundstücke, so bekamen sie weit mehr dafür, als sie gegeben

---

[1] Aus den Zeiten von 1798—1818 datiert zu Wien die grosse Zunahme des Reichthums einzelner Bankierhäuser, wodurch Einzelne ein Vermögen zusammenbrachten, welches man vorher nur etwa zu London und Amsterdam gefunden hatte. Die Zeiten des österreichischen Papiergeldes legten auch den Grund zu dem Emporkommen der Juden, da sie Agentengeschäften und der Speculation ein unermessliches Feld eröffneten.

[2] [Die näheren Bestimmungen bei Beer S. 20 f.]

hatten, und in ihrer Unwissenheit hegten sie die Hoffnung, dass sich doch später jeder Papiergulden in einen Silbergulden verwandeln müsse. Auch die Bauern gewannen wenigstens scheinbar durch die Vermehrung der Bancozettel, weil die Preise des Getreides und anderer Lebensmittel ungeheuer stiegen und sie beim Verkaufe derselben viel grössere Summen erhielten. Schon um 1803 war der Uebermuth mancher Bauern so gross, dass sie z. B. in Olmütz auf den Wochenmärkten ihre Tabakspfeife mit einem der kleinen Bancozettel anzündeten. Freilich thaten sie dies nur im Zustande der Trunkenheit. Aber eben die Geldverhältnisse erlaubten es, dass sie gute Kundschaften der Weinschenker, Fleischhauer und Handelsleute wurden. Die Handwerker und Fabrikanten hatten, besonders wenn sie Luxuswaren erzeugten, noch niemals bessere Zeiten gehabt. Die Ware stieg oft über Nacht im Gewölbe, oder auf dem Frachtwagen. Wo man hinsah, erblickte man Leute, welche sich neue Möbel anschafften, Gebäude aufführten, Handelsgeschäfte errichteten und jene Personen, welche in früherer Zeit noch einiges Ansehen gehabt hatten, verdunkelten. Der Tisch der Handwerker wurde sehr gut, bei allen Arten von Unterhaltungen waren sie die Haupttheilnehmer, die Weiber der vermöglicheren hiessen schon „gnädige Frau". Auch der Handel entwickelte sich immer mehr, weil man bei dem Sinken des Geldwertes immer höhere Einnahmen erzielte. Zugleich brach eine wilde Speculation in Häusern und Wirtschaften herein. Zuweilen gieng ein Haus in drei Jahren an fünf Eigenthümer über und fast jeder Verkäufer gewann. Solchen Personen gegenüber das System der Bancozettel zu tadeln, galt für schlechte Gesinnung.

In diesem Geiste sahen auch die fast durchaus adeligen Herrschaftsbesitzer die Sache an und dies ist vermuthlich die Ursache, dass auch in Ungarn gegen die durch die Bancozettel bewirkte Zerrüttung aller Eigenthumsverhältnisse officiell keine Klage erscholl.

Es gab aber auch andere Classen, welche bei den Bancozetteln weder viel gewannen noch viel verloren. Viele erlitten nämlich als Besoldete Verlust, gewannen aber, wenn sie zugleich Grundbesitzer waren, in dieser Eigenschaft durch die hohen durch das Papiergeld veranlassten Getreidepreise. Der Pfarrer verlor an seinen Stolagebühren, gewann aber an seinen Zehnten und seiner Wirtschaft. Mancher, durch Verluste gezwungen, wendete sein noch übriges Vermögen auf die Speculation und wurde dadurch wohlhabend. So war der Verlust, welchen die Bancozettel brachten, nicht überall gleich drückend und man sagt vielleicht nicht zu viel, wenn man annimmt, dass drei Viertheile der Bevölkerung mit dem Papiergelde sehr zufrieden oder wenigstens nicht ganz unzufrieden gewesen seien.

Dennoch schien der Zustand der Finanzen, bei welchen im Jahre 1807 die Curse auf 200 stiegen, und also der Gläubiger einer alten Schuld schon die Hälfte seines Capitals verlor, auf die Frage führen zu müssen, welche Politik man in Zukunft zu befolgen habe. Die Antworten lauteten verschieden. Jene Classen, welche unter dem Druck des Papiergeldes litten, wünschten um jeden Preis das Wiedererscheinen fester Geldverhältnisse, jene, welche bei dem Papiergelde gewannen (und wir haben gesehen, dass dies sehr zahlreiche Classen waren), waren für die Fortsetzung einer Politik, bei welcher das österreichische Cabinet die einer Grossmacht natürliche Handlungsweise annehmen, sich zu neuen Kämpfen gegen Frankreich vorbereiten und, in so fern es nothwendig wäre, die Bancozettel vermehren sollte. Die Agenten des Cabinets predigten letztere Ansicht, sie hiess die „Ansicht der Ehre, der Nationalunabhängigkeit und des Patriotismus". Das Echo jener Stimme, welche von dem Cabinet ausgegangen war, hiess, weil die Gegenpartei sich nicht regen durfte, die „Nationalstimmung". Dieser entsprechend betrieb man im Jahre 1808 durch die Errichtung der Landwehr und der Reservisten, durch die Vermehrung der Armee und die Einberufung der ungarischen Insurrection die Vorbereitungen zum Kriege von 1809 im grösseren Massstabe.

Aber ungeachtet dieser Rüstungen wurde doch der Krieg von 1809 unglücklich geführt und nach dem Wiener Frieden vom 14. October 1809 musste nicht blos eine Kriegsentschädigung von 85 Millionen Francs in klingender Münze gezahlt, sondern auch Westgalizien, Krain, Salzburg und Croatien abgetreten werden.

In diesen Ländern bestimmten die neuen Regierungen einen Termin, bis zu welchem die österreichischen Bancozettel im Lande noch Umlauf haben dürften, und zwangen dadurch die Inhaber, dieselben gegen feine Münze oder Waaren in das jetzt auf 8500 Quadratmeilen beschränkte österreichische Staatsgebiet zu senden. Für die während der früheren Zeit eingegangenen Zahlungsverbindlichkeiten wurde als Grundsatz aufgestellt, dass jede derselben nach dem Curse des Tages, an welchem sie entstanden war, in feiner Münze festzustellen und in solcher zu leisten sei.

Diese Massregel wurde in den abgetretenen Provinzen „eine harte" genannt. Doch bald sah das Volk die wohlthätige Seite der Ordnung der Geldverhältnisse ein.

Für die österreichische Regierung aber war die Abschaffung der Bancozettel in den abgetretenen Ländern eine grosse Calamität. Sie drückte ungeheuer die Curse und nöthigte die Regierung, an die Einführung eines neuen Systems zu denken.

3. Das Finanzpatent vom 26. Februar 1810 und die Reduction der Bancozettel im Jahre 1811.

Schon nach dem Frieden von Lunéville (1801), besonders aber nach dem Frieden von Pressburg (1805) hatten im Schosse der Regierung Berathungen stattgefunden, wie man der finanziellen Noth abhelfen und den Bancozetteln den früheren Wert verschaffen könnte. Aber man hatte sich über durchgreifende Massregeln nicht zu einigen vermocht und dann hatten die gewaltigen Rüstungen, der unglückliche Krieg von 1809 und die Kriegsentschädigung an Frankreich das Uebel nur noch schlimmer gemacht.[1] Der Wert der Bancozettel sank in Folge des Zurückströmens derselben aus den abgetretenen Provinzen noch mehr und man war kaum im Stande, die nothwendigsten Bedürfnisse zu decken. Die Mittel zur Abhilfe waren völlig erschöpft. Eine Erhöhung der Abgaben in den deutschslavischen Provinzen schien unmöglich und in Ungarn und Siebenbürgen konnte eine solche nur mit Zustimmung der Stände stattfinden, zu deren Einberufung sich die absolutistische Regierung nicht entschloss.

Dass man entscheidende Massregeln ergreifen müsse, darüber waren Alle einig, nur über die Massregeln im Einzelnen schien eine Ungewissheit oder wenigstens ein Schwanken zu bestehen.

Dies schien für jeden Sachverständigen von der Beantwortung der Frage abzuhängen, ob man früher oder später im Stande sein würde, für jeden Gulden in Bancozetteln einen Gulden in

---

[1] [S. hierüber Beer S. 9 ff. und Wertheimer, Geschichte Oesterreichs und Ungarns im 1. Jahrzehnt des 19. Jahrhunderts 2. 8 ff.; über die Massregeln nach 1809 Springer, Geschichte Oesterreichs seit dem Wiener Frieden 1809. 1. 156 ff. und Beer S. 44 ff.

Silbermünze zu bezahlen, und es konnte für den klar Sehenden keinem
Zweifel unterliegen, dass dies eine Unmöglichkeit sei. Sowie aber
diese Wahrheit einmal anerkannt war, musste die andere, dass man
den Wert der Bancozettel herabsetzen müsse, um sie früher oder
später gegen Silbermünze einwechseln zu können, ausser Frage stehen.

Wollte man in dem Benehmen anderer Staaten nachforschen,
um zu sehen, wie sie die Sache angesehen hätten, so gab die
neuere Geschichte Europas manche Belehrung an die Hand. Als
in Frankreich die Assignaten gefallen waren, bestimmte die Regierung, dass in Ansehung eingegangener Verbindlichkeiten darauf
zu sehen sei, wie viel zur Zeit des Vertrages die in Assignaten
festgesetzte Summe nach Silbermünze betragen habe, und denselben Grundsatz hatte die baierische Regierung 1806 in Tirol
und die französische im Jahre 1810 in Illyrien geltend gemacht.
Auch vom rechtlichen Standpunkte war dies das richtigste. Doch
musste man wegen der grossen Verluste, welche jeder Besitzer
von Bancozetteln in Folge der Herabsetzung des Wertes derselben
erlitt, auf ein grosses Geschrei des Volkes gefasst sein, so dass
man sich nur sehr schwer zu einer solchen Massregel entschliessen
konnte. Noch wichtiger war, dass man die Bancozettel nicht gegen
Conventionsmünze umwechseln konnte, weil man von letzterer
allzu wenig hatte, dass man also wieder zum Papiergelde, nur
etwa zu einem Papiergelde anderer Benennung greifen musste.
Wie sollte man aber mit Sicherheit die Bancozettel reducieren,
wenn das Papiergeld, mit dem man sie einwechselte, vielleicht
auch wieder einem schwankenden Curse unterlag?

Hier lag nun eine Schwierigkeit, welcher nicht auszuweichen
war. Alles, was geschehen konnte, war, das neue Papiergeld, mit
welchem man die Bancozettel einwechselte, möglichst gut zu begründen, damit es, wenn es je einen Curs bekäme, doch dem sogenannten Pari möglichst nahe stehe. Sachverständige erwarteten
also eine Reduction der Bancozettel nach dem Curse und ihre
Einwechslung durch ein neues Papiergeld.

Es scheint, dass sich auch bei Hofe Stimmen für solche
Massregeln erhoben.[1] Man sagt jedoch, mehrere hätten diese
Massregeln allzudrückend gefunden.

---

[1] [In einer vom Kaiser in der ersten Hälfte des Februar 1810 angeordneten Conferenz vertrat der geheime Rath Baron Bartenstein die Ansicht,
der Staat solle die ganze Masse der Bancozettel nach dem damaligen Curse von
400 zu 100 einwechseln. Er blieb aber mit seiner Ansicht allein. Beer S. 57 f.]

Es drang vielmehr der Vorschlag des Hofkammer-Präsidenten Grafen O'Donnell durch, welcher dahin gieng, die Bancozettel nach und nach zu vermindern und hiedurch allmählich ihren Curs zu heben.

Dass diese Idee viel gegen sich habe, fiel bei dem oberflächlichsten Nachdenken auf. Wenn nämlich die Summe der Bancozettel vermindert werden sollte, so musste man hiezu disponible Gelder haben, und an diesen fehlte es. Diese hätten nur hohe Abgaben, welche in Ungarn kaum durchzusetzen waren, oder der Verkauf der Staats- und geistlichen Güter, für welchen die Zeitumstände ungünstig waren, liefern können. Auch war durch Verminderung der Bancozettel, deren Curs im Jänner 1810 weit über 400 stand, kein Schwinden, sondern höchstens ein Sinken des Agios zu erreichen.

Eine allmählige Tilgung der Bancozettel hätte auch eine Reihe von Jahren hindurch ein und dasselbe Regierungssystem nothwendig gemacht. Konnte man aber dieses bei den damaligen Zuständen in Europa erwarten?

Den Anträgen des Hofkammer - Präsidenten O'Donnell entsprechend [1]), wurde das Finanzpatent vom 26. Februar 1810 erlassen, welches die Ideen der Reduction und der allmähligen Tilgung der Bancozettel in sich vereinigt. In diesem Patente wurde unter manchen absichtlich dunkeln oder unbestimmten Angaben die Summe der im Umlaufe befindlichen Bancozettel auf beiläufig 950 Millionen angegeben und zur Handhabung der öffentlichen und Privatsicherheit Massregeln zur Verminderung derselben für unerlässlich erklärt. Diese Massregeln sollten bestehen in grossen Anleihen im In- und Auslande, welche man auf die Hypothek der Staatsgüter und der geistlichen Güter contrahieren wollte, in einer auszuschreibenden Steuer von dem beweglichen und unbeweglichen Vermögen, welche in höchstens 10 Percent desselben bestehen und in mehreren Jahresraten von den Eigenthümern der Realitäten theils entrichtet, theils vorgeschossen werden sollte, und in der Einrichtung, dass mehrere noch näher zu bestimmende Abgaben nur in einer neuen Gattung von Papiergeld, den „Einlösungsscheinen", welche nur für den dreifachen Betrag in Bancozetteln zu haben sein sollten, zu entrichten waren.

---

[1]) [Im Einzelnen waren sie durch die erwähnte Commission mehrfach modificiert worden. B e e r a. a. O.]

Man sah, dass das Patent nur Umrisse geben wolle und alles Nähere theils nach und nach, theils nach Zeit und Umständen erklärt werden sollte.

Die wenigsten Leute, selbst in den sogenannten höhern Classen verstanden dieses Patent. Gutmüthig glaubten sie, dass wirklich durch Mittel, welche wenig fühlbar sein würden, dem grossen Uebel des geringen Wertes der Bancozettel abgeholfen werden würde.

Für den Vernünftigen hatte aber dieses Patent nicht das Geringste, was zu Hoffnungen berechtigte. Selbst wenn alle Darlehen zu Stande kamen, welche man ankündigte, so waren 200 oder 300 Millionen Bancozettel aus dem Umlaufe gebracht, und wenn die Abzahlung dieser Darlehen so erfolgen sollte, wie das Patent versprach, so mussten die Hypotheken veräussert werden, also die Geistlichen in die Lage kommen, vom Staate Besoldungen zu begehren. Die Vermögenssteuer konnte in einer Reihe von Jahren im günstigsten Falle wieder ein paar hundert Millionen Bancozettel aus dem Umlaufe ziehen. Bis dahin aber gab es noch immer einen Curs, steigende Verlegenheit der Grundbesitzer und den Ruin der Industrie. Wenn man endlich gewisse Abgaben mit einem Papiergelde bezahlen sollte, welches nur gegen den dreifachen Betrag in Bancozetteln zu haben war, so wurden in der That die Bancozettel reducirt und die Abgaben erhöhet, wo dann wieder viel davon abhieng, ob viele Abgaben in diesem neuen Papiergelde zu entrichten waren.

Alle Hoffnungen sollten also erst nach Jahren in Erfüllung gehen, und welcher vernünftige Mensch rechnete damals auf einen Friedenszustand von vielen Jahren?

Aber gerade diese entfernten Aussichten machten für jene Classen, welche seit 1798 so übel daran waren, die Lage drückend. Der Capitalist musste sich noch in Zukunft die Zahlung mit Bancozetteln gefallen lassen. Alle Leute, die von bestimmten Renten lebten, mochten verzweifeln. Zwar hatte wenige Monate nach dem Patent vom 26. Februar der Staat seinen Beamten und Pensionisten, welche bis dahin nur höchst unbedeutende Zulagen und die Befreiung von der Kriegssteuer und Arrha (1808) erhalten hatten, Zulagen gegeben, die bei den Gehalten bis zu 800 Gulden diesen gleich waren. Allein da Gehalt und Zulage in Bancozetteln ausgezahlt wurden, welche nur den vierten Theil ihres Nennwertes hatten, so hatten jene doch eigentlich nur die Hälfte des ihnen zugesagten Einkommens, und da schon das ganze Einkommen spärlich bemessen war, so lebten die meisten buchstäblich in Noth und Armuth.

Die Staatspapiere sanken auch immer mehr im Zutrauen und im Werte, da man die Interessen in Bancozetteln ohne Rücksicht auf den Curs zahlte, also dieselben oft nur den vierten Theil der zugesagten Summe ausmachten. Inzwischen litten in jener Zeit nicht alle Staatsgläubiger gleich stark; denn, da viele ihre Obligationen aus Noth oder Furcht verkauften, waren letztere ein Handelsartikel geworden, der immer mehr in die Hände der Bankiers kam, welche sich für die Verluste an den Zinsen anderweitig zu entschädigen wussten.

Selbst im Auslande machte das Finanzpatent vom 26. Februar 1810 einen ungünstigen Eindruck. Viele hatten sich die Hilfsquellen des Staates grösser gedacht. Die Neigung zur Gewährung von Darleihen hörte daher ganz auf. Als daher nach dem Tode des Grafen O'Donnell (Mai) im September 1810 die Patente über die Vermögenssteuer von Realitäten und Capitalien erschienen, welche über manche Punkte des Finanzpatentes nähere und unwillkommene Aufschlüsse gaben, indem sie die Herstellung der Ordnung erst in einer kaum bestimmbaren Zeit erwarten liessen, fieng ein neues Sinken des Curses an. In kurzem betrug der Curs des Silbers gegen die Bancozettel 500, 600, 700 und 800 [1]), ja am 4. December 1810 wurde er nach der „Wiener Zeitung" mit 1240 notiert. Der Schrecken war damals unter den Geldbesitzern allgemein; man erwartete, dass die Bancozettel gänzlich entwertet werden würden. Es half nichts, dass der Hofrath Sonnenfels, der nämliche, der unter Maria Theresia eine so grosse Rolle gespielt hatte und leider sie wieder unter dem Kaiser Franz in einem gewissen Grade spielte, in einer Flugschrift beruhigend sprach, und das Publikum auf die Zweckmässigkeit der Patente und das Entgegenwirken der Wucherer aufmerksam machte. Die Regierung sah sich genöthigt, durch einen grossen Aufwand von Conventionsmünze, welche man zu besseren Cursen nach und nach hintangab, dem Fallen des Curses zu begegnen. Eine Kundmachung, dass es in keinem Falle zu einer Herabsetzung des Wertes der Bancozettel kommen werde, trug auch etwas zur Beruhigung bei und so besserte sich zu Ende des Jahres 1810 der Curs wieder und

[1]) [S. die Tabelle bei Beer S. 397.]

stand im Februar 1811 sehr oft auf 870, so dass der Gulden im Papiergelde ungefähr einen Werth von 7 statt vor 60 Kreuzern hatte. Jeder Capitalist, dessen Forderungen aus der Zeit vor 1799 herrührten, hatte also schon sieben Achtel seines Vermögens verloren.

Man würde jedoch sehr irren, wenn man das Sinken der Bancozettel für die einzige Finanzcalamität halten würde.

Einmal hatte man während der Kriegsjahre auch Darlehen unter drückenden Bedingungen aufgenommen und so die verzinsliche Staatsschuld sehr bedeutend vermehrt. Dann litt man unter dem schlechten Metallgelde, welches seit 1798 grösstentheils und seit 1800 ausschliesslich neben den Bancozetteln umlief, und dessen Totalsumme dem Nennwerte nach schwerlich weniger als 400 Millionen Gulden [1]) ausgemacht haben dürfte.

Anfangs hatte man an den Silbermünzen zu 6 und 12 Kreuzern, welche von geringhältigem Metalle waren, eine Aushilfe gesucht. Später, als der Curs den Speculanten das Einwechseln dieser Münzgattung gegen Bancozettel vortheilhaft erscheinen liess, hatte man noch geringhältigere Münzen zu 7 und 24 Kreuzern ausgeprägt. Als aber auch diese von Speculanten und vom Staate selbst aufgekauft wurden, weil 100 Gulden in diesen Münzen nach Conventionsmünze gerechnet mehr wert waren, als 100 Gulden in Bancozetteln, so getraute man sich gar keine auch noch so geringhältige Silbermünze mehr in den Umlauf zu setzen, sondern beschränkte sich auf Kupfergeld, welches seit 1798 auch immer geringer ausgeprägt wurde, so dass es schon im Jahre 1807 Kupfermünzen zu 15 und 30 Kreuzern gab.

Wie schlecht mehrere dieser Kupfermünzen gewesen sein müssen, kann man aus einigen späteren Verordnungen abnehmen. Im Jahre 1811 wurde eine Kupfermünze von 30 Kreuzern auf 6 Kreuzer in Einlösungsscheinen herabgesetzt und diese wurden seit 1818 ungefähr 2¼ Kreuzern in Conventionsmünze gesetzlich gleichgestellt, ungeachtet selbst dieser Wert noch höher als der wahre zu sein schien.[2])

---

[1]) [Nach der Tabelle bei Beer S. 393 betrug das ausgemünzte Kupfergeld im September 1810 doch nur 144,686.000 fl.]

[2]) In den Jahren 1807—1810 fand man eine Menge wohlhabender Haushaltungen, welche ganze Säcke voll Kupfermünzen aufhoben, weil sie glaubten, dass diese denn noch immer einigen Wert haben würden.

Endlich konnte man sich nicht mehr darüber täuschen, dass die Hoffnungen, welche man auf das Finanzpatent vom 26. Februar 1810 gebaut hatte, illusorisch seien, dass die Finanznoth nur immer grösser werde. Graf Wallis, den man zum Nachfolger des Grafen O'Donnell gemacht hatte, glaubte nun durchaus nicht mehr auf dem Wege der allmähligen Verminderung des Papiergeldes zum Ziele kommen zu können. Rasch und gefühllos, wie er war, und dabei doch so weit in Finanzgegenständen unterrichtet, dass er die Nothwendigkeit des Systems der gesetzlichen Reduction begriff, eilte er zur Ausführung, und der Monarch, gedrängt durch die Umstände, gab dazu seine Einwilligung.

Am 20. Februar 1811 wurde ein neues Finanzpatent erlassen, welches verschlossen in die Provinzen geschickt ward und am 15. März allenthalben in Gegenwart der Gemeindedeputierten mit Feierlichkeit eröffnet werden sollte. Alle Bancozettel wurden auf ein Fünftel ihres Nennwertes herabgesetzt, mit dem Kupfergeld geschah etwas ähnliches. Die Bancozettel, die man auf etwas mehr als 1060 Millionen Gulden angab, sollten bis zum 31. Jänner 1812 gegen „Einlösungsscheine" umgetauscht werden, deren Summe nie mehr als etwas über 212 Millionen Gulden betragen sollte. Diese sollten vom 1. Februar 1812 an die einzige Währung des Landes bilden. Für die seit 1799 aufgenommenen Darlehen wurde zum Zwecke der Bestimmung der zurückzuzahlenden Capitalien eine Scala publiciert, welche dem im betreffenden Monate bestehenden Agio entsprach. Für die Staatsobligationen sollte in Zukunft nur die Hälfte der Interessen gezahlt werden und alle Besoldungszulagen hörten auf.

Man muss dieses Patent ganz lesen, um es zu würdigen. Hier sollen nur einige Bemerkungen darüber gemacht werden.

Das Finanzpatent vom 20. Februar 1811 beruhte auf dem an sich richtigen Grundsatze einer gesetzlichen, deutlich ausgesprochenen Reduction. Allein im Einzelnen war es mit so wenig Ueberlegung, Umsicht und Wissenschaftlichkeit bearbeitet, dass man dasselbe eine elende Arbeit nennen konnte.

Schon der Massstab, nach welchem die Reduction geschah, war ein willkürlicher. Zur Zeit der Kundmachung des Patentes hatte man einen Curs von mehr als 800. Dennoch aber setzte das Finanzpatent die Bancozettel nur auf den fünften Theil ihres Nennwertes herab. Dies hatte die Folge, dass der Curs der Einlösungsscheine gleich Anfangs nicht al pari oder doch nahe daran, sondern sogleich auf 180 stand, wodurch alle Bestimmungen in Ansehung der Reduction theils illusorisch wurden. Und doch war im Finanzpatent der Grundsatz aufgestellt worden, dass die Einlösungsscheine als die gesetzliche Währung, als „Conventionsmünze", zu betrachten seien!

Auch in anderer Beziehung war die Bestimmung, dass man die Einlösungsscheine für Conventionsgeld nehmen müsse und im Inlande der Regel nach nur auf Einlösungsscheine contrahieren könne, sehr hart. Die Einlösungsscheine waren nämlich ein Papiergeld, welches, wenn man es nicht augenblicklich ohne Verlust in Münze umsetzen kann, nothwendig seinen Curs haben muss, der grossen Schwankungen unterliegen kann. Die Umwechslung der Einlösungsscheine gegen Conventionsmünzen in den Staatscassen war aber erst in unbestimmter Zeit zugesagt, wenn man diese und jene Hilfsmittel, diese und jene Darlehen erlangt habe. Dass man sie aber nicht erlangen werde, liess sich vorhersehen, theils wegen der allgemeinen Zustände in Europa, theils wegen des Zustandes des Staatscredits. Denn die Staatsgläubiger bekamen jetzt nur die Hälfte der ihnen zugesagten Interessen in Einlösungsscheinen. Mit dem nämlichen Rechte aber, wie man vor dem Finanzpatente die Interessen mit den tiefgesunkenen Bancozetteln bezahlt, und in dem Patente die Interessen auf die Hälfte herabgesetzt hatte, konnte man sich auch früher oder später von aller Zahlung lossagen. Der Curs der Staatspapiere fiel daher sehr tief, und durch mehrere Jahre war der Credit des Staates so gut als vernichtet.

4. Das österreichische Finanzwesen vom Finanzpatent des Jahres 1811 bis zum zweiten Pariser Frieden 1815.

Als das Finanzpatent vom 20. Februar 1811 erschienen war, sah sich die Regierung genöthigt, einen Reichstag in Ungarn abhalten, da man in vielen Gegenden Ungarns einen Gesetzgebungsact von so ungeheurer Wichtigkeit, wenn er nicht die Zustimmung des ungarischen Reichstages fände, als einen illegalen Act ansah. Dieser Reichstag wurde am 25. August 1811 eröffnet und sollte einen jährlichen Beitrag zur Tilgung der Einlösungsscheine und höhere Steuern zur Beseitigung des Deficits, weiter noch die nothwendigen Ergänzungen der ungarischen Regimenter bewilligen. Aber die Regierung fand wegen des Finanzpatentes harten Tadel und ihreWünsche wurden in den Hauptpunkten abgelehnt. Der Kaiser löste daher den Reichstag (20. Mai 1812) auf, führte das Finanzpatent als provisorisches Gesetz auch in den ungarischen Ländern ein und liess durch abgeordnete Commissäre Recruten ausheben. Auch gelangten zu mehreren hohen Aemtern Männer, welche in Ungarn unbeliebt waren und hohe geistliche und weltliche Würden blieben viele Jahre hindurch unbesetzt. Auch im Kleinen machte man fortdauernd Eingriffe in die ungarische Verfassung.

Die Ungarn hielten unter solchen Verhältnissen nur noch entschiedener an ihrer Constitution fest und besonders die protestantische Partei machte sich zur Vertheidigerin derselben, weil in dieser auch die Garantie ihrer confessionellen Rechte lag. Sie agitierte mit Geschicklichkeit und Erfolg auf den Comitats-Congregationen, welche jetzt, da der Reichstag viele Jahre nicht mehr berufen wurde, um so wichtiger wurden. Hier konnte keine Polizei die Redefreiheit hindern. Hier wurden viele Dinge zur Sprache gebracht und schon trat der Gedanke hervor, dass, wenn für die grössere Hälfte der österreichischen Monarchie eine unumschränkte Gewalt des Thrones bestehe, die ungarische Constitution unaufhörlichen Angriffen ausgesetzt sei und dass man entweder die Constitution Ungarns und Siebenbürgens stärker machen, oder Alles begünstigen müsse, was in den Ländern mit deutscher Verfassung zu constitutionellen Einrichtungen führen könne.

In den Westprovinzen Oesterreichs und in Galizien war in Folge des Finanzpatentes Jammer und Elend in unzähligen Familien, welche sich noch immer geschmeichelt hatten, dass früher oder später der Curs der Bancozettel sich bessern und diese am Ende wieder den Stand al pari erreichen würden. Diese Hoffnung, welche ohnehin kein Verständiger theilen konnte, war nun auf immer zerstört. Sehr viele Menschen schritten in ihrer Verzweiflung zum Selbstmord.

Wiewohl nun aber das ganze Volk mit dem Grafen Wallis unzufrieden war, den man damals, freilich oft irrig, als den Urheber so vieler Vermögensverluste ansah, so war es doch durchaus nothwendig, den Mann, von dem das Finanzpatent ausgegangen war, auch zu dessen Ausführung zu behalten. Er liess sich, woran er sehr Recht hatte, in dem nun einmal ergriffenen System nicht stören, wenn auch bald der Curs hin und her schwankte, die Theuerung in den Monaten April bis October 1811 fürchterlich stieg und während des ungarischen Landtages Besorgnisse aller Art auf den Curs einwirkten. Endlich bewirkte die Seltenheit des Geldes, welche schon im Jahre 1812 fühlbar wurde, ein allgemeines Sinken der Getreidepreise und der Realitäten. Für den Staat als Einkäufer, für seine Beamten und Soldaten kamen nun erträglichere Zeiten und selbst das Volk in den Städten fieng an, als es die zunehmende Wohlfeilheit gewahrte, sich mit einigen Ideen des Finanzpatentes auszusöhnen. Am Anfange des Jahres 1813 war auch schon ein Grad von Ordnung im Staatshaushalt eingetreten, den man seit 1804 nicht gesehen hatte.

Allein auch dieser Anfang von Ordnung dauerte nicht lange. Im Jahre 1812 unternahm der Kaiser Napoleon seinen unglücklichen Feldzug nach Russland und nun sah Oesterreich den Zeitpunkt gekommen, in welchem alle Mächte mit der Wahrscheinlichkeit eines grossen Erfolgs über Frankreich herfallen könnten. Der Graf von Metternich, damals Minister der auswärtigen Angelegenheiten, gewann das Conseil für diese Ansicht. Oesterreich trat als Vermittler auf und rüstete sich zum Kriege. Da hiezu grosse Geldmittel erforderlich waren und man weder an die Aufnahme von Anlehen noch an eine ausgiebige Erhöhung der Steuern denken konnte, so schien nichts als eine Vermehrung des Papiergeldes möglich zu sein. Graf Wallis trat deshalb (April 1813) von dem Posten eines Hofkammer-Präsidenten zurück und der damalige oberste Kanzler Graf von Ugarte übernahm provisorisch die Leitung der Finanzen.

Am 16. April 1813 erschien ein kaiserliches Patent, worin angekündigt wurde, dass für 45 Millionen Gulden sog. Anticipationsscheine herausgegeben werden würden, welche binnen 12 Jahren in gleichen Raten, mittelst eines aus der Grundsteuer zu errichtenden Fonds wieder aus dem Umlaufe gezogen werden sollten. Diese Anticipationsscheine sollten alle Privilegien der Einlösungsscheine in Hinsicht auf die Anwendbarkeit in öffentlichen und Privatzahlungen geniessen, ihre Nachmachung sollte denselben Strafen unterworfen sein und beide Arten von Scheinen wurden jetzt unter dem Namen „Wiener Währung" begriffen.

So war denn nun das, was schon im Jahre 1811 die scharfsichtigeren Beobachter vorhergesehen hatten, ausgesprochen, man vermehrte bei der ersten politischen Krise das Papiergeld und eilte daher wieder einer Geldkrisis entgegen. Kein vernünftiger Mensch konnte annehmen, dass es bei den angekündigten Massregeln bleiben werde. Der Hof hatte bereits im Jahre 1811 versprochen, die Summe der Einlösungsscheine nicht zu vermehren, und er hielt dieses Versprechen, indem er jetzt nicht mehr „Einlösungs"- sondern „Anticipationsscheine" schuf. Konnte aber nicht in einem ähnlichen Sinne auch ferner gehandelt werden? Konnte man nicht unter dem Vorwand dringender Nothwendigkeit die Summe des Papiergeldes, allenfalls mit einer dritten Benennung, nach dem Bedürfnis vermehren? Belief sich dieses Bedürfnis nicht, wenn es zum Kriege kam und dieser lange dauerte, auf Hunderte von Millionen? Musste sich nicht eben deshalb von neuem ein Deficit in den Staatsfinanzen einfinden? Hatte man es endlich in der Gewalt, auf der betretenen Bahn nach Belieben stehen zu bleiben und Gewaltstreiche zu vermeiden?

Das Volk war übrigens damals für den Krieg, und hoffte mittelst desselben einen glänzenden Frieden. Das Patent wegen der Anticipationsscheine verursachte daher durchaus kein weit verbreitetes Missvergnügen.

Tadelnswert schien es im Auslande, dass im Finanzpatente das Recht, auf beliebige Münzgattungen zu contrahieren, so sehr beschränkt und dadurch eine neue Unsicherheit der Zukunft herbeigeführt wurde. Aber diese Inconvenienz lag in der Natur der Sache. In einem Staate, der keine Mittel hatte, sein neues Papiergeld durch eine angemessene Summe von Conventionsmünze zu begründen, und doch seine Existenz retten wollte, blieb nichts anderes zu thun übrig, als den Gebrauch von Conventionsmünze möglichst zu beschränken. Jeder würde sonst lieber auf Conventionsmünze contrahiert und dadurch die Anwendung und den Credit der Einlösungsscheine beschränkt haben.

Die im Patente vom 16. April 1813 angekündigten Anticipationsscheine wurden sofort ausgegeben. Aber wer auf die Nummern und Serien der erschienenen Scheine sah, bemerkte bald, dass die festgesetzte Summe von 45 Millionen Gulden schon in den ersten Monaten überschritten worden sein dürfte. In der That wurden dieselben, um die Kriegskosten decken zu können, schon im August und dann noch öfter vermehrt ¹), ohne dass man dem Volke auch nur ein Wort davon mitgetheilt hätte. Wir wissen aus einer officiellen Kundmachung der Regierung, dass am 20. October 1815 Anticipationsscheine im Betrage von 466,556,175

---

¹) [Vgl. Beer S. 84 f.]

Gulden, also mit den Einlösungsscheinen, die 212.159,750 Gulden betrugen, Scheine mit Zwangscurs, welche zusammen „Wiener Währung" hiessen und vom Volke mit dem gemeinschaftlichen Namen „Schein" bezeichnet wurden, in der Gesammtsumme von 678.715,925 Gulden im Umlaufe waren.

Der Curs fiel daher in einem fort, und im gleichen Verhältnisse stieg die Theuerung, das Elend der Besoldeten, andererseits freilich auch der Wohlstand der Gewerbsleute und die Sucht zu Speculationen.

Während man im October 1812 einen Curs, nach dem Monatsdurchschnitt berechnet, von 139 gehabt hatte, stieg er im October 1813 auf 169. Die Schlacht bei Leipzig brachte ihn im November 1813 nur auf 163 zurück. Aber im April 1814 stieg er ungeachtet der Eroberung von Paris und der Aussicht auf Frieden auf 238. Im April 1815, als Napoleons Rückkehr von Elba einen allgemeinen Krieg fürchten liess, war der Curs im Durchschnitt 408, im Juni 430 und in der übrigen Zeit der Jahre 1815 und 1816 selten geringer als 300, gar oft aber 360. Man kann sich davon aus den Cursen, die jeden Tag in der „Wiener Zeitung" abgedruckt waren, und noch kürzer aus der politischen Gesetzsammlung vom Jahre 1819 überzeugen, in der bei dem Patente über die Regulierung der Grundsteuer eine officielle Uebersicht der Curse von 1809—1818 abgedruckt ist.

Alle Erscheinungen der Bancozettel wiederholten sich daher von neuem. Verschwendung und Luxus bei Bauern und Handwerkern, ungeheurer Gewinn bei den unsinnigsten Speculationen, gänzliche Zugrundrichtung der Staatsgläubiger, welche ihre Papiere noch theuer angekauft hatten, ein grosser Verlust bei allen Privatgläubigern, denen die tief gefallenen Einlösungs- und Anticipationsscheine mit Rücksicht auf das Finanzpatent von 1811 als volle Zahlung angerechnet wurden, eine fortdauernde Verarmung aller Stiftungen, Kirchen und Gemeinden, deren bewegliches Vermögen fast nur in Staatspapieren bestand, und eine gänzliche Umkehrung aller Begriffe von Rang, Klugheit, Lebensgenuss, Standeswahl, Staatsbestimmung und Nächstenliebe.

Werfen wir speciell einen Blick auf die Beamten und Pensionisten des Staates. Diese erhielten vom 15. März 1811 bis nach der Eroberung von Paris im März 1814 keine Zulagen, obgleich es oft Curse von 200 und 300 gab. Nach diesem grossen Ereignisse wurden ihnen zwar Zulagen bewilligt, so dass 1814 der Gehalt in Wiener Währung ungefähr auf das Doppelte kam, und im Jahre 1815 wurden sogar die Zulagen bei den kleineren Gehalten und Pensionen auf 150% erhöhet. Aber wenn man den Curszettel der Periode von 1811–1816 in der Hand hält, ist es leicht, nachzuweisen, dass die Besoldeten oft zwei Drittheile und selbst in den Monaten, wo der Curs am günstigsten gestanden hatte, doch ein Drittheil des ihnen zugesagten Gehaltes verloren hatten. Die Lebensart entsprach auch diesen Verhältnissen. Die Hof- und Gubernialräthe waren oft ohne Bedienten, Töchter von Landräthen arbeiteten für fremde Leute, was noch bis 1804 für ein Zeichen von Armut gegolten, und oft sah man Witwen und Waisen von angesehenen Beamten als Dienstboten.

Auch unter der Geistlichkeit gab es ähnliche Erscheinungen. Viele Pfarrer wollten von Gastfreundschaft nichts wissen, Localcaplane hatten oft mehrere Tage nach einander nichts Warmes, viele Geistliche in Städten machten Hauslehrer. Das Ansehen derselben litt darunter, besonders weil oft diejenigen, welche solche Hauslehrer hielten, Wirte, Garköche oder Handwerker waren, welche von einer feineren Sitte nichts wussten.

Wenn man am Anfange des Jahres 1816, wo endlich die politischen Verhältnisse geordnet erschienen, einen Blick auf den Curs der Einlösungs- und Anticipationsscheine warf, so zeigte sich, dass von denselben nicht weniger als für 600—700 Millionen im Umlauf sein konnten [1]), und dass also die Regierung in einem zweijährigen Kriege, in welchem sie englische Subsidien bezog und Requisitionen im Feindesland ausschreiben konnte, nicht weniger als 400—500 Millionen neues Papiergeld ausgegeben habe.

---

[1]) [„Das Jahr 1815 schloss mit einem Umlaufe an Einlösungsscheinen im Betrage von 208·715 Millionen und an Anticipationsscheinen von beiläufig 150 Millionen Gulden, wozu noch 20 Millionen im nächsten Jahre hinzukamen". Beer S. 85.]

VII. Buch.

Das Justizwesen in der ersten Periode des Kaisers Franz.

––––––

1. Das Strafgesetzbuch und die Civilprocessordnung für Westgalizien.

Kaum war der Kaiser Franz zur Regierung gekommen, als auch die Idee einer Vervollständigung und Verbesserung der Justizgesetzgebung, welche unter Leopold II. auf die Tagesordnung gesetzt worden war, die Minister von neuem beschäftigte. Man dachte an eine vermehrte und verbesserte Auflage der Gerichts- und der ganz misslungenen Concursordnung, an ein neues Criminalgesetzbuch und vor allem an ein Civilgesetzbuch oder, wie es nun in der Kunstsprache einmal hiess, an ein allgemeines bürgerliches Gesetzbuch.

Die Männer, welche auf die neuen Arbeiten den meisten Einfluss bekamen, waren Martini und Sonnenfels. Man konnte daher schon im Jahre 1793 schliessen, dass die Grundsätze der aufgeklärten Partei in den neuen Gesetzbüchern vorherrschen, folglich sich alle Verbesserungen auf Benützung aller ergangenen Erläuterungen, auf grössere Richtigkeit in den Definitionen und Eintheilungen und auf Vermeidung jener auffallenden Fehler beschränken würden, welche man so allgemein an der Gesetzgebung Josephs II. getadelt hatte.

Dass diese Ansicht die richtige sei, sah man bestätigt, als der Hof nach der Erwerbung von Westgalizien jene Gesetzbücher, welche bei der Gesetzgebungs-Commission zu Wien seit Leopold II. in der Arbeit gewesen waren und 1796 fertig wurden, in diesem

Lande gleich einführte. Es erschienen eine Gerichtsordnung, eine Wechselordnung, ein bürgerliches Gesetzbuch und ein Strafgesetzbuch.

Die Gerichtsordnung zeigte nicht viel neues. Es war eine neue Auflage der Josephinischen von 1781, bei welcher alle seit jener Zeit erschienenen Hofdecrete benützt waren. Eben so wenig Wichtigkeit hatte die Wechselordnung, welche sich mit einer auffallend bessern Textierung an die Bestimmung der Theresianischen Wechselordnung von 1763 hielt. Um so mehr Neues aber boten das Civil- und das Criminalgesetzbuch.

Das Civilgesetzbuch, dessen Wirksamkeit 1804 auch auf Ostgalizien ausgedehnt wurde, konnte man in Rücksicht auf Sprache, Eintheilung und Klarheit vorzüglich nennen. Nicht dasselbe gilt von seinem Inhalte. Der Eingang desselben enthielt eine äusserst schwankende und ganz unnöthige Theorie über den Staat und die Verbindlichkeit der Gesetze: „Recht", heisst es im I. Hauptstück, § 1, „ist Alles, was an sich selbst gut ist, was nach seinen Verhältnissen und Folgen etwas Gutes enthält oder hervorbringt, oder zur allgemeinen Wohlfahrt beiträgt". Dann wird die Entstehung des Staates auf den Abschluss des „bürgerlichen Contractes" zurückgeführt und als Zweck des Staates die allgemeine Wohlfahrt angegeben. Auch im Kundmachungspatent ist von Staatsbürgern die Rede, obgleich die Bewohner der meisten österreichischen Provinzen im Jahre 1796 nicht die geringsten politischen Rechte hatten und das Staatsrecht Rousseau's mit dem Staatsrechte von Ungarn im schneidendsten Widerspruche stand. [1]

Das Personenrecht des bürgerlichen Gesetzbuches war in Beziehung auf die Ehe, die unehelichen Kinder, die väterliche Gewalt, die Familienrechte, die Waisensachen und die Curatelen dem Josephinischen, durch die Leopoldinischen Gesetze etwas modificierten, Gesetzbuche nachgebildet. Daher ein mit den Vorschriften der katholischen Kirche ganz im Widerspruch stehendes Eherecht, eine väterliche Gewalt, die so gut war wie keine, eine grosse Auflockerung der Familienverhältnisse in Beziehung auf

[1] Wenige Beamte wussten später noch, dass das Gesetzbuch von 1811 zu vier Fünftheilen wörtlich aus dem westgalizischen Gesetzbuche entnommen sei. Uebrigens war dieses als eine binnen wenigen Jahren zu Stande gekommene Arbeit alles Lobes wert und zeichnet sich vortheilhaft vor jenen Arbeiten aus, welche später (1830—1848) aus den Wiener Gesetzgebungs-Commissionen hervorgiengen.

Geldsachen, eine grosse Einmengung des Staates in die Verlassenschafts- und Waisensachen und eine starke Beschäftigung der Gerichtsstellen mit Vormundschafts- und Curatelsangelegenheiten, wobei stets vorausgesetzt wurde, dass der Richter die Familienverhältnisse am besten zu beurtheilen wisse und dass die Erhaltung des Waisenvermögens die Hauptsache bei den Vormundschaften sei. Das Auffallendste im Personenrechte des westgalizischen Gesetzbuches war aber, dass man die Dienstboten dadurch, dass man ihr Verhältnis zu den Dienstgebern aus dem blossen Standpunkte des Vertrages betrachtete, ganz ausserhalb des Familienverhältnisses stellte und dadurch sogar Aussicht auf zahlreiche Civilprocesse zwischen Dienstboten und Dienstgebern eröffnete.

Das Sachenrecht des bürgerlichen Gesetzbuches war theilweise vortrefflich bearbeitet, hielt aber die Josephinischen Bestimmungen über die Dienstbarkeiten, das Einstandrecht, die Intestaterbfolge, die Heiratsgüter und die Hypotheken aufrecht, folglich alle Josephinischen Anordnungen, welche nach und nach den Staat desorganisieren mussten. In Ansehung der Anleihen waren angemessene Bestimmungen getroffen und ebenso fand sich in der Materie der Verträge und der Verjährung manches Gute. Doch blieben die Rechte der Corporationen dem gemeinen Rechte entrückt, weil die Regierung in Ansehung derselben freie Hand haben wollte, um sie den politischen Stellen mehr unterzuordnen und dadurch zu bevormunden.

Die westgalizische Gerichtsordnung war eine verbesserte und durch Benützung der seit 1781 über ihren Inhalt erschienenen Gesetze vermehrte Auflage der Josephinischen Gerichtsordnung. Dasselbe galt von der Concursordnung und der Instruction für die als Collegien organisierten Justizstellen. Auch die galizische Wechselordnung enthielt, abgesehen davon, dass die Sprache viel reiner war als in der Theresianischen Wechselordnung von 1763, nicht viel Neues.

Das bedeutendste der für Westgalizien gegebenen Gesetze war aber das Strafgesetzbuch von 1796. Es gründete sich in der Hauptsache auf die Ideen der Josephinischen Strafgesetzgebung, doch behielt man die Milderungen der Strafen bei, welche der Kaiser Leopold bewilliget hatte, und fügte sogar noch einige neue bei. Da man aber unter dem Kaiser Franz (1795) aus Anlass der Verschwörung eines gewissen Hebenstreit für Hochverrathsfälle wieder die Todesstrafe und zwar durch den Strang eingeführt hatte, so gab es jetzt im Criminalgesetzbuche auch beim ordentlichen Verfahren in einigen Fällen die Todesstrafe.

Dieses Strafgesetzbuch hatte übrigens viele Fehler. Es enthielt ohne eine feste Gränzlinie die Eintheilung der Verbrechen in Civil- und Criminalverbrechen, wies aber die Untersuchung beider dem Criminalgerichte zu, und setzte auch für beide gleiche Arten von Strafen fest. Es nahm zwar zwischen beiden Arten der Verbrechen einen wesentlichen Unterschied an, vermög welchem die Criminalverbrechen die schwereren sein sollten, aber doch stand zuweilen (z. B. § 106—190) auf den Civilverbrechen die härtere Strafe. Auch nahm es das Gesetzbuch leicht mit den Verbrechen des Betruges und der Religionsstörung, war aber streng in allen den Staat berührenden Verbrechen. Im Uebrigen bemerkte man noch immer Unsicherheit bei der Classification der Verbrechen und die unklaren Bestimmungen über den Missbrauch des obrigkeitlichen Amtes waren wohl geeignet, bei einem Volke, welches sich einer genauen Gesetzkenntnis hätte rühmen können, jeden Beamten in der Ausführung seiner Functionen ängstlich zu machen. Auch die Humanität vermisste man sonst; die Linie der Criminalität war allzu weit gezogen, und 100 Stockstreiche auf einmal zu gestatten, konnte für eine Art von Grausamkeit gelten.

Was das gerichtliche Verfahren betrifft, so herrschten gleichfalls die Grundsätze der Josephinischen Periode. Die Urtheile lauteten auf „schuldig", „schuldlos" und „entlassen aus Mangel an rechtlichen Beweisen". Man legte einen übertriebenen Wert auf das Geständnis des Angeklagten, welches dieser, wenn er klug ist, gar nicht oder nur dann ablegt, wenn er dazu gezwungen wird. Daher, obgleich das Gesetz es nicht wollte, in der Regel Misshandlungen der Untersuchten durch den Untersuchungsrichter, welche sich meistens durch Androhung oder Ertheilung von Stockschlägen zeigten, und zu denen selbst einige Bestimmungen des Gesetzbuches den Vorwand leihen mussten.

Das ganze Strafverfahren war übrigens geheim. Der Richter erkannte über die eingelaufenen Anzeigen; die Einsicht der Criminalacten war dem Inquisiten verboten; das Richtercollegium, welches das Urtheil sprach, sah nicht einmal den Untersuchten.

In Ansehung des Urtheils war gleichfalls die Josephinische Bestimmung beibehalten, dass der Richter erster Instanz sein Urtheil nur bei gewissen Verbrechen, bei kleineren Strafen und bei einem in Ansehung des Verbrechens abgelegten Geständnisse sogleich kundmachen dürfe. Bei andern Verbrechen oder grösseren Strafen und schwierigeren Beweisarten musste das Urtheil dem Obergerichte schon von Amtswegen vorgelegt werden, welches dann auf Grund der Acten sein Erkenntnis aussprach. Doch durfte das Obergericht sein Erkenntnis auch nicht in allen Fällen zur Kundmachung hinausgeben, sondern musste es bei verschiedenen Staatsverbrechen oder wenn sein Erkenntnis auf Todesstrafe oder lebenslänglichen Kerker lautete, der obersten Justizstelle vorlegen. Erst das von dieser ausgegangene Erkenntnis, welchem in gewissen Fällen noch eine Actenvorlage an den Monarchen vorhergieng, war das eigentliche zur Kundmachung geeignete Urtheil.

Durch diese Einrichtung hatte die Regierung alle wichtigeren Urtheile in ihrer Hand oder doch wenigstens in der Hand landesfürstlicher, den Präsidialeinflüssen und den Conduitlisten unterworfener Richter. Der Richter erster und sehr oft auch der zweiter Instanz hatten in vielen Fällen blos solche „Urtheile", welche eigentlich blos Urtheilsentwürfe waren, auszufertigen. Der Grundsatz: Niemand soll seinem Richter entzogen werden, hatte in vielen Fällen keinen Sinn mehr, da Staatsverbrechen das eigentliche Urtheil meistens erst in dritter Instanz fanden.

Selbst in Ansehung jener Urtheile, welche das Gericht erster oder zweiter Instanz sprechen und kundmachen konnte, war der Recurs sehr begünstigt, und zwar mehr, als es im Interesse einer guten Justizpflege hätte geschehen sollen.

Es kann hier nicht davon die Rede sein, die Bestimmungen des westgalizischen Strafgesetzbuches, welches mit dem Hofdecret vom 8. September 1797 auch in Ostgalizien eingeführt wurde, mit jener Umständlichkeit zu prüfen, welche etwa in einer Geschichte der österreichischen Strafgesetzgebung am Platze wäre. Es mag also hier nur noch die Bemerkung Platz finden, dass man in Westgalizien die österreichische Justizgesetzgebung wohl der Form nach besser fand als die ältere polnische, in Ansehung der materiellen Bestimmungen aber, auf welche am Ende das meiste ankommt, der letzteren bei weitem nachsetzte und insbesondere bei den österreichischen Justizgesetzen wenig moralische Grundlagen wahrzunehmen glaubte. Manche Bestimmungen fand selbst die Regierung sehr schlecht und so wurden unter andern sehr bald die Dienstbotenverhältnisse den Gerichtsstellen wieder entzogen und den politischen Behörden zugewiesen.

Diese Erfahrungen bewirkten, dass man beträchtliche Veränderungen auch an allen westgalizischen Gesetzbüchern für nothwendig fand, ehe man sich zur Einführung derselben in den Provinzen mit deutscher Verfassung entschliessen konnte. Diese Verbesserungen sollten aber keineswegs in der Aufstellung neuer Grundlagen bestehen, so sehr dies auch einzelne kritische Beurtheiler gewünscht hatten, sondern in Verbesserungen des Textes, in Herstellung einer streng systematischen Aufeinanderfolge der Materien, in Vervollkommnung der Nebenbestimmungen, kurz in solchen Verbesserungen, welche für den Kenner wenig Wert haben, aber für den Nichtkenner, welcher schöne und wohlerwogene Formen verlangt, von der grössten Wichtigkeit sind. Um die unter Joseph II. eingeführten Grundlagen noch mehr zu sichern, waren die Hofcommissionen für die Gesetzgebung so zusammengesetzt, dass die Ideen der Josephinischen Periode nothwendig die Herrschaft behalten mussten. Es vergiengen nun wieder einige Jahre mit Arbeiten an einer neuen Justizgesetzgebung.

2. Das Strafgesetzbuch von 1803 und das allgemeine bürgerliche Gesetzbuch von 1811.

In der Zeit von 1803 bis zum Jahre 1812 traten zwei neue Gesetzbücher für die böhmischen, österreichischen und galizischen Provinzen in das Leben, nämlich ein Strafgesetzbuch im Jahre 1803 und das allgemeine bürgerliche Gesetzbuch im Jahre 1811, worüber Manches früher erörtert worden ist.

Das Strafgesetzbuch, welches am 3. September 1803 kundgemacht wurde und mit dem 1. Januar 1804 in Wirksamkeit trat, bestand aus zwei Theilen, von denen der erste von den Verbrechen, der zweite von den schweren Polizeiübertretungen handelte. Jeder dieser zwei Theile zerfiel in zwei Abtheilungen, wovon eine die strafbaren Handlungen, die andere das dabei zu beobachtende Verfahren enthält. Es folgt dann eine weitere Unterabtheilung in Hauptstücke, die wieder in Paragraphe zerfallen.

Der erste Theil des Strafgesetzbuches behandelte das, was man vorher Criminalverbrechen genannt hatte. Mathias von Haan, ein alter Rechtsgelehrter, später niederösterreichischer Landrechts-Präsident, hatte diesen Theil redigiert.

Unter dem Namen schwerer Polizeiübertretungen behandelte der zweite Theil des Gesetzbuches theils wirkliche Polizeiübertretungen, welche man für schwere hielt, theils kleinere Verbrechen oder mit bösem Vorsatz oder einer schuldbaren Nachlässigkeit begangene Vergehen. Die Hauptperson bei der Abfassung war der Hofrath Joseph von Sonnenfels gewesen, welcher zwar unter Franz I. bei weitem nicht mehr den grossen Einfluss hatte, den er einst unter Maria Theresia und Joseph II. gehabt, der aber doch in allem, was die Polizei betraf, für eine hohe Autorität galt.

Auch dieses Strafgesetzbuch war ohne irgend eine Berathung mit den Ständen abgefasst worden und so hatte es denn durchaus das Gepräge der Theorie.

Im Criminalgesetzbuche wurde nicht nur der Begriff dessen, was in die Reihe der Verbrechen aufzunehmen sei, von der Regierung ohne alle Rücksichten auf Volksmeinungen und die früheren Anschauungen festgestellt, sondern auch Strafen ausgesprochen, welche man schon nach wenigen Jahren, obgleich jetzt gegen die Josephinische Zeit eine beträchtliche Milderung eintrat, viel zu hart fand. Zugleich wurden bei Verurtheilungen der Hauptstrafe so viele accessorische Strafen, z. B. Verlust des Adels, des Amtes oder gewisser Befähigungen beigefügt, dass die gebildeteren Stände offenbar zu hart behandelt waren, was auch deswegen der Fall war, weil die Strafen für Leute jedes Standes ganz gleich waren.

Auch in Beziehung auf das Verfahren waren alle Mängel des Josephinischen Criminalgesetzbuches beibehalten. Das ganze Verfahren war heimlich und beruhte auf den Maximen des Inquisitionsprocesses. — Das Criminalgericht beurtheilte, ob hinreichende Gründe zu einer Criminaluntersuchung vorhanden wären, eine und dieselbe Person konnte an dieser Entscheidung theilnehmen und dann doch noch Untersuchungsrichter und Vertheidiger des Angeklagten sowie Mitglied jenes Collegiums sein, welches das Urtheil sprach. Das Gesetzbuch hielt alle diese ihrer Natur nach sehr verschiedenen Verrichtungen für vereinbarlich.

Auch auf das Geständnis des Untersuchten wurde wie unter Joseph II. ein übertriebener Wert gelegt. Die andern Beweisarten hatten wenig Anwendung, aber eben dadurch geschah es auch, dass die Richter, an gewisse Ausdrücke des Gesetzbuches sich haltend, unter dem Vorwande wahrgenommener Lügen die Ge-

ständnisse der Inquisiten erpressten, wogegen die von dem Gesetzbuche eingeführte Controlle der Gerichtsbeisitzer nicht hinlänglich
schützte.

Das Gesetzbuch setzte auf die meisten Verbrechen Kerkerstrafen und bestimmte hiefür ein Maximum und ein Minimum.
Aber zugleich räumte es in den §§ 48 und 49 den untern Gerichten und im § 402 noch mehr den Appellationsgerichten die
Befugnis ein, bei gewissen Milderungsumständen unter das Minimum
herabzugehen. Davon wurde nun übermässig oft und im aus-
gedehntesten Masse Gebrauch gemacht und, was wahrscheinlich
Ausnahme sein sollte, zur Regel, so dass das ganze Strafsystem
des Gesetzes zerrüttet wurde.

Eben so schlimm war die Geistlosigkeit vieler Präsidenten
und Referenten der höheren Gerichtshöfe, welche unter dem Vorwande der Gründlichkeit übermässig weitläufige Criminalunter-
suchungen begünstigten. Es kam nicht selten vor, dass wegen
eines Verbrechens, auf welches eine Strafe von drei Wochen verhängt wurde, die Untersuchung ein ganzes Jahr gedauert hatte.

Man rühmte übrigens die Humanität des neuen Criminal-
gesetzbuches und in manchen Beziehungen mit Recht. In gewissen
Fällen konnte jetzt die Untersuchung des Beschuldigten auf freiem
Fuss stattfinden, die Stockschläge wurden auf seltene Fälle und
auch dann auf eine mässige Zahl beschränkt, die Behandlung der
Inquisiten und der Sträflinge war so menschlich, dass in vielen
Gegenden der gemeine Mann weit schlechter lebte und mehr als
einmal Sträflinge nach geendigter Strafzeit um Beibelassung im
Straforte baten. Aber nicht in jeder Rücksicht konnte man von
Humanität sprechen.

Auf den höheren Ständen lastete nämlich das Criminalgesetzbuch unverhältnismässig schwer. Wenn der gemeine Mann und
der Beamte oder Adelige ein und dasselbe Verbrechen begangen
hatten, so war die Kerkerstrafe für beide gleich, aber der gemeine
Mann spaltete nach geendeter Strafzeit sein Holz fort, oder webte
wieder sein Tuch, während dem Beamten noch Entlassung, den
Adeligen oft der Verlust des Adels traf und beide wohl auch
unter genauere Polizeiaufsicht gestellt wurden. Man führte zwar
zur Vertheidigung des Gesetzbuches an, dass ein und dasselbe
Verbrechen an dem Gebildeten mehr müsse gestraft werden als
an dem Ungebildeten und dass manche Folgen blos von verlornem
Zutrauen oder von verlorner Ehre herrühren. Allein es war nicht

schwer, auf solche Einwürfe zu antworten. Es gibt Verbrechen
wie z. B. Zweikampf, Hochverrath, Betrug, welche oft vorzugsweise unter den höhern Ständen vorkommen, und wenn zufolge
einer gerichtlichen Untersuchung der Verlust des Amtes oder
der Ehre eintritt, wäre es auch nur zufolge einer vom Strafgesetzbuch unabhängigen Betrachtung, so soll das Strafgesetzbuch das, was schon durch die Natur der Sache als Strafe eintritt, bei Bemessung der Criminalstrafe würdigen. So war aber
einmal der Geist der neuern Gesetze; während sie die Licenz der
untern Classen begünstigten, drückten sie verhältnismässig hart
die höhern.

Auch an einem neuen Civilgesetzbuche wurde fortgesetzt gearbeitet. Die Hauptperson bei dessen Abfassung war der Hofrath
Franz von Zeiller, einst (vor 1803) Professor des Naturrechts an
der Wiener Universität, ein verehrungswürdiger Mann, der eine umfassende Gelehrsamkeit zu dieser Arbeit mitbrachte, und der, hätte
Alles von ihm abgehangen, dem Gesetzbuche vorzüglich im Personenrechte manche vortreffliche Grundlage gegeben hätte. Allein
sein Wirkungskreis in Ansehung der Grundsätze war gering; nur
in Rücksicht auf System, Textierung und Detail hatte er freiere
Hände.

Das neue „allgemeine bürgerliche Gesetzbuch" wurde mit
Patent vom 1. Juli 1811 eingeführt, und trat am 1. Jänner 1812
in Wirksamkeit.

Dieses änderte wenig an der früheren Gesetzgebung. Seit
Joseph II. war das Personenrecht, das Recht der Hypotheken, die
gesetzliche Erbfolge, und die Verwaltung der Fideicommisse im
Sinne der damals herrschenden Ideen gehandhabt worden. —
Leopold II. hatte nur einige grelle Bestimmungen jener Gesetze abgeändert. Der wichtigste Theil der Materien des bürgerlichen Gesetzbuches war also bereits geordnet und es blieb nur
das Sachenrecht zu bestimmen, für welches bis zum Jahre 1811
die ältern einheimischen Gesetze und das römische Civilrecht
galten. Viele Materien aber, welche in das Personenrecht oder
in das Sachenrecht einschlagen, z. B. die Rechtsverhältnisse der
Ortsgemeinden und Corporationen, die Rechte der Kirchengesell-
schaften, die Rechte der Herrschaftsbesitzer gegen ihre Unterthanen u. s. w. wollte man nicht durch das bürgerliche Gesetzbuch regeln. Man behielt sie vielmehr den politischen Gesetzen
vor, d. h. solchen, welche man nach der Convenienz der Regie-

rung erliess, änderte oder aufhob, und liess sie nicht durch die Gerichte, sondern durch die politischen Behörden entscheiden.

Der Zweck der Regierung bei Einführung des bürgerlichen Gesetzbuches war kein anderer als der, der Herrschaft der fremden und älteren Rechte ganz ein Ende zu machen, dadurch die seit 1780 bestandene Justizgesetzgebung zu vervollständigen und das unter Maria Theresia gemachte Versprechen, ein zeitgemässes bürgerliches Gesetzbuch einzuführen, zu erfüllen.

Für die Bearbeitung des bürgerlichen Gesetzbuches diente das westgalizische bürgerliche Gesetzbuch zum Muster und zur Grundlage. Wer jenes mit diesem vergleicht, wird finden, dass drei Viertheile aller Paragraphe des westgalizischen Gesetzbuches wörtlich in das Gesetzbuch von 1811 übertragen wurden. Aber viele Paragraphe, z. B. die das Staatsrecht und die Dienstbotenverhältnisse betreffenden, sind weggelassen, viele wesentlich verbessert und eine musterhafte Anordnung getroffen. Genau betrachtet, erscheint daher das Gesetzbuch von 1811 als eine neue und verbesserte Auflage des westgalizischen Gesetzbuches.

Neue Rechtssätze enthält dagegen jenes nur wenige. Es blieben daher das mit der Religionsfreiheit der Katholiken unvereinbarliche Eherecht, der Abgang einer eigentlichen väterlichen Gewalt, ein lockeres Familienband, grosse Unabhängigkeit der Gattinnen in Anschung ihres Vermögens, ein schwerfälliges Vormundschaftswesen, eine grosse Einmengung des Richters in die Vermögensverhältnisse der Pflegbefohlenen, das gleiche Erbrecht der Geschwister, wodurch die Zersplitterung des Vermögens begünstigt wurde, die Leichtigkeit, Fideicommisse mit Schulden zu beladen und Hypotheken zu erwerben, mit einem Worte es blieben alle jene Verfügungen, durch welche die Josephinische Gesetzgebung die ältern Zustände bis in ihre tiefsten Tiefen geändert hatte. Politisch wichtig war also nur, dass man im Jahre 1811 diese Grundlagen beibehielt.

Das bürgerliche Gesetzbuch konnte nur in Beziehung auf Sprache, Ordnung, Klarheit und einzelne Detailbestimmungen gelobt werden, in Anschung des Wertes im Ganzen stand es der Napoleonischen Gesetzgebung, welche 1802—1808 in das Leben getreten war, weit nach. Doch war dies nicht Zeillers Schuld gewesen, weil ihm die Beibehaltung aller früheren Grundlagen als Regel vorgeschrieben worden war.

Ausser diesen umfassenden Gesetzbüchern waren noch manche andere weniger wichtige Verordnungen erschienen. So wurde im Jahre 1802, angeblich um das Ansehen der Geistlichkeit zu vermehren, auch der unadelige Clerus unter die Gerichtsbarkeit der Landrechte gestellt. Die schlechte Concursordnung von 1781 dagegen wurde, obgleich man mehreremal eine Abänderung hoffen liess, beibehalten. Doch fanden über diese wie über die Gerichtsordnung im Jahre 1813 verschiedene Berathungen statt, deren Grundlagen aber Geheimnis blieben.

Fünfte Abtheilung.

———

Geschichte der österreichischen Staatsverwaltung in der zweiten Hälfte der Regierung des Kaisers Franz (1814—1835).

I. Buch.

Das herrschende Regierungssystem und die leitenden Persönlichkeiten.

1. Das Stabilitätssystem.

Die letzten zwanzig Jahre der Regierung des Kaisers Franz waren ein beständiger Kampf gegen das, was man die revolutionären Ideen nannte. Man hatte zwar auch beim Ausbruche des Krieges von 1809 in feurigen Proclamationen die Völker zum Kampfe für die Freiheit, zur Erhebung gegen ihre Regierungen aufgerufen. Aber schon im Jahre 1813 hatte man sich viel vorsichtiger ausgedrückt. Nach der Wiederherstellung der Bourbons in Frankreich vertrat Oesterreich wie alle Höfe nach Aussen das strengste Legitimitätsprincip und auch im Innern glaubte man keinen Grund zu einer Aenderung der Regierungsgrundsätze zu haben. Man wusste nicht, dass es auch in Oesterreich zahlreiche Missvergnügte gebe, dass sehr viele Bewohner unzufrieden seien mit dem Finanzsystem, welches das Eigenthum gefährdete, die Beamten mit dem herrschenden Protectionswesen, die religiös Gesinnten mit dem bestehenden Kirchenrecht, die Freunde guter Schulen mit dem erbärmlichen Unterrichtssystem. Man glaubte, dass nur einige unruhige Köpfe mit den bestehenden Zuständen unzufrieden seien.

Die unter dem Cabinetsminister Grafen Colloredo emporgekommenen Maximen befestigten und verbreiteten sich daher auch jetzt noch, weniger durch die Gesetze, als durch eine Menge von Particularentscheidungen und Kanzleiansichten, und bildeten das, was man 1814 „das System" nannte.

Im Kleinen hätte zwar das Cabinet manche Verbesserungen gewünscht. Aber man hatte dafür nicht die geeigneten Männer oder wusste wenigstens nicht sie zu finden. Das System der Conduitlisten und der Polizei hatte einen grossen Mangel an eigentlichen Staatsmännern zur Folge gehabt. Die höchsten Beamten kannten, wie eine Reihe später gemachter Erfahrungen bewies, nur ihr specielles Fach, niemals die ganze Staatsverwaltung, und wenn sie auch aus den unteren Reihen der Beamten sich taugliche Hilfsarbeiter suchen wollten, trafen sie bei dem bestehenden Censursystem, dem Mangel an öffentlichen Versammlungen, dem tiefen Niveau der Wiener Gesellschaften, den Conduitlisten und dem Misstrauen gegen die höhere wissenschaftliche Ausbildung der Inländer fast immer schlechte Wahlen.

Der Natur der Sache nach schien noch das Departement der auswärtigen Angelegenheiten und deren Leiter Fürst Metternich die meiste Kenntnis der europäischen Zustände und den weitesten Blick haben zu müssen. Welche Ansichten dieser aber über die Richtungslinie, welche man nach 1815 bei den Arbeiten für die Organisierung einer festen Ordnung im Staate befolgen solle, im Cabinet vertheidigte, wurde nicht bekannt. Wir haben aber ein wichtiges Actenstück[1]), worin derselbe dem badischen Minister Freiherrn von Berstett, dessen Regierung durch die liberale Partei sehr gedrängt wurde, seine Ansichten über das zu befolgende System auseinandersetzte, und da das, was in Oesterreich 1814 bis 1835 geschah, ganz mit denselben übereinstimmt, so dürfen wir annehmen, dass sie auch mehr als einmal vor dem Kaiser Franz und in den Wiener Minister-Conferenzen ausgesprochen worden sind.

„Die Zeit", heisst es in jenem Actenstücke, „rückt mit Stürmen vor, ihr Ungestüm aufhalten zu wollen, würde ein vergebliches Beginnen sein. Festigkeit, Mässigung und endlich Vereinigung in wohlberechneten Kräften, dies allein bleibt der Macht der Beschützer und Freunde der Ordnung übrig, darin allein besteht die Aufgabe aller gutdenkenden Staatsmänner und nur der wird diesen

---

[1]) Dasselbe steht in französischer Sprache in den ausgewählten Schriften Friedrichs von Gentz, herausgegeben von Weick 1838, IV. Bd. Es wird zwar daselbst behauptet, das Actenstück rühre von Gentz her und sei nur im Sinne des Fürsten geschrieben. Da aber Gentz der Vertraute und wichtigste Hilfsarbeiter Metternichs war, so ist es in jedem Falle bedeutungsvoll.

Titel am Tage der Gefahr verdient haben, welcher nach gewonnener Ueberzeugung von dem, was möglich und billig ist, sich von dem edlen Ziele, nach welchem alle seine Anstrengungen streben müssen, weder durch ohnmächtige Wünsche noch durch Erschlaffung wird abhalten lassen. Das Ziel ist leicht zu bestimmen. In unsern Zeiten ist es nicht mehr und nicht weniger, als die Aufrechthaltung dessen, was vorhanden ist. Dieses Ziel im Auge zu behalten, ist das einzige Rettungsmittel, vielleicht sogar das geeignetste, um das zurückzuerlangen, was schon verloren ist. Unter den gegenwärtigen Umständen ist der Uebergang vom Alten zum Neuen mit eben so vieler Gefahr verbunden als die Rückkehr vom Neuen zu dem, was nicht mehr vorhanden ist. Beides kann gleichmässig den Ausbruch von Unruhen herbeiführen, die um jeden Preis zu vermeiden sind. Auf keine Weise von der bestehenden Ordnung, welches Ursprungs sie auch sei, abzuweichen, Veränderungen, wenn sie durchaus nothwendig scheinen, nur mit völliger Freiheit und nach einem reiflich überdachten Entschlusse vorzunehmen, dies ist die erste Pflicht einer Regierung, welche dem Unglücke des Jahrhunderts widerstehen will".

Diesen Ansichten gemäss wurde ein sogenanntes „Stabilitätssystem" als das für die Erhaltung der Ordnung passendste zu Wien angenommen, ihm mussten sich alle Beamten anschliessen, welche emporkommen oder auch nur sich erhalten wollten.

Aus diesem System gieng von selbst hervor, dass die Gesetzessammlungen Maria Theresias und Josephs II. für alle religiösen, wissenschaftlichen und administrativen Verhältnisse in Anwendung blieben.

Allerdings erfuhr die österreichische Monarchie nach 1814 noch manche Veränderungen im Innern. Das Finanzwesen wurde in allen Beziehungen umgestaltet, oder wie die Urheber dieser Neuerungen versicherten, „verbessert", man änderte Kleinigkeiten in Hinsicht auf die Studien und Klosterzucht, man nahm (1820) die Jesuiten in den Staat auf, man begünstigte (seit 1815) den Pietismus. Aber alles dieses änderte nichts Wesentliches an der Physiognomie des Staates und an der Stellung seiner Einwohner. Ueberdies aber muss beachtet werden, dass nicht alle Minister und Referenten in gleichem Grade das System der Regierung für anwendbar hielten und viele dort, wo sie es ohne Gefahr thun konnten, sich von den neuen Doctrinen von Gewerbefreiheit, rascher

Entwicklung der materiellen Staatskräfte, Niederhaltung mancher Rechte des päbstlichen Systems u. s. w. leiten liesen. Die innere Staatsverwaltung entbehrte daher den Charakter strenger Einheit und im Einzelnen wurde mancher bei der Staatskanzlei beliebte Grundsatz von den Hofkanzleien verworfen, während bei der Hofkammer einem dritten Grundsatze gehuldigt wurde.

2. Die Stellung des Staatskanzlers Fürsten Metternich.

Es war natürlich, dass der Kaiser nach den glänzenden Erfolgen, welche Oesterreich in den Verträgen von 1814 und 1815 errungen hatte, seinem Minister der auswärtigen Angelegenheiten, welcher seit 1809 die Politik mit Glück und Talent geleitet hatte, seine besondere Gunst schenkte, und dass Metternich, welcher 1813 in den Reichsfürstenstand erhoben wurde, auch in der öffentlichen Meinung wegen seiner Talente hochgestellt ward.

Ungeachtet aber Metternich, wo es auf Einzelnheiten ankam, in der auswärtigen Politik freie Hand hatte, so wurde doch der Hauptgedanke derselben durch den Kaiser Franz angedeutet. Er war: Aufrechthaltung des Absolutismus für die österreichischen Staaten und argwöhnische Aufmerksamkeit auf die westlichen Staaten Europa's. In diesem Sinne leitete Metternich die Politik in der Periode vom Juni 1814 bis zum Frühjahr 1821, und als es ihm gelang, den Kaiser Alexander von Russland, welcher eine Zeit lang die revolutionären Bewegungen auf der Balkanhalbinsel zur Vergrösserung seines Einflusses auf derselben benützen zu wollen schien, von der Durchführung dieser Tendenzen abzubringen, wurde er am 25. Mai 1821 zum Haus-, Hof- und Staatskanzler ernannt.

Als Metternich diese Würde erhielt, welche seit dem Tode des Fürsten Kaunitz (1794) niemand mehr bekleidet hatte, glaubte man in den österreichischen Staaten, dass nun sein Einfluss auf alle Zweige der Staatsverwaltung sich erstrecken werde, was wieder eine grössere Einheit im Regierungssystem hervorgerufen hätte. Auch scheint Metternich selbst diese Ansicht gehabt zu haben. Indessen war es nicht so.[1]) Er hatte nur einen andern

---

[1]) Als Metternich die Würde eines Staatskanzlers erlangt hatte, verlangte er in höflichen Formen aber doch mit der Andeutung einer zu seinen Gunsten veränderten Stellung gewisse Auskünfte von dem damaligen Gouverneur von

Titel und einen höheren Gehalt, aber durchaus keine höhere Gewalt erhalten.

Bei den ferner stehenden Beobachtern gab aber doch der Titel Staatskanzler manchmal Veranlassung zu der Meinung, dass Metternich Principalminister sei, was wieder zu der Ansicht führte, dass die schlechte Staatsverwaltung, welche nach 1821 das Ausland mehr als jemals in den österreichischen Staaten zu bemerken glaubte, vorzüglich dem Einfluss des Fürsten Metternich zugeschrieben werden müsse. Aber es war für diesen nicht so leicht, seinen Einfluss auch auf die innere Verwaltung auszudehnen. Der Charakter des Kaisers Franz war seit der Entfernung des Grafen Franz von Colloredo im Jahre 1805 dem Misstrauen noch mehr als früher zugänglich geworden und er wollte nicht mehr die Concentrierung der Gewalt in der Hand eines einzigen Ministers.[1] Seit dem Jahre 1826 erhielt der Minister Franz Anton Graf von Kolowrat auf die innern Angelegenheiten einen solchen Einfluss, dass ihm gegenüber Metternich oft zurück stand. Dazu kam noch, dass Kolowrat seine Stütze in der österreichischen Aristokratie, unter welcher seine Familie eine der angesehensten war, hatte, während diese Aristokratie den Fürsten Metternich stets als einen Fremden betrachtete.

Metternichs ausländische Herkunft hatte auch die Folge, dass manche Kenntnisse über die innern Verhältnisse der Monarchie, welche einem im Lande aufgewachsenen Manne fast ohne sein Zuthun zugeflogen wären, ihm, welcher seine jüngeren Jahre an ausländischen Lehranstalten und bei Gesandtschaften zugebracht hatte, mehr oder weniger fehlten, als er 1809 Minister der auswärtigen Angelegenheiten geworden war. Bei dem Mangel eines

---

Mähren und Schlesien, dem Grafen Anton Friedrich von Mittrovsky. Dieser, welcher auf dem gewöhnlichen officiellen Wege von einer veränderten Stellung Metternichs nichts erfahren hatte und ihn also nicht als seinen Vorgesetzten betrachtete, fragte vorläufig bei seiner Oberbehörde an, wie sich die Sache verhalte, und erhielt die Antwort, dass Metternichs Zuschrift auf einer irrigen Voraussetzung beruhte, was genug war, dem Grafen Mittrovsky das anzudeuten, was er zu beobachten habe.

[1] Auch Graf Hartig sagt in der „Genesis der Revolution" S. 19: „Es ist eine, vorzüglich ausserhalb Oesterreichs, sehr verbreitete Meinung, dass Fürst Metternich einen unbeschränkten Einfluss auf ihn (den Kaiser Franz) hatte. Diese Meinung ist ganz irrig, denn in der innern Verwaltung wurde der Fürst selten gehört und absichtlich fern gehalten".

Ministerrathes war es ihm auch nicht leicht, später eine Uebersicht der bestehenden Einrichtungen zu erhalten, und sie sich auf
Wegen, welche vielleicht ein anderer Minister nicht verschmäht
hätte, zu verschaffen, dazu war Metternich vielleicht zu stolz oder
zu sehr beschäftigt.

Auch die Beschaffenheit der Räthe bei der Staatskanzlei bewirkte, dass Metternich von ihnen wenige Aufschlüsse über die
innern Verhältnisse erhalten konnte, weil dieselben Räthe gewöhnlich blos in diplomatischen Geschäften ihre Laufbahn gemacht
hatten. Einige gab es jedoch, welche den Minister über Zeitfragen,
die im Auslande oder in den Journalen verhandelt wurden und
zu deren gründlicher Beurtheilung wissenschaftliche Kenntnisse
erforderlich waren, aufklären sollten. Diese Männer waren, weil
der österreichische Hof die Wissenschaft nur im Auslande suchte,
fast immer Ausländer, welche den österreichischen Staat nicht im
mindesten kannten und daher, in so fern sie über österreichische
Zustände redeten, nur Irrthümer verbreiteten. Solche Räthe waren
unter der Regierung des Kaisers Franz Friedrich Gentz, Adam
Müller, Friedrich Schlegel, Jarke [1] u. s. w. Diese Männer glaubten
meistens, dass der österreichische Staat etwas halb Geheimniss-
volles sei, dass aber im Geiste der Nation regiert werde und dass
die Hilfsquellen des Landes unerschöpflich seien. Die Josephinischen
Gesetze hielten sie für längst beseitigt. Manche dieser Ausländer
gewannen zwar später noch Verbindungen, welche ihnen einiges

------

[1] In Beziehung auf Gentz und Jarke spricht der Verfasser dieses Werkes,
welcher mit ihnen bekannt war, aus eigener Erfahrung, über Adam Müller
und Friedrich Schlegel hält er sich aber an ihre Schriften und an die in der
Staatskanzlei erhaltenen Erinnerungen über sie. Gewöhnlich legte der Hof
bei der Berufung von Ausländern zur Staatskanzlei einigen Wert darauf, wenn
ein solcher Gelehrter Convertit war. Solche Menschen thaten dann gewöhnlich, als wären sie auf das strengste katholisch, und verbreiteten auch den
Ruf, dass das österreichische Regierungssystem auf dieser Grundlage beruhe.
Gentz blieb aber dieser Richtung fremd, er war und blieb Protestant. Sein
glänzender Stil und seine staatsrechtlichen Kenntnisse hatten ihm aber auch,
obgleich dies seine ursprüngliche Bestimmung nicht gewesen war, in den
Jahren 1809 — 1831 einen ungeheuern Einfluss auf die österreichische Diplomatie verschafft. Die Unkenntnis der innern Zustände in den Jahren 1818
bis 1828 war bei der Staatskanzlei oft so gross, dass sie sich bei ihrer Correspondenz mit den inländischen Behörden, obgleich diese fast nur Unbedeutendes oder Alltägliches betraf, sehr oft compromittierte, was zur Folge hatte,
dass man den Salzburger Landrath Vesque von Püttlingen bei der Staatskanzlei anstellte.

Licht verschaffen, bei anderen aber kam die Einsicht oft spät
oder war höchst fragmentarisch.

Aus dieser Unkenntnis der innern Zustände erklärt sich auch,
dass die Staatskanzlei manchmal im Auslande Richtungen bekämpfte, welche in den österreichischen Staaten unangefochten
bestanden.[1]

Das von der österreichischen Regierung in der Periode von
1815—1848 befolgte System äusserte (nach 1840) einen üblen Einfluss auf den Ruf aller derjenigen, welche mit Recht oder Unrecht für die Stützen oder die Anhänger dieses Systems galten.
Da dies natürlich vorzüglich Staatsbeamte höheren Ranges waren,
so entstand der Ruf, dass die österreichischen Beamten beschränkte
Köpfe, Menschen ohne alle Bekanntschaft mit den neueren Ideen
seien, eine Meinung, welche durchaus nicht allgemein richtig war.
Es gab unter den österreichischen Beamten gute Köpfe; Kenner
der Staatsverwaltung waren fast nur in diesen Kreisen zu treffen,
und Freunde des eingeführten Systems waren auch nicht Alle.
Allein die ganze Organisation des Beamtenstandes seit 1774 hatte
die Folge, dass dieser weder die Staatsinteressen energisch vertheidigen noch die eigenen Fähigkeiten zur Geltung bringen
konnte.

Das System der Staatsverwaltung, welches in der Zeit von
1814—1848 beobachtet wurde, hiess, besonders nach 1836 das

---

[1] Der Verfasser dieses Werkes könnte in dieser Rücksicht viele interessante Beiträge liefern. So hatte Metternich im Jahre 1825 gegen den
Gesandten von Baden sich über gewisse Massregeln beschwert, welche man
dort gegen die katholischen Interessen ergriffen hatte und welche dem Fürsten
bedenklich für die innere Ruhe Deutschlands zu sein schienen. Metternich
war aber nicht wenig erstaunt, als der Gesandte ihm aus Rechbergers Handbuch und der österreichischen Gesetzsammlung nachwies, dass in Oesterreich
dasselbe geschehe. So hatte der Professor der Statistik in Prag, Dr. Schnabel
(um 1826) ein Werk geschrieben, in welchem die Lehre von der Volks-
souveränität vorkam und welches auch von einem deutschen Gesandten zur
Rechtfertigung einiger Massregeln seiner Regierung angeführt wurde. Metternich
erstaunte darüber, wie ein solches Werk die österreichische Censur habe
passieren können. Er liess den Censor Regierungsrath Egger kommen, und
schien Lärm schlagen zu wollen. Egger bewies ihm aber, dass das Staatsrecht von Martini, welches gesetzlich für die Rechtsschulen vorgeschrieben
sei, diesen Grundsatz enthalte. Metternich war erstaunt, schlug jetzt wirklich
Lärm, man entfernte den Censor, weil er nicht die Klugheit gehabt habe,
auf die Zeitverhältnisse Rücksicht zu nehmen; sonst aber blieb Alles beim
Alten.

„Metternichsche System" und wurde von den Gegnern des Fürsten vorzüglich seinem Stolze zugeschrieben. Für den Kenner der österreichischen Verhältnisse war diese Behauptung eine unbegründete. Metternich hatte kein Regierungssystem erfunden, sondern nur das, was Colloredo eingeführt und er gefunden hatte, fortgesetzt. Dass er den Absolutismus des Monarchen wollte, war, weil der Kaiser Franz ihn wollte, natürlich, und dass Metternich stets bereit war, die liberalen Ideen auch im Auslande zu unterdrücken, war blos consequent, weil man, wenn diese Ideen auf mehreren Punkten zum Siege gelangten, auch Coalitionen der Freisinnigen gegen die absoluten Regierungen zu besorgen hatte. Dass übrigens Metternich auch persönlich der Meinung war, nur durch den Absolutismus lasse sich das österreichische Länderconglomerat zusammenhalten, wurde von allen Seiten behauptet und macht den Einsichten Metternichs keine Unehre.

3. Der Präsident der Polizeihofstelle Graf Sedlnitzki.

Den für das österreichische Regierungssystem so wichtigen Posten eines Präsidenten der Polizei- und Censurhofstelle hatte im Anfange dieser Periode der Freiherr Hager von Altensteig inne, welcher als streng aber geschickt galt. Nach seinem Tode folgte auf diesem Posten (1817) der Vicepräsident Graf Joseph von Sedlnitzki, der ihn bis nach den Märzereignissen von 1848 bekleidete. Von ihm muss hier Mehreres gesagt werden, weil er durch seine Geistlosigkeit verbunden mit Härte mehr als irgend ein anderer der hohen Staatsbeamten beigetragen hat, die österreichische Regierung im In- und Auslande in übeln Ruf zu bringen.

Er war aus einer schlesischen Adelsfamilie, welche die bei Jägerndorf gelegene kleine Herrschaft Geppersdorf besass. Unter seinen Brüdern war einer jener berüchtigte Bischof von Breslau, welcher 1839 in der Cölner Angelegenheit aus Furcht vor der päbstlichen Excommunication sein Bisthum resignierte, und ein anderer Namens Anton war (1837—1849) Präsident des mährisch-schlesischen Appellationsgerichts.

Der Polizeipräsident war binnen wenigen Jahren vom Platze eines Kreishauptmannes zu Weisskirchen in Mähren zu dem Posten eines Präsidenten der Polizei- und Censurhofstelle, deren Wirkungskreis sich auf die ganze Monarchie ausdehnte, gekommen. Er hatte von seinem Vorgänger ein strenges System geerbt, dessen Wirkung es war, dass allgemeines Stillschweigen herrschte und daher die geheime Polizei eigentlich gar nichts mehr zu thun hatte. Nur das österreichische Italien machte eine vollständige und die ungarischen Provinzen wenigstens eine theilweise Ausnahme von dieser Regel. Diese Ausnahmen führten im Jahre 1821 zu einigen Hochverrathsprocessen in Italien. Als aber diese Schrecken verbreitet hatten, hörte man auch dort nicht mehr viel von politischen Umtrieben.

Das Geschäft eines Polizeipräsidenten schien daher kein wichtiges und schweres zu sein. Allein Sedlnitzki fand schon viele Geschäfte und machte noch mehrere, um neue Posten zu schaffen und begünstigte Personen zu versorgen. Die Plakereien bei dem Passwesen, den Meldungen Angekommener und Abgereister, die geheimen Vernehmungen der Polizeiorgane bei jedem Gesuche eines Beamten um Beförderung oder Versetzung, die Erkundigungen um die Sitten und Verdienste derjenigen, welche in den Staatsdienst treten oder Advocaten oder Polizeiärzte werden oder in das Ausland reisen wollten, und andere gleich unnütze Geschäfte dieser Art gaben der Polizei hinlängliche Arbeit, und brachten ihr Budget auf eine ansehnliche Höhe.

Diese polizeilichen Erkundigungen um Kleinigkeiten befremdeten oft die Ausländer und machten, dass das gesellige Leben mehr und mehr aufhörte. Die Sache kam zur Sprache. Aber Sedlnitzki, weit entfernt auf Abhilfe hinzuwirken, war noch für Verschärfungen, wodurch er, wie es hiess, ganz im Sinne des Fürsten Metternich, der sein Beschützer gewesen war, handelte.

Der Kaiser hatte das lange Zeit besonders behandelte Censurwesen unter die Polizeihofstelle gestellt und dadurch hinlänglich zu erkennen gegeben, dass es ihm bei der Censur nicht um wissenschaftliche Gesichtspunkte zu thun sei. Die Wissenschaften empfanden es nun, dass Sedlnitzki ihr Feind sei. Wer etwas schrieb, war dem Polizeipräsidenten unwillkommen und es entspricht vollkommen der Wahrheit, was der Verfasser des Werkes „Oesterreichs Zukunft" vom Geiste der österreichischen Censur schreibt: „Wissenschaft und Kunst werden in Oesterreich wie Dinge, die man der Sitte und des Rufes wegen haben muss, angesehen, mithin nur nebenher und mit grosser Beschränkung betrauet. Das System lässt nicht zu, dass die Wissenschaft Staatszweck und von Rechtswegen anerkannt sei, weil es Gefahren darin sieht. Die Wissenschaft erfährt daher von dem System keine Begünstigung sondern nur Duldung".

In diesem gegen die Wissenschaft feindlichen Sinne leitete Sedlnitzki die Censur. Viele der Censoren waren an und für sich keine Freunde und noch weniger Bewunderer Sedlnitzki's. Aber ihre Dienststellung hieng mit der Befolgung der Instructionen zusammen und diese waren so, dass oft der freisinnigste Mann als Censor nicht anders handeln konnte, als er wirklich handelte.

Der Polizei des Grafen Sedlnitzki zur Seite stand eine andere minder zahlreiche, aber gleichwohl ziemlich kostbare, welche vom Minister der auswärtigen Angelegenheiten abhieng. Ihre Entstehung als Regel und als ein Ganzes war veranlasst durch die freisinnigen Umtriebe in mehreren deutschen Bundesstaaten, in Frankreich, in Italien und in Polen. Manchmal wurde die Existenz dieser Polizei zur Unzeit bekannt und sie vermehrte den Hass, welcher sich (vorzüglich seit 1822) unter den Völkern Europas gegen den österreichischen Kaiserstaat zu bilden anfieng. Geschah in irgend einem Lande etwas gegen die Freiheit, so witterte man sogleich österreichische Einflüsse. Die eigentliche „Burg des Despotismus", hiess es, sei nicht in Petersburg sondern in Wien zu suchen.

4. Der Finanzminister Graf Stadion und seine wichtigsten Rathgeber.

Die Leitung des Finanzministerum erhielt im Jahre 1813 Graf Philipp Stadion, der, seit Metternichs Stellung im Ministerium des Auswärtigen sich befestigt hatte, die Aussicht verlor, sich wieder an die Spitze desselben gestellt zu sehen. Stadion hatte seine Studienzeit im Auslande zugebracht, dann in der Diplomatie gedient und man hatte daher keine besonders günstige Meinung von seiner Befähigung für die Leitung der Finanzen, welche damals, wo eine Ordnung der zerrütteten Geldverhältnisse nothwendig war, einen besonders geschickten und unterrichteten Mann erfordert hätte.

Stadion hieng in Beziehung auf die Finanzpläne von seinen dienstlichen Umgebungen, einigen der Wiener Bankiers und den Hofparteien ab, welche bei der Art, wie auf die Herstellung der Ordnung hingewirkt werden sollte, ein persönliches Interesse hatten.

Unter die einflussreichen Beamten des Finanzministeriums gehörten damals Franz Freiherr von Pillersdorf und Karl von Kübeck. Da beide für die österreichischen Staaten wichtige Personen geworden sind, so folgen hier über sie einige biographische Notizen.

Franz Freiherr von Pillersdorf [1] war der Sprössling einer nicht begüterten adeligen Familie. Er trat früh in die etwas höheren Chargen des öffentlichen Dienstes und als um das Jahr 1810 sich die Meinung verbreitete, Oesterreichs schlechte Lage komme zum Theil davon her, dass sich im Staatsdienste so wenige wissenschaftliche Männer befänden, war Pillersdorf unter denjenigen, welche zu Wien eine Ausgabe der national-ökonomischen Werke von Smith, Say, Ganilh und Lauderdale veranlassten. Wie es scheint, geschah diese Herausgabe auf einen von Oben erhaltenen Wink. Jene junge Männer, welche sich an diesem Unternehmen betheiligten, machten schnell ihre Laufbahn und erlangten zum Theil eine politische Wichtigkeit für den Staat.

Man lernte um das Jahr 1813 Pillersdorfs gewandtes Concept und seine guten Manieren kennen. Er liess jene, welche mit ihm in Geschäften zu thun hatten, reden, zeigte Theilnahme, ohne Versprechungen zu machen, und man meinte zu wissen, dass er den freisinnigen Ideen bis auf einen gewissen Grad geneigt sei. Dieser Ruf führte ihn in das Finanzministerium.

Was er dort erwirkt oder nicht erwirkt hat, blieb dem Publikum unbekannt. Allgemein aber war der Glaube, dass Pillersdorf an allen den wichtigen Beschlüssen, welche während der Jahre 1815—1818 gefasst wurden und die österreichischen Finanzen in eine so heillose Unordnung brachten, Antheil genommen habe.

Man hat aber keine Ursache zu glauben, dass Pillersdorf in dieser Stellung gegen seine Ueberzeugungen gehandelt habe, man argwohnte auch nicht, dass er damals reich geworden sei, und als er im Jahre 1854 die 1818 beschlossene Verlosung der ältern Staatsschuld, welche damals von Vielen als eine höchst verderbliche Massregel angesehen wurde, in einer kleinen Druckschrift vertheidigte, bemerkte man nichts, was auf Eigennutz hindeutete, wohl aber, dass Pillersdorf im Finanzfache ein sehr wenig unterrichteter Mann war.

Pillersdorf kam später zur vereinigten Hofkanzlei, wo er für die Stütze der freisinnigen Partei und für einen vollendeten Ge-

---

[1] [Siehe über ihn dessen Memoiren.]

schäftsmann galt. Der oberste Kanzler Graf Mittrovsky hatte zwar von Pillersdorfs Geschäftskenntnissen eine minder vortheilhafte Meinung. Als aber nach dessen Tode (1842) der schwache Graf von Goess oberster Kanzler wurde, begann Pillersdorfs mächtiger Einfluss.

Karl von Kübeck war der Sohn eines Schneiders aus Znaim, trat nach Zurücklegung der juridischen Studien (1802) als Conceptspraktikant beim Olmützer Kreisamte ein, wo ihn der Verfasser dieses Werkes, da er ihn fast täglich im Kaffeehause traf, näher kennen lernte. Kübeck hatte grössere Kenntnisse, als sonst gewöhnlich Praktikanten haben, und nahm ein lebendiges Interesse an den Weltereignissen. Sein Aeusseres war angenehm, sein Benehmen gefällig.

Als der zu Wien als Landmarschall verstorbene Graf Dietrichstein Gouverneur von Mähren war, kam Kübeck der gewöhnlichen Laufbahn der Conceptbeamten gemäss als Praktikant zu dem Gubernium. Dort lernte Dietrichstein seine Talente kennen, und machte ihn, als er selbst Regierungspräsident in Wien wurde, zum Präsidialconcipisten. Kübeck stieg nun schnell empor, und er, Pillersdorf und Knorr [1]) kamen bald in eine Lage, wo sie von den hohen Personen der Regierung manches erfuhren, aber auch ihnen manches sagen durften.

Auch Kübeck war an der Herausgabe mehrerer der wichtigsten Werke auf dem Gebiete der Staatswissenschaften betheiligt, was von den Freunden des Fortschrittes für ein gutes Zeichen der Gesinnungen jener Männer angesehen wurde und in ihnen die Hoffnung erweckte, dass dem verderblichen System, nach welchem seit 1794 die österreichische Monarchie regiert worden, vielleicht ein Ende gemacht werden könnte. Auch die Börse pries die Herausgeber dieser Schriften als Männer, auf welche Oesterreich auch in staatswirtschaftlicher Rücksicht Hoffnungen bauen könne, und in der That stiegen diese unerwartet schnell in der Beamtenhierarchie.

---

[1]) Der Baron Knorr wird später in diesem Geschichtswerke vorkommen, weil er ein Hauptbeförderer der unter dem Kaiser Franz nach 1819 unternommenen Steuerregulierung war, welche, nachdem sie nach den officiellen Erklärungen der österreichischen Finanzverwaltung bis zum Jahre 1860 über 30 Millionen gekostet hatte und kaum im dritten Theile des Staatsgebietes durchgeführt worden war, sich als ein sehr schlecht ausgefallenes Werk zeigte.

Wer Kübeck näher kannte, zweifelte nicht, dass dieser seine Kenntnisse durch eifrige Studien noch erweitert haben werde und dass man ihm Unwissenheit in Finanzsachen gewiss nicht werde nachsagen können, und in der That galt er schon 1814 als hervorragender Beamter. Gleichwohl erfolgten gerade von dieser Zeit an, wo er zu grossem Einfluss gelangte, eine Reihe höchst verderblicher Finanzmassregeln, welche die Börsenmänner des In- und Auslandes bereicherten und weit entfernt, die Unordnung in den Finanzen zu beseitigen, sie auf Generationen hinaus in Oesterreich einheimisch machten. Viele vermutheten daher, dass Kübeck die Finanzinteressen des Staates seinem Privatvortheil untergeordnet haben müsse.[1]

5. Der Staatsminister Graf Kolowrat und seine Tendenzen.

Ohne dass im Publikum die Ursache bekannt wurde, erhielt 1826 der Oberstburggraf (Gouverneur) von Böhmen Franz Anton Graf von Kolowrat die Berufung nach Wien, wo er Staats- und Conferenzminister wurde und bald über die ganze innere Verwaltung eine Art von Aufsicht erhielt, ja (bis 1840) selbst auf die Leitung der Finanzen einen gewissen Einfluss hatte.

Graf Kolowrat[2] (geb. 1778) war aus einer der ersten Familien Böhmens und zwar aus jener Linie seines Hauses, welche den Namen Kolowrat-Liebsteinsky führte, und Besitzer vieler Herrschaften.

Vor seinem Eintritt in das Staatsministerum war Kolowrat in Böhmen sehr beliebt gewesen. Die Zeit, wo er an der Spitze des dortigen Guberniums stand, zeigte ein grosses Aufblühen der stets so wichtig gewesenen Gewerbsindustrie. Die Reduction des Papiergeldes hatte seit 1818 eine grosse Wohlfeilheit der Lebensmittel bewirkt, und mehrere sehr gute Ernten so wie der tiefe Friede, welchen Europa damals genoss, hatten behagliche Zustände herbeigeführt. Einen Theil dieser Resultate hatte man in Böhmen der Aufmerksamkeit des Oberstburggrafen zugeschrieben,

---

[1] [Doch fehlt es hiefür an jedem Beweise und die weiteren Bemerkungen des Verfassers können daher wegbleiben. Dieser sagt übrigens später selbst, dass Kübeck „während seiner langen Dienstlaufbahn stets angemessen gelebt habe, ohne jemals Veranlassung gegeben zu haben, ihn für reich zu halten".]

[2] [Vgl. mit der folgenden Charakteristik die vielfach abweichende bei Springer, Geschichte Oesterreichs S. 388 ff.]

wiewohl sie theilweise in den meisten österreichischen Provinzen
eingetreten waren.

Sehr bemerkenswert ist, dass Kolowrat einer der ersten Be-
förderer der böhmischen Nationalitätsidee war. Es hatte sich in
der Zeit, wo er Gouverneur von Böhmen war, die sogenannte
Königinhofer Handschrift [1] gefunden, welche zu beweisen schien,
dass die wissenschaftliche Cultur Böhmens schon vor Jahrhunderten,
als noch die deutsche Sprache und Litteratur wenig entwickelt
gewesen war, auf einer Höhe gestanden habe, bei der man es
bedauern müsse, dass die böhmische Sprache, besonders in dem
letzten Jahrhundert zum blossen Volksdialecte herabgesunken sei.
Ihre Wiederbelebung, hiess es, sei wünschenswert und Kolowrat
gab dieser Richtung, welche den in Wien so lange gepflegten Re-
gierungsideen ganz entgegengesetzt war, allen jenen Vorschub,
welchen ein thätiger Landesgouverneur geben konnte. Als Oberstburggraf that Kolowrat sehr viel für Belebung des nationalen
Sinnes, welchen er weniger unter der deutschen Bevölkerung
Böhmens, als unter den Czechen wahrzunehmen glaubte und denen
er daher seine Vorliebe zuwendete. Es wurde durch einzelne
böhmische Gelehrte viel gethan für die Erforschung und Popu-
larisierung der Geschichte Böhmens und für die Verbesserung der
böhmischen Sprache. Als Gründer des Nationalmuseums zu Prag [2]
gab er den czechischen Bestrebungen nicht nur einen litterarischen
Mittelpunkt, von welchem aus mit der grössten Thätigkeit im Interesse der czechischen Partei, stets unter der Behauptung, es
handle sich nur um litterarische Zwecke, gearbeitet wurde. Wahrscheinlich wusste der sonst so misstrauische Kaiser wenig von
dem Umfange oder der Wichtigkeit dieser Neuerungen, die Deutschen
beachteten sie auch wenig, und als Kolowrat Staatsminister geworden war und nach kurzer Zeit für einen Günstling des Monarchen
galt, wurde der czechische Stamm bald in sehr bemerkbarer Weise
gegen die Deutschen begünstigt. Allmählig kamen in die meisten
Provinzen eine unverhältnismässige Anzahl von Böhmen und manche
strenge Vorschriften der früheren Zeit, welche auf Germanisierungs-
ideen berechnet waren, wurden aufgehoben oder gemildert.

---

[1] [Sie wird jetzt ebenso wie die fast gleichzeitig gefundene „Grüne-
berger Handschrift“, welche das „Gericht Libussas“ enthält, allgemein, auch
von vorurtheilslosen Czechen, für eine Fälschung Hanka's gehalten.]

[2] [Die Gründung erfolgte übrigens auf Anregung der Grafen Sternberg.]

Wie gross der Einfluss Kolowrats auf die österreichischen
Zustände sein musste, lässt sich leicht ermessen, wenn man er-
wägt, dass er mit dem ganzen reichen Adel von Böhmen in Verbindung stand und in eine Stellung bei Hofe gekommen war, welche
mit derjenigen, welche einst (1794 – 1805) der Cabinetsminister
Graf Franz von Colloredo eingenommen, viele Aehnlichkeit hatte.
Dass dadurch der Einfluss des Staatskanzlers Fürsten von Metternich
sehr beschränkt wurde, fällt in die Augen.

Kolowrats Stellung schildert uns ein in die österreichischen
Verhältnisse tief eingeweihter Mann [1] in folgender Weise: „Graf
Kolowrat hatte zwar kein Portefeuille, war jedoch, wie es in
Wien allgemein bekannt ist, mit einem Cabinetsreferate über die
wichtigsten und geheimsten Staatsangelegenheiten, mit der Ver-
gutachtung der den Hofstaat und das Vermögen der kaiserlichen
Familie betreffenden Gegenstände, dann mit der Voreinsicht und
Prüfung aller Arbeiten der Staatsräthe und Cabinetsreferenten
beauftragt, hatte sonach die Obliegenheiten, wenn auch nicht den
Titel des bis zum Jahre 1805 dem Kaiser . . . zur Seite gestandenen
Cabinetsministers".

Als Kolowrat in sein Amt trat, fand er ein System, welches
auf die Staatseinheit drang, das Germanisierungsprincip aufstellte
und dem Adel, so sehr es ihn factisch bei Besetzung aller höheren
Stellen begünstigte, doch keine erheblichen constitutionellen Rechte
einräumen oder einen Einfluss auf die Gesetzgebung gestatten
wollte. Dies Alles änderte sich binnen wenigen Jahren durch
Kolowrat in einem der Staatseinheit schädlichen und den Wünschen
des Adels günstigen Sinne, ohne dass von irgend einer Seite eine
wirksame Opposition erhoben worden wäre.

Ob Kolowrat Fähigkeiten hatte, konnten mit Sicherheit nur
diejenigen beurtheilen, welche ihm nahe standen. Bei Ferner-
stehenden weckte der Erfolg seiner Thätigkeit als Minister kein
günstiges Urtheil. Auch die officiöse Presse, die sogar jeden Empor-
kömmling als Mann von Talenten schilderte, sagte dies von Kolowrat nicht und rühmte nur seinen „guten Willen" und seine „Uneigennützigkeit". Bezüglich der letztern sprengte man aus, dass
Kolowrat auf seinen Ministergehalt verzichtet habe. Indessen war
dieses nicht wahr und er bezog nicht blos diesen Gehalt, sondern.

---

[1] Graf Hartig in der „Genesis der Revolution in Oesterreich" (1849)
S. 49.

wie die bei den Wiener Buchhaltungen befindlichen Acten zeigen, auch regelmässig seine Diäten.

Seinen Neigungen nach war Kolowrat auch als Minister stets Böhme. Seine Landsleute wurden auch bei Anstellungen in andern Provinzen, die ungarischen und italienischen ausgenommen, bevorzugt und es war dies so allgemein bekannt, dass es sogar den Volkswitz beschäftigte.[1]

Kolowrat hatte grosse Vorliebe für den Adel, war aber nicht für die Vermehrung der adeligen Familien, weil er glaubte, dass der unbegüterte Adel in Oesterreich ohnehin zu zahlreich sei und nur der begüterte Adel dem Staate nütze. Aus diesem Grunde wurde jetzt äusserst selten ein Civilbeamter mittleren Ranges in den Adelstand erhoben und Kolowrat hätte gern der Armee die Zusicherung des Adels nach dreissigjähriger Dienstzeit, welche unter Maria Theresia gegeben worden war, entzogen, wenn man nicht üble Folgen für den Geist des Heeres von einer solchen Massregel besorgt hätte.

Denen aber, welche schon adelig waren, wurde jetzt die Vorrückung im administrativen Dienste sehr leicht gemacht. Das System der supernumerären Beamten, welches schon seit 1802 in einzelnen Fällen vorgekommen war, wurde unter Kolowrat zur Regel. Es bestand darin, dass begünstigte Adelige, welche sich mehrere Jahre aus eigenen Mitteln erhalten konnten, nach einer unentgeltlichen Praxis schnell, jedoch immer ohne Gehalt, von Stufe zu Stufe stiegen, aber wenn die Stufe erreicht war, wo die höheren Gehalte anfiengen, in den Genuss des systemmässigen Gehaltes traten. Diese Stufe war nach der Organisation der Platz eines Gubernialrathes oder Kreishauptmanns.[2]

---

[1] Man sagte, bei Kolowrat genüge es schon, wenn der Bittsteller statt anderer Gründe anführe „ich bin ein Böhme und heisse Wenzel".

[2] Wir wollen die Sache durch ein Beispiel erläutern. Wenn ein Adeliger und ein Nichtadeliger zu gleicher Zeit bei dem Kreisamte als Conceptspraktikanten eintraten, so konnte letzterer nach dem gewöhnlichen Avancements-Verhältnis in den böhmisch-österreichischen Provinzen zwölf bis sechzehn Jahre Conceptspraktikant bleiben, ersterer wurde nach drei Jahren supernumerärer Kreiscommissär, nach etwa zwei oder drei weiteren Jahren unbesoldeter Gubernialsecretär, nach vielleicht drei oder vier Jahren Gubernialrath oder Kreishauptmann, anfangs allerdings ohne Gehalt, aber nach einem Jahre erhielt er die Besoldung und er war vielleicht Gouverneur, während der Unadelige noch immer Praktikant war.

Die Folge davon war, dass der höhere Adel schon früh einen höheren Gehalt erhielt, während Unadelige nur geringere Aussicht darauf hatten, dass in gewissen Kreisen die Adelsinteressen mehr als früher gefördert wurden, dass der unadelige Beamte sehr oft in die Lage kam, seinen ehemaligen Conceptpraktikanten als seinen Obern zu sehen, und dass die Adeligen, wenig besorgt um ihr künftiges schon durch das System gesichertes Fortkommen, sich sehr wenig um den Dienst bekümmerten.

Das System der supernumerären Beamten wurde nach und nach bei den meisten Verwaltungszweigen eingeführt. Am wenigsten fand es bei der Justiz Eingang. Der grosse Unterschied der Stellung zwischen Adeligen und Nichtadeligen wurde dadurch dem Volke erst recht auffallend, und erstere, leicht übermüthig, verletzten oft alle Rücksichten, welche die Klugheit geboten hätte.

Nicht zufrieden damit, den Adeligen individuelle Vortheile zu verschaffen, begünstigte Kolowrat auch die böhmischen Stände, welche, von den Slavisten berathen, behaupteten, dass ihnen ein Antheil an der Regierung des Landes gebühre und dass die böhmische Landesordnung nicht allein über den Umfang der ständischen Rechte entscheide. Der Oberstburggraf von Böhmen Graf Chotek, welcher die Rechte der Regierung im herkömmlichen Umfange aufrecht halten wollte, bekam zu Wien Verdruss und musste (1843) abtreten. Diese Veränderung in Böhmen wirkte auch auf die Landstände von Niederösterreich und Mähren zurück. Doch stand den Tendenzen der Landstände noch der Charakter des Kaisers Franz entgegen, welcher die absolute Gewalt des Thrones nicht erschüttern liess. Erst unter Ferdinand I. wurde das Emporstreben der Stände von Jahr zu Jahr stärker.

Bei dieser Hinneigung Kolowrats zur Beförderung der ständischen Interessen war die Unterstützung leicht zu begreifen, welche auch bei diesem Minister die Allianz zwischen Oesterreich und Russland fand, obgleich Russland bereits von Krakau bis Belgrad das österreichische Staatsgebiet umgab. Bei dem gesammten Adel galt nämlich der Kaiser von Russland für die Hauptstütze des conservativen Systems in Europa und deswegen glaubte man, dem russischen Hofe gegenüber nichts als Vertrauen zeigen zu dürfen.

Kolowrat war also in Beziehung auf die Stellung Oesterreichs zu Russland ganz, wiewohl aus andern Gründen, für das politische System Metternichs. Aber in andern Beziehungen bestand nichts weniger als Harmonie zwischen den zwei mächtigen Ministern

So sehr es auch jeder von ihnen in seinem eigenen Interesse vermied, mit dem andern in Collisionen zu kommen, so war es doch oft unvermeidlich. Kolowrat, dem von den Anhängern der Aufklärungspartei und den Freunden der liberalen Ideen sehr geschmeichelt wurde, begünstigte, um sich bei diesen zu empfehlen, die Gewerbefreiheit, die Grundzerstückelungen, das Fabrikswesen fast ganz im Sinne der Josephinischen Schule und er hielt im Sinne derselben auch die Josephinischen Grundsätze im Unterrichtsfache und im Kirchenrechte aufrecht, während Metternich allmählig anfieng, gegen die Ideen des Josephinismus Misstrauen zu zeigen und namentlich im Kirchenrechte und dem Studienwesen Veränderungen in einem mehr katholischen Sinne gewünscht hätte. Darin aber kamen Metternich und Kolowrat überein, dass sie die Finanzlage Oesterreichs für viel günstiger hielten, als sie war, und also auch nicht den entferntesten Versuch machten, der Herrschaft der Bankiers in der höheren Finanzverwaltung ein Ende zu machen.

Günstlinge hatte Kolowrat so gut als Metternich und dieselben hatten wieder eine ganze Reihe anderer Günstlinge, denen ihre Patrone in einem gewissen Kreise freie Hand liessen, und gegen welche nichts durchzusetzen war. Zu den Günstlingen Kolowrats gehörte der Hofkammerpräsident Eichhof, der einst hannoverischer Cavallerieofficier gewesen, dann in den österreichischen Civildienst übergetreten war, als Gubernialrath in Prag die Gunst des damaligen Gouverneurs Grafen Kolowrat gewann und von diesem mit der Leitung der österreichischen Finanzen betraut wurde, weiter der niederösterreichische Regierungspräsident Talaczko, welcher gleichfalls, ohne dass ein hervorstechendes Verdienst geltend gemacht werden konnte, zu einem hohem Staatsamte gelangte. Kolowrats Wahlen waren aber, auch abgesehen von der Willkür, welche unter seiner Verwaltung stattfand, selten glücklich. Das beständige Zurückgehen des Staates und die zunehmende Finanzverwirrung bewiesen es.

Kolowrat, zu dessen Lobe man übrigens sagen muss, dass er es unwürdig gefunden hätte, sich auf Kosten des Staates zu bereichern, war einer der letzten Günstlinge des Kaisers Franz gewesen. In früherer Zeit gab es auch noch andere. Man nannte unter ihnen den Generaladjutanten von Kutschera, den Leibarzt von Stift und den Staatsrath Baldacci. Die Moralität Kutscheras stand im üblen Rufe und er hinterliess Millionen; Stift, welcher lange Zeit nebst dem Posten eines ersten Leibarztes auch die oberste Leitung des öffentlichen Unterrichts hatte, starb gleichfalls als Millionär, und Baldacci hatte lange Zeit auf die politischen Ansichten des Kaisers viel Einfluss. Da man vom Privatleben des Kaisers nur Gutes hörte, wussten Viele es nicht zu erklären, wie Männer von so anerkannt schlechtem Rufe oft seines Vertrauens gewürdigt werden konnten.

6. Die hervorragendsten Mitglieder der andern Verwaltungsbehörden.

Es ist keineswegs die Absicht dieses Werkes, die Männer aufzuzählen, welche von 1814—1835 an die Spitze der verschiedenen Abtheilungen der Staatsverwaltung kamen. Aber über einige sollen doch kurze Bemerkungen gemacht werden.

Eine der wichtigsten Hofstellen war die für die politische Verwaltung, weil unter diesem Namen Alles begriffen wurde, was die Verhältnisse zwischen den Bauern und Herrschaften, den öffentlichen Unterricht, das Sanitätswesen, die Religion, den Strassenbau, die Communal-Angelegenheiten, die Adelsverleihungen und die Verhandlungen mit den Landständen betraf. Diese Hofstelle bestand längere Zeit aus zwei Abtheilungen, nämlich der vereinigten Hofkanzlei und der Organisierungs-Hofcommission zu Wien. Als aber die Organisation der neuen Provinzen in der Hauptsache vollendet war, wurde letztere mit der böhmisch-österreichischen Hofkanzlei vereinigt.

An der Spitze dieser Hofkanzlei stand mehrere Jahre der Graf Franz von Saurau. Er war ein despotischer Minister, welcher dem Adel nicht wohlwollte, übrigens aber den Josephinischen Ideen über Gewerbefreiheit, ständische Vorrechte und Religionsverhältnisse sehr geneigt war.

Sein Nachfolger war der Graf Anton Friedrich von Mittrovsky, früher Gouverneur von Mähren und Schlesien, welcher als oberster Kanzler auch Präsident der Studien-Hofcommission war, nachdem er schon als zweiter Präsident der Hofkanzlei diesen Posten inne hatte. Von der Wirksamkeit dieses hohen Beamten wird noch später die Rede sein. Seine Neigungen waren den des Grafen Saurau ganz entgegen. Er war durch und durch Aristokrat, aber ein rechtschaffener Mann, der den Geschäftsgang auf das genaueste kannte. Er galt als Vertreter der Rechte der

Regierung gegenüber den Landständen und schon zur Zeit, wo er noch Gouverneur von Mähren war, als Gegner der Gewerbefreiheit und der Einschuldung des Grundeigenthums. Wenn er Einfluss genug besessen hätte, wären wahrscheinlich die Erbfolge- und Hypothekengesetze abgeändert worden. Für den öffentlichen Unterricht aber wurde seine Verwaltung sehr nachtheilig, weil er wichtige Referate oft an solche Günstlinge vertheilte, welche von dem Gegenstande, um den es sich handelte, nichts verstanden. [1] In den ständischen Angelegenheiten handelte er ganz im Interesse des Thrones.

An die Spitze der Finanzverwaltung kamen, nachdem unter Stadion eine wenigstens scheinbare Ordnung entstanden war, durch den Einfluss Kolowrats, der bis 1840 die oberste Leitung der Finanzen hatte, nach einander Männer von einer anerkannten Nullität wie der Graf von Nadasdy, oder Günstlinge des Ministers wie der Freiherr von Eichhof, oder alte Bekannte desselben wie der Graf von Klebelsberg, wenn sie auch früher nicht die geringsten Fähigkeiten für diesen Verwaltungszweig gezeigt haben.

Die Resultate einer solchen Finanzverwaltung konnten keine andern als verderbliche sein. Ungeachtet eines langen Friedens und einer hohen Besteuerung hatte man (1819—1848) fast immer ein Deficit, was von Zeit zu Zeit grosse und kostspielige Anlehen nothwendig machte.

Im Justizfache hatte eigentlich der erste Präsident des obersten Gerichtshofs den ersten Rang und schien, da man keinen eigentlichen Justizminister hatte, auch einen bedeutenden Einfluss haben zu müssen. Dem war aber nicht so. Den grössten Einfluss hatte (1807—1835) jener Staatsrath, welcher im Justizfache das Hauptreferat hatte. Dieser Posten war längere Zeit dem Staatsrathe Pfleger anvertraut, einem ehrlichen Manne von sehr beschränkten Einsichten. Auf ihn folgte (nach 1819) der Staatsrath Cajetan Freiherr von Münch, ein ausgezeichneter Kopf und, so weit als es das herrschende System zuliess, auch ein Freund von Neuerungen, aber ein despotischer Charakter. Lange Zeit

---

[1] So war unter anderen ein gewisser Schönaich, dem alle wissenschaftlichen Kenntnisse fehlten, viele Jahre hindurch die Hauptperson bei der Studien-Hofcommission. Vorzüglich fand man es auffallend, dass das damals so wichtige Amt von Studiendirectoren fast immer an Geistliche oder ganz gewöhnliche Kanzleimänner übertragen wurde.

allmächtig in seinem Wirkungskreise sah er bald nach dem Eintritt des Grafen Kolowrat in das Ministerium (seit 1830) seinen Einfluss merklich eingeschränkt. Auf ihn folgte Johann von Pilgram, welcher gleich Münch längere Zeit auch das Polizeireferat hatte. Er übte mit Unverschämtheit Willkür, machte mehr als die andern Männer von Einfluss Versprechungen, die er nicht hielt, und erst die im Jahre 1848 ausgebrochene Revolution machte seiner Wirksamkeit ein Ende. In den Händen von Pfleger, Münch und Pilgram waren nach einander alle Beförderungen gewesen bis auf jene Zeit, wo Kolowrat sich in Alles mengte.

Aehnliche sonderbare Verhältnisse bestanden auch für die Leitung des geistlichen Departements, welches unter der ganzen Regierung des Kaisers Franz und seines Nachfolgers eine Abtheilung der politischen Verwaltung war. Auch hier war jener Staatsrath, dem dieses Departement anvertraut war, das eigentliche Oberhaupt der gesammten geistlichen Administration, welchem gegenüber die Erzbischöfe und Bischöfe wenig zu sagen hatten und, wenn es sich um legislative Gegenstände handelte, nicht einmal gefragt wurden. Dieses wichtige Amt führte bis in das Jahr 1828 der Staatsrath Martin Lorenz, welchen man oft scherzweise den „österreichischen Pabst" nannte, der aber, so lang er lebte, von dem römischen Pabste so wenig als möglich wissen wollte. Lorenz hatte für ein Haupthindernis jedes Planes oder Wunsches gegolten, das römisch-katholische System wiederherzustellen. Nach dessen Tode (1828) trat ein kurzes Schwanken über die Person ein, welche den Posten erhalten sollte. Endlich erhielt ihn der Hofrath Jüstel, welcher wie Lorenz dafür sorgte, dass im Studienwesen, worauf er mehr Einfluss hatte als der Präsident der Studien-Hofcommission, die Grundsätze der Josephinischen Periode aufrecht erhalten würden.

Für das Militär hatte man den Hofkriegsrath, von dem zuweilen eine Abtheilung den Titel Kriegsministerium führte. Von den Hofkriegsraths-Präsidenten hätte man erwarten sollen, dass sie grossen Einfluss haben würden. Aber diesen hatte derjenige, welcher das Hauptreferat über die Militärangelegenheiten im Staatsrathe führte, und die Adjutanten des Kaisers. Unter den letztern waren Kutschera und in der letzten Zeit Franz I. auch der Generalmajor Appel Männer, auf die viel gesehen wurde.

Bis zum Jahre 1826 war jedoch der Geist der Staatsverwaltung nicht wesentlich geändert. Erst die Berufung des Grafen Kolowrat führte eine andere Richtung herbei.

7. Die fortschreitende Begünstigung des Adels und dessen zunehmende Exclusivität.

Nach den Ereignissen von 1815 hatte sich der österreichische Adel in Ansehung seiner Zukunft die grössten Hoffnungen gemacht. Er meinte, manche Rücksichten, welche der Hof früher auf die Revolution habe nehmen müssen, seien jetzt nicht mehr am Platze. Er erwartete daher, wie um 1760 in den fast ausschliesslichen Besitz aller höheren Stellen in der Kirche und der Verwaltung zu kommen, neue Ehrenvorzüge zu erhalten und in der Armee eine begünstigtere Stellung zu gewinnen.

Alles liess sich gut an. Die Umgebungen des Kaisers waren Adelige. Sie hatten die hohen Posten in der Verwaltung inne und übten mittelst der Gesetzgebung, der geheimen Conduitlisten und der Polizei einen weitreichenden Einfluss aus. Der Minister Fürst Metternich galt im Publikum für das thätige Haupt der Aristokratie. In der That erhielten die geheimen Räthe und Kämmerer damals eine Uniform, welche von vielen der höchsten Beamten in den Provinzen der Uniform, welche ihnen als Staatsbeamten zukam, vorgezogen wurde. Man unterschied bei Hofe geheime Räthe, welche nicht Kämmerer waren, von denen, welche auch die Würde eines Kämmerers hatten. Die aristokratischen Cirkel wurden mehr und mehr exclusive. Es riss sogar die Gewohnheit ein, dass die Personen von höherem Adel sich unter einander „Du" nannten und so gewissermassen andeuteten, dass sie den Adel als eine unter sich zusammenhängende Classe betrachteten, welcher gegenüber alle andern Stände zusammen nicht viel anders als „gemeines Volk" wären.

Alles dieses wurde vom Hofe gesehen und geduldet. Dadurch stiegen die Hoffnungen und als im Jahre 1816 mehrere Bisthümer erledigt waren und der Kaiser den Wiener Erzbischof Grafen Firmian um seinen Rath in Ansehung der Besetzung fragte, antwortete dieser, der Adel hoffe allgemein, dass doch diese Plätze nicht mit Söhnen von Schustern, Schneidern und Bauern besetzt werden würden. Der Erzbischof erzählte dies selbst, weil er darin eine verdienstliche Handlung sah. Einige ähnliche Aeusserungen sollen dem Kaiser auch bei der Besetzung einiger höheren Beamtenstellen gemacht worden sein.

Dieser anmassende Ton verletzte aber den Kaiser und er hielt es an der Zeit, zu zeigen, dass er der Herr sei, und der Adel sich nicht ungestraft eine solche Sprache erlauben dürfe. Nicht nur zu vielen Bisthümern, sondern auch zu vielen höheren Beamtenposten, zu denen noch vor 1800 nicht leicht Unadelige gelangt waren, wurden nun oft Unadelige ernannt, so dass längere Zeit (1817—1827) bei den Hof- und Länderstellen die Räthe meistens Unadelige waren, und selbst zu Bisthümern gewöhnlich ehemalige Pfarrer oder geistliche Referenten gelangten.

Der hohe Adel bemerkte seinen Missgriff, der anmassende Ton wurde gegen den Monarchen nicht mehr gebraucht und zeigte sich fast nur im gesellschaftlichen Umgang, besonders den Frauen unadeliger Beamter gegenüber.

So blieb die Sache mehrere Jahre, bis 1826 Graf Kolowrat Staats- und Conferenzminister und, was noch wichtiger war, Günstling des Kaisers wurde. Er machte kein Hehl daraus, dass er ein Freund des Adels sei, und dies hatte zur Folge, dass nun die Hofkanzlei sowie die Gubernien der nach deutschem Muster regierten Provinzen überall, wo es nach den bestehenden Gesetzen einigermassen möglich war, den Adel begünstigten.

Dort wo dieser Herrschaftsbesitzer war und als solcher in Beziehung auf Bierbrauen, Branntweinbrennen, Anlegung von Wirtshäusern, Strassenfrohnen, Schulbauten, Holzabreichungen gewisse Rechte, oder Privilegien hatte, welche in ihrer Ausübung dem Lande oder den Bauern der Herrschaft lästig werden konnten, kam nun in die Gesetzgebung und theilweise in die Auslegung der Gesetze eine den Herrschaftsbesitzern durchaus günstige Richtung, und die politischen Behörden machten eine Menge von Erfahrungen.

Die Sache war erleichtert durch die grosse Abhängigkeit, in welche die Räthe der Hof- und Länderstellen von ihren Chefs, welche fast immer aus dem Stande des begüterten Adels genommen wurden, gekommen waren. Diese Chefs konnten manches im Präsidialwege erledigen und wo dies nicht der Fall war, wirkten sie durch die Wahl der Referenten u. s. w. auf ihr Collegium ein.

Auch bei andern Verwaltungszweigen wurden die Gesetze oft so gemacht, dass sie, wenn man sich auch ganz allgemein ausdrückte, dennoch oft dem Adel zu Gute kamen. Man bemerkte dies namentlich beim Stempelpatente, bei manchen Veränderungen einzelner Taxen u. s. w. Auch dass man in den letzten Jahren des Kaisers Franz sich entschloss, die Reste des Deutschen und des Maltheserordens durch Aufnahme neuer Glieder, wenn auch mit wesentlichen Veränderungen der Statuten, aufrecht zu halten, brachte man mit den neu emporgekommenen aristokratischen Tendenzen in Verbindung.

Wie sehr der Adel durch das System supernumerärer längere Zeit ohne Besoldung dienender Beamten begünstigt worden, ist schon bemerkt worden.

II. Buch.

Die Organisation der neu erworbenen Provinzen und das bureaukratische System im Allgemeinen.

---

1. Die Organisation der neu erworbenen Provinzen und die Behandlung der früheren Beamten.

Wenn auch die Regierung entschlossen war, am bisherigen Regierungssysteme auch nach der dauernden Wiederherstellung des Friedens festzuhalten, so war doch eine Organisation der Verwaltung in den „neuen Provinzen", welche durch die Verträge von 1814 und 1815 gewonnen worden waren, in dem westlichen Oberösterreich, Salzburg, Tirol, Oberkärnten, Krain, Triest, Görz, Istrien, Croatien westlich von der Save, Dalmatien, Venedig und der Lombardei nothwendig. Das Vorgehen der Regierung wurde dadurch erleichtert, dass die Wiederherstellung der Herrschaft Oesterreichs in den früher zu diesem gehörigen Gebieten mit Freuden begrüsst, in einzelnen wie Dalmatien mit Gleichmüthigkeit aufgenommen und nur in den italienischen Provinzen, wo man mit den bisherigen Zuständen sehr zufrieden gewesen war, ungern gesehen wurde. Nur dass die Regierung gleich nach der Occupation die entwerteten Einlösungs- und Anticipationsscheine zwangsweise in Verkehr setzte, rief nicht blos in den italienischen sondern auch in den illyrischen Gebieten eine solche Aufregung hervor, dass diese Massregel wieder aufgehoben wurde.

Die Regierung gieng bei der Organisation dieser Provinzen in ähnlicher Weise vor, wie 1795 und 1797 bei der Erwerbung Westgaliziens und der venetianischen Gebiete. Sie liess für jeden

Verwaltungszweig durch Männer, welche in diesem thätig gewesen waren, an Ort und Stelle Entwürfe ausarbeiten, welche dann in Wien geprüft wurden, nachdem man mit den Hofstellen der andern Verwaltungszweige, insofern sie davon berührt wurden, schriftlich sich in's Einvernehmen gesetzt hatte. Wegen des Umfanges der neuen Provinzen, welche dem Flächeninhalte nach fast ein Drittel der ganzen Monarchie ausmachten, wurde aber für die Fragen der politischen Verwaltung in Wien eine eigene „Organisierungs-Hofcommission" unter dem Vorsitze des Hofkanzlers Grafen Procop Lazansky eingesetzt. Dagegen hatte man es unterlassen, in jeder Provinz eine solche Commission einzusetzen, welche, allenfalls mit Zuziehung von Vertrauensmännern, die einschlägigen Fragen im Zusammenhange mit Berücksichtigung der Verhältnisse und der wahrscheinlichen Einkünfte des Landes geprüft hätte. So arbeitete jeder Commissär für sich ohne Rücksicht auf das Ganze und es waren Missgriffe nicht zu vermeiden. Erst nach langer Zeit kam man zu einem dauernden System. Manche Fragen wurden erst nach fünf oder sechs, manche gar erst nach fünfzehn Jahren entschieden und in der Zwischenzeit behalf man sich mit Provisorien.

Die neuen Provinzen wurden in Beziehung auf die politische Verwaltung in Gubernien, diese wieder in Kreise eingetheilt. Diese Gubernien waren die Lombardie, das venetianische Königreich, das Küstenland, Dalmatien, Tirol und Illyrien. Einige der neu erworbenen Gebiete wurden auch anderen Gubernien zugetheilt.

Die Lombardie umfasste die ehemaligen Herzogthümer Mailand und Mantua und die ehemaligen venetianischen Gebiete westlich vom Mincio, das venetianische Königreich die östliche Hälfte des Venetianischen. Die Kreise, in die sie getheilt waren, wurden Provinzen genannt und der Vorsteher derselben, welcher in den alten Provinzen Kreishauptmann hiess, wurde dort „Delegat" und das Kreisamt „Delegation" genannt.

Das Küstenland, dessen Hauptort Triest war, bestand aus den ehemaligen Grafschaften Görz und Gradisca, dem Gebiete von Triest, ganz Istrien, den dalmatinischen Inseln Cherso, Veglia und Lussin, dem Gebiete von Fiume und Provinzial-Croatien. Die ehemals militärisch organisierten Theile von Croatien kamen wieder unter die Militärverwaltung. In Görz, Triest, Mitterburg (Pisino), Fiume und Karlstadt waren Kreisämter.

Tirol mit den ehemaligen Fürstenthümern Trient und Brixen, dem Vorarlbergischen und einigen westlichen Bezirken des Salzburgischen bildete das Gubernium von Tirol mit dem Hauptorte Innsbruck.

Der Villacher und (seit 1825) auch der Klagenfurter Kreis, also das alte Kärnten wie Krain bildeten jetzt das illyrische Gubernium mit der Hauptstadt Laibach.

Die zurückgewonnenen Theile Oberösterreichs wie das „Herzogthum" Salzburg, welches einen eigenen Kreis bildete, wurden wieder zum oberösterreichischen Gubernium geschlagen, dessen Hauptstadt Linz war.

Dalmatien mit dem Gebiete von Ragusa und Oesterreichisch-Albanien (Cattaro) bildete mit Ausnahme der zum Küstenlande geschlagenen Inseln Cherso, Veglia und Lussin das dalmatinische Gubernium mit der Hauptstadt Zara. Auch dieses Land wurde wie die früher genannten in Kreise eingetheilt.

Die gerichtliche Eintheilung schloss sich grösstentheils an die politische an. Die Gubernien von Mailand, Venedig, Innsbruck, Triest und Zara hatten jedes ein Appellationsgericht. Das Gubernium von Laibach wurde unter das schon früher für Unterkärnten und Steiermark bestandene Appellationsgericht von Klagenfurt, die zum Linzer Gubernium geschlagenen Bezirke unter das Appellationsgericht in Wien gestellt.

Bei der militärischen Eintheilung bildeten die Gubernien von Mailand und Venedig die Sprengel der italienischen Generalcommanden von Mailand und Padua. Nach einigen Jahren aber wurden diese zu einem einzigen Generalcommando in Verona vereinigt. Tirol und Dalmatien erhielten ebenfalls Generalcommanden nach einem kleineren Massstabe. Das Küstenland und Illyrien wurden unter das Generalcommando zu Graz und die zurückerhaltenen Theile Oberösterreichs und Salzburgs unter das von Wien gestellt.

Das lombardisch-venetianische Königreich erhielt einen Vicekönig in der Person des Erzherzogs Rainer mit ansehnlichen Einkünften, aber beschränkten Befugnissen. Es sollte eine Nachahmung der zur Zeit des Königreichs Italien bestehenden Verhältnisse sein. Der Vicekönig sollte einen Theil des Jahres auch in oder bei Venedig zubringen, damit diese Stadt nicht gegen Mailand zurückgesetzt wäre.

Eine andere Abweichung von den Zuständen in den übrigen Provinzen war, dass für die Gerichtssprengel der Appellationsgerichte Venedig und Mailand ein oberster Gerichtshof zu Verona errichtet wurde, den man officiell als eine Abtheilung der obersten Justizstelle zu Wien betrachtete.

Die Delegationen und Kreise in den neuen Provinzen zerfielen in kleinere Bezirke, deren Vorsteher verschiedene Namen hatten. Im Salzburgischen hiessen sie Pfleger, in Tirol Landrichter, im Küstenlande Bezirksrichter oder Bezirkscommissäre, im lombardisch-venetianischen Königreiche und in Dalmatien Prätoren. Neben der politischen Verwaltung und einigen finanziellen Geschäften hatten sie in der Regel auch die Gerichtsbarkeit in unterster Instanz in ihren Händen.

Für die Finanzverwaltung hatte man in der Lombardie und dem Venetianischen Bezirks- und Localbehörden, von denen die erstern anfangs unter eine cameralistische Abtheilung der Gubernien und späterhin unter eigene Cameralmagistrate gestellt waren. In Zara, Laibach und Innsbruck wurden Gefällenverwaltungen eingerichtet, welche in den Kreisen oder Bezirken Unterbehörden hatten. Sämmtliche Provinzialbehörden standen unter der allgemeinen Hofkammer in Wien.

Die Polizei war zahlreich, besonders zu Mailand, welches für sehr verdächtig galt. Die Censur war in den neuen Provinzen so wie in den alten.

Fasste man die Unterschiede zwischen den neuen und alten Provinzen in's Auge, so bestanden sie vorzüglich darin, dass man in den neuen nur feine Münze im Umlauf sah, dass man von einer Municipaljurisdiction, theilweise aber auch von der Patrimonial-Gerichtsbarkeit nichts wusste, dass die neuen Provinzen keinen privilegierten Gerichtsstand einzelner Personen kannten und dass ebenso wenig Exemtionen von der Militärpflichtigkeit stattfanden.

Bezüglich der bisher in diesen Provinzen angestellten Beamten hatte die Regierung die Absicht, die meisten beizubehalten, nicht aber jene, welche Mitglieder von geheimen Gesellschaften gewesen waren oder eine grosse Vorliebe für die frühere Regierung gezeigt hatten. Diesen und ihren Familien wollte man blos dasjenige geben, worauf sie nach den früheren Gesetzen in dem Augenblicke ihrer Pensionierung ein Recht hatten.

Dagegen wollte man eine Anzahl von deutschen Beamten in diese Länder schicken, theils zum Zwecke einer besseren Controlle,

theils zur leichteren Einführung des österreichischen Geschäftsganges.

Um für die Auswahl der Beamten freie Hand zu haben, zugleich aber um die Beamten dazu zu bringen, sich durch die
grösste Thätigkeit das Wohlwollen der neuen Regierung zu verdienen, erklärte man alle in diesen Ländern übernommenen Beamten für blos provisorisch. Daraus folgte, dass man sich vor-
behielt, sie nach Belieben beizubehalten oder zu entfernen, sie zu
befördern oder auch auf geringere Posten zu versetzen. Dass
diese Massregel unter den alten Beamten Schrecken und Besorgnisse verbreitete, braucht kaum erwähnt zu werden. Dieser
unsichere Zustand dauerte, weil es mit der Organisation äusserst
langsam gieng, selten weniger als drei, gar oft aber auch acht
Jahre.

Als es endlich nach und nach zur Vollendung der Organisation einzelner Stellen oder Verwaltungszweige kam, wurde unter
den provisorisch beibehaltenen Beamten je nach Gunst und Polizei-
berichten dieser befördert, jener zurückgesetzt und der Dritte mit
der normalmässigen Pension entlassen. Dass dabei Härten und
Ungerechtigkeiten nicht zu vermeiden waren, ist natürlich. Doch
glaubte die Regierung in Folge dieser Organisation zuverlässige
Beamte zu haben. Auch fand man sich in den italienischen Provinzen schneller, als man zu Wien erwartet hatte, in die österreichischen Geschäftsformen.

Andererseits wurde man durch das finanzielle Ergebnis der
Organisation unangenehm überrascht. Die Einkünfte aus den neuen
Provinzen, die mit Ausnahme des lombardisch-venetianischen König-
reiches ziemlich arm waren, betrugen weniger, die Kosten der
Verwaltung mehr, als man in Wien erwartet hatte, was um so
begreiflicher ist, als das Bevormundungs- und Polizeisystem in
Italien noch weiter ausgebildet wurde als in den deutschen Pro-
vinzen und im Einzelnen Anfangs bei der Organisation grosse
Missgriffe vorkamen.

In den späteren Jahren wurde aber manches mit mehr Umsicht und sogar theilweise sehr gut eingerichtet. Doch war in den
italienischen Provinzen eine grosse Schwierigkeit die Divergenz
der Verwaltungsgrundsätze zwischen den verschiedenen Centralstellen zu Wien und die oft auch durch den blossen Wechsel der
Präsidenten der Hofstellen bewirkten Veränderungen.

Ebenso fand sich nach und nach das österreichische Italien in die österreichischen Verwaltungssysteme. Im Vergleiche zu den Systemen, welche zu Modena, Parma, im Kirchenstaate und im Neapolitanischen herrschten, musste man sie gut nennen. Die officiöse Presse der österreichischen Regierung that sich auch darauf viel zu Gute, sie nannte das österreichische Italien das am besten verwaltete Land der ganzen Halbinsel.

2. Die Einführung ständischer Verfassungen in Krain, Tirol und dem lombardisch-venetianischen Königreiche.

Der Geist des Zeitalters und der Wunsch, die österreichische Monarchie nicht als despotisch regierten Staat erscheinen zu lassen, zum Theil aber auch der Inhalt der Wiener Congressacte und der deutschen Bundesacte entschieden dafür, dass mehreren der im Jahre 1815 erworbenen Länder Provinzialverfassungen, zufolge deren für manche Angelegenheiten Abgeordnete der Provinz eine consultative Stimme haben sollten, vom Throne herab octroirt wurden. Massgebend waren dabei die Grundsätze, dass diese sämmtlichen Provinzen „erobertes Land" wären, und dann, dass die Verfassungen, welche man bewilligen wollte, nicht wesentlich von denen der alten böhmisch-österreichischen Provinzen abweichen sollten.

Bezüglich der 1809 von Oberösterreich und Kärnten getrennten Theile war die Sache einfach. Diese traten in das alte Verhältnis zu den bei Oesterreich gebliebenen Theilen ihres Landes zurück. Schwieriger war dagegen die Frage in Ansehung des Herzogthums Salzburg und der Grafschaften Görz und Gradiska, welche in den letzten Zeiten der österreichischen Herrschaft keine anerkannten Landstände mit eigentlichen Landtagen gehabt hatten. Nach einigen schwachen Schritten, auch in Salzburg, Görz und Gradiska Ständeverfassungen in das Leben zu rufen, liess man dort diesen Gedanken ganz fallen.[1]

Krain bekam 1818 durch ein kaiserliches Decret eine der kärntnerischen etwas ähnliche Landesverfassung. Den vierten Stand bildeten sieben landesfürstliche Städte, wovon die Hauptstadt zwei und jede der übrigen einen Deputierten entsendete. Die acht

---

[1] [Salzburg erhielt 1826 eine Landesvertretung.]

Deputierten des Bürgerstandes hatten aber zusammen nur Eine Virilstimme.

Auch dem Lande Tirol, welches einige Zeit Hoffnung auf die Wiederherstellung der im Jahre 1805 aufgehobenen Verfassung gehegt und zu diesem Zwecke verschiedene Deputationen an den Kaiser gesendet hatte [1], wurde (am 24. März 1816) eine neue Verfassung octroiert, welche übrigens von jenen der andern österreichischen Provinzen mit feudalen Institutionen noch vielfach verschieden war. Der hohe Adel und die Ritter bildeten nämlich zusammen nur Einen Stand. Die vier Stände waren hier die Prälaten, der Adel, die Bürger und die Bauern. Jeder der vier Stände hatte dreizehn Stimmen. Die Abgeordneten der drei weltlichen Stände wurden aus der Mitte der von ihnen vertretenen Personen gewählt.

Bezüglich Damatiens, mit welchem jetzt auch die Gebiete von Ragusa und Cattaro vereinigt wurden, konnte man sich zur Verleihung einer Verfassung nicht entschliessen. Es hatte weder unter der venetianischen, noch (1797—1805) unter der österreichischen und endlich unter der französischen Herrschaft eine solche gehabt. Blos ausgedehnte Municipalrechte hatten unter Venedig in Dalmatien und Albanien bestanden und diese waren längst aufgehoben. Aehnlich waren die Verhältnisse in Istrien. Die Stadt Triest dagegen hatte ansehnliche Gemeindefreiheiten.

Da der militärisch-organisierte Theil des wiedererlangten croatischen Gebietes die alte militärische Organisation ohnehin auch unter Napoleon beibehalten hatte, war dort wenig zu verändern. In Ansehung Provinzialcroatiens aber entstanden, als es auf dem deutschen Fusse organisiert wurde, und also von einer Wiederherstellung der alten vor 1809 bestandenen Landesverfassung keine Rede mehr war, mancherlei Beschwerden. Dem Lande waren die österreichischen Geschäftsformen und fast noch mehr die hohe Besteuerung verhasst, man meinte, der Hof müsse schon aus Rechtsgründen die Verfassung, wie sie im Jahre 1808 gewesen war, herstellen, und das nämliche behaupteten bezüglich der wieder erworbenen Theile Croatiens die Ungarn, weil der ungarische Krönungseid den König verpflichte, die von dem ungarischen Reiche getrennten Theile wieder zum Reiche zurückzu-

---

[1] [Näheres hierüber bei A. Jäger, Tirols Rückkehr unter Oesterreich S. 103 ff.]

bringen, was nicht geschähe, wenn sie eine andere Verfassung bekämen.

Auch in der Lombardie und im Venetianischen wurde mit Patent vom 24. April 1815 eine Verfassung, die „Central-Congregationen" eingeführt. Es gab deren zwei, eine zu Mailand für die Lombardie und eine zu Venedig für das Venetianische. Ausserdem gab es Provinzial-Congregationen in jeder Provinz (Kreise) dieses Königreichs, also im Mailändischen neun, im Venetianischen acht. Beide Gattungen von Congregationen bestanden zur Hälfte aus adeligen, zur andern Hälfte aus unadeligen Grundbesitzern, dann aus den Repräsentanten der neunzehn bedeutendsten Städte. Da aber das Land im Ganzen 60 Städte und 353 Marktflecken hatte, so war der grösste Theil derselben ohne Repräsentation.

Der Vorsitzende der Central-Congregation war der jedesmalige Landesgouverneur, der Präsident der Provinzial-Congregationen der oberste politische Beamte der Provinz, der Delegat oder dessen Stellvertreter. Die Central-Congregation hatte zwanzig bis dreissig Mitglieder, eine Provinzial-Congregation sechs bis acht. Sie wurden von den Gemeinderäthen vorgeschlagen und für die Central-Congregation vom König, für die Provinzial-Congregation vom Gubernium im Einverständnisse mit der Central-Congregation ernannt. Das Amt eines Deputierten wurde auf sechs Jahre verliehen. Die Regierung konnte übrigens Deputierte, welche sich ihres Vertrauens unwürdig zeigten, absetzen.

Weiter war bestimmt, dass die Congregationen permanente Collegien sein sollten. Sie standen verfassungsmässig den Landesbehörden zur Seite, um ihnen die Wünsche und Bedürfnisse der Einwohner zur Kenntnis zu bringen und dieselben mit ihrer Einsicht zu unterstützen. Der Wirkungskreis der Congregationen erstreckte sich auf die Vertheilung der Steuern und Militärleistungen, und auf die Aufsicht über die Verwaltung des Corporationsvermögens, der öffentlichen Bauten und der Wohlthätigkeitsanstalten. Wie die Stände der übrigen Provinzen konnten sie, wenn es die Staatsverwaltung verlangte, begutachtende Aeusserungen in Administrationssachen erstatten.

Der für die Congregationen vorgeschriebene Geschäftsgang war schriftlich. Die Protokolle der Centralcongregationen mussten den Gubernien vorgelegt werden. Die Beschlüsse und Erlässe der Provinzial-Congregationen unterzeichnete der erste politische Beamte der Provinz. Ebenso hatten die Provinzial-Congregationen das Einreichungsprotokoll und Expedit gemeinschaftlich mit der politischen Provinzialbehörde.

Wenn man diese Verfassung aufmerksam betrachtet, ist es einleuchtend, dass die Congregationen nur consultative Stimmen haben sollten, dass schon durch die Art ihrer Zusammensetzung und Geschäftsführung für die grösste Abhängkeit von den politischen Behörden gesorgt war und dass die Thätigkeit der Mitglieder sich nur insofern äussern sollte, als die Regierung dazu aufforderte. Den Freunden constitutioneller Regierungsformen genügte die ganze Maschinerie nicht. Aber was den Italienern gewährt wurde, war doch weit mehr als sonst dem österreichischen System entsprach und bewies, wie viele Rücksicht der Hof auf sie nahm. Das nämliche zeigte die Beibehaltung der italienischen Sprache als Geschäftssprache, die den Bischöfen gelassene Freiheit, ungehindert mit Rom zu correspondieren, die Benennung Provinz für jeden Kreis, die Ernennung eines Vicekönigs, der abwechselnd in den Städten Mailand und Venedig residieren sollte, einige Milderungen der österreichischen Kriegsgesetze für das in Italien stehende Militär, die Stiftung eines österreichischen Ordens der eisernen Krone, die Gewährung von Unterstützungen an ärmere venetianische Adelsfamilien aus der Staatscasse, die Verleihung hoher österreichischer Adelstitel an die reicheren dieser Familien und eine anfangs ziemlich freigebige Vertheilung von Hofchargen und Ordenskreuzen an Italiener.

3. Die ungünstige Stimmung im lombardisch-venetianischen Königreiche.

Ungeachtet dieser den Italienern gewährten Begünstigungen war die Stimmung im lombardisch-venetianischen Königreiche der österreichischen Regierung abgeneigt und man vermochte keine eigentlich österreichische Partei zu gründen.

Die Errichtung eines Königreiches Italien, welche dem Nationalgefühle der Bewohner geschmeichelt hatte, war auf die Gemüther vieler Italiener nicht ohne dauernden Eindruck geblieben und sie sahen mit Schmerzen die Zerstörung dieser Schöpfung. Napoleons. Mailand bedauerte, dass es aufhörte, die Hauptstadt eines Staates und der Sitz einer glänzenden Hofhaltung zu sein.

Als die Grundsätze der neuen Verwaltungs-Organisation genauer bekannt wurden, ward die Sache noch schlimmer. Man durfte sich in Wien keine Hoffnung machen, dass die Italiener sich durch blosse Namen über die Beschaffenheit einzelner Einrichtungen würden täuschen lassen. Die Mailänder erfuhren bald die Beschränktheit der Befugnisse des Vicekönigs. Die Gubernien zu Venedig und Mailand zeigten, dass das österreichische Italien in zwei Provinzen getheilt sei, welche nur auf dem Papier eine Einheit vorstellten. Der Name Provinz im österreichischen Italien bedeutete nichts als einen Kreis, der Delegat war nichts als ein gewöhnlicher österreichischer Kreishauptmann.

Obgleich man nicht voraussetzte, dass viele deutsche Beamte in das Land kommen würden, so war man doch überzeugt, dass die höchsten politischen und kirchlichen Würden bald an Deutsche kommen und für die Italiener nur die mittlern und untern Stellen übrig bleiben würden, welche wenig Einkommen, viele Arbeit und einen geringen Einfluss gaben, gleichwohl aber mancherlei Berufsstudien und mehrere in der Praxis zugebrachte Jahre forderten. Solche Posten sagten den wohlhabenden Familien nicht zu. Zum Theil deswegen, zum Theil aus Abneigung gegen die österreichische Herrschaft hielten sie sich vom Staatsdienste fern. Sie übernahmen gerne Municipalämter ohne Besoldung, besonders bei den Stiftungen, aber keine Beamtenstellen.

Hätte es wie unter der italienischen Regierung noch Stellen gegeben, welche Glanz oder Einfluss verliehen, so wäre es noch immer möglich gewesen, dass, selbst wenn die finanziellen Erträgnisse derselben gering gewesen wären, die Italiener sich der österreichischen Herrschaft geneigter gezeigt hätten. Allein das österreichische System wollte von solchen Stellen nichts wissen. Die Monotonie, die Glanzlosigkeit, die harten Formen und der gänzliche Mangel an Allem, was gewissen Geistesrichtungen zusagte, war dasjenige, was die Italiener am österreichischen Regierungssystem ausstellten. Nach ihrer Meinung hatten die Franzosen sich besser auf die Behandlung der Italiener verstanden.

Diese Ansichten der vornehmen und wohlhabenderen Italiener hatten die Folge, dass dieselben mit den Deutschen so wenig als möglich in Berührung kommen wollten. Besonders war das österreichische Militär verhasst und nicht viel weniger die deutschen Beamten. Beide merkten, dass ihnen die Häuser der Italiener verschlossen waren, sie waren also auf den Umgang unter sich beschränkt und auch da bemerkte man eine gegenseitige Abneigung zwischen den Officieren und den Staatsbeamten.

Die untern Volksclassen wurden allerdings von manchen dieser Verhältnisse nicht berührt. Aber die weisse Uniform der österreichischen Soldaten zeigte ihnen, dass die Italiener kein Volk mehr wären. Diese hatten zu allen Zeiten Wert darauf gelegt, von den Deutschen und den Franzosen unabhängig zu werden, wiewohl es ihnen niemals gelingen wollte, und jetzt war der Sinn für die italienische Nationalität unter allen Classen viel lebendiger geworden. Schon 1816 wurden die österreichischen Behörden oft durch die Aeusserungen dieser Gesinnung beunruhigt.

Theilweise wurde dieselbe auch von der italienischen Bevölkerung Istriens und Dalmatiens getheilt. Im letzterem Lande trug zur Verschlechterung der Stimmung auch der Umstand bei, dass man schon 1815 von der neuen Organisation eine Abänderung der alten Einrichtungen in geistlichen und Unterrichtsangelegenheiten befürchtete.

Diese waren bisher in Italien überhaupt in einem mehr römisch-katholischen Geiste behandelt worden, während man wusste, dass die in Oesterreich in der Theresianischen und Josephinischen Zeit eingeführten Gesetze eine febronianische und protestantische Grundlage hätten, so dass besonders die Geistlichkeit in Besorgnissen lebte.

Diese Stimmung in den italienischen Provinzen, welche noch durch zahlreiche geheime Gesellschaften verschlimmert wurde, zeigte der Regierung, dass sie einer angemessenen Vertheilung der Militärmacht und einer sehr wachsamen Polizei bedürfe, wenn sie sich bei schwierigen Zeitverhältnissen des Gehorsams der Einwohner versichern wolle. Die Polizeianstalten waren daher nirgends umfassender und kostspieliger als in dem lombardisch-venetianischen Königreiche. Das schon von der italienischen Regierung eingeführte System der „precetti politici", der polizeilichen Ueberwachung verdächtiger Personen [1], wurde vom österreichischen Hofcommissär Grafen Saurau mit manchen neuen eines grossen Missbrauchs fähigen Vorschriften versehen, in Folge deren selbst bei unbescholtenen Personen, wofern es die Polizei für gut fand, leicht Hausdurchsuchungen stattfinden konnten. Nach einer officiellen Erklärung, welche der österreichische Minister Baron

---

[1] [Näheres hierüber in Beidtels Biographie S. XXVI f., welche dem 1. Bande dieses Werkes vorausgeht.]

Doblhoff 1848 auf dem Reichstage abgegeben hat, waren bis
dahin alle Jahre mehrere hundert Italiener [1]) nach der ungarischen Festung Szegedin unter engem Gewahrsam aus keinem
andern Grunde gebracht worden, als weil sie dem herrschenden
Systeme bedenklich schienen.

4. Die Organisierung der Kirchen- und Schulverhältnisse in den neuen Provinzen.

Es hieng mit dem Grundsatz der Organisierung der neuen
Provinzen auf deutschem Fusse und der Einheit des Reichs zu-
sammen, dass man dort auch die österreichischen Grundsätze über
Kirchen und Schulen einführte. Schwierigkeiten schienen nur die
italienischen Provinzen zu bieten und zwar deswegen, weil die
Regierung möglichst geräuschlos zu Werke gehen wollte.

Anfangs hatte man diese Schwierigkeiten nicht erwartet.
Denn die italienische Geistlichkeit vertraute auf den kirchlichen
Sinn der österreichischen Regierung, diese wieder auf die Füg-
samkeit des italienischen Clerus. Als jedoch mehrere der wichtigeren österreichischen Gesetze über die Correspondenz mit dem
päbstlichen Stuhle, über die Ehe und die Verfassung der Klöster
eingeführt wurden, da kam die italienische Geistlichkeit zur Ansicht, dass sie in eine schlimmere Lage als früher gerathen sei.
So lang nämlich das Königreich Italien bestanden hatte, war die
Correspondenz mit dem päbstlichen Stuhle für die Clerisei frei
gewesen; auch hatte sie die Leitung ihrer Seminarien und einen
bedeutenden Einfluss auf das niedere Schulwesen gehabt. Dies
widersprach dem österreichischen System. Nicht ohne Schwierigkeiten wurde den Bischöfen die freie Correspondenz mit Rom
zugestanden. In den anderen Fragen setzten die Bischöfe nur
wenig durch. Die Organisation des Schulwesens geschah, un-
wesentliche Veränderungen ausgenommen, nach dem für die
deutschen Provinzen angenommenen System, wodurch besonders
die Bischöfe getroffen wurden. Denn in mehreren Städten, wie z. B.
in Padua, Vicenza und Mailand gab es sogenannte „bischöfliche
Gymnasien", weil Bischöfe die Stifter gewesen waren und sie
nach eigener Ansicht organisiert hatten. Jetzt hiess der Bischof
„Localdirector" dieser Anstalt, sowie er auch „Director der bischöf-

---

[1]) [Diese Zahl scheint jedenfalls übertrieben zu sein.]

lichen Lehranstalt" (für die Theologie) war. Offenbar wollte man durch diese Benennung, von deren officieller Anwendung die österreichischen Staatsschematismen der Jahre 1826—1848 den Beweis liefern, das der Regierung zugeschriebene Monopol des öffenlichen Unterrichts, selbst in Beziehung auf die Theologie, andeuten.

Noch mehr sahen die Italiener ein, worauf man hinaus wolle, als man die Toleranzgesetze Josephs II. auch zu Venedig und Mailand einzuführen anfieng, als man Rechbergers Handbuch des österreichischen Kirchenrechts in allen Schulen vorschrieb und endlich sogar eine Gottesdienstordnung nach dem Muster der Josephinischen einführen wollte, welche dem katholischen Cultus den grössten Theil seines Glanzes nahm und die Mittel, das Volk im katholischen Glauben zu erhalten, sehr beschränkte.

Die italienischen Bischöfe, ihrer Pflicht treuer, als es die deutschen (1754—1835) gewesen waren, machten der Regierung Vorstellungen, erreichten aber nur das, dass man mit der Einführung mancher Josephinischen Grundsätze zögerte und bestrebt war, auf die bedeutendern kirchlichen Stellen in Italien Männer von Josephinischen Grundsätzen zu stellen, ehe man mit den Umgestaltungsplänen weiter fortschritt.

Das Geschrei der deutschen Beamten in Italien war daher über den italienischen Clerus allgemein. Man brauche, hiess es, „aufgeklärtere Männer". Mit diesen Ansichten hieng es zusammen, dass man, sobald die Stellen erledigt wurden, zu Mailand den österreichischen Grafen Gaisruck zum Erzbischof, zu Venedig den Zipser Bischof Ladislaus von Pyrker zum Patriarchen, und zu Zara den Seminariumsvorsteher Novak zum Erzbischof ernannte, um viele andere Ernennungen zu Bisthümern nicht zu erwähnen.

Durch dieses System entfremdete sich die österreichische Regierung den frömmern Theil der italienischen Clerisei, während dem freidenkenden Theil das österreichische System der Gleisnerei verhasst war. Im Allgemeinen galten die Deutschen in Italien bald für „Halblutheraner" (mezzolutterani), was die Stellung der dem Hofe ergebenen Prälaten sehr schwierig machte.

Keines der neu erworbenen Länder erlitt aber in kirchlicher Beziehung durch die österreichische Regierung eine grössere Umwandlung als Dalmatien.

Dieses Land, in den Seestädten von Italienern, in den übrigen Theilen von Illyriern [Serbocroaten] bewohnt, hatte dreizehn Bisthümer, von denen alle für die Domcapitel äusserst geringe Dotationen hatten und nur fünf dem Bischof ein Einkommen von mehr als 5000 Gulden gewährten. Sowie aber die Canonicate nur ein Einkommen von 20—200 Gulden gaben, so waren auch die Pfarrbenefizien sehr schlecht, und die Geistlichen konnten nur leben, indem sie von ihren Familien, der Verwaltung einzelner Stiftungen oder von gewissen Stolagebühren noch einige Einkünfte bezogen. Seine Bildung hatte dieser Theil des Clerus, weil es im Lande an theologischen Bildungsanstalten fehlte, zu Bologna, Loretto oder Rom erhalten, und einzelne aus diesen Männern hatten bedeutende theologische Kenntnisse.

Der Landclerus in den illyrischen Gegenden des Landes war meistens noch schlechter dotiert. Er las seine Messe in altslovenischer Sprache und lebte auf eine Art, dass ihn fast nur der Kragen und die Kopfbedeckung vom Landmann unterschieden. Er war auch fast durchgängig aus dem Landvolke genommen und wenn der Candidat des geistlichen Standes auch nur einige Kenntnisse im Katechismus und in der Moral nachwies und eines sittlichen Rufes sich erfreute, wurde er ordiniert, ohne dass ihm jedoch andere Aussichten als auf die Erlangung einer Landpfarre offen standen.

Dieses System, hervorgerufen durch die Armuth des Landes, den Verlust vieler alten Kirchengüter und die Mischung der Bevölkerung war den österreichischen Behörden ein Greuel. Die Beschränkung der Bisthümer auf drei oder vier, die Gründung eines Religionsfondes, die Besoldung der Domherren mit Gehalten von 6—800 Gulden, die Errichtung von theologischen Lehranstalten und Seminarien, die Umwandlung vieler Pfarreien in Localien, eine angemessene Besoldung aller Pfarrer und eine solche Vorbereitung für den geistlichen Stand, wie sie in den deutschen Provinzen der Monarchie gesetzlich nothwendig war, waren die Hauptelemente dieses Planes. Damit aber nicht, bis es zur Ausführung käme, ein dem österreichischen System widersprechender Clerus emporkomme, verbot man längere Zeit alle Ordinationen, besetzte selten eine erledigte Pfründe, (wie denn im Jahre 1820 der mehr als achtzigjährige Bischof von Trau der einzige Bischof in Dalmatien war) und liess die Capitel ganz aussterben. Erst langsam und unvollständig kam der österreichische Plan von Kirchenreformen in Dalmatien zur Ausführung. Unter ihm aber verlor sich wie in den deutschen Provinzen die Lust der jungen Leute zum geistlichen Stande und ein sehr beträchtlicher Theil jener geringen Dotationen der Kirchen, welche noch vorher dagewesen waren. Viele Nebenkirchen wurden zu gleicher Zeit gesperrt und die Mendicantenklöster, welche die französische Regierung noch gelassen hatte, in ganz neue uncanonische Verhältnisse gebracht.

In Tirol nahm die österreichische Regierung ein anderes System an. Da zu der landständischen Verfassung, welche der Kaiser dem Lande gab, Prälaturen gehörten, stellte man einige von der baierischen Regierung aufgehobene Abteien wieder her. Ebenso verfuhr man in Salzburg und Krain. Diese Herstellung brachte den betreffenden Stiftern aber nicht immer ihre ehemaligen Güter und durchaus nur eine dem Josephinischen Kirchenrechte entsprechende Stellung. Das Volk war indessen geneigt, in diesen Massregeln Beweise von katholischen Gesinnungen zu erblicken, so wie es auch der höheren Geistlichkeit gefiel, dass mit den bischöflichen Sitzen von Trient, Brixen, Laibach und Görz, sowie mit dem Erzbisthume Salzburg trotz ihrer jetzt nur mässigen Dotationen von neuem die Fürstenwürde verbunden und zu Salzburg die Bischofswahl durch das Capitel beibehalten wurde.

Das Hauptaugenmerk des Hofes in Ansehung der kirchlichen Verhältnisse war übrigens dahin gerichtet, sich durch Verträge mit dem päbstlichen Stuhl eine angemessene Abgränzung der Diöcesen und das Ernennungsrecht zu fast allen höheren Pfründen zu sichern. Beides erreichte man, weil die Curie Oesterreich brauchte, und es entstand sogar unter einem grossen Theil der deutschen Clerisei der Glaube, dass der päbstliche Stuhl gegen das Josephinische Kirchenrecht keine Einwendung mehr habe.

Wie in den alten Provinzen gieng auch in den neuen das ganze Bestreben auf die Einführung einer rein materiellen Geschäftsführung bei der Geistlichkeit. Wenn nur die Registraturen in Ordnung waren, die periodischen Berichte gehörig einliefen, niemand ordiniert wurde, der nicht die vorschriftsmässigen Studienzeugnisse beigebracht hatte, jeder Geistliche so viel als möglich für sich lebte und weder wegen Freidenkerei noch wegen übertriebenen orthodoxen Eifers Stoff zu Klagen gab, so war die Regierung befriedigt, mochten nun die Geistlichen ihrer Gesinnung nach Katholiken, Gallicaner, Protestanten oder Freidenker sein. Doch waren die österreichischen Grundsätze noch immer einem geheimen Widerstande ausgesetzt, und man brachte es in Italien nicht dahin, wohin man es in den deutschen Provinzen gebracht

hatte, dass die Consistorien die Landessprache zu ihrer Geschäftssprache machten und ihren alten Curialstil gegen den österreichischen Kanzleistil vertauschten.

Hand in Hand mit diesen Bemühungen der Jansenisten, welche
die bedeutendsten geistlichen Referate zu Wien hatten, gieng die
Organisation der Schulen. Jene im lombardisch - venetianischen
Königreiche wurden mit unwesentlichen Veränderungen so eingerichtet wie in den deutschen Provinzen, und in Dalmatien, wo
man öffentliche Schulen fast nicht gehabt, sondern sich beinahe
nur mit Privatschulen beholfen hatte, wollte man, was auch (1820
bis 1830) theilweise geschah, einen ganz neuen Boden legen. Allen
diesen Schulanstalten lagen rationalistische und gallicanische Ideen
zu Grunde, und auch insofern als die Geistlichkeit auf diese Anstalten Einfluss hatte, blieben sie doch stets Staatsanstalten. Dass
an den höheren Schulen das gründliche Wissen und besonders
die classische Bildung abnehme, sah man allgemein ein. Aber
man achtete zu Wien die früheren zum Theil sehr alten Studieneinrichtungen so wenig, dass man ohne Anstand an den zwei
Universitäten zu Padua und Pavia Facultätsdirectoren ernannte,
welche nicht einmal Doctoren waren.

Auch auf die Wohlthätigkeitsanstalten, für welche Italien so
grosse Fonds und einen unter seinen Bewohnern sehr weit verbreiteten Wohlthätigkeitssinn hatte, dehnten sich die österreichischen Organisationsentwürfe aus. Glücklicherweise aber gab man
in diesen Beziehungen den Neuerungen nur eine sehr geringe
Ausdehnung.

5. Die wachsende Unzufriedenheit in den italienischen Pro-
vinzen und die ersten Verschwörungen.

Nach dem Jahre 1818 konnte man die Organisation der neuen
Provinzen, obgleich sie in manchen Beziehungen über zehn Jahre
dauerte, in der Hauptsache als beendigt ansehen. Die meisten
Länder waren auch damit zufrieden. Doch dauerte in Italien die
Unzufriedenheit fort und es kamen immer neue Ursachen hinzu.

Die Stadt Venedig wünschte einen Freihafen (porto franco) zu
erhalten. Aber mit diesem Wunsche verstiess es gegen die Interessen der Stadt Triest, welche als dem österreichischen Hause
sehr ergeben begünstigt wurde. Auch hielt sich der venetianische
Adel für nicht genug begünstigt. Die meisten der ehemaligen

Patrizier erhielten, als die sogenannten heraldischen Commissionen ihre Arbeiten beendigt hatten, nur den einfachen Adelstitel und nur wenige den Grafenstand. Eben so selten erhielten die Venetianer höhere Stellen.

Günstiger waren die höheren Classen der mailändischen Bevölkerung gestellt. Ihr mit Reichthum verbundener Stolz erzwang sich zu Wien eine gewisse Achtung. Man that vieles, was sonst nicht im System lag, um sich zu Mailand beliebt zu machen. Aber dies gelang nicht.

Von 1818 an bemerkte man, wie in den übrigen Theilen Italiens, so auch in den österreichischen mancherlei Symptome von politischen Umtrieben, welche mit den von Paris aus in halb Europa betriebenen Agitationen im Zusammenhange zu stehen schienen. Jm Jahre 1821, als Neapel und Piemont die Fahne der Constitution erhoben, kam es auch zu weit verbreiteten revolutionären Verbindungen im österreichischen Italien. Die Regierung entdeckte sie aber früh genug, und während die Oesterreicher gegen die Neapolitaner und Piemontesen in den Waffen standen, wurden auch die Hauptpersonen der Mailänder Bewegung, an deren Spitze Graf Confalonieri stand, ergriffen und vor Gericht gestellt. Die Regierung begieng den grossen Fehler, die Untersuchungen nicht durch die competenten Criminalgerichte, sondern durch specielle, von der Regierung zusammengesetzte, Commissionen führen zu lassen. Dies war ein Uebermass von Vorsicht, da ohnehin nach dem Criminalgesetzbuch von 1803 die eigentliche Processentscheidung, nämlich das zur Ausführung bestimmte Urtheil, der höchsten Instanz zustand. Allein diese Ernennung von Commissionen war nach früheren Beispielen geschehen, über die niemand viel geredet hatte. Aber zu glauben, dass dies auch im Jahre 1821 nicht geschehen werde, war eine arge Verkennung der damaligen Anschauungen.

Als daher durch die österreichischen Gerichtshöfe die italienischen Verschwörer meistens zum Tode verurtheilt und nur vom Kaiser zu mehr oder weniger langen Kerkerstrafen begnadigt wurden, hörte man bald Stimmen, welche im ganzen Verfahren nichts als eine Nullität sahen und in einem grossen Theil von Europa die Härte der österreichischen Justizeinrichtungen kritisierten. Die Verurtheilten wurden grösstentheils auf den Spielberg bei Brünn gebracht, und die in ganz Europa gelesenen und sogar in die Elementarbücher des Auslandes übergegangenen Memoiren eines dieser Verurtheilten, des Silvio Pellico, („Le mie prigioni") trugen dazu bei, die ungünstigsten Vorstellungen auch über einige der höheren österreichischen Beamten und die österreichischen Staatsgefängnisse zu verbreiten.

Einige Jahre vor der piemontesischen Revolution waren auch von Neapel her durch einen gewissen Minieri revolutionäre Verbindungen angeknüpft worden, welche Verzweigungen bis nach Istrien und Griechenland hin hatten.

Natürlich hatten solche Erscheinungen nur eine Verschärfung der Polizeimassregeln, eine Vermehrung der Besatzungen und eine Zunahme des Misstrauens zur Folge. Zu Wien sprach man von Undankbarkeit der Italiener, während diese von einer Verpflichtung zum Danke nichts wissen wollten. Sie fanden das österreichische Schulwesen, welches die Behörden rühmten, sehr schlecht und sträubten sich gegen den Schulzwang, den man ihnen aufdrängen wollte. Viele tadelten noch mehr das österreichische Kirchensystem, während den Freidenkern damit zu viel Polizeizwang verbunden war.

Wenn die Schutzredner der Regierung die Justizverwaltung vortrefflich fanden, sagten die den Italienern befreundeten Blätter des Auslandes, dass den Gerichten die Unabhängigkeit fehle, dass im Justizwesen, besonders in Ansehung der Vormundschaften, Curatele und Fideicommisse sich ein mit einem schwerfälligen Geschäftsgange verbundenes Bevormundungssystem zeige, dass man im Criminalprocesse auf das Geständnis zu viel Wert lege und dass man dadurch die Erpressung der Geständnisse begünstige.

Die österreichische Regierung liess sich in den italienischen Provinzen den Strassenbau sehr angelegen sein. Eine herrliche, bis zu einer Höhe von mehr als 8700 Fuss sich erhebende Strasse führte aus Tirol über das Stilfser Joch durch das Veltlin an den Comersee. Eine andere Strasse führte aus dem Pusterthal von Tirol längs der Piave gegen Venedig. Eine dritte gleichfalls kostbare Strasse führte aus Croatien über den Vellebit nach Dalmatien. Diese Strassen nützten den Ländern in vielen Beziehungen. Aber die Italiener behaupteten, es seien blosse Militärstrassen, angelegt, um die österreichische Herrschaft über Italien leichter zu behaupten.

In den Augen der Italiener galt Italien von jeher als das classische Land und die Deutschen hiessen bei ihnen auch noch im neunzehnten Jahrhundert „Barbaren". Sie gaben die Hoffnung nicht auf, wie so viele andere Völker endlich auch ihre nationale

Unabhängigkeit zu erringen, und da diesem Streben jetzt besonders Oesterreich entgegenstand, so vermehrte auch dies ihren Hass gegen die österreichischen Staatseinrichtungen.

6. Die Stimmung in Galizien.

In Galizien, mit welchem die 1809 an Warschau und Russland abgetretenen Gebiete von Wieliczka und Tarnopol wieder vereinigt wurden, war die dem Lande von Maria Theresia gegebene landständische Verfassung schon lang erloschen. Aber der Adel hoffte Besseres von der Zukunft, weil bezüglich der ehemals zu Polen gehörigen Länder der Artikel 1 der Wiener Congressacte versprach „eine Repräsentation und nationale Institutionen, welche geregelt sein sollten nach der Art der politischen Existenz, welche jede der Regierungen, unter welche sie gehören, zu bewilligen für nützlich und angemessen halten wird".

Diese und einige andere Bestimmungen liessen die Galizier, welche in der Congressacte officiell „Polen" genannt wurden, eine nationale Verfassung erwarten. Aber die österreichische Regierung fand eine solche, da sie den Polen nicht traute, für gefährlich und so erhielt Galizien (1817) eine der damaligen böhmischen oder mährischen ähnliche Verfassung, welche einigen Personen ständische Aemter und ständische Uniformen, dem Lande aber nichts als einen sogenannten Postulatenlandtag gab. Dass diese Verfassung den galizischen Adel nicht befriedigte, lag am Tage. Aber die Umstände waren der Erhebung von Reclamationen nicht günstig. Die Bukowina liess man ohne eine ständische Verfassung.

Diese Täuschung seiner Hoffnungen entfremdete den galizischen Adel noch mehr der österreichischen Regierung. Er richtete seine Hoffnung zunächst auf das unter Russlands Kaiser gestellte Königreich Polen, besonders, da der Kaiser Alexander längere Zeit den Polen Hoffnung gab, auch die bei den früheren Theilungen erhaltenen Provinzen mit dem neuen Königreich Polen zu vereinigen. Erst als diese Hoffnung (nach 1826) mehr und mehr verschwand, trat scheinbare Resignation ein. Doch blieb das Streben nach der Wiederherstellung des Königreichs Polen unter dem galizischen Adel und einem beträchtlichen Theil der Einwohner lebendig und nach dem Aufflammen der polnischen Revolution von 1830 eilten Tausende aus Galizien zu den polnischen

Fahnen und ungeachtet aller Gegenmassregeln wurden grosse Summen zur Unterstützung der Insurrection abgesendet.

Für die österreichische Regierung war dies eine Mahnung, sich mehr auf die Landleute zu stützen. Aber dies that man nur ungerne, weil der Adel mehr als der Bauer als Stütze des Thrones betrachtet wurde und dies daher den damaligen Maximen der Regierung widersprach.

7. Die Fortdauer der ungünstigen Stellung der Staatsbeamten.

Ungeachtet der Vorliebe der Regierung für den Absolutismus, zu dessen Handhabung eifrige Beamte nothwendig sind, dachte auch nach der Herstellung des Friedens Niemand an eine dem Ansehen und den Interessen des Dienstes entsprechende Verbesserung der Stellung der Staatsbeamten. Man hielt die Lage derselben für befriedigend, wofern ihnen wieder die ihnen decretmässig zugesicherten Einkünfte in feiner Münze ausgezahlt würden. Dazu wurden auch schon im April 1814 Schritte gethan, und im October 1818 hatten für die Beamten die Zeiten des Papiergeldes, nachdem sie volle zwanzig Jahre gedauert hatten, ein Ende.

In anderen Beziehungen dauerten die unpassenden Gesetze fort. Der Beamte hieng durch die geheimen Conduitlisten ganz von seinem unmittelbaren Oberen ab und sehr viele wurden daher bei Besetzung erledigter Stellen zurückgesetzt, worüber im Publikum, da man die Gründe nicht kannte, oft die irrigsten und für die Uebergangenen nachtheiligsten Gerüchte verbreitet wurden.

Wenn solche Zurücksetzungen oft schon ohne erkennbare Ursachen erfolgten, so kann man denken, mit welcher Begierde die Vorgesetzten die Gelegenheit benützten, wenn einem Beamten, dem sie nicht wohl wollten, wirklich etwas zur Last zu fallen schien. Die Unklarheit irgend eines Referates, ein Rückstand, der bei Günstlingen übersehen wurde, das vorübergehende Inverstossgerathen einiger Acten wurde als eine willkommene Gelegenheit benützt, um einen ungünstigen amtlichen Bericht zu erstatten.

Auch ein anderes Mittel wurde, besonders im Justizfache oft benützt, um einzelnen Beamten zu schaden. Es bestand darin, dass ihnen sehr viel oder sehr wenig Arbeit zugetheilt wurde. Im ersteren Falle wollte der Obere meistens bewirken, dass Rückstände blieben, im letzteren wurde berichtet, dass der Gesund-

heitszustand oder die Fähigkeiten des Beamten diese geringe Zu-
theilung forderten.

Um die Aufsicht über die Beamten zu vermehren, wurden
dieselben aus verschiedenen Provinzen gemischt und es kamen
sehr häufig Versetzungen und Beförderungen von einer in die
andere vor, wodurch man auch die Geschäftsbehandlung in den
verschiedenen Ländern möglichst gleichförmig machen wollte. Man
wollte dadurch bewirken, dass nicht leicht einer mit dem andern
in engere Freundschaftsverhältnisse käme. Aber man übersah
dabei ganz, dass jetzt viele Beamte in Wirkungskreise kamen,
für welche sie ungenügende Personal- und Localkenntnisse mitbrachten, dass sie im Allgemeinen von den Einheimischen nicht
gern gesehen und dass auch ihre Vermögensverhältnisse dadurch
oft zerrüttet wurden.

Rücksichten auf Privatinteressen kannte aber die Staatsverwaltung fast gar nicht. So verordnete sie, dass Verwandte bei
einem und demselben Amte nicht sollten dienen können und
dehnte die Anwendung dieses Grundsatzes bis zur Ungereimtheit
aus. Dadurch war es einem Beamten fast unmöglich gemacht,
seine Söhne, die sich dem Staatsdienste widmeten, in der Nähe
zu haben, und oft erfolgte schon bei der ersten Anstellung eine
Trennung auf Lebenszeit.

Auch die materielle Lage der Beamten, die seit der Zahlung
des Gehaltes in feiner Münze eine Zeit lang eine viel günstigere
gewesen war als früher, verschlechterte sich wieder, als die grosse
Wohlfeilheit der Lebensmittel, welche wegen der Seltenheit des
Geldes 1818—1828 bestanden hatte, nach und nach aufhörte und
besonders seit 1834 die Preise auffallend stiegen. Die meisten
Beamten mussten sich daher sehr einschränken und dadurch litt
auch das Ansehen des Standes, und zwar um so mehr, als der
Wohlstand eines Theiles der übrigen Volksclassen, vor allem der
Fabrikanten und Kaufleute und der bessern Gewerbsleute, in den
letzten Jahrzehnten sehr zugenommen hatte.

So lang übrigens der Beamte lebte, war die Lage noch erträglich. Aber nach seinem Tode war in der Regel seine Familie
in einem hilflosen Zustande, da die Pensionsvorschriften besonders in Ansehung der Mädchen unzureichend [1] waren. Oft

---

[1] Der Vater musste schon eine ziemlich hohe Stelle bekleidet haben, wenn die
Regierung für ein Kind 100 Gulden als Erziehungsbeitrag oder für eine erwachsene
Tochter eine lebenslängliche „Sustentation" von jährlich 150 Gulden bewilligte.

blieb den Töchtern selbst höherer Staatsbeamten, da sie ohne Vermögen nicht leicht einen Mann fanden, nichts übrig als der Eintritt in ein gemeines Dienstbotenverhältnis, oder die Prostitution.

Um das Jahr 1820 gestattete der Kaiser die Pensionsvorschriften in Berathung zu ziehen. Aber die Arbeit kam in ungeschickte Hände und am Ende war das Ergebnis eine blosse Compilation der bestehenden Vorschriften, was wenig Nutzen brachte.

Im Jahre 1815 führte der Kaiser eine Uniform für die Beamten ein. Er hatte dies im Auslande gesehen und glaubte, dass sie das Ansehen des Beamtenstandes heben würde. Der Gedanke war gut, fand aber wenig Beifall nicht blos beim Adel, welcher allein das Recht, eine Uniform zu tragen, besitzen wollte, sondern zum Theil bei den Beamten selbst, weil sie die Anschaffung der Uniform scheuten und an Bequemlichkeit einzubüssen glaubten. In kurzem war die Uniform zu einem Paradekleide geworden, welches man einige Stunden im Jahre trug und die meisten Beamten sich nicht anschafften.

Auch die Art und Weise, wie in den officiellen Actenstücken von den Beamten gesprochen wurde, konnte unmöglich zur Vermehrung ihres Ansehens beitragen. Es hatte den Anschein, dass die Regierung eigentlich blos aus den obersten Beamten bestehe, die andern aber blos „Hilfsarbeiter" oder „Organe der Regierung" seien. Die Finanzbeamten hiessen nur „Gefällsorgane", die andern „Organe der Staatsverwaltung". Wenn irgendwo der Beamten zu wenige waren, sprach man vom „Abgang der Arbeitskräfte". Auch verkehrten die höchsten Beamten fast nur mit ihren aristokratischen Standesgenossen und wenig mit den unter ihnen stehenden Beamten.

Treffend schildert die Lage der Staatsbeamten der diesen übrigens wenig geneigte Verfasser der Schrift „Oesterreich und dessen Zukunft" (1842) [1]): „Es dürfte nicht leicht eine Classe Menschen zu finden sein, in welcher man so vielen verfehlten zerrissenen Existenzen, so vielen von Unzufriedenheit gepeinigten Gemüthern begegnete, als in dem österreichischen Beamtenstande. Die meisten unter ihnen haben ihren Stand ohne inneren Beruf, ohne Neigung, viele sogar mit offenbarem Widerwillen ergriffen,

---

[1]) Oesterreich und dessen Zukunft S. 50 f.

getrieben durch die sie umgebenden Verhältnisse, getäuscht durch eine unklare Kenntnis der Welt und des Lebens, welche zu berichtigen es ihnen an Zeit und Musse fehlte. Und wenn die Vergangenheit für sie eine freuden- und erinnerungslose ist, so ist ihre Aussicht nicht minder jedes Spornes zur Thätigkeit, jeder kräftigen frohen Wirksamkeit entbehrend. Keine Auszeichnung, keine ehrenvolle Anerkennung von Oben, keine lohnende Publicität nach Unten vergilt eine aussergewöhnliche Anstrengung, eine mehr als mittelmässige Capacität; der Beamte ist ewig nichts als Maschine und mit Kummer lernt es derjenige einsehen, welcher eine mehr als nothwendige Einlage von Intelligenz, Willen und Kraft mitgebracht hat, dass diese eine überflüssige war und nicht erkannt, geschweige denn belohnt wird".[1]

8. Der Mangel eines einheitlichen Systems bei den obersten Regierungsbehörden.

Bei dem grossen Einflusse, welchen die Bureaukratie in dieser Zeit auf alle Verhältnisse der Monarchie ausübte, war es um so wichtiger, dass die obersten Centralstellen, nach denen sich die untergeordneten Beamten richteten, sich vielfach von verschiedenen Regierungsmaximen leiten liessen.

Die „österreichische Hofkanzlei", welche ungefähr dem Ministerium des Innern entsprach, hatte zu der Zeit, wo der Graf Saurau an ihrer Spitze stand, eine entschiedene Vorliebe für den aufgeklärten Absolutismus. Der Adel fand nur gerade so viel Begünstigung, als die Klugheit zu gebieten schien; man neigte sich zur Gewerbefreiheit; man begünstigte Grundzerstückelungen; man war der katholischen Hierarchie wenig geneigt; man sorgte für die Verbesserung der Strassen und die Vermehrung der Volksschulen. Als aber in den letzten Jahren der Regierung des Kaisers Franz der Graf Anton Friedrich von Mittrowsky an diese Stelle kam, war die Begünstigung der Herrschaftsbesitzer, die Abneigung gegen Zerstückelungen und die Gewerbefreiheit an der Tages-

---

[1] Der Verfasser, der im Interesse des Adels und der Stände schrieb, die damals einen förmlichen Krieg gegen die „Bureaukratie" führten und diese für alle Schäden im Staate verantwortlich machten, vergisst übrigens zu erwähnen, dass die Chefs des Beamtenstandes durchaus dem Adel angehörten.

ordnung, während das Misstrauen gegen die Hierarchie und das Interesse für die Volksschulen geblieben war.

Bei der Hofkammer herrschte (1815—1835) die entschiedenste Vorliebe für die Hebung der Industrie, von der man die Wiederherstellung der Ordnung im Finanzwesen und grössern Wohlstand des Landes hoffte. Man begünstigte die Gewerbefreiheit; man suchte, so viel man konnte, das Grundeigenthum zu mobilisieren; man redete der Vermehrung der Industrieschulen das Wort; man suchte in Steuersachen fast alle alten Abgaben mit neuen besser regulierten zu vertauschen; man hegte Projecte der verschiedensten Art, ohne dass man dabei grosse Rücksichten auf die Staatseinkünfte nahm; man sagte sich mehrfach, z. B. bezüglich der Zölle auf Colonialwaren und des Verbotes der Einfuhr ausländischer Weine, ganz von den Maximen von 1770 los; man nahm überhaupt den Schein an, als stehe man auf der Höhe des Zeitalters.

Beim Hofkriegsrathe (dem Kriegsministerium) hielt man fest an gewissen dem Zeitgeiste nicht mehr zusagenden älteren Militäreinrichtungen. So wollte man von der Recrutenaushebung durch das Loos, von der Einführung einer kürzeren Capitulationszeit, von der Abschaffung des Spiessruthenlaufens und von Einführung eines neuen menschlicheren Strafsystems nichts wissen. Man hielt darauf, dass die sogenannten Regimentsinhaber mit der Bezeichnung jedes Regiments nach dem Namen desselben und mit seinen Vorrechten blieben. Es wurde ferner mitten im Frieden ein übermässig hoher Truppenstand unterhalten, und um dies leichter durchzusetzen, unterliess man alle Befestigungen an der östlichen Seite des Staates und completierte höchst unvollständig die Vorräthe jeder Art, welche bei militärischen Ausrüstungen oft plötzlich nothwendig werden.

Bei der Polizeihofstelle hatte, so lang man Ursache zu Misstrauen zu sehen glaubte, ein Geist der Strenge geherrscht. Als aber der Graf Sedlnitzki an das Ruder kam, handelte man mehr nach den vom Ministerium der auswärtigen Angelegenheiten erhaltenen Inspirationen, welche (1828—1835) jedes unnöthige Aufsehen scheuten. Die oberste Polizeileitung gefiel sich daher mehr in einer Wichtigthuerei und in strenger Aufrechthaltung der alten vor 1780 bestandenen Vorschriften über Pässe, Passierscheine und polizeiliche Meldungen; auch legte Sedlnitzki Wert auf die Kenntnis unbedeutender Theaterintriguen und liebte Verzögerungen mit der Erledigung von Censursachen. In diesem Detail herrschte die Josephinische Richtung und die Censoren beobachteten sie auch, gestützt auf die positiven noch nicht aufgehobenen Vorschriften, in Rücksicht auf die von Katholiken abgefassten Schriften über Religion.

Bei der Leitung des geistlichen Departements, welches, obgleich keine Hofstelle bildend, doch der Sache nach etwas Aehnliches war, bemerkte man die Herrschaft des gemässigten Josephinismus.

Die Studien-Hofcommission zeigte diesen gleichfalls, jedoch verbunden mit einer entschiedenen Tendenz zur Verfinsterung.

Bei der obersten Justizstelle herrschte Abneigung gegen die Patrimonial- und Municipalgerichtsbarkeit und noch mehr gegen alle neuern Ideen. Bei der grösstentheils aus Räthen des obersten Gerichtshofes zusammengesetzten Gesetzgebungs-Commission in Justizsachen hieng man ganz an den Ideen und Grundlagen der Josephinischen Periode, wiewohl man den Schein des Gegentheils annahm. Dies war auch die Ursache, dass, so zahlreich auch die Mängel der bestehenden Gesetzgebung allen Sachverständigen erschienen, dennoch nichts Wesentliches geändert wurde.

Beim Ministerium der auswärtigen Angelegenheiten hatte man äusserst geringe Kenntnisse von den inneren Zuständen der Monarchie. Man hielt diese für viel besser, als sie waren, und entschloss sich daher auch nicht zu einer Aenderung der Politik. Metternich hielt den strengsten Absolutismus für die einzige Regierungsform, unter welcher das Conglomerat, österreichischer Staat genannt, sich erhalten könne. Aber um den Kitt zu verstärken, herrschte bei der Staatskanzlei eine grosse Vorliebe für den Pietismus. Man hoffte auf diesem Wege den österreichischen Hof den Katholiken in den kleineren deutschen Bundesstaaten und in Italien als ihren natürlichen Schutzherrn darstellen zu können. Diese Richtung wurde auch begünstigt von den vielen Convertiten, welche Metternich bei der Staatskanzlei anstellte. Aus ähnlichen Gründen wünschte die Staatskanzlei auch für den öffentlichen Unterricht streng religiöse Grundlagen.

Aehnliche Differenzen in gewissen Grundansichten traf man bei dem Generalrechnungs-Directorium, der ungarischen Hofkanzlei und der viele Jahre hindurch für die neu erworbenen Provinzen bestandenen Organisierungs-Commission. Dies hatte zur Folge, dass, wenn es sich um irgend eine bedeutende Massregel handelte, über welche mehrere Hofstellen sich aussprechen mussten, gewöhnlich nach jahrelangem Hin- und Herschreiben entweder gar nichts, oder etwas, was keinen rechten inneren Zusammenhang hatte, zu Stande kam. Die bei der Centralstelle an den Tag gelegten oder vorausgesetzten Ansichten machten sich aber, wenn Vernehmungen der Landes-, Kreis- oder Ortsbehörden nothwendig waren, auch bei diesen geltend. Den meisten Referenten war es nicht um die gute Sache, sondern nur um die Zufriedenstellung ihres Chefs zu thun und selbst wahrheitsgetreue oder auf Ueberzeugung gegründete Berichte Einzelner blieben fast immer ohne Nutzen für das Ganze.

Dieser Geschäftsgang war eine Hauptursache der Langsamkeit vieler Entscheidungen. Er lieferte ungeheuere Actenconvolute und erschwerte denjenigen, welche auf Grund derselben die Entscheidung treffen sollten, ihre Arbeit, so dass sie oft einen beträchtlichen Theil der Acten ungelesen liessen.

Die meisten Präsidenten der Hofstellen scheinen die Nachtheile dieser Verhältnisse gefühlt zu haben. Aber ihnen abzuhelfen, stand nicht in ihrer Macht und bei dem Monarchen ernste Vorstellungen zu machen, dazu fehlte ihnen der Muth. Man behalf sich also, wie man konnte, und war froh, wenigstens Herr in seinem Departement zu sein.

III. Buch.

Geschichte des Gerichtswesens von 1815—1835.[1]

1. Die Justizverfassung in den neu erworbenen Provinzen.

Die ehemaligen Provinzen Kärnten, Krain, Görz und Istrien erhielten am 20. September 1814 eine neue Gerichtsorganisation. Zu Laibach, Klagenfurt, Triest und Görz wurden sogenannte Stadt- und Landrechte errichtet, welche erste Instanzen für alle Einwohner der Hauptstadt und privilegierte Gerichte für adelige und andere eximierte Personen, sowie für gewisse Rechtssachen, zugleich aber auch Wechsel- und Criminalgerichte sein sollten. In dieser Rücksicht wurde Oberkärnten zum Stadt- und Landrechte zu Klagenfurt gezogen.

Die Criminalgerichtsbarkeit dieser Stadt- und Landrechte erstreckte sich über alle Bewohner der Provinz. Doch konnten und sollten die Voruntersuchungen durch die Bezirksgerichte besorgt werden.

In Ansehung dieser Bezirksgerichte war in Kärnten, Krain und dem Küstenlande als System angenommen, dass die grösseren Herrschaften bezirksweise nicht nur über ihre eigenen Unterthanen, sondern auch über die mehrerer kleiner Dominien die Gerichtsbarkeit erhalten sollten. Jedoch sollten sie diese durch einen geprüften Justiziär besorgen und für das Waisenvermögen haften. Auch erhielten sie die Gerichtsbarkeit nur als etwas vom Staate

---

[1] [Vgl. hierüber die eingehende Darstellung bei A. v. Domin-Petrushevecz, Neuere österreichische Rechtsgeschichte S. 212 ff.]

Delegiertes, weil man dieselbe als Ausfluss der Justizhoheit des Monarchen ansah. Von einer Wiederherstellung der Jurisdiction der Gemeinden war keine Rede, nur die grösseren Städte Laibach, Görz und Triest erhielten für das Politische und Oekonomische eigene Magistrate.

Mit dieser Organisation erfolgte auch die Wiedereinführung jener österreichischen Gesetze, welche vor 1809 in diesen Provinzen bestanden hatten. Hiedurch war, da im venetianischen Istrien schon früher keine Patrimonial-Gerichtsbarkeit bestand, und auch jetzt daselbst die Justiz durch landesfürstliche Gerichte verwaltet wurde, eine Justizverfassung gegründet, welche viel Eigenthümliches hatte und schon in den nächsten Jahren manche Inconvenienzen äusserte.

Es bestand nämlich eine Art Patrimonial - Gerichtsbarkeit, welche im strengen Sinne diesen Namen nicht verdiente. Nur die grösseren Dominien hatten sie, jedoch selbst gegenüber eigenen Unterthanen nicht aus eigenem Rechte. Es entstand die Frage, wie das grössere Dominium dazu komme, für das kleinere die Justiz zu verwalten und für das ganze Waisenvermögen verantwortlich zu sein, wenn dem Gerichtsinhaber dafür keine Vergütung zu Theil werde. Wenn man aber umgekehrt den Grundsatz aufstellen wollte, dass bei einem Ersatze an die Waisenämter jedes Dominium haften müsse, so konnte man den Einwand erheben, dass man einem Dominium nicht füglich auftragen könne, für die Amtshandlungen eines nicht von ihm aufgestellten Beamten zu haften. Schon im Jahre 1824 neigte man sich zu einer Veränderung, die im Wesentlichen darauf hinauslaufen sollte, durch Exscindierung von verschiedenen herrschaftlichen Jurisdictionsbezügen einen Fond zur Aufstellung landesfürstlicher Bezirksgerichte zu bilden, und so der Patrimonial-Gerichtsbarkeit vollends ein Ende zu machen. Eine Jurisdiction der Municipien und der Corporationen hatte man ohnehin nicht.

Die Justizverfassung für Tirol mit Einschluss der ehemaligen Bisthümer Trient und Brixen und Vorarlbergs wurde durch das Hofdecret vom 31. October 1815 und einige spätere Gesetze geordnet.

Ihre Grundzüge waren der Justizverfassung für Krain ziemlich ähnlich. Zu Innsbruck wurde ein Stadt- und Landrecht, zu Trient, Bozen, Roveredo und Feldkirch Collegialgerichte geschaffen, welche auch Criminalgerichte waren. Zugleich wurde das Land in Beziehung auf die Criminaljustizpflege in viele kleinere Bezirke eingetheilt, deren Gerichtsvorsteher entweder die ganze Criminaluntersuchung zu führen und dem Criminalgerichte nur zur Urtheilsschöpfung einzusenden hatten, oder nur die sogenannte Voruntersuchung führen sollten.

Diese Gerichtsvorsteher, Landrichter genannt, hatten auch die Civiljustizpflege und die politische Verwaltung in ihren Händen, jedoch nicht unbedingt über alle Einwohner ihres Bezirkes. Denn abgesehen davon, dass einige Einwohner und Rechtssachen ausdrücklich den Collegialgerichten und dem Stadt- und Landrechte zugewiesen waren, war auch die Wiederherstellung der Patrimonialgerichtsbarkeit gegen die Erfüllung der in den alten Provinzen bestehenden Bedingungen zugesagt und kam auch theilweise zur Ausführung. Von einer Municipal-Gerichtsbarkeit war aber auch hier keine Rede.

In dem 1815 erworbenen „Herzogthum" Salzburg wurde ein Stadt- und Landrecht für die Bewohner der Hauptstadt, verschiedene priviligierte Personen und Gegenstände, und als Wechsel- und Criminalgericht errichtet. Das übrige Land zerfiel in eine Anzahl von Bezirksgerichten unter dem alten Namen der Pfleggerichte, welche die politische und Justizverwaltung unter sich hatten und, insofern einzelne Dominien nicht von der ihnen zugestandenen Befugnis, die Patrimonial-Gerichtsbarkeit auszuüben, Gebrauch machten, über alle Bezirkseinwohner die Gerichtsbarkeit haben sollten. Aehnliche Pfleggerichte errichtete man auch in den von Baiern zurückerhaltenen Theilen von Oberösterreich, ohne dass man es übrigens für gut gefunden hatte, die alte Magistratsverfassung wieder herzustellen.

In den ehemals venetianischen Gebieten von Istrien und Dalmatien und in der Republik Ragusa hatte ein eigentliches Feudalverhältnis nicht bestanden, die Patrimonial-Gerichtsbarkeit war unbekannt und die Regierung war auch nicht geneigt, eine solche einzuführen. Aber auch von den alten sehr freien Municipalverfassungen der Seestädte, welche schon seit 1797 zu Grunde gegangen waren, nahm man keine Notiz mehr.

In Istrien wurde daher ein Collegialgericht zu Rovigno errichtet, welches zugleich das Criminalgericht für Istrien und einige Inseln war. Das übrige Land wurde unter eine Anzahl Bezirksgerichte vertheilt, von denen die meisten zugleich die politische Verwaltung besorgten. Das venetianische Istrien sammt den

Inseln Cherso, Veglia und Lussin wurde aber zum Küstenlande gezogen.

Im Königreiche Dalmatien wurden vier Collegialgerichte zu Zara, Spalato, Ragusa und Cattaro, und unter diesen eine Anzahl von sogenannten Präturen (Bezirksgerichten) gegründet, welche nebst der Justiz auch die politische Verwaltung führten.

Die ökonomische Verwaltung der Städte, welche schon vor 1814 unter die vollkommenste Abhängigkeit von der Staatsverwaltung gerathen war, blieb in dieser Stellung und die Localobrigkeiten der grösseren Städte hatten in dieser Beziehung eine sehr geringe Bedeutung.

Für die eigentlich italienischen Provinzen zwischen dem Ticino und dem Isonzo war die Justizorganisation jener von Dalmatien sehr ähnlich. In der Hauptstadt jeder Provinz gab es ein Collegialgericht (Provinzialgericht genannt), welches privilegierte Instanz für die Provinz, Justizbehörde für alle Bewohner der Hauptstadt, Wechselgericht und Criminalgericht war, der übrige Theil der Provinz wurde in eine Anzahl von Präturen getheilt, welche gleichfalls dem Appellationsgerichte untergeordnet waren. In den grossen Städten Venedig und Mailand hatte jedoch das Provinzialgericht weder Wechselsachen, noch Criminalangelegenheiten über sich; denn dafür bestand ein Wechsel- und ein Criminalgericht.

Von einem Einflusse der Municipalverfassung auf die Justizverwaltung war keine Spur mehr. Der Hauptunterschied im Systeme zwischen den alten und neuen Provinzen bestand darin, dass in den erstern das Princip, die Justiz durch Staatsbeamte zu verwalten, in einem geringeren Umfange Anwendung fand als in den letztern, dass es in den erstern noch einen privilegierten Gerichtsstand für den Adel und die Geistlichkeit gab, was in den letztern in geringerem Masse der Fall war, und dass in den alten Provinzen die grössten Gutsbesitzer so wie die Gemeinden doch noch etwas mehr bedeuteten, als in den letzteren.

2. Aenderungen der Justizverfassung in den alten Provinzen.

Als die Justiz in den seit 1814 erworbenen Provinzen organisiert war (1820), bestand eine in der Hauptsache ganz gleiche Justizverfassung in allen nicht ungarischen Provinzen des Kaiserthums. Man konnte den Flächenraum, auf dem sie Anwendung

fand, auf etwa 7300 Quadratmeilen und seine Bevölkerung auf
mehr als achtzehn Millionen Menschen anschlagen.

An dieser Justizverfassung war unter Leopold II. und dem
Kaiser Franz manches Neue eingeführt worden, in der Hauptsache aber beruhte sie auf den Justizgesetzen Josephs II., welcher
bei ihrer Abfassung zunächst die damaligen österreichischen und
böhmischen Provinzen im Auge gehabt hatte.

Sehen wir nun, wie diese Grundsätze sich fortdauernd entwickelten und in allen Zweigen der Staatverwaltung sich geltend
machten. Wir werden dadurch zugleich die Ueberzeugung gewinnen, wie fest in der Meinung der Staatsbeamten bereits die
Ideen von 1770 standen und wie sie, begünstigt von der allgemeinen
Weltlage, sich geräuschlos in allen Richtungen entwickelten, alle
Traditionen von dem früheren Zustande des Landes schwächten
oder vernichteten, und einen Geist schufen, welcher, selbst wenn
man ihn für einen schädlichen hätte halten wollen, nicht so leicht
zu bekämpfen war.

Vor allem tritt eine grosse Abneigung der Regierung gegen
die Patrimonial- und Municipaljurisdiction zu Tage. Wir haben
schon früher gesehen, dass die alten Gemeindeverfassungen in
den Provinzen Galizien, Böhmen, Mähren, Schlesien, Oesterreich
und Steiermark unter dem Kaiser Franz noch ungefähr dieselben
Grundzüge hatten, welche ihnen Joseph II. durch seine Decrete
gegeben hatte, dass aber selbst jene Freiheit, welche ihnen Joseph II.
gelassen hatte, nämlich die, dass die Bürger die Magistratsglieder
wählen konnten, unter dem Kaiser Franz anfangs (1805) in Galizien
und später (1808) in den deutschen Provinzen verloren gieng.
Jedoch entwickelten sich erst nach und nach die weiteren Folgen.
Die geprüften Municipalbeamten wurden immer mehr als eine Art
von Staatsbeamten angesehen, welche nur aus der Gemeindecasse
bezahlt wurden, man versetzte, beförderte und pensionierte sie
nach der Willkür der Regierungsbehörden, sie wurden den Gemeinden fremder, wechselten leicht die Dienstplätze, und nahmen
eine neue Stellung gegenüber der Gemeinde an.

Die nothwendige Folge dieser Erscheinungen war nun wieder,
dass das Interesse der Bürgerschaften an den Gemeindeangelegenheiten noch mehr sich verminderte und das Princip der Freiheit
im Staate fortdauernd abnahm.

Dieselbe Abneigung, welche in der Beschränkung des Wahl-
rechts der Städte in Ansehung ihrer Beamten sich zeigte, traf

auch die Patrimonialjurisdiction. Durch eine Reihe kleiner aber in ihrer Zusammenwirkung bedeutender Massregeln legislativer und administrativer Art machte man ihre Ausübung für die kleineren Güterbesitzer immer lästiger, und da das Vertreten der Parteien durch Justiziäre wirklich, wie wir schon gesehen haben, zahllose Incovenienzen veranlasste, nahm man (1821) davon Veranlassung, den Justiziären, welche in Zukunft ernannt werden würden, das Recht der Vertretung nicht mehr zu gestatten. Die nothwendige Folge in Beziehung auf die Patrimonial-Gerichtsbarkeit war, dass nicht leicht mehr ein Justiziär ernannt werden konnte, welcher ein genügendes Einkommen hatte, wofern ihm nicht die Herrschaft noch ein anderes Amt übertrug. Es war auch nicht mehr immer möglich, mehrere Herrschaftsbezirke unter einen und denselben Justiziär zu stellen, weil kein Amtsort vom Aufenthaltsorte des Justiziärs über zwei Meilen entfernt sein sollte. Eben so wenig waren die Magistrate geneigt, Delegationen der Gerichtsbarkeit von Seite der Herrschaftsbesitzer anzunehmen, weil man schon dort und da bei den Appellationsgerichten anfieng, nicht mehr zu gestatten, dass die für solche Uebertragungen der Gerichtsbarkeit entfallenden Vortheile den Beamten zu Guten kämen, sondern solche den Gemeindeeinkünften zuwies. Mancher Herrschaftsbesitzer war nun gezwungen, seinem Justiziär noch einen andern Dienstplatz, welchen er ihm sonst nicht gern gegeben hätte, zu verleihen, blos, weil sonst die Verwaltung der Justiz nicht mehr möglich war.

Unter den Herrschaftsbesitzern nahm daher immer mehr die Meinung überhand, es wäre gut, wenn ihnen die Patrimonial-Gerichtsbarkeit ganz genommen würde. Nur die grossen Güterbesitzer, welche davon den Verlust an Ansehen fürchteten, und die Minister, welche aus Ueberzeugung oder Politik die aristokratischen Interessen stützten, dachten noch anders.

Inzwischen wurde, insoweit es angieng, die Axt an den Baum gelegt. Im Jahre 1823 forderte bereits die oberste Justizstelle Bericht ab, ob es nicht möglich sei, die kleinen Jurisdictionsbezirke in Steiermark, wo es Herrschaften (sogenannte Gülten) von 6—10 Häusern gab, bezirksweise unter ein- und dasselbe Justizamt zu stellen, was mit anderen Worten soviel hiess, man halte sich fortdauernd für berechtigt, kleineren Dominien die Gerichtsbarkeit zu entziehen.

Mit den nämlichen Ideen hieng es zusammen, dass man für Oberösterreich zu Linz ein sogenanntes Stadt- und Landrecht er-

richtete, welches in Beziehung auf die Civiljustiz in Linz die Geschäfte eines Magistrats, für einen sehr grossen Bezirk die eines
Criminalgerichts, in Wechselsachen für ganz Oberösterreich die
Geschäfte eines Wechselgerichts, und für den Adel und einige
privilegierte Rechtssachen die eines gewöhnlichen Landrechts
führte. Der Sache nach war die Errichtung dieses Stadt- und
Landrechts die Aufhebung des privilegierten Gerichtsstandes für
den Adel und die Geistlichkeit, und da man diese Stadt- und
Landrechte auch in Mähren einführen wollte, was jedoch unterblieb, so zeigte sich klar die Tendenz der Regierung.

So sehr hatten sich aber schon die Begriffe und die Verhältnisse geändert, dass diese Massregel keine Vorstellungen, ja
nicht einmal ein bemerkbares Missvergnügen des Adels zur Folge
hatte, und der Gedanke selbst bei den andern Volksclassen, da
im Ganzen genommen die Abneigung gegen den Adel fortdauerte,
gutgeheissen wurde.

Ueberhaupt änderte sich, so sehr auch einige Minister dem
Adel bei Hofe neue Vorzüge zuzuwenden suchten, und auch
manches für ihn erreichten, der Geist der Regierung immer mehr
zum Nachtheile desselben. Von vierhundert Posten, welche er
noch um das Jahr 1770 als etwas ihm Vorbehaltenes in der
Administration, der Justiz, der Kirche und der Armee betrachtet
hatte, besass er nicht mehr vierzig, alle Stellen mit Ausnahme
jener der Minister und der Gouverneurs waren den Unadeligen
zugänglich geworden. Der Adel wurde daher immer dürftiger,
unwissender und ausschweifender, wodurch jenen, welche ihm
nicht wohl wollten, ein immer freieres Feld gegeben wurde. Die
Geistlichkeit hatte ohnehin wenig Gelehrsamkeit und wenig Einfluss,
sie schloss sich unbedingt an die Regierung an. Die Grundlagen
im Staate wurden daher, so sehr man auch zuweilen das Gegentheil zu verbreiten suchte, immer mehr demokratisch.

Mit dem Systeme, allen neu angestellten Justiziären die Vertretungen der Parteien nicht mehr zu gestatten, hieng nothwendig
das System zusammen, diese nur den Advocaten zu erlauben, die
Advocaten aber mit Rücksicht auf den wahrscheinlich zu erwartenden Erwerb in die grösseren Städte jedes Landes so zu
vertheilen, dass die Parteien nicht allzuweit einen Advocaten
suchen mussten. In der Hauptsache war dies das System von
1760. Es gab aber jetzt viele Umstände, welche dieses System,

obgleich es Vorzüge vor dem von 1790 hatte, doch minder vortheilhaft für das Land machten.

Sonderbar war es schon, dass man für die Advocaten, obgleich der Erwerb in manchen Orten nothwendig sehr schlecht
sein musste, das Doctorat der Rechte, und eine nach Erwerbung desselben zurückgelegte Praxis von drei Jahren forderte.
Diese Bedingungen waren hart; für andere Anstellungen brauchte
man weniger Vorbereitung, bei minder ungewissen Erwerbs-
aussichten. Viele systemisierte Advocatenplätze wurden daher
nicht gesucht, und wenn etwa in dieser Gegend die zu Vertretungen berechtigten Justiziäre selten wurden, hatten die Parteien
viele Reisen und bedeutende Auslagen nothwendig, wenn sie einen
Rechtsverständigen zum Vertreter haben wollten. Vielleicht hieng
es mit den in dieser Rücksicht gemachten Erfahrungen zusammen,
dass man die Erwerbung des Doctorats aus der Rechtswissenschaft dadurch erleichterte, dass man (1824—1832) die Lyceen
zu Olmütz, Lemberg, Graz und Innsbruck wieder zu Universitäten
erhob.

Ein weiterer Uebelstand waren die vielen Winkelschreiber,
welche unbefugt Schriften aller Art verfassten und oft die Parteien
verhetzten. Bei dem Grundsatze, jeder Mensch müsse sich die
Gesetze eigen machen und jeder sei berechtigt, in seinen Angelegenheiten Schriften beim Gerichte einzureichen, war es ausserordentlich schwer, diese Winkelschreiber hintanzuhalten. Es brauchte
die Partei nur zu sagen, sie habe sich die Schrift selbst verfasst,
so konnte man schwer etwas dagegen thun. Es ergiengen daher
eine Menge von Verordnungen, welche selten eine strenge Consequenz zeigten und ihren Urhebern schon genügend schienen,
wenn sie auch nur die vorhandenen Uebel verminderten.

Theils wegen der Kostspieligkeit der Vertretungen, theils
wegen des Einflusses der Winkelschreiber kam es also (1798 bis
1835) immer mehr dahin, dass bei Processen über nicht sehr
wichtige Gegenstände eine oder auch beide Parteien ohne Vertreter von Gericht erschienen, wo der Richter nach einer Art von
Ausfragung über die Sachlage, die Beweismittel und das Begehren
für die ohne Vertreter erschienene Partei die im Processe vorgeschriebenen Reden zu Protokoll dictierte und dadurch so gut,
als es gehen wollte, die beiden Aemter des Vertreters und des
Richters mit einander vereinigte.

3. Die Veränderungen in der Criminaljustizpflege.

Für die Verbesserung der Criminaljustizpflege geschah in manchen Beziehungen sehr viel. Man fieng allmählig an, für die Bekleidung des Richteramtes die mit gutem Erfolg zurückgelegte Prüfung für das Civilrichteramt nicht mehr als genügend anzusehen, sondern verlangte auch die für das Criminalrichteramt, gestattete aber für beide Prüfungen den jungen Leuten unter leichten Bedingungen eine Praxis bei organisierten Justizbehörden. Die Candidaten für das Richteramt wurden dadurch (seit 1829) viel besser als bisher ausgebildet.

Eine Erfahrung, welche man besonders seit den Erwerbungen der italienischen Provinzen gemacht hatte, war, dass in Ländern, wo das Läugnen der Inquisiten eine gewöhnliche Erscheinung ist, mit den Bestimmungen des Criminalgesetzbuches von 1803 kaum die öffentliche Sicherheit genügend zu handhaben war. Dies war die Veranlassung, dass man am 6. Juli 1833 ein neues Gesetz über den Beweis aus dem Zusammentreffen der Umstände erliess. Ueber seinen Wert wurde verschieden geurtheilt, den besten Ausspruch wird aber unstreitig die Erfahrung liefern.

Andere Gebrechen blieben jedoch bei der Criminaljustizpflege, die nicht gering waren, und diese bestanden zum Theil in der Schwerfälligkeit, mit der viele an sich einfache Untersuchungen behandelt wurden, und in oftmaligen, durch Denunziationen veranlassten Voruntersuchungen, bei denen sich oft gleich anfangs die Unmöglichkeit, ein bestimmtes Resultat zu erlangen, herausstellte.

In dieser Periode änderte sich auch Vieles in der durch das Strafgesetzbuch vorgeschriebenen Lage der Verhafteten, besonders jener in den Strafanstalten. Im Ganzen genommen wurde ihre Behandlung besser. Die Sträflinge erhielten eine Kost, die arme Leute, und selbst oft Landleute nicht hatten. Die Strafanstalten wurden nach und nach in Arbeitshäuser umgewandelt, wo dasjenige, was der Sträfling noch über die ihm zugewiesene Arbeitsaufgabe verrichtete, zum Mittel wurde, sich einiges zu ersparen, und schon während seiner Strafe sich verschiedene sogenannte „Ergötzlichkeiten", z. B. Tabak, Bier, Milch, Braten zu verschaffen. Auch die Lagerstätten wurden besser und endlich hörte, weil man den schädlichen Einfluss auf die stärkste Gesundheit wahrgenommen hatte, auch die Strafe des schwersten Kerkers auf.

Wo neue Frohnfesten oder Strafhäuser gebaut wurden, was freilich aus Mangel an Mitteln selten geschah, berücksichtigte man alle möglichen Forderungen der Reinlichkeit, Ordnung, Gesundheitspflege und Bequemlichkeit. So sehr nun auch der Menschenfreund in den Strafanstalten die Beseitigung jeder unnöthigen Härte wünschen muss, so kann man doch fragen, ob diese Milderungen der Strafen nicht für die öffentliche Sicherheit bedenklich sind. Oft kamen bei den Obergerichten Fälle vor, dass Menschen, blos „um sich zu versorgen", im Kerker bleiben wollten oder hineinzukommen suchten, und in der That begreift es sich, dass ein armer Mensch, auf den das Ehrgefühl wenig wirkt, auf derlei Gedanken kommen konnte.

Soviel war aber gewiss, dass durch die Abschaffung des schwersten Kerkers, und die eingetretenen Aenderungen in den Strafanstalten die ganze innere Oekonomie des Strafgesetzbuches von 1803 zerrüttet wurde, und dieses Strafgesetzbuch fast nur noch jener Classe furchtbar war, welche von einer Criminaluntersuchung Nachtheile für ihren Unterhalt, ihr Fortkommen oder ihre gesellschaftliche Stellung fürchten konnte. Indem aber das Strafgesetzbuch gerade unter dieser Classe Schüchternheit und zwar vorzüglich in politischer und amtlicher Rücksicht verbreitete, während es unter den niedrigsten Classen die Furcht vor den Criminalgerichten schwächte, beeinträchtigte es in beiden Beziehungen die öffentliche Ordnung, und begünstigte die Wünsche derer, welche, um sich geltend zu machen, die Abfassung eines neuen Strafgesetzbuches wünschten und auch wirklich einen kaiserlichen Befehl, ein solches abzufassen, durchgesetzt hatten.

4. Die grosse Thätigkeit und die geringen Resultate auf dem Gebiete der Justizgesetzgebung.[1]

Es war zum Theil dem gänzlichen Mangel an gelehrten Kenntnissen zuzuschreiben, welcher sich besonders nach dem Tode des Hofrathes Zeiller bei hochgestellten Justizbeamten wahrnehmen liess, dass die Justizgesetzgebung von Jahr zu Jahr durch eine beträchtliche Anzahl neuer Verordnungen erweitert wurde. Da man hiebei seit Joseph II. kein ganz festes Princip hatte und der

---

[1] [Vgl. für das Folgende auch die eingehendere Darstellung bei Domin-Petrushevecz S. 279 ff.]

Geist des Regulierens nun einmal der Geist des Zeitalters war, so erschienen viele Verordnungen von einem höchst unbedeutenden Inhalt und oft sogar mit neuen Rechtssätzen, deren Neuheit den Urhebern dieser Verordnungen nicht immer eingeleuchtet hatte.

Unter dieser Masse neuer Verordnungen betrafen viele die Instructionen für die Gerichtsärzte und die Gefangenwärter, andere die periodischen Geschäftsausweise, Evidenzhaltungen u. s. w. Ihr gemeinschaftlicher Charakter war aber immer der, dass die Freiheit der Unterthanen überhaupt und insbesondere jene der Richter mehr eingeengt wurde.

Dennoch ruhten die Arbeiten für eine neue Justizgesetzgebung nicht. Getreu dem Grundsatze, dass die Gesetzgebung von Zeit zu Zeit nach dem Geiste des Volkes und den gemachten Erfahrungen geändert werden müsse, dachte man an ein neues Strafgesetzbuch, eine neue Gerichtsordnung, eine neue Instruction, eine neue Wechselordnung u. s. w. Da aber im Staate eine Partei bestand, welche sehr wenig von der Unveräusserlichkeit gewisser Realitäten, von der Patrimonial- und Municipal-Gerichtsbarkeit, von Privilegien u. s. w. hören wollte und andere meinten, man solle eine Gesetzgebung, die kaum noch den Richtern geläufig geworden wäre, nicht ändern, so wurden die legislativen Arbeiten entweder nicht vollendet oder nicht sanctioniert, wie dies bei der 1820 dem Kaiser vorgelegten „Process- und Concursordnung" der Fall war. Man beschränkte sich auf Nachträge, Erläuterungen und Abänderungen im Einzelnen, welche bezüglich der Gerichtsordnung von 1781 wohl das Achtfache des ursprünglichen Textes ausmachten. Bemerkenswert blieb es aber, dass unter der ganzen Regierung des Kaisers Franz jene Ideen, welche den Justizgesetzgebungen im Auslande zu Grunde lagen, von den österreichischen Staaten mehr oder weniger fern gehalten wurden.

5. Verfügungen in Ansehung der Gehalte und der Beförderung der Justizbeamten.

Als es durch die Finanzmassregeln von 1816—1818 dahin gekommen war, dass man die Gehalte der Justizbeamten nach und nach ganz in Convenzionsmünze auszahlte, war zwar die die Lage derselben um Vieles verbessert. Aber die Regierung überzeugte sich doch sehr bald, dass durch die Veränderungen, welche seit 1784 im gesellschaftlichen Zustande vorgegangen waren, viele Gehalte unzureichend geworden wären. Man beschloss also Verbesserungen zu bewilligen, die freilich aus Rücksicht auf die Finanzlage des Staates noch immer nicht ausreichend waren.

Die Syndiker erhielten in den meisten Provinzen bedeutend erhöhte Gehalte, so schwer auch zuweilen diese Zahlung der Stadtgemeinde fallen mochte. Geringere Erhöhungen bekamen die geprüften Magistratsräthe der grösseren Städte. Den Landräthen blieben ihre nach 1804 erhöhten Besoldungen. Bei den Appellationsräthen, Hofräthen und Präsidenten liess man es aber bei den bisherigen Gehalten, weil man sie für genügend hielt. Der einzige Vortheil, der ihnen gleich dem mindern Personal zu Guten kam, war, dass sie von jenen bedeutenden Abzügen befreit wurden, welche solange (zum Theil bis 1808) unter dem Namen Arrha und Kriegssteuer bestanden hatten.

Ein grosser Uebelstand war die Errichtung einer übergrossen Zahl von Auscultantenstellen. Der Auscultant, d. h. Conceptspraktikant bei der Justiz, musste daher oft sechs Jahre warten, bis er ein sogenanntes Adjutum, und weitere sechs, bis er einen Gehalt von 600—800 Gulden erhielt.

In Ansehung der Beförderung der Justizbeamten bildete sich unter dem Kaiser Franz ein ganz eigenes System aus. Die hiefür massgebenden Referenten, zuerst (1818—1831) Freiherr Cajetan von Münnich, dann Johann von Pilgram, wussten es dahin zu bringen, dass unter dem Vorgeben, das Beste des Allerhöchsten Dienstes zu befördern, nur „die vorzüglichern Beamten" emporkommen sollten. Vorzüglich waren aber nur diejenigen, welche diesen Männern gefielen oder deren Beförderung die Präsidenten mittelst ihrer geheimen Conduitlisten durchsetzten. Unstreitig waren nun die zahllosen Ungerechtigkeiten, welche (vorzüglich 1812—1835) geschahen, grösstentheils ein Werk der Personen von Bedeutung, welche das von dem Monarchen in sie gesetzte Zutrauen missbrauchten. Aber der Hauptfehler war doch durch die Aufstellung eines schon an sich fehlerhaften Grundsatzes geschehen. Es ist sonderbar, verlangen zu wollen, dass in einem Collegium blos vorzügliche Räthe sitzen sollen, weil ein allen zugeschriebener Vorzug kein Vorzug mehr ist und, wofern er einigen nicht eingeräumt wird, von der Qualification, welche von einem oft schlechten oder beschränkten Obern gegeben wird, das Fortkommen eines Beamten abhängt.

IV. Buch.

Geschichte der kirchlichen Verhältnisse von 1814—1835.

———

1. Schwankende Haltung der Regierung. — Die Aufnahme der Liguorianer und Jesuiten.

Nach dem Pariser Frieden trat in den österreichischen Staaten in Ansehung der kirchlichen Verhältnisse ein Umschwung ein, welcher für jeden etwas aufmerksamen Beobachter erkennbar war. Nachdem man fast durch ein halbes Jahrhundert (1745 bis 1792) an der Schwächung der katholischen Religion gearbeitet und sie dann fünfundzwanzig Jahre in diesem Zustande hatte fortvegetieren lassen, trug man auf einmal eine Vorliebe für diese Religion zur Schau und veranlasste die Erwartung, dass jetzt auch die Staatsgesetzgebung eine theilweise Veränderung erfahren würde.

Viele, welche diese Erscheinung beachteten, hielten die Sache für ernstlich gemeint und sahen nach ihrem Ausdruck bereits „die Finsternis über die Völker hereinbrechen". Andere hielten sie blos für einen durch die Politik empfohlenen und durch die Polizei verbreiteten Schein. Aber auch dieser Schein überraschte diejenigen, welche mit der Handlungsweise und dem officiellen vor 1815 beobachteten Tone der österreichischen Presse bekannt waren, und man erschöpfte sich in Vermuthungen über die Ursachen dieser Veränderung. Das Wahrscheinlichste war, dass der Kaiser Franz durch die kritischen Ereignisse, welche er in den Jahren 1809 und 1813 durchlebt hatte, auf religiöse Gefühle hingeleitet worden sei. Zur Zeit des Krieges mit Frankreich und des Wiener

18*

Congresses war er mit dem Kaiser Alexander von Russland und dem König Friedrich Wilhelm III. von Preussen, wie mit vielen französischen Emigranten in Berührung gekommen. In diesen Kreisen aber hatte sich die Meinung ausgebildet, dass ohne die Schwächung der Religion vor 1789 unmöglich die späteren Umwälzungen erfolgt wären und dass also, wenn man neuen Revolutionen vorbeugen wolle, das religiöse Princip zur leitenden Idee in der Regierungsmethode genommen werden müsse. Auf dem Congresse von Aachen (1818), zu welcher Zeit in einem grossen Theile von Europa von neuem die Revolution drohte, wurde diese Frage unter den drei genannten Monarchen ebenfalls besprochen und von dieser Zeit begann das Streben, dem katholischen System in den österreichischen Staaten wieder Vorschub zu leisten, noch mehr hervorzutreten.

Das erste, was nun geschah, war die Errichtung einer „höheren Bildungsanstalt" für den Clerus, welche aber, wie wir zeigen werden, nur scheinbar eine Begünstigung der katholischen Religion war, in der That aber einen ganz andern Charakter trug.

Als nämlich die österreichische Regierung die Lombardei, das Venetianische und Dalmatien erworben hatte, in welchen die österreichischen Beamten viel von „ultramontanen Gesinnungen" besonders bei der Geistlichkeit zu bemerken glaubten, mochte sie die Schwierigkeit fühlen, in jenen Ländern das österreichische Kirchenrecht einzuführen, und die nicht viel geringere, dieser Einführung zu entsagen. Dieser Schwierigkeit schien man nach und nach abhelfen zu können, wenn man mehrere der wichtigsten Bischofstühle an Deutsche verlieh und dann zu Wien unter dem Namen einer „höheren geistlichen Bildungsanstalt" eine Art von Generalseminarium errichtete, aus dessen Zöglingen man in alle Provinzen junge Männer als Professoren, Directoren von Seminarien, Consistorialreferenten u. s. w. senden konnte, welche dann mittelst des ihnen angewiesenen Wirkungskreises die österreichischen Grundsätze verbreiten würden. Man hatte bei diesem Institute, für dessen Hauptbeförderer der Burgpfarrer Jakob Frint galt, den Vortheil, von einer Anstalt zu Gunsten der katholischen Religion und von der Beförderung kirchlich gesinnter Männer reden zu können, ohne dass man den Grundsätzen der Josephinischen Periode zu entsagen brauchte. Aus verschiedenen Gesichtspunkten dargestellt, konnte diese Idee auch dem Kaiser gefallen, welcher ohnehin von dieser Sache keine tiefern Kenntnisse besass.

Das Programm, welches man vor der Eröffnung des Institutes (1817) durch den Druck kundmachte, ist in vieler Beziehung und vorzüglich wegen der darin vorkommenden Anerkennung des tiefen in den österreichischen Staaten damals schon vorhandenen Sittenverfalls merkwürdig.[1]) Diese Schilderung ist um so interessanter, als Frint unter die Günstlinge des Kaisers gezählt wurde und also Gründe haben konnte, die Zustände in Oesterreich nicht allzu grell zu schildern.[2])

Nachdem Frint den Verfall der Sittlichkeit besonders des ehelichen Lebens und der häuslichen Kindererziehung geschildert, bemerkt er, dass man nicht von den bestehenden Unterrichts- und Studienanstalten Abhilfe erwarten dürfe, weil sie nur für die Bildung des Verstandes und nicht für die Veredlung des Herzens berechnet sind, dass es ihnen an den wirksamen Besserungs- und Veredlungsmitteln fehle, dass die Aufnahme der Religion in das praktische Leben erforderlich sei, dies aber nur dann erreicht werden könne, wenn vor allem jener Stand verbessert, veredelt und zu seiner wahren Bestimmung tauglich gemacht werde, welcher zunächst den Lehren und Grundsätzen der Religion Eingang in den Verstand und in die Herzen der Menschen verschaffen soll, nämlich der christliche Lehr- und Priesterstand.

Dann fährt er fort: „Viele, sehr viele Ursachen haben zusammengewirkt, dass der christliche Lehr- und Priesterstand in den neuern Zeiten immer mehr verfallen musste, wie er denn auch wirklich nach allen seinen Zweigen in vielen Gliedern so sehr herabgekommen ist, dass durch ihn, wenn nicht eine ernstliche Verbesserung vorgenommen wird, kein Heil auch für die Zukunft erwartet werden kann, welches doch in der moralischen Welt nur von diesem Stande bewirkt und erwartet werden kann...

---

[1]) Der Titel dieser Schrift ist: „Darstellung der höheren Bildungsanstalt für Weltpriester zum hl. Augustin in Wien, ihrem Zwecke sowohl als der Verfassung" von Dr. Jakob Frint, k. k. Hof- und Burgpfarrer. Wien, 1817. 161 Seiten.

[2]) [Die weitläufigen Mittheilungen aus dieser Schrift, welche der Verfasser hier folgen liess, enthalten aber ganz allgemeine Schilderungen, welche, soweit sie auf politische Anschauungen und Bestrebungen hindeuten, auf die österreichischen Länder weniger als auf andere passen. Sie konnten also hier weggelassen werden. Es genügt, das über den Clerus Gesagte hier anzuführen.]

Aber die Zahl wahrhaft katholischer Männer ist in den neuern Zeiten in dem geistlichen Stande so sehr zusammengeschmolzen, dass die noch vorhandenen durchaus nicht mehr im Stande sind, dem Strome des Zeitverderbens Einhalt zu thun. Ihre Zahl dürfte kaum grösser sein, als gerade noch erforderlich ist, um eine bessere Zukunft vorzubereiten. Diese Erscheinung ist allerdings sehr traurig und sehr bitter diese Wahrheit. Allein wer auf den Gang der Dinge in den neuern Zeiten aufmerksam war, der kann sich gar nicht wundern, dass es so kam."

„Die Feinde der Ordnung und Sittlichkeit wussten es sehr wohl, dass sie die Völker der Erde durchaus nicht in dem Grade, als es ihre abscheulichen Zwecke erheischten, demoralisieren können, so lang sie noch fest an der Religion festhangen, an dem Glauben an einen allwissenden, gerechten und heiligen Vergelter guter und böser Thaten. Sie wussten es aber auch eben so gut, dass sie die Religion nicht aus den Herzen der Völker reissen können, so lang es noch viele stramme, weise und eifrige Priester und Religionslehrer gibt, welche durch ihre Lehren und Beispiele auf die Völker Einfluss haben, sie bei dem Glauben gegen Gott und sein heiliges Gesetz erhalten. Daher ergriff man alle möglichen directen und indirecten Mittel, den Clerus herabzuwürdigen, in den Augen des Volkes verächtlich zu machen und um allen Credit zu bringen. Er wurde von allen Seiten mündlich, schriftlich und factisch angegriffen."

„Durch diese in allen möglichen Formen wiederholten und durch eine lange Reihe von Jahren fortgesetzten Angriffe kam es dahin, dass die besseren Talente und die zarten Gemüther, deren gerade der geistliche Stand am meisten bedarf, von diesem Stande immer mehr abgeschreckt wurden, grösstentheils blieben ihm nur mittelmässige Talente übrig, welche nicht geeignet waren, dem Zeitverderben mit einigem Erfolge entgegenzuarbeiten. Unter diesen Umständen wurde der eine Theil muthlos, der andere suchte sich in gröberem oder feinerem Sinnesgenuss für die erduldete Geringschätzung schadlos zu halten, ein dritter Theil stimmte in den Zeitgeist mit ein, beschimpfte durch mündliche und schriftliche Aeusserungen seinen eigenen Stand und suchte dadurch, dass er mit den Wölfen mitheulte, von ihnen verschont zu bleiben oder gar beglückt zu werden."

„Durch diese und ähnliche Ursachen wurde der Sittenverfall immer grösser und allgemeiner, die häusliche Erziehung immer schlechter, die Jugend immer ausgelassener. Hiemit bekam auch der christliche Lehr- und Priesterstand aus den verfallenen Familien, aus dem Schosse einer schlechten Erziehung grossentheils nur ausgelassene und verdorbene Candidaten, welche, nachdem sie in den vorhergehenden Studienjahren in Sittenlosigkeit und Unglauben fortgelebt hatten, in den wenigen Jahren der theologischen Studien unmöglich mehr so umgebildet werden konnten, dass sie brauchbare, weise, gläubige und fromme Priester geworden wären".

Aus dieser Darstellung zieht Frint den Schluss, dass, wenn für die Zukunft geholfen werden soll, schon jetzt ein fester Grund zur Bildung eines guten, weisen und tugendhaften Clerus gelegt werden müsse, und entwickelt sofort die Idee, dass zunächst auf eine gehörige Bildung von Professoren gedacht werden müsse, um auf diesem Wege einen besseren Geist zunächst unter den Clerus und durch ihn unter das Volk zu bringen. Er hält dazu eine Centralanstalt für passend, in welche jede Diöcese des österreichischen Staates einen oder zwei Jünglinge von Talent und guten Sitten, welche schon die theologischen Studien absolviert hätten, senden sollte. Dort sollten sie unter Leitung von sorgfältig ausgewählten Studien-Inspectoren sich für die Erlangung des Doctorgrades in der Theologie vorbereiten und mit der Litteratur ihres Faches bekannt gemacht werden. Sie sollten ein geregeltes kirchliches Leben führen und und bei der Hofcapelle verwendet werden. Der Vorsteher des Institutes sollte der jeweilige Burgpfarrer sein.

Die aus diesem Institute hervorgehenden Geistlichen sollten als Professoren, Vorsteher der bischöflichen Seminarien u. s. w. verwendet werden und so auf die Bildung des heranwachsenden Clerus Einfluss erhalten. Auch die Beförderung auf die bischöflichen Stühle wurde ihnen in Aussicht gestellt, aber zugleich bemerkt, dass sie sich auch mit dem geringsten Posten in der Seelsorge begnügen müssten. Auch nach dem Austritte aus dem Institute sollten übrigens die Zöglinge mit den Vorstehern desselben in Verbindung bleiben.

Viele erwarteten übrigens von diesem Institute keine guten Früchte und sahen darin eine Art von Generalseminarium, welches vorzugsweise bestimmt sei, den ultramontanen Geist unter dem italienischen und dalmatinischen Clerus geräuschlos zu verdrängen. Es erschien anstössig, dass die Zöglinge den Doctorgrad an der

Wiener Universität erwerben sollten, wo gesetzlich febronianische Grundsätze herrschten, und dass weder der Pabst noch die Bischöfe, sondern nur der Kaiser und sein Burgpfarrer an der Gründung Antheil gehabt hatten.

Kurz vorher, ehe das Frintische Institut in das Leben trat, (1816) war zu Wien der Congregation der Liguorianer oder Redemtoristen, welche in den österreichischen Staaten noch niemals bestanden hatte, an der Wiener Kirche zu Maria Stiegen ein Kloster eingeräumt worden. Da in diesem mehrere wirklich eifrige Männer lebten, mehrere Personen mit einer bereits gesicherten bürgerlichen Stellung daselbst den Ordenshabit nahmen und das Institut einige Aehnlichkeit mit dem Jesuitenorden hatte, so hatten die Liguorianer in kurzer Zeit Freunde und noch mehr Feinde. Man beschuldigte sie der Einmengung in die häuslichen Verhältnisse und vieler übertriebener Grundsätze.

Auch unter den Geistlichen hatten sie zahlreiche Gegner. Viele sahen von weitem schon Klosterkerker, Hausvisitationen, Bruderschaften und Ablasszettel. Es ist nicht unmöglich, dass das Geschrei, welches die Freunde der Aufklärung erhoben, die Regierung von manchen Massregeln zurückhielt, die sie beabsichtigt hatte.

Doch hinderte dies nicht, dass im Jahre 1820 auch der vom Pabste Pius VII. (1814) wiederhergestellte Jesuitenorden in Oesterreich Aufnahme fand, als dessen Glieder vom Kaiser Alexander aus Russland ausgewiesen wurden.

Die Veranlassung hiezu gab der Lemberger Erzbischof Andreas Graf von Ankwicz, welcher, ohne gerade eifrig römisch-katholische Gesinnungen zu haben, die Jesuiten doch für achtungswürdige Männer hielt und durch sie manchen erledigten Platz in seiner Diöcese auf unbestimmte Zeit besetzen wollte. Die Jesuiten, welche im Ganzen einen günstigen Begriff von der seit einigen Jahren angenommenen Kirchenpolitik der österreichischen Regierung hatten [1] und einen besonderen Wert darauf legten, gerade in den österreichischen Staaten einen festen Boden zu gewinnen, liessen sich,

---

[1] Ausser andern Nachrichten hat der Verfasser dieses Werkes hierüber (1836) auch manche aus dem Munde des Provinzials der Jesuiten in Galizien, des Pater Pirling zu Wien, erhalten, sowie auch einige von dem Lemberger Erzbischof Grafen Ankwicz. Einiges Nähere findet sich auch in den Acten des Cultusministeriums zu Wien.

bis man zu Wien über ihre künftige Stellung entschieden haben
würde, dazu herbei, einige Aushilfe in der Seelsorge zu leisten.
Als aber von Wien, wo man sowohl gegen die Aufnahme als
auch gegen die Fortsetzung der Wanderung derselben politische
und religiöse Bedenken hatte, die Nachrichten ungünstiger lauteten,
als sie erwartet hatten, dachten sie daran, nach Italien oder Nord-
amerika zu gehen, aus welchen Ländern ihnen einige Anerbie-
tungen gemacht worden waren.

Dies fand man zu Wien doch nicht ganz schicklich, man
entschied sich also zu einigen Bewilligungen. Man wies ihnen zu
ihrem Aufenthalte ein ehemaliges Kloster zu Tarnopol in Galizien
an und bewilligte für jeden Kopf eine kleine Pension. Die Jesuiten
sahen in dieser Bewilligung den Anfang besserer Zeiten und sie
gaben den Plan, weiter zu wandern auf. Aber zu Wien hatten
sie doch fortdauernd mit Schwierigkeiten der verschiedensten Art
zu kämpfen.

Die Gönner der Jesuiten, zu denen im Publikum Metternich,
der Staatsrath Stift und der Graf Bombelles gerechnet wurden,
glaubten schon sehr viel dadurch gethan zu haben, dass ihnen der
Aufenthalt in Galizien und eine gewisse Geldunterstützung aus der
Staatscasse gesichert worden waren, wollten aber den Anschauungen derselben keine Concessionen machen. Wenn die Jesuiten
zu verstehen gaben, dass sie unter der Herrschaft des Josephinischen Kirchenrechts und bei der ihnen zugemutheten Befolgung
des gewöhnlichen Studienplanes schwerlich etwas Vorzügliches
leisten würden, nahmen es mehrere ihrer Freunde fast für einen
Beweis von Ungenügsamkeit. Diese Gönner waren überdies wegen
des Geschreis, welches sich in der Tageslitteratur gegen die Jesuiten
erhob, so schüchtern, dass sie diese nicht einmal gern in ihrem
Hause sahen. Nur durch Mittelspersonen hiengen diese mit den
Häuptern der Staatsverwaltung zusammen.

Dagegen waren die Gegner der Jesuiten weit kühner. Sie
verlangten zwar, wie es scheint, im Hinblick auf die Stimmung
vieler Mächtigen keineswegs die Ausweisung derselben, wohl aber
wollten sie von Ausnahmsgesetzen zu Gunsten des Ordens nichts
wissen. Mit Mühe erlangten die Jesuiten das Recht einer freien
Correspondenz mit ihrem Ordensgeneral und eine Exemtion von
der bischöflichen Gewalt im Innern ihrer Ordenshäuser nebst einiger
Freiheit in Ansehung ihrer Schulen und einer Befreiung von den
Amortisationsgesetzen. Die Fortschritte des Ordens in den öster-

reichischen Staaten waren darum auch äusserst langsam. In einer Zeit von achtzehn Jahren waren nicht mehr als vier Collegien ohne eine feste Dotation errichtet, und wiewohl ihre Schulen von allen Eltern, denen es um eine religiöse und wissenschaftliche Erziehung ihrer Kinder zu thun war, so viel als möglich benützt wurden, hatten sie doch in den österreichischen Staaten nicht einen Gelehrten von einigem Rufe aufzuweisen, was ja auch schwer war, so lange das Josephinische System herrschte und die Censur jedes römisch-katholische oder freimüthige Werk zurückwies.

Zu einer Aenderung des Systems konnte man sich aber sehr schwer entschliessen, weil der Kaiser von seinen bisherigen Rechten nichts aufgeben wollte, seine Umgebung ihn in diesen Anschauungen bestärkte und die geistlichen Referenten im Staatsrathe, der Staats- und Conferenzrath Lorenz und später der Hofrath Jüstel, wie schon früher bemerkt wurde[1]), entschiedene Josephiner waren.

Auch die Haltung der Bischöfe musste den Kaiser bestimmen, von der bisher eingeschlagenen Richtung nicht abzugehen. Selbst in Ungarn, wo sie doch eine freiere Stellung hatten, wurde er am Schlusse einer Nationalsynode[2]), welche 1822 unter dem Vorsitze des Erzbischofs Rudnay abgehalten wurde, in einer feierlichen Acclamation als „zweiter Constantin" bezeichnet. An den bischöflichen Curien fand man tiefere Kenntnisse in der Theologie und im Kirchenrechte fast gar nicht mehr. Das Corpus juris canonici war durch die österreichische Gesetzsammlung in publico-ecclesiasticis verdrängt und in der Regel behalf man sich mit einigen Handbüchern[3]), welche Auszüge der bestehenden Gesetze gaben.

Nur unter einigen jüngeren Geistlichen verbreiteten sich in Folge der Lectüre theologischer Zeitschriften nach und nach kirchliche Anschauungen.

Da trat nun eine Art kirchlicher Anarchie ein, indem anfangs selten, später aber öfter die Geistlichen an diesem oder jenem

---

[1]) Siehe S. 161 f. 233.

[2]) Die Acten derselben sind gedruckt unter dem Titel: „Nachrichten und Betrachtungen über die ungarische Nationalsynode vom Jahre 1822". Sulzbach 1824.

[3]) Es gab solche Handbücher von Gustermann, Schwertling, Dolliner, Pfleger, Helfert u. a.

Orte ohne eine Autorisation des Bischofs einzelne nicht wichtige Theresianische oder Josephinische Gesetze in Kirchensachen nicht mehr befolgten. Es galt dies namentlich von den Verordnungen über die Beleuchtung und den Gebrauch der Orgel in den Kirchen, über die Kirchenlieder, die kein Bischof ohne Erlaubnis der Behörde einführen sollte, und über die Sammlungen der Mendicanten.

Bald sah man in vielen Pfarrkirchen mehr Kerzen auf den Altären stehen, als das Gesetz gestattete, man orgelte, wie man wollte, gemeine aber andächtige Leute fiengen mit Gutheissung des Pfarrers an, in der Kirche Lieder zu singen, gegen welche sich oft viel einwenden liess, die Mendicanten nahmen dort und da zufolge einer hohen Ortes autorisierten Connivenz die in den Papiergeldzeiten angefangenen kleinen Sammlungen von Getreide vor. Die politischen Behörden, welche das nicht aufgehobene Gesetz mit Recht noch als bestehend betrachteten und gegen diese Willkür sich auflehnten, fanden höchsten Ortes selten Billigung. So griff die Unordnung, welche über die Richtung des Systems Ungewissheit verbreitete, immer weiter um sich.

Die Folge der zunehmenden Unsicherheit bei den Behörden war, dass in dieser Zeit, wenn die Protestanten aus diesem oder jenem Grunde ein Bethaus sich erbauen wollten, über die Zulässigkeit der katholische Bischof befragt wurde, obgleich die Sache durch die Gesetze klar entschieden war. Die blosse Befragung schien nun dem Bischof meistens ein Wink zu sein, sich dagegen auszusprechen, und da er lieber den Schein des Eifers als den der Gleichgiltigkeit sich zuzog, so suchte er für seine Opposition alle möglichen Gründe auf. So kamen die Protestanten oft erst nach vielen Jahren zu dem, was sie als ihr gesetzliches Recht ansahen.[1])

2. Vergebliche Versuche einer Vereinbarung mit dem päbstlichen Stuhle.

In dieser Zeit geschah es, dass der Kaiser Franz in Begleitung des Fürsten von Metternich 1818 eine Reise nach Rom und Neapel antrat. Das Gerücht setzte sie mit dem Wunsche des Kaisers in Verbindung, mit dem Papste einige kirchliche Ange-

---

[1]) Ein scandulöser Vorgang dieser Art fand unter dem Bischof Ziegler zu Linz statt, welcher in den auswärtigen Blättern viel besprochen wurde.

legenheiten zu besprechen. Pius VII. empfieng ihn mit grosser
Pracht und übergab ihm, wie man später erfuhr, eine Denkschrift, worin jene Punkte in der österreichischen Gesetzgebung
bezeichnet waren, über welche Rom sich beschweren zu können
glaubte.

Es wurde zu Rom nichts entschieden. Aber das päbstliche
Memoire bot in den nächsten Jahren den Stoff oder die Veranlassung zu verschiedenen Gutachten, welche der Kaiser von seiner
Gesetzgebungs-Commission verlangte. Darunter waren Anfragen,
ob man nicht das Eherecht ändern und die Amortisationsgesetze
aufheben sollte. Da aber in der Commission, welche das Gutachten zu erstatten hatte, fast durchaus Josephiner sassen und
die Berichterstattung gewöhnlich dem sich zum Jansenismus hin-
neigenden Dr. Dolliner, Professor des Kirchenrechtes an der Wiener
Universität, übertragen wurde, blieb es meistens beim Alten und
die kirchlichen Angelegenheiten ruhten dann wieder durch einige
Jahre.

So war es auch in andern Dingen. Als nach dem Muster
der grösseren in Frankreich entstandenen Congregationen, von
denen besonders die weiblichen Vereine für Krankenpflege und
Jugendunterricht wichtig waren, sich nach 1816 auch in den österreichischen Staaten Marienbruderschaften bilden wollten, wurde
die Frage über die Haltung, welche die Regierung einnehmen
sollte, der Gegenstand jahrelanger Verhandlungen mit Gubernien,
Bischöfen, Consistorien und Vertrauensmännern. Die meisten
Gubernien waren gegen, die meisten Bischöfe für diese Anstalten.
Einstweilen tolerierte man diese Bruderschaften, bei denen oft
sehr vornehme Damen als Theilnehmerinnen oder Beschützerinnen
erschienen. Es kam das Jahr 1848, ehe noch über diese Sache
entschieden war.

Um das Jahr 1826 scheint man gefunden zu haben, dass
durch das Gesetz vom 3. Februar 1785 bei der Promotion zum
Doctorate der Theologie eine für einen katholischen Geistlichen
scandalöse Sponsion vorgeschrieben war.[1] Man gieng nun mit
dem Gedanken um, eine andere Sponsionsformel einzuführen.
Auch darüber wurde ein Stoss von Acten zusammengebracht, ohne
dass bis zum Jahre 1848 eine Entscheidung erfolgt wäre.

---

[1] S. 1, 217 Anm. 1 dieses Werkes.

Wo ein solcher Geschäftsgang und zugleich eine ungeheuere Aengstlichkeit bei den unbedeutendsten Neuerungen herrschte, war an wichtige Veränderungen gar nicht zu denken.

Als dem Kaiser von mehreren Seiten Verdacht gegen die religiösen Ansichten seiner Gesetzgebungs-Commission beigebracht worden war und er von einigen einzeln vernommenen Bischöfen Gutachten über die kirchlichen Angelegenheiten erhalten hatte, wurden endlich drei Männer seines engeren Vertrauens aufgefordert, ihm darüber ein Gutachten zu erstatten, ob man auf dem österreichischen von verschiedenen italienischen Bischöfen so sehr getadelten Kirchenrechte beharren oder es aufgeben solle. Diese Männer waren der damalige Präsident der Gesetzgebungs - Hofcommission von Sardagna, der Hofrath von Sommaruga, der vor 1808 Professor des Kirchenrechts zu Lemberg gewesen war, und der Kammerprocurator von Adlersburg, welcher schon längere Zeit das Directorat der juridischen Facultät zu Wien geführt hatte und daher als Sachverständiger galt. Diese Commission erklärte sich gegen jede Neuerung.

Man hatte bald nachher noch neue Vernehmungen anderer Personen gewünscht. Aber es sollten Vertraute sein. Dies erschwerte oder hinderte die Sache, weil man sich Niemandem auch nur halb anvertrauen wollte.

In der Zeit, in welcher nach dem Tode des Staatsrathes Lorenz (1828) der Burgpfarrer Michael Wagner provisorisch die Stelle eines Referenten für die geistlichen Angelegenheiten bekleidete, äusserte er gegen den Verfasser des gegenwärtigen Werkes, er halte das österreichische Kirchenrecht nicht für so schlecht, als man es ausgebe, nur die Professoren hätten es durch ihre Vorträge so grell erscheinen lassen. Es sei allerdings wahr, dass in manchen Verordnungen und in dem als Lehrbuch des Kirchenrechts vorgeschriebenen Werke von Rechberger manches Anstössige liege, aber wenn man dieses beseitige, könne man hoffen, zu einem Concord..te mit Rom zu kommen, welches am Ende doch nothwendig sei, um den aus Italien einlaufenden Beschwerden der Bischöfe ein Ende zu machen. Wenn Wagner, der als Anhänger kirchlicher Gesinnungen galt, solche Anschauungen über das bisherige Kirchensystem hatte, so darf man sich nicht wundern, dass die Abänderung desselben nicht erfolgte.

Wagners Einfluss hatte um diese Zeit eine Verordnung durchgesetzt, dass an gebotenen Fasttagen in den Wirtshäusern Fleischspeisen nur in bestimmten abgesonderten Localen den Gästen
vorgesetzt werden sollten. Diese Verordnung wurde zu Wien und
in den andern Hauptstädten, wo man schon seit dreissig und
vierzig Jahren nur noch an wenigen Tagen im Jahre Fasten-
speisen ass, mit Hohn aufgenommen und musste schon in den
nächsten sechs Wochen aufgegeben werden. Es war ein bedeutender Fehler gewesen, so rücksichtslos die öffentliche Meinung heraus-
zufordern.

Um dieselbe Zeit (1832) schaffte man auch Rechbergers Werk
als Vorlesebuch des Kirchenrechts ab und man erwartete davon
grosse Dinge. Es blieb aber im Wesentlichen beim Alten, weil
sich die Professoren bei ihren Theorien nicht in Widerspruch mit
den noch nicht aufgehobenen kaiserlichen Verordnungen setzen
wollten.

Unter dem Schleier des tiefsten Geheimnisses, gleichsam als
unternehme man eine Uebelthat, wurde endlich doch der Gedanke,
ein Concordat mit Rom im Sinne Wagners abzuschliessen, vom
Kaiser gebilligt und der Erzbischof von Wien Vincenz Eduard
Milde als Hauptperson für diese Unterhandlung bestimmt, während
deren diplomatische Formen von der Staatskanzlei besorgt werden
sollten. Unbekannt mit den Schwierigkeiten einer solchen Unterhandlung kündigte man dem päbstlichen Nuntius Ostini den Wunsch
an, ein Concordat abzuschliessen, und da die Grundsätze Roms
dem Wiener Hofe bekannt sein konnten, nahm Ostini und auf
Grund seiner Eröffnungen auch Rom schon im Voraus als gewiss
an, dass die Sache auf dem besten Wege sei. Doch kaum waren
über den Inhalt die ersten Eröffnungen von Seite der Staatskanzlei erfolgt, so sah man zu Rom ein, dass man gegen einige
unbedeutende dem Pabste in Aussicht gestellte Vortheile von ihm
die Gutheissung des österreichischen Kirchenrechts verlange. Jede
Hoffnung, mit Oesterreich eine Uebereinkunft über die kirchlichen
Angelegenheiten zu Stande zu bringen, war dadurch niederge-
schlagen. Die Unterhandlungen wurden abgebrochen (1834) und
der Erzbischof verlor des Kaisers Gunst.

Dieser war über diese Wendung der Dinge betroffen und
man dachte auf neue Auswege. Da starb Franz I. 1835.

3. Die Stellung der Akatholiken von 1814—1835.

Unter den Protestanten, wenigstens in den deutschen Provinzen, nahm das System des Rationalismus auch in dieser Periode überhand. Ihre Prediger waren meistens zu Jena und Göttingen gebildet worden, wo diese Richtung herrschend war, und sowohl die mündlichen Vorträge, als auch die Religions- und Erbauungsbücher, welche unter den Protestanten verbreitet wurden, trugen sie in immer weitere Kreise. Die Regierung bemerkte dies, wiewohl sehr spät, und nannte den Rationalismus ein Gift. Allein die Wirkungen des Verbotes, von der ächten augsburgischen und helvetischen Confession abzuweichen, konnten der Natur der Sache nach nicht gross sein. Der Rationalismus, verbrämt oder verhüllt durch einige Bibeltexte, machte von Jahr zu Jahr, selbst unter den sonst mehr orthodoxen Protestanten Ungarns, immer mehr Fortschritte.

In eben dem Verhältnisse fiel auch die Scheidewand zwischen den Lutheranern und Reformierten. Doch hätte eine förmliche Vereinigung von Bekennern einer und der andern Confession zu einer und derselben Gemeinde, wie sie um diese Zeit in Preussen angestrebt wurde, auf die Zustimmung der österreichischen Regierung nicht rechnen können.

Ungeachtet aber die Regierung den Rationalismus förmlich gemissbilliget hatte, handelte sie doch im Sinne desselben, als es sich wegen des Geistes der Universitäten im ehemaligen deutschen Reiche darum handelte, für die österreichischen Protestanten inländische theologische Lehranstalten aus Staatseinkünften zu gründen. Man errichtete 1819 zu Wien mit Gehalten, welche weit besser waren als die der katholischen Theologieprofessoren, eine protestantisch-theologische Lehranstalt, bei welcher verschiedene Fächer, z. B. Kirchengeschichte und Kirchenrecht beiden Confessionen gemeinsam waren.

Die Protestanten verschafften sich auch trotz der Abneigung des Hofes durch die Gunst der Behörden manche kleine Vortheile. So zählten die Staatsschematismen (1832—1848) ihre Superintendenten unter die „hohe Geistlichkeit", obwohl der Protestantismus eine solche gar nicht kennt. Sie setzten es durch, dass die protestantischen Prediger gleich den katholischen Geistlichen unter die privilegierte Gerichtsbarkeit der Landrechte gestellt wurden. Sie erhielten (nach 1826) wieder die für sie wichtige

Erlaubnis, ihre Theologen auf die norddeutschen Universitäten zu schicken. Auch waren sie in Beziehung auf die Ordnung ihres Gottesdienstes von den Behörden viel unabhängiger als die Katholiken. Die in der deutschen Bundesacte ausgesprochene Gleichstellung der Protestanten mit den Katholiken erfolgte freilich nicht. In den Provinzen ausserhalb Ungarns waren die Akatholiken nach der Kanzleisprache nur geduldet, die katholische Kirche die „herrschende". Aber diese Herrschaft zeigte sich äusserlich nur in den Glockenthürmen und andern Aeusserlichkeiten. Wenn aber einmal den Protestanten an einem Orte Unrecht geschah, so verstanden sie es sehr gut, in der ausländischen Presse, die ihnen offen stand, Lärm zu schlagen.

Auch die Protestanten in Ungarn und Siebenbürgen waren nicht zufrieden und beklagten sich über einige Gesetze und Verordnungen, welche den Uebertritt zu ihrer Religion, die Stolagebühren und die Schulen betrafen. Sie benützten aber die Verhandlungen des Reichstages und gewannen durch den Eifer, mit dem sie für die ungarische Verfassung eintraten, auch viele Katholiken.

Bei den nichtunirten und den unirten Griechen hörte man wenig von Neuerungen. Beide standen zu entfernt von dem Einflusse der Litteratur, als dass da neue Ideen sich hätten geltend machen können. Dagegen erweckte es die Besorgnis der Regierung, dass viele der nichtunirten Geistlichen ihre Hinneigung zu dem Kaiser von Russland gar nicht geheim hielten und oft von Russland her verdächtige Geschenke an griechische Kirchen kamen. Schon um das Jahr 1820 war daher zu Wien der Gedanke entstanden, die nichtunirten Griechen nach und nach zu Unirten zu machen, indem man hoffte, dass sie dann ihre Neigungen den Russen entziehen und dem Pabste zuwenden würden. Auf die Veranlassung des griechischen Bischofs von Sebenico wurden zu diesem Zwecke unirte Geistliche von Lemberg in sein Seminarium gesendet. Aber die Absicht wurde bald durchschaut und einige dieser Professoren (1821) meuchlerisch ermordet. Dieses Ereignis hemmte die Regierungspläne und brachte die nichtunirten Griechen nur desto mehr in die dem russischen Interesse zusagenden Richtungen.

Diese Veränderung wurde noch beschleunigt durch die slavistischen von Prag aus angeregten Bewegungen zu Agram, welche von dort aus auf der einen Seite sich nach Krain, Untersteiermark und Kärnten, auf der andern nach Slavonien und in das Temeswarer Banat, auf der dritten nach Bosnien, Serbien, Dalmatien und Montenegro ausdehnten. Die Slavisten wünschten für ihre politischen Zwecke die Emporbringung der in den ungarischen Ländern so zahlreichen nichtunirten Griechen und die Ereignisse, welche sich im Jahre 1848 an der Südgränze Ungarns zutrugen, waren schon seit Jahren vorbereitet worden.

Ganz anders war 1815—1835 die Stellung der Juden. Ihre rechtliche Stellung blieb, wie sie sich unter Joseph II. gestaltet hatte. Aber ihre socialen Verhältnisse wurden andere.

Die Finanzoperationen, welche nach 1815 zur Regulierung der Geldverhältnisse unternommen wurden, brachten den Wechselhäusern, welche dabei betheiligt waren, unermessliche Gewinnste, an denen auch viele Zwischenpersonen, Capitalisten und Speculanten Theil nahmen. Dadurch erlangte das jüdische Wechselhaus Rothschild eine europäische Bedeutung, es beherrschte mit dem Griechen Georg Sina die Wiener Börse, machte bei hundert Gelegenheiten die österreichische Finanzverwaltung von sich abhängig und erlangte dadurch auch Einfluss auf die Regierung.

Rothschild und die jüdischen Wechselhäuser, welche mit ihm in Verbindung standen, waren keine Freunde der Judenemancipation, für welche seit vielen Jahren die Philanthropen Deutschlands so thätig gewesen waren; denn sie besorgten von ihr die grössten Nachtheile für das orthodoxe Judenthum. Wohl aber wollten sie für die Juden der österreichischen Staaten eine erweiterte Befugnis, Handel und Gewerbe zu treiben, Pachtungen zu übernehmen und an gewissen Orten wohnen zu können, und dies wurde gewährt. Für ihre Person hatten diese reichen Juden ohnehin Alles, was sie wünschten, Rothschild war Freiherr, trug eine Menge von Ordenskreuzen, bewegte sich auf dem Fusse der Gleichheit mit den höchsten Staatsbeamten und wurde Herrschaftsbesitzer. Sehr viele Chefs jüdischer Wechselhäuser hatten Aehnliches erreicht; das Haus Nathan Arnsteiners bildete den Mittelpunkt vornehmer Gesellschaften. Auch andere wohlhabende Juden standen auf dem Fusse der Gleichheit mit den besseren Gesellschaftsclassen, Hunderte von Juden waren Doctoren der Medicin, Alles deutete darauf hin, dass die vollkommene Emancipation der Juden in den österreichischen Staaten nicht mehr sehr lange ausbleiben würde.

Allmählig bildete sich eine doppelte Classe von Juden, die aufgeklärte, welche den Talmud verwarf, den Bart schor, Schweinefleisch ass, aus Menschen ohne irgend einen bestimmten Glauben bestand, und die nicht aufgeklärte, welche an dem alten Glauben und den unterscheidenden Sitten der Juden festhielt. Die erstere zählte viele reiche Leute von sehr zweifelhafter Moralität unter sich und war im Zunehmen. Sie baute (um 1827) zu Wien eine prächtige Synagoge, welche von den Christen bewundert wurde, und zum Theil ganz eigene Begriffe von dem Werte des mosaischen Glaubens erregte.

V. Buch.
Geschichte des Unterrichtswesens von 1814—1835.

---

1. Veränderungen im Unterrichtswesen der italienischen Provinzen und Dalmatiens.

Die Organisierung des Unterrichtswesens in den 1814 wieder erworbenen Ländern Tirol, Salzburg, Görz und Krain, sowie in den zurückgewonnenen Theilen Oberösterreichs, Kärntens, Croatiens und Ostgaliziens hatte keine bedeutenden Schwierigkeiten, weil man in diesen Ländern schon an die österreichischen Studieneinrichtungen gewöhnt war, und die meisten derselben auch unter der baierischen, französischen und russischen Oberherrschaft fortgedauert hatten. Längere Berathungen erforderte dagegen die Organisierung des öffentlichen Unterrichts in den italienischen Provinzen, weil man in diesen in der wissenschaftlichen Cultur weiter fortgeschritten zu sein glaubte als die Bewohner der altösterreichischen Provinzen und in Dalmatien, wo für die Schulen wenig Fonds bestanden.

Das System, welches schon vor 1820 hervortrat, war nun in Ansehung der Provinzen Mailand und Venedig, oder wie sie in der Geschäftssprache auch genannt wurden, „des lombardisch-venetianischen Königreichs" folgendes.

Die zwei Landes-Universitäten Pavia und Padua wurden aufrecht erhalten, aber in Hinsicht auf Lehrcurse, Lehrbücher und Gehalte auf dem österreichischen Fuss organisiert. Nur das wollte man gestatten, dass den ältern Uebungen entsprechend schon nach der Beendigung eines Schulcurses aus den Gegenständen

19*

desselben die strenge Prüfung für das Doctorat gemacht werden konnte.

In den grösseren Städten dieser zwei Provinzen errichtete man unter dem Namen „Lyceum" eine Schule, worin die meisten Gegenstände der philosophischen Lehranstalten der ältern Provinzen und noch einige andere Fächer gelehrt wurden. Die Gymnasien wurden nach dem österreichischen Fusse umgestaltet, die früher bestandenen Schulen für Malerei, Zeichnen u. s. w. beibehalten, ebenso die zahlreichen und zum Theil gut dotierten Schulen für Mädchen höherer und mittlerer Stände. Auch an Vermehrung der Volksschulen wurde gedacht.

Oberbehörden waren die zwei Gubernien zu Venedig und Mailand, die oberste Studienbehörde blieb aber die Studien-Hofcommission zu Wien.

In Dalmatien hatte die österreichische Regierung ein Land erworben, wo der Unterricht derjenigen, die ihn suchten, an wenigen Orten durch Lehrer mit festen Einkünften, sondern fast überall durch Privatlehrer, welche sich meistens unter der sehr schwach dotierten Geistlichkeit fanden, besorgt wurde. Dieser Unterricht war, ohne gerade für vorzüglich gelten zu können, nicht schlecht und es konnte in Ansehung seiner nichts Wesentliches geändert werden, wenn man nicht der Geistlichkeit einen beträchtlichen Theil ihrer Subsistenzmittel entziehen wollte. Noch grössere Anstände als in den Städten gab es aber auf dem Lande mit der Errichtung von Trivialschulen und dem Schulzwang. Die schwache Bevölkerung des Landes lebte meistens in Ortschaften, welche aus sehr zerstreuten Häusern bestanden und oft nur unsichere, stets einsame oder sehr beschwerliche Wege für ihre Verbindungen hatten. In einem solchen Lande hätte nun, sollte man glauben, jeder Gedanke an die Einführung des österreichischen Unterrichtssystems aufgegeben werden sollen. Dem war aber nicht so. Man beschloss bei einem modificierten Schulzwang die Errichtung von Dorfschulen, und in den Städten sollten Hauptschulen und Gymnasien, so wie zu Zara ein Lyceum mit besoldeten Lehrern sein.

2. Zustand des öffentlichen Unterrichts in den ungarischen Provinzen.

Ungarn, Siebenbürgen und die nach dem ungarischen Rechte regierten Theile von Croatien und Slavonien hatten unter der ganzen Regierung des Kaisers Franz in Ansehung des öffentlichen Unterrichts ihr besonderes System, welches theils aus den allgemeinen Regierungsgrundsätzen des Staates, theils aus den besondern Anstalten der Reichstagsdeputationen entstanden war. Die ersteren hatten bewirkt, dass Gallicanismus, Lehrbüchersystem, Beamtenstellung der Lehrer und Tabellenwesen auch im ungarischen Lehrsystem vorherrschten, die letztern aber machten, dass an die Emporbringung der ungarischen Sprache, der Landesgeschichte, der Verfassung und der Mineralogie mehr gedacht wurde und die Schulaufsicht mehr als in den deutschen Provinzen in den Händen Sachverständiger war.

Im ganzen genommen befand sich also das ungarische Schulwesen in einem befriedigendern Zustande als das deutsche, und an der Pester Universität gab es, wie die Acten der ungarischen Nationalsynode zeigen, für und gegen den Rationalismus in der katholischen Theologie einen bedeutenden Parteienstreit, welcher bei dem Indifferentismus und der Schuldisciplin der deutschen Provinzen nicht möglich gewesen wäre. Dort war es auch seit vielen Jahren zum erstenmal, dass sich wieder etwas von einer strengen katholischen Partei bemerkbar machte.

Die protestantischen Schulen waren in Ungarn besser als die katholischen. Sie, welche „den besonderen Schutz des Staates" entbehrten, hatten in vielen Beziehungen eine bessere Organisation und die protestantische Partei überhaupt mehr Schriftsteller. Männer von Rang machten sich ein Vergnügen daraus, die Direction von Studienanstalten zu übernehmen, obgleich dieses Amt, wie in den deutschen Provinzen, ein blosses Ehrenamt war.

In der sogenannten Militärgränze, wo der Hof die umunschränkte Gewalt hatte, herrschte ein dem Studiensystem der deutschen Provinzen entsprechender Elementarunterricht, neben dem eine mässige Anzahl von Gymnasien bestand.

3. Das Studienwesen der deutschen Provinzen.

In den deutschen Provinzen änderte man in dieser Periode im Studienwesen nur Kleinigkeiten, welche aber keine nähere Erwähnung verdienen. Wichtig war aber, dass man das System des Schulzwanges bedeutend milderte. Es geschah nicht aus Achtung für die Volksfreiheit, sondern vorzüglich deswegen, weil (nach 1814) die Vermehrung der Studierenden zu gross schien, und Manche in dem Schulzwange die Ursache derselben fanden. Ausserdem aber wurden die Schulgebäude schon oft zu klein, auch erkannte man, dass ein Schullehrer, um etwas leisten zu können, nicht allzu viele Schüler haben dürfe. Auch das Bedürfnis, Menschen mit der Kenntnis des Lesens und Schreibens in hinlänglicher Anzahl für die Armee zu bekommen, war nicht mehr so gross, seitdem man (1802) mit der Aufhebung des lebenslänglichen Militärdienstes und Einführung einer Capitulationszeit die Militärpflicht auf einen grossen Theil der städtischen Bevölkerung ausgedehnt hatte.

Die Zahl der Studierenden war aber auch beträchtlich gegen das Jahr 1804 angewachsen. Als einmal die in den Handbilleten vom 25. März 1802 angekündigte Vermehrung der Gymnasien, philosophischen und theologischen Lehranstalten in das Leben getreten war, studierten weit mehr junge Leute als ehemals. Der Wunsch der Regierung war freilich, sie möchten zur Theologie gehen. Allein dieser Stand war einmal unter den jungen Leuten nicht beliebt, und so strömte Alles zur Rechtswissenschaft oder Arzneikunde. Das Hauslehrersystem, welches sich von Jahr zu Jahr mehr entwickelte, machte auch manchem sonst armen Menschen das Studium möglich, weil er bei den Eltern seiner Schüler wohnen konnte, und da die Regierung (1802—1828) allmählig den Beamtensöhnen alle Privilegien und Begünstigungen im Staatsdienste nahm, geschah es nicht selten, dass selbst unter den höheren Staatsbeamten eine nicht unbeträchtliche Anzahl von Bauernsöhnen war, die dann wieder bei ihren Standesgenossen neue Hoffnungen erweckten.

Bezüglich der Gymnasien verdient Erwähnung, dass im Jahre 1819 das System der Fachlehrer wieder dem der Classenlehrer weichen musste, so dass ein Lehrer mit Ausnahme der Religion alle Gegenstände vortragen musste. Da aber nun jene, welche bisher nur etwa Mathematik gelehrt hatten, Latein oder Griechisch lehren mussten, kann man sich denken, wie es mit dem Unterrichte in diesen Fächern bestellt war.

Die hohen Schulen hatten unter der Regierung Franz I. nie das Vertrauen des Monarchen gehabt, welcher eben deshalb eine ängstliche Ueberwachung eingeleitet hatte. Als dann nach 1815 die liberalen Ideen und die Grundsätze von Freiheit sich von neuem in die Welt verbreiteten, kamen sie noch mehr in Verdacht, weswegen die Polizeiaufsicht verschärft wurde.

Die wissenschaftlichen Leistungen der Lehrer an den österreichischen Hochschulen waren freilich nicht sehr hervor-
ragend. Es gab zwar Professoren, welche unermüdet arbeiteten
und in ihrem Fache solche Kenntnisse hatten, dass sie jeder ausländischen Universität Ehre gemacht hätten. Besonders an der
medicinischen und juridischen Facultät gab es einzelne ausgezeichnete Professoren, welche übrigens meistens Autodidakten
waren. Wenn man diesen Männern hinreichende litterarische Hilfsmittel und einige Freiheit in Ansehung der Presse gewährt hätte,
so würden sie viel Tüchtiges, vielleicht selbst Grosses geleistet
haben. Wie aber die Sachen einmal standen, waren der Gegenstände, in welchen sich die Schriftsteller freier bewegen durften,
nur wenige, nämlich Mathematik, Physik, Medicin, antiquarische
Forschungen, Haushaltungskunde und Landwirtschaft. In der Geschichte beschränkte man sich auf Vorträge über Geschichte des
Alterthums und des frühesten Mittelalters.[1]) In der Rechtswissenschaft musste man sich vorzugsweise auf Compilationen und
Commentare über österreichische positive Gesetze beschränken.
Staatsrecht und Politik waren verbotene Gegenstände. In der
Theologie, wo alles farblos sein sollte, erschienen fast nur Predigt-
bücher, geschrieben nach protestantischen Mustern und Erbauungsbücher für den gemeinen Mann. Doch bemerkte man in den
letzten zehn Jahren des Kaisers Franz in der Theologie einen
gewissen Aufschwung.

Bei der grossen Mehrzahl der Professoren war es aber anders.
Da der Fleiss ihre ökonomische Lage nicht verbessern und auch
nicht leicht ihnen zu einem litterarischen Rufe verhelfen konnte, so
vernachlässigten die meisten das Studium, und es gab deren einige,
die ihre Vorlesungen in Hefte verzeichnet hatten, von denen sie
regelmässig jedes Jahr eines nach dem andern, ohne nur einen
Buchstaben daran zu ändern, ablasen. Viele führten dafür sogar
den Klugheitsgrund an, dass man so am besten jedem Verdachte
neuerungssüchtiger Gesinnungen entgehe.

Erhebliche Kenntnisse fand man oft dort, wo man sie am
wenigsten suchte. Gymnasial-Professoren mit numismatischen und
ausgedehnten antiquarischen Kenntnissen waren nicht selten. Ge-

---

[1]) Wikosch, Professor der Geschichte an der Wiener Universität, kam
bei seinen Vorlesungen selten über Karl den Grossen hinaus. Titze, einer
seiner Nachfolger, schloss mit der Völkerwanderung.

diegene pädagogische Kenntnisse bemerkte man manchmal an Landgeistlichen.

Im Ganzen genommen war mehr wissenschaftlicher Geist vorhanden, als äusserlich erschien.

4. Die Wiederherstellung der Universitäten Olmütz, Graz, Innsbruck und Lemberg und die Errichtung der polytechnischen Hochschule in Wien.

Infolge der Josephinischen Gesetze, welche den Universitäten zu Olmütz, Graz und Innsbruck den Titel von Universitäten genommen, ihnen aber das Recht, in der Philosophie und Theologie zu graduieren, gelassen hatten, waren in dem weiten Raume der deutschen Provinzen des Hauses Oesterreich nur die zwei Universitäten zu Wien und Prag übrig geblieben, was den Ausländern, welche mit der Einrichtung der Lyceen von Olmütz, Graz und Innsbruck nicht bekannt waren, auffallen musste. Ebenso hatte man, als man nach der Erwerbung von Westgalizien es angemessen fand, die Universität Krakau beizubehalten, die Universität zu Lemberg zum Lyceum gemacht, wodurch also auch das grosse Galizien seit dem Wiederverluste Krakaus keine Universität hatte.

Dieser Uebelstand war schon einigemal, unter andern vom Hofrathe Franz von Zeiller ohne Erfolg zur Sprache gebracht worden. Aber nach 1820 machten die ironischen Bemerkungen einiger Reisebeschreibungen beim Hofe einen stärkern Eindruck. Die Lyceen in Lemberg, Graz, Olmütz und Innsbruck erhielten (1824—1828) wieder den Titel Universitäten. Doch änderte dies nichts Wesentliches, auch wurden nur zu Lemberg die Gehalte erhöht. Die praktische Folge war nur die, dass nun an den genannten Universitäten eine beträchtliche Anzahl von Doctoren der Rechte (denn für Doctoren der Medicin war das medicinische Studium nicht vollständig genug organisiert) geschaffen wurde.[1]

---

[1] Die Gehalte an den Universitäten von Olmütz, Graz und Innsbruck waren nach dem Dienstalter abgestuft, in der theologischen Facultät 600—800, in der juridischen 1000—1500, in der medicinischen, weil man auf die Erträgnisse der Privatpraxis Rücksicht nahm, 800—1000 Gulden, in der philosophischen ebenso hoch. In den ersten Jahren Franz I. wie unter Joseph II. und Maria Theresia waren sie um 20 bis 25 Procent niedriger ge-

Das nach der Beendigung der napoleonischen Kriege auch in Oesterreich hervortretende Streben, die Industrie und damit den Wohlstand des Landes zu heben, liess auch die Gründung entsprechender Schulen als nothwendig erscheinen.

In einigen industriereichen Provinzen der österreichischen Monarchie und zwar vorzugsweise in Böhmen, hatte man schon unter Joseph II. dort und da eine kleine Industrialschule gegründet. Später wurde aus ständischen Mitteln zu Prag ein sogenanntes „polytechnisches Institut" gegründet, welches sehr gut organisiert war. Nach 1815 entschloss sich aber auch die Regierung zu Wien nach einem grösseren Massstabe ein solches zu errichten und für dasselbe einen Palast aufzuführen, wofür sie viel Lob erntete. Der Verfasser enthält sich aus Mangel an Fachkenntnissen darüber ein Urtheil zu fällen. Hervorgehoben muss jedenfalls werden, dass die Regierung bei diesem Institute mehr Freigebigkeit an den Tag legte, als man gewöhnlich bei der Dotierung der Universitäten wahrgenommen hatte.

Nach der Errichtung des polytechnischen Instituts zu Wien erwartete man die Errichtung mehrerer „Realschulen", welche dem Gewerbestande die wissenschaftliche Bildung geben, und also für ihn die Stelle der Gymnasien und Lyceen vertreten sollten. Auch glaubten viele dadurch den übermässigen Andrang zu den Gymnasial- und philosophischen Studien verhindern zu können. Doch unterblieb die Errichtung solcher Schulen aus finanziellen Gründen.

5. Massregeln zur Beschränkung der Zahl der Studierenden.

Um die übermässige Zahl von jungen Leuten, die sich der Rechtswissenschaft oder der Arzneikunde zuwendeten, zu vermindern, erliess man verschiedene Verordnungen, welche theils die Beschränkung der Aufnahme bei den Gymnasien, theils die Ausschliessung wenig versprechender Talente, theils endlich die Aufhebung mehrerer zufolge der Handbillete von 1802 entstandener Gymnasien bezweckten. Zufolge derselben durfte nunmehr Niemand ohne Erlaubnis der Behörde und auch dann nur gegen Ausweisung

wesen, an den Universitäten zu Prag und Lemberg waren sie um 20 bis 30 Procent höher; in Wien waren die Gehalte an der juridischen Facultät 2000, 2500 und 3000 Gulden. Da aber die Professoren mit Ausnahme einiger unbedeutenden Prüfungstaxen keine andern Einkünfte hatten, Collegiengelder nicht eingeführt waren, standen sie doch schlecht.

förmlicher Lehrstunden und der Entrichtung des Schulgeldes privat
studieren; kein Gymnasium sollte mehr als achtzig Schüler jährlich aufnehmen; schlechte Noten in einer gewissen Anzahl von
Gegenständen schloss unwiderruflich von dem Aufsteigen in eine
höhere Classe, oder nach Umständen vom Studieren aus; von den
zufolge der Gesetze von 1802 errichteten Gymnasien erhielten sich
nur Wenige. Das Recht zu studieren wurde wie eine Begünstigung angesehen, welche die Staatsgewalt dem einem gewähren,
dem andern verweigern könne.

Alle diese Massregeln in Verbindung mit dem langsamen
Fortkommen in den Kanzleien, in denen die Praktikanten oft acht
ja zehn Jahre ohne Besoldung dienen mussten, verminderten nun
allerdings (1828—1840) die Zahl der Studierenden, jedoch gieng
sie noch immer weit über das Bedürfnis. Selbst zur Theologie
wurde schon in den meisten Diöcesen nur mit Auswahl aufgenommen. Im Allgemeinen hatten daher die Beschränkungen ihr
Gutes, im Einzelnen aber wurden sie oft äusserst drückend für
jene Familien, welche ihrer ganzen Stellung nach ihre Söhne nicht
anders als mittelst der Studien unterbringen konnten.

VI. Buch.

Geschichte der finanziellen Verhältnisse von 1815—1835.

1. Das Finanzpatent vom 1. Juni 1816 und dessen Wiederaufhebung.

Als der zweite Pariser Friede am 20. November 1815 geschlossen war, stand man in Folge des früher geschilderten Finanzsystems auf demselben Punkte, auf welchem man 1809 gestanden war. Wie 1809 die Bancozettel, so waren 1815 die Einlösungs- und Anticipationsscheine vollständig entwertet und man musste auf Abhilfe denken. Doch waren jetzt ganz andere Mittel zur Ordnung der Finanzen vorhanden als damals. Die Monarchie war um etwa 3400 Quadratmeilen vergrössert worden und zwar mit Ländern, welche kein Papiergeld und nur geringe Staatsschulden hatten. Zugleich erhielt Oesterreich aus der von Frankreich zu zahlenden Kriegsentschädigung 150 Millionen Francs in feiner Münze, auch Neapel und Sardinien zahlten für die von den Oesterreichern geleistete Hilfe sehr bedeutende Summen. Zugleich wurde die Militärlast erleichtert, weil 30.000 Oesterreicher von 1815—1818 als Occupationstruppen in Frankreich auf Kosten dieses Staates lebten. Auch die Staatsgüter waren damals noch beträchtlich.

Darüber war allerdings kein Zweifel, dass es trotzdem nicht möglich sei, die umlaufenden Mengen von Papiergeld gegen feine Münze einzulösen, und dass daher nur zwei Wege übrig blieben, um Ordnung zu machen, nämlich der langsame, gefährliche aber geräuschlose der allmähligen Verminderung des Papiergeldes, oder der sichere, jedoch lärmmachende der gesetzlichen Reduction nach dem Curse des Tages, wie das 1811 geschehen war. Für den letzteren war eine Partei mit dem Grafen Wallis an der Spitze, für den erstern scheinen der Finanzminister Graf Stadion und seine einflussreichsten Räthe, wie die meisten Mitglieder der Regierung überhaupt gewesen zu sein, weil sie bei der Betretung des entgegengesetzten Weges eine grosse Erschütterung des Nationalwohlstandes zu sehen glaubten. Auch der Kaiser, der keinen neuen Staatsbankerott wollte, schloss sich der letzteren Partei an.[1])

Das Resultat längerer Berathungen war das von einigen Nebenpatenten begleitete Finanzpatent vom 1. Juni 1816. Es verfügte, dass fortan nie mehr die Ausgabe eines neuen Papiergeldes mit Zwangscurs oder irgend eine Vermehrung des gegenwärtig im Umlaufe befindlichen statthaben sollte. Dieses sollte auf dem Wege freiwilliger Einlösung nach und nach gänzlich aus dem Verkehr gezogen und die Geldcirculation auf die Grundlage der conventionsmässig ausgeprägten Metallmünze zurückgeführt werden. Von dem Tage der gegenwärtigen Bekanntmachung sollte es gestattet sein, in schriftlichen Urkunden auf conventionsmässige und andere gesetzliche Gold- und Silbermünzen oder Papiergeld abzuschliessen. Um den Zweck der Einlösung des Papiergeldes durch zwangfreie und zugleich für die Inhaber desselben möglichst vortheilhafte Weise zu erreichen, sollte denselben ein zweifacher Weg dazu geboten werden, erstens die Umwechslung zum Theil gegen Zahlungsanweisungen, die zu jeder Zeit gegen klingende Münze realisiert werden könnten, zum Theil gegen zinstragende Staatsobligationen, zweitens die Annahme des Papiergeldes bei Actieneinlagen in die Nationalbank, deren Errichtung gleichzeitig verfügt wurde. Die Umwechslung sollte in der Weise erfolgen, dass jeder Besitzer von Papiergeld für zwei Siebentheile des Nominalbetrages Banknoten, welche auf jedesmaliges Verlangen bei der zugleich errichteten Auswechslungscasse in Conventionsmünze umgewechselt werden sollten, und für die übrigen fünf Siebentheile Anweisungen auf Staatsobligationen, die ein Percent Zinsen in Conventionsmünze trugen, erhielt. Der geringste Betrag des umzuwechselnden Geldes wurde auf 140 Gulden in Einlösungs-

---

[1]) [Authentische Mittheilungen über die dem Patent vom 1. Juni 1816 vorausgehenden Berathungen bei Beer S. 86 ff.]

oder Anticipationsscheinen festgesetzt, wofür man 100 Gulden in Banknoten und eine Staatsobligation zu 100 Gulden erhielt. Auch höhere Summen sollten durch diese Zahl theilbar sein.

Die Einlösung des Papiergeldes wurde der privilegierten Nationalbank übertragen. Bis zur Constituierung derselben sollte dies im Namen derselben eine vom Staate einzusetzende Behörde besorgen. Ausserdem sollte die Nationalbank Wechsel und andere kaufmännische Effecten escomptieren, weiter, sobald ihr Capital eine ausgedehntere Wirksamkeit zuliesse, auf Realitäten mit voller Sicherheit Darlehen leisten und endlich den ihr vom Staate zur allmähligen Einlösung der verzinslichen Staatsschuld anvertrauten Tilgungsfond verwalten. Die nothwendigen Mittel zur Erfüllung dieser Aufgaben sollte die Bank durch die vom Staate ihr zu liefernden Münzvorräthe und durch Ausgabe von 50.000 Actien erhalten, für deren jede 2000 Gulden in Papiergeld und 200 Gulden in Conventionsmünze zu erlegen waren. Für das einfliessende und zu vertilgende Papiergeld sollte die Bank von der Staatsverwaltung Obligationen erhalten, die mit $2^1/_2\,{}^0/_0$ in Conventionsmünze zu verzinsen waren. Zur Deckung der für das einzulösende Papiergeld auszugebenden Banknoten sollten der Bank die Zahlungen der fremden Mächte und die Metallmünzvorräthe der Staatscassen überlassen werden. Die Banknoten sollten nie mehr als das Dreifache der vorhandenen Münzvorräthe betragen.

Zur Durchführung dieses Patentes wurde die provisorische Bankverwaltung unverzüglich eingesetzt und die Regierung stellte ihr beträchtliche Summen in Conventionsmünze zur Verfügung. Die Umwechslung der Wiener Währung gegen Banknoten erschien als sehr vortheilhaft, da die Curse der ersteren um diese Zeit auf 278 standen. Aber es fehlte das Vertrauen in den guten Willen und die Leistungsfähigkeit der Regierung. Es strömte wohl (2. bis 12. Juni 1816) Alles zu den Cassen, um sich für die Wiener Währung Banknoten und einpercentige Staatsobligationen, (welche allerdings einen Curs von nur 12 Gulden in Conventionsmünze hatten), geben zu lassen. Aber dann begaben sich wegen des herrschenden Misstrauens gegen alles Papiergeld die Meisten wieder zur Umwechslungscasse, um die Banknoten in Conventionsmünze umzutauschen, und da um Bankactien wenig Nachfrage war, also auf diesem Wege wenig Conventionsmünze eingieng und auch die Regierung nicht für einen genügenden Fond zur Umwechslung der Banknoten gesorgt hatte, so waren die Barvorräthe der Umwechslungscasse

bald erschöpft und man sah sich gezwungen, zuerst nur die Umwechslung kleinerer Beträge (bis zu 7000 Gulden) zu gestatten,
dann diese von einer schriftlichen Eingabe abhängig zu machen
und endlich (18. August) die Umwechslung ganz einzustellen. Das
Patent vom 1. Juni 1816 war gescheitert.

2. Die weiteren Finanzmassregeln und die Herstellung eines festen Curses für das Papiergeld. — Die Zunahme der Börsenspeculationen.

Der vollständige Misserfolg des Finanzpatentes vom 1. Juni
1816 hätte in jedem andern Staate einen Wechsel der Hauptpersonen in der Finanzverwaltung nach sich gezogen. Zu Wien
geschah dies nicht. Stadion blieb der Günstling des Kaisers und
die Hauptidee des Finanzpatentes, die stillschweigende, gesetzliche
und successive Verminderung der Einlösungs- und Anticipationsscheine der Plan der Regierung. Die Partei, welche einem ver-
deckten Staatsbankerotte, was ja auch das Patent vom 1. Juni
1816 gewesen war, einen offenen wie im Jahre 1811, der wenigstens gründliche Hilfe in Aussicht stellte, vorzog, darunter Graf
Wallis, gegenwärtig oberster Kanzler, drang mit ihren Ansichten
auch jetzt nicht durch.

Um die Masse der im Umlaufe befindlichen Einlösungs- und
Anticipationsscheine zu vermindern und dadurch ihren Curs zu
heben, machte die Regierung Anlehen, wobei sie den Darleihern
sehr vortheilhafte Bedingungen gewährte.[1]) Die Vortheile bestanden darin, dass die Finanzverwaltung eine gewisse Quantität
Papierscheine zu einem höheren als dem Börsencurse annahm,
oder eine grössere Summe, als sie empfangen hatte, als Schuld
vorschrieb, oder in irgend einer Form höhere als die gewöhnlichen Zinsen zahlte, oder den Bankiers neue Schuldverschreibungen zu einer niedrigeren als dem zu erwartenden Curse übergab, oder hohe Provisionen zahlte. Häufig verpflichteten sich die
Bankiers auch nur zu einer Einzahlung in Raten, um Zeit zu
haben, durch Verkauf von Staatsobligationen sich Geld zu verschaffen. Die Bankhäuser erzielten dabei einen ungeheueren Ge-

---

[1]) [Ueber die Massregeln der Regierung nach den Scheitern des Patentes
vom 1. Juni 1816 s. Beer S. 98 ff.]

winn und die Regierung kam in immer grössere Abhängigkeit
von denselben.

Man brachte weiter (1817) gegen grosse Vortheile [1] für die
Actionäre die „privilegierte österreichische Nationalbank" wirklich
zu Stande, wodurch die Einlösung weiterer Scheine ermöglicht
wurde. Man fieng endlich auch an, einzelne Abgaben in Conventionsmünze einzuheben, was 1818 auf alle Steuern ausgedehnt
wurde, wogegen diese entsprechend herabgesetzt und auch den
Beamten und Pensionisten zuerst (vom 1. November [2]) 1817 an)
die Hälfte, dann vom Ende des Jahres 1818 an der ganze Gehalt
in Conventionsmünze ausgezahlt wurde.

Durch die Einlösung zahlreicher Scheine erreichte die Regierung allerdings, dass der Curs derselben, der vom Jahre 1816
bis gegen das Jahr 1818 um 300 herum geschwankt hatte, sich
bedeutend hob, so dass im Jahre 1819 250 Gulden in Scheinen
100 Gulden in Conventionsmünze gleichkamen [3]), und dass es gelang, den Curs in dieser Höhe dauernd zu erhalten. Auch wurden
die Banknoten ohne Anstand angenommen und dem Metallgelde
gleichgehalten. [4] Aber die grosse Verminderung der Umlaufs-
mittel hatte auch eine sehr schädliche Entwertung der Güter zur
Folge. In allen Provinzen sank der Wert der Bauernwirtschaften,
und da auf den meisten derselben Buchschulden hafteten, für
welche, weil auch die Getreidepreise sanken, die Zinsen nicht
aufgebracht werden konnten, kamen die executiven Feilbietungen
so häufig vor, dass in manchem Dorfe unter zehn Besitzern sich
kaum einer erhalten konnte und Bauernwirtschaften, die drei
Jahre früher 4000 Gulden Wiener Währung gekostet, oft um

---

[1] Die Bankactien, die 1817 auf die Hälfte der 1816 beabsichtigten Höhe
herabgesetzt wurden, trugen den Besitzern solchen Gewinn, dass sie, die
ursprünglich, in Conventionsmünze berechnet, ungefähr 900 Gulden gekostet
hatten, 1820—1845 einen Curs von 1800 Gulden hatten.

[2] Nach Springer 1, 309 vom 1. Mai an.

[3] Auch der gemeinste Bauer und Handwerker kam jetzt zum Bewusst-
sein, dass wieder ein Staatsbankerott stattgefunden habe, wenn er, um
1 Gulden Steuer zu zahlen, um 2½ Gulden Scheine geben musste. Auch die
kleineren Capitalisten, die sich nicht auf andere Weise entschädigen konnten,
fühlten dies. Ein Capital von 1000 Gulden, das 1810 ausgeliehen worden, war
1811 auf 200 Gulden herabgesetzt worden, die jetzt nur noch einen Wert
von 80 Gulden in Conventionsmünze hatten.

[4] Nur im lombardisch-venetianischen Königreiche und in Dalmatien,
und längere Zeit auch in Tirol und Salzburg fanden sie nicht Eingang.

200 Gulden in Conventionsmünze zu haben waren. Man kann annehmen, dass von den kleinen Gutsbesitzern vielleicht die Hälfte, von den grösseren der zehnte Theil zu Grunde gieng.[1]

Hatten die grossen Anlehen, welche die Regierung zum Zwecke der theilweisen Einziehung der Papierscheine aufnahm, die Zinsen der Staatsschuld bedeutend vermehrt, so geschah dies auch dadurch, dass sie, dem Drängen der Bankiers nachgebend, sich 1818 herbeiliess, für die älteren Staatsschuldverschreibungen, deren Zinsen durch das Finanzpatent von 1811 auf die Hälfte herabgesetzt worden waren, die vollen Zinsen zu zahlen. Allerdings sollte dies nicht auf einmal geschehen, sondern in der Weise, dass die Staatsschuld, die man auf 488 Millionen Gulden berechnete, in Serien zu je einer Million getheilt und jährlich durch das Loos fünf dieser Serien bestimmt wurden, welche fortan die vollen Zinsen in Conventionsmünze erhalten sollten, zu welchem Zwecke die alten Staatsschuldverschreibungen in neue (Metalliques) umgetauft wurden. Um nicht die Last des Staates zu sehr zu vermehren, sollten jährlich 5 Millionen alter Theilschuldverschreibungen an der Börse gekauft und dann vertilgt werden, zu welchem Zwecke ein Tilgungsfond geschaffen werden sollte, in den der Staat jährlich 1,500.000 Gulden einzahlen sollte. Doch wurde die Tilgung bald in die Hände der Bank gegeben, mit welcher der Staat in immer engere geschäftliche Verbindungen trat. Die Zinsen der Staatsschuld nahmen in Folge dieser Massregeln immer mehr zu.[2]

Eine weitere Folge war eine masslose Speculation in Papieren. Da die neuen Staatsobligationen nicht mehr auf eine bestimmte Person, sondern auf den Ueberbringer lauteten und ohne weitere Umschreibung, welche Zeit und Geld kostete, aus einer Hand in die andere übergehen und zugleich durch Verheimlichung des Besitzers der Besteuerung entzogen werden konnten, so trat ein häufiger Wechsel der Besitzer ein. Zugleich änderte sich der Curs derselben ununterbrochen, da er durch die Aussichten auf Krieg oder Frieden, die Nähe einer Anleihe, die Einwirkung der Regierung oder der grossen Bankhäuser, die Stimmung der ausländischen

---

[1] Auch die Steuerrückstände häuften sich.

[2] [Nach Springer 1, 315 stieg in den Jahren 1816—1823 die Staatsschuld von 739.143.935 auf 904.727.377 Gulden, der jährliche Aufwand für die Staatsschulden von 12 auf 50 Millionen.]

Börsen und viele andere Umstände beeinflusst wurde. Die Werte stiegen oder fielen oft an einem Tage um ein Procent, in einem Monate um vier Procent. Die Metalliques stiegen in den Jahren 1816—1829 von 56 auf 114 Gulden. Aehnlich war es mit den Actien der Nationalbank, und später mit anderen Papieren, die in immer grösserer Zahl auf den Markt kamen.[1]) Da sich dabei viel gewinnen liess, so nahm das Börsenspiel immer mehr Oberhand und verbreitete sich in die weitesten Kreise des Volkes. Den Vortheil hatten aber doch hauptsächlich die grossen Geldhäuser, welche durch ihre Verbindungen die Verhältnisse am besten kannten und die Mittel hatten, die Börse zu beeinflussen und in günstigen Momenten grosse Käufe zu machen. Da die Chefs dieser Häuser meist Juden waren und überhaupt die Juden für die Börsenspeculation die grössten Anlagen haben, so nahm der Reichthum und in Folge dessen auch der Einfluss und das Ansehen derselben in Oesterreich immer mehr zu.

3. Die Aenderungen auf dem Gebiete der directen und indirecten Besteuerung und der Verkauf der Staatsgüter. — Die stäte Vermehrung der Staatsschulden.

Die Josephinische Steuerregulierung war unter Leopold II. aufgehoben worden. Allein die Idee, diese wenn auch mit mehr Vorsicht wieder aufzunehmen, lebte unter der Josephinischen Partei fort und führte schon im Jahre 1806 zur Errichtung einer auch mit der Ordnung anderer verwandter Fragen beauftragten Hofcommission, deren Präsident der Graf Wurmser war. Ihre Arbeiten scheinen aber ohne erhebliche Resultate geblieben zu sein. Denn erst im Jahre 1817 wurde der Gedanke, eine neue Catastrierung vornehmen zu lassen, officiell bekannt. Am 23. December 1817 erschien, und zwar, wie verlautete, auf Antrag des Hofrathes von Knorr ein kaiserliches Patent, in dessen Eingang es heisst: „In Erwägung der Missverhältnisse, welche bei der Umlegung der Grundsteuer nach dem bestehenden Massstabe, der Vertheilung für ganze Provinzen, Kreise, Districte und Gemeinden, wie auch für einzelne Contribuenten hervorgehen, haben Wir nach der reif-

---

[1]) Selbst Privaten, den fürstlichen und gräflichen Häusern Eszterhazy, Keglevich, Pálffy, Salm, Waldstein u. s. w. wurde die Aufnahme von Lotterieanlehen bewilligt.

lichsten Erwägung dieses Missstandes und der zweckmässigsten
Mittel, ihm abzuhelfen, den Entschluss gefasst, in Unsern sämmtlichen deutschen und italienischen Provinzen ein in seinen Grundsätzen billiges und in seiner Anwendung festes System der Grundsteuer in Ausführung zu bringen." Als leitende Gesichtspunkte
werden strengste Gerechtigkeit, die vorzüglich durch ein richtiges
Ausmass der Grundsteuer bedingte Aufmunterung der Landes-
cultur und die möglichste Beförderung ihrer heilsamen Fortschritte
bezeichnet. Der Grundsteuer sollten die Nutzungen von Grund
und Boden und jene von Gebäuden unterliegen, als eigentliche
Grundnutzungen alle productiven Oberflächen der Erde im Verhältnis der zu Geld veranschlagten Producte, welche sie bei Anwendung des gewöhnlichen Fleisses haben können, in die Grundsteuer einbezogen und die Grundsteuer nach dem reinen Ertrage
bemessen und umgelegt werden. Die Ausmittlung des reinen
Grund- und Häuserertrags sollte im Wege der ökonomischen
Vermessung und Mappierung, dann der Schätzung erfolgen, die
Vermessung durch eigene wissenschaftlich gebildete und praktisch
geübte Feldmesser aus dem Militär- und Civilstande vorgenommen,
bei der Schätzung der Grundstücke und der Gebäude die persönlichen Verpflichtungen der Eigenthümer oder Besitzer gegen Dritte
und auch Capitalsschulden, Gelddienst, Natural-Abstattungsrobot,
Robot und Zehentverbindlichkeiten, aus was immer für Titeln sie
entspringen, nicht berücksichtigt werden.

Dieses Patent stellte eine viel genauere, aber auch viel kost-
spieligere Vermessung des Bodens in Aussicht. Aber in Ansehung
der Schätzung erhob sich wieder das Bedenken, dass man trotz
der Millionen, welche die neue Regulierung kosten würde, schwer
den Naturalertrag ausmitteln, noch schwerer den Gelderträg finden
könne und dass durch die Aenderung der Grundsteuer auch der
Wert der Grundstücke geändert werden würde. Auch fiel es auf,
dass im Patente von einer Regulierung der Grundabgaben an
Private keine Rede war.

Die Arbeiten für die Catastrierung nahmen bald ihren Anfang.
In den Jahren 1821 und 1822 wurde das Küstenland, 1826–1830
Mähren und Schlesien vermessen. Dennoch vergiengen noch sehr
viele Jahre, bis die neue Grundsteuerregulierung in das Werk
gesetzt werden konnte. Wie vorauszusehen gewesen war, befriedigte sie auch die Regierung nicht vollständig, obgleich sie
bei zwanzig Millionen Gulden gekostet haben soll.

Da es zum Theil wegen der Reclamationen gegen die Er-
hebungsresultate nothwendig lange dauern musste, bis man die
Grundsteuer nach dem neuen Cataster einheben konnte, besonders
weil bei dieser Gelegenheit mehrere kleine Abgaben aufgehoben
werden sollten, so fand es die Regierung 1819 für gut, in Oesterreich, Steiermark, Böhmen, Mähren, Schlesien und Galizien ein
sogenanntes „Grundsteuer-Provisorium" einzuführen, welches am
1. November 1820 in Wirksamkeit treten sollte. Dieses bestand
darin, dass man die Grundsteuer bis zur Einführung des neuen
Catasters nach der Josephinischen Regulierung von 1789 einhob.
Dadurch wurden die Länder mit einer bedeutend höheren Steuer
belastet als nach dem Theresianischen System. Deshalb machte
Böhmen Gegenvorstellungen und durch die vom Minister Grafen
Kolowrat den Böhmen gewährte Begünstigung behielt es noch
das frühere System der Grundsteuer. Die hohen Kosten und vielleicht auch die zu Tage tretenden Mängel der Catastrierung und
Einschätzung bewirkten übrigens, dass schon um 1826 das Interesse
hiefür in Wien erlahmte und die Arbeiten 1830 ganz eingestellt
wurden.

Inzwischen war während der Zeit, wo man an die Steuerregulierung Hand anlegte, bei der Finanzverwaltung der Grundsatz herrschend geworden, dass in Zukunft jeder Grundbesitzer
von seinem Grunde selbst die Grundsteuer zahlen müsse, dagegen
aber, wenn sie bisher von Jemand anderem für ihn wäre bezahlt
worden, er sich an diesen im Rechtswege wenden könne. Dieser
Fall kam besonders bei Erbzinsgütern zufolge der alten Steuer-
verfassung oft vor. Die Steuerprocesse wurden daher (1824—1836)
sehr häufig und trugen nicht bei, das Zutrauen zwischen Herrschaften und Unterthanen zu befestigen.

So wie man vorgab, bei der Grundsteuer Einfachheit zu
wollen, so geschah dies auch in andern Dingen. So stellte man
in manchen der neuen Provinzen Steuern ab, welche seit lange
bestanden, um andere der altösterreichischen Provinzen daselbst
einzuführen, und nicht immer geschah es zum Vortheil des Publikums oder der Finanzen.

Der Idee der Vereinfachung gab man auch vor zu huldigen,
indem man zwischen den Jahren 1820 und 1828 fast alle sogenannten Staatsgüter, d. h. die durch die Aufhebung der Klöster
und anderer Stiftungen unter Joseph II. erworbenen Güter nach
und nach an den Meistbietenden verkaufen liess. Sie waren so

20*

schlecht verwaltet worden, dass manche ansehnliche Herrschaften gar keinen, andere einen höchst unbedeutenden Ertrag lieferten und der Verkauf auch im schlechtesten Falle mehr versprach. Die Güter, welche durch eine vernünftige Verwaltung leicht viel ertragsfähiger hätten gemacht werden können, wurden grösstentheils zu Preisen verkauft, welche gegen den Schätzungswert derselben zur Zeit der Klosteraufhebungen nicht die Hälfte ausmachten, so sehr waren dieselben durch falsche Massregeln aller Art am Ertrage und am Capitalwert gesunken.

Die Regierung liess damals das Gerücht verbreiten, dass sie für den Kaufschilling der Güter dem Religions-, Studien- und Normalschulfond Staatsobligationen geben werde, wodurch diese Fonds an Einkünften hätten gewinnen müssen. Für den Staat war aber der Nachtheil, auch wenn dies geschah, stets unverkennbar. Er verbrauchte das Geld, vergrösserte die Zahl seiner verzinslichen Obligationen und seine Lasten, und gab den Fonds für bleibende Realitäten Papiere von wandelbarem Werte. Weit besser hätte man gethan, mit den Staatsgütern die einzelnen Anstalten, welche aus dem Religions- und Studienfond zu erhalten waren, zu dotieren. Was der Verkauf der Staatsgüter getragen habe, erfuhr man nie, wie überhaupt die ganze Finanzverwaltung mit dem Schleier des Geheimnisses umgeben war.

Um die Auslagen der Staatsverwaltung zu bestreiten, welche durch die regelmässigen Einnahmen nie gedeckt werden konnten, beschloss man die Einführung einer allgemeinen Verzehrungssteuer oder, wie man sie häufig nannte, Accis. Sie sollte von allen Hauptconsumtionsartikeln in den sämmtlichen nicht ungarischen Provinzen, und von den übrigen Verzehrungsgegenständen an den Thoren der grösseren und kleineren Städte erhoben und der Tarif so festgesetzt werden, dass man für verschiedene Abgaben, deren Aufhebung man wünschte, nicht nur einen Ersatz fände, sondern noch einen bedeutenden Gewinn für den Staatsschatz erzielte. Man wollte also eine Verzehrungssteuer, wie sie von 1770—1810 in den preussischen Staaten bestanden und so viele Unzufriedenheit erregt hatte.

Die Ideen des Staatsrathes wurden diesmal in der Gestalt von Fragen und Entwürfen um 1825 und 1826 den einzelnen Landesbehörden mitgetheilt, welche wieder die Localbehörden vernehmen sollten. Binnen wenigen Monaten wurden nun in Mähren und Schlesien viele Ballen von Papier verschrieben, um zu zeigen, dass weder die Bauart der Städte ohne unverhältnismässige Kosten die Einhebung einer Verzehrungssteuer an den Thoren gestatte, noch diese Art von Abgabe bei dem Volke überhaupt Glück machen werde.

In den nächsten zwei Jahren hörte man nichts mehr von der Sache, und der Entwurf schien aufgegeben. Plötzlich im Jahre 1829 wurde die Einführung der allgemeinen Verzehrungssteuer angekündigt, von Getränken und Fleisch im ganzen Lande, und von fast allen andern Consumtionsartikeln an den Thoren der Provinzialhauptstädte. Man liess zugleich mittheilen, dass man ausser der allgemeinen Rücksicht auf die Staatsbedürfnisse auch die Absicht dabei gehabt habe, das Abgabensystem zu vereinfachen; und wirklich wurden allenthalben eine grosse Anzahl grosser und kleiner, localer und allgemeiner Abgaben aufgehoben. Unter diesen Abgaben war in Mähren die Tranksteuer, eine zwischen 1770 und 1776 auf Veranlassung der Stände eingeführte Abgabe, welche vortrefflich berechnet war und welche die meisten Contribuenten kaum gespürt hatten. Darunter war weiter die zur Zeit des Lunéviller Friedens eingeführte Classensteuer, welche grosse Procente vom Einkommen forderte, aber auf Fassionen beruhend und zuletzt auch von Ausnahmsgesetzen durchkreuzt, sehr wenig eingetragen hatte. Hieher gehörte endlich auch eine Abgabe, Kopfsteuer genannt, von jedem über sechzehn Jahre alten Menschen, welche in Mähren und Schlesien leicht 400.000 Gulden tragen konnte und schon seit einer Reihe von Jahren eingeführt war. Mit einem Worte, was die Regierung an Tranksteuer, Classensteuer, Kopfsteuer und anderen Abgaben aufgab, war mehr, als man von dem Ertrage der Verzehrungssteuer hoffen konnte, und doch machte letztere den Unterhalt in den Hauptstädten theurer, den Handel mit den verschiedenen Artikeln in den bisherigen Richtungen zum Theil unmöglich, und die Art der Einhebung drückend. In Prag und Wien gab es bei der Einführung Tumulte und überall Unzufriedenheit.

Um dieselbe Zeit, wo man sich mit der Verzehrungssteuer beschäftigte, trat auch der längstgehegte Plan ins Leben, die Finanzen jeder Provinz durch eine eigene Stelle, Cameral-Gefällenverwaltung genannt, verwalten zu lassen, während bisher für die einzelnen Gefälle eigene Administrationen bestanden hatten. Es scheint, dass man davon Ersparungen und eine Erleichterung der Uebersicht erwartet und es auch dem Ansehen der Regierung entsprechend gehalten habe, die Finanzen in der Provinz durch eine einzige aber angesehene Behörde verwalten zu lassen. Allein an Kosten ersparte man nichts. Die Uebersicht wurde dem Chef der Gefällenverwaltung, da er diese Masse von Gesetzen, Personen und Rücksichten nicht übersehen konnte und gleichwohl die Feder für das ganze Uhrwerk war, erschwert und die Stellung der Gubernien wurde, wenn man ihnen auch noch die directen Steuern liess, verändert zum Nachtheile ihres Ansehens und selbst der Einheit der Regierungsgewalt.

Die grossen Auslagen, welche besonders für das Militär auch während der Friedenszeit gemacht wurden, hatten die Folge, dass in jedem Jahre die Einnahmen von den Ausgaben überschritten wurden und dass man zur Deckung des Deficits Anleihe auf Anleihe machen musste, deren Interessen in der Regel in Conventionsmünze zu zahlen waren.[1]) Die Bedingungen waren meistens sehr ungünstige. Vor 1820 erhielt die Regierung fast nie bei einem Anlehen zu 5% für 100 Gulden mehr als 75, oft aber nur 60 bis 64 Gulden. Man zahlte also meistens 8—9 Procent Interessen. Erst in späteren Jahren erlangte man etwas günstigere Bedingungen. Aber ein Anlehen al pari oder auch nur zu 90 Gulden brachte man während der ganzen Regierungszeit des Kaisers Franz nicht zu Stande.

Trotz der elenden Finanzlage machte man aber nach dem Ausbruche der französischen Revolution im Juli 1830 neue Rüstungen, sei es, um die Bourbons wieder auf den Thron zu bringen, sei es, um den Ausbruch von Bewegungen in andern Ländern zu verhindern. Dadurch stieg das Deficit noch mehr, es waren neue Anlehen nothwendig. Schon im Jahre 1835 war die verzinsliche österreichische Staatsschuld auf eine Höhe von fast 800 Millionen Gulden [2]) gestiegen. Schon damals konnte der Kenner leicht vorhersehen, dass man sich dieser grossen Schulden nicht mehr anders als durch neue Bankerotte entledigen werde.

4. Das Emporkommen der Fabriken, die zunehmende Kluft zwischen Reichen und Armen und die Folgen für die Moralität.

Die Regierung hoffte, dass wenigstens für die Zukunft eine Besserung der Finanzen in Folge der Hebung der inländischen

---

[1]) [Eine Uebersicht der von 1816 an aufgenommenen Darlehen bei B e e r S. 98, 108 ff. und 403 ff.]

[2]) [Nach B e e r S. 405 betrug sie schon 1820 863,387.000 Gulden.]

Industrie möglich werden könne, welche in der That in dieser Zeit immer mehr emporkam.

Bis in die Zeit Maria Theresias war Oesterreich ein reiner Agriculturstaat gewesen, und obgleich später (1748—1790) die Regierung sich bemühte, durch alle ihr möglichen Massregeln die Industrie emporzubringen, so war doch dies nur in einem sehr geringen Grade gelungen. Der bedeutende Aufschwung der österreichischen Industrie datiert erst seit der Continentalsperre gegen England und seit der Herstellung des allgemeinen Friedens im Jahre 1815.

Damals fieng man in den österreichischen Fabriken an, von den Maschinen und den Fortschritten der Chemie mehr Gebrauch zu machen, und obgleich bald nachher (1818—1822) in Folge der Verminderung des Papiergeldes manche nicht hinlänglich feste Fabriken zu Grunde giengen, so erhielten sich doch viele und schlugen in den nächsten Jahren um so tiefer Wurzeln. Von 1824 bis 1835 wurde in den Fabrikstädten der Monarchie, wie z. B. Reichenberg und Brünn, der Gebrauch der Dampfmaschinen immer verbreiteter. Wer diese Vorauslagen tragen konnte, fabrizierte wohlfeiler und drückte durch die Concurrenz die gewöhnlichen Meister, welche mit zwei oder drei Gesellen arbeiteten, nieder, und obgleich diese sich noch lange Zeit dürftig fortbrachten, wurde endlich die Concurrenz der Fabriken für sie so unwiderstehlich, dass viele mit aller möglichen Anstrengung kaum den dürftigsten Unterhalt gewannen, viele ihr Gewerbe aufgaben, um als eine Art von Taglöhnern zu arbeiten, und manche andere sich vom Bettel nährten. Vorzüglich hart wurden in dieser Rücksicht die grossen Gewerbe der Tuchmacher und Weber getroffen.

Bald dehnten die Maschine und die Chemie ihre Wirkung auch auf die Bleichen, das Zeugdrucken, die Lederbereitung, das Stricken und das Spinnen aus, was Anfangs eine Herabsetzung des Lohnes und später für viele Menschen die Unmöglichkeit, genügenden Lebensunterhalt zu finden, zur Folge hatte.

Auch in Oesterreich traten die socialen Folgen des Fabriksystems immer mehr zu Tage. Während einige der dort Angestellten hohe oder wenigstens genügende Besoldungen hatten, sind jene, welche bei den Maschinen arbeiten oder andere blos mechanische Arbeiten verrichten, nichts als Taglöhner, welche so bezahlt werden, wie die Gesetze der Concurrenz es mit sich bringen, ohne dass der Fabriksherr fragt, ob sie und ihre Familien leben können. Sie werden entlassen, wenn der Fabriksherr es seinen Verhältnissen angemessen findet, die Arbeiten einzuschränken oder aufzugeben. Und weil diese Leute karg bezahlt sind und meistens solche Arbeiten verrichten, welche man in wenigen Stunden erlernen kann, werden in Fabriken häufig und zwar gegen niedrigen Lohn Weiber und Kinder beschäftigt, wodurch das ganze Familienleben zerstört wird.

Nahm das Proletariat schon durch die Güterzerstückelungen, die Erbgesetze, welche die Belastung der Güter mit Schulden zur Folge hatten, die nach der Capitulationszeit entlassenen Soldaten [1], welche der Arbeit ungewohnt waren, und durch die in manchen Provinzen immer mehr zunehmenden unehelichen Kinder zu, so ist dies durch das Fabrikwesen noch gesteigert worden, und der Gegensatz zwischen Armen und Reichen wurde in Folge der Fabriken und der Geldspeculationen immer grösser.

Der Gewinn der Fabrikanten war oft ein enormer. In Folge der hohen Schutz- und Prohibitivzölle gegen die Concurrenz des Auslandes geschützt, beherrschten sie den ganzen inländischen Markt und nach gerichtlich vorgelegten Handelsbilanzen scheint der Gewinn manchmal 25—30 Procent des Betriebscapitals betragen zu haben. [2] Viele Fabrikanten erwarben daher ungeheuere Reichthümer und nur die Bankiers und andere Speculanten konnten sich ihnen zur Seite stellen. [3]

[1] Im Jahre 1802 war die lebenslängliche Dienstpflicht durch eine Capitulation von 10—14 Jahren ersetzt worden.

[2] Im allgemeinen war es auch für die mit der Verlassenschaftsabhandlung betrauten Behörden schwer, den wirklichen Vermögensstand zu erfahren, weil die Fabrikanten solche testamentarische Verfügungen trafen, welche die Verheimlichung eines Theiles desselben ermöglichten. Aber 1846 erhielt der Magistrat von Brünn einmal actenmässig Kenntnis von den Erträgnissen einer mittleren Fabrik, deren Bilanzen vorgelegt werden mussten, und diese Erträgnisse beliefen sich auf etwas mehr als 21.000 Gulden Conventionsmünze in einem Jahre.

[3] So lebte zu Wien der griechische Grosshändler Sinn, welcher schon um das Jahr 1827 so viele grosse Häuser besass, dass man die damaligen grossen Zinssteigerungen vorzugsweise ihm zuschrieb. Um das Jahr 1847 besass er über dreissig zum Theil sehr grosse Herrschaften und gleichwohl noch einen bedeutenden Handelsstand. — Nach 1847 starb zu Wien der Jude Todesco mit Hinterlassung eines Vermögens von mehr als sieben Millionen Gulden Conventionsmünze, nachdem er in seinen jüngeren Jahren ein sogenannter Pinkeljude zu Nikolsburg in Mähren gewesen war. — Der jüdische Bankier Goldstein hinterliess seiner Tochter actenmässig über vier Millionen Gulden etc. — Der Reichthum von Rothschild war sprichwörtlich.

Da darf man sich nicht wundern, dass grelle Contraste im Leben zu Tage traten. Während z. B. zu Wien im Jahre 1834 auf die Tafel des Grosshandlungshauses Geymüller ein Teller mit Erdbeeren gestellt wurde, welche um diese Jahreszeit 700 Gulden Conventionsmünze gekostet hatten, war in den meisten der dortigen Fabriken der Lohn eines Arbeiters 30 Kreuzer Conventionsmünze und das tägliche Einkommen eines Wiener Appellationsrathes nicht ganz acht Gulden.

So war es dahin gekommen, dass vielleicht 300.000 Familien im ganzen Staate mehr oder weniger im Ueberfluss schwelgten, während Millionen von Familien darbten und, da das Uebergewicht des Capitals über die Arbeit sich bereits festgestellt hatte, für die grosse Menschenclasse kaum noch eine Aussicht auf eine Verbesserung da war.

Mit der steigenden Armuth zahlreicher Volksclassen verfiel auch die Sittlichkeit immer mehr. Die Zahl der unehelichen Geburten nahm daher in einem fort Oberhand, und zwar am meisten in den böhmisch-deutschen Provinzen, in denen um das Jahr 1840 durchschnittlich jedes achte Kind ein uneheliches war.[1] Weit geringer war aber die Zahl in Galizien, dem Venetianischen, der Lombardei und Dalmatien, sowie auch in Ungarn und Siebenbürgen, wo die Landessitte und die Gesetzgebung dieser Vermehrung sehr entgegenwirkten.

Es ist einleuchtend, dass der Zuwachs der Bevölkerung, welcher von unehelichen Kindern herkommt, nicht der schätzbarste ist. Allein vielleicht ist die Last, welche dadurch einem Lande und einzelnen Familien auferlegt wird, noch nicht das Wichtigste an der Sache. Der Mangel an Schamhaftigkeit, die Unterdrückung

---

[1] Begreiflicherweise war die Zahl der unehelichen Kinder am stärksten in den Städten, den Fabriksorten und den Garnisonsplätzen. Sieht man auf ganze Provinzen, so war in Kärnten fast ein Drittel, in Oberösterreich ein Fünftheil der Geburten uneheliche. Dagegen war in Galizien nur etwa das zwanzigste Kind unehelich und im österreichischen Italien war das Verhältnis noch günstiger. Aus Ungarn und Siebenbürgen fehlen statistische Ausweise. Doch weiss man, dass unter den eigentlichen Magyaren strenge Begriffe herrschten, dass aber Pest unter jene Städte gezählt wurde, wo die Licenz der Sitten besonders gross war. Am auffallendsten erschien aber manchem Beobachter, dass bei dem Volke in vielen Gegenden der Begriff, es sei die uneheliche Schwangerschaft eine schwere Sünde und ein Zustand, dessen man sich schämen müsse, verschwunden war und der Tadel selbst für einen Beweis „spiessbürgerlicher Gesinnung" galt.

der Familiengefühle ist vielleicht noch ärger und hievon sah man bereits die erschreckendsten Erscheinungen.[1]

In den meisten grösseren Städten der böhmisch-österreichischen Provinzen kam die Zahl der unehelichen Kinder der Zahl der ehelichen gleich, an manchen Orten war sie sogar noch grösser. Selbst österreichische Zeitungen erkannten es an, dass, wenn es auf diesem Wege noch einige Zeit fortgehe, die Ehe praktisch abgeschafft oder doch nur die Ausnahme von der Regel sein werde.

Dass selbst das Eheband darunter litt und so manches Kind noch für ehelich anzusehen war, welches nicht ehelich erzeugt war, fällt in die Augen.

Die Menge der Soldaten, die Masse junger Beamten, welche nicht heiraten konnten, die häufigen Heiraten von Gesellen und Fabriksarbeitern, die Gewohnheit, dass auch Weiber und Kinder in den Fabriken arbeiteten, selbst die Speculation vieler Weibspersonen, dass eine ausserehliche Schwangerschaft oft den Weg zum Altare erleichtere, wirkten in Verbindung mit der Putzsucht des weiblichen Geschlechtes, für welche oft die Einkünfte viel zu klein waren, zur Verbreitung von Ausschweifungen zusammen, und noch immer gab es Staatsbeamte, welche die Sache nur nach der Zahl der Contribuenten und Militärpflichtigen beurtheilten.

---

[1] In der Zeit von 1830—1840 konnte ich in meiner Stellung als Staatsbeamter darüber viele specielle Erfahrungen machen. Auf der grossen mährischen Herrschaft Selowitz wurde es als eine Schande für ein Bauernmädchen gehalten, wenn sie nicht schon nach einer gewissen Zeit ein uneheliches Kind hatte, und einige Meilen rund herum um den bekannten schlesischen Curort Gräfenberg, sagten mir die Oberbeamten von Freiwaldau, sei nur noch höchst selten ein unverdorbenes Mädchen von zwanzig Jahren zu finden.

VII. Buch.

Das Polizeisystem und die gesellschaftlichen Zustände.

1. Das Stabilitätssystem und die polizeiliche Ueberwachung.

Als 1815 nach langen Kämpfen die Ruhe in Europa hergestellt war, suchten die Höfe von Wien, Petersburg und Berlin Alles zu unterdrücken, was dieselbe neuerdings stören konnte. Sie waren also gegen alle Verfassungen, welche die landesherrliche Gewalt wesentlich einschränkten. Sie waren gegen die freiheitlichen Ideen, welche in Westeuropa emporkamen. Besonders das österreichische Cabinet betrachtete jede Aenderung des Bestehenden für gefährlich oder wenigstens bedenklich und trat nach Innen und Aussen für das „conservative" Princip, für das Stabilitätssystem ein. Dies hatte die Folge, dass man sich im Innern gegen zwei Parteien wenden musste, gegen jene, welche die unter Kaiser Joseph und in der letzten Zeit Maria Theresias zur Herrschaft gelangten Principien bekämpfte, und gegen diejenigen, welche im Sinne der neuern Zeit constitutionelle Einrichtungen oder wenigstens administrative Reformen verlangten. Gegen beide Parteien suchte das angenommene Stabilitätssystem seine vorzüglichste Stütze in der Polizei.

So verhasst auch bereits 1816 das österreichische Polizeiwesen war, so war es doch ganz natürlich, dass das jetzt zum Regierungssystem angenommene System eine Milderung der Polizeimassregeln nicht gestattete und sogar manche neuere Wahrnehmungen dessen Schärfung zu fordern schienen. Einen Grund lieferten die Volksstimmung im österreichischen Italien und die im westlichen Deutschland erscheinenden Zeitungen.

Es war bekannt, dass die Italiener überhaupt und besonders die Lombarden mit der österreichischen Herrschaft sehr unzufrieden seien, und 1821 hatte man zu Mailand eine weitverbreitete Verschwörung entdeckt, welche die damaligen Insurrectionen in Neapel und Piemont benützen wollte, um die Unabhängigkeit Italiens zu proclamieren. Von den deutschen Zeitungen aber hatten die meisten eine liberale oder halbliberale Farbe und doch konnte die österreichische Regierung, ohne sich die Canäle zu verstopfen, auf denen sie dann und wann ihre Artikel auf eine unauffällige Art unter das Publikum bringen konnte, sie nicht verbieten.[1]) Alles dies forderte zu grösserer Wachsamkeit auf und so nahmen das geheime Denunziationssystem und die mit ihm in Verbindung stehende geheime Polizei noch mehr zu, als es in der früheren Periode der Fall gewesen war.

Diese Polizei machte jetzt, da man mehr als jemals den Geist der mittleren Volksclassen fürchtete, selbst in den deutschen Provinzen fast jeden Menschen, welcher einige Talente, einen nicht ganz unbedeutenden Wirkungskreis oder starke Leidenschaften zeigte, am meisten aber Beamte höherer Kategorien, Litteraten, Advocaten oder höhere Geistliche, zum Gegenstande ihrer Aufmerksamkeit. Ihre Werkzeuge waren oft Beamte, von denen manche selbst hohe Stellungen bekleideten und die dafür eine Besoldung oder wenigstens eine Remuneration erhielten[2]), Menschen, welche dafür von der Polizei in anderer Weise begünstigt wurden, bezahlte Besucher von Gasthöfen, Kaffeehäusern, Theatern und Bällen oder auch solche, die als Spione in Landkutschen oder auf Schiffen fuhren. Man hatte über die von diesen Agenten eingegangenen Nachrichten verschiedene fleissig benützte Nachschlageregister.

Da übrigens niemand wusste, was der Polizei anstössig sei, und auch der Geist nicht bei allen Polizeibehörden der gleiche war, so war das Benehmen der Leute auch nicht gleich. An

---

[1]) Dies war der Fall mit der zu Augsburg erscheinenden „Allgemeinen Zeitung", welche, da kein in Oesterreich gedrucktes Zeitungsblatt geeignet war, halbofficielle Artikel in die Welt zu bringen, viele Jahre hindurch (1818 bis 1848) gewissermassen das halbofficielle Blatt der österreichischen Regierung war und deswegen gegen andere Zeitungsblätter grosse Begünstigungen genoss.

[2]) Vgl. 1, XXIX f. und für die frühere Periode 2, 118.

manchen Orten hielt man es für unbedenklich, gewisse Zeitungsartikel zu besprechen oder etwa ein dem Anscheine nach von der Polizei ausgesprengtes Gerücht zu bekritteln, während man in andern ein solches Benehmen höchst gefährlich fand. Es gab viele Beamte, welche, um nicht Stoff zum Argwohn zu geben, durchaus keine ausländische Zeitung lesen wollten.

Doch wurden im allgemeinen die Gesellschaften noch mehr eingeschränkt. Was man in den deutschen Provinzen „Gesellschaft" nannte, war eine Zusammenkunft von Menschen, wo man eine Stunde mit dem Trinken von Thee oder Kaffee, dann mit der Besprechung der Mode, der Stadtneuigkeiten und des Theaters zubrachte und dann sich an den Spieltisch setzte, von welchem man nach zwei- bis dritthalb Stunden wieder nach Hause gieng.[1] Tiefer gehende Gespräche über Politik, Religion u. s. w. galten als „Pedanterie" und wurden von „gebildeten" Menschen vermieden. Auch Gastfreundschaft wurde fast nur noch in Galizien und den ungarischen Ländern gefunden.

Natürlich nahmen auch die Kosten für die Polizei von Jahr zu Jahr zu. Diese erhielt in jeder Provinz mehr oder weniger beträchtliche Fonds, welche zum Theil nach dem Gutachten der Polizeidirectoren vertheilt wurden. In Dalmatien gab es auf allen Inseln Agenten der Polizei, welche theils kleine Remunerationen erhielten, theils andere Vortheile erlangten. Man hielt dafür, dass bei jeder etwas höheren Stelle solche geheime Agenten seien. Das Volk gieng in seinen Vermuthungen freilich oft zu weit. Manche Personen wurden mit Unrecht für solche Agenten gehalten, während es von andern hiess, sie strebten es zu werden. Aber es gab wirklich auffallende Dinge. Nicht blos hohe und niedere Beamte, sondern auch Geistliche erhielten von der Polizei Remunerationen. Man wollte auch wissen, dass diese verheiratete Frauen und Freudenmädchen im Solde habe.

Dabei suchten die Polizeiorgane eine Menge falscher Begriffe zu verbreiten. Die Regelung der österreichischen Finanzen oder die Reform des Studienwesens wurden als Dinge hingestellt, welche sehr schwer und den ausserhalb der Regierung Stehenden unverständlich seien. Wer auf Nachahmung mancher fremder Einrichtungen

---

[1] Diesen Umständen war es auch theilweise zuzuschreiben, dass die Schauspieler und Schauspielerinnen für das Wiener Publikum eine ganz ausserordentliche Wichtigkeit hatten.

seine Hoffnung richtete, wurde als schlechter Patriot hingestellt, wer behauptete, die Erbfolgegesetze und das Vormundschaftswesen bedürften zeitgemässer Reformen, als Anhänger mittelalterlicher Zustände, wer religiöse Gesinnungen zeigte, als verkappter Jesuiter, wer umgekehrt den Mangel an Religion zur Schau trug, als staatsgefährlicher Freigeist.

So brachte man es immer mehr dahin, dass das Wissen von vielen Menschen mehr für schädlich als für nützlich gehalten wurde, dass die Geistlosigkeit sich breit machen konnte, und dass jede Art von Verdienst, seltene Ausnahmen abgerechnet, unterdrückt wurde.

2. Die Unterdrückung wissenschaftlicher Bestrebungen durch die Censur.

Wie das geistige Leben überhaupt durch die polizeiliche Ueberwachung, so wurden alle wissenschaftlichen Bestrebungen durch die Handhabung der Censur gehemmt.

Schon lange war in den österreichischen Staaten fast nichts gedruckt worden als Compilationen der Gesetze, Commentare über sie, medicinische Schriften, historische, in der Regel unbedeutende, Werke, Gebetbücher und zuweilen kleine belletristische Schriften. Eigentlich wissenschaftliche Arbeiten begegneten ganz ausserordentlichen Schwierigkeiten.

Es war schon schwer, ein entsprechendes Thema zu finden, weil zahlreiche Fragen gar nicht behandelt werden durften.

Noch schwerer war es, für die Bearbeitung die nothwendigen Hilfsmittel zu finden. Denn öffentliche Bibliotheken gab es sehr wenige, fast nur in den Städten mit hohen Schulen, und auch diese waren wegen der karg zugemessenen Mittel gewöhnlich arm an neuen Werken und selbst in Beziehung auf die ältere Litteratur nur im Fache der Theologie, Philosophie und Mathematik gut bestellt. Auch waren sie, weil zunächst für die Studierenden bestimmt, mehrere Monate des Jahres geschlossen und auch in den andern nicht alle Tage und nur wenige Stunden geöffnet. Viele Bücher durften den Lesern gar nicht, überhaupt in der Regel nur ein einziges gegeben werden, Bücher nach Hause mitzunehmen war verboten. Auch Privat-Bibliotheken waren wenige und diese nicht zugänglich. Sich die Bücher selbst anzuschaffen hatten die wenigsten Leute die Mittel und dies war auch dadurch erschwert, dass man sie zur Einsicht nicht erlangen konnte, weil in den Buchhandlungen wenige Werke vorräthig waren. Litteraturzeitungen aber durften an keinem öffentlichen Orte gehalten werden.

Waren diese Schwierigkeiten überwunden, so ergaben sich andere in dem Geiste der Behörden. Obgleich die Regierung von Zeit zu Zeit die Miene annahm, als schätze sie die Wissenschaften und jedes Verdienst um dieselben, so war doch in der That das Gegentheil wahr. Die Vorgesetzten sahen es nirgends gern, wenn Jemand sich mit der Litteratur beschäftigte. Blieb er in seinen andern Amtsgeschäften zurück, so nannte man es Vernachlässigung seiner Amtspflichten, im entgegengesetzten Falle sah man in ihm einen Kritiker, einen Missvergnügten oder einen Ehrgeizigen.

Hatte aber doch Jemand endlich ein Werk vollendet, so begannen neue Anstände mit der Censur. Auf diese musste von vornherein Rücksicht genommen werden. Denn wurde das Werk nicht zugelassen, so bekam es der Verfasser zwar zurück, aber zugleich gieng an alle Polizeidirectionen der Monarchie davon Nachricht, damit sie darauf sehen, dass dieses Werk nicht irgendwo erscheine. Wenn nun auch nicht ausdrücklich verfügt war, dass der Verfasser unter eine specielle Polizeiaufsicht gesetzt werden solle, so war dies doch die fast unausbleibliche Folge, und wenn der Verfasser von der Regierung abhängig war, so konnte er von diesem Augenblicke an seine Zukunft als im höchsten Grade gefährdet ansehen.

Man wird vielleicht glauben, zur gänzlichen Verwerfung eines Manuscripts habe es, wenn man nicht grobe Verstösse gegen den bekannten Geist der Regierung machte, nicht leicht kommen können. Dies wäre aber ein Irrthum. Eine Sache zur Unzeit oder in einem Sinne besprochen, welcher den wissenschaftlichen Ansichten des Censors nicht zusagte, konnte schon diese Gefahr herbeiführen.

Bemerkenswert ist übrigens, wer die Censoren waren. Officiell im Staatsschematismus erschienen als solche die Directoren der Facultäten an der Wiener Universität nebst noch einigen Personen, unter denen fast niemals eine in litterarischer Beziehung hervorragte. Der Sache nach aber übergaben diese, da sie ohnehin Arbeiten genug hatten, die Manuscripte andern vom Staate ernannten Männern aus dem Stande der Professoren, Hofmeister,

Pfarrer und Kanzleibeamten, welche angewiesen waren, das Werk, wenn es nur im Geringsten den Staat, seine Maximen, Gesetze oder Einrichtungen berühre, in das Ministerialdepartement, in welches der Gegenstand einschlage, abzugeben, damit dieses das Werk beurtheile.

Sehr selten erhielt man daher ein Werk vor einigen Monaten von der Censur zurück. Das gewöhnliche war, dass es dort über ein Jahr und oft zwei oder drei Jahre liegen blieb. Man hat sogar Beispiele, wie z. B. von einem Bande des Eherechts von Dolliner, dass Werke, die man aus irgend einer Ursache nicht verwerfen konnte, aber auch nicht gedruckt sehen wollte, den Verfassern, ungeachtet aller Bitten, viele Jahre vorenthalten wurden.

War man nun auch so glücklich, dass sich der gewöhnliche Censor für die Zulassung des Werkes aussprach, so fand es oft noch Anstände im Ministerialdepartement. Es brauchte nur einer Idee sich ungünstig zu zeigen, welche man eben in jenem Departement durchsetzen wollte, so reichte dies hin, um demselben die Druckbewilligung entweder zu versagen, oder doch den Verfasser auf sie so lange warten zu lassen, bis die beschlossene Massregel durchgesetzt und vielleicht officiell vertheidigt worden war, wo dann der Verfasser den Druck nicht mehr wünschen konnte.

Waren jedoch alle diese Anstände nicht eingetreten oder überwunden, wie bekam dann oft der Verfasser das Manuscript zurück? Viele Stellen waren durchstrichen, manche Beweisführungen abgekürzt, manche Citate unterdrückt. Oft fehlte der genaue Zusammenhang und änderte der Verfasser jetzt noch etwas, so that er es auf seine Gefahr. In den meisten Fällen war es sogar nicht möglich, weil das Manuscript in zwei Copien, von denen eine bei der Censur blieb, überreicht werden musste und nur verlässlichen Männern im Dispensationswege die Befreiung von der Einsendung des Duplicats gegeben wurde.

War nun das Manuscript in den Händen des Verfassers, so war in vielen Fällen von der Abfassung bis zur Approbation des Manuscriptes ein beträchtlicher Zeitraum vergangen, die Umstände, welche die Abfassung veranlasst hatten, waren verändert oder es war ein anderes gutes Werk über denselben Gegenstand erschienen.

Dies war noch nicht genug. In verschiedenen Fächern, z. B. in der Theologie, durfte nichts gedruckt werden, was nicht die Zulassung mit der Formel Imprimatur erhalten hatte und die

Zulassungsformeln admittitur, toleratur, transeat reichten zur Drucklegung nicht hin. Nun lag es aber in den Censurvorschriften, dass
das Imprimatur nur jenen Werken ertheilt werde, welche ganz
im Sinne der Regierung waren.

Es kam nun die Drucklegung selbst. Aber in Oesterreich gab
es nur eine kleine Anzahl von Verlegern und diese zahlten schlecht,
wenn es nicht Werke über Physik oder praktische Rechtsgelehrsamkeit waren. Bei den ausländischen Verlegern herrschte ein
grosses Vorurtheil gegen alles, was aus Oesterreich kam. Es blieb
also oft nur der Selbstverlag des Werkes übrig, der mit einem
grossen Risico verbunden war.

Bedenkt man alle diese Schwierigkeiten, mit denen ein österreichischer Schriftsteller zu kämpfen hatte, so begreift man, warum,
einzelne Fächer ausgenommen, die österreichische Litteratur dieser
Zeit so unbedeutend ist und warum das Volk, in so fern es überhaupt etwas las, sich an die norddeutsche Litteratur halten musste.

3. Die zunehmende Demokratisierung der Sitten.

Während von der Regierung ein zwar geräuschloser aber
ununterbrochener Krieg gegen die demokratischen Ideen geführt
wurde, gelangten diese in vielen Beziehungen zur Herrschaft, indem
der Unterschied zwischen den verschiedenen Ständen und Volksclassen immer mehr verschwand.

Es ist schon (S. 258) bemerkt worden, dass das Streben des
Kaisers Franz, für die Beamten eine eigene Uniform einzuführen,
nicht gelang und dass diese nur bei ganz seltenen Anlässen getragen wurde.

Aber auch beim Militär hatte die Uniform nicht mehr die
ausschliessliche Herrschaft. Nach den Ereignissen von 1813 und
1814 trug der Kaiser, vielleicht um sich mehr populär zu machen,
zuweilen eine einfache Civilkleidung. Um dieselbe Zeit wurde es
auch den Officieren gestattet, ja sogar gewissermassen empfohlen,
die Uniform nur im Dienste zu tragen. Dies geschah nun durch
viele Jahre, und sehr oft wurde bei Hausfesten der Prinzen und
der Grossen sogar der Wunsch ausgesprochen, dass die geladenen
Militärpersonen nicht in Uniform erscheinen möchten. Zu Wien
hatte die Regierung von jeher die Militäruniform wenig sichtbar
machen wollen, jetzt wurde sie aber auch in den Provinzen fast
nur mehr im Dienste getragen.

Derselbe Geist, welcher in Ansehung der Civil- und Militär-uniformen sich geltend machte, zeigte sich auch unter dem Adel. Längere Zeit (1812—1823) kamen alle Livreen aus der Mode. Man kleidete damals die Bedienten wie Stutzer und Niemand konnte sie von denen, bei welchen sie dienten, unterscheiden. Der schwarze Frack mit schwarzen Beinkleidern wurde jetzt das gewöhnliche Gallakleid für alle Stände. Wie viel dies aber bedeutete, sah man daraus, dass (1820—1848) die Wiener Gastwirte oft in den Zeitungen ankündigten, ihre Aufwärter würden, um den Gästen die gehörige Achtung zu zeigen, stets im schwarzen Anzug erscheinen. Dieser Anzug wurde bald sogar bei jedem Gesellen eines der ersten Bedürfnisse. Bei diesem Anzuge trug man stets Stiefeln, die ehemalige Sitte, bei Besuchen in vornehmen Häusern Schuhe und seidene Strümpfe zu tragen, war ganz abgekommen.

Da man jetzt an der Kleidung den vornehmen Mann und den niedrig gestellten nicht mehr unterscheiden konnte, wurde auch letzterer zu Wien von den Aufwärtern und Bettlern „Eure Gnaden" tituliert, worüber sich die Ausländer, wenn sie nach Wien kamen, nicht wenig verwunderten. Diese Sitte gieng nach 1814 in die meisten Provinzen über.

Die Geistlichkeit schien der allgemeinen Richtung gleichfalls Geschmack abzugewinnen. Der ascetische Geist war längt ausgestorben und demzufolge war die Geistlichkeit in ihrem Anzuge schon lange der Mode des Tages gefolgt. Blos die sogenannten Pantalons, welche den Stiefel wenig erscheinen liessen, blieben in mehreren Diöcesen verboten. Auch in vielen Klöstern herrschte bezüglich der Ordenskleidung eine oft selbst von den Bischöfen eingeführte und geduldete Abweichung von den früheren Vorschriften.

In Ansehung der Titel kam eine völlige Anarchie auf, welche besonders die Ausländer befremdete. So nannte man in vielen Städten jeden Normalschullehrer, ja oft sogar jeden Schulgehilfen Professor. Jeder Krämer hiess Kaufmann, jeder Handwerker, welcher einige Gesellen hielt, wollte für einen Fabrikanten gelten. Der Bürgermeister des kleinsten Städtchens glaubte mit dem Bürgermeister der Residenzstadt in gleicher Linie stehen zu können, und der Stadtrath eines unbedeutenden Städtchens, welcher vielleicht ein Schuhmacher oder Schneider war, liess sich Herr Rath nennen, wie der Beisitzer einer Landesstelle.

Auf der anderen Seite nahmen die bereits vor 1814 in Ansehung der Titulaturen entstandenen Unordnungen von Jahr zu
Jahr mehr überhand. Man nahm es denjenigen, welche statt des
nichtssagenden Titels „Herr von" ihren Amtstitel verlangten, fast
übel. Auch die Zahl der einfachen Adeligen, welche den Titel
Baron verlangten, nahm zu.

Auch das wurde jetzt Sitte, dass die Frau, wenn sie aus einer
Familie vom höheren Adel war und einen Mann von niederem
Adel oder dem Stande der Unadeligen hatte, nach ihrem Familien-
titel Baronin oder Gräfin genannt wurde und dies sogar den Ehe-
männern meistens ganz recht war.

Im Ganzen genommen, liebte man aber zu Wien auch den
Glanz und die Anhänglichkeit an manche alte Sitte nicht. So
war es dahin gekommen, dass in allen Kanzleien, selbst solchen,
zu denen das Volk Zutritt hatte, jede Art von Ceremoniel aufhörte. Der eine Rath erschien im blauen, der andere im grünen
Kleide, dieser im Ueberrock, jener im Frack, dieser nach der Mode
gekleidet, jener nicht. Der Präsident und der Amtsdiener waren
in nichts zu unterscheiden.

Selbst beim Militär verschwand (1804—1835) vieles, was ehemals die Etiquette verlangt hatte, theils durch Verordnungen,
theils durch Gewohnheiten. So war noch in den nächsten Jahren
nach dem Lunéviller Frieden der commandierende General der
Provinz, wenn er in eine Festung seines Amtsbezirkes kam, unter
Paradierung der Besatzung und dem Donner von mehr als hundert
Kanonenschüssen empfangen worden. Später kam dieses ganz ab.
Früher hatte der General, wenn er ausgieng, stets eine Ordonanz
hinter sich gehabt, wenn er ausritt, geschah es nicht ohne Reit-
knecht. Jetzt gieng und ritt er allein aus.

Aus verschiedenen Ursachen, vielleicht auch aus Sparsamkeit,
war es dahin gekommen, dass der Monarch in vielen Provinzen
keine Burg mehr als Absteigquartier hatte. In Graz war sie zur
Unterbringung des Guberniums verwendet, in Klagenfurt (nach
1823) zu der des Appellationsgerichts, zu Laibach und Linz waren
die landesherrlichen Schlösser in Zuchthäuser umgewandelt, zu
Prag war das königliche Schloss zur Kaserne gemacht, zu Pressburg, wo es als Kaserne zur Ruine geworden war, wurde es nicht
wieder aufgebaut. Nirgends nahm man eine Achtung für die
ehemaligen Wohnsitze der Regenten oder ein Streben zur Aufrechthaltung eines gewissen Glanzes der Herrscherwürde wahr.

Auch das Auszeichnende der Hofchargen schien in gewissen Kreisen abzunehmen. Die Kammerherrn erschienen äusserst selten mit ihrem Schlüssel, einen Orden trugen selbst jene nur selten, welche es als ein grosses Glück angesehen hatten, einen zu erhalten, die Hofkleidungen blieben abgestellt, die Prälaten versteckten jetzt oft ihr Pectoralkreuz. Selbst an den Damen höchsten Ranges bemerkte man die Veränderung der Sitte. Eine Erzherzogin unterschied sich in der Kleidung in nichts von der Tochter eines wohlhabenden Bürgers und der Kaiser gieng oft ohne Orden aus.

Selbst den Anstand bei Religionsübungen liess man verfallen. Unter dem Kaiser Franz stand (seit etwa 1810) das Militär mit bedecktem Haupte in der Kirche, wenn es dort Wache stand, und die uniformierten Bürgercorps ahmten dieses Beispiel nach.

Dagegen hatten sich in mancher Beziehung die Sitten, wenn auch nicht die Moralität, gebessert. So hatte die Trunkenheit unter den höheren und mittleren Ständen fast ganz aufgehört, die Reinlichkeit hatte Fortschritte gemacht, die Arbeitsamkeit ebenfalls. Man konnte im Allgemeinen mit Grund sagen, dass die Zahl der schönen Häuser, der Volksschulen und der Kunststrassen sich vermehrt, dass die Bauart gewonnen habe, dass ein Streben nach Bildung auch in die Classe der Handwerker gekommen sei, und solche Bemerkungen genügten, um von den „Fortschritten des Zeitalters zum Besseren" zu sprechen.

VIII. Buch.

Das Hervortreten nationaler Tendenzen bei den slavischen Stämmen und das erste Erwachen des politischen Geistes in den deutschen Provinzen.

---

1. Das Emporkommen slavischer Tendenzen in Böhmen und andern Ländern.

Die letzten zwanzig Regierungsjahre des Kaisers Franz zeigten unter manchen andern wichtigen Erscheinungen auch die, dass sich die verschiedenen in Oesterreich vorhandenen Nationalitäten, besonders die Slavenstämme in einer Weise bemerkbar machten, dass es sich mit den hergebrachten Maximen der österreichischen Regierung in die Länge nicht vereinigen liess.

Bisher war Oesterreich ein aus verschiedenen Nationalitäten zusammengesetzter Staat gewesen, dessen einzelne Theile durch den gemeinschaftlichen Regenten und das Vorherrschen des deutschen Elements zusammengehalten wurden. Niemand hatte z. B. ohne die Kenntnis der deutschen Sprache ein höheres Staatsamt erlangen können. Seit 1620 hatte es unter die österreichischen Staatsmaximen gehört, das deutsche Element zu begünstigen und es zum Bindungsmittel des Ganzen zu machen. Dies hatte keine grossen Schwierigkeiten gehabt, so lange die Zahl der Italiener im Staate gering war, Galizien noch nicht zur österreichischen Monarchie gehörte, das Czechische vernachlässigt wurde, das Magyarische wenig ausgebildet war. Allerdings hatten die slavischen Stämme in Oesterreich die relative Majorität. Aber ihre

Dialecte waren so verschieden, dass sie einander meist nicht verstanden, manche, wie die Winden oder Slovenen in Illyrien hatten
noch gar keine Schriftsprache. Das Bürgerthum war auch in den
slavischen Gebieten deutsch. Unter den Adeligen, Geistlichen,
wohlhabenden Fabrikanten, Künstlern und Handwerkern, wie im
ganzen Beamtenstande gab es niemanden, welcher der deutschen
Staatssprache nicht mächtig gewesen wäre. Selbst in Galizien
sprachen die Juden, ungefähr 300.000 Köpfe zählend, fast alle
deutsch. Die Leute, welche blos slavisch sprachen, gehörten fast
ohne Ausnahme den untersten Classen an und unter diesen waren
die Bauern der Regierung oft mehr zugethan als den feudalen
Grundherrn. Auch die Mährer waren von einer Jahrhunderte
alten Abneigung gegen die böhmischen Czechen erfüllt. Auch
waren die vorherrschend oder theilweise slavischen Provinzen
durch deutsche Länder von einander getrennt, wie ja auch die
slavische Bevölkerung Ungarns keine compacte Masse bildete[1].

Seit 1815 hatten sich freilich die Nationalitätsverhältnisse in
Oesterreich sehr zu Ungunsten der Deutschen geändert. Nicht nur
hatte man in Galizien über vier Millionen Polen [und Ruthenen],
deren höhere Classen dem Gedanken an die Unabhängigkeit der
polnischen Nation jetzt mehr als jemals nachhiengen, sondern
Oesterreich herrschte jetzt auch über sechs Millionen Italiener,
welche sich für cultivierter hielten als die Deutschen und doch
nach dem System der österreichischen und böhmischen Provinzen
regiert wurden.

Unter diesen Umständen war es ein grosser politischer Fehler,
dass der Oberstburggraf (Gouverneur) von Böhmen, Graf Kolowrat-
Liebsteinsky, welcher nachmals als Minister einen so grossen Einfluss auf alle inneren Angelegenheiten der österreichischen Monarchie erhielt, die czechischen Interessen auf eine den bisherigen
Germanisierungs-Tendenzen widersprechende Weise begünstigte.

Die Auffindung der sogenannten „Königinhofer Handschrift"[2]
legte den Gedanken nahe, dass aus der Zeit vor der Unterdrückung
des Protestantismus und der böhmischen Sprachdenkmäler (nach

---

[1] [Ich habe hier die weitläufigen Auseinandersetzungen des Verfassers,
welche er meist wörtlich der 1850 unter dem Pseudonym Albrecht T e b e l d i
herausgegebenen Schrift seines Sohnes Karl Beidtel, „Die Slaven in Oesterreich" entnommen hat, kurz zusammengefasst.]
[2] [Vgl. oben S. 226.]

1620) noch manche wertvolle Stücke erhalten sein dürften. Um dieselben aufzusuchen und herauszugeben, wurde [1818] die vaterländische „Gesellschaft des böhmischen Museums" gegründet. Diese unterstützte planmässig durch die Geldbeiträge, welche von den Mitgliedern gezahlt wurden, mancherlei gelehrte Forschungen und die Herausgabe einer Zeitschrift, sowie mehrerer czechischer Sprachdenkmäler und wissenschaftlicher Werke, und da die Beitragenden diese Werke als Vergütung bezogen und die Gesellschaft den böhmischen Schriftstellern ansehnliche Honorare zahlte, so hatte die czechische Litteratur das, was der deutschen in Oesterreich fehlte, Verleger, Abnehmer, Geldunterstützungen, lobende Besprechungen. Einige vorzügliche Werke, welche aus diesen Anstalten hervorgiengen, wie die von Jungmann, Schaffarik und Palacky wurden als glänzende Erscheinungen im Gebiete der slavischen Litteratur von den Slavisten, deren viele zu Wien, Paris oder Agram u. s. w. lebten, gepriesen.

Man suchte auch den Adel für diese Bestrebungen zu gewinnen. Man veranlasste ihn, einer Unterstützung der Forschungen über die ältere Landesgeschichte das Wort zu reden, welche auch dessen Rechte, an der Regierung des Landes theilzunehmen, darthun würde. Da manche böhmische Adelige in der That grössere politische Rechte anstrebten, so blieben solche Vorstellungen auf sie nicht ohne Einfluss und durch die Verbindung mit den Slavenführern hofften sie sich auch in den breiteren Kreisen des Volkes eine Partei zu verschaffen. In der That wurden von den Ständen Böhmens und Mährens eigene Landeshistoriographen (dort Palacky, hier Boczek) angestellt, welche für die Abfassung einer Landesgeschichte alle Archive durchforschen und die Behörden um Aufschlüsse angehen sollten.

Durch die Vermittlung der böhmischen Aristokratie wurde auch 1830 die „Matice czeska" gegründet, eine Gesellschaft, welche die Mittel schuf, um böhmische Zeitschriften zu gründen und Personen zu unterstützen, welche für die Förderung der slavischen Interessen wirkten. Sie kaufte litterarische Arbeiten in slavischer Sprache, wenn sie der slavischen Nation Ehre machen oder auf den gemeinen Mann wirken konnten. Sie liess solche Arbeiten auf ihre Kosten drucken und verbreiten. Sie gründete die slavischen Jahrbücher zu Leipzig und mehrere ähnliche Unternehmungen. Sie unterhielt Reisende in Polen, den ungarischen und den südslavischen Ländern.

Einen grossen Schritt vorwärts machten die Slavisten, indem
sie die Adeligen veranlassten, ihre Kinder slavisch lernen zu
lassen. Sie hielten die Kenntnis der Sprache des gemeinen Mannes
den Adeligen als ein wohlfeiles Mittel hin, sich beim Volke beliebt
zu machen. Dadurch bewirkten sie die Entstehung eines slavisch
redenden Adels. Die Namen, welche an den slavischen Ursprung
erinnerten, waren ohnehin da. Wieder unter dem Vorwand der
Populärmachung der Aristokratie bewogen sie dieselbe, in so fern
sie der slavischen Sprache mächtig war, bei öffentlichen Gelegenheiten slavisch zu reden. Dadurch wurde die slavische Sprache
in mehreren Bezirken zur Modesache. Wie in allen griff auch
hier die Mode seuchenartig um sich. In kurzem gab es zu Prag
böhmische Reunionen, Bälle, Concerte, Soireen, Haustheater und
andere Unterhaltungen. Die zu Wien wohnenden Slaven machten
die Mode mit.

Dem Beispiele des Adels folgten die herrschaftlichen Beamten
und viele Geistliche, besonders Landgeistliche. Grösstentheils aus
dem Bauernstande hervorgegangen, betrachtete der mindere Clerus
das Slavische als seine Muttersprache. Er sprach sie jetzt im
Seminarium und im Umgange mit Standesgenossen. Das Lateinische,
welches ehemals (vor 1785) im Umgang der Geistlichen unter sich
viel Anwendung gehabt hatte, war jetzt zufolge der schlechten
Gymnasialeinrichtungen den Geistlichen nur sehr unvollständig
bekannt ebenso wie die alte katholische Theologie. Viele Geistliche warfen also ihre Blicke auf die orientalische nichtunirte
Kirche, von welcher die alten Apostel des Slavenlandes ausgegangen waren, und einzelne Geistliche dachten bereits daran, dass
man auf diese Art am leichtesten zur Aufhebung des Cölibats gelangen könne. Die österreichischen Censurgesetze machten es den
wenigen katholischen Geistlichen. welchen diese Richtung nicht
zusagte, ganz unmöglich, das, was ihnen das katholische Interesse
zu fordern schien, in Druckschriften zu besprechen.

Bald gieng man weiter. Man fand es herabwürdigend für die
böhmische Nation, dass (1621—1821) das Böhmische aufgehört
hatte, die Sprache der gebildeteren Stände und der bessern Gesellschaft zu sein. Man meinte, es müsse anders werden. Der
Hauptanstand, den man zu finden glaubte, war nur, dass man
für viele neue Erfindungen. Producte und Verhältnisse keine Benennungen hatte. Man verzweifelte indessen nicht an der Möglichkeit, diesen Mangel durch Benützung von Analogien und anti-

quarischen Forschungen zu überwinden, und die Neuerer hatten, obgleich ihre Schriftsprache dem gemeinen Manne fast unverständlich war, doch bald Resultate erzielt, auf welche sie sich viel zu Gute thaten. Da die Polen bereits eine glänzende Litteratur hatten, wünschten die czechischen Gelehrten nur, dass auch die Südslaven in Ungarn, Croatien, Slavonien, Krain, Dalmatien, Bosnien und Serbien ihrem Beispiele in Bearbeitung der Landessprache folgten, und dann, meinten sie, könne es nicht fehlen, dass auch der slavische Stamm glänzend in die Geschichte der Litteratur eintrete.

In der That fand das, was durch eine kleine Anzahl czechischer Gelehrter geschah, nach 1830 in andern Provinzen, in denen eine zahlreichere slavische Bevölkerung lebte, einen Nachklang, nicht gerade beim gemeinen Volke, welches selbst in späterer Zeit gleichgiltig den Bemühungen der Slavenführer zusah, aber doch bei Einzelnen, welche sich mit den Hoffnungen schmeicheln mochten, auch in ihrem Lande Volkstribune zu werden. Vor allem war die Agitation in Agram lebhaft, von wo aus man auch schon Blicke nach Ungarn, ja selbst nach Bosnien und Serbien warf und durch den Dichter Gaj Propaganda machte.

2. Die Begünstigung der Slaven bei den Behörden und in den Schulen und deren Folgen.

Obwohl die Bestrebungen der Slavisten, wenn sie gelangen, den bisherigen, vorherrschend deutschen Charakter der nichtungarischen Länder ändern mussten, trat ihnen die Regierung doch nicht entgegen. Ein Theil des reichen böhmischen Adels sympathisierte mit ihnen. Viele meinten, es sei natürlich, dass die Sprache der Mehrheit der Bevölkerung auch die Staatssprache sei. Der Minister Kolowrat, der vor allem Böhme und böhmischer Edelmann war, scheint in der Begünstigung der Slavisten nichts Bedenkliches gefunden zu haben. Manche meinten auch, dieser sehe in dem Emporkommen der Slaven ein gutes Gegengewicht gegen jene liberalen Ideen, welche vom westlichen Deutschland her die österreichischen Adelsinteressen bedrohten.

In Folge der Begünstigung der Slaven geschah es, dass man selbst in solchen Bezirken Böhmens und Mährens, wo Jedermann deutsch sprach und niemals von einem Beamten die Kenntnis der böhmischen Sprache gefordert worden war, jetzt oft böhmisch sprach und nur solche Beamte haben wollte, welche die Kenntnis des Böhmischen nachwiesen. Bald benützte man auch jene Hofdecrete, welche bei Beförderungen wollten, dass man auf die „Vorzüglichsten" und „das Beste des Dienstes" sehe, um Beamte zu befördern, deren Tendenzen den Slavisten günstig waren, wodurch es geschah, dass das slavische Element auch bei den Landesstellen und den Hofbehörden Stützen erhielt. Diese wollten wieder dahin wirken, dass auch die Advocaten in den Provinzen mit einer gemischten Bevölkerung böhmisch verständen, wenn sie auch in einer ganz deutschen Gegend wohnten. Viele Räthe bei den Landesstellen meinten, sie sehen nicht ein, warum man nicht Eingaben in slavischer Sprache von den Parteien annehmen und in der nämlichen Sprache erledigen sollte. Man machte sogar Versuche, ob es nicht möglich sei, vorläufig diese Maxime in die Praxis einzuführen, um auf sie gestützt, sie später durch ausdrückliche Gesetze festzustellen. Aber dieser Versuch verunglückte, weil noch zu viele Räthe der Wiener Hofstellen einsahen, dass man dadurch Verwirrung in unzählige Verhältnisse bringen würde.

Indessen machten die Begünstigungen der Slavisten sichtbar und nach 1830 auch rasche Fortschritte. Die Volksschulen verloren mehr und mehr den deutschen Charakter; einige wurden sogar durch Connivenz ganz böhmisch. Zu Prag und Agram veranstaltete man elegante Bälle, auf denen nur die slavische Landessprache gesprochen werden durfte. Ebenso liess man trotz der sonstigen Strenge der Censur in zahlreichen Druckschriften behaupten, dass die Slaven seit Jahrhunderten von den Deutschen in ihren Nationalinteressen gedrückt worden wären.

Auch andere wichtige Erscheinungen traten zu Tage. In Böhmen entstand eine Controverse, ob das Christenthum in diesem Lande von Constantinopel oder Rom her seine Entstehung erhalten habe und ob die natürliche Richtung nicht mehr für Constantinopel gewesen sei. Auch wurden die alten hussitischen Bestrebungen als nationale hingestellt. Viele Landgeistliche und Wirtschaftsbeamte in Böhmen und manche in Mähren lebten in diesen Ideen.

Nach 1830 fieng man auch an für Böhmen, Mähren und Schlesien die alte und kanzleimässige Benennung „böhmische Provinzen" aufzugeben und sie dafür „slavische Provinzen" zu nennen. Als slavische Provinzen bezeichnete man auch Krain, Croatien, Dalmatien und Slavonien, ogleich diese Benennung dem alten Kanzleistile von Pest und Wien ganz fremd war. Die Slavisten meinten mit Recht, dass, wenn man einmal die Benennung „slavische Provinzen" kanzleimässig geltend machen könne, eine grosse Vorfrage, welche Sprache und welche Bevölkerung in diesen Provinzen vorherrsche, von selbst entschieden und dadurch für weitere Schlussfolgerungen ein fester Grund gewonnen sei.

Ein Hauptaugenmerk der Slavenführer war auf Ungarn gerichtet. Dessen nördlicher Theil war von „Slovaken" bewohnt, einem slavischen Volksstamme, welcher aber in seinen oberen Schichten seit Jahrhunderten magyarisiert war und der auch an nichts weniger als an eine Trennung von Ungarn dachte. Ebenso gab es in Norden und Osten von Slavonien grosse ungarische Bezirke, wo slavische Dialecte gesprochen wurden. Wenn es nun gelang, diese Stämme für die slavischen Bestrebungen zu gewinnen, so schien für die Slavenführer viel gewonnen zu sein. Sie sahen schon im Geiste ein südslavisches Reich, zusammengesetzt aus Krain, Istrien, Dalmatien, Croatien, Slavonien, mehreren Bezirken von Südungarn und den türkischen halb unabhängigen Provinzen Bosnien, Serbien und Herzegowina, oder was anderen besser schien, eine österreichische Monarchie mit einem vorherrschend slavischen Charakter.

Die Slavenführer machten im Stillen Versuche, in Nordungarn und in Südungarn Anhänger zu werben. Aber nur in Südungarn gelang es einigermassen. Gleichwohl lag ihnen an Nordungarn zu viel, um ihre Bemühungen dort aufzugeben, weil sie nur durch Nordungarn in eine bequeme Verbindung mit Galizien kommen und im Norden Oesterreichs ein imposantes slavisches Gebiet erlangen konnten.

Allein auch jetzt wollte dies in Nordungarn nicht gelingen und in Galizien wurden die Bestrebungen der Slavistenführer mit Verachtung zurückgewiesen. Die Polen erklärten, dass sie nur Polen seien und nie so tief herabsinken könnten, um das Commandowort von Prag oder Agram zu holen.

Die Umtriebe der Slavisten wurden für viele Gegner derselben ein Gegenstand verschärfter Aufmerksamkeit. Einige meinten, dass sie im russischen Interesse geschähen und Gelder von Petersburg kämen. Andere glaubten, sie geschähen blos im Interesse des Adels. Manche vermutheten, es sei ihnen um eine Vorbereitung zur Demokratie und zu religiösen Veränderungen zu thun. Das Cabinet zu Wien schien selbst nicht recht zu wissen, was es davon halten sollte.

Für die österreichischen Länder hatten diese Umtriebe aber sehr wichtige Folgen. In Böhmen fühlte der deutsche Theil der Bevölkerung sich beunruhigt. Dort und da zeigten sich schwache Besorgnisse auch bei den Deutschen in Mähren und Schlesien. In Ungarn trat als Folge des schroffen Hervortretens der Nationalitäts-Ideen die Forderung auf, dass die magyarische Sprache statt der bisher allgemein gebrauchten lateinischen zur Staatssprache im Lande gemacht werde.

So bedenklich war schon im Jahre 1835 der Streit der Nationalitäten, von welchem man dreissig Jahre früher nicht geträumt hatte, geworden, dass er schon in den meisten Provinzen den Stoff zahlreicher Gespräche bildete und in Ungarn (1835) der magyarischen Sprache schon grosse Rechte eingeräumt werden mussten.

3. Das erste Erwachen des politischen Lebens in den deutschen Provinzen.

Die sogenannten Postulaten-Landtage in den alten Provinzen führten auch jetzt ihr Stillleben fort und bewilligten die Steuerpostulate der Regierung, worauf die Mitglieder wieder nach Hause giengen.[1] Auch die Stände der neuen Provinzen Tirol, Krain u. s. w., wo die Landtage wieder hergestellt oder neu eingeführt worden waren, erlangten keine grössere Bedeutung. Zwar fehlte es nicht an Anhängern des Liberalismus, deren Evangelium die damals in Deutschland viel gelesenen Schriften von Rottek und Welcker waren, und welche auch in Oesterreich die Einführung einer Repräsentativ-Verfassung wünschten. Aber diese Leute, welche auch meist eine ziemlich oberflächliche politische Bildung hatten, waren wenig zahlreich und hatten im Volke wenige Anhänger. Dieses war zwar mit der Verwaltung vielfach unzufrieden. Aber es hatte kein Verlangen nach einer Constitution, deren Vortheile und Nachtheile es gar nicht kannte. Auch hatte die Einführung einer Verfassung für ganz Oesterreich besondere Schwierigkeiten, da die Ungarn nicht geneigt waren, auf ihre selbständige politische Stellung zu verzichten, und auch in den andern Ländern die Ver-

---

[1] Ueber die lächerlichen Ceremonien bei der Eröffnung der Landtage, die auch nur die Aufmerksamkeit der untern Volksclassen auf sich zogen, s. oben 2. 60 Anm. 1.

schiedenheit der Nationalitäten, Sprachen und Interessen eine ausserordentlich grosse war, wie denn die Abgeordneten von Galizien und dem lombardisch - venetianischen Königreiche, von denen jenes ein selbständiges Polen, dieses ein selbständiges Italien anstrebte, vielleicht auf die Auflösung Oesterreichs hingearbeitet hätten.

Aus diesem Grunde erwarteten manche nüchterne Denker mehr Erfolg von einer Verbesserung der Administration, der Gestattung von Municipalfreiheiten, der Ablösung der Feudallasten, der Religions- und Lehrfreiheit und anderen ähnlichen Massregeln, über welche zum Theil nach den Beispielen früherer Zeiten Privilegien und Versicherungsurkunden ausgestellt werden könnten. Diejenigen, welche diese Ansicht hatten, meinten auch, dass der Kaiser gar keinen Grund habe, sich durch constitutionelle Zugeständnisse, wenn sie in den erwähnten Schranken gehalten würden, gefährdet zu glauben.

Allein der Kaiser war äusserst misstrauisch und seine Umgebung schien zu fürchten, dass, wenn man Neuerungen einführe, oder auch nur ihre Besprechung gestatte, das heillose Verwaltungssystem zur Erörterung kommen würde. Durch alle möglichen Mittel suchten also die Schutzredner der Regierung jede Art von constitutionellem System verhasst oder lächerlich zu machen und erstickten dadurch, so viel an ihnen lag, alle politischen Einsichten.

Dies wäre indessen der geringere Schaden gewesen. Der grössere war, dass die Furcht vor den constitutionellen Ideen den Kaiser bestimmte, auch alles dasjenige fern zu halten, was nach seiner Ansicht oder der Ansicht seiner Rathgeber mittelbar zu den constitutionellen Ideen führen konnte. Daher durfte man auch die Einführung des öffentlichen und mündlichen Verfahrens im Civilprocesse, der Schwurgerichte in Criminalfällen, die Aufhebung der Frohnen, Zehenten und Bodenzinse gegen mässige Schadloshaltung der Bezugsberechtigten, die von den meisten Justizbeamten gewünschte Beseitigung der Patrimonial - Gerichtsbarkeit und der damit zusammenhängenden Patrimonial - Polizei, die Einräumung einer grösseren Freiheit an die katholische Kirche, die Reform des Studienwesens auf Grund der Lehr- und Lernfreiheit, die Selbstverwaltung der Gemeinden, die Beseitigung der Censur wenigstens für Schriften von grösserem Umfange und ähnliche Fragen in Oesterreich gar nicht öffentlich besprechen, obwohl sie die besten Geister Deutschlands und Frankreichs lebhaft beschäftigten.

Aber aus den ausländischen Zeitungen, die doch nicht alle verboten werden konnten, besonders der viel verbreiteten „Allgemeinen Zeitung", erfuhr man, dass nicht nur in England und Frankreich, sondern auch in mehreren Ländern Deutschlands, besonders Süddeutschlands ein reges politisches Leben herrsche, dass die Stände dort ganz andere Rechte hätten, als die in den österreichischen Provinzen, und es erwachte in immer mehr Leuten der Wunsch nach ähnlichen Einrichtungen. Es verletzte auch das Ehrgefühl, dass Ausländer Oesterreich oft das europäische China nannten, so dass viele anfiengen, sich des Namens eines Oesterreichers zu schämen. Als nun auch, begünstigt oder wenigstens nicht gehindert von der Regierung, die Slaven, besonders die Czechen immer mehr emporkamen, da stiegen die Unzufriedenheit und die Furcht der Anhänger der deutschen Sache. Sie sahen, dass das deutsche Element in Oesterreich auf dem besten Wege sei, sein seit Jahrhunderten bestandenes Uebergewicht im Staate zu verlieren, wozu auch Metternich beitrug, indem seine Politik sich in Deutschland wenige Freunde machte und sich an Russland anlehnte. Diese Gedanken konnten allerdings bei dem herrschenden Polizeisystem nicht laut und am allerwenigsten in österreichischen Druckschriften oder in Vereinen geäussert werden. Aber sie lebten in vielen Gemüthern und machten sich den Gleichgesinnten oft durch ein paar Worte bemerkbar. Zugleich dachte die deutsche Partei in den österreichischen Ländern daran, sich die Ungarn und Siebenbürger, welche gleichfalls das Emporstreben der Slavenführer fürchteten, zu Freunden zu machen. Die Meinung vieler Menschen war, dass die Deutschen eng verbunden mit Ungarn keine Ursache hätten, für die Zukunft besorgt zu sein. Viele Deutsche in Böhmen, Mähren und Schlesien und viele Ungarn hofften blos noch etwas von dieser Verbindung, während andere, besonders in den deutschen Provinzen ihr Auge besonders auf Deutschland richteten.

4. Die Verhältnisse in Ungarn in den letzten Regierungsjahren des Kaisers Franz.

So sehr das Emporstreben und das Erwachen nationaler Tendenzen bei den Deutschen in einer mehr oder weniger entfernten Zeit grosse Ereignisse für die österreichische Monarchie vorhersehen liessen, so war doch für den Augenblick überall Ruhe und die unumschränkte Gewalt des Monarchen in Galizien, den böhmisch-österreichischen Provinzen und den italienischen Ländern so allgemein anerkannt, dass es um so mehr auffiel, in der kleineren Hälfte des Staates, nämlich in Ungarn und Siebenbürgen noch eine rechtlich bestehende constitutionelle Verfassung zu sehen. Ungarn hatte noch einen Landtag mit ausgedehnten Befugnissen, namentlich dem Rechte der Steuer- und Recrutenbewilligung, eine entwickelte Selbstregierung und bei aller Mangelhaftigkeit der Strassen und der Polizeianstalten schätzenswerte Gemeindeeinrichtungen, eine mässige Besteuerung, keine anderen als die mit Zustimmung des Reichstages gemachten Staatsschulden, einen freien durch keine Polizei beengten Verkehr der Menschen untereinander und daher Offenherzigkeit und Patriotismus. Der Landtag in Ungarn sollte alle drei Jahre, der in Siebenbürgen jährlich abgehalten werden. Doch hielt sich die Regierung an diese gesetzlichen Bestimmungen nicht. Von 1812—1825 wurde kein Landtag in Ungarn, von 1809—1834 kein solcher in Siebenbürgen einberufen, die Steuern ohne Genehmigung der Stände erhoben und auch jeder Fortschritt gehemmt, welcher hier nur durch ein förmliches Gesetz und nicht durch königliche Verordnungen bewirkt werden konnte.

Dies gab Veranlassung zu grossem Missvergnügen in Ungarn und zu Bestrebungen, sich gegen das unconstitutionelle Benehmen der Regierung sicher zu stellen. Auch die schon unter Joseph II. angefangenen, nach 1792 fortgesetzten Bemühungen der Ungarn, ihre Nationalität emporzubringen, erhielten dadurch einen neuen Ansporn. Patrioten standen auf, welche eine Nationallitteratur in's Leben zu rufen suchten und mehr erreichten, als man Anfangs für möglich gehalten hatte. Ebenso wurde auf die Bestimmungen der Verfassung mehr Gewicht gelegt und es entwickelte sich daraus ein immer heftiger werdender Kampf mit der Regierung.

Als im Laufe desselben der Grundsatz festgestellt wurde, dass auf den Comitats-Congregationen die Stimmenmehrheit gelte, und auf dem Reichstage dasselbe beobachtet wurde, während früher die Stimmen nicht gezählt, sondern gewogen worden waren, war der Grund zu einer wichtigen Veränderung der Constitution gelegt. Ungarn hatte nämlich unter seinen 800.000 Adeligen einen hohen oft reich begüterten, aber auch einen äusserst zahlreichen armen Adel, welcher sich in seiner Lebensart von den Bauern wenig unterschied und daher von vielen spöttisch „der Bauernadel" genannt wurde. So lange aber nun der alte Grundsatz, man müsse die Stimmen auf den Versammlungen nicht zählen, sondern wägen, bestand, fanden es die meisten ärmeren Edelleute nicht der Mühe wert, auf den Versammlungen zu erscheinen, weil sie wussten, dass schwerlich nach ihren Ansichten entschieden werden würde, oder weil sie ohnehin voraussetzten, dass Männer, die auch ihr Vertrauen besassen, dort für die Landesangelegenheiten das grosse Wort führen würden. Es lag also in der Würdigung der Stimmen selbst ein aristokratisches Princip, aber auch zugleich ein Princip, welches dem Manne von Fähigkeiten und Patriotismus einen schönen Wirkungskreis eröffnete. Als aber das Zählen der Stimmen aufgekommen war, wurde vieles anders. Unter dem ärmeren Adel herrschte ein demokratischer Geist, welcher zwar stets nach Erhaltung seiner Privilegien strebte, aber die grossen Bedürfnisse des Landes weniger erwog. Jetzt gab es wichtige Gründe, auf den Versammlungen zu erscheinen, und diejenigen, welche auf den Versammlungen etwas durchsetzen wollten, mussten wünschen, dass sie von ihren Anhängern besucht würden, wobei oft auch Bestechungen wirksam waren und es beim leicht erregbaren Charakter der Ungarn oft auch zu Raufhändeln und blutigen Schlägereien kam. Der ärmere Adel, dessen Parteiführer „Cortes" genannt wurden, spielte daher in den letzten Jahren des Kaisers Franz bereits eine bedeutende Rolle, welche die Anhänger der alten Verfassung mit Besorgnissen erfüllte.

Was diese Veränderungen noch wichtiger machte, war, dass bei dem hohen Adel unter dem Einfluss der Zeitverhältnisse die Moralität tief gesunken war und der hohe Clerus, vom Hofe ernannt und grösstentheils servile Gesinnungen zeigend, an Achtung und an Einfluss auf die Versammlungen verloren hatte. Es war daher auch von Wichtigkeit, dass die protestantische Partei in Ungarn grossen Einfluss ausübte und diesen keineswegs im Interesse des Thrones, von welchem sie sich gedrückt glaubte, anwendete.

Um jene Zeit wurde aber auch ein anderes Ferment in die Geister hineingeworfen. Als die von Wien aus stillschweigend geduldeten Bemühungen der Slavisten zu Tage traten, legten auch die Magyaren auf die Emporbringung der magyarischen Sprache Wert und strebten sie zur ungarischen Staatssprache zu machen. Die eifrigeren Magyaren wollten nicht mehr, dass die lateinische Sprache die Sprache der Reichstage und der höheren Behörden bleibe. Diese hatte viele Vortheile gehabt, da sie an den gebildeteren Classen aller Nationalitäten, welche Ungarn bewohnten, und auch von den Croaten, welche am ungarischen Reichstage theilnahmen, verstanden wurde. Als aber jetzt die Magyaren ihre Sprache zur Staatssprache zu machen suchten, waren die Croaten und Serben darüber beunruhigt, theils weil Vielen die ungarische Sprache ganz unbekannt oder doch wenigstens nicht geläufig war, theils weil sie in der Erhebung der ungarischen Sprache zur Staatssprache eine Bevorzugung des magyarischen Elements und eine Zurücksetzung der eigenen Nationalität sahen.

Dies empfanden wieder die Ungarn übel, unter denen jetzt ein Reformgeist erwachte, wie man ihn schon seit Jahrhunderten nicht bemerkt hatte. Man fühlte, was aus Ungarn werden könne, wenn Ackerbau, Gewerbe und Handel begünstiget würden. Einer der ungarischen Patrioten, Graf Szechenyi, brachte es durch unablässige Bemühungen dahin, dass eine regelmässige Schifffahrt auf der Donau organisiert und die Städte Ofen und Pest durch eine herrliche Kettenbrücke verbunden wurden. Man begründete zugleich eine ungarische Nationallitteratur. Man errichtete Vereine, gelehrte Gesellschaften, Casinos, prächtige Theater und ein so viel als möglich geordnetes Zeitungswesen. Alles dies aber schien der Regierung in Wien mehr oder weniger bedenklich zu sein, und die Spannung zwischen dieser und der Nation hatte einen hohen Grad erreicht, als der Kaiser Franz I. am 2. März 1835 aus dem Leben schied.

Sechste Abtheilung.

Geschichte der österreichischen Staatsverwaltung unter der Regierung des Kaisers Ferdinand I. bis zum Ausbruch der österreichischen Revolution von 1848.
(2. März 1835 bis 13. März 1848).

I. Buch.

Der allgemeine Charakter des Regierungssystems unter Ferdinand I.

---

1. Die Persönlichkeit des Kaisers Ferdinand I. und die kaiserliche Familie.

Nach dem Tode des Kaisers Franz I. folgte ihm auf dem Throne sein älterer Sohn Ferdinand I., geboren am 19. April 1793. Viele Jahre hindurch behauptete man, sein Vater sei mehr seinem zweiten Sohne, dem Erzherzog Franz Karl (geboren 1802), als seinem Erstgebornen zugethan gewesen. Längere Zeit hiess es sogar, der Kaiser wünsche die Krone seinem zweiten Sohne zuzuwenden, und man bestärkte sich in dieser Meinung, als dieser früher als sein älter Bruder Ferdinand heiratete. Es war daher eine Art von Ueberraschung für das Publikum, als Ferdinand im Jahre 1830 als König von Ungarn, d. h. als Nachfolger seines Vaters auf dem ungarischen Throne, gekrönt und dadurch bewiesen wurde, dass an jenen Gerüchten, welche von einer durch den Kaiser beabsichtigten Veränderung in der Thronfolgeordnung gesprochen hatten, entweder nichts Wahres gewesen sei, oder dass man diese Pläne wieder aufgegeben habe. Gemahlin Ferdinands I. wurde die sardinische Prinzessin Marianne, eine Tochter des Prinzen von Savoyen-Carignan. Dieselbe hatte eine fromme klösterliche Erziehung erhalten, sie mengte sich nicht in Staatssachen und ihr Ruf war tadelfrei.

Ehe der Erzherzog Ferdinand den Thron bestieg, war er schon von schwächlicher Gesundheit und hatte oft an schweren nervösen

Anfällen zu leiden gehabt. Es waren daher in Beziehung auf Studien geringe Anforderungen an ihn gestellt worden und man sagt, dass unter diesen Vorwänden für die Ausbildung des Prinzen noch weniger geschehen sei, als sein Vater wusste. Dieser hielt auch den Prinzen bis gegen das Jahr 1830 von den Staatsgeschäften ziemlich fern, so dass er wenig Gelegenheit hatte, die verwickelten österreichischen Staatsverhältnisse kennen zu lernen.

Diese Gründe machten es wahrscheinlich, dass Ferdinand I. schwerlich im Stande sein würde, jenen Einfluss auf die öffentlichen Verhältnisse auszuüben, welcher in einer unumschränkten Monarchie dem Monarchen zur Erhaltung der Einheit nothwendig ist. Man glaubte daher schon seit Jahren, dass unter seiner Regierung entweder eine Ministerherrschaft oder ein überwiegender Einfluss seiner Verwandten sich ausbilden werde.

Unter den Oheimen Ferdinands I. lebten zur Zeit seiner Thronbesteigung noch die Erzherzoge Karl, der sich im October 1809 ins Privatleben zurückgezogen hatte, Joseph, Palatin von Ungarn, der als ausgezeichneter Kenner der Verhältnisse dieses Reiches galt, Anton, Grossmeister des deutschen Ordens, Johann, der auch seit 1809 in Zurückgezogenheit meist in Steiermark sich aufhielt, grosses Interesse für litterarische und landwirtschaftliche Gesellschaften zeigte und für einen Freund der deutschen Richtungen galt, übrigens in morganatischer Ehe lebte, und Ludwig (geboren 1784). Wie alle österreichischen Prinzen hatte dieser die Generalsuniform tragen müssen. Allein nach dem unglücklichen Kriege von 1809 wurde er vom Kaiser Franz mehr zu Staatsgeschäften bestimmt und manchmal mit der Stellvertretung desselben beauftragt. Man glaubte zu wissen, dass dieser Prinz mehr als irgend einer seiner Verwandten die österreischischen Zustände kenne, und er schien also ganz geeignet, auch den Kaiser Ferdinand in jenen Geschäften, welche diesem Monarchen zu schwer fielen, dauernd zu vertreten.

Neben diesen Oheimen des Kaisers Ferdinand erhielten unter ihm die Prinzen der modenesischen Linie des Hauses Habsburg-Lothringen zu Wien einen nicht unbedeutenden Einfluss.

Diese Prinzen hielten sich mehr als die der toscanischen Linie an den Wiener Hof und waren, da sie den Boden Italiens mehr als jemals von der Revolution unterwühlt glaubten, die argwöhnischen Beobachter jeder Art von Bewegung. Der regierende Herzog von Modena Namens Franz lebte übrigens zu Modena, und sein

Bruder Ferdinand, einst ein muthiger Cavallerieofficier, residierte in seinen letzten Jahren als Generalgouverneur von Galizien zu Lemberg, wo dem Gerüchte nach die Jesuiten und die polnischen Damen auf ihn Einfluss hatten. Der dritte Bruder Namens Maximilian war nach dem Tode des Erzherzogs Anton Grossmeister des deutschen Ordens geworden.

Ausser diesen Prinzen verdient auch die Witwe des Kaisers Franz, die baierische Prinzessin Caroline, Erwähnung. Sie übte auch unter Ferdinand I. periodenweise, vorzüglich bei der Verleihung von geistlichen Pfründen, bedeutenden Einfluss. Sie hatte von Kaiser Ferdinand den sonst am österreichischen Hofe nicht gebräuchlichen Titel „Kaiserin Mutter" erhalten und galt für eine fromme und wohlthätige Frau.

Für eine wichtige Person hielt man auch längere Zeit den jüngeren Bruder des Kaisers, Erzherzog Franz Karl. Bei der kinderlosen Ehe des Kaisers Ferdinand war und hiess Franz Karl der präsumtive Thronfolger und hatte in dieser Eigenschaft das allernächste Interesse an der Erhaltung des Thrones. Aber er hatte nicht jenen Ehrgeiz, welcher sich in die Geschäfte drängt, und er zeigte ihn selbst dann nicht, als ihm durch die Errichtung einer aus wenigen Personen bestehenden Staatsconferenz die beste und rechtmässigste Gelegenheit dazu gegeben war. Selbst dann, wenn er über Personen und Sachen seine eigenen Meinungen hatte, war er weit davon entfernt, sie durchsetzen zu wollen.

Einen ganz andern Charakter hatte die Gemahlin des Erzherzogs Franz Karl, die baierische Prinzessin Sophie. Diese hatte mehr Ehrgeiz und als sie (nach 1840) von den zunehmenden Schwierigkeiten der Lage und von dem überall hervortretenden Verfalle des Staates nähere Aufschlüsse erhielt, zeigte sie Besorgnisse in Ansehung ihres Gemahls und ihrer Kinder. Es hiess, dass sie die Thronentsagung des Kaisers Ferdinand nicht ungern sehen würde. Als diese nicht erfolgte, weil, wie man behauptete, der Minister Fürst Metternich sie widerrieth, glaubte man zu wissen, dass die Erzherzogin für eine Veränderung des Regierungssystems und zwar für eine grössere Begünstigung des ständischen Elements gewesen sei, weil dieses niemals gegen den Hof auftreten könne.

Die Hofhaltung behielt unter dem Kaiser Ferdinand ganz jene Formen und Gebräuche, welche unter dem Kaiser Franz bestanden hatten. Von Glanz, von Luxus, von grossen Hoffesten war auch jetzt keine Rede. Das Beispiel des Hofes liess auch unter den Grossen keinen anderen Ton aufkommen, die hohen Adelskreise waren exclusive und der meiste Aufwand zu Wien fand noch in einigen Gesandtschaftshotels statt. Der italienische Adel nahm übrigens an Wien wenig Interesse.

2. Die Beibehaltung des bisherigen Regierungssystems und die Organisierung der Staatsconferenz.

Bei dem Tode des Kaisers Franz herrschte allgemein die Erwartung, dass nun unverzüglich eine wesentliche Veränderung des Regierungssystems eintreten werde. Man glaubte nicht, dass Ferdinand I. die Minister Kolowrat und Metternich beibehalten werde, weil die Unzufriedenheit über den Zustand der österreichischen Verwaltung schon weit verbreitet und es nicht unbekannt geblieben war, dass beide Minister unter dem Kaiser Franz oft uneinig gewesen waren.

Im Auslande, wo man durch Gesandtschaftsberichte und geheime Agenten oft besser über die österreichischen Zustände unterrichtet war, als man denken sollte, war auch schon seit Jahren die Meinung verbreitet gewesen, dass der Tod des Kaisers Franz sogleich den Zurücktritt des Staatskanzlers Fürsten Metternich zur Folge haben werde. Unter den Inländern herrschte die Meinung, dass auch der Minister Graf Kolowrat fallen werde. Man wollte wissen, dass sowohl Metternich als Kolowrat dem Kaiser Ferdinand, als er noch Kronprinz war, Anlass zu Missvergnügen gegeben und ihn von den Staatsgeschäften fern gehalten hatten.

Aber Ferdinand war ein guter Sohn, der von seinem Vater und den von diesem vertretenen Ansichten die beste Meinung und die höchste Achtung hatte und auch dem bisherigen Regierungssystem kein anderes entgegenstellen konnte. Es liess sich auch nicht leugnen, dass Metternich und Kolowrat die Geschäfte so geführt hatten, dass in einer Zeit vielfacher Empörungen in Europa die Ruhe in Oesterreich erhalten geblieben war. Der Kaiser liess sich daher bewegen, das Regierungssystem seines Vaters öffentlich und feierlich zu dem seinigen zu machen, indem noch am Tage seiner Thronbesteigung im officiellen Theile der „Wiener Zeitung" die Erklärung erschien, dass an diesem nichts geändert werden würde.[1]) Dem Einwurfe, dass wegen des Gesundheitszustandes des neuen Kaisers auch eine andere Zusammensetzung des Ministeriums nothwendig sei, konnte man dadurch begegnen, dass der Erzherzog Ludwig, der schon in den letzten zwanzig Jahren der Regierung des Kaisers Franz oft Wochen lang den Monarchen vertreten hatte, dieses auch jetzt, und zwar mit grösseren Vollmachten thun könnte.

In der That sollte fortan der Erzherzog Ludwig als Stellvertreter des Kaisers für alle wichtigeren Geschäfte den dirigirenden zwei Ministern gegenüber der eigentliche Regent sein. Doch war nicht unbekannt, dass er diese Stellung nicht mit Kraft handhaben werde. Er war zwar gutgesinnt, aber langsam und unentschlossen, auch hatte er eine viel zu günstige Meinung von den unter dem Kaiser Franz bestandenen Zuständen. Er machte es sich daher stets zur Aufgabe, bei Neuerungsanträgen, selbst wenn sie die Zustimmung Kolowrats oder Metternichs zu haben schienen, reiflicher Erwägung das Wort zu reden, und wenn etwa unter den zwei Ministern Misshelligkeiten entstanden, zwischen ihnen den Vermittler zu machen. Mehrere dieser Misshelligkeiten und Vermittlungen wurden im Publikum bekannt.

Solche Entzweiungen unter den zwei Ministern herbeizuführen, trugen übrigens selbst die Hofparteien bei, indem sie zuweilen mehr, als es dem Fürsten Metternich angemessen schien, die aristokratischen Interessen begünstigten und, um dies thun zu können, den Einfluss des Grafen Kolowrat zu vermehren suchten. In der That war auch, wie im Verlaufe der Zeit immer mehr sich zeigte, die Rivalität Kolowrats gegen Metternich eine der Ursachen der Revolution von 1848.

Auch in einzelnen Verwaltungsmassregeln bemerkte man zuweilen den stillen Zwist zwischen den zwei Ministern. Metternich konnte oft Personen, für die er sich interessirte, nicht eine höhere Stelle verschaffen, weil er sich scheute, auf eine bemerkbare Art in das Departement des Grafen Kolowrat hinüberzugreifen. Umgekehrt bemerkte der letztere bei manchen Plänen ein stilles Veto, welches von Metternich herzurühren schien. Dies zeigte sich für jeden etwas sorgfältigen Beobachter in der Art, wie die

---

[1]) Man erzählte übrigens, dass Erzherzog Ludwig dem Kaiser Franz auf dem Todbette das Versprechen habe geben müssen, die Regierung in seinem Geiste weiterzuführen.

Angelegenheiten der Slavisten und der Provinzialstände behandelt wurden.

In der ersten Regierungszeit Ferdinands tauchte jedoch eine Erscheinung auf, welche von den in die Hofintriguen Eingeweihten als sehr wichtig angesehen wurde. Der General Graf Clam-Martinitz wurde der erste Adjutant des Kaisers und erlangte bald thatsächlich die oberste Leitung der gesammten Armee. Der Adel lobte ihn sehr. Als er erkrankte und, obgleich noch jung, bald (1837) starb, gaben halbofficielle Zeitungsartikel zu verstehen, dass er bestimmt gewesen sei, einst den Fürsten Metternich zu ersetzen. Nach Clams Tode gelangte Niemand mehr zu einem solchen Einflusse auf die Armee. Metternich und Kolowrat behaupteten ihre Stellungen, jeder von ihnen war Herr in seinem Wirkungskreise und jeder von ihnen schien nur bedacht zu sein, denselben zu hüten. So entstand die verderblichste aller Regierungsformen, eine wahre Dyarchie, nur schwach durch den Einfluss des Erzherzogs Ludwig verdeckt.

Doch war die Bedeutung der zwei dirigierenden Minister nicht ganz gleich. Metternich war Ausländer und von Vielen auf seinem hohen Posten nicht gern gesehen. Er hatte im diplomatischen Corps seine Clientel, aber diese war nicht sehr zahlreich. Sein Titel als Staatskanzler, obgleich nichts als ein Titel, gab ihm einen beneideten Vorrang und es war daher leicht, wenn man wollte, die zahlreichen Mängel der Staatsverwaltung auf Metternichs Rechnung zu setzen. Ueberdies veranlassten Rathgeber, welche man aus dem Auslande hatte kommen lassen und die über die österreichischen Zustände fast durchaus keine zusammenhängenden Kenntnisse hatten, manche Missgriffe in der Politik, welche nicht unbemerkt blieben.

Weit günstiger war die Stellung des Ministers Grafen von Kolowrat. Er gehörte zum höchsten Adel von Böhmen und hatte unter den obersten Classen zahlreiche Verbindungen. Seine fast unumschränkte Gewalt in den innern Angelegenheiten gab ihm eine unermessliche Clientel. Seine Neigung für die Slavisten, die Böhmen und die Landstände der Provinzen erweckten in allen jenen, welche eine Veränderung des Regierungssystems wünschten, Hoffnungen. Als nach 1842 die Aussichten, die unumschränkte Monarchie noch länger aufrecht halten zu können, immer geringer wurden, schien manchen Personen Kolowrat der Mann zu sein, welcher eine constitutionelle Regierung zu Stande bringen oder

wenigstens vorbereiten könne. Kolowrat hatte daher den Adel
und die meisten Neuerungssüchtigen auf seiner Seite, während
Metternich als der Vertheidiger einer unumschränkten Monarchie
angesehen wurde.

Wie der Verfasser der „Genesis der Revolution" bemerkt [1],
war jetzt das dringendste Bedürfnis „das gemeinschaftliche Zusammenwirken der Hofstellen mit den ihre Anträge beurtheilenden
und vergutachtenden, den Kaiser umgebenden Räthen". Man bildete
zu diesem Zwecke „aus und neben den vorhandenen Elementen
ein neues, auf dem höchsten Standpunkte berathendes, theils aus
permanenten, theils aus zeitweiligen Mitgliedern zusammengesetztes
Collegium, die Staatsconferenz". Die permanenten Mitglieder waren
die Erzherzoge Ludwig und Franz Karl, der Staatskanzler Fürst
Metternich und der rangsälteste Staats- und Conferenzminister
Graf Kolowrat. Als zeitweilige Mitglieder führt das Hof- und
Staatshandbuch vom Jahre 1848 an „nach Massgabe der Geschäfts-
gegenstände die übrigen Staats- und Conferenzminister, die staatsräthlichen Sectionschefs, die Staats- und Conferenzräthe und die
Präsidenten der Hofstellen". „Diese Form", sagt der geschäfts-
kundige Verfasser, „war schon an und für sich nicht hinreichend,
dem Hauptgebrechen der Staatsmaschine, nämlich dem Mangel an
Solidarität der die Geschäfte aller Verwaltungszweige im Centrum
leitenden Organe (der Hofstellen) abzuhelfen; denn die Chefs dieser
Organe wurden keine permanenten, sondern nur zeitweilige, blos
in einzelnen Fällen ausnahmsweise beizuziehende Mitglieder der
Staatsconferenz, blieben also in ihrer vorigen isolierten Stellung.
Hierzu kam aber noch der Umstand, dass diese Form durch
keinen schaffenden Geist belebt wurde; denn die beiden Geschäfts-
männer, deren Aufgabe diese Belebung gewesen wäre, konnten die
hierzu nöthige Zeit ihren andern Geschäften nicht entziehen. Der
Staatskanzler war nämlich durch die seiner unmittelbaren Leitung
übertragenen Geschäfte des Ministeriums der auswärtigen Angelegenheiten vollauf in Anspruch genommen ... Der Andere, Graf
Kolowrat, hatte zwar kein Portefeuille, war jedoch, wie es in
Wien allgemein bekannt ist, mit einem Cabinetsreferate über die
wichtigsten und geheimsten Staatsangelegenheiten, mit der Vergutachtung der den Hofstaat und das Vermögen der kaiserlichen
Familie betreffenden Gegenstände, dann mit der Voreinsicht und

---

[1] S. 45 f.

Prüfung aller Arbeiten der Staatsräthe und Cabinetsreferenten, ehe sie dem Erzherzog Ludwig zur Uebergabe an den Kaiser zukamen, beauftragt, hatte sonach die Obliegenheiten, wenn auch nicht den Titel des dem Kaiser Franz bis in das Jahr 1805 zur Seite gestandenen Cabinetsministers. Diese Geschäfte waren so umfangreich, dass ihm zwei höhere Staatsbeamte (Hofräthe) nebst mehreren Bureaubeamten zu ihrer Besorgung beigegeben werden mussten; sie erforderten eine um so grössere Aufmerksamkeit, als die Bemerkungen, welche er über die Anträge, deren Prüfung ihm oblag, zu machen fand, den Antragstellern nicht mitgetheilt wurden, er sonach das letzte und bei dem Vertrauen, welches der Kaiser ihm schenkte, gewichtigste Wort zu sprechen hatte. Die Zeit, welche regelmässige, mündliche Berathungen der zahlreichen, den Staat im Ganzen betreffenden Angelegenheiten von Seite der Staatsconferenz erfordert haben würden, war daher nicht vorhanden; die Zuweisung einzelner Gegenstände an dieselbe erfolgte daher nicht systematisch sondern rhapsodisch, oft mehr aus subjectiven als aus objectiven Bestimmungsgründen, die Abstimmung über derlei Fragmente geschah in der Regel nur schriftlich, also ohne Gelegenheit zum Austausche der Ideen und Berichtigung der Ansichten — das Institut, welches den Mangel eines Ministerrathes hätte ersetzen sollen, verfehlte sonach seinen Zweck und hatte kein anderes Ergebnis, als den zwei früheren Wegen, auf welchen die an den Kaiser gelangenden Gegenstände der Erledigung zugeführt wurden (dem Wege der staatsräthlichen und jenem der Cabinets-Verhandlung) noch einen dritten beizufügen, also statt zu vereinigen, noch mehr zu spalten. Die zeitweiligen Mitglieder der Staatsconferenz konnten auf dieselbe im Allgemeinen keinen erspriesslichen Einfluss üben".

Graf Hartig bemerkt übrigens: „Man würde den Staatsmännern Oesterreichs in hohem Grade Unrecht thun, wenn man glauben wollte, dass sie die Mängel der Staatsmaschine nicht erkannt hätten. Wer nur immer mit denselben in vertraulicher Berührung stand, wird bezeugen müssen, dass sie ihrer Aufmerksamkeit nicht entgangen waren. Insbesondere machte Fürst Metternich kein Hehl aus seiner Ueberzeugung, dass im Nichtregieren das Hauptübel des Staates liege und dass solches aus der Verwechslung des Verwaltens mit dem Regieren entspringe. Allein das Erkenntnis, um fruchtbringend zu werden, muss sich durch die That verkörpern; zum Thun liess es aber theils die

Macht der Gewohnheit, theils Unentschlossenheit und Uneinigkeit über das zu Thuende nicht kommen."

Wie das bisherige Regierungssystem aufrecht blieb, so behielt man auch den Schein des väterlichen Charakters der Regierung bei, der sich unter andern in den Formen der Unterschriften der Regierungsacte durch den Kaiser und in den Audienzen zeigte. Der Kaiser unterschrieb so, wie sein Vater unterschrieben hatte; er gab wie dieser an bestimmten Tagen Audienz. Aber mit der Begründung, dass es nothwendig sei, die Gesundheit des Kaisers zu schonen, wurde es eingeführt, dass beim Kaiser nur diejenigen zur Audienz zugelassen wurden, welche sich blos vorzustellen oder für irgend etwas zu bedanken oder überhaupt Unbedeutendes zu sagen hatten, beim Erzherzog Ludwig aber, welcher gleichfalls seine Audienztage hatte, jene, welche in eigenen oder Staatsgeschäften etwas vorzubringen hatten. Sowohl beim Kaiser als beim Erzherzog wurden aber oft in einer Stunde zwanzig Audienzen ertheilt. Es beschränkten sich also wie unter dem Kaiser Franz die Audienzen auf einige demüthige Worte des Bittstellers verbunden mit der Uebergabe einer Denkschrift, was von der andern Seite mit einigen allgemeinen Redensarten erwidert wurde.

Wenn es sich daher nicht etwa um eine Gnadensache, d. h. eine solche handelte, bei der die Behörden wegen Mangels an Vollmacht eine gewisse Bitte selbst dann nicht gewähren konnten, wenn sie solche für billig hielten, nützten diese Audienzen den Privaten selten etwas. Denn im besten Falle wurden ihre Gesuche „signiert", wo dann diejenigen, welche den Bittsteller früher abgewiesen hatten, wieder über die Sache Bericht erstatteten. Die Entscheidung hieng daher doch mehr von gewissen Staatsbeamten, als vom Regenten ab, selbst wenn dieser den besten Willen hatte.

3. Die Fortdauer des schwerfälligen Geschäftsganges.

Die Folge der Beibehaltung des bisherigen Regierungssystems war auch der langsame Geschäftsgang, der schon früher geschildert worden ist. Wir wollen aus dem Werke „Oesterreichs innere Politik", dessen Verfasser sich als einen mit den meisten österreichischen Dienstverhältnissen, wie sie noch 1847 bestanden, sehr vertrauten Mann beurkundet, einige charakteristische Beispiele anführen. „Der Charakter der Geschäftsführung (schreibt er) ist

Meinungsverhör der Meinungen und Controlle der Controllen. Wenn
z. B. ein Buchhandlungscommis in einer Provinzialhauptstadt die
Bewilligung erlangen wollte, daselbst Geschäftsführer oder Eigenthümer einer erledigten Buchhandlung zu werden, so musste er
sich mit seinem Gesuche an die Provinzialverwaltung wenden.
Diese theilt dem betreffenden Referenten in diesem Fache den
fraglichen Gegenstand zur Behandlung zu. Demnächst ergehen
a. an das Kreisamt, b. an die Polizei, c. an den Magistrat Anfragen, ob gegen die Annahme des N. N. zum Geschäftsführer
kein gesetzlicher oder sittlicher Abhaltungsgrund von diesen Behörden angeführt werden könne. Nebst dem wird, wie es sich
von selbst versteht, auch d. das Buchhandlungsgremium derselben
Stadt vernommen. Die Polizei stellt ihre Nachforschungen an und
berichtet e. an die Polizeihofstelle in Wien, auf deren Votum es
ebenfalls und zwar hauptsächlich ankommt. Es lässt sich denken,
wie viele Zeit verrinnt, bis nur alle diese Behörden die Stimme
abgegeben haben und der betreffende Gegenstand spruchreif geworden ist, wie viel ferner benöthigt wird, bis die Entscheidung
dem Bittsteller zukommt. Ein ganzes Jahr kann darüber ver-
fliessen. Setzen wir nun den Fall, der intimierte Bescheid laute
abschlägig und der Bewerber ergreife den Recurs an die Hofstelle in Wien. Dann wird noch ein halbes Jahr und darüber
vergehen, bis die Entscheidung von der Recursbehörde erfolgt.
Setzen wir endlich den Fall, der Bewerber stehe auch dann nicht
ab, wenn er auch von dieser abgewiesen werden sollte, sondern
lässt ungefähr ein Jahr verstreichen, um nach Verlauf desselben
noch einmal (allenfalls unter dem Vorwande veränderter Umstände) das gedachte Ansuchen von neuem an die Provinzialverwaltung zu richten. In diesem Falle wird wieder von vornherein die nämliche oben angeführte Anzahl der Anfragen u. s. w.
gehandhabt und es braucht wieder neun bis zwölf Monate, bis
der Beschluss erfolgt. Somit kann ein solcher bürgerlicher Ge-
werbsgegenstand drei bis vier Jahre in der Schwebe sein, und
zuletzt auch noch gegen die Erwartungen und Wünsche des Competenten erledigt werden."

„Wir wollen aber auch noch ein Beispiel von ganz anderer
Kategorie anführen und annehmen, Jemand wolle an einem bestimmten Orte ein Krankenhaus und Kloster der barmherzigen
Schwestern ganz aus eigenen Mitteln errichten. Man sollte meinen,
ein solcher Antrag werde von der Regierung schon im vorhinein

gebilligt und rasch erledigt werden. Allein diese Voraussetzung ist so irrig, dass, da derselbe gleich jedem andern Verwaltungsgegenstand allen erdenklichen geistlichen und weltlichen Behörden zur Aeusserung zugetheilt wird, ein volles Jahrzehnt vergehen kann, bis eine Schlussfassung erfolgt. Dies kann geschehen, wenn die ordnungsmässig befragten Behörden ungleicher Meinung sind und in Folge dessen noch besondere Zutheilungen dieses Gegenstandes an geistliche und weltliche Referenten sattfanden".

„Bei den angeführten beiden Fällen riskieren die Parteien durch die Erledigungsverzögerung nichts. Wir wollen dies annehmen, selbst, wenn es anders wäre, aber uns zugleich einen dritten Fall mit Gefahr auf dem Verzuge denken. Es befände sich z. B. in einem Dorfe nahe bei Wien eine krüppelhafte von aller Welt verlassene Person, welche durch eine andere, die sich ihrer erbarmt, bei dem Monarchen selbst ein Gesuch um alsbaldige Aufnahme in das Wiener allgemeine Krankenhaus oder in eine Versorgungsanstalt einreichen lässt und zugleich durch Beibringung ärztlicher Zeugnisse die Nothwendigkeit einer unverweilten Hilfleistung darthut. Wie lange mag es wohl währen, bis der Bescheid auf diese dem gewöhnlichen Geschäftsgange unterzogene Eingabe herabkommt? Vielleicht über sechs Monate".

Ganz ähnlich gieng es in der Justizpflege. Die Gerichtsordnung von 1781 begünstigte die Fristertheilungen, die Restitutionen, die Recurse und die Appellationen. Gegen jede bewilligte oder abgeschlagene Frist konnte recurriert werden, in jeder Rechtssache, bei der es sich um zwei Gulden handelte, konnte in allen drei Instanzen ein Actenwechsel stattfinden. Criminalprocesse, welche man noch um das Jahr 1790 auf zwanzig Bogen abgethan hatte, nahmen jetzt Actenbündel von mehr als zweihundert Bogen ein und der Pupill musste oft die drückendste Noth leiden, weil die gerichtliche Bewilligung, etwas von seinem Vermögen für ihn zu verwenden, Monate lang auf sich warten liess.

Dazu kam noch die Unentschlossenheit in den höheren Regionen, welche theilweise eine Folge des väterlichen Charakters der Regierung war. In diesem, sagt Graf Hartig[1]), „lag es, auf diejenigen zu horchen, welche aus der Verrückung der eingenommenen Stellung Nachtheile besorgten. So manche wichtige Neuerung scheiterte an diesen Klippen. War es z. B. nicht das

---

[1]) Genesis der Revolution S. 45.

Angstgeschrei einiger Classen von Industriellen, welches vor wenigen Jahren den von der Finanzverwaltung beantragten Uebergang vom Prohibitiv- zum Schutzzollsysteme vereitelte? Wer brachte den eingeleiteten rascheren Fortschritt der Catastraloperationen durch die provocierte Beschränkung der dafür ursprünglich bemessenen jährlichen Dotation ins Stocken? Wer vereitelte die schon vor einem Decennium beschlossene, verhältnismässige Besteuerung der inländischen Zuckerfabrikation, von welchem Industriezweige die in diesem Fache sicher competenten Britten die Ansicht haben, dass der Verlust, welchen die Staatsfinanzen dadurch an den Zöllen für Rohzucker erleiden, ganz allein die Quelle des Gewinnes für die Producenten sei? Wer verzögerte durch die Abneigung gegen die Einführung des Loosens und gegen die Aufhebung der Wehrpflichtbefreiung des Adels das Erscheinen eines zeitgemässen Recrutierungsgesetzes?"

4. Die ungenügende Vermehrung der Beamten und die ungünstige Lage derselben.

Die übermässige Verzögerung der amtlichen Entscheidungen, welche übrigens nicht blos durch den schwerfälligen Geschäftsgang veranlasst war, sondern auch in der Zunahme der Bevölkerung, in der Vermehrung der industriellen Unternehmungen und der Handelsgeschäfte, der grösseren Beweglichkeit des Eigenthums, der zunehmenden Processsucht u. s. w. ihren Grund hatte, erweckte die Unzufriedenheit der Bevölkerung im hohen Grade und liess eine Vermehrung der Zahl der Beamten bei verschiedenen Behörden als nothwendig erscheinen. Aber mit Rücksicht auf die Finanzen vermehrte man bei fast allen Aemtern nur die Zahl der Praktikanten und Auscultanten. Der Natur der Sache nach hätte ein junger Mann nur so lang einen dieser Namen führen sollen, bis er sich die nothwendigen praktischen Geschäftskenntnisse angeeignet hätte. Allein man hat ihn von jeher bei den mindern Aemtern zwei bis drei Jahre als Praktikanten gelassen und bei jenen Stellen, die zum sogenannten Conceptfache führten, dauerte schon um 1814 die Praxis oft fünf bis sieben Jahre. In der Zeit von 1814—1848 wurde aber die Zahl der Praktikanten auf das drei- und vierfache vermehrt und dies hatte die Folge, dass bei den Kreisämtern, Gubernien und Landrechten die Praxis sich in der Regel auf zehn bis zwölf

Jahre verlängerte und sogar Fälle vorkamen, wo ein Praktikant siebzehn Jahre auf eine besoldete Anstellung warten musste. Natürlich gab es nun der missmuthigen, der trägen und der ungeschickten Arbeiter viele.[1]

Zum Theil wegen des langsamen Avancements, zum Theil aber auch deswegen, weil die langsamen Erledigungen der Geschäftsstücke vom Publikum und dem Adel der „Bureaukratie" in die Schuhe geschoben wurden, herrschte in den Beamtenkreisen viel Missmuth. Sie sahen sich zur Zielscheibe von Angriffen gemacht, deren wahre Ursachen sie wegen der Staatscensur nicht aufdecken konnten und gegen welche sie auch bei der Regierung keinen Schutz fanden.

Auch die ökonomische Lage der Beamten wurde seit 1830 immer schlechter, weil die Preise der Lebensmittel immer mehr stiegen. Als nach dem Jahre 1845 die Theuerung so zunahm, dass unter allen Volksclassen darüber geredet wurde, wollte die Finanzverwaltung sich durchaus zu keinen eigentlichen Zulagen verstehen, sondern bewilligte den untersten Beamtenclassen bei erwiesenen Unfällen sogenannte Unterstützungen von 30—80 Gulden, jedoch nur von Fall zu Fall. Dieses System blieb mehrere Jahre und man gab für solche Unterstützungen jeder Provinz eine bestimmte Summe. Wie klein diese war, sieht man daraus, dass das mährische Gubernium mehrere Jahre nur 3000 Gulden zur Verwendung auf diese „Unterstützungen" erhielt.

Diese Einrichtung war nichts als die Abreichung eines Almosens für die Allerdürftigsten. Die meisten Unterbeamten wollten nun unter diese gehören und Aerzte, Apotheker und Hauseigenthümer wurden um lügenhafte Zeugnisse angegangen und gaben sie aus Barmherzigkeit, so dass der für die Unterstützungen angewiesene Fond nicht mehr hinreichte und die meisten Bittsteller leer ausgehen mussten.

---

[1] Um nur einige specielle Fälle anzuführen, gab es 1840–1848 bei dem mährischen Gubernium mehrere Bureaupraktikanten, welche sechzehn oder siebzehn Jahre dienen mussten, ehe sie als Beamte angestellt wurden. Beim mährischen Landrecht war man (1830—1848) durchschnittlich zehn Jahre Auscultant. Von dem nach dem 13. März 1848 Minister gewordenen Baron Doblhoff erwähnten die öffentlichen Blätter jener Zeit, dass er achtzehn Jahre Conceptspraktikant bei der vereinigten Hofkanzlei gewesen sei, aber dann aus Ueberdruss resignirt habe. Ueber dieses lange Praktikantenleben wurden viele schlechte Witze gemacht und zum Theil sogar auf das Volkstheater gebracht.

Nach und nach wurde man aber auch in Ansehung der Unterstützungen für einzelne höhere Beamten, z. B. Kreishauptleute freigebiger. Man hörte, dass Einzelne, welche gute Verbindungen hatten, für Badereisen, Familienunterstützungen u. s. w. namhafte Beträge erhalten hätten.

Die Staatsverwaltung war also, als man auch höheren Beamten systemwidrig Unterstützungen zukommen liess, auf dem besten Wege, die meisten ihrer Beamten als halbe Bettler erscheinen zu lassen, aber um nicht durch Bitten und Vorstellungen belästigt zu werden, ergieng an die Oberbehörden eine allgemeine Instruction, dass niemals unter dem Vorwande von Theuerung auf Zulagen oder Gehaltserhöhungen angetragen werden dürfe.

II. Buch.

Das Finanz- und Steuerwesen unter Ferdinand I.

1. Die Aenderungen in der Finanzverwaltung und im Steuerwesen.

In Folge des nach der Thronbesteigung des Kaisers Ferdinand ausgesprochenen Grundsatzes, dass an dem unter dem Kaiser Franz bestandenen Regierungssysteme nichts werde geändert werden, waren auch die Veränderungen auf dem Gebiete der Finanzverwaltung nicht bedeutend. Es erschien zwar noch immer alle Jahre ein Band voll von Gesetzen, und als die neue Gefällsverwaltung eintrat, sogar mehrere in einem Jahre. Aber die meisten Gesetze betrafen nur unbedeutende Gegenstände. Das wichtigste war (1836) die neue Gefällsgesetzgebung und die ihr entsprechende Organisation von Cameralverwaltungen, welche in ihren Bezirken Zölle, Mauten, Stempel, Staatsgüter, Tabak und Lotterie zu administrieren hatten. Unter ihnen standen Cameral-Bezirksverwaltungen und unter diesen die Localbehörden.

Diese Einrichtung der Finanzbehörden betraf aber mehr die Verwaltungsform als die Sache selbst. In dieser Beziehung trat theilweise eine Erhöhung der Abgaben ein.

Der Kaiser Ferdinand fand beim Antritt seiner Regierung eine Ausgabe von mehr als fünfundfünfzig Millionen Gulden für die Armee, von fast vierzig Millionen für die verzinsliche Staatsschuld, und ein ständiges Deficit vor, zu dessen Deckung jedes Jahr ein Darlehen von zehn bis fünfzehn Millionen Gulden aufgenommen werden musste. Auch unter seiner Regierung ver-

23*

schwand das Deficit niemals. Dass man unter solchen Umständen die Abgaben erhöhte, so weit dies nur thunlich war, und zwar unter verschiedenen Benennungen, begreift sich.

Unter diesen Steigerungen befanden sich Zuschläge zu den directen Steuern, die man so nannte, weil man den Schein erwecken wollte, dass man keine permanente Erhöhung der directen Steuern beabsichtige, und weil man manche Ausgaben für provinzielle oder örtliche Zwecke durch Zuschläge decken wollte, um nicht die Steuerlast, welche die Gesammtverwaltung fordere, allzu hoch erscheinen zu lassen.

Bei der Besteuerung bemerkte man verschiedene Maximen.

Eine derselben war, die Staatspapiere nicht zu besteuern. Die Börsenmänner behaupteten, jede auf diese gelegte Steuer sei der Sache nach eine Herabsetzung der Zinsen und zugleich eine Schädigung des Staatscredits. Da die Börsenmänner es so ziemlich in ihrer Gewalt hatten, den Credit der Regierung, welche aus ihrem Deficit nicht herauskommen konnte, zu beeinträchtigen, so wagte es kein Finanzminister, eine Besteuerung der Staatspapiere zu beantragen.

Eine andere Maxime war, viele Steuern so einzurichten, dass sie verhältnismässig wenig auf dem Reichen, desto mehr auf dem Armen lasteten. Ein Beweis hiefür ist das 1840 erschienene Stempelpatent, welches schon für Urkunden, die 8000 Gulden betrafen, den höchsten Stempel verlangte, während eine Schuldurkunde über eine Million auch keinen höhern brauchte. So gieng es durch alle Positionen des Patentes, dessen Verfasser, Hofrath Kremer, es noch überdies ziemlich unverständlich gemacht hatte.

Das System der Controllen war schon vor 1835 weit über seine natürlichen Gränzen ausgedehnt worden. Dennoch machte es nach 1835 noch Fortschritte. Dies hinderte aber nicht, dass in den obersten Regionen über viele wichtige Rechnungsfragen Dunkelheit herrschte und jeder Beamte, der es versuchte, in dieses Dunkel Licht zu bringen, sogar seine Stellung gefährdete. Ein Hofrath beim General-Rechnungsdirectorium Namens Franz Wagner wurde, als er sich über gewisse Fragen durchaus Aufklärung verschaffen wollte, bald pensioniert.

Viele Herrschaftsbesitzer und Bankiers hatten, um für ihr Capital eine hohe Rente zu erzielen, Fabriken für die Zuckererzeugung aus Runkelrüben angelegt. Das Publikum hielt diesen Zucker für schlechter als den Colonialzucker. Wäre die Erzeugung

desselben nicht privilegiert gewesen, so hätten die inländischen
Zuckerfabriken wenig oder nichts eingetragen. Man liess also mit
der Begründung, dass man die inländische Industrie ermuntern
müsse, den Zucker aus Runkelrüben lange unbesteuert, während
man den Colonialzucker hoch besteuerte. Begreiflicherweise wurde
nun von dem letztern wenig verkauft und der Staat verlor daher
an Zöllen für Colonialzucker einige Millionen.

Da mehrere Herrschaften und Bergwerke, welche dem Staate
gehörten, wenig eintrugen, verkaufte man sie und wies dadurch
den Regenten immer mehr auf die Steuercasse an.

Von einer der Finanzlage angemessenen Reduction der Armee
wollte man bei Hofe nichts hören. Dafür nahm bei der Civilverwaltung die Kreuzerwirtschaft zu und liess oft bei Behörden
die Rückstände sich aufhäufen, weil man bei Erledigung von
Beamtenposten Wert auf beträchtliche Intercalareinkünfte legte.

In ihren Finanzverlegenheiten suchte sich die Finanzverwal-
waltung manchmal dadurch zu helfen, dass sie auf eine der Verfassung nicht entsprechende Weise sich einige Einnahmsquellen
in den ungarischen Provinzen zu verschaffen suchte. Dies gab
der Nationalpartei Veranlassung zu Klagen und zu Massregeln,
welche Missbräuche dieser Art hintanhalten sollten. Dadurch stieg
die gegenseitige Verstimmung.

Zum Theil aus Handelsrücksichten und zum Theil zur Sicherstellung der Gefälle wurde die Baumwollen-Industrie einer Menge
lästiger Controllmassregeln unterworfen, um zu erfahren, was dieser
oder jener gekauft oder verkauft, von wem er es bezogen, wo
er seine Ware aufbewahrt habe, und ob er nicht ausländische
Waren für inländische ausgebe. Darüber klagte ein grosser Theil
des Handels- und Gewerbestandes und selbst die Gefällsbeamten
fanden diese Klagen sehr gerecht.

Unter diesen und ähnlichen Ereignissen vergieng ein Jahr
nach dem andern. Die Chefs der Finanzverwaltung wurden gewöhnlich aus den Günstlingen des Ministers Grafen Kolowrat oder
der Börse genommen. Selbst andere wichtigere Stellen im Finanzfache erlangte nicht leicht ein Mensch, welcher die Börse gegen
sich hatte. Auch keine Veränderung im Steuerwesen, keine Anleihe, keine Verfügung über die Anwendung des Tilgungsfonds
oder über den Verkauf von Staatsgütern oder Regalien wurde
gegen den Willen der Wiener Börse vorgenommen. Die Häupter
der Börse hatten sich schon um das Jahr 1818 „la haute finance"

genannt. Später kam dieser Ausdruck, welcher andeutet, wo eigentlich die wahre Finanzleitung sei, sogar in Zeitungsartikeln sehr gewöhnlich vor.

Die officielle Leitung der Finanzen behielt übrigens die äussern Formen, welche sie um das Jahr 1800 angenommen hatte. Ein engerer Ausschuss von vier oder höchstens sechs Personen bildete das eigentliche Finanzministerium bald mit bald ohne diese Benennung, die andern Räthe der allgemeinen Hofkammer waren meistens blos Gefällsreferenten oder standen doch der sogenannten Creditsabtheilung, wo die wichtigeren Finanzfragen verhandelt wurden, sehr fern.

Uebrigens fehlte es in der Finanzverwaltung auch nicht an unbedeutenden aber gut gemeinten Neuerungen, von denen aber viele durch das Unpassende der Reglements, welche darüber erlassen worden, nachtheilig wurden.

So erhielten die Gerichtstaxen und die Stempelgesetze im Jahre 1840 durch ein neues Tax- und Stempelpatent eine gänzliche Umbildung. Der Grundsatz war, dass die gerichtliche Taxe bei landesfürstlichen Behörden mittelst des Stempels hereingebracht werden sollte, was an und für sich eine Vereinfachung der Abgabe zu sein schien. Allein in der Ausführung verunglückte diese Idee gänzlich, indem ein weitläufiges schwer verständliches Patent erlassen wurde. Auch wurde es mit dem Postporto verquickt, indem die Correspondenz mit allen kaiserlichen Behörden portofrei, mit den andern Behörden portopflichtig war. Bei der Weitläufigkeit des österreichischen Geschäftsganges wurde dies für die unter Justizämtern und Magistraten stehenden Parteien sehr drückend, besonders weil zugleich das Porto für kurze Entfernungen auf das Doppelte und Dreifache erhöhet wurde.

Die Aufhebung der Erbsteuer gereichte zum Vortheil der Reichen, eine Tendenz, die man bei vielen andern Finanzgesetzen zu bemerken glaubte.

2. Die Mittel zur Hebung des Handels und der Industrie.

Während der Regierung des Kaisers Ferdinand suchte die Finanzverwaltung dem misslichen Finanzzustande des Staates besonders durch die Hebung des Handels und der Industrie abzuhelfen und strebte den Bau von Eisenbahnen, die Vermehrung der Schulen für Industrie und Handel und die Abänderung des mit zahlreichen Prohibitionen verbundenen Zolltarifs an.

Bei der nach 1835 in mehreren Staaten rasch erfolgenden Entwicklung des Industrialsystems suchte ein Staat dem andern den Rang abzulaufen durch Erleichterung des Transportes in seinem Gebiete. Anfangs hatte man auf den Poststrassen Eilfahrten eingeführt. Dann richteten Privatunternehmungen einen erleichterten Verkehr zwischen verschiedenen Orten ein. Bald nachher spielte der Dampf bei der See- und Flussschiffahrt eine grosse Rolle. Endlich wurden auch auf dem europäischen Continent Eisenbahnen gebaut, von denen Viele das Heil des Handels und das Aufblühen ganzer Länder erwarteten.

Bezüglich der Eisenbahnen entstand wie im Auslande so auch zu Wien die Frage, ob es besser sei, den Bau derselben Privatunternehmern zu überlassen oder sie auf Staatskosten zu bauen.

Die Finanzlage entschied anfangs für das erstere. Durch eine Gesellschaft, bei welcher vorzugsweise das Haus Rothschild viele Actien besass, wurde zufolge eines kaiserlichen Privilegiums vom 9. April 1836 eine Eisenbahn von Wien nach Brünn erbaut, welche bis nach Bochnia in Galizien fortgesetzt werden sollte.[1] Diese Eisenbahn wurde dem Volke als ein solches Glück angekündigt, dass bei der Eröffnung auf höhere Veranlassung in allen Ortschaften, welche sie berührte, Kirchenfeste und grosse Gastereien abgehalten wurden und das Landvolk festlich geschmückt die ersten Züge bewillkommnen musste.

Diese Freude dauerte jedoch nicht lange. Eine Menge von Postmeistern, Gastwirten, Landkutschern, Wagnern, Sattlern, Schmieden, Boten u. s. w. verloren ihre bisherigen Erwerbsquellen. Als die Postmeister bei der Regierung um nur wenigstens theilweise Entschädigung baten, wurden sie abgewiesen.

Die Unternehmer der Eisenbahnen hatten indessen gute Geschäfte gemacht; ihre Actien stiegen hoch. Es wurden daher auch in den nächsten Jahren einige kleinere Eisenbahnstrecken, wie z. B. die von Wien nach Gloggnitz, durch Privatgesellschaften gebaut. Aber es geschah in dieser Richtung doch viel weniger

[1] Die „Kaiser Ferdinand Nordbahn". Sie wurde 1837 begonnen, nachdem sie schon seit 1830 vom Wiener Professor Riegel angeregt worden war. Die Eröffnung der Fahrten von Brünn nach Wien geschah am 7. Juli 1839.

als die Finanzverwaltung erwartet hatte. Der Gedanke, Eisen-
bahnen auf Staatskosten zu bauen, erhielt daher immer mehr
Beifall, besonders, weil dann die Staatsgewalt die Richtungen der
Bahn beliebig bestimmen konnte.

Als 1841 der Freiherr von Kübeck Chef der Finanzverwaltung
geworden war, erschien eine vom 19. December 1841 datierte
Verordnung, nach welcher mehrere grosse Eisenbahnen auf Staatskosten erbaut werden sollten. Eine sollte mit Benützung der von
Wien bis Gloggnitz bereits erbauten Eisenbahn von Wien nach
Triest gehen, eine andere von Wien aus gegen Baiern, eine dritte
über Prag an die sächsische Gränze, und eine vierte von Venedig
über Mailand an den Comersee. Die Regierungspresse stellte es
in Aussicht, dass, da schon lange eine Dampfschifffahrts-Gesellschaft
einen regelmässigen Personen- und Wagentransport von Wien
bis Galacz organisiert hatte, Oesterreich ungemein viel zur Cultur
des Orients beitragen, und Wien der Centralpunkt für den Handels-
verkehr von Strassburg bis Constantinopel und von Hamburg bis
Triest sein werde.

Der Gedanke, die genannten grossen Staatseisenbahnen zu
bauen, wurde „genial" genannt und Kübeck beinahe als der Wohlthäter der Monarchie erklärt. Dieses Geschrei gieng aber von den
Geldmännern aus, welche wussten, warum sie es erhoben. Andere
fanden die Sache aber doch bedenklich. Nach ihrer Meinung
sollte sich ein Staat mit so zerrütteten Finanzen nicht in so weit
aussehende und kostspielige Unternehmungen einlassen. Auch
glaubten Viele, dass die Bahn von Wien nach Triest wegen der
grossen Schwierigkeiten, welche der Semmering und der Karst
dem Bau in den Weg legten, nur mit ungeheuern Kosten herzustellen sein würde. Auch hatte man damals noch gar keine Erfahrungen, ob mit Locomotiven die Ueberwindung so grosser
Höhen möglich sein würde.

In der That brauchte man neun Jahre (1842—1851), bis die
Bahn von Wien bis Laibach, und zwar mit einer Unterbrechung
wegen des Semmerings, ausgebaut war.[1] Schneller erfolgte der
Bau der Bahn von Prerau in Mähren über Olmütz und Prag an

---

[1] Die Bahn über den Semmering wurde im Jahre 1854 vollendet. Sie
hatte nach officiellen Artikeln siebzehn Millionen Gulden gekostet. Ueberhaupt verwendete die Regierung seit 1840 auf das Eisenbahn- und Strassen-
wesen ungeheure Summen, welche nach 1848 oft zwanzig Millionen Gulden

die sächsische Gränze, wo sie sich an eine sächsische Bahn über Dresden nach Hamburg anschloss. Zugleich begünstigte man auch die Erbauung von Eisenbahnen durch Actiengesellschaften, wodurch manches zu Stande kam.

Im Postwesen, wo schon unter dem Kaiser Franz (seit 1822) Eilfahrten statt der früher üblich gewesenen schwerfälligen Diligencen eingeführt worden waren, fuhr man (1845) mit Neuerungen fort, welche grösstentheils gut waren. Man begünstigte auch jene Privatunternehmungen, welche postartige wohlfeile Verbindungen zwischen den Ortschaften unterhielten, und erreichte dadurch in Böhmen, Mähren und Schlesien eine so gute und wohlfeile Beförderung, dass jene, welche sich der Zustände von 1810 erinnerten, darüber erstaunt waren.

Da die österreichischen Lehrpläne viel zu wenig Rücksicht auf die wissenschaftliche Bildung der Gewerbsleute nahmen, so verfügte die Regierung die Errichtung mehrerer theils grösserer, theils kleinerer technischer Lehranstalten, welche von vielen jungen Leuten besucht wurden, weil sie auf einen reichlicheren Erwerb hofften, als jenen, den der Besuch der Gymnasien und höheren Lehranstalten gewährte.

Um die Staatsbauten zu ermöglichen, wurde auch die Nationalbank in Anspruch genommen. Auch bewilligte diese die Verwendung mancher Bankfonds zur Unterstützung der Privatindustrie, und da man für diesen wie für jenen Zweck jährlich einige Millionen an erborgtem Gelde verbrauchte, kam es dahin, dass der Vorrath der Bank an feiner Münze, welcher eigentlich die Solidität ihrer Noten verbürgen sollte, rasch abnahm, ohne dass das Volk davon eine Ahnung hatte.

In Folge der Vorsorge der Regierung mehrte sich in der That die Zahl der Fabriken immer mehr, während die Zahl der Handwerker von Jahr zu Jahr abnahm. Die Fabrikanten der deutschen Provinzen beherrschten durch die Prohibitivzölle nicht blos den

---

im Jahre betrugen. Da bekanntlich Niemand theurer baut als die Staatsverwaltung, so schienen diese ungeheuern Staatsbauten vielen Beobachtern schon aus diesem Grunde nicht passend und in der That zeigte es sich (1854—1860) aus den Angaben der Regierungspresse, dass, als die Finanzverwaltung die von ihr erbauten Eisenbahnen wegen der zunehmenden Finanznoth an Privatgesellschaften verkaufte, sie kaum ein Drittheil von dem erhielt, was sie gekostet hatten. Auch die Regie war damals bei den Staatsbahnen viel theurer als beim Privatbetrieb.

Markt in ihrem eigenen Lande, sondern hatten auch in den industrie-
armen ungarischen Ländern, in Galizien, der Bukowina und theilweise auch im lombardisch-venetianischen Königreiche ein reiches
Absatzgebiet und erzeugten daher Waren nicht blos auf Bestellung, sondern auf Speculation und wurden immer wohlhabender,
obwohl sie sich gegenseitig Concurrenz machten und, weil sie
ihren Kunden Credit gewähren mussten, oft bedeutende Verluste
erlitten. Doch hatte die Finanzverwaltung vom Aufblühen der
Industrie nicht den gehofften Vortheil, weil sie die Fabriken nicht
entsprechend zu besteuern wagte. Auch der Plan, das Prohibitivsystem durch ein Schutzzollsystem zu ersetzen und dadurch die
Zolleinnahmen zu vermehren, kam nicht zur Ausführung.

III. Buch.

Die Militäreinrichtungen, das Justizwesen, die kirchlichen Verhältnisse, der Unterricht und die politische Verwaltung unter Ferdinand I.

---

1. Die Militäreinrichtungen.

Die Militäreinrichtungen des Staates erlitten unter der Regierung des Kaisers Ferdinand geringe Veränderungen.

Von Wichtigkeit war, dass man in Interesse der Humanität in den conscribierten Provinzen die Dienstzeit der ausgehobenen Mannschaft von zwölf auf acht Jahre herabsetzte. Für die Bevölkerung im Ganzen hatte dies aber die nachtheilige Folge, dass der Recrutierungen jetzt viel mehr wurden.

Bei diesen Recrutierungen machte man auch die traurige Erfahrung, dass unter denjenigen, welche zur Assentierung gestellt wurden, nicht die Hälfte diensttauglich gefunden wurde. Die Sachverständigen behaupteten, es sei seit 1800 eine mit jedem Jahre mehr bemerkbare Degeneration der Bevölkerung eingetreten. Man schrieb die Ursache den ungeheuern Aushebungen zu, welche unter dem Kaiser Franz stattgefunden hatten, wo oft aus einer einzigen Familie drei oder vier Söhne beim Militär umgekommen waren. Manche fanden auch eine Ursache in der grossen Anzahl der unehelichen, in der Kindheit oft schlecht gehaltenen Jünglinge, andere meinten, die Vaccination und die Syphilis wirkten ungünstig auf viele Menschen, wieder andere glaubten endlich, die bedeutend karger und schlechter gewordene Nahrung der unteren Classen habe nachtheilige Folgen. Selbst denkende Officiere beklagten es zuweilen, dass man viele Jahre (1748 — 1812) nur immer gesucht habe, die schönsten jungen Leute zum Soldatenstande zu bekommen, so dass die Fortpflanzung des Geschlechts vorzugsweise durch die minder vollkommen organisierten Männer geschehen musste.

Da der österreichische Staat, wenn er sein altes Ansehen in Europa behaupten wollte, vor allem auf die Armee angewiesen war, so blieb das Militär das Schosskind der Regierung. Das Officierscorps betrachtete sich als den ersten Stand im Reiche und als die Stütze des Thrones. Weil die constitutionellen Tendenzen auch die Privilegien der Officiere zu gefährden schienen, so waren diese auch fast alle Gegner derselben und Freunde des Absolutismus.

Im Interesse der Aristokratie behielt man mehrere schon längst als fehlerhaft anerkannte Einrichtungen des Militärwesens bei. So dauerten das Missverhältnis in den Militärpensionen, die höchst kärgliche Bezahlung des feldärztlichen Personals, die grosse Anzahl von höheren Officieren, welche diplomatische oder Hofanstellungen bekleideten und, ohne militärische Dienste zu leisten, in der Rangliste fortrückten, die Leichtigkeit, mit welcher man, um ein starkes Avancement auch im Frieden offen zu halten, selbst dienstfähige Officiere pensionierte, die Gewohnheit, sogenannte „Regimentsinhaber" zu ernennen und nur ausnahmsweise Unterofficiere zu Officierschargen zuzulassen, fort.

Das Volk blieb entwaffnet und der Armee gegenüber wehrlos. Man fand dies auch schon gut wegen des revolutionär gewordenen Zeitgeistes, der sich in Ungarn und dem österreichischen Italien sehr bemerkbar machte. Vermuthlich aus diesem Grunde kam man auch auf den Gedanken, zur bessern Handhabung der Polizei in allen conscribierten Provinzen eine Gendarmerie zu errichten. Man fragte über diese Sache auch die Provinzialstellen. Die Stimmen waren getheilt. Denn fast in allen Provinzen wurde die Sicherheit schon bisher hinlänglich gehandhabt und Einzelne machten aufmerksam auf die grossen Ausgaben. Andere dagegen, welche sich nach der Hofluft richteten, waren der Einführung einer Gendarmerie, wie sie Oesterreich (1814) in Italien gefunden und später theilweise daselbst umgebildet hatte, günstig. Da aber diese Verschiedenheit der Ansichten und die missliche Finanzlage doch Verzögerungen in Ansehung der Entscheidung brachten,

so kam der 13. März 1848, ehe noch über diese Sache entschieden war.

2. Das Justizwesen.

Die vom Kaiser Franz angeordneten Arbeiten auf dem Gebiete der Justizgesetzgebung dauerten auch unter Ferdinand I.
fort, doch kam nichts Erhebliches zu Stande. Mit der Gerichtsordnung und der Concursordnung gieng es langsam vorwärts, zum
Theil deswegen, weil man mit den Zeitideen im Widerspruch
kam, und fast ebenso gieng es mit dem Strafgesetzbuch.
Das Wichtigste war, dass (2. December 1845) ein neues Gesetz
über das Verfahren in Bagatellsachen erschien, worin man endlich
doch den Grundsatz, dass man für geringe Streitobjecte ein anderes
Verfahren brauche, als das schwerfällige der Gerichtsordnung von
1781, anerkannt sah.

Allein dieses Gesetz war eine nichts weniger als vorzügliche
Arbeit. Es zog eine Masse von Erläuterungen nach sich und liess
wegen jeder Streitsache die Appellation und, wenn das Urtheil
zweiter Instanz von jenem der ersten verschieden war, auch die
Revision zu, was mit den meisten im Auslande angenommenen
Grundsätzen im Widerspruche war.

Eine Verbesserung der Justizpflege erfolgte auch dadurch,
dass man die vielen nach und nach entstandenen Verlassenschafts-
abgaben, deren Berechnung zuweilen Jahre in Anspruch nahm,
durch die Vereinfachung der Taxen beseitigte.

Aber auch fortan herrschten nicht blos in den italienischen
Ländern, sondern auch in den deutschen Provinzen viele Klagen
über die österreichische Justiz, besonders über die Verlassen-
schaftsabhandlungen. Solche Klagen erhoben Menschen, welche
den Ruf hatten, der Regierung besonders ergeben zu sein. Merkwürdig war in dieser Beziehung die Erklärung des im Jahre 1853
verstorbenen Erzbischofs von Wien, Eduard Milde, dessen für
wohltbätige Zwecke errichtetes und durch den Druck veröffent-
lichtes Testament unter andern folgende Stellen über die geistlichen
Verlassenschaften enthielt: „Die Vollziehung dieses meines letzten
Willens macht mir viel Sorge; denn traurige Erfahrungen haben
mich die muthwilligen Verzögerungen, die verzehrenden Formalitäten, die empörenden Geldversplitterungen kennen gelehrt, denen
die Verlassenschaften der Geistlichen ausgesetzt sind. Unter leeren
Schreibereien, unter dem Scheine buchhalterischer Genauigkeit oder

juridischer Gerechtigkeit verschwindet das oft schwer erworbene Eigenthum. Armen Dienstleuten und redlichen Gläubigern wird oft viele Jahre vorenthalten, was ihnen als Recht oder als Dankbarkeit gebürt". Um diesen Uebelständen zu begegnen, gab der Erzbischof seinen Testamentsexecutoren grosse Vollmachten, sowie er auch bei einigen seiner Stiftungen die Vertheilung der Erträgnisse lieber seinem Nachfolger und dem Capitel als den Formalitäten der Buchhaltungen und Gerichtsstellen überliess. Er gab als Grund an: „Das Gewissen ist eine bessere Garantie, als alle buchhalterischen Controllen, die oft das Gute aber selten das Böse hindern".

Aehnliche Ueberzeugungen herrschten auch bei der mährischen Geistlichkeit und bei einem grossen Theil der Familienväter. Manche verschenkten bei Lebzeiten ihr Vermögen, um den Gerichtsstellen keinen Anlass zu grosser Thätigkeit zu lassen.

Und doch hatten, einzelne Fälle ausgenommen, an diesem Zustande die Gerichtsstellen selten eine Schuld. Aber es haite sich durch die nach und nach entstandenen schlechten Gesetze und zuweilen durch eine fehlerhafte Praxis eine Masse von kostspieligen Formalitäten, Nachfragen, Ausweisen u. s. w. gebildet, von denen sich derjenige, welcher nicht selbst Rechtsverständiger war, schwer einen Begriff machen konnte.

Erwähnung verdient auch die in dieser Periode geschehene Einführung einer neuen Gerichtsverfassung für die verschiedenen Arten der Gefällsübertretungen, welche die wichtige Neuerung mit sich brachte, dass die Notionen in Gefällssachen, welche seit Josephs II. Zeiten im Civilrechtswege gegen das Fiscalamt angefochten werden konnten und dann einen gewöhnlichen Civilprocess nach sich zogen, jetzt von den Gefällsgerichten geschöpft, und zu ihrer Schöpfung ein inquisitorisches, der Criminalprocedur ganz ähnliches, Verfahren eingeleitet werden musste.

Gegen dieses Verfahren liessen sich sehr erhebliche Einwendungen machen. An und für sich mag es wahr sein, dass jene Genauigkeit, welche im Criminalverfahren stattfindet, am besten die Auffindung der Wahrheit verbürgt. Aber es bleibt auch wahr, dass man zu allen Zeiten dieses genaue Verfahren, welches so oft Beeidigungen, Kunstbefunde, Verhöre von sehr vielen Zeugen, weitläufige Referate, provisorische Einkerkerungen u. s. w. nothwendig macht, nur auf jene Fälle beschränken sollte, wo es sich um die wichtigsten Rechte des Menschen, seinen Ruf, sein Leben

und seine ganze gesellschaftliche Stellung handelt. Die neue Gefällsgesetzgebung dehnte aber alle Inconvenienzen der Criminalprocedur auf Gefällsübertretungen aus, welche man zu keiner Zeit
als entehrende oder verbrecherische Handlungen angesehen hat,
erweiterte dadurch ungemein den Kreis der für Untersuchungen
angeordneten Erhebungen, schwächte den Eindruck der Criminalprocedur und setzte Handels- und Gewerbsleute, welche oft eine
so grosse Versuchung zu Gefällsübertretungen finden, in die Lage,
wo sie leicht der härtesten Behandlung unterzogen werden können.
Doppelt wichtig war diese letztere Betrachtung bei der neuen
Gefällsgesetzgebung, da die Zahl der Ausweise, Vormerke, Be-
deckungsbolleten u. s. w. einen grossen Theil des innern Verkehres
unter eine einschränkende Aufsicht stellte.

Was die Organisation der neuen Gefällsgerichte betrifft, so
gab es Bezirksgefällsgerichte als erste, Gefällsobergerichte als
zweite und das oberste Gefällsgericht als dritte Instanz. Jedes
dieser Gerichte wurde aus einer gewissen Anzahl von Justiz- und
Gefällsbeamten gebildet, und in wie fern ein Gefällsgericht seine
Acten dem höhern Gerichte auf Verlangen oder von Amtswegen
vorlegen sollte, wurde nach ähnlichen Grundsätzen, wie die im
Strafgesetzbuch von 1803 eingeführten sind, entschieden. Diese
Organisation versetzte die Justizbeamten in die nicht vortheilhafte
Lage, ausser den Ansprüchen der Justizgesetze auch noch die
vielen Finanzgesetze zu vollziehen und Uebertretungen, welche
der gemeine Mann von jeher für keine bedeutenden angesehen
hat, zum Theil wie Verbrechen zu bestrafen.

Da ferner in Gefällssachen die Recurse vom Gesetze sehr
begünstigt waren und die Partei natürlich kein bequemeres Rechts-
mittel gegen den ihr missfälligen Ausspruch des untern Richters
finden konnte, als an den höheren zu recurrieren und dadurch
die Sache entweder hinauszuziehen, oder eine günstigere Entscheidung zu erhalten, so war es leicht vorherzusehen, welche
Masse von Geschäften bei den Gefällsgerichten nach und nach
sich anhäufen und wie diese Masse auf die ohnehin schon mit
Geschäften sehr beladenen Justizbeamten wirken würde.

3. Die kirchlichen Verhältnisse.

Während in Frankreich unter der Regierung Louis Philipps
die katholischen Interessen mehr als unter der ältern Linie der

Bourbons gefördert werden konnten, blieben (1835—1839) die katholischen Kirchenangelegenheiten der österreichischen Monarchie ganz in dem Zustande, wie er sich durch die Gesetze und Einrichtungen in der Zeit von 1745—1835 nach und nach gebildet hatte, und die Kirchensachen in den Provinzen mit deutscher Verfassung ein zur vereinigten Hofkanzlei gehöriges Regierungs-Department. Kein Bischof redete dagegen ein Wort und nur unter dem niedern Clerus lasen manche die im Auslande erschienenen theologischen Journale und wurden dadurch einigermassen mit manchen Zeitideen bekannt.

Die Bischöfe hatten freilich nach oben hin eine höchst abhängige Stellung und standen in ihrer Geschäftsführung unter der Aufsicht der Gubernien. Wo aber diese beengenden Verhältnisse nicht sich fühlbar machten, konnte der Bischof handeln, wie es ihm gut schien. Daher wies der eine Bischof in einer Dispensationsfrage die Parteien nach Rom, wo der andere aus eigener Amtsgewalt dispensierte. Jener wirkte vielleicht auf Pietismus in seinem Seminarium hin, während dieser rationalistische Tendenzen begünstigte.

Aus diesen verschiedenen Ansichten über die Rechte und Pflichten des Bischofs war auch sein Einfluss auf die Klöster ein sehr verschiedener. Der eine Bischof begünstigte römisch-katholische, der andere febronianische Richtungen.[1]

Das kirchliche Leben war nicht besser geworden. Die Masse der städtischen Bevölkerung lebte in ihrem Indifferentismus fort und nur der Hof liess unter der Hand Berathungen über das Eherecht anstellen, welche aber, da die befragten Personen schon

---

[1] Dies zeigte sich oft auf eine auffallende, dem Volke unerklärbar erscheinende Art. z. B. in Ansehung der Tracht der Kapuziner. Diese sollen nach ihren Ordensstatuten blossfüssig mit Sandalen und ohne Hemd gehen. Um das Jahr 1824 fanden dies aber die Bischöfe von Olmütz und Brünn durchaus nicht passend. Der Erzherzog Rudolf, Erzbischof von Olmütz, gestattete ihnen Stiefel und Hemd, der Bischof von Brünn, von Stuffler, dispensierte sie auch von der sogenannten Corona (Tonsur) und erlaubte ihnen auch einen Hut (jedoch nur mündlich, nicht schriftlich). In kurzem giengen aber die Kapuziner weiter, trugen auch Handschuhe und Cravatten und legten den Mantel, der zu ihrer Ordenskleidung gehörte, ab. In vielen Klöstern anderer Orden war man auch durch Bewilligungen und Connivenzen dahin gekommen, dass die Ordenstracht ganz abgekommen war, doch konnte man darin von einer Diöcese zur anderen Abweichungen sehen. Von dem nächtlichen Chorgebet war es in beinahe allen Ordenshäusern abgekommen.

bei Kleinigkeiten sich nicht einigen konnten, zu keinem Resultate führten.

Ganz gegen ihren Willen wurde aber die österreichische Regierung in eine Verhandlung mit Rom über eine Abänderung des österreichischen Kirchenrechts in Ansehung der gemischten Ehen hineingezogen, als die preussische Regierung den Erzbischof von Cöln Clemens August Freiherrn von Droste-Vischering wegen seines Widerstandes gegen ihre Verordnungen über die gemischten Ehen im November 1837 verhaften und auf die Festung Minden führen liess und dadurch in Differenzen mit ihren Unterthanen gerieth, welche theils aus religiösen, theils aus politischen Gründen für den Erzbischof Partei nahmen. In Wien hatte man anfangs geglaubt, dass dieser Streit nicht vierzehn Tage die Aufmerksamkeit des Publikums beschäftigen werde. Als man sich aber gestehen musste, dass er hohe politische Bedeutung habe und dass dabei auch das österreichische, den katholischen Vorschriften über die gemischten Ehen nichts weniger als entsprechende Verfahren in Frage kommen könne, hielt man es für nothwendig, den Schein einer streng katholischen Macht sich nicht nehmen zu lassen.

Es wurde eine Unterhandlung mit Rom eingeleitet, deren Grundlage die war, kirchliche Vorschriften zu erwirken, welche von der österreichischen Praxis in Ansehung der gemischten Ehen sich so wenig als möglich entfernten. Man führte an, dass seit den Zeiten Josephs II. Uebungen bestünden, welche man, ohne im Lande das grösste Aufsehen zu erregen und der liberalen Partei bedenkliche Blössen zu bieten, nicht ganz aufgeben könne.

Diese Unterhandlung war schwierig und endete 1841 mit zwei päbstlichen Breven, von denen eines die zum deutschen Bunde gehörigen österreichischen Länder, das andere Ungarn betraf. Beide waren nicht so deutlich, als manche wünschten, und mehrere Bischöfe nahmen davon Veranlassung, an ihren Clerus erläuternde Instructionen zu erlassen, welche oft sehr von einander verschieden waren.

Der preussische Kirchenstreit wurde nach dem Tode Friedrich Wilhelms III. (1840) in Folge der Nachgiebigkeit der Regierung beendet, ja diese gieng sogar noch weiter und gab wenige Monate darauf ihren Bischöfen die Correspondenz mit Rom frei, was der König Ludwig von Baiern bald nachahmte. Der österreichische Hof aber konnte sich zu dieser Massregel noch nicht entschliessen.

In Ungarn waren die Entscheidungen über die gemischten Ehen noch von anderen wichtigen Erscheinungen begleitet. Es hatten sich in diesem Reiche noch die Josephinischen Gesetze über den Uebertritt von einer Confession zur andern erhalten, welche die ungarischen Protestanten als eine Bedrückung ansahen. Andere denselben lästige Gesetze bestanden in Ansehung der Stolagebühren und einigen andern Gegenständen. Der Reichstag von 1839 auf 1840 hob nun die meisten dieser Gesetze auf und der Confessionswechsel wurde dadurch sehr erleichtert.

Die katholische Partei in Ungarn fürchtete Anfangs von diesen Neuerungen einen Abfall zahlreicher Katholiken. Doch erwies sich diese Besorgnis als unbegründet, obwohl in Folge des Zeitgeistes sich viele Katholiken den Protestanten genähert hatten.

Die Schwäche der katholischen Partei bewirkte zu Wien wieder eine gewisse Begünstigung der Katholiken, zum Theil auch deswegen, weil die protestantische Partei sich den Plänen der Regierung entgegenstellte. Doch glaubte man nicht die Mittel zu haben, für jene viel zu thun. Auch in den deutschen Provinzen geschah im Interesse des Katholicismus nichts Nennenswertes. Die sogenannte ultramontane Partei hatte nur einige Vertreter unter den jüngern Geistlichen, sonst bemerkte man blos dort und da ein Zunehmen des Pietismus, welcher sich beim weiblichem Geschlechte und bei vielen einzelnen Männern nur durch eine Art von Neigung, in die Marienbruderschaften zu treten, zeigte. Ein anderer Fortschritt war, dass man jetzt in den bischöflichen Curien nichts mehr von febronianischen Grundsätzen hören wollte und viele Bischöfe Wert darauf legten, für fromm zu gelten. Zu dem Gedanken, in einzelnen kirchlichen Fragen der Regierung entgegen zu treten, erhob sich aber kein Bischof, ja viele unter ihnen sahen sogar mit stillem Bedauern das allmählige Sinken des Josephinischen Systems.

Doch erweiterte sich durch die theologischen Journale und die Zeitungsartikel der Gesichtskreis vieler Menschen immer mehr und die Begriffe von Freiheit und Unabhängigkeit der Kirchen gehörten nicht mehr zu den ganz unbekannten Ideen. Es gab schon Einzelne sowohl unter den Geistlichen als unter den Laien, welche das von den Regierungen ausgeübte Protectionssystem, unter welchem Namen sich die Herrschaft über die Kirche verbarg, aufgegeben zu sehen wünschten. Zwar waren die Begriffe darüber, was zur Realisierung der Kirchenfreiheit gehöre, nichts

weniger als geläutert oder fest und viele sogenannte Freisinnige
verstanden darunter die Aufhebung des Cölibats und die Einführung
einer der politischen nachgebildeten Repräsentativverfassung
in der Kirche. Aber die Partei derjenigen, welche das Josephinische
Kirchenrecht verwarfen, war von Jahr zu Jahr im Wachsen. Viele
ihrer Anhänger hatten nichts einzuwenden, wenn man allen Religionsparteien gleiche Rechte gewähre oder die Religion überhaupt dem
Ermessen der einzelnen Menschen freigebe.

Auch die Protestanten wünschten diese Gleichstellung und
ebenso die Juden, welche davon ihre von der Aufklärungspartei
so sehr gewünschte „Emancipation" erwarteten.

4. Das Unterrichtswesen.

Auch auf dem Gebiete des Unterrichtswesens traten unter
der Regierung Ferdinands I. keine wesentlichen Aenderungen ein.
Der Graf Anton Friedrich von Mittrowsky, ein Mann von bedeutenden Kenntnissen auf dem Gebiete der Verwaltung, aber ohne Verständnis für die Wissenschaften, blieb an der Spitze der Studien-
Hofcommission, von welcher systemmässig alle Verbesserungen im
Unterrichtswesen ausgehen sollten. Er war ein Gegner aller neuen
Ideen und selbst dort, wo er Verbesserungen im Sinne hatte, was
im Einzelnen zuweilen der Fall war, hinderte ihn seine nach
obenhin nicht ganz feste Stellung, energisch einzugreifen.

Auf dem Gebiete der Volksschulen war noch das Wichtigste,
dass man dort und da Mädchenschulen errichtete und das Einkommen einzelner Lehrer etwas verbesserte. Auch fühlte man,
dass wegen der Zunahme der Bevölkerung in manchen der grösseren
Städte mehr als eine Hauptschule sein sollte und dass diese in
den einzelnen Provinzen überhaupt vermehrt werden sollten. Einzelne Städte wollten auch etwas für diesen Zweck thun.

Die Gymnasien blieben in dem Zustande, in dem sie unter
Kaiser Franz gewesen waren. Die schlechten Lehrbücher wurden
nicht beseitigt, die Kenntnisse, welche die jungen Leute im Latein
erwarben, waren ungenügend, während in der Geographie und
Geschichte viel zu viel Details verlangt wurden. Dem Unfug der
Repetitionen wurden endlich gesetzlich einige Schranken gesetzt,
aber das Gesetz auf alle mögliche Art umgangen und zwar oft
mit Connivenz der Obern, welche dem Interesse der Gymnasiallehrer nicht zu nahe treten wollten.

Um das Jahr 1836 wurde ein schon unter Franz I. ausgearbeiteter Gymnasial-Studienplan der Ausführung näher gebracht. Aber dieser war noch viel schlechter als der bisherige.

Auch die Schulen der Philosophie blieben im bisherigen schlechten Zustande. Die neueren Lehrbücher, z. B. das der Philosophie von Lichtenfels, fanden nicht den Beifall der Sachverständigen. Da jedoch viele Professoren der Philosophie von den neuen Erscheinungen auf dem Gebiete dieser Wissenschaft Notiz nahmen, und viel davon in ihren Vorlesungen oder im Privatgespräche ihren Schülern mittheilten, so machte das System Hegels, welches den gröbsten Atheismus lehrt, selbst in den philosophischen Hörsälen der bischöflichen Lehranstalten viele Proselyten. In öffentlichen Blättern wurde die Frage erörtert, ob mit der Hegel'schen Philosophie das Christenthum, selbst in der weitesten Bedeutung des Wortes, verträglich sei. Man findet aber keine Spur, dass die Regierung oder irgend ein Bischof dieser Sache Aufmerksamkeit geschenkt hätte.

In der Geschichte war jetzt Rottecks Werk in den Händen vieler Studierenden und in der Religionsphilosophie waren die Werke des Bischofs Leonard, welche durchaus den Rationalismus athmeten, vorgeschrieben. Man kann daraus auch hinlänglich abnehmen, mit welcher Vorbereitung die meisten jungen Leute in die Theologie traten.

Vollständige medicinische Facultäten mit dem Rechte, Doctoren der Medicin und Chirurgie zu ernennen, gab es nur an den Universitäten von Wien, Prag, Pest, Padua und Pavia. Für Militärärzte bestand die medicinisch-chirurgische Josephs-Akademie zu Wien, wo weit geringere wissenschaftliche Anforderungen an die Candidaten des Doctorats gemacht wurden.

Zur Ausbildung von Landärzten und Hebammen gab es eine ziemliche Anza¹l von chirurgischen Lehranstalten.

Für die Rechtsschulen bestand noch der Lehrplan des Jahres 1811. An Reformen wurde gearbeitet, aber nichts zu Stande gebracht.

Neu war, dass, nachdem schon längere Zeit an der Wiener Universität Vorlesungen über das ungarische Privatrecht gehalten worden, nun auch, seitdem der Hofrath Philipp Kraus eine neue mehrere Bände umfassende Gefällsgesetzgebung für die Länder mit deutscher Verfassung durchgesetzt hatte, Vorlesungen über diesen Gegenstand gehalten wurden, was bald auch an den meisten andern Universitäten stattfand. Für die Erweiterung des eigent-

lich juridischen Wissens wurde übrigens durch diese Vorlesungen
wenig gewonnen.

Dagegen verschwand die Kenntnis des römischen Civilrechts
und des canonischen Rechtes immer mehr. Selbst bei den höheren
Gerichtsstellen gab es Männer, welche keine Citationen aus diesen
Gesetzbüchern zu lesen wussten, was übrigens auch Folge des
Verfalls der lateinischen Sprachstudien und der auf das praktisch
Wichtige gerichteten Tendenz der meisten Beamten war.

Auch am Lehrplane der theologischen Studienanstalten und an
den Lehrbüchern hiefür wurde nichts geändert. Die Bildung der
Theologen blieb eine durchaus ungenügende und nur durch die
grosse Verbreitung der theologischen Journale unter einen beträchtlichen Theil der jüngeren Geistlichkeit erhielt diese später
doch einige Kenntnis der im Auslande eingeführten Religions-
zustände und der mehr katholischen Tendenz der theologischen
Litteratur.

Unter der Regierung des Kaisers Ferdinand wurde auch für
die Idee der Gründung einer Akademie der Wissenschaften agitiert.
Die Hauptbeförderer des Planes, der Astronom Littrow und die
Professoren Baumgartner und von Ettingshausen zu Wien, hatten
eigentlich nur Physik und Mathematik im Auge. Aber diese Idee
wurde als eine zu enge und fast materialistische bekämpft und
allmählig kam man auf den Gedanken, der Philologie und der
Geschichte in der Akademie auch ihre Plätze anzuweisen. Es kam
aber auch darauf an, Sorge für eine freiere litterarische Wirksamkeit zu treffen. Seit dem Tode des Kaisers Franz I. waren
ohnehin die strengen Censurvorschriften ein wenig gemildert worden.
Im October 1840 gieng man einen Schritt weiter. Alle die vielen
Polizeiverordnungen, Instructionen und Observanzen, durch welche
alle wohlthätigen Bestimmungen des Censuredictes von 1810 umgangen worden waren, wurden aufgehoben. Bei allem dem gab
es noch viele Menschen, welche, auf die Erfahrungen hinblickend,
an die Gründung einer Akademie der Wissenschaften zu Wien
noch immer nicht recht glauben wollten.

Dieselbe Frage war, jedoch aus andern Gründen für das
lombardisch-venetianische Königreich zur Sprache gekommen. Der
Hof bewilligte endlich 1840, wie wohl mit sehr schwachen Dotationen, eine Akademie zu Mailand und eine andere zu Venedig.
Doch waren nur Italiener Mitglieder derselben und selbst für die

besoldeten Akademiker waren die Gehalte blos kleine Remunerationen, von denen kein Gelehrter leben konnte.

Endlich wurde aber auch 1846 die Errichtung einer Akademie zu Wien durchgesetzt. Die Regierung bewilligte einen angemessenen Fond und Begünstigungen anderer Art. Die Akademie enthielt ausser der mathematisch-naturwissenschaftlichen auch eine historisch-philologische Classe. Die gebildeten Menschen in allen Provinzen begrüssten mit Freude diese kaiserliche Bewilligung als den Anfang besserer Zeiten.

Es war nothwendig, die Plätze in der Akademie zu besetzen. Zufolge der allgemeinen Richtung, welche durch fast fünfzig Jahre das Regierungssystem eingeschlagen hatte, war es ziemlich leicht, ausgezeichnete Männer für die mathematisch-naturwissenschaftliche Classe zu finden, aber nicht so leicht für die andere Classe, besonders weil man wegen einzelner Bestimmungen der Stiftungsurkunde vorzugsweise Männer, welche zu Wien wohnten, berücksichtigen musste. Man ernannte aber doch auch in dieser Classe manche tüchtige Männer. Da um dieselbe Zeit im In- und Auslande die Klagen gegen die österreichische so ganz unwissenschaftliche Censur lauter wurden, waren auch in dieser Beziehung Veränderungen im Antrag, welche aber, da sie grossen Parteiinteressen entgegenstanden, noch am 13. März 1848 zu keinem Resultate geführt hatten.

5. Die politische Verwaltung.

Für die Idee der Staatsverwaltung, wie sie um das Jahr 1770 gewesen, war der Graf Anton Friedrich von Mittrowsky, so lang er das Haupt der vereinigten Hofkanzlei war, eine kräftige Stütze. Die Begünstigung der Gewerbefreiheit und der fortgesetzten Grundzerstückelungen fand in ihm einen geschickten Gegner. Auch war er, da er sich trotz seines Adelsstolzes vorzugsweise als hohen Staatsbeamten fühlte, gegen jede Ausdehnung der Macht der Stände. Weil er mächtige Verbindungen hatte, so fand der zweite Präsident der Hofkanzlei Baron Franz von Pillersdorf, ja selbst der mächtige Minister Graf Kolowrat manche Schwierigkeit, ihre Pläne auszuführen.

Nach dem Tode Mittrowskys im Jahre 1842 wurde aber bei der vereinigten Hofkanzlei manches anders. Der schwache Graf Inzaghi, von dem man sagte, er habe noch nie Jemandem geschadet oder genützt, kam an Mittrowskys Stelle und nun begann der grosse Einfluss des oben erwähnten Freiherrn von Pillersdorf.

Wie schon erwähnt worden, hatte Pillersdorf sich von unten im Staatsdienste emporgehoben. Unter dem schwachen Finanzminister Grafen Philipp von Stadion hatte er neben dem Hofrathe Kübeck die wichtigsten Geschäfte in den Händen. Als er Hofkanzler wurde, übte er einen sehr bemerkbaren Einfluss zu Gunsten mancher neuer Ideen und erklärte sich (1846—1847) ziemlich laut gegen das eingeführte Regierungssystem.

Im allgemeinen geschah auf dem Gebiete der Administration so gut wie gar nichts. Die Organisation der politischen Behörden und der Verwaltung der Ortsgemeinden und anderer Corporationen, die Schwerfälligkeit des Geschäftsganges mit vier oder gar fünf Instanzen [1] blieben unverändert. Mit den Reformen der politischen Gesetzgebung kam man ebenso wenig vorwärts, wie mit den Justizreformen. Wichtige Fragen, z. B. ob und wie weit man die Gewerbefreiheit einführen solle, wurden berathen aber nicht entschieden. In vielen andern Fragen liess sich die Regierung durch verschiedene Einflüsse und Rücksichten von ihren Absichten abbringen. So hatte sie, als von dem Beitritt zum deutschen Zollvereine die Rede war, überlegt, ob sie nicht dem Antrage der Finanzverwaltung entsprechend das Prohibitivsystem mit dem Schutzzollsystem vertauschen sollte. Aber auf das Geschrei einiger Industrieller stand sie von dieser vielfach mit Beifall aufgenommenen Idee ab. Ebenso hemmte sie den Fortgang der von ihr gewünschten Catastrierung, weil sie den Landständen gegenüber mit der Bewilligung der dafür gleich Anfangs präliminierten Summe in Verlegenheit war. Der Adel und die Industriellen waren überhaupt jene Classen, welche die Regierung schonen zu müssen glaubte.

Nur ausnahmsweise entwickelte die vereinigte Hofkanzlei Energie. So drang sie längere Zeit auf die Verbesserung der Vicinalwege und errang grosse Erfolge. Böhmen, Mähren und Schlesien hatten schon lang vor 1848 vortreffliche Nebenstrassen. Ebenso wurde mit gutem Erfolge an vielen Orten für das Armenwesen etwas gethan. An manchen Orten erfolgten auch kleine Verbesserungen und Verschönerungen. Es fehlte überhaupt den meisten Referenten nicht an Sinn für Verbesserungen verschiedener Art. Aber meistens hatten sie gebundene Hände.

---

[1] Die Localobrigkeit, das Kreisamt, die Landesstelle, die Hofkanzlei und der Kaiser.

Während im allgemeinen auch noch unter Ferdinand I. das Stabilitätssystem herrschend blieb, wurden die nationalen Gegensätze in Oesterreich immer grösser, strebten die Ungarn dem Magyarischen die Herrschaft zu verschaffen, die Südslaven eine engere Verbindung der von ihnen bewohnten Länder herbeizuführen, die Czechen ihrer Sprache litterarische und politische Bedeutung zu verschaffen, wogegen die Deutschen, welche den bisherigen deutsche Charakter des Staates bedroht sahen, in einem einigen Deutschland Schutz für ihre Nationalität zu finden suchten.

Aber auch zwischen den verschiedenen Classen der Gesellschaft bereitete sich der Ausbruch eines Kampfes vor, welcher, einmal begonnen, nicht so geschwind zu Ende gebracht werden konnte.

IV. Buch.

Die Erschütterung des Feudalsystems.

---

1. Die Frage der Ablösung der Roboten und Zehenten.

Eine schwierige, jedoch bei der Beschaffenheit des Zeitgeistes immer dringender werdende Aufgabe für die Regierung wäre eine den Zeitverhältnissen angemessene Regulierung der Lehensdienste gewesen, welche von den Bauern den Herrschaftsbesitzern zu leisten waren.

Im Auslande hatte sich seit 1792 in dieser Angelegenheit viel geändert. In einigen Ländern, wie z. B. in Frankreich war das Feudalsystem gänzlich beseitigt, in andern z. B. in Preussen und den meisten deutschen Bundesstaaten seit 1814 durch Ablösungen der verschiedensten Art die Frohnen und Zehenten an manchen Orten sehr vermindert, an andern ganz aufgehoben worden.

Die Verständigern unter den österreichischen Herrschaftsbesitzern fiengen seit jener Zeit an, einzusehen, dass die österreichische Monarchie, wenn nicht einer Revolution, doch einer gänzlichen Veränderung des Regierungssystems entgegengehe, und dass das Feudalsystem gegen einen heftigen Sturm sich nicht mehr halten lasse.

Unhaltbar schienen auf die Dauer namentlich die Frohnen (in den slavischen Gegenden Roboten genannt), welche die Bauern den Herrschaftsbesitzern besonders für die Bestellung der herrschaftlichen Aecker leisten mussten. Man hatte zu allen Zeiten gefunden, dass diese Bestellung eine schlechte sei; aber man hatte geglaubt, dass die meisten Herrschaftsbesitzer nicht die Geldmittel hätten, ihre Aecker durch gedungene Arbeiter bestellen zu lassen. Jetzt hatte man das Beispiel der Ablösungen vor sich und man bemerkte, dass den Bauern jetzt gerade die Frohnen als eine Art von Knechtschaft erschienen, so dass zu fürchten war, dass diese, aufgehetzt von Winkelschreibern, in einem günstigen Zeitpunkt sich eigenmächtig und unentgeltlich von allen Frohnen lossagen könnten. Der Gedanke der Ablösung der Frohnen fand seit 1836 auch unter dem österreichischen Adel von Jahr zu Jahr mehr Anhänger.

Nebst den Frohnen bestand auch in mehreren Gegenden ein Zehent, bald zu Gunsten der Regierung, wie z. B. in manchen Gegenden Ungarns und in Dalmatien, wo man aber an seine Stelle eine gewöhnliche Grundsteuer setzte, bald zu Gunsten kirchlicher Anstalten, z. B. der Pfarrer, bald wieder, wie an manchen Orten Mährens, Böhmens, Oesterreichs, in Galizien und sämmtlichen ungarischen Provinzen zu Gunsten der Herrschaften.

Gegen den Zehent, in so fern er in einem relativen Theil des Grunderträgnisses bestand, hatte man schon seit 1764 unzähligemal die Einwendung erhoben, dass er eine der Bodencultur höchst nachtheilige Abgabe sei, weil der Zehentpflichtige von jeder Verbesserung der Cultur durch die Betrachtung abgehalten werde, dass der Zehentberechtigte zur Verbesserung nichts beitrage und doch die Früchte der Verbesserung mitgeniessen wolle. Aus diesem Grunde waren schon unter Joseph II. mittelst des Patentes vom 10. Februar 1789 die Zehenten gegen eine Geldabgabe aufgehoben worden. Aber Leopold II. hatte sie seit 1790 wieder hergestellt.

Unter dem Namen Zehenten waren aber in den österreichischen Staaten seit Jahrhunderten viele Abgaben gezahlt worden, welche nichts weniger als Zehenten im buchstäblichen Sinne des Wortes, sondern meistens Surrogate waren, welche durch Verträge oder Gewohnheiten an die Stelle des eigentlichen Zehents festgesetzt worden waren. So bezogen viele Pfarrer unter diesem Namen eine bestimmte Quantität Getreide entweder in Garben oder in ausgedroschenen Körnern oder eine bestimmte Abgabe an Geld oder hatten nicht den zehnten, sondern nur den zwanzigsten Theil der auf dem zehentpflichtigen Felde gewonnenen Früchte. Es war nun einleuchtend, dass der oben erwähnte nationalökonomische Grund nicht gerade die Ablösung aller Zehenten verlange. Insbesondere war diese Frage höchst wichtig für die

Pfarrer, bei denen ein grosser Theil ihres Einkommens auf Zehenten beruhte. Doch waren auch sie auf Grund der Erfahrungen, welche man im Auslande mit ihrer Ablösung gemacht hatte, nicht gegen eine billige Abfindung.

Ungeachtet der Veränderungen, welche die Regierung (1747 bis 1792) in den Feudalverhältnissen veranlasst hatte, waren den Herrschaftsbesitzern dennoch die Gerichtsbarkeit und die mittlere Polizei auf ihren Herrschaften geblieben. Allein die österreichischen Staatsbeamten hatten es schon unter Maria Theresia als eine ausgemachte Sache angesehen, dass alle Gerichtsbarkeit und alle Polizei ein Majestätsrecht seien, welches wohl für eine Zeit vom Staate delegiert werden, aber für ihn niemals verloren gehen könne. Diese Meinung lebte (1770—1848) in allen österreichischen Kanzleien, und wenn der Adel nicht Mittel gefunden hätte, in den höchsten Kreisen ihren Folgen entgegen zu wirken, so wäre schon längst die Patrimonialpolizei und Patrimonialgerichtsbarkeit aufgehoben worden. Unter der Regierung des Kaisers Ferdinand wurde es dem einsichtigen Theile der Herrschaftsbesitzer immer deutlicher, dass bei dem Geiste des Volks und der Staatsbeamten die Polizei und die Gerichtsbarkeit auf den Herrschaftsbezirken und in den Städten bald an landesherrliche Beamte übergehen und dann selbst der Begriff einer Herrschaft verloren gehen werde.

Allerdings blieben den Herrschaftsbesitzern dann noch wichtige Rechte. Sie behielten nicht blos ihre Aecker, Wälder und Teiche, sie behielten auch das Collectirungsrecht (d. h. die Einhebung der directen Steuern), es blieben ihnen alle Patronatsrechte in Ansehung der Kirchen und Volksschulen. Doch entsprachen alle diese Dinge noch nicht dem Begriff einer Herrschaft und konnten überdies noch vielen Veränderungen unterliegen. Viele höhere Finanzbeamte waren gegen das Collectirungsrecht, viele Bischöfe und Pfarrer gegen die Patronatsrechte, und wenn der Herrschaftsbesitzer endlich nichts mehr hatte als die Einkünfte von seinem Grund und Boden, so war er auch nichts als ein grosser Grundbesitzer.

Allen diesen Nachtheilen konnte bis auf einen gewissen Grad abgeholfen werden, wenn die Herrschaften die am meisten angefochtenen Rechte, nämlich Frohnen und Zehenten im Wege einer billigen Ablösung aufgaben, weil dann Hoffnung war, dass

sie sich im Besitz der minder angefochtenen Herrschaftsrechte
erhalten würden.

Die Art der Ablösungen im Auslande und der Erfolg, den
sie gehabt hatten, lieferte eine Menge von Material, welches man
benützen konnte, und es kam nur darauf an, dasselbe nach den
Ortsverhältnissen zu modificieren. Vorläufig handelte es sich auch
nur um die Frage der Frohnen und Zehenten.

Die Vertheidiger der Ablösungen fanden unter den einzelnen
Adeligen und in den Ständeversammlungen anfangs wenig Beifall.
Allein da man oft hörte, dass die Bauern nach dem Beispiele
des Auslandes eine freiere Stellung wollten, wurden doch von
einzelnen Herrschaftsbesitzern mit ihren Bauern Ablösungsverträge
geschlossen, bei denen gewöhnlich der Verpflichtete auf einmal
oder in Raten eine gewisse Geldsumme zahlte. Diese unmittelbare Geldzahlung war wichtig, weil dadurch der Herrschaftsbesitzer gleich anfangs in den Stand gesetzt wurde, die Bewirt-
schaftung seiner Güter, bei welcher vorher auf die Frohndienste
der Bauern gerechnet war, mit eigenen Kräften zu unternehmen.

Die Geldzahlung hatte aber die Folge, dass sehr wenige
Bauern die Ablösung beantragten, oder die ihnen vom Herrschaftsbesitzer angebotene Ablösung annehmen konnten. Mancher
Landmann hätte es vorgezogen, als Abfindung ein Stück seines
Grundes oder eine Zinszahlung anzubieten. Allein diesem Aus-
kunftsmittel stand oft entgegen, dass dadurch die Stellung der
Hypothekargläubiger sich änderte oder der Steuercataster beirrt
wurde. Die Ablösungen kamen daher selten vor und man fand
bald, dass sie nicht wohl von einzelnen Grundbesitzern, sondern
nur von Gemeinden mit Vortheil geschehen und dass Ablösungen
in umfassenderem Masse überhaupt schwer durchgeführt werden
könnten.

Es arbeiteten daher einzelne Ständeversammlungen Pläne hiefür
aus. Diese beruhten in der Hauptsache auf Nachahmung dessen,
was in mehreren deutschen Bundesstaaten geschehen war. Es
sollten die in der Provinz bestehenden Verhältnisse genau berücksichtigt, der Wert der abzutretenden Rechte möglichst genau bestimmt und die Vergütung ratenweise in die ständische Casse
bezahlt werden. In Hinsicht auf diese Bezüge sollten der Totalität
der Ablösungssumme entsprechende ständische Schuldverschreibungen ausgestellt und jedem Herrschaftsbesitzer die auf ihn ent-
fallende Ablösungssumme in solchen Schuldverschreibungen auf

einmal und sogleich ausgezahlt werden, so dass er dieselben, wenn er wollte, ganz oder theilweise auf der Börse nach dem Tagescurse verkaufen konnte. Die Stände rechneten auf einen günstigen Curs für diese Obgligationen, da jedes Jahr jene Summe, welche in Folge der Zahlungsraten eingieng, zur Amortisierung dieser Obligationen verwendet und diese Grundentlastungs-Obligationen nicht mit der Staatsschuld vermengt werden sollten.

Auf diese Art hofften die Landstände die Aufhebung der Frohnen und weltlichen Zehenten geräuschlos durchführen und jedem Herrschaftsbesitzer die zur Bebauung seiner Grundstücke nothwendigen Geldmittel sichern zu können.

Im Auslande hatten vielfach die Regierungen die Ablösung in die Hände genommen. Allein die österreichische Regierung war unschlüssig, was sie thun sollte. Auf der einen Seite war es unzweifelhaft, dass die Annahme der Ablösungen zur Ruhe im Staate beitragen würde. Allein viele höhere Beamte glaubten, dass bei der Höhe der Staatsabgaben der Landmann die Ablösungsraten nicht werde zahlen können. Man besorgte auch, dass, wenn die Freiheitsgedanken einmal bei dem Landvolk geweckt würden, die Gränze, bei der es bleiben würde, nicht wohl bestimmt werden könnte. Es fehlte auch nicht an der Bemerkung, dass die Provinzialstände für ihre Zwecke nach Popularität strebten und dass es schon eine bedenkliche Erscheinung sei, dass sie in der Robotsache die Initiative ergriffen hätten.

Es brauchte kaum so viele Gründe, um die Sache liegen zu lassen. Aber dieses Liegenlassen hatte auch seine bedenkliche Seite. Der Adel schob die Schuld, dass in der Robotsache keine Ordnung geschaffen werde, auf die Regierung und die Bauern liessen dort und da erklären, dass sie nach den ständischen Anträgen allzu sehr belastet würden und die Frohnen, welche ein alter Missbrauch seien, wohl auch ohne Ablösung aufgehoben werden könnten.

2. Der Bauernaufstand in Galizien und dessen Folgen.

Da zwangen die in Galizien ausbrechenden Unruhen die Regierung, der Frage ihre ernste Aufmerksamkeit zuzuwenden.

Die polnischen Adeligen gaben die Hoffnung auf Wiederherstellung ihres alten Reiches nicht auf und die Comités, welche nach der Unterdrückung des Aufstandes im Jahre 1830 die zahlreichen polnischen Emigranten in Paris und London gebildet hatten, nährten durch ihre Agitationen die Bewegung. Am Ende des Jahres 1845 erwartete man in den russischen und preussischen Antheilen einen allgemeinen Ausbruch, wogegen die dortigen Regierungen kräftige Massregeln ergriffen. In Galizien aber glaubte der Generalgouverneur Erzherzog Ferdinand von Oesterreich-Este trotz wiederholter Warnungen an keinen Aufstand und verschiedene polnische Damen, unter andern eine Fürstin Sapieha bestärkten ihn in seinem Vertrauen, so dass Oesterreich nur wenige Truppen in Galizien hatte. Als nun im Februar 1846 aus der Freistadt Krakau bewaffnete Scharen in Galizien einbrachen, schlossen sich zahlreiche polnische Edelleute an diese an und suchten durch List, Gewalt und Ueberredung auch ihre Unterthanen zur Theilnahme an der Insurrection zu bewegen. Aber in der Gegend von Tarnow, das die Aufständischen in ihre Gewalt zu bringen suchten, erhoben sich die Bauern, mit Sensen und Knitteln bewaffnet, gegen den Adel und ermordeten mehrere hundert zum Theile ganz unschuldige Personen, darunter Frauen, Kranke und Kinder. Dadurch wurde die Kraft der Bewegung gebrochen und durch die in Eile zusammengerafften Truppen dem Aufstande bald vollständig ein Ende gemacht, worauf mit Zustimmung Russlands und Preussens Krakau mit Galizien vereinigt wurde.

Diese Erhebung der polnischen Bauern gegen den Adel brachte die Regierung zur Ueberzeugung, dass man zur Regelung der Feudalverhältnisse etwas thun müsse. Die Folge war ein kaiserliches Patent für alle nicht ungarischen Provinzen, welches vom December 1846 datiert war. Dasselbe enthielt aber nicht die von den galizischen Bauern gehofften Belohnungen, sondern regelte nur die Ablösung der herrschaftlichen Rechte auf die Bauerngüter und der Frohnen auf dem Wege freiwilliger Verträge zwischen den Berechtigten und Verpflichteten. Der Hauptgedanke war, dass mit den einzelnen Bauern Verträge abgeschlossen werden dürfen, und dass es dem Bauer, wenn er die Ablösungssumme nicht bar auszahlen könne, frei stehe, dieselbe als Hypothekarlast auf seinen Grund zu legen, welche dann allen andern Hypotheken als das Surrogat einer aufgehobenen Reallast vorgehe.

Dieses Patent, welches die Regierungspresse als eine „herrliche Arbeit" des Hofkanzlers Pillersdorf pries, war ein schlecht durchdachtes Gesetz, was jedem Wirtschaftsbeamten und jedem Richter erster Instanz schon bei dem ersten Durchlesen einleuchtete, was aber bewies, dass viele hervoragende Personen zu Wien von den in den Provinzen bestehenden Zuständen theils keine, theils verworrene Begriffe haben mussten. Das Patent kam auch fast gar nicht zur Anwendung und die Verhältnisse des Landvolks zu seinen Herrschaften blieben, wie sie waren, während die Bauern, zum Theil von Winkelschreibern berathen oder verhetzt, auf ein baldiges Ende der Frohnen hofften.

Die Lösung dieser Frage war übrigens in der That schwierig, weil die Herrschaftsbesitzer nicht blos Rechte hatten, sondern auch an die Bauern bedeutende Leistungen machen mussten. Manchmal mussten sie in ihrem Walde dem Bauer die Weide gestatten, ihm das Bauholz unentgeltlich, das Brennholz zu einem sehr geringen Preise liefern, in Hungerjahren ihm Samengetreide geben u. s. w. Sollten nun, wenn die Frohnen aufhörten, auch diese von vielen als Gegenleistungen angeführten Verbindlichkeiten aufhören? Wie stand es ferner mit dem Patronatsrechte und den Zuschüssen der Dominien zur Schule und zum Sanitätswesen? Auch war zu erwägen, ob man nach der Abschaffung des alten Feudalverhältnisses die Jurisdiction, die Polizei und das Collectierungsrecht noch in den Händen der Herrschaftsbesitzer lassen könne, und wenn nicht, was und wieviel aus den herrschaftlichen Bezügen für die Gerichtsbarkeit und die Polizei zu Gunsten des Staates auszuscheiden sei. In manchen Provinzen machten die sogenannten „Jurisdictionsgebüren", welche aber oft nur uneigentlich so genannt wurden, den grössten Theil der herrschaftlichen Bezüge aus.

Die Stände der deutschen Provinzen, fast nur aus Herrschaftsbesitzern zusammengesetzt, hatten diese Verhältnisse längst gekannt und bei ihren Anträgen auf Abschaffung der Frohnen darauf gehörige Rücksicht genommen. Das Patent vom December 1846 hatte aber diese Verhältnisse ignoriert und es war, wie alle Sachverständigen anerkannten, ein unausführbares Gesetz zu Stande gekommen.

Es zeigten sich aber um diese Zeit (1844—1848) auch noch andere dem hohen Adel missfällige Stimmungen in den kleineren Städten. Diese standen zu Folge der Josephinischen Gesetze in einer gewissen Abhängigkeit von der Herrschaft, in deren Gebiete sie lagen, wiewohl diese Abhängigkeit doch nur in ein paar Ehrenrechten sich äusserte. Die Magistrate dieser Städte hatten dieselben längst ungern ertragen und mehrere Magistratsbeamte wünschten Staatsbeamte zu werden. Auch aus den Städten erscholl daher das Geschrei nach Unabhängigkeit. Selbst die sonst so geduldige österreichische Geistlichkeit zeigte seit mehreren Jahren eine Abneigung gegen die Patronatsrechte der Herrschaften, zufolge deren nur die von den Patronen präsentierten Personen Pfarrer und Schullehrer werden konnten. Seit der Zeit, wo die Religion in den österreichischen Staaten überhaupt verfallen war (1770 bis 1795), hatte es Geistliche genug gegeben, welche, um Pfarrer zu werden, grosse Geschenke machten, und viele Herrschaftsbesitzer oder Herrschaftsbeamte, welche Geld verlangten. Abgesehen davon, dass dies nach den Kirchengesetzen Simonie war, hatte es zur Folge, dass manchmal eine an sich gute Pfarre wegen der Abzüge, die von solchen Versprechungen und früheren Schulden herrührten, den Benefiziaten nur einen geringen Ertrag gab. Aber auch abgesehen von solchen Missbräuchen hatte doch der Pfarrer wegen Baulichkeiten und manchen anderen Gründen die Gunst seines Patrons und seiner Beamten so oft nothwendig, dass dadurch ein drückendes Abhängigkeits-Verhältnis bestand. In einem gewissen Sinne galt dies auch von den gewöhnlich sehr dürftig bezahlten Schullehrern. Geistliche und Schullehrer hofften also zu gewinnen, wenn das Patronatsverhältnis aufhörte und insbesonders war der religiösere Theil der jüngern Geistlichkeit demselben abhold.

Auch viele, besonders kleine, Gutsbesitzer hätten es gern gesehen, wenn das Patronatsverhältnis abgeändert worden wäre, und selbst unter dem begüterten Adel herrschte Unzufriedenheit, dass die Regierung alle noch so wohl überlegten Entwürfe mehrerer Ständeversammlungen zur Robotablösung liegen liess, weil viele derselben fürchteten, dass, wenn der Sturm sich erhob, alle oder doch die meisten herrschaftlichen Rechte hinweggeweht werden würden.

V. Buch.

Die zunehmende Unzufriedenheit in den österreichischen Ländern und die Angriffe der ausländischen Presse und Flugschriften auf die Regierung, besonders auf Metternich.

---

1. Die zunehmende Unzufriedenheit in den österreichischen Ländern.

Ungeachtet aller Hemmnisse des geistigen Verkehrs unter den Menschen, welche (1800—1848) von der Regierung ausgiengen, gab es doch Leute, welche in grösseren oder kleineren Kreisen wegen ihrer politischen Einsicht bekannt waren. Diese waren alle keine Lobredner der Regierung, und wenn sie sich auch über die öffentlichen Angelegenheiten nur mit grosser Vorsicht äusserten, so wusste man doch, dass sie alle mehr oder weniger grosse Veränderungen für nothwendig hielten. Vielen schien die schlechte Finanzlage des Staates, welche trotz des Geheimnisses, mit dem man sie umgab, nicht ganz unbekannt war, bedenklich. Ein grosser Theil der Beamten war mit seiner Lage unzufrieden. Manche missbilligten die Begünstigung des Adels. Andere schwärmten für die Nationalitätsidee. Fast alle fühlten sich durch die Polizeivorschriften gedrückt.

Während in mehreren anderen Staaten viele ältere Polizeigesetze, welche man jetzt als überflüssig oder sonst lästig erkannte, aufgehoben wurden, behielt die österreichische Polizei noch immer ihre alten Regulative bei. Dieselben wurden aber jetzt schwerer ertragen, weil in Folge der Eilwagen, Eisenbahnen, Dampfschiffe und Handelsverhältnisse der Verkehr der Menschen ein viel lebhafterer wurde als früher. Ausländer, welche jetzt in grösserer Zahl in die österreichischen Staaten kamen, ärgerten sich über die vielen Ausweise, Passierscheine und Ausforschungen, welche von den Reisenden in Oesterreich verlangt wurden, und über die dadurch verursachten Verzögerungen[1]) und machten ihren Gefühlen dann oft in ausländischen Zeitungen Luft. Oesterreicher, welche ins Ausland reisten, waren überrascht durch den Unterschied, welchen sie dort fanden, indem bei Ueberschreitung der deutschen Gränze die Visitation der Effecten in einer weniger lästigen Weise vorgenommen wurde, auf dem Gebiete des Zollvereins von weiteren Untersuchungen keine Rede mehr war, nirgends nach Papieren und Büchern geforscht wurde und gewöhnlich eine auf ein Jahr ausgestellte Karte als Legitimation genügte.

Jüngere Polizeibeamte wendeten aus Unkenntnis und Aengstlichkeit oft alte längst nicht mehr beachtete Gesetze an[2]) und auch manche Censoren thaten dasselbe, obwohl die Censur von Jahr zu Jahr mehr verhasst und ihr Druck mehr empfunden wurde. Auch die Ueberwachung durch Polizeiagenten und Spione und die Verletzungen des Briefgeheimnisses wurden jetzt schwerer ertragen als früher. Die Zahl derjenigen, welche grössere Freiheiten und eine Veränderung der Staatseinrichtungen im demokratischen Sinne wünschten, und welche die Hofpartei „Liberale" nannte, nahm daher immer mehr zu.

---

[1]) In grösseren Städten mussten vor der Weiterreise die Pässe von der Polizei vidirt werden, was sehr lästig sein konnte, wenn die Reisenden spät ankamen, wo das Amt schon geschlossen war, indem dann erst der vielleicht entfernt wohnende Polizeibeamte aufgesucht und gebeten werden musste, aus Gefälligkeit die Vidirung vorzunehmen. An der Gränze forderte man den Reisenden sogar die Bücher und Papiere ab, bald zur blossen Einsicht, bald zur einstweiligen Aufbewahrung.

[2]) So forderte in Brünn ein Bücherrevisor vom Landrechte die im Nachlasse von Pfarrern enthaltenen Breviere (bei 150) ab, weil er in der Gesetzsammlung gelesen hatte, dass unter Joseph II. die Verpickung gewisser Stellen in den Brevieren angeordnet worden sei, und wagte sie nicht mehr zurückzugeben, weil die höhere Behörde sein Vorgehen gebilligt hatte. Wie man erfuhr, wurden sie dann massenhaft vertilgt, obgleich viele Hilfspriester, die kein Brevier hatten, gerne ein solches gehabt hätten.

2. Die Angriffe der auswärtigen Presse auf das österreichische Regierungssystem.

Bis gegen das Jahr 1842 hatte das österreichische Kaiserthum zwar Millionen von Menschen, welche mit gewissen Staatseinrichtungen unzufrieden waren. Aber der eine klagte über dies, der andere über jenes, keiner kannte viele Gleichgesinnte und ein Vereinigungsband durch Umgang, Correspondenz und öffentliche Verhandlungen fehlte gänzlich. Diese Isolierung der Missvergnügten aufrecht zu erhalten und Alles zu beseitigen, was die Entstehung politischer Parteien begünstigen konnte, war nun das Streben der Regierung.

Bis zum Jahre 1842 kannte man in der That in Oesterreich keine Fractionen, ja nicht einmal weit verbreitete Staatsparteien. Erst nach diesem Jahre konnte man davon reden und ein Hauptgrund ihrer Entstehung war die Benützung der auswärtigen Presse.

Die österreichische Regierung hatte schon in den ersten Regierungsjahren des Kaisers Ferdinand mit der Gehässigkeit der Schriftsteller zu kämpfen. Es gieng wegen der allgemeinen Weltlage nicht mehr an, diese Classe, wie es lange Zeit (1794—1838) geschehen war, als unbedeutend zu betrachten; denn man hatte bereits mehr als einen Thron unter den Angriffen der Presse zusammensinken gesehen. Man half sich daher anfangs gegen die Feindseligkeiten der Schriftsteller noch mit terroristischen Massregeln.

Mehrere Schriftsteller, welche anonym geschrieben hatten, aber doch bei der Polizei in Verdacht gekommen waren, gaben bald die Hoffnung auf, im österreichischen Staate ihre Talente bemerkbar machen zu können. Viele giengen oder flüchteten ins Ausland, wo sie sich als Schriftsteller fortzubringen suchten. Sie schrieben grossentheils gegen Oesterreich und zwar mit der Erbitterung von Feinden, welche selbst in der Sprache kein Mass hatten. Die Gegenstände, mit denen sich die meisten dieser Schriften beschäftigten, waren die Censur, das Passwesen und die andern Polizeianstalten, das Unterrichtswesen, die Unsicherheit des Umgangs, die stets zunehmende Staatsschuld. Für den Kenner sagten die meisten nichts Neues, theilweise sogar manches Unrichtige. Man sah es den Schriften an, dass ihre Verfasser die Staatsorganisation wenig kannten und der Classe der höheren Beamten kaum angehören konnten. Aber diese Schriften kamen trotz des

Verbotes in Tausenden von Exemplaren in die österreichischen Länder, wo sie begierig gelesen wurden. Fast in allen fand man den Gedanken, der Fürst Metternich sei der Urheber dieses drückenden Regierungssystems. Der kaiserlichen Familie und dem Minister Grafen Kolowrat wurden sogar dort und da Complimente gemacht. Man sah, dass diese der Regierung so feindlichen Schriftsteller sich die Rückkehr in die österreichischen Staaten und die Aussicht auf eine Anstellung nicht ganz versperren wollten.

Es gab aber unter den Gegnern der Regierung auch einige Schriftsteller von ausgezeichneten Talenten und namentlich sind es drei Werke, welche von denen, welche die österreichische Revolution von 1848 zum Gegenstande ihres Studiums machen wollen, gekannt werden müssen.

Das erste dieser Werke erschien zu Leipzig im Jahre 1842 unter dem Titel „Oesterreich und dessen Zukunft". Als Verfasser nannte man einen Gutsbesitzer aus Tirol Namens Baron Andrian. Er zeigte sich in seinem Werke als ein erbitterter, aber auch sehr unterrichteter Feind des österreichischen Regierungssystems, welcher nur von einer gänzlichen Veränderung desselben, wenn überhaupt noch zu helfen sei, das Heil erwartete. Er beklagte den gänzlichen Mangel an constitutionellem Einfluss, welcher den österreichischen Adel zu einer armseligen Eitelkeit geführt habe, während er die Verwaltung des Landes den Staatsbeamten habe überlassen müssen, von denen die Schrift ein höchst ungünstiges Bild entwirft und denen er die üble Lage des Staates ausschliesslich zur Last legt. Die Schrift ist ein förmlicher Anklageact gegen die „Bureaukratie". Auch über die Finanzlage werden einige Aufschlüsse gegeben und die Geistlosigkeit beklagt, welche nach und nach durch eine schlechte Regierung eingerissen sei. Zugleich werden einige positive Vorschläge gemacht, wie dem österreichischen Adel eine würdigere Stellung verschafft werden könnte, und als solche die Aufgebung des Vorurtheils gegen Heiraten von Mädchen aus dem Bürgerstande, die Erweiterung der Rechte der Landstände, die Vermehrung der Repräsentanten des Bürgerstandes auf den Landtagen, um die öffentliche Meinung zu gewinnen, ein sittliches Verhalten und das Studium der Zeitverhältnisse genannt.·

Dieses Werk, das erste bedeutende über das ganze Regierungssystem, wurde mit Heisshunger gelesen, und kam, wie allgemein erzählt wurde, man wusste nicht wie, auch auf den Arbeitstisch des präsumtiven Thronfolgers Erzherzog Franz Karl. Es wurde von Vielen der Hauptsache nach gelobt, von anderen freilich auch wegen seiner aristokratischen Tendenzen getadelt. Vom Adel wurde es als sein Evangelium betrachtet und es trug nicht wenig bei, den Bestrebungen der Landstände nach politischer Geltung eine bestimmte Richtung zu geben. Für das grosse Publikum hatte es die Folge, dass es zum erstenmal die ungeheuere Grösse der österreichischen Staatsschuld und den ungünstigen Stand der Finanzlage überhaupt [1]) kennen lernte.

Ein zweites sehr bedeutendes Werk, dessen Verfasser unbekannt ist, war das im Jahre 1845 zu Stuttgart unter dem Titel „Oesterreichs innere Politik" erschienene Werk. Es zeigte in einer schönen Sprache, wie die Furcht vor der Revolution und das unter Leopold II. eingeführte conservative Regierungssystem bei seiner geistlosen Beibehaltung unter dem Kaiser Franz nothwendig zur Herrschaft des Adels, zur Unterdrückung jeder geistigen Regung, zu einer maschinenmässigen Staatsadministration, zu einer politischen und religiösen Gleichgiltigkeit, mit einem Worte zum Herabsinken der Nation führte. Auch dieser Verfasser sah kein Heil als in der Veränderung des aristokratisch-bureaukratischen Regierungssystems und in der Annahme des „Charakters der Volks- und Menschenfreundlichkeit". Doch ist er nicht für die Einführung einer Repräsentativ-Verfassung für Oesterreich, welche er, wenn sie zu Stande kommen sollte, als den Anfang zur Zertrümmerung des Staates ansieht, wohl aber für eine Erweiterung der Rechte der Provinzialstände, wo der Bürgerstand eine stärkere Vertretung finden sollte. Weiter ist er für die Einführung der Selbstverwaltung der Gemeinden, für Hebung des Bauernstandes, Ablösung der Grundlasten, Verbot der Güterzerstückelungen u. s. w., wie für Massregeln zur Förde-

---

[1]) Nach diesem Werke belief sich das Staatseinkommen auf beiläufig 160 Millionen Gulden, wovon die Verzinsung und Verlosung der Staatsschulden ungefähr 50, das Militär 53, die Besoldungen und Pensionen der Civilbeamten 13, die Militärpensionen und Invalidengehalte 6, die Gränz- und Gefällswache über 5 Millionen wegnahmen, so dass die Einnahmen beinahe erschöpft waren, „ehe noch für die Ausgaben des kaiserlichen Hofstaates, für die diplomatischen Auslagen jeder Art, für die Ortsverwaltung und die öffentlichen Bauten an Strassen, Brücken, Gebäuden u. s. w. und deren Erhaltung, für die Straf- und sonstigen öffentlichen Anstalten, für die zahlreichen Diäten, Reise- und andere Vergütungen der Beamten und für die andern grösseren und geringeren Auslagen der Administration gesorgt wäre".

rung des Handwerkerstandes und der untern Volksclassen überhaupt, während die Regierung bisher nur für die adeligen Grundbesitzer und für das materielle Wohl des höheren Bürgerstandes
gesorgt habe.

Das dritte Werk ist das Werk „Die Geldangelegenheiten Oesterreichs". Leipzig 1847, gewesen. Pseudonym nennt sich als Verfasser „Albrecht Tebeldi", sein wahrer Name aber war Dr. Karl
Beidtel, damals Landrechts-Auscultant in Brünn, der Sohn des
Verfassers des vorliegenden Werkes.

Wie der Titel zeigt, beschäftigte sich dieses Werk mit den
Geldangelegenheiten Oesterreichs. Allein es handelt nicht blos
über die Staatsschuld, sondern auch über das umlaufende Papiergeld, die Einwirkung der Nationalbank, das verkehrte Steuer-
system, die Hilfsmittel Oesterreichs und seine Gesetzgebung in den
staatswirtschaftlichen Angelegenheiten und tadelt die einseitige
Begünstigung der Industrie. Der Verfasser zeigt, wie die Finanzen
Oesterreichs durch die Kriege und die verkehrte Finanzpolitik
seit dem Ende des 18. Jahrhunderts immer ungünstiger geworden.
Er thut dar, dass die Bedeckung der Banknoten eine ganz ungenügende sei, dass der Staat ohne wesentliche Vermehrung der
Einnahmen seine Ausgaben nicht bestreiten könne, dass eine
solche Vermehrung aber nicht möglich sei. Er befürwortet einen
theilweisen Staatsbankerott durch Abschaffung der Verzinsung
der Staatsschuld, welche das einzige Mittel sei, um die Insolvenz
der Bank zu verhindern, und den grössten Theil des Volkes viel
weniger hart treffe, als wenn die Bank ihre Zahlungen einstelle,
die bei der nächsten Geldkrisis, einer schlechten Ernte, einer
grösseren Truppenbewegung u. dgl. unvermeidlich sei. Um der
Regierung hiebei eine moralische Stütze zu verschaffen, befürwortet er die Einberufung einer Volksvertretung mit consultativer
Gewalt, wogegen die ständischen Versammlungen in den einzelnen
Provinzen, die jede Existenzberechtigung und jedes Vertrauen beim
Volke verloren hätten, aufgehoben werden sollten.

Neben diesen bedeutenden Schriften gegen das österreichische
System waren im Auslande aber auch viele Broschüren von
galizischen, ungarischen und italienischen Emigranten veröffent-
licht worden, welche die Zustände ihrer Länder besprachen und
wie alle verbotenen Schriften massenhaft eingeschmuggelt und
gelesen wurden. Ihr Wert war ungleich, aber ihre Einwirkung auf
die innern Zustände dieser Provinzen nicht gering.

Die österreichische Regierung suchte der Presse des Auslandes entgegenzuwirken. Im Wege der Diplomatie es zu thun
wie 1819, war jetzt durch die allgemeine Weltlage unmöglich.
Man schlug also zwei andere Wege ein. Der erstere war der,
dass man die besonders missfälligen Schriften aufkaufen liess.
So wurde nach dem Erscheinen des Werkes „Oesterreichs Zukunft" der damalige Polizeidirector zu Prag, von Muth, zu diesem
Zwecke nach Hamburg geschickt. Es nützte aber nichts. Vom
aufgekauften Werke wurden bald neue Auflagen veranstaltet.

Ein zweites Mittel war, jenen Verlagshandlungen, welche viele
missliebige Schriften hatten erscheinen lassen, nicht nur für diese,
sondern auch für ihre sämmtlichen Verlagsartikel das Debut in
den österreichischen Staaten zu verbieten. Solche Verbote trafen
unter andern den Leipziger Buchhändler Brockhaus und den Hamburger Buchhändler Campe. Diese Verbote wirkten mehr, weil
der Buchhändler materiell dadurch geschädigt wurde. Aber man
konnte diese Massregeln doch nicht auf alle Firmen ausdehnen
und andererseits wurde sie von der ausländischen Presse als besonders gehässig gebrandmarkt.

Ein drittes Mittel der Polizei bestand darin, dass sie durch
sogenannte „Gutgesinnte" gegen die missfälligen Artikel und Broschüren schreiben liess. Allein abgesehen davon, dass sich selten
gewandte Federn dafür fanden, und manche Namen wie z. B.
Gross-Hoffinger sogleich ein ungünstiges Vorurtheil erweckten,
konnten auch schon nach der Natur der Sache diese Schriften nur
wenig Wert haben. Sie konnten zwar diese oder jene schwache
Seite ihres Gegners angreifen. Aber sie durften seine starken Partien
nicht berühren, um sie nicht bekannt zu machen, sondern mussten
sie höchstens entstellen oder mit leeren Declamationen gegen sie
polemisieren. Gebunden an Händen und Füssen sollten sie es mit
einem Gegner aufnehmen, welcher sich frei bewegte.

Die von der österreichischen Regierung bestellten Schriften
trugen also meistens schon auf den ersten Blättern den Stempel
ihres Ursprungs und wurden wenig gelesen. Die Regierung bemerkte dies und wünschte also, dass die „Gutgesinnten" sie freiwillig vertheidigen möchten. Allein die geachteten Schriftsteller
gehörten meistens nicht unter die sogenannten Gutgesinnten, und
wenn ausnahmsweise irgendwo ein sogenannter Gutgesinnter gewesen wäre, so wusste er ja, wie die Regierung patriotische Bemühungen belohne. In kurzem hatte die Regierung die Ueber-

zeugung gewonnen, dass durch die Presse für sie nicht viel zu erreichen sei.

Diese Wahrnehmung war für die Regierung schmerzlich, weil ihr trotz aller Verachtung der geistigen Kräfte die öffentliche Meinung nicht ganz gleichgiltig war und sie fühlte, dass ihr diese mit jedem Tage mehr abgeneigt werde.

Endlich wagten mehrere Schriftsteller Wiens in einer gut geschriebenen Eingabe an das Ministerium um die Pressfreiheit für Werke von mehr als zwanzig Bogen und eine gemilderte Censur für alle kleineren Schriften zu ersuchen. Unter den Unterzeichnern war der Hofrath Baron Hammer, der Hofrath Baron Sommaruga, der Dichter Grillparzer und viele andere sehr geachtete Namen.

Solche Unterzeichner mussten diejenigen, welche das österreichische System kannten, nothwendig auf den Gedanken führen, dass den Bittstellern eine mächtige Unterstützung schon im Voraus zugesichert sei, und in der That gab man auch zu verstehen, dass der Minister Graf Kolowrat „ermunternde Aeusserungen" habe laut werden lassen. Da es bekannt war, dass zwischen Metternich und Kolowrat kein gutes Einverständnis bestehe und letzterer nach dem Posten des Premierministers strebe, konnte man das Ganze als eine dem Staatskanzler gestellte Falle ansehen. Denn entweder wurde das Ansuchen bewilligt, dann musste sich das Regierungssystem auf eine solche Art ändern, dass Metternichs auswärtige Politik nicht mehr vollständig beibehalten werden konnte, oder die Bittsteller wurden abgewiesen, dann fiel das Gehässige auf den Fürsten Metternich, welchen die öffentliche Meinung ohnehin für die Hauptstütze, ja zum Theil selbst für den Urheber des österreichischen Regierungssystems hielt.

Die Bittsteller setzten nichts durch und seit jener Zeit verzweifelten Alle an der österreichischen innern Politik.

Diese innere Politik hatte aber damals mehr als je vom Auslande her heftige Angriffe zu bestehen. Mehrere gut redigirte Blätter, wie z. B. die „Allgemeine deutsche Zeitung" und die „Leipziger Zeitung" machten die österreichischen Zustände zum Gegenstande ihrer besonderen Aufmerksamkeit und ihre Correspondenz war so gut organisirt, dass sie aus den österreichischen Staaten viele und grösstentheils wertvolle Nachrichten bringen konnten. Noch wichtiger aber waren die von einem österreichischen Emigranten Namens Kuranda redigirten und zu Leipzig

herausgegebenen „Grenzboten". Sie besprachen in längern mit
Mässigung und meistens auch mit Sachkenntnis geschriebenen
Artikeln einzelne Punkte der österreichischen Zustände und hatten
in den deutschen Provinzen der Monarchie unzählige Leser.

Wenn auch hervorragende Mitglieder der österreichischen Regierung die Miene annahmen, als verachteten sie die gegen Oesterreich feindliche Presse, so hielten sie es doch für nothwendig,
von Zeit zu Zeit dieser oder jener ihnen besonders unangenehmen
Behauptung berichtigend entgegenzutreten. Dazu hatten sie nun
im ganzen Lande kein passendes Organ mehr. Die Lesewelt über-
schlug sogleich jeden auf ein Lob der Regierung hindeutenden
Artikel und mit Flugschriften kam man eben so wenig zum Ziele.
Die Regierung musste also froh sein, dass die zu Augsburg erscheinende „Allgemeine Zeitung" dazu benützt werden konnte.
Dieses Blatt war halb liberal, und da es auch viele dem österreichischen System nicht günstige Artikel enthielt, schien es noch
am meisten geeignet, dann und wann halbofficiell der Redaction
von Wien her zugesendete Artikel unter ihr weitverbreitetes
Publikum zu bringen.

3. Die verschiedene Haltung der feindlichen Presse gegen-
über den massgebenden Persönlichkeiten und die Besprechung
einzelner Fragen.

Es gab unter den höheren und mittleren Classen der österreichischen Civilbeamten nur wenige, welche meinten, dass der
Fürst Metternich auf die Geschäfte ihres Departements und ihre
persönliche Stellung irgend einen Einfluss ausübe. Es wusste
Jedermann, dass Graf Kolowrat für die inneren Geschäfte eine
höchst wichtige Person und unter seinen Günstlingen jeder für
gewisse Geschäftsabtheilungen der eigentliche Monarch sei. Dennoch wurde stets Metternich angegriffen, niemals Kolowrat, der
an den zerrütteten Zuständen im Innern des Staates schuldlos zu
sein schien. Ja es hatte sogar den Anschein, als ob „Metternichs
Despotismus" selbst in den höchsten Sphären das Emporkommen
des Guten hindere.

Ebenso wurde unter den österreichischen Prinzen nur der
Erzherzog Ludwig angegriffen, als unthätig, unentschlossen, ganz
dem unter Franz I. bestandenen Systeme anhängend und unbekannt mit den neuen Ideen.

Gelobt wurde unter den Prinzen einigermassen der Erzherzog Johann, unter den hohen Beamten der Freiherr von Kübeck, welcher, nachdem er mehrere Jahre ohne beträchtlichen Einfluss gewesen, im Jahre 1841 Präsident der Hofkammer, also der Sache nach Finanzminister geworden war. Gelobt wurde auch der Freiherr von Pillersdorf, welcher dem Range nach die zweite, dem Einflusse nach aber die erste Person bei der vereinigten Hofkanzlei war. Er hiess ein „mit den Zeitideen vertrauter Mann".

Man griff in mehreren der gegen Oesterreich gerichteten Broschüren auch die Finanzverwaltung an, sprach dabei viel von dem complicierten Mechanismus der Civilverwaltung, aber wenig von dem Einflusse der Bankiers, den Kosten der Verlosung der ältern Staatsschuld und dem unmässigen hohen Militäretat.

Die Zerrüttung im Geschäftsgange, das Detail der Polizeiverwaltung u. s. w. malte man mit grellen Farben, aber man gab stets den untern Beamten die Schuld, welche doch nur höhere Weisungen zu vollziehen hatten und daher weder viel Gutes noch viel Böses bewirken konnten. Blos wegen der Censurgesetze donnerte man gegen den Polizeipräsidenten Grafen Sedlnitzki.

Dem Emporstreben des Adels wurde in diesen Broschüren bei weitem nicht jene argwöhnische Aufmerksamkeit gewidmet, welche es verdiente. Gewöhnlich kamen nur solche Bemerkungen vor, wie sie jeder Spiessbürger machen konnte. Auch das Emporstreben der Landstände in mehreren österreichischen Provinzen wurde wenig beachtet; nur meinte man, es wäre gut, wenn sich dieselben die Volksinteressen, deren natürliche Vertreter sie bei dem jetzigen Zustande der Dinge sein sollten, mehr angelegen sein liessen.

Man sprach viel von den Frohnen und Zehenten und von der Nothwendigkeit einer Veränderung in dieser Rücksicht und rühmte es, dass in einigen Provinzen die Landstände an eine Ablösung dachten und an Entwürfen hiefür arbeiteten. Man erklärte die Sache für höchst dringend und gab zu verstehen, dass sonst wohl Bauernaufstände oder eine Revolution der Sache ein Ende machen könnte. Ueberhaupt wurde von einer Revolution als von etwas, was bei einem längeren Beharren auf dem Regierungssysteme Metternichs bald kommen werde, gesprochen.

Auch die auswärtige Politik Metternichs wurde auf das schärfste getadelt. Sie, hiess es, habe das russische Uebergewicht an der Weichsel und der untern Donau begründet, die Deutschen gegen

Oesterreich aufgebracht und dieses in ganz Europa als die Schutz-
macht aller Missbräuche und des Despotismus erscheinen lassen.
Engherzige Rücksichten gaben dem österreichischen Cabinete eine
nur dem russischen Hofe zusagende Richtung.

Für die Einführung einer Repräsentativ-Verfassung zeigten
sich in diesen Broschüren nur bescheidene Wünsche, für unbedingte Religionsfreiheit sprach man auch nicht viel und von
einer Abschaffung des Adels oder der ungarischen Verfassung
gar nicht.

Ueber den Clerus sprach man ebenfalls mit mehr Schonung,
als die bekannten Gesinnungen der Liberalen erwarten liessen.
Nur bezeichnete man die Zehenten als etwas sehr Schädliches,
erklärte sich für die Gleichstellung der Protestanten und zeigte
der Ronge'schen Secte der „Deutschkatholiken", als diese (1842
und 1843) in Deutschland viel Aufsehen machte und in Oesterreich keine Duldung erhielt, viel Wohlwollen.

Diese und viele andere Erscheinungen liessen bemerken, dass
man demjenigen gern auswich, was den Minister Kolowrat, seine
Günstlinge, den landständischen Adel oder die Interessen der Geld-
männer verletzen konnte, dass es hauptsächlich nur darauf abgesehen war, den Fürsten Metternich als den Urheber und die
vorzüglichste Stütze eines unterdrückenden Regierungssystems hin-
zustellen, und dass man dem Volke die Hoffnung lassen wollte,
mit dem Sturze dieses Ministers sei einem besseren Regierungssystem die Bahn geebnet.

Manche meinten, dass diese ziemlich allgemein eingehaltene
Tendenz der gegen Oesterreich gerichteten Flugschriften auf verschiedenen Wegen den Schriftstellern vorgezeichnet werde. Für
das grosse Publikum hatte es die Folge, dass es eine grosse
Veränderung des österreichischen Regierungssystems sich viel
leichter dachte, als sie war, und dass man (seit 1840) ziemlich
allgemein einen geheimen Kampf zwischen den Ministern Metternich
und Kolowrat, sowie das Dasein verschiedener Hofparteien vermuthete.

4. Die Angriffe auf Metternich im Inlande.

Lange Zeit hatte blos die ausländische Presse den Fürsten
Metternich als den Urheber eines unterdrückenden Regierungssystems angegriffen. Im Jahre 1847 zeigten sich aber gegen ihn

auch Angriffe aus dem Innern des Staates. Man hörte wiederholt von Misshelligkeiten zwischen ihm und Kolowrat, von Vermittlungsversuchen des Erzherzogs Ludwig und von der in einigen Hofkreisen verbreiteten Meinung, Metternich sei alt und habe sich überlebt, es sei wegen der immer stärker gehenden Wogen der Demokratie für den Hof nothwendig, sich den Provinzialständen zu nähern, es sei aber wegen des Einflusses Metternichs, welcher schlechterdings die veränderten Verhältnisse nicht begreifen wolle und dem der Kaiser Ferdinand sein unbedingtes Vertrauen schenke, nicht möglich, etwas zu Stande zu bringen. Man gab zu verstehen, dass mit Metternichs Entfernung auch das Regierungssystem sich ändern würde. Begreiflicherweise erwartete man dann, dass Kolowrat eine Art von Prinzipalminister werden würde.

Die Sache erhielt für die Aufmerksamen noch mehr Licht, als man hörte, zu Wien herrsche dort und da die Meinung, dass der Kaiser bei seiner Kränklichkeit und seinem gutmüthigen Charakter den Schwierigkeiten der Lage nicht gewachsen sei. Metternich verschweige ihm aber diese Schwierigkeiten, um am Ruder zu bleiben. Daraus musste man schliessen, eine Hofpartei wünsche die Entfernung Metternichs, sie finde aber in der Denkungsart und den Ansichten des Kaisers Schwierigkeiten, woraus sich der weitere Schluss ergab, dass, wenn die Sache sich so verhalte, eine Thronentsagung des Kaisers sogleich zur Entfernung Metternichs und zu einer Veränderung des Regierungssystems führen würde.

Man führte um jene Zeit im Burgtheater ein Lustspiel von Bauernfeld „Grossjährig" auf, welches zu Wien ein ungemeines Aufsehen machte und auf den Provinzialbühnen gleichfalls die Aufmerksamkeit der Denkenden beschäftigte. Der Hauptinhalt war folgender: Ein in allen Beziehungen tief herabgekommener, jedoch sehr redlicher Edelmann wird von seinem Amtmann unter einer völligen Vormundschaft gehalten, wodurch es immer schlechter geht und der Bankerott gewiss wird. Endlich wird, halb durch Gründe, halb durch andere Mittel der Edelmann bestimmt, seinen Verwalter zu entlassen, worauf es sogleich besser wird. Jedermann glaubte darin eine Anspielung auf die Stellung des Kaisers zu Metternich zu bemerken, und damit ja kein Zweifel übrig bleibe, was gemeint sei, waren auch in dem Stücke mancherlei handgreifliche Hindeutungen nicht gespart.

Es musste auffallen, dass bei der Strenge der Censur und bei dem sonstigen Streben, jedes Aufsehen zu verhüten, die Polizei die Aufführung eines solchen Stückes gestatten konnte. Es war augenscheinlich, dass der Wind, welcher bisher im Polizeipräsidium geweht hatte, sich geändert habe.[1]

Metternich nahm diese Erscheinungen als Nadelstiche, welche wohl verletzen, jedoch dem Leben keine Gefahr bringen. Aber seine Feinde, worunter sich die Häupter der Ständeversammlungen und die Slavisten befanden, wurden dadurch in ihren Bestrebungen ermuthigt.

Diese Bestrebungen blieben nicht ohne Eindruck. In jenen Kreisen, welche in die höchsten Regionen hinaufreichten, wurden im Sommer 1847 die österreichischen Verhältnisse viel besprochen. Der Verfasser des gegenwärtigen Werkes weiss aus einer langen Unterredung, welche er mit der Herzogin von Anhalt-Köthen[2] in Gegenwart eines ihrer Hausfreunde, des ehemaligen sächsischen Ministers der auswärtigen Angelegenheiten, des Grafen von Senft-Pilsach hatte, wie beunruhigend man damals die inneren Verhältnisse der österreichischen Monarchie fand und wie sehr man bereit war, sich den Ständeversammlungen in die Arme zu werfen. Es war deutlich die Meinung wahrzunehmen, die Land-

---

[1] Dass die Aufführung dieses Stückes erlaubt wurde, schrieb man den Bemühungen der Grafen Kolowrat und Moriz Dietrichstein zu. — Zur selben Zeit durfte, ungehindert von der Censur, der Jude Frankl, Herausgeber der „Sonntagsblätter", den Mandarin Chin Rettem (umgekehrt gelesen Metternich) zur Zielscheibe seines Witzes machen.

[2] Diese Prinzessin, eine Halbschwester Friedrich Wilhelms III., Königs von Preussen, welche katholisch geworden war und deshalb mit demselben in Uneinigkeit lebte, wohnte zu Wien und stand in freundschaftlichen Beziehungen zu zwei einflussreichen Mitgliedern der kaiserlichen Familie, nämlich der verwitweten Kaiserin Carolina und der Erzherzogin Sophie, Gemahlin des präsumtiven Thronfolgers. Der Verfasser dieses Werkes war der Herzogin durch den Jesuiten Beckx, welcher Beichtvater derselben und zugleich Agent des Jesuitenordens zu Wien war, dessen General er 1854 geworden ist, zu Penzing, wo die Herzogin ein schönes Landhaus bewohnte, vorgestellt worden. Der Verfasser machte einige bescheidene Bemerkungen, welche darauf hinaus liefen, dass unter den Landständen sehr verschiedene Elemente sich befanden, dass die verständigern Mitglieder selbst den Landständen wenig entscheidenden Einfluss zutrauten, wenn sie sich nicht mit der liberalen Partei in Verbindung setzten, und dass, wenn man dieses letztere thue, bald eine gänzliche Veränderung der Staatsverfassung und separatistische Bestrebungen zu fürchten wären.

stände könnten niemals ihr Interesse ganz von dem des Thrones trennen, unter ihnen sei noch etwas von den alten soliden Grundsätzen zu finden, welche sich in dem Kreise der Staatsbeamten beinahe verloren hätten, und wenn auch schon die unumschränkte Monarchie nicht mehr haltbar wäre, sei es doch noch immer besser, vom Adel abzuhängen, als ganz unter den Einfluss der Demagogen zu gerathen. Man schien in den Hofkreisen von dieser Seite ziemlich optimistische Ansichten zu haben, nur die Finanzlage beunruhigte sehr und man wusste, dass verständige Männer schon jetzt den Staatsbankerott als unabwendbar ansahen.

VI. Buch.

Die zunehmenden Conflicte der Regierung mit Ungarn, die separatistischen Tendenzen der Polen und Italiener und das Streben der Landstände der andern Provinzen nach Erweiterung ihrer Rechte.

––––

1. Die Zunahme constitutioneller Tendenzen im allgemeinen.

Die Einführung constitutioneller Verfassungen in verschiedenen Staaten Europas konnte auf die österreichischen Länder unmöglich ohne Wirkung bleiben. So lange aber die heilige Allianz, welche 1815 zur Niederhaltung aller constitutionellen Bestrebungen zwischen den Monarchen von Oesterreich, Russland und Preussen geschlossen worden war, unverrückt aufrecht stand, war freilich für die Realisierung freiheitlicher Bestrebungen wenig zu hoffen, wenn sich auch England und Frankreich denselben nicht abhold zeigten. Als aber um das Jahr 1838 Preussen, um seinen Einfluss in Deutschland zu vergrössern, für halbliberal gelten wollte und noch vor dem Tode Friedrich Wilhelms III. (1840) dort eine Art von Provinzialständen eingeführt wurde, denen einige nicht unbedeutende Rechte eingeräumt waren, schien es den österreichischen Missvergnügten um vieles leichter, auch in den österreichischen Staaten auf die Einführung einer constitutionellen Regierung hinzuwirken. Man traute es dem Minister Grafen Kolowrat zu, dass er dieser Richtung nicht abgeneigt sei.

Die Verfassung, welche die österreichischen Liberalen wünschten, war eine der damaligen französischen ähnliche, so wenig auch diese für das österreichische Länderconglomerat passte. Die österreichischen Liberalen, welche ihrer Mehrzahl nach sehr beschränkte Köpfe waren und ihr politisches Evangelium in den viel gelesenen Werken von Rotteck und Welcker hatten, hofften, wenn sie es nur zu einer der englischen ähnlichen Constitution brächten, nach und nach alle österreichischen Provinzen, Ungarn und Galizien mitgerechnet, unter einen Hut zu bringen.

Ein grosses Hindernis für die österreichischen Liberalen war, dass ihnen keine Presse und keine Tribüne zu Gebote standen, folglich ihnen die Hauptmittel fehlten, um auf das Volk zu wirken. Schon dieses leitete ihre Aufmerksamkeit auf die Wichtigkeit des landständischen Adels, welcher in den Landtagen ein Mittel besass, manches Wort über die zerrütteten öffentlichen Zustände sagen zu können. Andererseits konnte es den Adel nur freuen und der Zunahme seines Einflusses günstig sein, wenn die Liberalen, die im Mittelstande zahlreiche Anhänger hatten, seine Bestrebungen bis auf einen gewissen Grad unterstützten.

Es bestanden daher einige gegenseitige Sympathien, doch musste man vorsichtig sein und konnte nur Schritt für Schritt vordringen.

Die Wünsche, welche man (1838—1848) in den österreichischen Staaten manchmal aussprechen hörte [1]), waren denn auch vorläufig nicht auf die Einführung einer Constitution berechnet, sondern nur auf Milderung der Censur und des Polizeiwesens überhaupt, auf eine grössere Selbständigkeit der Stadtgemeinden, auf eine freiere Stellung der Kirchen und Schulen, auf die Vereinfachung des Geschäftsganges bei den Regierungsbehörden, auf eine bessere Finanzverwaltung, auf die Revision wichtiger Theile der Justizverfassung und auf eine grössere Selbständigkeit der Gerichte u. s. w. Vorläufig also gieng der Wunsch nur auf administrative Reformen.

Aber auch diese waren nicht leicht zu erreichen. Der Hof hatte die Idee, dass die bisherige Administration zwar nicht vollkommen, aber doch im Ganzen genommen gut und dass es bedenklich sei, das Bestehende durch irgend welche Reformen zu erschüttern. Man meinte auch, es sei nicht leicht, die Männer zu

---

[1]) Obgleich in den deutsch-österreichischen Provinzen es nicht möglich war, politische Fragen vor mehreren Personen zu erörtern, so hörte man doch oft genug einzelne Meinungen, welche Schlüsse gestatteten.

finden, welche im Stande wären, grosse administrative Veränderungen mit Einsicht durchzuführen, und dass alles Experimentiren bedenklich sei.

Unter diesen Umständen war bei manchen Mitgliedern der Landstände von Böhmen, Niederösterreich und Ungarn der Gedanke entstanden, dass in den ständischen Versammlungen das Mittel liegen könne, grosse Veränderungen im Regierungssystem zu bewirken, und zwar um so mehr, da die ungarische Verfassung sich in einer anerkannten Wirksamkeit befinde, in den andern Provinzen aber sich mit einigem Grunde sagen lasse, dass den Ständen auf Grund der Privilegien und Observanzen des letzten Jahrhunderts mehr Rechte zuständen, als ihnen die in den Jahren der politischen Apathie entstandene Praxis zuerkannte. Sie meinten, dass sie zwar nicht nach den Landesordnungen Böhmens und Mährens von 1627, welche längere Zeit als das einzige Grundgesetz betrachtet wurden, aber nach späteren Urkunden und Gewohnheiten, die Manches an diesen Gesetzen geändert hatten, nicht unbedeutende Rechte hätten. So bemerkten sie, dass der Hof (1740—1760) noch oft „Bewilligungen" der Stände zu gewissen Abgaben verlangt und dadurch anerkannt habe, dass den Landständen wirklich ein Bewilligungsrecht und folglich auch ein Recht, die Bewilligung zu verweigern, zustehe. Die Monarchen, meinten die Vertheidiger der ständischen Ansprüche, sprächen auch oft in ihren Acten von den „Rechten und Freiheiten des Landes", welche sie aufrecht halten wollten, folglich müsse es auch solche Rechte und Freiheiten geben. In manchen Provinzen beschwöre der Regent auch diese Freiheiten oder stelle darüber Reverse aus. Ebenso sei z. B. im Jahre 1790 den Landständen der deutschen Provinzen ein „Beirath" „bei der Gesetzgebung" versprochen worden. Es komme also darauf an, dass die Landstände das, was ihnen gebühre, kennen lernen und dann gehörig geltend machen.

Die Vertheidiger der landständischen Interessen meinten auch, die deutsche Bundesacte von 1815 verlange für die zum deutschen Bunde gehörigen Provinzen, zu denen die deutschösterreichischen und böhmischen Länder gehörten, „Provinzialverfassungen", was auch die österreichische Regierung anerkannt habe. Setze man in allen diesen Ländern die Einführung von Verfassungen durch, welche den Landständen einige Bedeutung gaben, so sei der Absolutismus der Regierung gebrochen, und diese habe dann nicht mehr die Kraft, die unumschränkte Monarchie in Galizien, der Bukowina,

Dalmatien und im österreichischen Italien, wofern man dort Verfassungen haben wollte, aufrecht zu halten.

Die ohnehin constitutionell regierten Länder Ungarn und Siebenbürgen, welche oft über Beeinträchtigungen ihrer Verfassungen durch die absolutistischen Pläne des Hofes klagten, hatten dann auch keinen Grund mehr, diesen Absolutismus zu fürchten. Ungarn und Siebenbürgen mussten also alle Bewegungen zu Gunsten einer constitutionellen Regierung in den Westprovinzen unterstützen.

Die constitutionellen Bestrebungen hatten aber für den österreichischen Hof eine sehr ernste Seite. Es war zu fürchten, dass der Zusammenhang des Staates dadurch gefährdet werden würde. Von Ungarn und Siebenbürgen war nicht zu hoffen, dass sie ihre Constitutionen freiwillig aufgeben würden, um sich mit den Westprovinzen zu assimilieren. Das nämliche war von Galizien, wofern es eine Constitution verlangte, zu erwarten. Die Italiener, deren Abneigung gegen alles Deutsche kein Geheimnis war, würden eine ihren Interessen angemessene Verfassung verlangen. Man hatte dann statt zwei Staatshälften im besten Falle vier oder fünf Ländergruppen mit verschiedenen Verfassungen.

Der österreichische Hof war daher der natürliche Gegner aller constitutionellen Ideen. Um sie niederzuhalten, hatte unter dem Kaiser Franz ein ausgebildeter Absolutismus bestanden, welcher bis zum Jahr 1826 grosse Consequenz gezeigt hatte. Wo den Machthabern nur entfernt etwas bedenklich schien, hatten sie ihre Blicke hingewendet. Ohne die grosse Unordnung, welche ihre Finanzverwaltung schuf, hätte sich die absolute Gewalt in der westlichen Hälfte des Staates noch lange erhalten können. Aber nach 1826 begann der grosse Einfluss des Ministers Grafen Kolowrat, welcher den hohen böhmischen Adel begünstigte und dadurch zu grossen Hoffnungen berechtigte, das Streben, den Staat nach und nach zu germanisieren, aufgab und dafür die slavischen Elemente förderte und den Anfangs schüchternen Bemühungen der Landstände in Böhmen, ihre Rechte zu erweitern, keinen festen Widerstand entgegensetzte. In die Regierungskreise kam daher eine gewisse Spaltung und von dieser Zeit gieng alles bergab. So lange Graf Mittrowsky oberster Hofkanzler war, zu dessen Wirkungskreis die Behandlung der ständischen Angelegenheiten in Galizien und den Westprovinzen gehörte, wurden die Stände als Corporationen noch scharf beobachtet und das seit Maria Theresia eingeführte System streng gehandhabt. Aber nach seinem Tode, im Jahre 1842, als der schwache Graf Inzaghi oberster Kanzler geworden, wurde die Stellung der Wortführer der ständischen Interessen eine weit günstigere.

Der politische Gährungsstoff, welcher in den österreichischen Staat gekommen war, entwickelte sich unter der Regierung des Kaisers Ferdinand, begünstigt durch den Mangel an Einheit und Thatkraft in den obersten Regionen, in jeder der grösseren Provinzen auf eine ihrer besondern Stellung zusagende Art. Es ist daher nothwendig, diese Entwicklung in Ansehung Ungarns und der grossen Provinzen Galizien, Lombardo-Venetien, Böhmen, Mähren und Oesterreich separat auseinanderzusetzen, wobei sich auch zeigen wird, warum und in wie fern sich auch nationale Bestrebungen zeigten.

2. Die Haltung des galizischen Adels nach dem Aufstande von 1846.

In Galizien hatte die polnische Bevölkerung, in so fern sie aus dem gemeinen Volke bestand, keine besondern politischen Tendenzen. Die meistens aus Beamten und Gewerbsleuten bestehenden Deutschen hatten ihrer Mehrzahl nach ein Interesse an der Erhaltung der Regierung, ebenso die Juden. Der unruhige Geist des polnischen Adels hatte sich aber bei der Schilderhebung des galizischen Adels im Februar 1846 gezeigt und seine Anhänglichkeit an die Regierung war durch die damaligen Vorgänge nicht grösser geworden. Aber er war eingeschüchtert und verhielt sich vorläufig wenigstens äusserlich ruhig. Doch giengen von Galizien giftige Zeitungsartikel gegen die Regierung aus, worin die Beschuldigung erhoben wurde, dass sie den Aufstand der Bauern gegen den Adel mit seinen Gräueln veranlasst habe, dass sie den Lauf der Justiz gegen die Bauern hemme und dass viele Organe derselben communistische Umtriebe begünstigen. Die meisten Adeligen glaubten, unter der russischen Herrschaft besser daran zu sein.

Die österreichische Regierungspolitik war indessen durch die galizischen Unruhen vom Februar 1846 über das zu befolgende System völlig irre geworden. Auch die Demokraten und viele andere Unzufriedene in den deutschen Provinzen behaupteten laut, jetzt müsse sich die Regierung von der Begünstigung der Adelsinteressen lossagen. Es sei ausser Zweifel, dass, wenn der galizische Adel beim Aufstande glücklich gewesen wäre, der Adel in Böhmen und Mähren, ersterer mit Hilfe der Czechen, gleichfalls einen Insurrectionszustand herbeigeführt hätten. In jedem Falle sei die Tendenz des Adels in mehreren Provinzen dieselbe, nämlich die Errichtung einer Staatsverfassung auf Grundlage aristokratischer Institutionen.

Auf der andern Seite behaupteten die Adeligen und manche andere Beobachter, dass, wenn die galizische Insurrection länger gedauert und die Bauern sich im ganzen Lande gegen die Adeligen erhoben hätten, die Bauern auch in Böhmen, Mähren und Krain das Feudaljoch gewaltsam abgeschüttelt hätten und die Demokratie zur Herrschaft gekommen wäre. Aufmerksame Beobachter hatten wirklich beobachtet, dass in den Feudalprovinzen die Bauern nur warteten, was bezüglich der Roboten in Polen verfügt werden würde, um sich sogleich von den Herrschaftsbesitzern loszumachen.

Der Hof blieb am Ende aber doch bei seiner Neigung für den Adel. Doch war die Behandlung der galizischen Verhältnisse eine schwierige und von Ungarn giengen, wie man behauptete, Emissäre aus, um für die Anschliessung Galiziens an Ungarn zu wirken, welches ja ohnehin alte Ansprüche auf jenes Land hatte.

Ganz ruhig war bei diesen Vorgängen die aus einem Gemisch von Volksstämmen zusammengesetzte Bevölkerung der Bukowina. Sie schien aber den Richtungen, welche von Ungarn und Galizien ausgiengen, auf die Dauer nicht widerstehen zu können. Einstweilen führte das österreichische Cabinet eine strenge Regierung in Galizien. Namentlich gelang es dem dortigen Adel nicht, jene bezirksweise Adelsherrschaft, mit welcher die Regierung im Jahre 1847 eine Zeit lang experimentiert hatte, zu behaupten. Zur Ueberraschung Vieler war daher Galizien, als im März 1848 zu Wien die Revolution ausbrach, ruhiger als viele andere Provinzen. Man muthmasste, dass der galizische Adel nur darauf warte, wie sich die Verhältnisse in Ungarn und die Politik des russischen Hofes gestalten würde, um dann mit mehr Sicherheit seine Partei wählen zu können.

3. Die Zustände im österreichischen Italien vor dem Ausbruche der Revolution.

„Im österreichischen Italien", sagt der Verfasser der „Genesis der Revolution" [1]). „hatte die vormärzliche Bewegung eine gleiche

---

[1]) S. 74 ff.

Tendenz, wie in dem polnischen Oesterreich, denn auch dort war
sie auf Losreissung vom Kaiserstaate gerichtet. Es trat jedoch
hierbei der wesentliche Unterschied ein, dass die Polen den End-
punkt sahen, wohin sie strebten, nämlich die Wiederherstellung
des alten Polenreichs, während die Italiener nur dasjenige vor
Augen hatten, was sie nicht wollten, nämlich die sie mehr durch
kleine Nadelstiche verletzende und durch ihre Langsamkeit lang-
weilende als ihre Nationalität unterdrückende oder ihr materielles
Wohlsein nicht achtende österreichische Herrschaft. Daher kam
es auch, dass, während die Polen das, was sie wollten, durch
Thaten zu erreichen strebten, die Italiener das, was sie nicht
wollten, nach Art der Kinder oder Weiber durch Schmollen,
Necken und Schimpfen an den Tag legten, ohne dass es wahrscheinlich je zum Handeln gekommen wäre, wenn nicht das scheinbare Zerwürfnis zwischen dem Pabste und Oesterreich wegen der
Ferrareser Angelegenheit, dann der Ehrgeiz des Sardenkönigs,
vorzüglich aber die Wiedererstehung der Republik in Frankreich
in ihnen die Hoffnung erweckt hätte, mit leichter Mühe dies erste
Ziel zu erreichen".

„Die im Jahre 1847 mit militärischer Ostentation vorgenommene
Verstärkung der österreichischen Besatzung von Ferrara war die
Folge des nicht zu missbilligenden Wunsches, den für das österreichische Italien gefährlichen Umtrieben einen Damm zu setzen,
welche die von dem Pabste unklug in Masse begnadigten und
in den Kirchenstaat zurückgekehrten Flüchtlinge gegen die bestehende Ordnung der Dinge anregten. Sie lag vollkommen im
Rechte Oesterreichs [1]) und war nur die Wiederholung dessen, was
unter dem vorigen Pabste Gregor XVI. geschehen und von demselben mit Dank anerkannt worden war".

„Allein der Befehlshaber in der Lombardie (Graf Radetzky)
verfiel in einen Anachronismus, indem er übersah, dass im Jahre
1847 ein anderes Haupt die Tiara trage als früher, und dass
dieses Haupt auch anders denke . . .".

„Für die Männer der Bewegung war die Protestation der
päbstlichen Regierung eine schneidende Waffe gegen Oesterreich,
indem sie darin einen ostensiblen Grund fanden, den Kreuzzug
gegen die angeblichen Feinde des Kirchenstaates zu predigen, wobei

---

[1]) Dieses Recht wurde von der Gegenseite bestritten, wenn nicht der
Landesherr vorläufig eingewilligt hätte.

sie von dem in der Regel unwissenden italienischen Landclerus, welcher die Deutschen überhaupt für keine echten Katholiken hält, unterstützt wurden. Dadurch gewannen die Männer der Bewegung, welche den mittleren und höheren Schichten der Gesellschaft angehörten, eine Stütze in den unteren, deren sie bis dahin entbehrt hatten; denn in Italien wie überall hat der von seiner Hände Arbeit Lebende keine Neigung für politischen Streit, wenn nicht sein persönliches Interesse betheiliget ist, sei es nun das physische Wohl, sei es das Seelenheil, für welches in Italien das Volk mehr Sorge (auf seine Weise durch äussere Religions-Uebungen) als in Deutschland an den Tag legt. Die Aussicht also, durch Manifestation des Hasses gegen die deutschen Feinde der Kirche manche Sünde zu sühnen, musste einen grossen Reiz für die gemeine Classe haben, besonders da auch Geldspenden und sonstige Begünstigungen von Seite der Reichen das zeitliche mit dem ewigen Heile zu verbinden wussten. Die Demonstrationen gegen die Oesterreicher, welche früher nur aus Schüchternheit Einzelne sich erlaubt hatten, nahmen an Umfang und Keckheit immer zu. Die der Polizei zu Gebote stehenden Präventiv- und Repressivmittel verloren ihre Kraft gegen die Masse der ihr Hohn Bietenden, sie musste ihre Wirksamkeit auf das Erforschen der Rädelsführer beschränken; allein auch dies gelang ihr nur sehr unvollkommen, da ihre Organe ihr keine oder nur schlechte Dienste leisteten. Die angewendeten polizeilichen Massregeln verfehlten ihren Zweck, denn sie hatten nur die Wirkung von Nadelstichen, welche den Feind verletzten, ohne ihn zu vernichten. Die Dinge gestalteten sich so, dass vorauszusehen war, es werde der Militärgewalt allein möglich sein, die österreichische Herrschaft zu sichern. Darum wurde auch das Heer von Italien mit grossen Opfern der ohnehin bedrängten Staatsfinanzen fortdauernd verstärkt . . ."

„Das Unpassendste, was geschehen konnte, war dasjenige, was am 3. Januar 1848 zu Mailand geschehen ist: dass nämlich einige hundert Soldaten, welchen die Unruhestifter das Rauchen der Cigarren nicht mehr gestatten wollten, in der seit längerer Zeit gefassten Ueberzeugung, durch die Behörden nicht vor dem Uebermuthe des Pöbels geschützt zu werden, eigenmächtig sich selbst durch ihre Waffen Recht zu verschaffen suchten und im blinden Rachgefühle Schuldige und Unschuldige niedermachten. Diese unglückliche Selbsthilfe musste den Feinden der österreichischen

Regierung in Italien Vorschub in ihren Bemühungen leisten, das Volk in fanatische Aufregung zu versetzen. Sie wussten dieses durch den Zufall ihnen dargebotene Mittel trefflich zu benützen. Nebstbei wussten sie aber noch ein anderes sich selbst zu schaffen. Sie bewogen nämlich den Deputierten der mailändischen Central-congregation Nazzari, bei dieser vom Kaiser Franz zur Vertretung des Grundbesitzes und der Gemeinden eingesetzten Körperschaft eine Motion einzubringen, in welcher die Beschwerden des Landes gegen die Regierung dargestellt und dessen Wünsche vorgetragen wurden. Dies Beispiel fand sogleich Nachahmung in Venedig und in den Provinzialcongregationen, so wie auch bei vielen Municipalitäten, so dass dadurch eine allgemeine Aufregung entstand. Diese war der Zweck jenes mit dem Scheine von Loyalität gemachten Schrittes. Es wäre arge Täuschung zu glauben, dass, wenn dieser Schritt auch sogleich den günstigsten Erfolg gehabt hätte, die Stellung der österreichischen Regierung den Nationalen gegenüber eine andere und bessere geworden wäre, denn es handelte sich nicht um die Verbesserung des Zustandes unter österreichischer Herrschaft, sondern um Lossreissung von derselben; alle verlangten Zugeständnisse würden daher gemissbraucht worden sein, um die Mittel zu vermehren, gegen Oesterreich in die Schranken zu treten. Dies wurde zwar nicht von Seite der österreichischen Behörden im Lande erkannt, denn diese riethen die schleunigste Willfahrung der Forderungen, wohl aber im Wiener Centrum der Staatsverwaltung, welche sich sowohl durch diese Ueberzeugung, als auch durch die Erwägung der Rückwirkung, welche Zugeständnisse im lombardisch-venetianischen Königreiche auf die anderen Theile des Reiches äussern müssten, von seinem gewohnten bedächtlichen Gange nicht abbringen liess und mit einer entscheidenden Antwort zurückhielt".

„Vom Scharfsinn der Italiener, besonders der Lombarden, ist auch gar nicht zu vermuthen, dass sie an jenen scheinbar loyalen Schritt der Congregationen die Hoffnung des Gelingens geknüpft haben, denn sie kannten hinlänglich den Charakter der österreichischen Regierung, um nicht vorauszusetzen, dass die Gewährung der bedeutenden in Anspruch genommenen Zugeständnisse weder leicht noch schnell erfolgen werde. Die von ihnen sehr wohl vorausgesehene Verweigerung oder Verzögerung derselben war aber ihrem Zwecke förderlich, indem sie einen neuen Stoff zu Vorwürfen gegen die Regierung und zur Aufreizung der Massen darbot".

4. Die Bewegung in Ungarn und Siebenbürgen.

„Während in den nordöstlichen und südwestlichen Theilen des
Kaiserstaates diese auf Lossreissung von demselben abzielenden Bewegungen stattfanden", heisst es in der „Genesis der Revolution ¹)",
„blieben auch die anderen Theile nicht unbewegt. In diesen war
jedoch das Ziel der Bewegung nur Erweiterung oder Wieder-
erlangung alter Vorrechte, vermehrter und entschiedener Einfluss
auf die Landesverwaltung, geringere Abhängigkeit von den Wiener
Hofstellen und Emporhebung der Nationalität".

„Ihr Charakter war mehr oder weniger entschieden nach den
individuellen Verhältnissen der einzelnen Länder, wovon zwei,
nämlich Ungarn und Siebenbürgen im Besitze einer altersgrauen
ständischen Verfassung waren, welche ihnen bereits eine thätige
Theilnahme an der Regierung gewährte, andere aber infolge der
Ereignisse im 17. Jahrhunderte zwar Landstände mit einigen
Privilegien, aber ohne ein anerkanntes Recht irgend eines entscheidenden Einflusses auf die Gesetzgebung beibehalten hatten,
und noch andere nur nach ihrer Wiedereroberung im Jahre 1814
mit ständischen Körpern sehr beschränkten Wirkungskreises be-
schenkt worden waren. Einige, als Salzburg, Vorarlberg, Görz,
Istrien, Dalmatien hatten noch nicht einmal ein solches Geschenk
erhalten. Die grössere oder geringere Entschlossenheit des Auftretens gegen die Regierung stand im Verhältnisse des Gewichts,
welches die Provinzialstände oder die Aristokratie, welche überall
der sogenannten Bureaukratie den Fehdehandschuh hinwerfen zu
müssen glaubten, theils durch den Umfang der ihnen gewährten
Privilegien, theils durch Verbindungen mit Gliedern der Centralverwaltung hatten".

„In Ungarn trat deshalb auch die Bewegung am ehesten
hervor; sie war vorzüglich dahin gerichtet, durch immer grössere
Ausdehnung des Umfanges der Municipalrechte in den Comitaten
und des Einflusses der Landtage auf die eigentlich der executiven
Gewalt vorbehaltene Landesverwaltung die königliche Gewalt zu
lähmen und das Uebergewicht der Magyaren gegen die anderen
das Land bewohnenden Volkstämme gleichzeitig zu vergrössern
und zu sichern".

„Demokratisch war die Tendenz bis zum Jahr 1848 nicht.
Die privilegierten Stände liebäugelten mit dem Volke, um sich

¹) S. 82 ff.

dessen Sympathie zuzuwenden und dem Throne die Stütze zu
entziehen, welche er in dessen Anhänglichkeit finden konnte: allein sie beabsichtigten keineswegs die Theilung ihrer Rechte
mit dem Volke. Hingegen waren sie bemüht, die Volksvertreter
jener beschränkten Monarchien, wo das Repräsentativsysten besteht,
auch unter dem erzständischen Systeme der ungarischen Verfassung
in ihren Aeusserungen nachzuahmen, da sie durch eine solche
Unterschiebung von Modephrasen freieren Spielraum für ihr Treiben
erhielten. Insbesondere bemühten sie sich, und zwar mit glücklichem
Erfolge, der Erdichtung Glauben zu verschaffen, dass neben ihrem
unverantwortlichen, durch die Gesetze gegen jeden Angriff sorgsam
und nachdrücklichst geschützten Könige eine von ihm gesonderte
Regierung bestehe, welche sie wegen dieser Sonderstellung ungestraft in den Comitatscongregationen, den Landtagssitzungen
und auch ausser denselben schmähen, verdächtigen und herab-
würdigen konnten. Die Organe des Königs versäumten es, dieser
Fraction gleich anfangs entgegenzutreten, was um so mehr ihre
Pflicht gewesen wäre, als eine Trennung des Regenten von der
Regierung nur in jenen Staaten denkbar ist, wo dem König ein
der Nation verantwortliches Ministerium so zur Seite steht, dass
er keinen Regierungsact ohne Haftung eines Ministers gültig vornehmen kann. In der ungarischen Verfassung herrschte aber
gerade die entgegengesetzte Maxime. Nach derselben gab es kein
Ministerium, sondern nur eine königliche Kanzlei, bestimmt, die
Ausfertigung der königlichen Beschlüsse zu besorgen, welche
sodann mit königlicher Unterschrift in das Land geschickt wurden...
Die wie durch Taschenspielerkunst eingeführte Unterscheidung
zwischen dem König und seiner Regierung wurde von der Bewegungspartei sehr eifrig und geschickt benützt, um den königlichen Befehlen unter dem Vorwande, sie seien nicht der Ausdruck
seines Willens, sondern nur ein Machwerk der sogenannten Regierung — den Gehorsam zu versagen und somit die Bande der
gesetzlichen Ordnung zu lockern".

„Ein jeder ungarische Landtag endete mit irgend einer
Schmälerung der königlichen Rechte. in einem jeden trat die
Opposition kecker der königlichen Regierung, immer unter schwül-
stigen Betheuerungen ihrer Ehrfurcht und Hingebung für die
Person des Königs, entgegen. Der in den Jahren 1843—1844 ab-
gehaltene Landtag bot bei zwei Gelegenheiten sehr bedenkliche
Symptome der immer steigenden Bewegung dar. Das erste gleich

nach seiner Eröffnung, wo ein vom Könige proponiertes Religionar-
gesetz, ohne die sonst bei Landtagen üblichen Berathungsformen,
insbesondere, ohne dass darüber die Deputierten von ihren Comitaten Instructionen erhielten, verworfen wurde, das zweite, indem
die Deputierten der Nebenländer in dem verfassungsmässigen
Gebrauch der lateinischen Sprache bei den Landtagsdebatten
beirrt wurden. Eine Auflösung des Landtags durch den König
wäre ein kraftvoller Schritt gewesen, welcher vielleicht, gehörig
verfolgt, dem drohenden Uebel hätte Einhalt thun können; er
unterblieb, weil die Lenker der ungarischen Angelegenheiten den
Lärm scheuten, welchen dieser Schritt im In- und Auslande verursacht hätte. Man gab die Rechte der Nebenländer preis, indem
man ein Gesetz zuliess, welches den Vertretern dieser Länder
beim ungarischen Landtage statt der ihnen geläufigen, verfassungsmässigen lateinischen Sprache, in welcher bis dahin alle Gesetze
abgefasst worden waren, nach einem Zeitraum von sechs Jahren
den Gebrauch der Vielen unbekannten oder verhassten magyarischen aufdrang. Von diesem Zeitpunkte angefangen stieg die
Erbitterung der Slaven gegen die Magyaren von Tag zu Tag, und
brach in Croatien oft in blutige Thätlichkeiten aus."

„In den ungarischen Comitaten erhob die Umsturzpartei, welche
sich nach der Terminologie des Repräsentativsystems die Oppositionspartei nannte, immer frecher das Haupt. Die Obergespanne
und Administratoren der Comitate, die einzigen Männer königlicher
Ernennung in den Comitaten, waren der Mehrzahl nach gewohnt,
diese ihre Würde als eine Sinecure zu betrachten, und die Führung
der Amtsgeschäfte den durch die Wahl der Comitatsstände
temporär ernannten Vicegespannen zu überlassen, welche in der
Regel entweder nicht den Willen oder nicht die Kraft und das
erforderliche Ansehen hatten, den Gesetzen und den Befehlen des
Königs Geltung zu verschaffen. So musste es sich denn ergeben,
dass ein jedes Comitat unter dem Titel, seine Autonomie zu
bewahren, zu einer Art Republik ausartete, welche die dem
Landtage allein gebührende Theilnahme an der Gesetzgebung dadurch usurpierte, dass in den Versammlungen der Comitatsstände
die der landtäglichen Berathung beider Ständetafeln vorzubehal-
tenden Fragen schon vorläufig besprochen, darüber Beschlüsse
gefasst und die Vertretung dieser Beschlüsse den Comitats-
deputierten beim Landtage als Pflicht vorgezeichnet wurde, eine
Pflicht, der sich die Deputierten um so unbedingter unterwerfen

mussten, als ihre Comittenten das Recht hatten, sie noch während des Landtages abzurufen und durch andere zu ersetzen. Diese die Wirksamkeit des Landtages lähmende Autorität der Comitate lag keineswegs in der ursprünglichen Verfassung; sie war, wie manche Missbräuche, zuerst eingeschmuggelt, sonach aber durch den Usus sanctioniert worden".

„Um Ordnung in die Comitate zu bringen, blieb der Regierung kein anderer gesetzlicher Weg offen, als das Institut der Obergespanne und Administratoren wieder auf seine ursprüngliche Bestimmung zurückzuführen und darauf zu dringen, dass diese Würdenträger in dem ihnen anvertrauten Comitate sich bleibend aufhielten und sowohl bei den Verhandlungen über administrative Gegenstände, als auch bei jenen in Rechtssachen (den Sedrien) den Vorsitz führten. Weil aber vorauszusehen war, dass sich viele derselben, die durch andere öffentliche Aemter, welche sie bekleideten, oder durch Privatverhältnisse ihren Wohnsitz ausserhalb ihrem Comitate zu haben genöthiget waren, dieser Bestimmung nicht fügen würden, zumal die mit ihrem Amte verbundenen pecuniären Opfer in der sehr geringen ihnen vom Lande verabfolgten Besoldung keine Entschädigung finden konnten, musste die Regierung Sorge tragen, ihnen eine solche aus eigenen Mitteln durch Functionszulagen dergestalt zu verschaffen, dass ihre Bezüge den ansehnlichen Betrag von 5000—6000 Gulden für ein Jahr erreichten, dabei aber auch jenen, welche zugleich ein anderes Amt bekleideten, die Niederlegung desselben zur Pflicht machen. Diese Zurückführung des Institutes der Obergespanne und Comitatsadministratoren auf die ursprüngliche Bestimmung erhielt die Benennung Appony'sches System, obgleich diese Massregel schon während des Landtages im Jahre 1844 beschlossen worden, also vor der Berufung Appony's zu der ungarischen Hofkanzlei; weil er sie aber als ungarischer Hofkanzler auszuführen hatte, galt er in der öffentlichen Meinung für ihren Urheber und wurde deshalb angefeindet und heftig angegriffen; denn die Bewegungspartei erkannte den grossen Einfluss, welcher dem Könige in den Comitaten dadurch wieder verschafft werden könnte, und bot sonach alle ihre Kräfte dagegen auf. Sie hatte hiebei leichtes Spiel, weil auch viele der in ihrem Interesse verletzten Würdenträger, welche den Forderungen ihrer veränderten Stellung nicht entsprechen konnten oder wollten und sie sonach aufgeben mussten, wenn sie auch sonst dem Könige ergeben waren, dennoch ihr

Missvergnügen darüber nicht verschwiegen und weil in der Wahl der an ihre Stelle Gesetzten Fehlgriffe eintraten. In manchen Comitaten fand Widersetzlichkeit, besonders gegen die Anerkennung der Administratoren statt, deren Anzahl wegen der Immobilität der Obergespanne sich bedeutend vermehrte, indem sie jenen dieser Würdenträger substituiert werden mussten, welche, ohne sich der neuen Vorschrift zu fügen, ihre Würde nicht freiwillig zurücklegten. Am heftigsten wurde der Vorsitz in den Sedrien bestritten, indem man die neuen Obergespanne und Administratoren als Söldlinge des Königs darstellte, die keinen Einfluss auf das Richteramt haben sollten. Die Schwäche mancher Männer des königlichen Vertrauens, welche sie abhielt, ihre verfassungsmässigen Rechte zu behaupten, steigerte die Kühnheit der Widersacher. So geschah es, dass die mit nicht unbedeutendem Aufwande für die österreichischen Staatsfinanzen verbundene Massregel nicht den gehofften Erfolg hatte; ja sie vermehrte die Aufregung im Lande".

„Alle Bestrebungen der Regierung wurden nachher auf die Gewinnung der Stimmenmehrheit in dem gegen das Ende des Jahres 1847 einzuberufenden ungarischen Landtage gerichtet, um durch die Mitwirkung ihrer Anhänger auf dem Wege der Gesetzgebung sowohl die nothwendigen Repressivmassregeln gegen die immer kühner auftretende Agitation als gegen die einbrechende Anarchie zu erwirken".

„Der Gang war richtig ausgedacht, aber er fand unübersteigliche Hindernisse in dem Zwiespalte, welcher unter den sogenannten Conservativen herrschte. Diese waren nämlich in zwei Fractionen getheilt; die eine glaubte das Heil nur in der Festhaltung an den alten Formen und Institutionen zu finden, die andere betrachtete diese als nicht mehr haltbar, und beabsichtigte ihre allmählige Umgestaltung. Zu den ersteren gehörten meistens die alten Magnaten, Beamten und Grundherrn, zu der anderen die jüngeren, welche sich nicht der Opposition angeschlossen hatten. An der Spitze dieser Jüngeren stand der ungarische Hofkanzler Graf Appony. Die Abneigung der Ersteren gegen die Letzteren war beinahe eben so gross, als jener gegen die Oppositionspartei; sie enthielten sich zwar aus treuer Anhänglichkeit an den Thron einer jeden Agitation, unterstützten aber auch nicht die Pläne der anderen Fraction. Diese hatte augenblicklich die Macht in den Händen und suchte sie zur Gewinnung von Stimmen für den nächsten Landtag dadurch zu benützen, dass bei Verleihungen von Aemtern, Würden und Auszeichnungen nur solche Personen bevorzugt wurden, welche Hoffnung gaben, entweder selbst oder durch ihren Anhang die Stimmen für die Regierung zu vermehren. Hiedurch wurden manche gerechte Ansprüche und Erwartungen verletzt und der Opposition Gelegenheit gegeben, über ein von der Regierung eingeführtes Bestechungssystem lautes Geschrei zu erheben und sie im Lande in Misscredit zu versetzen, indem sie ihr den Gebrauch des unmoralischen Mittels der Corruption zur Erreichung ihres Zweckes vorwarf. Das Schlimme war, dass auch die Fraction der älteren Anhänger des Thrones sich in diesem Sinne aussprach, so dass die andere in ihr keinen Stützpunkt mehr finden konnte, was aber diese in ihrem jugendlichen Selbstvertrauen nicht erschütterte und sie nicht abhielt, Reformpläne auszuarbeiten, die dem Landtage vorgelegt werden sollten, und die nichts zu wünschen übrig liessen, als die Mittel sie durchzusetzen".

„Ein Jahr vor der Einberufung des Landtages trat noch eine Verwicklung durch den Tod des Reichspalatins Erzherzog Joseph ein, welcher die höchste Würde im Königreich während eines halben Jahrhunderts bekleidet und sich dadurch einen reichen Schatz von Erfahrungen und ein grosses Ansehen bei allen Parteien erworben hatte. Er war ein verständiger, kluger, ja sogar schlauer Mann, dessen Mangel an Charakterstärke wohl so manchen Stein aus der Grundlage des Thrones herausreissen liess, dessen Klugheit aber doch immer den Angriff auf die Hauptträger desselben abzuwenden verstand. Mit einer sonst in Oesterreich ungewohnten Eile wurde unmittelbar nach seinem Hinscheiden sein Sohn, der Erzherzog Stephan zum Stellvertreter des Palatins ernannt, dadurch aber der Wunsch des Königs ausgesprochen, dass die den Reichsständen vorbehaltene Wahl eines Palatins auf ihn falle. Hiebei wurde die vorläufige Verständigung mit dem Erzherzog Stephan über seine Geneigtheit versäumt, das Programm des ungarischen Hofkanzlers Grafen Appony auszuführen. Ein Zwiespalt in den Ansichten stellte sich bald heraus, welcher durch die an den Erzherzog sich drängenden Gegner des neuen Systems sowohl aus der einen Fraction der Conservativen als aus der Oppositionspartei eifrig genährt wurde".

„Der junge Erzherzog wollte dem Systeme seines Vaters folgen und es mit keiner Partei ganz verderben; ihm mangelte jedoch hiezu die Erfahrung seines Vaters und auch zur Behauptung des

Gleichgewichts dessen Gewandtheit im Gebrauch der Balancier-
stange; er musste daher gegen seine Vermuthung in die Arme
der zahlreicheren und rührigern Gegner des Regierungssystems
sinken. Die Einstimmigkeit, womit er selbst von den der Regierung am schroffsten entgegenstehenden Comitaten zum Palatin
gewählt wurde, war ominös, obwohl man sich darüber zu Wien
erfreute".

„Der Kanzler Appony und sein junger Anhang glaubten von
dem neuen Palatine bei seiner jugendlichen Kraft eine erfolgreiche
Unterstützung, wenigstens zur Handhabung der Ordnung im Landtage erwarten zu können, und überliessen sich den besten Hoffnungen. Gleichzeitig hielt sich aber auch die Opposition des Sieges
gewiss. In beiden Feldlagern rüstete man sich daher mit Selbstvertrauen zum parlamentarischen Kampfe. Doch jene Fraction
der Conservativen, welche ausserhalb der Lager geblieben war,
machte bedenkliche Mienen und schien von düsterer Ahnung der
Dinge, die da kommen sollten, ergriffen zu sein. In der Mitte
Novembers 1847 begann der verhängnisvolle Landtag zu Pressburg und schon im Januar 1848 erkannte die Regierung die Unmöglichkeit, durch ihn die Zustände des Landes zu verbessern
und dachte an seine Auflösung; aber die Vorbereitungen zu diesem
wichtigen Schritte waren noch nicht getroffen, als die Märzereignisse
hereinbrachen".

„Die Bewegung in Siebenbürgen war eine Nachbildung jener
in Ungarn mit den Schattierungen, welche durch den mindern
Umfang des Landes, den geringeren Reichthum der Bewegungspartei, die verhältnismässig mehr verbreitete Intelligenz und den
zäheren Widerstand des durch die sächsische Nation wacker vertretenen deutschen Elements nothwendig bedingt waren".

„Dennoch gelang es der Gewandtheit, Festigkeit und geistigen
Ueberlegenheit des siebenbürgischen Hofkanzlers, Baron Josika,
unterstützt durch seine zahlreichen und rührigen Anhänger, dem
im Jahre 1847 geschlossenen siebenbürgischen Landtage einen
für die Regierung unerwartet günstigen Ausgang zu verschaffen,
indem vieljährige Controversen, z. B. über die Besetzungsart der
Stellen, die Completierung der siebenbürgischen Regimenter, beigelegt wurden, zwar nicht ohne das Opfer einiger Rechte der
Regierung, die nur mehr dem Buchstaben nach bestanden, in der
Wirklichkeit aber schon längst ausser Uebung gekommen waren.
Auch geschah der erste Schritt zur Regulierung der bäuerlichen

Verhältnisse durch Votierung eines Urbarialgesetzes und eine Annäherung an die Centralregierung, indem die Stände den vorzüglichsten deutschen Mitgliedern derselben das überraschende Geschenk mit dem siebenbürgischen Incolate gemacht hatten".

„Diese unerwartet günstigen Ereignisse des siebenbürgischen Landtags steigerten bei der jüngern ungarischen Regierungspartei die Hoffnungen auf ähnliche Erfolge zu Pressburg; aber es geschah das Gegentheil; denn die ungarische Bewegungspartei wusste die Siebenbürger von dem betretenen Pfade abzulenken und mit in ihre Bewegung zu reissen".

Der eigentliche Gegensatz zwischen der Regierung zu Wien und der Bewegungspartei in Ungarn bestand übrigens darin, dass jene im Interesse der Machtstellung Oesterreichs die Rechte der ungarischen Stände einzuschränken und in Beziehung auf die Besteuerung und Aushebung der Rekruten sich freiere Hand zu verschaffen suchte, während die Stände, durch die wiederholt zu Tage tretenden absolutistischen Tendenzen der Regierung misstrauisch gemacht, nur um so sorgfältiger ihre Rechte zu wahren ja noch zu erweitern bemüht waren. Auch hatte die Beobachtung, dass die Regierung die Deutschen bevorzuge, bei vielen Ungarn das Streben erweckt, eine vollständige Trennung von den übrigen österreichischen Ländern durchzusetzen und die Realunion in eine Personalunion zu verwandeln. Die Ueberzeugung, dass, so lange die grössere Reichshälfte absolutistisch regiert werde, auch die ungarische Verfassung stets gefährdet sei, hatte übrigens die Folge, dass die ungarische Bewegungspartei die Einführung constitutioneller Formen auch in den andern Ländern begünstigte. Besonders Kossuth, ein ungarischer Edelmann von nicht sehr grossen Mitteln, vertrat durch Schrift und Wort die Ansichten dieser Partei.

5. Die Opposition der böhmischen Stände und ihre Folgen.

„Nach Ungarn und Siebenbürgen", bemerkt der Verfasser der „Genesis der Revolution"[1]), „war Böhmen das Land, wo das Ständewesen noch aus der Vorzeit am meisten in der Erinnerung geblieben war. Das Andenken an den Einfluss der Stände vor der verhängnisvollen Schlacht am weissen Berge bei Prag lebte noch

---

[1]) S. 94 ff.

fort und gab stets Anlass zum Bedauern, dass dieser Einfluss vernichtet und Böhmen von den Wiener Hofbehörden abhängig geworden sei. Eine Art von Eifersucht der Czechen gegen die Oesterreicher und der Wunsch, die czechische Nationalität und Sprache emporzuheben, war daher niemals erloschen".

„Die Formen der alten ständischen Verfassung waren in Böhmen mehr als anderswo geblieben; immer noch waren die ständischen Landesofficiere, welche an der Spitze der Landesverwaltung standen: der erste Landesofficier, Oberstburggraf genannt, war der Landeschef, die Vorstände der Justizbehörden (Appellationsgericht und Landrecht) mussten ebenfalls Landesofficiere und daher Mitglieder der Stände sein. Diese Form hatte zwar ihren Wert verloren, indem die zu einer solchen Stelle Ernannten, wenn sie den böhmischen Ständen nicht schon angehörten, gleichzeitig das Incolat und den nöthigen Adelsgrad vom Souverain erhielten, allein sie liess demungeachtet die Erinnerung an das alte Vorrecht fortleben. Die Steuerpostulate des Königs und dessen sonstige Anforderungen sollten von den Ständen in den jährlich abzuhaltenden Landtagen in Erwägung gezogen, und diese Landtage immer mit einer Uebereinkunft zwischen den Ständen und der Krone über die königlichen Postulate geschlossen werden. Seit geraumer Zeit legten die Stände selbst keinen Wert mehr auf solche Landtagsschlüsse: sie galten für eine leere Förmlichkeit und waren durch Decennien unterblieben. Vor einigen Jahren begieng aber die vereinigte Hofkanzlei die Unklugheit, auf die Beobachtung dieser den Ständen eine Waffe gegen die Regierung (nämlich durch Verzögerung des Landtagsschlusses und der davon abhängenden Steuerausschreibung) darbietenden Form selbst zu dringen. — Der den Ständen zugewiesene Domesticalfond sollte von ihnen ohne dictatorischen Einfluss ihres Chefs verwaltet werden und auch die Krone sollte über diesen Fond ohne die Zustimmung der Stände nicht verfügen. Obwohl bei der Unbedeutendheit der Zuflüsse desselben dieses Recht von keiner besondern Wichtigkeit zu sein schien, so gab es doch gerade die erste Veranlassung zu einer entschiedenen Bewegung der böhmischen Stände".

„Es schien nämlich dem Oberstburggrafen in Böhmen, Grafen Chotek, der Gang einer Berathung mit den Ständen, um ihre vorläufige Zustimmung zu seinen Verbesserungs- und Verschönerungsplänen zu erhalten, oft bei seinem Eifer für das Gute und Schöne zu langsam, um sich daran zu binden, und er nahm es manchmal

auf sich, die Beistimmung derselben vorauszusetzen, und in dieser
Voraussetzung über die Fondsgelder zu verfügen. Die Geltung,
welcher sich Graf Chotek bei dem Kaiser Franz erfreute, mag
Ursache gewesen sein, dass die Stände während dessen Regierung
über derlei Interpretationen ihrer Gesinnung stillschweigend hinaus-
gegangen waren. Als aber dessen Ansehen abgenommen hatte,
bekamen sie den Muth, dagegen in die Schranken zu treten. Das
geneigte Gehör, welches sie dabei in Wien fanden, liess sie an
Reibungen mit ihrem Oberstburggrafen Geschmack gewinnen und
machte solche zur Tagesordnung. Dadurch entstand der Keim
einer früher nicht geträumten ständischen Opposition in Böhmen".

„Es liegt im Charakter jeder Opposition, immer weiter um
sich zu greifen. So geschah es denn, dass neben dem Opponieren
gegen die Handlungen des Chefs die Stände Böhmens auch die
Verfügungen der Regierung beanstandeten; zuerst nur insofern sie
durch dieselben ihre eigenen Privilegien beeinträchtigt glaubten,
dann aber auch in Angelegenheiten, welche nicht mehr sie allein,
sondern das ganze Land betrafen. Sie erhoben ihre Stimme gegen
die obenerwähnten Besetzungen jener Landesämter, wozu nur
ständische Mitglieder berufen sein sollten, durch Männer, welche
nicht schon vor ihrer Ernennung zu diesen Aemtern den Ständen
angehört hatten. Als nach dem Austritte des Grafen Chotek der
Gubernialvicepräsident Altgraf Salm zum Oberstburggrafenamts-
verweser ernannt wurde, gab diese Ernennung Anlass zu heftigen
Klagen über Missachtung der ständischen Rechte, indem ihnen ein
Vorstand gegeben worden sei, der keine Landesofficierstelle be-
kleide und keinen landtäflichen Besitz habe. Und doch war der
Vorgang nicht neu; denn im Jahr 1811 war Graf Kolowrat unter
ähnlichen persönlichen Verhältnissen vom Kaiser Franz zum Oberst-
burggrafenamtsverweser ernannt und von den böhmischen Ständen
ohne Widerspruch als provisorischer Chef anerkannt worden. Die
Regierung gab aber diesmal nach — ein Landesofficier wurde
bewogen, seine Stelle niederzulegen, um den Grafen Salm damit
ausstatten zu können. Dieser übernahm von seinem Bruder eine
Herrschaft in Böhmen und wurde damit nach dem Willen der
Stände zu der ihm verliehenen Stelle geeignet gemacht".

„Nach diesen Siegen suchten die böhmischen Stände neue zu
erfechten. Sie fassten zuerst ihren Domesticalfond in das Auge.
Hier fanden sie Gelegenheit, der Regierung in einer unbedeutenden
Sache entgegenzutreten. Es sollten nämlich die Kosten für einige

Stiftlinge in der Wiener-Neustädter Militäracademie, deren Präsentation von den Ständen geschah, ihrem Domesticalfond zugewiesen werden, nachdem sie bis dahin ungebührlich dem Clerus allein zur Last gefallen waren. Obgleich es sich nur um die gerechtere Vertheilung einer zum Vortheile ständischer Angehöriger lange schon bestehenden Auslage handelte, verweigerten die böhmischen Stände, um die Regierung von einer jeden Verfügung über den Domesticalfond fern zu halten, ihre Bestreitung aus diesem mit hinreichenden Zahlungsmitteln versehenen Fond und die Plätze wurden von der Regierung übernommen".

„Hierauf bestrebten sie sich auf die Repartierung und die Bewilligung der directen Steuern einen grösseren Einfluss als den bisherigen zu erringen. Um sich stetig in den Besitz des unbeschränkten Rechtes der Steuerrepartition zu setzen, verfielen ihre Führer im Landtage vom Jahre 1846 auf den seltsamen Einfall, einen Theil der vom Rustical- (dienstbaren) Grundbesitze bezahlten Grundsteuer im Wege einer veränderten Repartition auf den Dominical- (berechtigten) Grundbesitz zu übertragen, womit wohl auch die Nebenabsicht verbunden sein mochte, sich die Bauern dankbar und ergeben zu machen. Die Mehrzahl der Stimmenden trat dem Vorschlage der Führer bei, ohne die Folgen dieser unter dem Titel einer Repartitionsveränderung eingeschmuggelten höheren Besteuerung überdacht zu haben, und war sehr unangenehm betroffen, als sie erkannte, dass diese den berechtigten Grundbesitz beträchtlich treffende Steuerübertragung vom Bauer, welchem sie nur eine kaum bemerkbare Steuerverminderung verschaffte, ganz gleichgiltig, ohne die mindeste Spur von Dankbarkeit hingenommen wurde".

„Die den Ständen in den sogenannten Postulatenlandtagen zustehende Votierung der directen Steuern wurde, wenn die Ziffer der Besteuerung gleich blieb, bisher nur als Förmlichkeit betrachtet. Nunmehr sollte sie aber eine praktische Bedeutung erhalten, indem die böhmischen Stände in der durch die vereinigte Hofkanzlei erlassenen Anordnung regelmässiger Landtagsschlüsse die Gelegenheit fanden, ihre Ansprüche mit dem Votum über die Steuer in Verbindung zu setzen und den Landtagsschluss (somit aber auch die Steuerausschreibung) bis zu dem Zeitpunkte hinauszuschieben, wo diese Ansprüche befriediget worden wären.

„Hieraus entspann sich ein lebhafter Kampf mit der Regierung, welche unmöglich die Steuereinzahlung von einer Vereinbarung mit den Ständen über mancherlei mit der Besteuerung in gar keinem Zusammenhange stehende Anordnungen abhängig machen konnte. Der ständische Vorstand Graf Salm, welcher nach der Ernennung des Erzherzogs Stephan zum böhmischen Landeschef den Charakter und Titel eines zweiten Gubernialpräsidenten erhalten hatte, musste die Sache der Regierung vertreten und wurde dadurch ebenso missliebig, als sein Vorfahr Graf Chotek. Er hatte aber weit weniger Mittel als dieser, sich im Lande Ansehen und Einfluss zu verschaffen, weil er nicht mehr wie der Oberstburggraf der Repräsentant des Souveräns war, denn als solcher stand der Erzherzog über ihm. Hiezu kam noch der Umstand, dass letzterer, nach Popularität strebend, eine jede unangenehme Berührung mit den ständischen Tonangebern möglichst zu vermeiden suchte, und darum, bei seinem Verstande, seinem aufgeweckten Geiste, übersprudelnden Witze und gefälligen Aeussern sehr glücklich war. Es wurde sonach bald bon ton, mit dem Gubernialpräsidenten im Zerwürfnisse zu sein und an ihm den Verdruss über die Beschränkung des ständischen Treibens auszulassen".

„Die Versammlungen der böhmischen Stände waren die bewegtesten nach jenen in Ungarn und Siebenbürgen. Ein böses Symptom stellte sich heraus, indem dabei selbst der Souverän nicht unberührt blieb, sondern ihm der abgelegte Krönungseid wiederholt vorgehalten wurde. Diese Frechheit, den Kaiser, welcher die seinen Vorfahren durch den Sieg am weissen Berge zugefallene und an ihn vererbte Macht immer in der durch die böhmische verneuerte Landesordnung bestimmten Form ausübte, findet ihre Erklärung in der Sympathie, deren sich mehrere Oppositionsmänner Böhmens in den höheren Sphären zu Wien und selbst bei einflussreichen Umgebungen des Thrones erfreuten, infolge welcher Sympathien die Sache im mildesten Lichte, gleichsam als Sturm in einem Glas Wasser betrachtet und den verletzenden Aeusserungen gegen die den Wünschen des Landes nicht entsprechenden kaiserlichen Beschlüsse gleichsam die Deutung gegeben wurde, dass sie nur gegen die Hofstellen oder die dem Kaiser zur Seite stehenden Räthe gerichtet wären. Eine solche den Ständen nicht verborgen gebliebene Connivenz in hohen Sphären musste sowohl die Kühnheit ihrer Bewegung, als auch ihre Abneigung gegen die sogenannte Bureaucratie steigern . . . ."

„Die nicht zu den Landständen gehörenden Classen fühlten zwar keine Sympathie für dieselben, allein sie freuten sich ihrer

Reibungen mit der Regierung, weil sie durch die Schmähung dieser letzteren selbst zur Herrschaft zu gelangen hofften".

„Die ausländische Presse (vorzüglich die sehr verbreitete obgleich streng verbotene Zeitschrift „die Grenzboten") pries den männlichen Muth der böhmischen Stände, bedauerte jedoch, dass sich derselbe nur im Kampfe für ständische Vorrechte, nicht aber auch in der Vertretung der allgemeinen Volksinteressen äussere. Diese Bemerkung fiel nicht auf unfruchtbaren Boden; denn bald erweiterten die böhmischen Stände das Feld ihrer Bewegung. Zur Geltendmachung ihrer Privilegien setzten sie aus ihrer Mitte eine eigene Commission zusammen, welche in ihrem Archive alte Documente hervorsuchen sollte, die als Belege ihrer gegen die Regierung gerichteten Ansprüche gelten konnten. Gleichzeitig zogen sie aber auch vor ihr Forum Gegenstände der Verwaltung, welche nicht die Körperschaft der Stände, sondern das Land und selbst den Staat überhaupt betrafen. Dadurch usurpierten sie die Stellung von „Volksvertretern", zu welchen sie jedoch weder bestimmt noch vermöge ihrer Elemente und Einrichtung geeignet waren. Zahlreiche Vorschläge kamen nun zum Vorscheine, welche theils wegen ihrer von den Proponenten nicht geahnten Tragweite, theils wegen ihres bedenklichen Einflusses auf den Staatscredit oder auf den Geldmarkt, theils wegen der Unmöglichkeit der Kostenbedeckung von den zu ihrer Vergutachtung berufenen Behörden nicht unterstützt werden konnten. Die Zurückweisung eines jeden solchen Projectes gab nun Veranlassung zu lauten Klagen gegen die verwünschte Bureaukratie, welcher man vorwarf, dass sie dem guten Willen des Monarchen Fesseln anlege und alles Unheil über die Monarchie bringe. Obgleich solche Schmähungen vor der Hand noch nicht zu Thaten führen konnten, so öffneten sie doch der Revolution die Bahn, indem sie das Vertrauen in die Einsicht, den guten Willen und die Kraft der Regierung untergruben und an seine Stelle jenes Misstrauen setzten, welches das Unheil der jetzigen Zeit über den Kaiserstaat gebracht hat".

„Um sich volkommen als Vertreter der Czechen zu bewähren, fachten die Stände das zwar niemals erloschene, aber doch nur still fortglimmende Feuer der Czechomanie emsig im Volke an. Leute, welche deutsch weit geläufiger und richtiger als böhmisch sprachen, gaben sich das Ansehen eifriger Slavisten; in den vorzüglichsten Gast- und Kaffeehäusern Prags, wo kaum eine der deutschen Sprache unkundige Zunge jemals Speise oder Trank verkostete, erschienen böhmische Speisezettel, Einladungen zu Festen, welche keineswegs für die unteren Gesellschaftsschichten, bei welchen allein die Unkenntnis der deutschen Sprache eintreten konnte, bestimmt waren, wurden in böhmischer Sprache verfasst; in Landstädtchen, deren Bevölkerung aus Deutschen bestand, erhielten die Gassen, wenn der Amtmann ein Czechomane war, böhmische Namen. Dadurch wurde der Sprachenhader, an welchen das Volk gar nicht dachte, in das Leben gerufen. Da von jeher die Gesetze und Vorschriften in beiden Landessprachen kundgemacht wurden, da in czechischen Gegenden die Seelsorger, Schullehrer und Amtleute böhmisch mit dem Volke sprachen, so war ungeachtet des nie erloschenen Nationalgefühls doch kaum eine Spur wirklicher Anfeindung der Deutschen von Seite der Czechen zu finden; es war vielmehr zu einer weit verbreiteten Gewohnheit geworden, dass Eltern böhmischer Zunge ihre Kinder zu Freunden in deutsche Orte schickten, und dafür von dort Kinder bei sich aufnahmen, um so beiden die Gelegenheit zu verschaffen, sich die eine und die andere Landessprache anzueignen. Der gegenwärtige Sprachen- und Nationalitätenzwist ist sonach durchaus nicht von dem der deutschen Sprache unkundigen Theile des Czechenvolkes ausgegangen, sondern ist bei demselben von oben geweckt worden, um durch denselben die Centralverwaltung zu entkräften, nach dem Beispiele, welches in Ungarn gegeben worden war."

„Nachdem durch eine Reihe von Jahren in diesem Sinne ein stiller Kampf stattgefunden hatte, ergab sich im Jahre 1847 ein offener Bruch zwischen der Regierung und den böhmischen Ständen, welcher als eine Vorandeutung der Märzereignisse des Jahres 1848 hier näher dargestellt zu werden verdient. Schon seit längerer Zeit hatten die königlichen Städte Böhmens erkannt, dass sie die bedeutenden, immer steigenden Auslagen der ihnen übertragenen Criminalgerichte fortan nicht mehr aus ihren Einkünften zu bestreiten vermöchten, und daher die Nothwendigkeit einer Abhilfe dringend vorgestellt. Die Billigkeit dieser Bitte wurde allseitig anerkannt und der von den Städten zu leistende Beitrag auf ungefähr 50.000 Gulden jährlich berechnet. Die Regierung, um den Staatsfinanzen eine neue Auslage zu ersparen, gieng die böhmischen Stände an, diese Beihilfe für die Städte auf den ständischen Domesticalfond zu übernehmen. Die Stände lehnten dieses Ansinnen ab, indem sie ihren Domesticalfond zu diesen den Staatszweck unmittelbar betreffenden Auslagen nicht für berufen erklärten. Sie hatten hiezu volles Recht, wie es auch die Regierung wirklich anerkannte, indem sie die Unterstützung der Städte zu der Bestreitung des Aufwandes für die Criminalgerichte als Staatslast selbst übernahm. Hiemit wäre die Sache abgethan gewesen, wenn nicht der Wunsch, den Finanzen sogleich den Ersatz für diese ihnen neu zugewachsene Last zu verschaffen, den unglücklichen Schritt veranlasst hätte, den an sich nicht bedeutenden Betrag den directen Steuern des Landes Böhmen allein zuzuschlagen . . . Die dadurch herbeigeführte Erhöhung der den böhmischen Ständen in dem königlichen Postulate angekündigten Steuer gieng im Jahre 1845 zuerst und dann im Jahre 1846 bei den Landtagen zwar nicht ungerügt aber doch unbeanstandet durch. Der Titel jener Erhöhung wurde nicht ausdrücklich angedeutet, weil es im Herkommen nicht gegründet war, den Ständen überhaupt Rechenschaft über die Bestimmung oder Verwendung der Steuergelder zu geben".

„Obwohl nun im Postulatenlandtage des Jahres 1847 nur die gleiche Steuersumme für das Verwaltungsjahr 1848 in Anspruch genommen wurde, hielten sich die Stände demungeachtet für berechtigt, von der Regierung die Nachweisung zu verlangen, aus welchem Grunde die Steuern seit dem Jahre 1845 um beiläufig 50.000 Gulden erhöht worden seien".

„Die Gewährung dieses Verlangens unterlag dem Bedenken, dass dadurch der erste Schritt zu einer Controle von Seite der Stände gegen die Regierung, bezüglich auf die Gebarung mit den Staatseinkünften, geschehen wäre. Die Regierung berief sich sonach auf das bestehende Herkommen und forderte die Stände zur Repartierung und Ausschreibung der für das Verwaltungsjahr 1848 in gleichem Betrage wie für die beiden vergangenen Jahre geforderten Steuern auf. Die Stände verweigerten die Folgeleistung und erklärten, dass nur aus Rücksicht auf die Verlegenheit, welche für den öffentlichen Dienst zu besorgen wäre, wenn sie nach ihrem Rechte die Steuerrepartierung und Ausschreibung bis zu dem wegen der obwaltenden Differenz nicht in naher Aussicht stehenden Landtagsschlusse verschieben würden, sie sich für diesmal ausnahmsweise herbeigelassen hätten, ihrem Ausschusse aufzutragen, die Steuern in jenem Betrage auszuschreiben, in welchem dieselben bis zum Jahre 1848 entrichtet worden waren. Hiemit war der Fehdehandschuh hingeworfen. Die Regierung musste ihn aufheben und den Kampf bestehen, wollte sie nicht ihre Stellung gegenüber den böhmischen Ständen, sonach aber auch gegenüber allen anderen, deren Privilegien aus der früheren Zeit herstammten und im Wesentlichen identisch waren, gänzlich verändert sehen".

„Es wurde daher die ganze postulierte Summe durch den ständischen Vorstand und Gubernialpräsidenten mit Umgehung der ständischen Corporation auf die Steuerpflichtigen umgelegt, dabei aber Anstalt getroffen, jeder Steuerverweigerung wirksam zu begegnen. Diese Vorsicht schien nöthig, weil schon einige Jahre früher, als wegen Verzögerung des Landtagsschlusses die Steuerausschreibung im gewöhnlichen Wege durch das dazu berufene Ständeamt noch vor diesem Schlusse erfolgt war, einzelne ständische Glieder hohen Ranges Miene gemacht hatten, die Zahlung zu verweigern, obgleich es damals die ständischen Organe selbst waren, welche kein Bedenken getragen hatten, die Sicherstellung des öffentlichen Dienstes nicht von einer Formsache abhängig zu machen. Indessen trat diesmal keine solche Demonstration ein. Man beutete den entschiedenen Schritt der Regierung auf alle mögliche Weise aus, um sie und die Staatsmänner, welche man als dessen Urheber betrachtete, verhasst zu machen, das Nationalitätsgefühl noch mehr aufzureizen und sich für die Schlacht zu rüsten, welche man der Regierung bei Gelegenheit des im Frühjahre abzuhaltenden Landtages liefern wollte. Das Arsenal der Stände war für diese Schlacht durch die schon erwähnte ständische Commission zur documentierten Darstellung der ständischen Rechte mittlerweile gehörig ausgerüstet worden. Diese Darstellung fiel nach beinahe zweijähriger Arbeit so umfangreich aus, dass die Stände sie nicht für geeignet hielten, in ihrem ganzen Inhalt vor den Thron gebracht zu werden, sondern dass sie solche zum angemessenen Gebrauche im ständischen Archive aufbewahrten, und nur die Ergebnisse derselben in einer Landtagsschrift dem Kaiser überreichten, um eine Bürgschaft ihrer durch die Bureaukratie bei Seite gesetzten alten Vorrechte zu erlangen".

„Es liegt", sagt der Verfasser der „Genesis der Revolution", „ausser den Grenzen unserer Aufgabe, in eine Aufzählung und kritische Betrachtung der ständischen Ansprüche einzugehen. Wir begnügen uns anzuführen, dass an der Spitze dieser Ansprüche sogar die damals nicht zeitgemässe Erinnerung an das Recht stand, im Falle des Erlöschens der herrschenden Dynastie die Wahl eines Königs vorzunehmen, sowie die Forderung, dass eine jede Besteuerung von der vorläufigen Beistimmung der Stände abhängig

gemacht und zu allen das Land betreffenden Gesetzen und Massregeln ihr Beirath eingeholt werden solle. Die Stellung, welche
die böhmischen Stände auf diese Art gegen das Princip der reinen
Monarchie erhoben, und die kühne Weise, in welcher sie es thaten,
konnten als ein Symptom ihrer Stärke gelten, einer Stärke, welche
nur aus einer engen Verbindung mit den Ständen anderer österreichischen Provinzen und aus der Gewissheit einer Unterstützung
in den nicht privilegierten Classen der Gesellschaft entspringen
konnte. In der That waren der Regierung die Einverständnisse
nicht unbekannt, welche die Chorführer der böhmischen Stände
sowohl mit jenen in Mähren und Niederösterreich als auch mit
den ungarischen angeknüpft hatten; sie wusste auch, wie sie die
Kluft, welche zwischen ihnen und den nicht privilegierten Classen
bestand, durch die Brücke des Nationalitätsgefühls zu überschreiten
strebten. Dennoch blieb sie ruhige Zuschauerin im festen Vertrauen auf die — weit überschätzte — Anhänglichkeit, welche die
Massen ihrer Völker im entscheidenden Augenblick an den Tag
legen würden".

„Sie hoffte zugleich, einem solchen kritischen Moment durch
Verständigung mit den Ständen vorzubeugen. Zu diesem Ende
wurde bei der vereinigten Hofkanzlei ein eigenes Departement
eingesetzt, dessen Bestimmung es war, das Verhältnis aller Provinzialstände zu der Regierung auf der Grundlage des Rechts und
staatlichen Bestandes zu prüfen und die Regelung desselben an-
zubahnen. Dieser Gedanke war glücklich, aber er kam zu spät
und seine Ausführung misslang, denn das ständische Departement
der Hofkanzlei hatte noch kein Lebenszeichen von sich gegeben,
als die Märzereignisse ihm, der Hofkanzlei und den alten privilegierten Ständen den Todesstoss versetzten".

6. Das Verhalten der mährischen Stände.

Die Landstände Mährens, deren Zusammenkünfte noch im
Jahre 1838 kaum beachtet wurden, erhielten einiges Leben, als die
ständische Bewegung in Böhmen begann und die dortigen Slavisten
bei den Landständen Sympathien fanden. Die alte Verfassung
Mährens war nicht viel von der alten böhmischen verschieden
gewesen und wie in Böhmen glaubten auch in Mähren einzelne
Personen, dass an der Landesordnung von 1628 manches abgeändert worden sei und dass man die Gelegenheit benützen müsse,

um halbvergessene Ansprüche wieder zur Geltung zu bringen. Man hielt dies im Interesse des Landes, aber auch insgemein der Eitelkeit für wünschenswert.

Jahre lang waren die Landstände vom Volke wenig beachtet worden. Oft hörte man von Gewerbsleuten, Beamten und Militärs, wenn sie zufällig auf eine ständische Auffahrt zu sprechen kamen oder sie sahen, die spöttische Bemerkung, da kommen „die Väter des Vaterlandes". Von Jahr zu Jahr waren auch die Landtage weniger besucht worden. Die geringe Bedeutung derselben erklärt sich aus äussern Gründen. Viele jener alten Geschlechter, welche Mähren noch um das Jahr 1720 gehabt hatte, waren ausgestorben und an ihre Stelle Adelsfamilien aus andern Provinzen getreten. Der Ritterstand insbesondere war, als unter Joseph II. und seinen Nachfolgern die meisten Landedelleute in die grösseren Städte zogen und dort bald herabkamen, so zusammengeschmolzen, dass von ihnen um 1820 kaum noch zehn alte Familien übrig waren. Seinen Nachwuchs erhielt der Ritterstand an nobilitierten Geldmännern.

Aus diesen Gründen hatten sich auch äusserst wenige Menschen mit der Ständeverfassung, ihren wirklich bestehenden, oder verloren gegangenen oder streitigen Rechten bekannt gemacht; selbst die Gouverneure kannten, wenn man etwa den Grafen Mittrowsky (bis 1829) ausnahm, fast gar nichts davon. Der Einfluss, welchen die Stände etwa noch ausüben konnten, concentrierte sich daher bei den wenigen Mitgliedern, welche im Rufe standen, die Landesverfassung zu kennen.

In der ganzen Zeit von 1828—1848 war die einflussreichste Person bei den mährischen Ständen der Abt des Augustinerstiftes zu Altbrünn Cyrill Napp[1]). Er sass stets im ständischen Ausschusse

---

[1]) Der Verfasser des gegenwärtigen Werkes stand mit diesem Prälaten (1825—1849) in vieljähriger Freundschaft und brachte hunderte von Stunden mit ihm in politischen und wissenschaftlichen Gesprächen zu. Durch ihn und einige andere ständische Glieder war er bis ungefähr zum Jahre 1845 genau über die ständischen Angelegenheiten unterrichtet. Später war dies weniger der Fall, weil die von ihm geäusserte Ansicht, die ständischen Bemühungen könnten wohl zum Umsturz des Regierungssystems, nimmermehr aber zu einer dauernden Herrschaft aristokratischer Interessen führen, mehreren seiner Freunde unter den Landständen nicht gefallen hatte und diese daher zurückhaltender wurden.

und war der vertraute Rathgeber der Gouverneure, welche sich,
besonders nach 1843, über die ständischen Verhältnisse einigermassen zu unterrichten wünschten. Napp war von Geburt ein
Deutscher und der Sohn eines armen Handschuhmachers zu Ge-
witsch, hatte aber angenehme Formen, und er war ganz zum
Geschäftsmann gemacht. Dieser Prälat hatte schon lange die Ansicht, dass das unter Franz I. angenommene Regierungssystem
das Land zugrunde richte, und als in Böhmen die slavistischen
Richtungen emporkamen, und sich bald mit den ständischen Bestrebungen in Verbindung setzten, folgte er ihnen mit Aufmerksamkeit, wie dies auch andere mährische Ständemitglieder thaten.
In seiner Abtei waren unter den Geistlichen viele Slavisten, und
manche Deutsche in Mähren betrachteten überhaupt dieses Kloster
als das Hauptquartier der Slaven, welche übrigens in Mähren
beim Volke wenig Anklang fanden.

Als die böhmischen Stände gegen den Oberstburggrafen Grafen
Chotek in Wien mehrmals Recht bekamen, fanden auch einige
unter den mährischen Landständen, und zwar besonders der Altgraf Hugo von Salm, Besitzer der Herrschaften Raiz und Blansko,
dass sie ebenfalls Gründe zu allerlei Beschwerden wegen ihres
Domesticalfonds hätten. Man verhandelte darüber auf einigen Landtagen. Doch beschloss man abzuwarten, was in Prag zu Stande
kommen werde. Wie die böhmischen Stände die Entdeckung gemacht haben wollten, dass viele ihrer alten von der Regierung
anerkannten Rechte nicht sowohl verloren gegangen, als ausser
Uebung gekommen wären, so glaubte man dasselbe auch in Ansehung der mährischen Ständeverfassung zu finden. Insbesondere
betrachtete man es als wichtig, dass einige spätere Hoferlässe
selbst den Bestimmungen der mährischen Landesordnung von
1628 derogierten.

Seit dieser Entdeckung giengen die mährischen Stände geräuschlos den nämlichen Weg wie die böhmischen, was um so
leichter war, weil die grössten Herrschaftsbesitzer, der Fürst von
Liechtenstein und der Erzbischof von Olmütz, gewohnt an die
geringe Bedeutung der früheren Landtage, gleich mehreren andern
grossen Herrschaftsbesitzern auf dem Landtage gar nicht erschienen [1]) und also das conservative Element, zu welchem die

---

[1]) Beim Erzbischofe von Olmütz war auch noch ein anderer Grund. Vermöge der alten Vorrechte seines Bischofsstuhles mussten, wenn er auf den

vornehmsten Landstände gehörten, schwach repräsentiert war. In welchem Grade aber Graf Salm die liberalen Ideen, welche nach seiner Aeusserung von Deutschland hereinströmten, hasste, zeigte sich daraus, dass er sagte, wenn gewählt werden müsste, würde er die russische Herrschaft vorziehen. Der Prälat Napp bearbeitete in jener Zeit verschiedene Entwürfe zu Robotablösungen, Gemeindeordnungen, Steuerreformen u. s. w., welche nur auf den gehörigen Zeitpunkt warteten, um vorgelegt zu werden. Im Jahre 1846 lag auch bereits der Gedanke an Conföderationen der Ständeversammlungen verschiedener Länder den mährischen Ständen nicht ganz fern. Auch trug eine in mährischer Sprache abgefasste und von den Ständen unterstützte Volkschrift schon, wiewohl mit sehr geringem Erfolg, einen etwas demagogischen Charakter.

Ungeachtet dieses geräuschlosen Auftretens der mährischen Stände blieb das, was sich vorbereitete, zu Wien nicht unbemerkt und wurde als wichtig angesehen. Man rechnete es dem Gouverneur Grafen Rudolf von Stadion als ein bedeutendes Verdienst an, dass er im freundschaftlichen Wege bei den mährischen Ständen eine so gemässigte Haltung erzielte. Bemerkenswert war aber immerhin, dass Stadion in seiner Eigenschaft als Landeshauptmann jetzt bei weitem nicht so kräftig gegen die missliebigen Ständeglieder aufgetreten war, wie seine Vorfahren, die Grafen Ugarte, Mittrowsky und Chorinski, und dass unter den mährischen Ständen bei ihrem Geschrei gegen die Bureaukratie bereits sonderbare Erscheinungen vorkamen. So z. B. nannte sich der mährische Landrechtspräsident Graf Wolkenstein auf seinen Visitkarten nicht mehr, wie es sonst üblich gewesen war, k. k. geheimer Rath und Landrechtspräsident, sondern mit Weglassung seines vom Kaiser herrührenden Titels mit seinem ständischen Titel „Oberstlandrichter". Charakteristisch ist auch, dass die mährischen Stände die Wiedervereinigung der

---

Landtag kam, die sämmtlichen Landstände, Fürsten und Grafen nicht ausgenommen, ihn „processionaliter", also zu Fuss, aber in voller Amtskleidung aus seiner Wohnung abholen. Dieses Ceremoniell fand man aber jetzt, da auch das Ansehen des Erzbischofs abgenommen hatte, nicht mehr für passend. Auch als der Erzbischof Maximilian Freiherr von Summerau nach 1840 einmal mit dem grössten Theil seines zahlreichen Hofstaates doch auf dem Landtag erschien, suchte man dem vorgeschriebenen Ceremoniell, wo es nur einigermassen angieng, auszuweichen.

in Schlesien liegenden Enclaven, welche aus der Zeit herrührten, wo die Fürstenthümer Jägerndorf und Troppau noch zu Mähren gehörten, und die wegen ihrer geographischen Lage dem Troppauer Kreise zugewiesen waren, mit Mähren verlangten.

7. Die Stände Niederösterreichs und der übrigen deutschen Provinzen.

Anders als in den böhmischen Provinzen entwickelten sich die Stände-Angelegenheiten in Steiermark, Kärnten. Krain und Oberösterreich. In diesen Provinzen waren meistens kleine Güter und selten viele in einer Hand vereinigt. Ausserdem waren in diesen Ländern viele alte Adelsgeschlechter durch übertriebenen Aufwand und die Josephinischen Erbfolgegesetze zu Grunde gegangen, so dass dann, wo es die Landesverfassung gestattete, oder die Regierungsstellen die sogenannte Besitzfähigkeit nach ihrem Ermessen verleihen konnten, ein grosser Theil der landschaftlichen Güter im Besitze von Unadeligen war, welchen die aristokratischen Ideen oft sogar verhasst waren, weil sie manchmal in unangenehmen Berührungen mit alten Adelsfamilien gestanden hatten.

Ausserdem waren für den Geist der Stände in Innerösterreich noch mehrere andere Umstände wichtig. Die Feudellasten waren in den meisten Gegenden viel geringer als in Böhmen, Mähren oder Galizien, man hatte also weniger vom Zeitgeist zu fürchten. Auch lebten viele Ständeglieder bei ihren mässigen Einkünften in engeren Verbindungen mit andern Ständen, welche es für Hochmuth erklärt hätten, wenn die Stände sich hätten über sie erheben wollen. Endlich hatten die Stände der österreichischen Provinzen nicht jene wichtigen Verbindungen, welche die böhmischen Stände hatten. Obgleich also die ständischen Privilegien in Ober- und Innerösterreich auf den nämlichen Grundlagen beruhten, wie jene in Böhmen oder Mähren, so war doch dort das Verlangen nach dem Heraustreten aus der ganz bedeutungslosen Ständeverfassung nicht vorhanden.

Bei Tirol stand die Sache wieder anders. Seitdem der Kaiser Franz die Wiederherstellung der alten beliebt gewesenen und unter der baierischen Herrschaft aufgehobenen Landesverfassung verweigert hatte, hofften viele, dass die im Jahre 1816 octroyierte Verfassung früher oder später andern Zuständen Platz machen werde: doch war in Nordtirol noch grosse Anhänglichkeit an die

Regierung. Weniger war dies in Südtirol der Fall, wo bei einigen einflussreichen Personen die italienische Nationalität eine Vorliebe für eine Vereinigung mit Italien hervorgerufen hatte. Demzufolge gab es in Tirol nicht sowohl Streit über die in der Landesverfassung liegenden Befugnisse als vielmehr in manchen Kreisen Wünsche nach einer Veränderung derselben.

Wieder anders waren die Verhältnisse in Niederösterreich, wo, wie der Verfasser der „Genesis der Revolution" sich äussert, „Reibungen zwischen den Ständen und den landesfürstlichen Behörden zur Tagesordnung gehörten. Freilich betrafen diese Reibungen früher nur einzelne Verfügungen der Kreisämter der niederösterreichischen Landesstelle, oder wohl auch der Hofkanzlei; die Stellung der Stände dem Throne gegenüber blieb daher unberührt. Als aber in Böhmen diese Stellung ein Gegenstand von Controversen geworden war, und ein der höchsten Aristokratie angehöres Mitglied der böhmischen Stände nach seiner Einführung in die niederösterreichische Ständeversammlung die Erklärung gab, zur Erkenntnis gelangt zu sein, dass ständische Rechte ebenso wenig hier, wie dort bisher gekannt und gewahrt worden seien, erwachte das Streben nach Erforschung und Geltendmachung dieser Rechte auch in Wien. Es bildeten sich Versammlungen ständischer Glieder gleicher Gesinnung ausser den allgemeinen; in langen Schriften wurden die Beschwerden gegen Behörden und Krone zusammengestellt, Abhilfsmittel weitläufig besprochen und daraus Adressen an den Kaiser entworfen, welche Deputationen an die Stufen des Thrones brachten".

„Unter dem bescheidenen Titel einer Regelung der Geschäftsordnung bei den Landtagen und allgemeinen ständischen Versammlungen wurde eine Art von Charte verfasst, aus welcher sich eine veränderte Stellung der Stände zu der Krone hätte ableiten lassen. Die Nichterledigung oder Abweisung solcher Anträge und Ansprüche gab zu den lautesten Klagen über den Druck der Bureaukratie, Unthätigkeit oder Unverstand der Centralverwaltung und feindselige Gesinnungen des einen oder des andern Mitgliedes derselben Anlass. Die Tendenz aller Schritte war Erwirkung einer Art von Controle über die Finanzverwaltung und des Beirathes in Gesetzgebungs-, ja theilweise selbst in Verwaltungsangelegenheiten, im Wesentlichen also die nämliche wie in Böhmen mit Ausnahme der Rücksichten auf die Nationalität; denn in Niederösterreich waren dieser (den Deutschen) keine neuen

Rechte zu verschaffen. Dadurch aber, dass eine Anregung des Nationalgefühls beim Volke den niederösterreichischen Ständen nicht zugebote stand, entbehrten sie jenes kräftigen Mittels, Theilnahme und Mitwirkung der Massen für ihre Pläne zu gewinnen, welches die böhmischen benützen konnten".

„Sie mussten daher sich Hilfsgenossen auf andere Weise zu verschaffen suchen. Hiezu wendeten sie ihre Aufmerksamkeit den Mittelschichten der Gesellschaft zu, mit welchen sie durch die Verhältnisse der Residenzstadt eine nähere Berührung ohnehin schon hatten. Ständische Mitglieder nahmen an den verschiedenen zu Wien bestehenden Vereinen eifrigst Antheil, unter welchen vorzüglich der Gewerbs- und der juridisch-politische Leseverein zur Thätigkeit auf dem politischen Felde sehr geneigt waren. Der Handelsstand, welcher durch die von der Finanzverwaltung pflichtmässig gehandhabte Controle über die niederösterreichische Nationalbank und Hintanhaltung verschiedener Projecte zu Unternehmungen auf Actien in seinen Speculationen sich beengt fühlte, war von seiner Seite nicht säumig, die Regierungsmassregeln zu tadeln und zu discreditieren; die zahlreichen Belletristen, Pseudogelehrten und sogar manche vom Staate an verschiedenen öffentlichen Lehranstalten angestellte Lehrer ergossen ihren Unwillen über die in Fesseln geschlagene Presse, über nicht anerkannte Lern- und Lehrfreiheit. Die leidenschaftlichen Aeusserungen mehrerer höheren Banquiers, sowie einiger angesehenen Professoren der Universität zu Wien wirkten, die Einen auf die kleineren Handels- und Gewerbsleute, die Anderen auf die Studenten und durch diese auf die Eltern kräftig ein, um Misstrauen gegen die Regierung, Unzufriedenheit und ein dunkles Gefühl der unausweichlichen Nothwendigkeit tief greifender Veränderungen zu verbreiten. Die Staatsbeamten blieben von dieser Einwirkung nicht ausgeschlossen. Im adeligen Casino, im Lesevereine, auf der Börse, in Gast- und Kaffeehäusern, in Hörsälen, sowie in Amtslocalen — überall wurde Tadel oder Zweifel gegen die Regierung offen und ungescheut ausgesprochen".

„Selbst in den nächsten Umgebungen des Hofes gab es Männer, welche nicht nur in denselben Ton mit einstimmten, sondern darin so laut wurden, dass der Kaiser sich kurze Zeit vor den Märzereignissen bestimmt fand, darüber eine ernste Erinnerung zu erlassen. Die in Wien sich einfindenden unzufriedenen Ungarn und

Italiener trugen kräftig dazu bei, alle der Regierung abgeneigten Gemüther aufzuregen".

„Die niederösterreichischen Stände fanden also in ihren Unternehmungen, insoweit solche gegen die bestehende Ordnung gerichtet waren, eine grosse Zahl von Verbündeten, welche es aber nur bei dem Einreissen, keineswegs aber nachher mit ihnen halten wollten".

8. Der zweite Theil der Schrift „Oesterreich und dessen Zukunft" und die Vorboten der Revolution.

Zu einer Zeit, in welcher der Kampf der böhmischen Stände und ihrer geheimen Alliierten gegen die Regierung bereits eine entscheidende Wendung nahm, im Jahre 1847, erschien zu Hamburg der zweite Theil des Werkes „Oesterreich und dessen Zukunft", welcher bestimmt zu sein schien, in die Verhältnisse des Augenblicks tief einzugreifen.

Der Verfasser dieses Werkes, (Freiherr von Andrian) gesteht, dass der Kampf zwischen den verschiedenen an das Licht getretenen Ideen über die österreichische Staatsverfassung seit 1842 lebendiger geworden sei und bereits die allgemeine Aufmerksamkeit beschäftige.

„Der Moment der Entscheidung naht", sagt der Verfasser [1] — „die öffentliche Meinung ist erwacht, und schreitet mit Riesenschritten vorwärts, die Ueberzeugung von der Unhaltbarkeit unserer Zustände hat sich aller Geister, von dem höchsten bis zu den niedrigsten bemächtigt, und spricht sich laut und unverhohlen aus, die Provinzialstände sind zu neuer Thätigkeit erwacht und allenthalben offenbart sich eine Masse von Kraft und Intelligenz, welche sich rüsten auf die bevorstehenden Ereignisse. — Schon hat es an äussern Anstössen zu durchgreifenden Reformen nicht gefehlt, kurz, wir stehen da, wo Frankreich im Jahre 1788 stand, nur mit dem Unterschiede, dass wir die Erfahrungen der letzten fünfzig Jahre und die Bildung des neunzehnten Jahrhunderts für uns haben".

Wenige Seiten später heisst es: „Säumen wir nicht länger, es offen auszusprechen: so wie es jetzt ist, kann es nicht bleiben, soll es auch nicht bleiben, denn nur im Fortschritt ist das Leben, Stillstand aber ist Tod".

---

[1] S. 6.

„Wir fragen laut und zuversichtlich: Wer in Oesterreich, wer vom Throne herab bis in die niedrigste Hütte, wahrt nicht in seinem Innersten die Ueberzeugung von der Nothwendigkeit, der eminenten Nothwendigkeit einer durchgreifenden Systemsänderung? Gibt es in den weiten Ländern, welche dem Scepter des Kaisers huldigen, nur Einen Glücklichen, der sich gegenwärtig noch in die beruhigende Erwartung einlullen kann, dass die gepriesene österreichische Stabilität noch zwanzig, ja auch nur noch zehn Jahre Bestand habe? In den Palästen der Grossen, wie in der Hofburg des Kaisers, in den Kanzleien der Beamten, wie auf den Strassen der Städte und Dörfer wird man nur Eine Antwort auf diese Frage finden. Die Revolution der Geister ist vollbracht, der alte felsenfeste Glaube verschwunden, und ohne diesen bewegt man keine Berge mehr".

Nachdem dann der Verfasser hervorgehoben hat, welche Verdienste sich der Adel in früherer Zeit im Gegensatze zu ihren Feinden, d. h. den Staatsbeamten um den Thron erworben habe, fährt er, das von den Landständen im Jahre 1847 schon gewonnene Terrain überblickend, fort: „Mit Freuden nehmen wir die Vorwürfe zurück, welche wir den österreichischen Provinzialständen vor einigen Jahren gemacht haben. Wir bereuen es nicht, sie gemacht zu haben, denn vielleicht lag darin der Anstoss zu ihrem Erwachen. Es war damals eine trostlose Zeit der Willenslosigkeit und Entmuthigung. Um so freudiger heissen wir sie daher auf der Bahn des Fortschrittes willkommen, welche sie seither mit ebensoviel Kraft als Erfolg betreten haben. Von ihnen, von den Landständen muss die Rettung Oesterreichs ausgehen, denn sie allein können es, und wir müssen ihnen das Zeugnis geben, dass sie ihre Sendung begriffen haben und mit Muth und Selbstaufopferung auf ihr Ziel zuschreiten. Bedeutende parlamentarische Talente, ein echt praktischer staatsmännischer Sinn und muthige Unabhängigkeit des Charakters haben sich unter ihnen entwickelt, und jedes Jahr, jeder neue Landtag bringt neue Fortschritte auf der so glücklich betretenen Bahn. Hier, das sprechen wir mit fester Ueberzeugung aus, liegt der Keim der Entwicklung für Oesterreichs nächste Zukunft".

Auch Andrian macht [1] die schon in diesem Werke vertretene Bemerkung, dass eine Regierung, deren Thätigkeit sich immer

[1] S. 23.

nur auf Grund der Acten ihrer Beamten äussert, eigentlich keine absolute ist. „Daher", sagt er, „handelt es sich in Oesterreich nicht mehr um einen Kampf zwischen dem absoluten und dem repräsentativen (ständischen) Princip, sondern lediglich zwischen diesem und dem Beamtenthum".

Nachdem dann der Verfasser ausgeführt hat, dass die Landstände der grössten Provinzen nicht mehr die Vorkämpfer feudaler Sonderinteressen, sondern für eine zeitgemässe Fortbildung der Verfassung eingetreten seien, dass sie in den letzten Jahren die wichtigsten Zeitfragen in echt freisinniger Weise behandelt, eine angemessene Repräsentation des Bürgerstandes beantragt, im Interesse des Bauernstandes die Ablösung der Frohnen und anderer Grundlasten theils im allgemeinen angeregt, theils dafür sorgfältig ausgearbeitete Pläne vorgelegt, Vorschläge für eine gerechtere Besteuerung und andere Reformen gemacht, aber von der Regierung nie auch nur eine Antwort erhalten haben, stellt er als „Minimum der ständischen Rechte" für alle Provinzen folgende Forderungen auf [1]):

„1. Das Recht der Bewilligung sämmtlicher Steuern, dann die Vertheilung, Einhebung und Abfuhr der Grundsteuern an die Regierungscassen.

2. Das Recht des Beirathes bei allen die Provinz betreffenden Angelegenheiten und legislativen Verfügungen.

3. Das Petitionsrecht.

4. Das ausschliessliche Recht zur Aufnahme neuer Landstände oder landtagsfähigen Corporationen.

5. Das Recht, die ständischen Beamten zu wählen, und wo es sich um die Besetzung der höchsten landständischen Stellen handelt, z. B. um die des Landmarschalls, Landeshauptmanns u. s w., selbe beim Souverän in Antrag zu bringen.

6. Das Recht, sich bei Angelegenheiten von gemeinsamem Interesse mit den Landständen anderer Provinzen in Correspondenz zu setzen.

7. Oeffentlichkeit der Landtagssitzungen unter den gewöhnlichen Vorsichten und Beschränkungen".

Man sieht aus diesen Auseinandersetzungen und Forderungen, dass schon vor dem Jahre 1848 angesehene Wortführer der Stände diese als Volksrepräsentanten betrachteten und betrachtet wissen

[1]) S. 55 f.

und eine vollständige Umwälzung der öffentlichen Verhältnisse Oesterreichs, also eine Revolution hervorrufen wollten.

Man könnte vielleicht glauben, die in diesem Werke enthaltenen Rathschläge seien nur Gedanken eines einzelnen Mannes. Aber diese Meinung wird durch Alles, was vor und nach dem Erscheinen der genannten Schrift geschah, widerlegt. Schon die durch die Zeitungen bekannt gewordenen Schritte der Stände im Jahre 1846 deuteten den Plan einer solchen Umwälzung an. Im Herbste 1847 aber machten die Stände kein Hehl mehr daraus, dass sie, wenn die Regierung unthätig blieb und ihren Klagen keine Folge gab, entschiedener zu Werke gehen müssten. Wer in Mähren mit den Wortführern der damaligen Stände, welche übrigens grosse Zurückhaltung beobachteten, bekannt war, wusste, dass es auf eine Beschränkung der Regierungsgewalt, auf eine erweiterte Repräsentation des Bürgerstandes abgesehen war, dass man für die künftige Landesverfassung Entwürfe ausarbeitete, welche man im Nothfalle der Oeffentlichkeit übergeben wollte, dass man sich bei diesen Bestrebungen der Slavisten bediente und der Idee der ständischen Conföderationen das Wort redete. Zu Wien und Prag aber war das, was die Führer der dortigen Stände thun wollten, ein öffentliches Geheimnis, zu Pressburg wusste man ebenfalls davon und es ist nicht unwahrscheinlich, dass sich die Fäden des Netzes, an welchem die Stände einiger Länder spannen, sich in alle Provinzen des Staates erstreckten.

Wahrscheinlich war es, dass bei einem so kühnen und doch fast gar nicht gehinderten Vorgehen die Landstände zu Wien wichtige Stützen haben mussten, und man deutete im Publicum auf den Minister Kolowrat, von dem man wusste, dass er mit Metternich nicht in Harmonie lebe.

Aus dem Gesagten dürfte sich ergeben, dass das Regierungssystem, das seit 1792 bestanden, auf die Dauer sich auch dann nicht mehr hätte halten lassen, wenn nicht die Bewegung, welche durch den Sturz des Königs Ludwig Philipp von Frankreich in einem grossen Theile Europas hervorgerufen wurde, auch die österreichischen Länder erfasst hätte. Der Sturm, welcher seit dem 24. Februar 1848 Europa durchtobte, hat den Sturz dieses Systems nicht verursacht, sondern nur beschleunigt.

Uebersicht

der

österreichischen Kirchengeschichte

von 1848–1861.

Als im März 1848 auch in Oesterreich die Revolution ausgebrochen war, äusserten sich Freiheitsgedanken in allen Producten der Presse. Man erwartete und verkündigte Pressfreiheit, Freiheit des Umgangs, Freiheits des Unterrichts, Unverletzlichkeit des Briefgeheimnisses, Umgestaltung der Polizei und Freiheit der Religion. Was aber diese und viele andere Arten von Freiheit bedeuten sollten, wussten Wenige. Der Mangel an klaren Begriffen, selbst in den höhern Regionen, welcher eine Folge des seit 1792 bestehenden Regierungssystems war, machte sich allenthalben geltend und erklärt viele Experimente, welche man in Ansehung der Gesetzgebung und der Organisation machte. Hier reden wir nur von der Religionsfreiheit.

Die Zeiten, in welchen man in den österreichischen Staaten den Abfall von Millionen Katholiken und ihren Uebertritt zum Protestantismus erwartet hatte (1778—1782), waren längst vorüber. Man wusste, dass wenigstens noch für viele Jahre das österreichische Volk katholisch bleiben werde. Allein auf zahlreiche Abfälle von der katholischen Religion rechnete ein grosser Theil der Neuerer, und dass die Protestanten, die nichtunirten Griechen und die Juden gleiche Rechte mit den Katholiken erhalten würden, war zu Ende des Monats März 1848 schon Jedem klar.

Zunächst richtete sich die Bewegung vielfach gegen die katholische Kirche, welche den freisinnigen Menschen verhasst war, weil sie seit mehreren Generationen als blosses Polizeiinstitut behandelt worden war, während die ihr in Folge dessen aufgezwungene Form auch den religiösen Menschen missfiel.

Durch die Bewegung, welche sich in allen Provinzen gegen die Grundlasten erhob, wurde der katholische Clerus besonders hart getroffen, weil vielleicht ein Drittel seines Einkommens aus

Abgaben floss. welche man Zehenten nannte. Die grosse Mehrzahl der Pfründen wurde durch diese Frage mehr oder weniger berührt.

Als der Sturm der Revolution sich überall im Staate bemerkbar machte, hatte das Volk an den meisten Orten die Entrichtung des Zehents unterlassen oder verweigert. Die Geistlichen fügten sich in ihr Schicksal, die meisten baten um eine Abfindung selbst noch früher, als diese vom Reichstage decretiert war. In vielen Gegenden kamen die Gemeinden über die Abfindung mit den Pfarrern überein, und obwohl in der Regel diese dabei verloren, glaubten die meisten doch klug gehandelt zu haben, weil, wie sie sagten, der Widerstand nichts genützt hätte und etwas noch immer besser sei als gar nichts.

Die Pfarrer handelten so, als ob sie nicht die Nutzniesser sondern die Eigenthümer der vorher bestandenen Zehenten wären und also nach Belieben ganz oder zum Theil auf die herkömmliche Entrichtung derselben Verzicht leisten könnten. Auch die bischöflichen Consistorien blieben dabei oft unthätig. Sie sowohl als die einzelnen Beneficiaten hatten in manchen Diöcesen alle festen Begriffe über die Natur der Kirchenpfründen verloren.

Später regulierten gesetzliche Bestimmungen die Ablösung des Kirchenzehenten, wobei der Clerus grosse aber nicht überall gleiche Verluste erlitt.

Um die nämliche Zeit sah man auch in andern Beziehungen, wie unrichtige Begriffe über das, was Kirchenfreiheit sei, unter allen Volksclassen verbreitet waren. Nicht nur in Schenken, sondern auch in höheren Gesellschaftskreisen sah man die Aufhebung des Cölibats, eine weiter gehende Absonderung von Rom, die Aufhebung aller Klöster, die Aufgebung der lateinischen Sprache als Kirchensprache als Mittel zur Herbeiführung der Kirchenfreiheit für die Katholiken an. Kaum einige Stimmen bekannten sich zu römisch-katholischen Ansichten.

Um die Mitte des Jahres 1848 hatten viele katholische Geistliche die bedenkliche Wendung erkannt, welche die katholischen Kirchenangelegenheiten nahmen. In mehreren Diöcesen, besonders in der Wiener, traten Geistliche auf, um die Bischöfe, welche nach ihrer Meinung furchtsam und rathlos den Ereignissen zugesehen hatten, zur Thätigkeit für die katholische Sache zu bestimmen. Mehrere Bischöfe kamen dadurch in Verlegenheit. Sie scheuten sich, einen ersten Schritt zu thun, weil auf diesen ein zweiter und dritter folgen müsse und der Erfolg ungewiss sei. Sie kannten die geringe Anzahl der kirchlich Gesinnten, die Nothwendigkeit, sich in litterarische Streitigkeiten einzulassen, den geringen Zusammenhang der österreichischen Kirchen unter sich und die unbestimmten Verhältnisse zu Rom.

Reden wir hier insbesondere von dem Wiener Erzbischof Eduard Milde.

Dieser Prälat, ein Mann von bürgerlicher Herkunft, einem gemässigten Charakter und grosser Erfahrung, war unter dem Kaiser Franz Erzbischof von Wien geworden. Er hielt sich in Allem gern an die bestehenden Verordnungen und hatte, als (1825—1848) bei einzelnen Geistlichen sich mehr oder weniger der ultramontane Geist zeigte, diesen weniger als viele andere Bischöfe begünstigt. Milde war und blieb ein gemässigter Josephiner. Seiner Ansicht nach hatte diejenige Partei, welche sich jetzt vorzugsweise als die katholische geltend machte, „zu viele unreine Elemente" und zu wenig Wurzeln im Volke, als dass man von ihr viel erwarten könne. Diese Ansicht hatte Milde, mit dem ich seit längerer Zeit bekannt war, bereits in den Jahren 1840—1847 gegen mich ausgesprochen. Als er daher im Jahre 1848 von mehreren Deputationen seiner Curatgeistlichkeit gedrängt wurde, Schritte für die kirchlichen Interessen zu thun oder, wenn er sie nicht thun wolle, zu resignieren, setzte er diesen Eiferern eine entschiedene Weigerung entgegen und betrachtete dieselben beinahe als eine Art von Revolutionären.

Aehnliche, obgleich in ihren Einzelnheiten minder bekannt gewordene, Bemühungen einzelner Geistlicher kamen in mehreren Diöcesen vor. Gewöhnlich antworteten die Bischöfe, sie sähen keine Hoffnung auf Erfolg, man müsse abwarten, ob sich die Dinge nicht günstiger gestalten würden.

Um die nämliche Zeit, wo dort und da der römischgesinnte Clerus Demonstrationen machte, constituierten sich in mehreren grossen Städten sogenannte „Katholikenvereine", wobei die schon längere Zeit (vorzüglich seit 1838) in den Rheinländern bestehenden zum Muster dienten. Mitglieder dieser Vereine waren theils Geistliche, theils Laien und unter den letzteren befanden sich Menschen aus allen Ständen.

Diese Katholikenvereine hatten sich die Aufgabe gesetzt, die katholischen Interessen zu befördern durch Rathschläge, durch Hilfleistungen, durch die Presse und durch Detailausarbeitungen über diesen oder jenen Gegenstand. Obgleich nun diese Gesellschaften jenem Geiste, welcher (1794—1848) bei der österreichischen Regierung geherrscht hatte, ganz entgegen waren, so wurden sie seit dem Ausbruche der Revolution, welche andere Grundsätze in Ansehung der Vereine zur Geltung brachte, anstandslos geduldet.

Die Bischöfe bemerkten bald, dass diese Katholikenvereine sehr leicht den Plan fassen könnten, sie in der Diöcesanverwaltung zu meistern. Den Bischöfen waren daher diese Vereine sehr zuwider und in vielen Städten legte ihnen ein Theil der Geistlichkeit Hindernisse in den Weg. An Gründen fehlte es auch nicht, selbst wenn man die eigentlich entscheidenden nicht sagen wollte. Viele Menschen, welche vor 1848 eine ziemlich kirchenfeindliche Richtung gezeigt hatten, spielten jetzt katholische Eiferer, den Lehren der Demokratie wurde dort und da in den Katholikenvereinen Eingang gestattet, man organisirte Verbindungen unter denselben und scheute sich nicht, sowohl Freunde als Feinde, die ausserhalb dieser Vereine standen, als Feinde der katholischen Kirche zu bezeichnen. Die Bischöfe mussten indessen in Ansehung der Katholikenvereine sich mit viel Umsicht benehmen und ihr Bestreben gieng vorläufig bloss dahin, dieselben vorzugsweise zu Andachtsvereinen zu machen und dadurch ihren Einfluss zu beschränken.

Die Bischöfe machten auch von der grössern Freiheit, welche sie nach der Revolution in Beziehung auf die innere Kirchenverwaltung gehabt hätten, und von der Presse keinen Gebrauch. Was die Ursache davon war, zeigte sich nicht aus irgend einer officiellen Urkunde, man konnte nur aus einzelnen Aeusserungen und Vermuthungen Schlüsse ziehen und dann kam man zu folgender Erklärung: Die Bischöfe betrachteten die Revolution als das Resultat eines gelungenen Aufstandes und die Constitution vom 25. April 1848 als einen dem Hofe abgezwungenen Act. Aus diesem sich Vortheile zuzueignen oder die revolutionäre Gesetzgebung mit bischöflichen Acten in Verbindung zu setzen und dadurch die Lage zu verwickeln, mochte ihnen nicht nur unerlaubt, sondern auch unklug erscheinen. Was die Zukunft bringen werde, schien ungewiss. Sie wussten aber, dass es in ihren Diöcesen sowohl unter den Geistlichen als unter den Laien sehr verschiedene Ansichten über die Religionsfrage gebe. Wenn sie nun eine dieser Ansichten begünstigten, verletzten sie die Anhänger der andern und setzten sich möglicherweise dem Spotte, der Verleumdung oder der Auflehnung ihrer kirchlichen Untergebenen aus.

Unterdessen breitete sich am Hofe, der für den Augenblick den Ereignissen nachgegeben hatte, aber die Revolution eben so wenig billigte wie der Adel und das Officierscorps, ein Umschwung in den Anschauungen über die kirchlichen Verhältnisse vor. Man jammerte darüber, dass das, worauf man sich so viele Jahre hindurch verlassen hatte, die Polizei und die Armee, doch den Ausbruch der Revolution in den österreichischen Staaten nicht verhindert hätten, und manche wiesen, wie es scheint, darauf hin, dass eine stärkere Stütze als die Armee und die Polizei die Religion dem Throne hätte gewähren können, dass aber die katholische Religion in den österreichischen Staaten durch die Einrichtungen der letzten achtzig Jahre an jeder grossartigen Wirksamkeit gehindert worden, dass sie bloss eine unkräftige von der Polizei zugeschnittene Staatsanstalt geworden sei. Wenn man neuen Unglücksfällen für den Thron vorbeugen wolle, müsse die erste Sorge der Regierung sein, die Religion unter dem Volke zu kräftigen, und dies sei nur möglich, wenn man, ohne kleinlichen Bedenken gegen hierarchischen Einfluss Gehör zu geben, zum römisch-katholischen System zurückkehre, welchem Ferdinand II. und Leopold I. die Rettung aus den grössten Gefahren verdankten. Unterrichtete behaupteten, dass unter denjenigen, welche jenen Rathschlägen besonders aufmerksam zuhörten, die Erzherzogin Sophie, die Gemahlin des präsumtiven Thronfolgers, des Erzherzogs Franz Karl und Mutter des späteren Kaisers Franz Josef, gewesen sei. Auch unter den verschiedenen Volksclassen gab es Einzelne, welche, obwohl sie sich vorher nicht sehr religiös gezeigt hatten, jetzt nur noch in der Religion Rettung für das sinkende Staatsschiff erblickten.

Als die zunehmende Verwicklung der innern Verhältnisse (im August 1848) vermuthen liess, dass bald in einem oder dem andern Sinne eine Katastrophe erfolgen könne, wurden viele Bischöfe erinnert, an die Interessen der von so vielen Seiten angegriffenen und von der Staatsgewalt so schwach vertheidigten Kirche zu denken.

Die Provinz Mähren war die erste, in welcher der Erzbischof von Olmütz, Maximilian Freiherr von Summerau, und der Bischof von Brünn, Ernest Anton Graf von Schaffgotsch, eine Art von

Denkschrift, welche man auch eine Petition nennen konnte, abfassten und dem Ministerium einsendeten. Sie sollte zeigen, was diese zwei Bischöfe zum Gedeihen der Kirche als nothwendig betrachteten. Diese Schrift wurde in Folio gedruckt und absichtlich in vielen Exemplaren zur Kenntnis des Landclerus gebracht.

Dieselbe enthielt ausser der Forderung der freien Amtscorrespondenz, der freieren Kirchendisciplin und anderen ähnlichen auch den Wunsch, dass der Religionsfond den Bischöfen übergeben und dass es in Ansehung der bischöflichen Aufsicht über das Schulwesen, der bischöflichen Seminarien und der Correctionsrechte des Bischofs in Ansehung der Clerisei anders als bisher gehalten werden möge. Der Charakter der Schrift war römischkatholisch und das meiste zulässig. Aber ich wunderte mich doch, dass man es gewagt habe, Alles dieses auszusprechen. Alle Staatsbeamten und Advocaten zu Brünn konnten sich nicht genug verwundern, dass sich die Geistlichkeit so viel herausnehme, und sie zweifelten nicht, dass die Unterzeichner der Bittschrift einen strengen Verweis vom Ministerium erhalten würden.

Mir war es sogleich klar, dass die verlangten Zugeständnisse und das dazu gehörige Memoire nicht aus dem Kopfe des Olmützer Erzbischofs ausgegangen wären. Ich kannte diesen seit mehreren Jahren, war oft sein Gast gewesen, und war sogar im Februar 1841 mehrere Tage zu seinen engern Abendcirkeln geladen worden. Ich kannte ihn als einen prachtliebenden, höflichen und gutmüthigen Prälaten, aber auf Gelehrsamkeit machte er selbst keinen Anspruch und er zitterte vor dem Missfallen des Hofes. Der Geist der Regierung war aber damals noch so wenig in irgend einem officiellen Actenstücke ausgesprochen, dass wohl der Zweifel erlaubt war, wie diese Denkschrift dem Ministerium und dem kaiserlichen Hofe gefallen werde.

Auch der Bischof von Brünn konnte in dieser Sache die Initiative nicht ergriffen haben. Denn es war schon seit mehr als zwanzig Jahren stillschweigend als Grundsatz angenommen, dass bei allen wichtigeren Angelegenheiten, an welchen mehrere Bischöfe theilnahmen, die Initiative vom Erzbischof ausgehen müsse. Graf Schaffgotsch war nicht der Mann, welcher sich so leicht und in einer so wichtigen Sache von dem Herkommen entfernen mochte.

Der Gedanke war also natürlich, dass ich sogleich an den Kanzler des Olmützer Consistoriums Dr. Kutschker dachte. Dieser war zugleich Professor der Theologie an der Olmützer Universität und galt beim Erzbischof Alles. Kutschker hatte einige Jahre vor der Streitigkeit der preussischen Regierung mit dem Cölner Erzbischofe, welche sogar eine politische Wichtigkeit erlangt hatte, eine Schrift über die gemischten Ehen herausgegeben, in welcher die katholische Lehre über diese Frage mit Rücksicht auf die Kirchenväter und die Concilien auseinandergesetzt war. Als die Cölner Streitigkeit diesem Gegenstande auf einmal eine grosse praktische Wichtigkeit gegeben hatte, hielt man in den geistlichen Kreisen Kutschker für einen gelehrten Theologen, welcher sich zur römischen Fahne halte und einen guten Blick in die Zukunft habe.

Diese Eigenschaften kamen dem Kanzler des Erzbischofs von Olmütz zu Gute, als er diesem den Antrag machte, eine Eingabe an die Regierung zu richten, damit den Bestimmungen der Verfassung vom April über die Religionsfreiheit Folge gegeben werde und das Ministerium jene einzelnen Punkte entscheide, auf welche es zunächst ankomme. Die Antwort des Erzbischofs war aber zunächst ablehnend, er wolle, sagte er, keinen Verdruss haben.

Noch einmal machte Kutschker einen Versuch, den Erzbischof zu einer Eingabe, für welche ein Entwurf vorgelegt wurde, zu vermögen. Aber die Antwort war wieder: „Wir erreichen doch nichts und werden einen tüchtigen Verdruss haben".

Bald nachher ergab sich aber doch eine Aussicht auf einen besseren Erfolg bei dem alten Erzbischof. Der Bischof von Brünn war zu Olmütz als Gast, und da er beim Erzbischof sehr beliebt war, vereinigte er sich mit Kutschker, um jenen zur Einwilligung zu vermögen. Diesmal gab der Erzbischof halb widerwillig nach, und als die Eingabe ihm zur Unterschrift vorgelegt wurde, unterschrieb er sie, aber nochmals mit der Erklärung, dass er nur Verdruss erwarte.[1]

Der Verdruss, welchen der Erzbischof erwartet hatte, kam aber nicht, vielmehr erfuhr man aus Wien, dass die Eingabe gut aufgenommen und als Pflichterfüllung angesehen worden sei. Nun konnten die andern Erzbischöfe mit ihren Suffraganen nicht wohl zurückbleiben. Doch kamen von Italien her wegen des Kriegszustandes keine Eingaben an das Wiener Ministerium, die unga-

---

[1] So hat mir der Bischof von Brünn Graf Schaffgotsch den Hergang der Sache selbst erzählt.

rischen Bischöfe, die ohnehin in kirchlichen Dingen vom System der Wiener Regierung weniger betroffen worden waren, hielten sich natürlich ebenfalls fern und in einigen anderen Gegenden konnten sich die Erzbischöfe nicht mit allen ihren Suffraganen in Ansehung der zu stellenden Forderungen vereinigen.

Die wichtigsten der Denkschriften — jene von Olmütz, Wien und Görz — waren aber sehr verschieden. Die von Olmütz trug einen ganz römisch-katholischen Charakter, die von Wien näherte sich der Josephinischen Farbe, die Görzer wollte einen Mittelweg. Dies machte dem Ministerium neue Schwierigkeiten. Eine gleichförmige Gesetzgebung in Kirchensachen schien nothwendig, aber wenn die Erzbischöfe selbst nicht einig waren, liess sich diese Gleichförmigkeit nicht so leicht herstellen.

Unter diesen Umständen war es sehr natürlich, dass der Minister des Innern, Dr. Bach, welcher wohl im allgemeinen den Wunsch des Zeitalters nach Religionsfreiheit kannte, aber im einzelnen sich nicht einbildete, ein Sachverständiger zu sein, den Beschluss fasste, eine Zusammenberufung der Bischöfe der deutschen Provinzen und Galiziens zu veranlassen, bei der dann die Bischöfe sich für etwas, was Allen genüge, aussprechen und dadurch dem Ministerium seine Arbeit erleichtern sollten. Aus dieser Ansicht giengen mehrere Audienzen hoher geistlicher Würdenträger bei den Ministern hervor, bei denen die letzteren leicht entnehmen konnten, dass die Geistlichkeit über die kirchlichen Verhältnisse eine Vereinigung mit der Regierung wünschten. Die Minister, ohne zu ahnen, was daraus entstehen könne, gaben zustimmende Aeusserungen und bereiteten dadurch dem Staate und der Kirche zahllose Verlegenheiten.

Ich als Privatmann war der Ansicht, dass die Regierung die kirchlichen Missstände selbst durch legislative Acte beseitigen solle, und hatte mir über diesen Gegenstand folgenden Plan als den für die Ausführung bequemsten gedacht.

Da das österreichische Kirchenrecht, welches von 1770—1848 bestand, bloss durch Regierungsdecrete eingeführt worden war, so lag der Gedanke nahe, dass man diese Regierungsdecrete aufhebe, worauf auch der Kirche die nothwendige Freiheit gewonnen werde.

So hat z. B. ein Gesetz Josephs II. die Verbindung der österreichischen mit den auswärtigen Klöstern und den Obern ihres Ordens aufgehoben und es dadurch unmöglich gemacht, dass die

Regulargeistlichkeit in der der Ordensverfassung entsprechenden
Stellung sich befinde. Hob man dieses Gesetz auf, so standen
sogleich sämmtliche Ordenshäuser unter ihren verfassungsmässigen
Obern. Ein anderes Gesetz Josephs II. schaffte alle Exemtionen ab.
Hob man dieses Gesetz auf, so lebten die Exemtionen wieder auf.
Die Regierung hatte (1783) eine Gottesdienstordnung voll von Be-
stimmungen, welche die Andacht des Volkes verletzten, erlassen.
Hob man diese Gottesdienstordnung auf, so konnte die competente
kirchliche Autorität sogleich den Gottesdienst ordnen. So war
es auch bezüglich anderer Fragen, z. B. der Abstellung des Eides
auf das tridentinische Glaubensbekenntnis für Lehrer des canonischen Rechtes, wodurch stillschweigend der Willkür und der
Heterodoxie das Thor geöffnet worden war, des Verbotes des
Verkehrs der Bischöfe mit Rom, den untergeordneten Geistlichen
und den Laien der Diöcese u. s. w.

Man musste dann freilich verhüten, dass die Wiederherstellung
der Ordnung in Kirchensachen der Grund oder wenigstens ein
Vorwand zu Uneinigkeiten in der Kirche oder gar zu Unruhen im
Staate werde, was zu besorgen war, wenn die Bischöfe nicht nach
gewissen von Rom und der Staatsverwaltung gutgeheissenen
Directivregeln handelten. Man musste vermeiden, dass der eine
Bischof zu rasch, der andere zu langsam vorgehe, oder der eine
so weit als möglich Josephinischen, der andere römisch-katholischen
Tendenzen huldige.

Dies liess sich vermeiden, wenn dem Papste im diplomatischen
Wege bemerkt wurde, dass man an der in den österreichischen
Staaten bestehenden Kirchenverfassung Manches im Interesse der
Kirchenfreiheit verändert zu sehen wünsche und namentlich geneigt
sei, den freien Verkehr der Bischöfe mit dem heiligen Stuhl und ihren
Untergebenen herzustellen und den österreichischen Klöstern die
Verbindung mit den durch ihre Ordensverfassung bestimmten Obern
zu gestatten. Allein obgleich dadurch mehrere Bestimmungen des
canonischen Rechtes wieder zur Anwendung kämen, so sei doch
in Ansehung der kirchlichen Zustände, welche einige Menschen-
alter hindurch in den österreichischen Staaten bestanden, sehr zu
fürchten, dass die Bischöfe nicht mit jener Uebereinstimmung
handelten, welche in einem revolutionär gewordenen Zeitalter so
sehr zu wünschen sei, indem der eine alt, der andere jung sei,
dieser viele, der andere wenige Schwierigkeiten dabei wahrnehme,
und auch die Rathgeber der Bischöfe verschiedenen Systemen

anhiengen. Unter diesen Umständen könnte der Kaiser seine Wünsche für das Wohl der Kirche nur dann durch bestimmte Verordnungen kundgeben, wenn er der Mitwirkung des heiligen Stuhles schon im voraus und in einem genügendem Grade versichert wäre. Sein Wunsch wäre, ein päpstliches Circularschreiben an die österreichischen Bischöfe zu erhalten, worin diesen von Rom aus die wohlwollenden Absichten der Regierung auseinandergesetzt und zugleich die Weisung ertheilt würde, nach jedem landesherrlichen Gesetze, welches dem canonischen Rechte grössere Anwendung gebe, die nach diesem Gesetze nothwendigen Aenderungen unverzüglich in Berathung zu nehmen, und binnen drei Monaten der Regierung einen Plan vorzulegen, wie in Ansehung dieser oder jener Verordnung, z. B. des Nexus der österreichischen Klöster mit ihren auswärtigen Obern die kirchliche Ordnung am leichtesten herzustellen sei, diesen Plan aber erst dann auszuführen, wenn die Regierung ihn genehmigt habe. Die Regierung besässe dann die Mittel, auf Uebereinstimmung sowohl in der Sache als auch in Ansehung der Zeit hinzuwirken und alles Gewünschte zur Ausführung zu bringen.

Es unterliegt keinem Zweifel, dass eine Eröffnung dieser Art von Rom mit Freude begrüsst worden wäre und dass der päpstliche Stuhl seine Mitwirkung auf die angedeutete Art zugesagt hätte.

Bei einem solchen Verfahren war es auch nicht nothwendig, die ungarischen Protestanten mit der Religionsverfassung, welche man geben wolle, zu beunruhigen. Man konnte ohne Anstand den Artikel 26 des Reichstages von 1790 wieder in Wirksamkeit setzen und dadurch auch den ungarischen Protestanten das gewähren, was sie Religionsfreiheit nennen.

Den Protestanten in den deutschen Provinzen konnte man gleichfalls die in der Constitution von 1848 und 1849 zugesicherte Religionsfreiheit lassen und bei allem dem den Katholiken den Vortheil verschaffen, dass nicht in der untern und mittleren Schule, so wie es lange Zeit der Fall war, ein protestantischer Geist vorherrsche. Allein die Regierung war der Ansicht, man müsse die künftige Kirchenverfassung der Katholiken mit der Kirchengewalt vereinbaren, und daher lud im Monate März des Jahres 1849 der Minister des Innern, Alexander Bach, die Bischöfe der deutschen Provinzen und Galiziens ein, bald nach Ostern zu Wien zu erscheinen, um sich über die katholischen Kirchenangelegenheiten zu berathen.

Der Minister hätte wahrscheinlich auch gern die Bischöfe der ungarischen Provinzen und die des österreichischen Italien eingeladen. Allein letzteres war noch nicht beruhiget, zu Venedig wehte die Fahne der Insurrection und die Ungarn waren im Kriege gegen den Kaiserhof. Viele ungarische Bischöfe hatten die Nationalpartei ergriffen, und nur einer, Johann von Scitovsky, der damals Bischof von Fünfkirchen war und nach 1849 den erzbischöflichen Stuhl zu Gran bestieg, erschien zu Wien.

Die Bischöfe fanden sich in der Zahl von 35 zu Wien ein. Sie schienen den Zweck ihrer Zusammenkunft ganz irrig aufzufassen; denn sie giengen am 13. April in Pontificalkleidung und in Procession in die Stephanskirche, hielten dort ein feierliches Hochamt zur Anrufung des heiligen Geistes und liessen keinen Zweifel übrig, dass sie ihre Zusammenkunft als ein Nationalconcilium betrachteten.

Diese Art des Auftretens sagte aber dem kaiserlichen Hofe nicht zu. Es wurde den Bischöfen bemerkt, dass es sich nur um eine Zusammentretung handle, deren Zweck sei, mitzutheilen, was von Seite der Bischöfe in Ansehung der katholischen Kirchenverhältnisse gewünscht werde.

Die Bischöfe unterliessen nun Alles, was an ein Nationalconcilium erinnerte, und begannen ihre Berathungen. Der Cardinalerzbischof von Salzburg, Friedrich Fürst von Schwarzenberg, wurde zum Vorsitzenden gewählt, die Versammlung theilte sich in Sectionen und hielt von Zeit zu Zeit ihre Sitzungen.

Auffallend fand man es im Publicum, dass die bischöfliche Versammlung über alles, was sie that oder wünschte, das strengste Geheimnis beobachtete. Viele meinten, dass dies in einem Zeitalter, in welchem Publicität herrsche und wo man alles, was im Finstern vorgehe, verdächtige, gefehlt sei. Aber die Wortführer der bischöflichen Partei gaben zu verstehen, man wünsche das Geheimnis zur Beschleunigung der Berathungen, in welche sich sonst bald die Journalistik mengen würde, und zur Aufrechthaltung der Freiheit der Meinungen, welche sonst leicht leiden könnte.

Das Publicum erfuhr daher auf officiellem Wege nichts von dem, was in der Versammlung vorgieng, und infolgedessen erlosch auch bald sein Interesse an derselben.

Doch drangen allerlei Gerüchte in das Publicum. Man wollte wissen, dass der eigentliche Wortführer in der Versammlung der Bischof von Seckau, Othmar Rauscher sei, dass nur für seine Vorschläge sich eine entschiedene Majorität finde und auch der vorsitzende Cardinal auf Rauschers Seite stehe.

Nach beiläufig zwei Monaten war die Versammlung zu Ende. Sie hatte mehrere Eingaben an das Ministerium gerichtet. Jede derselben betraf einen Complex gleichartiger Gegenstände. Dieselben wurden als Manuscript gedruckt, jedem Bischof ein Exemplar davon gegeben und einige Exemplare für die Regierung bestimmt. Von allen Seiten gelobte man sich, über den Gang der stattgefundenen Verhandlungen und die Aussichten, welche man habe, bis zum Erscheinen eines Beschlusses, welcher die Geheimhaltung aufhebe, das strengste Stillschweigen zu beobachten.

Die Bischöfe wussten nämlich, dass die Mehrzahl des Volkes in den Ideen der Josephinischen Periode oder in religiösem Indifferentismus lebe. Diesen Leuten, meinten sie, werde Alles, was auf die Wiederherstellung des streng katholischen Systems hinauslaufe, ein Greuel sein, und den Bischöfen mancherlei Unannehmlichkeiten bereiten. Selbst der niedere Clerus, dachten Manche, werde, wenn er seine Interessen wenig berücksichtigt sehe, mit den Bischöfen unzufrieden sein. Auch handle es sich zunächst nur um Vorschläge und es hänge vom Ministerium ab, ob sie genehmiget oder ob sie wenigstens als Grundlage weiterer Verhandlungen angenommen werden würden, und es sei also am besten, die Entscheidung des Ministeriums zu erwarten.

Ehe die Bischöfe auseinander giengen, setzten sie ein aus fünf Mitgliedern bestehendes Comité ein, welches die Mittheilungen vom Ministerium zu empfangen, bei minder wichtigen Sachen darauf zu antworten, über wichtige Dinge aber Vernehmungen einzuleiten oder nach Umständen eine neue Versammlung der Bischöfe einzuberufen hätte.

Es erschien zu gleicher Zeit ein von allen Mitgliedern der bischöflichen Versammlung unterschriebenes und in Druck gelegtes Actenstück, worin dieselbe dem Kaiser ihren Dank für ihre Zusammenberufung aussprach, und das, was vorbereitet wurde, unter den Schutz desselben stellte.

Der Hauptgedanke dieses merkwürdigen Actenstückes war, dass die Kirche unter der Herrschaft der bisherigen Einrichtungen ihre segensreichen Wirkungen nicht genügend habe entwickeln

können, dass aber die Bischöfe, wenn ihrer Thätigkeit nicht un-
natürliche Schranken gesetzt würden, „den Thron des Kaisers
schützen" würden. Davon, dass die Revolution vom 13. März 1848
das seit achtzig Jahren bestehende Kirchenrecht gestürzt habe
und in so fern durch sie der Kirche ein Vortheil zugegangen sei,
geschah begreiflicherweise mit keinem Worte Erwähnung. Die
früheren kirchlichen Zustände wurden, ohne dass in irgend ein
Detail über das bei der Gesetzgebung und den bischöflichen Curien
beobachtete Benehmen eingegangen wurde, dem „irreligiösen Zeitgeiste" zugeschrieben, also über das frühere Verhalten der Regierung wie der Bischöfe ein Schleier geworfen.

Man musste staunen, wie die Bischöfe im Ernste die Hoffnung
haben konnten, sie würden den Thron des Kaisers stützen können.
Denn wie gering ihr Einfluss in ihren Diöcesen damals besonders
auf die gebildeten Kreise und auf den Mittelstand war, konnte
ihnen doch nicht unbekannt sein. Es ist wahrscheinlich, dass sie
sich einen grossen Einfluss nur zuschrieben, um so dem Hofe
gegenüber, von dem sie alles erwarteten, als mächtig zu erscheinen.
Und der Hof, welcher die günstigen Berichte, die ihm (1802—1848)
über die kirchlichen Zustände zugekommen waren, für Wahrheit
gehalten, täuschte sich auch wirklich über den Einfluss, den die
Geistlichkeit in den meisten Ländern hatte.

Bei Hofe hatten damals zwei Geistliche einen bedeutenden
Einfluss. Der eine war der Cardinal Fürst Friedrich von Schwarzen-
berg, der andere der Fürstbischof von Seckau Joseph Othmar
Rauscher.

Der Cardinal Schwarzenberg, Erzbischof von Salzburg und
nach 1850 Erzbischof von Prag, war ein schöner Mann in mittleren
Jahren, welcher eine Prinzenerziehung mit allen ihren guten und
schlechten Seiten genossen hatte. Sein sittlicher Wandel wurde
gelobt, sein Benehmen war gut und seine Würde als Primas von
Deutschland hatte bewirkt, dass eine Versammlung von Bischöfen,
welche 1848 zu Würzburg gehalten wurde und ihre Wünsche für
die Freiheit der Kirche aussprach, ihn zu ihrem Vorsitzenden
wählte. Schwarzenberg hatte bei seinen Bemühungen für die
kirchlichen Interessen in Oesterreich ein günstiges Feld, da sein
Bruder Felix Ministerpräsident war und er selbst schon als Mitglied einer der höchsten Adelsfamilien einflussreiche Verbindungen
hatte.

Ein Schützling Schwarzenbergs war der Bischof Rauscher, welcher sehr bald anfieng, in den österreichischen Kirchen-Angelegenheiten die Hauptrolle zu spielen. Er war der Sohn eines österreichischen Regierungsrathes, und wurde bald Professor der Kirchengeschichte und des Kirchenrechts an der erzbischöflichen Lehranstalt zu Salzburg, wo er den nachmaligen Cardinal von Schwarzenberg unter seinen Zuhörern hatte. Nach mehreren Jahren (1832) kam er als Director der orientalischen Akademie nach Wien, obgleich er nicht griechisch konnte, und wurde, nachdem er viele Jahre auf diesem schlecht besoldeten Posten, fleissig mit Studien beschäftigt, gewirkt hatte, 1849 durch den Einfluss des Cardinals Schwarzenberg Fürstbischof von Seckau. Rauscher hatte durch seine Laufbahn mehr als die meisten österreichischen Bischöfe Veranlassung gehabt, sich mit kirchlichen Dingen zu beschäftigen, kannte das canonische Recht und die österreichischen Kirchengesetze und er musste daher nothwendig auf kirchlichen Versammlungen eine bedeutende Rolle spielen.

Die andern österreichischen Bischöfe hatten die Wichtigkeit nicht, welche viele Menschen ihnen zutrauten. Sie waren fast durchaus aus den österreichischen Schulen hervorgegangen und im Sinne des unter Leopold II. und Franz I. entstandenen Systems gewählt worden. Einige mögen durch Privatstudien ihre Kenntnisse erweitert haben, jene aber, die dies nicht gethan hatten, mussten unwissend im canonischen Rechte, schlecht bewandert in der Kirchengeschichte und unbekannt mit den politischen und gesellschaftlichen Veränderungen sein, welche in den letzten fünfzig Jahren in Europa stattgefunden hatten. Sie waren vor 1848 gewohnt gewesen, ihr Amt im Sinne der damaligen Gesetze zu führen, Niemandem mit Anfragen, Zweifeln, Neuerungen oder ehrgeizigen Plänen lästig zu sein und sich in allem und jedem auf den Hof zu verlassen.

Einzelne Bischöfe waren aber in der Würdigung dessen, was in ihrer Nähe geschah, sehr scharfsinnig. So kannte der Wiener Erzbischof Milde sehr gut die Volkszustände und die eigentliche Beschaffenheit mehrerer sogenannter Eiferer. Aber er war alt und wollte seine letzten Jahre in Ruhe zubringen. Auch der Bischof von Przemysl, Wirschlievsky, hatte sich auf dem österreichischen Reichstage, auf welchem er Deputierter war, als ein Geistlicher von bedeutenden Talenten und reinen kirchlichen Gesinnungen, gezeigt. Aber man schrieb ihm (1849) Sympathien

für die Sache Polens zu, er sah sich im Frühjahre 1850 von einer
Untersuchung bedroht und beobachtete daher in allem, was er
that, viele Vorsicht.

Auch andere Bischöfe ergriffen im Jahre 1848 eine politische
Partei, wie fast alle ungarischen Bischöfe. Sie wurden nach dem
Siege der kaiserlichen Waffen in Ungarn (Herbst 1849) theils ent-
fernt, theils eingeschüchtert.

In Ansehung des niedern Clerus galt gleichfalls die Bemerkung, dass er, ohne auf die kirchlichen Wissenschaften viel Aufmerksamkeit zu verwenden, gewohnt war, sein Benehmen nach
dem vor 1848 bestandenen System einzurichten. Dieses System
hatte es nach 1840 gern gesehen, wenn man den Schein der Anhänglichkeit an die Kirche affectierte, ja selbst etwas von Pietismus
zeigte. Man fand also Geistliche von dieser Kategorie mehr oder
weniger in fast in allen Diöcesen.

Der entschiedenen Josephiner, welche mit Lebhaftigkeit für
die Maximen von 1789 einstanden, gab es nur noch wenige. Diese
Richtung wurde höheren Ortes nicht gern gesehen. Die sogenannten
Josephiner waren jetzt ruhige, leidenschaftslose Menschen, welche
die seit beiläufig zwanzig Jahren allgemeiner gewordene Richtung
beklagten, für die Gründe der römisch-katholischen Partei bereits
einige Achtung empfanden, aber alles, was Heuchelei war, hassten.

Die Denkschriften der Bischöfe waren in ruhiger Sprache abgefasst und äusserten grösstentheils jene Wünsche, welche schon
in den Denkschriften der Erzbischöfe von Olmütz, Wien und Görz
und in katholischen Zeitschriften ausgesprochen worden waren.[1]
Sie forderten freie Correspondenz der Bischöfe mit dem päbstlichen Stuhle und ihren Untergebenen, freie Ausübung der bischöflichen Jurisdiction bei Vergehungen von Clerikern und Laien,
Unverletzlichkeit der geistlichen Stiftungen und die Erlaubnis, auch
neue Stiftungen zu machen, vollkommene Abhängigkeit der bischöflichen Seminarien und der Lehranstalten für die Theologie vom
Bischofe, Feststellung der Gottesdienstordnung durch die Kirchengewalt, Freiheit des Predigtstuhls, Uebergabe des als Kirchengut

---

[1] [Wenn Beidtel an einer andern Stelle bemerkt, dass zwei Drittheile
vom Inhalte dieser Denkschriften aus seinem im März 1849 erschienenen
Werke „Untersuchungen über die kirchlichen Zustände in den österreichischen
Staaten" entlehnt seien, so erklärt sich dies daraus, dass gewisse Ideen und
Forderungen damals schon der ganzen katholischen Partei gemeinsam waren.]

zu betrachtenden Religionsfonds an die kirchliche Verwaltung. Erweiterung der bischöflichen Aufsicht über den Jugendunterricht, die Befugnis, Versammlungen und kleinere Concilien nach den Bedürfnissen der Kirche abzuhalten, Gestaltung des Pfarrconcurses nach den kirchlichen Vorschriften, Aufhebung jener Uebelstände, vermöge deren zu gewissen Canonicaten nur Adelige gelangen konnten, die ökonomische Verbesserung mancher Stellen der niedern Geistlichkeit u. s. w.

Aus den Denkschriften und ihrer Begründung sah man, dass die Bischöfe in vielen wichtigen Punkten das canonische Recht abgeändert zu sehen wünschten und der Staatsgewalt Zumuthungen machten, welche von dieser nicht leicht zu erfüllen waren. Ich verzeichne in dieser Hinsicht nur Einiges.

1. Dass das österreichische Eherecht einer Veränderung bedürfe, konnte unter denjenigen, welche das katholische Dogma kannten und geachtet wissen wollten, keine Frage sein. Aber die Opportunitätsfrage war gerade bei diesem Gegenstande höchst wichtig; denn es mussten schon die katholischen Gesinnungen unter den gebildeten Classen lebhaft sein, ehe man es wagen konnte, diese Sache laut zur Sprache zu bringen. Die bischöfliche Versammlung hatte auch den Wert, welcher von so vielen Seiten auf die im Staate bestehende Ehegesetzgebung gelegt wurde, zu gut gekannt, als dass sie sich getraut hätte, die Einführung des canonischen Rechtes über diesen Gegenstand geradezu zu beantragen. Sie meinte also, die Regierung habe zwei Mittel, zu einer wenigstens weit besseren Ehegesetzgebung zu gelangen. Das erste wäre, wenn der Staat und die Kirche über gewisse Concessionen übereinkämen und dann die Kirche die auf solche Art zu Stande gekommenen Gesetze bei vorkommenden Fällen anwendete. Das zweite war, dass die Staatsgewalt über die Ehe als bürgerlichen Vertrag Gesetze gebe, für das aber, was zur Giltigkeit der Ehe als eines Sakramentes erfordert werde, die Gesetzgebung der Kirche massgebend sei.

Diese zwei Mittel, die Schwierigkeiten zu beseitigen, mussten aber vielmehr geeignet scheinen, sie zu vermehren. Den ersten Ausweg konnte der Papst nicht bewilligen, weil er an einer einheitlichen Ehegesetzgebung für die ganze Kirche festhalten muss. Der zweite konnte leicht zu entgegengesetzten Entscheidungen des Staates und der Kirche führen, also die grössten Scandale hervorrufen.

2. Die Bischöfe haben allerdings zufolge der Kirchengesetze eine Jurisdiction. Allein das Straf- und Correctionsrecht muss Gränzen haben, bei denen sich die Staatsgewalt beruhigen kann. So begreift man wohl, dass unter gewissen Umständen der Cleriker zufolge eines bischöflichen Ausspruchs eingesperrt oder mit einer Geldstrafe belegt werden könne. Aber die Dauer der Arreststrafe muss ihre Gränzen, die Höhe der Geldstrafe ihr Maximum haben, wenn sie dem Unbefangenen angemessen scheinen soll. Nun war aber eine Hindeutung auf ein Maximum nicht vorhanden, die bischöflichen Gerichte noch nicht organisiert und selbst die Art und der Zeitpunkt ihrer Organisierung unsicher.

3. Die Denkschriften sprachen auch von der Regulargeistlichkeit, und da die Bischöfe einen entscheidenden Einfluss auf die Wahl der Aebte verlangten, um der Regierung stets die Gewissheit geben zu können, dass zu dem Amte eines Stift-Vorstehers nur würdige Männer gelangen können, so war es gewiss, dass die Bischöfe wenigstens in diesem Punkte auf das Innere der Klosterverfassung einen dem canonischen Rechte zuwiderlaufenden Einfluss verlangten. Dass aber die Wünsche der Bischöfe noch weiter giengen, zeigte sich aus dem Stillschweigen der Versammlung über die unter Joseph II. erfolgte und später stets aufrecht gebliebene Aufhebung der Exemtionen, deren nothwendige Folge war, dass in jenen Fällen, wo nach der Ordensverfassung der General des Ordens einzuschreiten hat, nunmehr der Bischof einschreitet und einschreiten muss. Dass durch eine Einrichtung dieser Art eines der Fundamente der katholischen Kirchenverfassung zerstört wurde, ist aber jedem Kenner ihrer Verfassung einleuchtend.

4. Bei jenen Gelegenheiten, wo von der Ehe die Rede war, und bei einigen andern, betrachteten es die Bischöfe als nützlich, wenn ihre Dispensationsrechte von Rom aus erweitert wurden. Hier handelte es sich also um eine Beschränkung der päbstlichen Macht.

5. Die Bischöfe zeigten in Ansehung des Religionsfonds höchst unbestimmte Begriffe über seine Natur und seine Geschichte. Daraus mussten unauflösliche Streitigkeiten über seine Verwendung und Vertheilung hervorgehen. Offenbar war es übrigens, dass schon seit vielen Jahren die aus den Staatscassen für Cleriker und geistliche Zwecke (z. B. Seminarien, Schulen) bestrittenen Auslagen die Einkünfte des Religionsfonds bei weitem überstiegen. Sollte nun die

Staatsgewalt bei Uebergabe des Religionsfonds an die Kirchengewalt von allen diesen Ausgaben befreit werden? Das konnte offenbar nicht die Absicht der Bischöfe sein und das Gegentheil ergibt sich auch daraus, dass die Bischöfe die geringen Einkünfte so vieler Seelsorger und Deficienten beklagten, die Verbesserung derselben für nothwendig erklärten, aber doch nicht in Aussicht stellten, dass sie als die Besitzer reicher Pfründen für den angegebenen Zweck etwas thun wollten. Offenbar wollten sie, dass von der Staatsgewalt für den dürftig gestellten Theil des Clerus grössere Zuschüsse als bisher zu dem Religionsfond geleistet würden.

6. Da die Versammlung der Bischöfe bald nach der Kundmachung der Verfassung vom 4. März 1849 abgehalten worden war, so machten sie mit Beziehung darauf die Bemerkung, dass eine Verfassung, nach welcher der Monarch nur mit der Mitfertigung eines der Nationalrepräsentation verantwortlichen Ministers zu den erledigten Bisthümern ernennen könne, diese Ernennung ganz in die Hände des Ministeriums bringe, welches wie die Nationalrepräsentation selbst aus Juden, Protestanten und erklärten Atheisten bestehen und daher den Katholiken keine Beruhigung gewähren könne. Um diesen Inconvenienzen, deren Dasein kein Unbefangener leugnen konnte, abzuhelfen, schlug die Versammlung nicht vor, dem landesherrlichen Ernennungsrechte ein Ende zu machen, sondern dieses Recht, welches dem Landesherrn für seine Person von der Kirche verliehen war, auf eine neue Art auszuüben. Die Versammlung meinte, es sollte die Ernennung mit Ausschliessung des Ministeriums vom Monarchen geschehen, welcher, damit er sicher gehe und im katholischen Interesse verfahre, das Gutachten der Bischöfe jener Kirchenprovinz, in welcher die Erledigung erfolgt ist, abfordern könne, mit der Zusage sich daran zu halten.

Es ist einleuchtend, dass durch diesen Antrag die Verfassung eine mit allen Theorien über constitutionelle Staaten unvereinbarliche Auslegung erhalten hätte. Die Constitution forderte für alle Regierungsacte des Monarchen die Mitfertigung eines Ministers, und dass die Ernennung zu einem Bisthum wirklich ein Regierungsact sei, zeigt sich daraus, dass, wie auch der Text der Verleihung dieses Ernennungsrechtes mag gelautet haben, dennoch in der Praxis der Höfe und dem Benehmen des päpstlichen Stuhls der Grundsatz feststeht, dass ein Regent, so wie er seinen Thron

verloren hat, dieses Recht nicht mehr mit Rechtswirkung aus
üben kann.

Der Antrag der Bischöfe hatte aber auch das gegen sich,
dass dadurch das bis dahin an keine bestimmte Form gebunden
gewesene Ernennungsrecht zu einem blossen Nau en wurde und
die Ernennungen zu erledigten Bischofsstühlen jedesmal von einem
Gutachten, welches doch nur collectiv gegeben werden könnte,
abhiengen. Diese Ernennungsform gäbe den Bischöfen eine höchst
wichtige Clientel und der auf das Ernennungsrecht des Regenten
gestützte Einfluss des Thrones auf die Geistlichkeit gienge verloren.

Die bischöflichen Denkschriften schienen auch das Ernennungsrecht des Kaisers zu den kleineren Beneficien aus den hier angegebenen Gesichtspunkten betrachten und den Monarchen an die
Präsentation durch den Bischof binden zu wollen.

7. Zur Zeit der bischöflichen Versammlung waren die Kirchenzehenten bereits durch das factische Vorgehen des Volkes, die
Beschlüsse des Reichstages und das auf sie gegründete kaiserliche Patent vom 7. September 1848 aufgehoben. Die Sache war
also erledigt. Der Versammlung fiel es aber jetzt ein, dass diese
Kirchenzehenten eigentlich ein Kircheneigenthum seien und die
letzte Entscheidung über dieselben dem päbstlichen Stuhl zustehe,
und sie verlangten, dass der Pabst in letzter Instanz darüber entscheide. Dass der päbstliche Stuhl dabei sich in einer höchst unangenehmen Lage befinden würde, war aber einleuchtend; denn
die blosse Anhängigmachung dieser Frage zu Rom konnte das
Ansehen des Kaisers und die Ruhe des Staates in Gefahr bringen.

8. Die Versammlung der Bischöfe redete auch, jedoch stets
nur im Vorbeigehen und ohne Detail, von der Regulierung der
österreichischen Kirchenangelegenheiten durch ein Concordat. In
der That musste es jedem Kenner des canonischen Rechtes ein-
leuchten, dass die von den Bischöfen gewünschten Abänderungen
an dem canonischen Eherechte, die Erweiterung der bischöflichen
Dispensationsbefugnisse und eine grössere Ausdehnung dieser Macht
über die Regulargeistlichkeit nicht ohne ein Concordat vom päbstlichen Stuhle zu erlangen wären, da es sich hier um eine Abänderung der Kirchenverfassung handelte, welche die Staatsgewalt
auf eine giltige Art nicht gewähren konnte, welche aber Rom den
österreichischen Bischöfen, wenn nicht die Staatsgewalt sich für
dieselben verwendete, gewiss nicht bewilligen wollte.

In Rücksicht dieser Punkte war also Anlass zu einem Concordate vorhanden. Es war nur zu erwägen, ob es für der Regierung nützlich sei, eine solche Vermittlung zu übernehmen, und diese Frage musste verneint werden, weil vorauszusehen war, dass Rom niemals zu Gunsten eines einzelnen Staates sich zu einer bedeutenden Veränderung des für das Ganze der Kirche berechneten Systems verstehen würde. Das Concordat konnte also nur Punkte betreffen, die auch ohne Concordat reguliert werden konnten.

Die bischöfliche Versammlung, welche im Frühjahre 1849 zu Wien abgehalten worden, hatte an und für sich, canonistisch betrachtet, für die andern Theile der österreichischen Monarchie gar keine Wichtigkeit, weil ihre Beschlüsse, selbst wenn Ungarn und das österreichische Italien wieder unter die Herrschaft des Kaisers kamen, für die dortigen Bischöfe nicht bindend waren, ja nicht einmal für den Ausdruck der in diesen Ländern zum Vorschein gekommenen Wünsche gelten konnten. Sie konnten aber auch für diese Länder Bedeutung erhalten, wenn der Hof die von der Bischofs-Versammlung geäusserten Wünsche zur Grundlage für seine Handlungsweise machte. Dies war aber nach der Unterwerfung von Ungarn schon ziemlich deutlich der Fall, da man die Idee des Einheitsstaates auch auf die Verhältnisse von Ungarn und Italien ausdehnen wollte.

An und für sich nützte eine solche kirchliche Einheit dem kaiserlichen Hofe nichts, aber sie konnte, wie man glaubte, die ehrgeizigen Pläne Rauschers fördern, welcher die Stelle eines Primas von Oesterreich anstrebte, wovon aber der Hof nichts zu ahnen schien. Vielleicht wollte man auch den Nationalgeist der ungarischen Klerisei, welcher während des Krieges sich oft deutlich gezeigt hatte, durch neue Organisationen schwächen.

Sonst hätte die Regierung wohl Ursache gehabt, die Forderungen der Bischöfe einer gründlichen Prüfung zu unterziehen. Denn über ihre eigentlichen Wünsche erhielt man schon gegen das Ende des Jahres 1849 einige Andeutungen.

In österreichischen Zeitungen fand man zuweilen Artikel, welche von Geistlichen oder wenigstens im Interesse des Klerus geschrieben waren. In ihnen wurden die Bischöfe als „Kirchenfürsten" genannt. Der Name principes Ecclesiae war allerdings sehr alt. Allein das Wort princeps bedeutet im Lateinischen oft „der vornehmste", „der erste", und ist daher nicht ganz gleichbedeutend mit dem deutschen Worte „Fürst", welches man sonst niemals auf Bischöfe, welche nicht den Fürstentitel hatten, anzuwenden pflegte.

Um die nämliche Zeit hörte und las man auch zuweilen von einem „österreichischen Episcopat". Der Name Episcopat setzt eine Corporation voraus. Nach dem canonischen Rechte machen aber die Bischöfe irgend eines Landes niemals eine Corporation aus, sondern es sind vereinzelte Individuen, die unter dem von der bestehenden Kirchenverfassung aufgestellten Obern stehen. Ferner verdient Erwägung, dass eine Corporation kaum anders als durch Stimmenmehrheit ihren Willen aussprechen kann. Werden aber mit Stimmenmehrheit Beschlüsse gefasst, welche dem Einzelnen eine Verbindlichkeit auflegen, so hat der einzelne Bischof in vielen Punkten seine Unabhängigkeit verloren. Das Wort „Episcopat" ist daher auch nur in Frankreich, als sich der französische Clerus durch die vier Artikel von 1682 von Rom möglichst unabhängig machen wollte, officiell angewendet worden. Der Ausdruck „österreichischer Episcopat", auf die österreichischen Bischöfe angewendet, war dagegen verletzend sowohl für Rom als für die österreichische Regierung und deutete darauf hin, dass die Bischöfe unter günstigen Umständen sich als Corporation für den Kaiser gegen Rom, oder für Rom gegen den Kaiser stellen und eine neue Macht im Staate bilden wollten.

Da der Ausschuss der Bischöfe den Grafen Leo Thun, welcher im December 1849 zum Ministerium des Unterrichts auch noch das neu errichtete des Cultus übernahm, zu einer Erledigung ihrer Eingaben drängte, so wurde der Verfasser dieses Werkes, welcher durch seine 1849 erschienenen Arbeiten über kirchenrechtliche Fragen und die kirchlichen Verhältnisse in Oesterreich die Aufmerksamkeit weiterer Kreise auf sich gezogen hatte, Mitte Februar 1850 als „Beirath" ins Ministerium berufen [1]). Aus zahlreichen Unterredungen mit dem Grafen Thun wie aus Gesprächen mit andern Ministern, namentlich mit dem Minister des Aeussern, Felix

---

[1]) [Da Schmerling ihm dies schon am 1. Februar mittheilte, dass an ihn ergehende Schreiben, obwohl als „dringend" bezeichnet, aber erst am 13. Februar ausgefertigt wurde, so vermuthet Beidtel, dass sich noch im letzten Moment geheime Einflüsse der kirchlichen Partei, denen seine Werke zu „rationalistisch" schienen, gegen ihn geltend gemacht hätten. Ueber seine Thätigkeit im Ministerium s. die Biographie im I. Bande S. XLV ff.]

Schwarzenberg und mit Bach, dem Minister des Innern, ergab sich, dass die Regierung über das einzuführende kirchliche System noch keinen bestimmten Plan habe, dass aber eine Neigung zum Abschlusse eines Concordates bestehe, ohne dass genau bestimmt wäre, worüber es geschlossen werden sollte, und dass man angeblich aus dem Gesichtspunkte des Staatsnutzens von Rom eine Erweiterung der Rechte der Bischöfe wünsche. Beidtel[1]) hielt den Abschluss eines Concordates nur dann für nicht unzweckmässig, wenn die Punkte, über welche man verhandeln wollte, genau bestimmt wären, suchte aber den Minister vor allem zur Aufhebung des „Placetum" zu bewegen.

Auf Grund des von ihm ausgearbeiteten Gutachtens über die Denkschriften der Bischöfe erschienen den 18. und 23. April 1850 zwei kaiserliche Verordnungen, durch welche das Placetum aufgehoben und den Bischöfen ein massgebender Einfluss auf die kirchlichen Lehranstalten und Seminarien eingeräumt wurde.

Beidtel hielt jetzt ein Concordat mehr als je für überflüssig, weil die wichtigsten Fragen durch obige Verordnungen geregelt waren. Aber sein Einfluss schwand immer mehr dahin, während der Rauscher's, des Hauptvertreters der Concordatsidee, welcher nach Mildes Tode (1853) Erzbischof von Wien wurde, noch mehr zunahm und er sich namentlich der Gunst des Kaisers und der Erzherzogin Sophie erfreute.

Deutlicher trat jetzt zu Wien eine Clericalpartei hervor, welche ihre Inspirationen von Rauscher empfieng. Man bemerkte unter ihr fast die gesammte Hofgeistlichkeit und viele einzelne Priester, welche vorher noch eine Art von Neutralität beobachtet hatten. Man wollte wissen, dass es im geistlichen Stande zu Glück und Ehre führe, wenn man die Protection dieser Partei habe, und Viele, welche vorher als Josephiner bekannt gewesen waren, zeigten sich jetzt auf einmal als römisch-katholisch, zuweilen sogar mit Fanatismus.

---

[1]) Schon in dieser Zeit drückte dem Verfasser der Regierungsrath von Pilat, welcher einst Privatsecretär des Fürsten Metternich gewesen war, sein Erstaunen aus, dass er noch in Wien sei, da man doch den Professor Pachmann von Olmütz erwarte. Da Pilat mit der geistlichen Partei in Beziehungen stand, schloss Beidtel, dass diese gegen ihn intriguire, was durch die Weigerung Thuns, ihm eine feste Stellung zu geben, bestätigt zu werden schien. Ungefähr am 12. April drückte auch der päbstliche Nuntius Viale Prelà seine Verwunderung aus, ihn noch in Wien zu sehen.

Diese Partei sagte überall, wo man es hören wollte, für die österreichischen Kirchen sei ein Concordat mit Rom durchaus nothwendig, weil Verträge dieser Art noch überall, wo die kirchlichen Zustände zerrüttet gewesen wären, die Ordnung bald auf eine befriedigende Art hergestellt hätten.

Sich näher über das, was man wolle, zu erklären, fand man aber nicht an der Zeit. Es ist übrigens ziemlich wahrscheinlich, dass man selbst noch keinen ganz festen Plan hatte. Ausserdem liebte sowohl der Hof als auch die höhere Clerisei das Geheimnis. Man schien vorzüglich die Presse zu fürchten, welcher man 1849 bis 1851 noch immer eine gewisse Freiheit gewährte.

In den Mittelclassen war man gegen die Idee eines Concordates. Der Indifferentismus, welcher in den Jahren 1820—1840 in Anschung der katholischen Interessen geherrscht hatte, fieng wieder an, der Gehässigkeit gegen alle klerikalen Bestrebungen Platz zu machen. Selbst Männer, welche in den katholischen Kirchenangelegenheiten Einsichten besassen, meinten, dass die österreichischen geordnet genug wären, um keines Concordates zu bedürfen, und das Wenige, was etwa wegen der veränderten Zeitverhältnisse zu ändern wäre, durch einige Regierungsverordnungen geregelt werden könnte.

Mit der Concordatsidee verbanden sich auch politische Pläne. Vor allem hoffte man günstige Wirkungen auf die Italiener hervorbringen zu können, welche die Deutschen wegen ihrer halb lutherischen Theologie mezzo lutherani nannten und daher auch aus religiösen Gründen der österreichischen Herrschaft abgeneigt waren. Bei den Polen in Galizien stand auch das römisch-katholische System in hohem Ansehen. Ebenso meinten Manche, dass man in Ungarn Terrain gewinnen könne, wenn man der dortigen katholischen Partei aufhelfe, da nur in dieser der österreichische Hof Freunde habe oder erwarten könne. In den nicht österreichischen Theilen des katholischen Deutschland, wo Oesterreich durch seine Religionspolitik viele Freunde verloren hatte, suchte man diese wieder zu gewinnen und durch sie für den Lieblingsplan der Regierung, durch den Eintritt der ganzen österreichischen Monarchie in den deutschen Bund den Einfluss in Deutschland zu vermehren, Boden zu gewinnen. Endlich herrschte am österreichischen Hofe die Meinung, dass gut katholisch sein und Legitimitätsideen haben fast unzertrennlich verbunden sei. Je mehr

man also gute Katholiken habe, desto mehr, meinte man, habe
man Anhänger des Thrones und desto weniger Republikaner.

Es vergieng übrigens längere Zeit, bis die Verhandlungen
über den Abschluss eines Concordates begonnen wurden. Doch
hätten die Bischöfe schon jetzt viel für die Hebung der kirchlichen Zustände thun können. Aber trotz der kaiserlichen Verordnungen vom 18. und 23. April 1850, welche den katholischen
Kirchen eine freiere Bewegung gaben, blieben die Zustände derselben in der Hauptsache so, wie sie vor 1848 gewesen waren.

So blieb die Josephinische Gottesdienstordnung, so sehr man
sie auch früher getadelt hatte, es blieb der Katechismus von 1777,
es blieben die schlechten Predigten, die Ignorierung des grössten
Theils der Ordensregeln in den Klöstern und die mechanische
Amtsführung auf den Pfarreien. Blos das hörte man, dass die
meisten Bischöfe an einzelnen Orten ihrer Diöcesen dann und
wann durch Jesuiten und Liguorianer Missionen abhalten liessen,
dass für die Geistlichen manchmal die so lange Zeit verachteten
geistlichen Exercitien stattfänden und dass man in vielen Diöcesen
Sammlungen veranstalte, um die unter Joseph II. aufgehobenen
Knabenseminarien wieder zu errichten.

An manchen Orten schritt man auch zur Wiederbelebung der
Katholikenvereine, deren Versammlungen in den Jahren 1849 bis
1852 von der Regierung ganz oder zum Theil verboten worden
waren. Blos Ausschusssitzungen waren dort und da abgehalten
worden. Als an die Wiederbelebung dieser Vereine gedacht wurde,
bestanden sie meistens nur aus wenigen Mitgliedern; denn viele
der ältern Mitglieder waren ausgetreten oder wurden wegen ihrer
Theilnahme an der Revolution ausgeschlossen. Neue Mitglieder
fanden sich wenige. Vielen sagte die diesen Vereinen gegebene
Stellung nicht zu, andere waren durch die dabei zu Tage tretenden Erscheinungen nicht erfreut und so zeigte sich dort und da
entweder ein geheuchelter Pietismus, oder eine Identificierung des
bestehenden politischen Systems mit den Interessen der Kirche
oder ein gemeiner Fanatismus, welcher überall Zwangsmassregeln
gegen Andersdenkende verlangte.

Zu Wien wurden dem Katholikenvereine im Jahre 1853 wieder
periodische Versammlungen gestattet. Die erste wurde im Saale
des Landhauses in feierlicher Weise gehalten. Allein was dabei
die meisten Redner vorbrachten, musste jeden verständigen Katholiken beunruhigen. So hielt unter anderm ein gewisser Ainbas,

welcher Hofcapellan war, eine Rede, worin die Behauptung aufgestellt wurde, „kein Katholik habe sich in Ansehung der Kirche
jemals in den österreichischen Staaten beunruhigen dürfen: denn
er habe ja gewusst, dass die Bischöfe wachten". Wer das Benehmen der österreichischen Bischöfe in der der Revolution von
1848 vorhergegangenen Zeit kannte, musste diese Rede gerade
unverschämt nennen.

Ein anderer Redner stellte die Behauptung auf, jeder Katholik
müsse sich in demjenigen, was den Glauben und die Sitten betrifft, an seinen Bischof halten. Der Redner schien zu glauben,
die Laien wüssten nicht, dass es unter den Bischöfen nach einem
kleineren Massstabe schon so manchen Photius oder Gebhard von
Cöln gegeben habe.

Ueberhaupt war Schmeichelei gegen die Bischöfe der bemerk-
barste Zug in dem Benehmen derjenigen, welche sich als Eiferer
geltend machen wollten. Dieses Benehmen fand man auch an
mehreren hohen Schulen, wo man alte Feste von Heiligen, die
schon seit achtzig Jahren nicht mehr gehalten worden waren,
hervorsuchte, um seine andächtigen Gesinnungen zu zeigen. Selbst
Wallfahrten wurden vom Wiener Katholikenvereine, der jetzt den
Namen Severinusverein annahm, veranstaltet.

Eifer für diese Neuerungen fand man unter der mindern
Geistlichkeit wenig. Aber das sah man klar, dass durch die
Aprilverordnungen die Macht der Bischöfe sehr gestiegen und mit
der Anhänglichkeit an die Grundsätze der Josephinischen Periode
jetzt kein Glück mehr zu machen sei. Viele Geistliche machten
sich daher die Beachtung der neuen Lage zur Pflicht und Einzelne
aus ihnen strebten sogar darnach, für Partisane des römisch-
katholischen Systems zu gelten, obwohl man früher manchmal
das Gegentheil wahrgenommen hatte.

Auffallend war die von Jahr zu Jahr abnehmende Anzahl
von Candidaten für den geistlichen Stand. Fast nirgends deckten
die neuen Ordinationen mehr den Abgang und es gab Diöcesen,
wie z. B. jene von Brünn, wo man nicht den dritten Theil jener
Theologen hatte, welche zu der Wiederbesetzung der erledigten
Plätze erforderlich waren.

Allerdings liessen sich von dieser Erscheinung mancherlei
Ursachen wahrnehmen. Die Industrie, welche mit einer Art von
Dampfkraft unter dem Volke entwickelt wurde, gab den jungen
Leuten für die nächsten Jahre die schönsten Aussichten und jene

neuen Organisationen des öffentlichen Dienstes, welche der Patri-
monial- und Municipal-Gerichtsbarkeit (1848—1852) ein Ende gemacht hatten und die Formen der Verwaltung der deutschen
Länder auch in den ungarischen Provinzen einführten, gaben jedem,
der die Rechte studierte, die Hoffnung, binnen wenigen Monaten
nach Beendigung der juridischen Studien schon einen Gehalt zu
bekommen, während die meisten Pfründen seit der im Jahre 1848
erfolgten Zehentablösung weniger einträglich geworden waren
und bei der schlechten Finanzlage der Regierung für eine unbe-
stimmbar lange Zeit keine Aussicht bestand, dass diese in materieller
Beziehung viel für den Clerus werde thun können.

Im ganzen hob sich der religiöse Geist, an dessen Emporkommen der Regierung so viel gelegen war, auf eine bemerkbare
Art fast nur bei dem Frauengeschlechte. Man hielt daher bei
Hofe jetzt mehr und mehr auf die Jesuiten und Liguorianer, welche
das Jahr 1848 vertrieben hatte. Ihr erstes Auftreten hatte in den
österreichischen Provinzen gute Prediger gezeigt und die früher
weit verbreiteten Vorurtheile gegen sie theils geschwächt, theils
ausgerottet. Bald aber verfielen sie in den grossen Fehler, politische
Predigten zu halten, bei denen die Lehren des unbedingten Gehorsams, des Hasses gegen die französische Regierung, deren
Maximen als die Quellen des Verderbnisses bezeichnet wurden, eine
grosse Rolle spielten. Sie weckten oder steigerten den Religionshass und bereiteten den Leitern der Klerikalpartei, welche, auf
den Monarchen sich stützend, sich für sehr mächtig hielt, mancherlei
schwierige Lagen.

Um die Mitte des Jahres 1851 fieng die Klerikalpartei zu
Wien an, ernstlich an eine Reform des österreichischen Eherechts
zu denken. Dass es keinen katholischen Charakter gehabt habe,
war jedem Kenner klar gewesen. Allein viele eifrige Katholiken waren der Meinung, dass der richtige Zeitpunkt, um nun
das canonische Recht in Ehesachen einzuführen, noch nicht gekommen sei.

Die Klerikalpartei dachte aber anders. Man erfuhr, dass bereits
an einem neuen Eherechte gearbeitet werde. Der neue Entwurf,
der für kleine Kreise lithographiert ward, wurde in einer Sitzung
berathen, zu welcher auch der Referent für kirchliche Angelegenheiten im Cultusministerium, Ministerialrath Meschutar, und Dr.
Pachmann, jetzt Professor des canonischen Rechts an der Wiener
Universität, zugezogen wurden. Pachmann äusserte jedoch unter

der Zustimmung Meschutars die Meinung, dass, ehe man über die einzelnen Punkte des Antrages abstimmen könne, es nothwendig sei, über die Grundlagen, von denen der Entwurf auszugehen scheine, sich zu verständigen. Diese Bemerkung missfiel; die Sitzung wurde bald abgebrochen und sowohl Pachmann als Meschutar wurden von den ferneren Berathungen über die Ehefrage fern gehalten.

Nach längerer Zeit kam ein anderer gleichfalls lithographierter Entwurf zum Vorschein, welcher wie der frühere aus Rauschers Feder geflossen sein soll. Dieser Entwurf war nach Form und Inhalt viel besser als der vorige, gieng aber doch noch von der Voraussetzung aus, der päbstliche Stuhl werde in einzelnen Punkten nachgeben.

Auch dieser Entwurf wurde geheim gehalten. Doch verkündigte die officiöse Presse, das Ehegesetz werde einen Theil des künftigen Concordates ausmachen, und die Verhandlungen über dieses wären im Gange.

Wichtig war die Frage, ob man das Concordat nur für die österreichischen Provinzen oder für die ganze Monarchie abschliessen wolle. Ungarn hatte seit Jahrhunderten eine selbständige Kirchenverfassung, welche allerdings (1754—1792) viele wesentliche Veränderungen erlitten, aber theilweise z. B. in Ansehung der bischöflichen Rechte die alten Grundlagen behalten hatte. Die zwischen 1745 und 1848 entstandenen kirchlichen Einrichtungen konnten vom Kaiser als König von Ungarn in jenem Sinne, welchen das Concordat für die Westprovinzen andeuten würde, abgeändert werden, ohne dass man die anderen Theile der ungarischen Kirchenverfassung, welche mit der alten Verfassung oft eng verflochten waren, abändern musste. Der Kaiser aber wollte ein Concordat für das ganze Reich und der päbstliche Stuhl willigte in diesen Grundsatz.

Darf man einer jedoch mit Schüchternheit verbreiteten Nachricht [1] glauben, so wünschte Rauscher es durchzusetzen, dass die Erzbisthümer von Wien und Gran stets unter einem und dem-

---

[1] Diese Nachricht kam in den österreichischen Blättern begreiflich nicht vor, wohl aber in der „Hamburger" und wenn ich mich recht erinnere, auch in der preussischen „Kreuzzeitung". Was ihr Wichtigkeit gab, war, dass sie ohne Widerspruch geblieben ist, obgleich sie wenigstens in Ungarn vielfach geglaubt wurde.

selben Erzbischof stehen und dann mit dem Erzbisthum Wien der Primat der ganzen österreichischen Monarchie verbunden werden sollte, wozu die Zustimmung des päbstlichen Stuhls, aber auch der Umsturz der ungarischen Constitution gehörten.

An scheinbaren Gründen für eine Institution dieser Art konnte es nicht fehlen. Das Erzbisthum Wien, welches bei der Nähe des Kaiserthrons stets eine grosse politische Bedeutung haben musste, war nicht reich, dagegen hatte das Erzbisthum Gran ungeheuere Einkünfte und eine Menge kirchlicher und politischer Privilegien. Rauscher konnte es nun, seitdem er die Aussicht auf das Erzbisthum Wien gewonnen und die Gunst des Kaisers erlangt hatte, angemessen finden, dass der Stuhl zu Wien auch der reichste der Monarchie werde, und er wurde es, wenn der jeweilige Erzbischof von Wien auch Erzbischof von Gran war.

Dem Gedanken stand, so bald ihm die politische und kirchliche Verfassung Ungarns nicht mehr im Wege stand, kein wesentliches Hindernis entgegen. Schon 1770 hatte der Erzbischof von Wien, Cardinal Migazzi, zu gleicher Zeit das ungarische Bisthum Waitzen gehabt. Auch Titel, welche auf ein doppeltes vereinigtes Erzbisthum deuten, gibt es. Der Erzbischof von München führt den Titel Erzbischof von München und Freising, jener von Posen schreibt sich Erzbischof von Posen und Gnesen. Nichts steht ihnen im Wege, auch mehrere Consistorien zu halten.

Man wollte aber wissen, Rom habe zu dieser Idee nicht die Hand geboten und auch in Ungarn sei, als kaum die erste Andeutung darüber erfolgt war, der Argwohn laut geworden. Sehr natürlich: Rom liebt es nicht, die Patriarchen von Constantinopel oder die Erzbischöfe von Mainz wieder aufleben zu lassen, und in Ungarn mochte man begreifen, dass an das Erzbisthum Gran manches, auch politische, Interesse geknüpft sei.

Jene Nachrichten, welche das Vereinigungsproject der Erzbisthümer von Wien und Gran erwähnten, meldeten daher auch, dass man von Wien aus dieses Project, als man Widerstand erblickte, sogleich fallen liess.

Sehr wichtig waren auch die Instructionen für den kaiserlichen Unterhändler zum Abschlusse eines Concordates. Sie hätten durch einen Sachverständigen abgefasst werden müssen. Aber wo hatte man in jenen Regionen, auf welche es ankam, einen Sachverständigen? Wahrscheinlich war es der Einfluss von Rauscher selbst, welcher diese Instructionen dictirte.

Je mangelhafter die Instructionen sind, um so mehr kommt es auf den Unterhändler an.

Es wurde bald bekannt, dass der Minister Leo Thun, dessen Stellung der Klerikalpartei gegenüber ohnehin eine schwache war, bei den Unterhandlungen über das Concordat geringen Antheil und dass Rauscher vollkommen freie Hand hatte.

Der Regierung fehlte es daher sowohl bei der Frage, ob ein Concordat abzuschliessen, als auch bei der Frage, welche Punkte und wie sie geregelt werden sollten, an einer geschickten officiellen Vertheidigung ihrer Interessen. Auch die öffentliche Meinung konnte auf die Verhandlungen keinen Einfluss ausüben. In Beziehung auf die Kirchenangelegenheiten gab es wenige nur einigermassen unterrichtete Menschen und von eigentlicher Pressfreiheit war vorzüglich seit 1852 keine Spur mehr. Rauscher selbst wollte Alles in das tiefste Geheimnis gehüllt wissen, Rom war auch damit einverstanden, der Gang der Unterhandlung war also das Geheimnis einer sehr kleinen Anzahl von Menschen.

Rauschers Ansicht scheint gewesen zu sein, dass die anzustrebende Ordnung der kirchlichen Verhältnisse nur dann gesichert sei, wenn sie durch eine Vereinbarung der weltlichen und geistlichen Gewalt zu Stande komme, und dass deswegen auch viel Detail in diesen Vertrag aufgenommen werden solle. Dann, meinte er, sei der weltlichen Macht die Befugnis, von diesem Vertrage abzugehen, für immer entzogen.

Aber eben wegen der vielen und wichtigen Fragen giengen die Unterhandlungen über das Concordat äusserst langsam vorwärts und ungeachtet des Geheimnisses, mit welchem man sie umgab, bemerkte man oft monatelange Pausen. Das österreichische Cabinet glaubte daher Rom zur Nachgiebigkeit zwingen zu sollen und die österreichische Presse gab Andeutungen, dass man vielleicht ganz von der Idee eines Concordates abgehen werde. Allein dies waren nur Drohungen, welche nicht ernstlich gemeint waren. Der Rauscher'schen Partei lag, auch wenn sie ihre Pläne gegen die römischen Interessen nicht durchsetzen konnte, noch immer viel zu viel daran, das Werk zum Abschlusse zu bringen.

Im Jahre 1854 kamen wegen der dogmatischen Entscheidung über die Lehre von der unbefleckten Empfängnis viele Bischöfe aus allen katholischen Ländern und auch aus Oesterreich nach Rom. Unter ihnen war auch Rauscher, der als Günstling des Kaisers und als Erzbischof von Wien mit Aufmerksamkeit behandelt wurde und mehrere Audienzen bei Pius IX. und sehr viele Unterredungen mit hohen geistlichen Würdenträgern hatte. Er konnte von den Cardinälen sich über manche Punkte Aufklärungen verschaffen, welche zu Wien vielleicht nicht zu finden gewesen wären. Seit jener Zeit nahm auch die Aussicht auf einen baldigen Abschluss des Concordates schnell zu.

In der That erfolgte, nachdem man sich zwischen Wien und Rom schon vorher über den Text des Concordates verständiget hatte, am 18. August 1855, dem Geburtstage des Kaisers Franz Joseph, zu Wien die Unterzeichnung dieses Vertrages, und zwar päbstlicher Seits durch den Cardinal Viale Prelà, kaiserlicher Seits durch den Erzbischof von Wien Joseph Othmar Ritter von Rauscher. Vor der amtlichen Kundmachung desselben scheinen aber noch einige Rücksprachen zwischen dem Cabinette von Wien und Rom nothwendig gewesen zu sein, auch sprach man von einigen zu Wien entstandenen Bedenken. Die officielle Kundmachung geschah daher erst mit dem kaiserlichen Patente vom 13. November 1855.

Das österreichische Concordat machte in der Welt ein ungeheures Aufsehen. Man behauptete, ein Concordat dieser Art habe die Welt noch nicht gesehen. Für eine politisch kluge und zugleich der katholischen Kirche nützliche Massregel wurde es nur von einer sehr kleinen Anzahl frommer, aber auch sehr beschränkter Katholiken angesehen.

Vielen sachverständigen Beobachtern schien es weniger ein geregelter Staatsvertrag als eine Capitulation der österreichischen Regierung gegenüber der Kirchengewalt zu sein, welche nach einem mehr als ein Jahrhundert fortgesetzten Kampfe aus demselben als Siegerin hervorgieng. Das angesehenste englische Journal, die „Times", fand die Herabwürdigung des Thrones durch diesen Vertrag so stark, dass es meinte, „eine Krone, welche man unter solchen Bedingungen trage, sei nicht das Metall wert, aus welchem sie verfertigt sei". Viele öffentliche Stimmen meinten, dass der Weg, welchen man eingeschlagen habe, in den Vorhof des Schlosses von Canossa führe, und dass die österreichische Regierung durch den Vertrag einen grossen Theil der ihr im Auslande gezollten Achtung verwirkt habe.

Die österreichische Polizei sorgte nach Möglichkeit dafür, dass diese Urtheile des Auslandes den österreichischen Völkern gar nicht oder doch mit Milderungen, Auslassungen und Berichtigungen bekannt wurden, ja sie gab sich Mühe, den Behauptungen der Regierungspresse, dass das Concordat „ein Act hoher Staatsweisheit sei", Eingang zu verschaffen. Oesterreich, sagte die letztere, habe durch das Concordat gezeigt, dass es für immer mit allen Doctrinen der Revolution breche und einen unerschütterlichen Grund zu einer festen Staatsordnung legen wolle. Die Herzen aller echten Katholiken in allen Gegenden der Welt würden für den Kaiser von Oesterreich Verehrung und Dankbarkeit haben, sie würden sehen, dass dort, wo es auf die Religion ankommt, Oesterreich über alle kleinlichen Mäkeleien hinaus sei.

Der Verständige bildete sich in Ansehung des Concordates sein Urtheil selbst. Hier wollen wir also über einzelne Artikel des Concordats einige Bemerkungen machen, da eine weitere Ausführung hier nicht an ihrem Platze wäre und also am besten dem Leser überlassen bleiben muss.

Die Bestimmung im Artikel 1, dass die römisch-katholische Religion mit allen Befugnissen und Vorrechten, welche dieselbe nach den Anordnungen Gottes und den Bestimmungen der Kirchengesetze geniessen soll, im ganzen Kaiserthum Oesterreich immer aufrecht erhalten werden sollte, war unvereinbarlich mit der Gleichberechtigung, welche den nichtkatholischen Religionsparteien nach den seit 1848 erlassenen Gesetzen zugestanden war, ja selbst die Toleranzgesetze Josephs II. konnten dadurch in Frage gestellt werden.

Im Art. 8 werden die für die Katholiken bestimmten Volksschulen der strengern kirchlichen Beaufsichtigung unterworfen. Dies schien Vielen wenigstens so lang bedenklich, als im Staate Simultanschulen beibehalten werden.

Wenn zufolge des Artikels 9 Bücher, welche der Bischof der Religion und der Sittlichkeit verderblich erachtet, von ihm in seiner Diöcese verboten werden und die benachbarte Diöcese einen Bischof hat, der an denselben Büchern nicht dieselben Fehler findet, so kann in weiten Kreisen Scandal hervorgerufen werden. Es ist dem Bischof, der die Bücher schädlich fand, nicht verboten, Hausvisitationen zu veranlassen, Buchhandlungen und Lesecabinette zu überwachen und selbst gegen Reisende gewisse Vorsichtsmassregeln anzuordnen. Was aber diesen Artikel vollends als einen höchst bedenklichen erscheinen lässt, ist der Nachsatz: „Doch auch die Regierung wird durch jedes dem Zwecke entsprechende Mittel verhüten, dass derlei Bücher im Kaiserthume verbreitet werden". Nach dem Wortlaute mussten also, wenn auch nur ein Bischof ein Buch als verwerflich bezeichnete, um seinem

Urtheile die gehörige Wirkung zu sichern, im ganzen Kaiserthum Polizeimassregeln dagegen ergriffen werden, selbst dann, wenn andere Bischöfe einer andern Meinung wären.

Umsonst verschanzte sich die Regierungspresse, als später der Bischof von Bergamo von diesem Rechte Gebrauch machte, hinter dem Ausdruck, die Regierung müsse die Verbreitung solcher Bücher nur hindern durch „jedes dem Zwecke entsprechende Mittel", so dass der Regierung eine Art von Erkenntnis sowohl über das Buch als auch über die zur Unterstützung des bischöflichen Verbotes etwa empfohlenen Polizeimassregeln zustände. Aber der Wortlaut des Art. 9 widerspricht einer solchen Auslegung und selbst im Sinne der Regierung aufgefasst, bietet die Vollziehung desselben zahllose Schwierigkeiten.

Der Art. 10 ist besonders in Ansehung der Sponsalien bedenklich, weil seit 1783 in den deutsch-österreichischen Ländern sogar der Begriff von Sponsalien erloschen war und jetzt die Handhabung derselben im Sinne des canonischen Rechtes schon deshalb grosse Schwierigkeiten hatte, weil der Umgang beider Geschlechter viel freier als ehemals geworden ist und die Menschen so oft ihren Aufenthalt wechseln.

Auch der Art. 11 hat viel Bedenkliches, weil der Bischof gegen jene Geistliche, welche eine anstandswidrige Kleidung tragen, oder „aus was immer für einer Ursache der Ahndung würdig sind", die von den Kirchengesetzen ausgesprochenen Strafen, aber „auch andere, welche die Bischöfe für angemessen halten", verhängen kann. Der Bischof hat also sowohl in Ansehung der Strafart als ihrer Dauer wenig Schranken. Der Nachsatz in diesem Artikel: „Ingleichen sollten auch dieselben (die Bischöfe) durchaus nicht gehindert werden, gegen alle Gläubigen, welche die kirchlichen Anordnungen und Gebote übertreten, mit kirchlichen Strafen einzuschreiten" ist etwas zu allgemein textiert, weil durch ihn Staatsbeamte in ihren Amtshandlungen beirrt werden können, und nach den Kirchengesetzen oft geringe Vergehungen z. B. in Ansehung der Speiseverbote kirchlichen Strafen unterliegen. Man hat allerdings zur Vertheidigung dieses Artikels gesagt, man müsse den Bischöfen eine billige Beurtheilung zutrauen. Allein sie sind Menschen mit sehr verschiedenem Wissen und Charakter.

Der Art. 16 unterlag nach der fast allgemeinen Meinung grossen Bedenklichkeiten. Die Versicherung des Kaisers, er werde nicht gestatten, dass die katholische Kirche und ihre Einrichtungen durch

Wort, That oder Schrift der Verachtung preisgegeben oder den Vorstehern und Dienern der Kirche in der Ausübung ihres Amtes Hindernisse gelegt werden, ist, wenn sonst im Staate Ordnung herrscht, überflüssig. Will man aber diese Sätze so verstehen, dass über die bestehende Gesetzgebung noch besondere und tief in das Einzelne gehende Gesetze zu Gunsten der Kirche abgefasst werden sollen, so kann dies Besorgnisse jeder Art rechtfertigen. Der Schlusssatz, der Kaiser werde verordnen, dass alle Behörden des Reichs sowohl den Erzbischöfen und Bischöfen selbst, als auch der Geistlichkeit bei jeder Gelegenheit die ihrer Stellung gebührende Achtung und Ehrenbezeugungen erweisen, deutete wieder darauf hin, dass nicht nur der alte Satz, dem Bischof gebühre überall der erste Platz, geltend gemacht werden würde, sondern, dass auch Reglements über den Rang und die äusseren Ehrenbezeugungen, welche den verschiedenen Stellungen der Geistlichkeit zukommen, ohne Rücksicht auf die Gewohnheiten, Sitten und gesellschaftlichen Verhältnisse der Neuzeit würden erscheinen müssen.

Der Art. 19, dem Texte nach nichts weniger als auffallend, spricht davon, dass der Kaiser bei der Auswahl der Männer für vacante Bischofstühle sich auch in Zukunft des Rathes der Bischöfe, vorzüglich jener derselben Kirchenprovinz bedienen wird („in posterum quoque antistitum imprimis comprovincialium consilio utetur", heisst es im Originaltexte). Gleichwohl ist dieser Artikel, welcher sich auf die von der Wiener Bischofsversammlung zur Vermeidung des Einflusses constitutioneller Minister vorgeschlagene und dem Anscheine nach damals im Stillen genehmigte Ernennungsform bezieht, von der höchsten Wichtigkeit; denn er sagt, dass diese Uebung „auch in Zukunft" fortgesetzt werden soll. Also kein Einfluss der Minister auf diese Ernennungen, wohl aber ein obligatorischer Einfluss der Bischöfe auf dieselben, wodurch diese Ernennungen nur dem Namen nach vom Kaiser, der Sache nach aber von Bischöfen ausgehen und der Kaiser um eine der wichtigsten Prärogativen seines Thrones gebracht wird. Das Merkwürdige an der Sache ist, dass zur Zeit, als das Concordat geschlossen wurde, der Kaiser von Oesterreich der That und dem Rechte nach sich als unumschränkten Monarchen betrachtete und daher die im Jahre 1849 angedeuteten Besorgnisse vor dem Einfluss constitutioneller Minister jetzt wegfielen.

Die Art. 21 und 22 sind ohne Erheblichkeit; denn die dem päbstlichen Stuhl im letzteren eingeräumten Ernennungsrechte zu einer Dignität in jedem Domcapitel waren eine Forderung der Billigkeit, weil Joseph II. ganz willkürlich dem Pabste weit grössere gut begründete Ernennungsrechte entzogen hatte.

Der Art. 25 beschränkte wesentlich die dem Kaiser in Ansehung der Canonicate und Pfarreien, welche bisher von dem Patronate des Religions- und Studienfonds abhiengen, zustehenden Ernennungsrechte, weil die Ernennung, welche bisher ganz frei war, auf die vom Bischofe aufgestellte Terna beschränkt wird.

Der Art. 26 stellte bedeutende Staatsausgaben für viele Pfarrer in Aussicht, weil seit der Zehentaufhebung der armen Pfarreien mehrere geworden waren und der Begriff der Congrua jetzt auf eine neue, allerdings richtigere Art aufgefasst wurde.

Der Art. 27 machte allen Plänen ein Ende, welche die bischöfliche Versammlung von 1849 in Ansehung der Regulargeistlichkeit und ihrer Exemtionen gehabt hatte.

Der Art. 29 setzt die Unverletzlichkeit des Kircheneigenthums und die Aufhebung der Amortisationsgesetze fest. Er erregte wegen der letzteren viel Aufsehen, lässt sich aber rechtfertigen. Etwas Aehnliches gilt von dem Art. 30.

Der Art. 31, wo vom Religionsfond die Rede ist, umgeht für den Augenblick die Schwierigkeiten seiner Vertheilung, stellt aber für Religionszwecke grössere Staatsausgaben in Aussicht.

Im Art. 32 ist das Merkwürdigste die Verzichtleistung des Kaisers auf seine Einkünfte von vacanten ungarischen Bisthümern.

Der Art. 35 endlich bestimmte, dass das Concordat immer bestehen und den Charakter eines Grundgesetzes haben sollte.

Im kaiserlichen Kundmachungspatente, welches vom 5. Nov. 1855 datiert ist, verdient Beachtung, dass es umfassende Veränderungen im Schulwesen der Katholiken in Aussicht stellt und dass das Concordat für das ganze Reich gelten, also die alte Kirchenverfassung in Ungarn und dem lombardisch-venetianischen Königreich, in so fern sie mit dem Concordate im Widerspruche war, aufgehoben werden sollte.

Als das Wiener Cabinet in der Rückkehr zum römisch-katholischen System eine höchst wichtige Massregel zur Sicherstellung des Thrones getroffen zu haben glaubte, gieng es offenbar von der Idee aus, dass es ihr mittelst der Geistlichkeit gelingen werde, binnen wenig Jahren die religiösen Anschauungen des

Volkes so umzuwandeln, dass selbst in dem revolutionären Zeitalter, in welchem wir leben, die günstige Einwirkung für den
Thron und die Moralität sich bewähren würde. Diese Idee, zu
welcher ohne Zweifel die geistliche Partei den Impuls oder die
Versicherung ihrer kräftigsten Mitwirkung gegeben hatte, hätte
es nun mit sich gebracht, dass die Massregeln zur Ausführung
des Concordats schnell getroffen und kundgemacht würden.

Es scheint aber vor dem Abschlusse des Concordates wenig
vorbereitet gewesen zu sein und auch nach der Unterzeichnung
desselben war wenig Thätigkeit zu bemerken, weil man wieder
(vermuthlich auf den Rath Rauschers) von der Nothwendigkeit
einer Vereinbarung zwischen der Regierung und den Bischöfen
über die Ausführungsmassregeln des Concordates sprach.

Diese Vereinbarung hatte in den Augen mancher Beobachter
gar viel Schmachvolles, da es sich nicht wie beim Concordate um
eine Vereinbarung mit dem päbstlichen Stuhle, sondern um eine
Vereinbarung mit Bischöfen, welche in einem Unterthansverhältnisse
standen, handelte, und viele andere Wege den Vorzug vor diesem
verdient hätten.

Da man aber nun einmal bei Hofe an die Nothwendigkeit
dieser Vereinbarung glaubte, so veranstaltete man im Jahre 1856
eine Versammlung der meisten Bischöfe der Monarchie, welche
zu Wien abgehalten werden sollte.

Diese Versammlung sollte im Sinne des Ministeriums offenbar
kein Concilium sein. Viele Bischöfe aber meinten, gestützt auf das
Concordat, es hänge von ihnen ab, der Versammlung den Charakter
eines Conciliums zu geben, und dem Erzbischof von Rauscher war
als dem Ordinarius jener Stadt, in welcher dasselbe abgehalten
werden sollte, bei demselben das Präsidium zugedacht.

Diese Tendenz sagte aber dem päbstlichen Interesse nicht zu
und da ohnehin nach dem canonischen Rechte kein Provinzial-
Concilium ohne die Autorität des päbstlichen Stuhls gehalten
werden soll, so nahm der Cardinal Viale Prelà, welcher damals
noch als Pronuntius zu Wien verweilte, sogleich den Präsidenten-
stuhl ein.

Dieser Schritt durchkreuzte manchen Plan und man gab bald
der Versammlung den Charakter einer Versammlung von Prälaten,
welche sich mit dem Ministerium über kirchliche Fragen berathen
sollten. Wie gewöhnlich waren aber die Verhandlungen, die Denkschriften und selbst die Resultate der Versammlung mit Geheimnis

umgeben, was das Publikum missbilligte und für einen Beweis lichtscheuer Pläne nahm.

Wie in Ansehung der Berathungsformen, so war auch in Ansehung der Theilnahme des Publikums die Erwartung der Klerikalpartei getäuscht worden. Diese hatte, nach ihren Blättern zu urtheilen, einen triumphierenden Einzug der Bischöfe zu Wien erwartet, es waren auch einige Vorbereitungen zu dieser Demonstration geschehen, allein die Idee fand keinen Anklang. Die Bischöfe kamen einzeln an und reisten auch einzeln wieder von Wien ab, die grosse Volksmasse nahm von ihrer Anwesenheit zu Wien und ihren Verhandlungen keine Notiz, was dem vorzüglichsten der Klerikalblätter, der Zeitung „Deutschland" Anlass zur Klage gab, dass die Wiener Bevölkerung die herrliche Gelegenheit versäumt habe, durch eine glänzende den Bischöfen gebrachte Huldigung der ganzen Welt ihre Anhänglichkeit an die katholische Kirche zu verkündigen.

Da selten ein Geheimnis, um welches mehrere Personen wissen, lang bewahrt wird, kamen über die Forderungen der Bischöfe bald Gerüchte in Umlauf, welche ungeachtet mancher Varianten doch darin einig waren, dass dieselben mit Rücksicht auf die unter Joseph II. geschehenen Einziehungen von Kirchengütern grosse Geldbewilligungen von der Regierung begehrt hätten. Ueber die Ziffer bestanden verschiedene Angaben. Die geringsten Forderungen sollen hundertundzwanzig Millionen Gulden betragen haben, Andere setzten aber die Summe auf dreihundertzwanzig Millionen. Man verlange, hiess es, diese Geldsumme nicht sogleich, sondern wolle warten. Unwahrscheinlich war die Geldforderung nicht, weil bereits unter Joseph II. viele Kirchengüter verkauft worden waren, deren Erlös dem Staate geblieben und allen Reductionen der Finanzpatente von 1811 und 1816 unterworfen worden war, was den Religionsfond so vermindert hatte, dass er für die kirchlichen Bedürfnisse nicht mehr ausreichte. Auch waren mehrere Artikel des Concordates solchen Geldforderungen günstig und endlich musste seit der Zehentaufhebung etwas für die niedere Geistlichkeit geschehen.

Sonst hörte man wenig von den Ergebnissen der Verhandlungen und manche Bischöfe sollen verstimmt von Wien abgereist sein.

Bei der Versammlung der Bischöfe in Wien im Jahre 1849 hatten sich dieselben gegenseitig versprochen, binnen drei Jahren nichts an den Cultusangelegenheiten zu ändern, aber dann gemeinschaftlich vorzugehen und vor allem einen gemeinschaftlichen Katechismus und eine gemeinschaftliche Gottesdienstordnung einzuführen. In der That waren auch diese zwei Gegenstände für die Sache der Kirche und die Andachtsübungen des Volkes die wichtigsten. Allein das Jahr 1857 gieng zu Ende, ohne dass man etwas zu Stande gebracht hätte. Die Josephinische Gottesdienstordnung bestand fort, wiewohl durch die Willkür einzelner Bischöfe und Pfarrer in manchen Einzelheiten auf eine nichts weniger als vortheilhafte Art geändert.

Im Laufe der Jahre 1856—1857 kamen auch die kirchlichen Ehegerichte zu Stande. Männer, welche vor dem Jahre 1848 nicht die ersten Elementarkenntnisse des canonischen Rechtes besessen hatten, waren die Mitglieder, was dem Beamtenstande höchst beunruhigend für eine gehörige Justizpflege schien.

Die Schwierigkeiten, die daraus entstanden, dass das Concordat blos im Allgemeinen die ihm entgegenstehenden Gesetze und Gebräuche aufgehoben hatte, ohne dass nachträglich eine diesem Grundsatz entsprechende Revision der Gesetzsammlung in publico-ecclesiasticis erfolgt wäre, traten jetzt immer mehr hervor. Die Staatsbehörden hielten Manches für aufgehoben, was die Consistorien nicht als aufgehoben betrachteten, und umgekehrt. Die Schreibereien über diesen Gegenstand giengen in das Ungeheuere und liessen sich doch nicht beendigen, da auch für die Revision der Staatsgesetzgebung in Kirchensachen die sogenannte Vereinbarung zwichen der weltlichen Gewalt und den Bischöfen für nothwendig erachtet wurde.

Wie weit aber oft bei den bischöflichen Consistorien die Unwissenheit oder die Anmassung gieng, darüber sah man (1852 bis 1858) mancherlei merkwürdige Beispiele. So waren in der Olmützer Diöcese aus verschiedenen Ursachen einzelne Landleute in den durch die politische Gesetzgebung vorgeschriebenen Formen zum Protestantismus übergetreten und in die protestantischen Gemeinden eingereiht worden. Niemand sah darin etwas Auffallendes, da die Protestanten im Staate eine legale Existenz hatten. In Olmütz wurden aber solche Uebergetretene vom Erzbischof Friedrich Landgrafen von Fürstenberg wegen „des Verbrechens der Ketzerei" excommuniciert, und den Katholiken der Umgang mit ihnen streng verboten. Die Excommunication geschah jedoch ohne alle Feierlichkeiten, ganz so wie die Kundmachung einer gerichtlichen Feilbietung. Es schien vielen Personen unbegreiflich, wie man Personen, welche sich schon selbst von der katholischen Kirche angeschlossen hatten und durch den Eintritt in eine protestantische Gemeinde der Gerichtsbarkeit des Bischofs entrückt waren, excommunicieren könne, und Andere meinten wieder, dass Excommunicationen, ohne alle Feierlichkeiten ausgesprochen und kundgemacht, bald in Missachtung kommen müssten.

Auf der andern Seite ereignete sich 1857 in Bergamo ein Vorfall, welcher der Regierung selbst unerwartet zu kommen schien, obgleich der Text des Concordates ihn als unausbleiblich hatte erkennen lassen. Der Bischof von Bergamo, unzufrieden mit dem Geiste des in dieser Stadt erschienenen Journals Sferza, untersagte das Erscheinen desselben und liess von allen Kanzeln seiner Diöcese dieses Verbot verkündigen; auch nahm er zur Unterstützung dieses Verbotes die Hilfe der Regierung in Anspruch. Diese schien dieselbe nicht bewilligen zu wollen, auch wurde in den Regierungsblättern eine mit dem Texte des Concordates schwer vereinbarliche Theorie aufgestellt. Das Verbot des Bischofs muss aber doch seine Wirkung geäussert haben; denn das Journal hörte auf zu erscheinen und der Herausgeber desselben, Cremonesi, leistete zu Ende des Jahres 1857 eine höchst demüthige Abbitte, über welche der Bischof einen von allen Kanzeln der Diöcese verkündeten Hirtenbrief erliess, in welchem der Prälat sagte, die sogenannten Gesetze der Klugheit hätten ihn von seiner Handlungsweise, welche für ihn eine Gewissenspflicht war, nicht abbringen können.

Sehr bemerkenswert waren auch die Hoffnungen, welche die Klerikalpartei auf die Errichtung vieler sogenannter „Knabenseminarien" gründete.

Diese Seminarien, sehr empfohlen durch das Concilium von Trient, waren unter dem Namen Studenten-Seminarien bei sehr vielen Gymnasien der Monarchie bestanden und hatten eine Leitung durch Geistliche gehabt. Unter Joseph II. wurden sie, ohne dass man viel von Gegenvorstellungen der Geistlichkeit gehört hatte, aufgehoben und ihre Fonds zur Bildung von Stipendien verwendet. Nach der zweiten Restauration der Bourbons im Jahre 1815 kamen die Knabenseminarien in Frankreich wieder auf als ein Mittel, eine grössere Anzahl von jungen Leuten für den geistlichen Stand zu gewinnen, und sie erfüllten grösstentheils ihren Zweck, da in den sogenannten Secundärschulen und auch auf andern Wegen eine streng katholische Erziehung der in diesen Seminarien aufgenommenen Knaben möglich war.

Seit jener Zeit erhoben sich in den nicht österreichischen Theilen Deutschlands und zuletzt (ungefähr seit 1840) auch in den österreichischen Provinzen Klerikalstimmen für solche Seminarien. In mehreren Diöcesen musste der Curatclerus dafür Beiträge leisten, dort und da wurde in weiteren Kreisen dafür gesammelt. Aber da man von den ehemaligen Stiftungen nichts mehr hatte, kamen doch nur unbedeutende neue Fonds zusammen, weshalb die Ausführung der ganzen Idee schon aus diesem Grunde grosse Schwierigkeiten zeigte. Aber die weit grössere Schwierigkeit war die, dass die in diesen Seminarien unterhaltenen Knaben die öffentlichen nichts weniger als religiösen Schulen besuchten, dass die Vorsteher dieser Seminarien selten einen ascetischen Geist hatten und dass also nach aller Wahrscheinlichkeit die meisten in diese Seminarien aufgenommenen Knaben nicht mehr zum geistlichen Stande gehen würden.

Allein wenn man auch alle Bedenklichkeiten zu überwinden glaubte, so blieb noch ein wichtiges Bedenken übrig, und dies bestand darin, dass, wenn diese Knaben aus den Studenten-Seminarien in ein bischöfliches Alumnat und dann in die Seelsorge übersetzt wurden, sie die Welt allzu wenig kennen konnten, um mit Nutzen in ihr wirken und ihren Lockungen widerstehen zu können.

In der Zeit von 1850—1857 fällt auch das Emporkommen der Jesuiten in den österreichischen Staaten. Sie hatten nicht nur alle Besitzungen, welche ihnen durch die Decrete von 1848 waren entzogen worden, zurückbekommen, sondern hatten auch Aussicht, mehrere Collegien und darunter selbst eines in Wien zu erhalten. Sie traten jetzt öffentlich bei den Missionen auf und ihre Prediger wurden, besonders zu Wien, bewundert. Das Volk, welches vor 1848, gestützt auf die Autorität von Romanen und angeblichen Geschichtsbüchern, von den Jesuiten die schlimmsten Vorstellungen gehabt hatte, erhielt nun sogleich bessere Ideen, und die Hoffnungen derjenigen, welche ein Emporkommen der Kirche wünschten, wurden jetzt vorzüglich auf die Jesuiten gegründet. Auch diese selbst glaubten, dass sich in den österreichischen Staaten für sie eine glänzende Zukunft eröffne, und vielleicht hieng es mit diesem Gedanken zusammen, dass sie den Pater Peter Beckx, welcher lange Zeit zu Wien Agent des Ordens gewesen war, 1857 zum Provinzial der österreichischen Ordensprovinz und bald nachher zum General ihres Ordens machten.[1])

Es fiel aber vielen Beobachtern auf, dass auch die Jesuiten in ihren Predigten viel zu sehr die Interessen der Religion mit jenen der österreichischen Dynastie in Verbindung brachten und dort oder da den Argwohn veranlassten, sie wollten die Religion wenigstens sehr oft für politische Zwecke benützen. Vielleicht schien den Jesuiten für den Augenblick dieses Benehmen klug. Aber es gab Menschen, welche meinten, dass, wenn es so fortgehe, die Religion wieder in gewissen Regionen nur als ein Sicherstellungsmittel für die Dynastie werde behandelt werden und der Unterschied gegen die Zeit von 1848 nur darin bestehen dürfte, dass der Parteigeist schroffer als 1770 hervortreten werde.

Der Einfluss der Jesuiten machte sich bemerkbar bei Hofe, in einzelnen Adelsfamilien, beim Frauengeschlechte in Wien und dort oder da beim Landvolk jener Ortschaften, wo kurz vorher Missionen gehalten worden waren.

Aber die Bestrebungen der Geistlichen, für die römisch-katholische Restauration auch die gebildeten Mittelclassen zu gewinnen, misslangen, und als nach der Einführung der Verfassung vom 26. Februar 1861 diese auf den Staat und die Gesetzgebung wieder grösseren Einfluss erlangten, wurden auch die Angriffe auf das Concordat immer heftiger.

---

[1]) Ich hatte diesen würdigen Geistlichen bei dem Comthur des Malteser-Ordens Ludwig Grafen von Haugwitz kennen gelernt und als ich 1850—1854 zu Wien domicilierte, kam Beckx oft zu mir. Ich erhielt von ihm noch oft Briefe aus Rom.

Inhalts-Uebersicht.

Geschichte der österreichischen Staatsverwaltung
1792—1848.

Vierte Abtheilung.

Geschichte der österreichischen Staatsverwaltung in der ersten Hälfte der Regierung des Kaisers Franz (1792—1814).

Fünfte Abtheilung.

Geschichte der österreichischen Staatsverwaltung in der zweiten Hälfte der Regierung des Kaisers Franz (1814—1835).

Sechste Abtheilung.

Geschichte der österreichischen Staatsverwaltung unter der Regierung des Kaisers Ferdinand I. bis zum Ausbruch der österreichischen Revolution von 1848 (2. März 1835 bis 13. März 1848).

Verbesserungen.

--

Seite 134 Zeile 2 und 3 lies: Universitäten und zu Linz . . . Facultäten zu
                                      Wien u. s. w.

„   184   „   24   „   b r a c h statt hrach.

„   191   „   2   „   v o n statt vor.

„   330   „   19   „   s i c h t b a r e statt sichtbar.

„   412   „   4   „   I n a m o b i l i t ä t statt Immobilität.